Thomas Hobbes

LEVIATÁN

Plutón Ediciones

Thomas Hobbes

LEVIATÁN

Diseño de cubierta: Marta Martín Juanes
Maquetación: Saul Rojas Blonval

Edita: Plutón Ediciones X, s. l.,

E-mail: contacto@plutonediciones.com
http://www.plutonediciones.com

I.S.B.N: 978-84-10233-62-1
Depósito Legal: B-16577-2024

Impreso en España / Printed in Spain

Prefacio

La Naturaleza, esa obra maestra con la que Dios creó y gobierna el mundo, ha sido imitada en muchos aspectos por el arte del hombre, al nivel que el humano es capaz de crear cualquier criatura artificial. Dado que la vida es simplemente un movimiento de partes que comienza en algún punto siempre inicial, ¿por qué no podríamos decir que todos los autómatas (esos dispositivos que se mueven por sí mismos gracias a resortes y engranajes, igual a como lo hace un reloj) tienen una vida artificial? ¿Acaso no es el corazón también un resorte, y los nervios no son más que unas diversas fibras, y las articulaciones una serie de engranajes que mueven el cuerpo completo tal y como fue diseñado por su creador? El arte va incluso más allá, emulando esta obra maestra de la razón que es la creación más sublime de la Naturaleza: el ser humano.

En resumen, el arte ha permitido crear ese gran Leviatán[1] que llamamos República o Estado (que viene del latín, *civitas*[2]), y este Leviatán no es más que un ser humano artificial, aunque más grande y fuerte que el natural, diseñado para su protección y defensa. En este ser, la soberanía actúa como un alma artificial que da vida y movimiento a todo el cuerpo. Los magistrados y otros funcionarios de la justicia y la administración son sus conexiones artificiales. Las recompensas y los castigos, que inducen a cada conexión y a cada miembro en sí a cumplir con su deber, funcionan como los nervios en el cuerpo humano. La riqueza y el bienestar de todos sus miembros representan su fuerza. La seguridad del pueblo (*salus populi*[3]) son sus actividades; los consejeros, que proporcionan información esencial de cualquier cosa que se necesite saber, son su memoria; la equidad y las leyes son su razón y voluntad artificiales. El consenso es su salud; la sedición, su enfermedad; y la guerra civil, su muerte. Finalmente, los pactos que crean, combinan y unen las partes de este cuerpo político se asemejan a aquel "hágase el hombre" que pronunció Dios en la Creación[4].

---

1 El título de esta obra está basado en un monstruo marino bíblico, creado por Dios en el Génesis; Job asemejaba su aspecto físico al de un dragón.

2 Del latín *civis*, (conciudadano) y el sufijo tas: ciudadanía, conjunto de ciudadanos en una ciudad o estado.

3 *Salus populi suprema lex est*, frase tomada de la obra "De Legibus", de Cicerón: que la salud del pueblo sea la suprema ley.

4 En el principio, Dios creó el cielo y la tierra (Génesis, 1:1). También al primer homínido, Adán. Dios dijo: hágase el hombre a mi imagen y semejanza (1:26).

Al describir la esencia de este hombre artificial, me propongo examinar lo siguiente:

1. *La materia de la que está compuesto y su creador, pues ambos son el hombre.*
2. *Los pactos que lo establecen, los derechos y el poder legítimo y justo de un soberano, y los factores que lo sustentan o lo destruyen.*
3. *La naturaleza de un gobierno cristiano.*
4. *Finalmente, el concepto del reino de las tinieblas.*

En cuanto al primer punto, se dice que la sabiduría se adquiere no solo leyendo libros, sino observando a las personas. Por eso, muchas personas que no pueden demostrar su sabiduría de otra manera, disfrutan mostrando lo que creen haber aprendido de los demás a través de críticas despiadadas a sus espaldas. Sin embargo, hay un dicho más antiguo que sugiere que los hombres pueden aprender a entenderse mutuamente si se esfuerzan en hacerlo: *nosce te ipsum*[5], que significa "conócete a ti mismo". Este consejo no se refería originalmente a limitar el comportamiento tiránico de los poderosos hacia sus subordinados o a fomentar la insolencia de los inferiores hacia sus superiores. Más bien, nos enseña que, debido a la similitud entre los pensamientos y las pasiones de las personas, quien sea capaz de observarse a sí mismo y considere sus propios pensamientos, opiniones, razonamientos, esperanzas, miedos, etc., y los motivos que los originan, podrá leer y comprender los pensamientos y pasiones de los demás en situaciones similares.

Me refiero a la similitud de aquellas pasiones que son comunes a todos los seres humanos: deseo, miedo, esperanza, etcétera; no a la similitud entre los objetos de esas pasiones, como las cosas que se desean, se temen, se esperan, etcétera. En cuanto a estas últimas, las diferencias individuales y la educación varían tanto y son tan difíciles de conocer que los verdaderos caracteres del corazón humano, oscurecidos y ocultos por el disimulo, la falsedad, la ficción y las doctrinas erróneas, solo son comprensibles para aquellos que investigan a fondo. Aunque a veces podemos descubrir las intenciones de las personas a través de sus acciones, si no las comparamos con nuestros propios deseos y consideramos todas las circunstancias que pueden alterarlas, es como tratar de descifrar un código sin clave, arriesgándonos al error por exceso de confianza o desconfianza, dependiendo de si quien juzga es una persona buena o mala.

5 Esta frase originalmente en griego, estaba escrita en la pronaos del templo de Apolo en Delfos, data aproximadamente del siglo V. a.C.

Aunque uno pueda entender perfectamente a otra persona a través de sus acciones, esto solo es posible con aquellos que lo rodean, que son muy pocos. Quien debe gobernar una nación entera debe comprender, no a este o aquel individuo, sino a la humanidad en general, lo cual es más difícil que aprender cualquier idioma o ciencia. Una vez que haya presentado ordenadamente el resultado de mis propios análisis e introspección, los demás solo tendrán que verificar si llegan a conclusiones similares en su interior, ya que este tipo de conocimiento no admite otra forma de demostración.

LEVIATÁN

Primera Parte
Sobre el hombre

Capítulo I
Sobre las sensaciones

En cuanto a los pensamientos del ser humano, primero quiero analizarlos individualmente y luego en conjunto, es decir, en su interdependencia. Cada pensamiento, por separado, es una representación o apariencia de alguna cualidad o característica de un cuerpo externo, lo que comúnmente llamamos objeto. Este objeto actúa sobre nuestros ojos, oídos y otras partes del cuerpo, y por su variada influencia produce diversas apariencias.

El origen de todo esto es lo que llamamos sensación (no hay ninguna idea en la mente humana que no haya sido recibida, en su totalidad o en parte, a través de los sentidos). Todo lo demás se deriva de este elemento fundamental.

Para el propósito que ahora nos ocupa, no es esencial profundizar en la causa natural de las sensaciones, ya que en otra parte he tratado este tema extensamente. Sin embargo, para cumplir completamente con el método que sigo ahora, quiero examinar brevemente esta cuestión aquí.

La causa de la sensación es un cuerpo externo u objeto que actúa sobre el órgano correspondiente a cada sentido, ya sea directamente, como en el caso del gusto y el tacto, o indirectamente, como en la vista, el oído y el olfato. Esta acción, a través de los nervios y otras fibras y membranas del cuerpo, viaja hasta el cerebro y el corazón, causando allí una resistencia, reacción o esfuerzo del corazón por liberarse. Este esfuerzo, dirigido hacia el exterior, se percibe como algo externo. Esta percepción, o fantasía, es lo que llamamos sensación, y se manifiesta en el ojo como luz o color, en el oído como sonido, en la nariz como olor, en la lengua y el paladar como sabor, y en el resto del cuerpo como calor, frío, dureza, suavidad y otras cualidades que discernimos mediante los sentidos.

Todas estas cualidades, conocidas como sensaciones, no son más que distintos movimientos en la materia que actúan de diversas maneras sobre nuestros órganos. En nosotros, cuando experimentamos estos efectos, no hay más que movimientos, ya que el movimiento solo produce movimiento. Esta apariencia respecto a nosotros es lo que llamamos fantasía, tanto en la vigilia como en el sueño. Así como cuando presionamos el oído se produce un sonido, los cuerpos que vemos o escuchamos generan el mismo efecto con su acción persistente, aunque imperceptible. Si esos colores o sonidos estuvieran en los cuerpos u objetos que los causan, no podrían ser separados de ellos como lo hacen en los espejos y los ecos mediante la reflexión. Esto demuestra que el objeto visto está en un lugar y la apariencia en otro. Aunque a cierta distancia, el objeto real parece revestido por la fantasía que produce en nosotros, en realidad el objeto y la imagen son cosas diferentes. Así, las sensaciones, en todos los casos, no son más que fantasías originales causadas, como he mencionado, por la presión o movimientos de las cosas externas sobre nuestros ojos, oídos y otros órganos. Sin embargo, las escuelas filosóficas de todas las universidades cristianas, basándose en ciertos textos de Aristóteles, enseñan una doctrina diferente. Afirman que, en cuanto a la visión, el objeto visto emite una especie de imagen visible, una apariencia o aspecto, cuya recepción por el ojo constituye la visión. Respecto a la audición, dicen que el objeto oído emite una especie de imagen audible, cuya recepción en el oído genera la audición. Incluso en cuanto a la comprensión, sostienen que el objeto comprendido emite una especie de imagen inteligible, que al llegar a la mente nos permite entender.

No menciono esto con la intención de criticar o censurar lo que se enseña en las universidades, sino porque, dado que más adelante hablaré sobre su papel en el Estado, me interesa señalar las cosas que deben ser corregidas. Una de estas cosas a ser corregidas es la frecuencia con la que se dicen y enuncian cosas que carecen por completo de sentido.

Capítulo II
Sobre la imaginación

Es una verdad indiscutible que una cosa en reposo permanecerá en ese estado a menos que algo la altere; sin embargo, que una cosa en movimiento seguirá moviéndose indefinidamente a menos que algo la detenga es una afirmación más difícil de comprender, aunque la lógica sea la misma (es decir, que nada puede cambiar por sí mismo). Los seres humanos tienden a medir todo, incluyéndose a sí mismos, por sus propias experiencias: como ellos mismos se sienten agotados y fatigados tras el movimiento, asumen que todo objeto tiende a detenerse y buscar el reposo por decisión propia. No consideran si este deseo de descanso que perciben en sí mismos podría ser simplemente otro tipo de movimiento. De aquí surge la afirmación escolástica de que los cuerpos pesados caen debido a una apetencia de descanso y que se mantienen naturalmente en el lugar más adecuado para ellos, atribuyendo absurdamente a las cosas inanimadas deseos y conocimientos sobre lo que es mejor para su conservación, algo que ni siquiera el ser humano posee plenamente.

Cuando un cuerpo se pone en movimiento, continúa moviéndose indefinidamente a menos que algo lo detenga; y el obstáculo que encuentra no detiene el movimiento de inmediato, sino gradualmente con el tiempo. Así como vemos en el agua que, cuando el viento cesa, las olas siguen moviéndose por un tiempo, lo mismo ocurre con el movimiento interno en las personas cuando ven, sueñan, etc. Aun después de que el objeto ha sido removido, si cerramos los ojos, seguimos reteniendo una imagen de lo visto, aunque menos clara que cuando lo veíamos directamente. Esto es lo que los latinos llamaban imaginación, derivada de la imagen creada en la visión; y esto mismo se aplica, aunque de manera impropia, a todos los demás sentidos.

Los griegos llamaban a la imaginación "fantasía," que significa apariencia, y es tan característica de un sentido como de los demás. Por lo tanto, la IMAGINACIÓN no es más que una sensación que se debilita; una sensación que se encuentra en humanos y otras criaturas vivas, tanto en el sueño como en la vigilia. Esta debilitación de las sensaciones en una persona despierta no implica una reducción del movimiento que ocurre en las sensaciones, sino más bien una ofuscación de ese movimiento, similar a cómo la luz del sol oculta la de las estrellas. De hecho, las estrellas no brillan menos de día que de noche, pero su luz no es perceptible debido a la predominancia de la luz solar.

Así como entre los diferentes estímulos que nuestros ojos, oídos y otros órganos reciben de los cuerpos externos, solo el predominante es perceptible, cuando la luz del sol es predominante, la acción de las estrellas no afecta nuestros sentidos. Cuando un objeto se aparta de nuestra vista, la impresión que dejó en nosotros persiste; sin embargo, a medida que nuevos objetos más presentes nos impresionan, la imagen del pasado se obscurece y debilita, al igual que la voz de una persona en medio del ruido diario. Por lo tanto, cuanto más tiempo pasa desde la visión o sensación de un objeto, más débil se vuelve la imaginación. El cambio continuo en el cuerpo humano destruye con el tiempo las partes involucradas en la sensación; además, la distancia en el tiempo o en el espacio tiene el mismo efecto en nosotros.

De la misma manera que un objeto distante se ve pequeño y sus detalles son indistinguibles, y las voces distantes suenan débiles e inarticuladas, después de un largo período, nuestra imagen del pasado se debilita. Por ejemplo, olvidamos muchas calles de las ciudades que hemos visitado y muchas circunstancias de las acciones pasadas. Esta sensación decadente, si queremos referirnos a la misma cosa (la fantasía), la llamamos *imaginación*. Pero cuando queremos enfatizar su debilitamiento y señalar que la sensación se atenúa, envejece y desaparece, la llamamos memoria. Así, imaginación y memoria son lo mismo, aunque reciben diferentes nombres según el contexto.

Una memoria abundante o la memoria de múltiples cosas es lo que se conoce como *experiencia*. La imaginación se limita a aquellas cosas que han sido percibidas por los sentidos anteriormente, ya sea en su totalidad o en partes, en momentos distintos. La primera, que implica la reproducción mental del objeto completo tal como fue presentado a los sentidos, se denomina imaginación simple; como cuando alguien visualiza un hombre o un caballo que ha visto antes. La otra es compuesta, como cuando combinamos en nuestra mente la imagen de un hombre en una ocasión y la de un caballo en otra, creando así la imagen de un centauro. Del mismo modo, cuando una persona asocia la imagen que posee de sí mismo con las acciones de otro, como imaginarse a sí mismo como si fuera Hércules o Alejandro (algo muy común entre las personas que leen muchas novelas), se trata de una imaginación compuesta, pero esencialmente una invención mental.

Además, existen otras imágenes que surgen en las mentes de las personas (aunque estén despiertas) debido a una fuerte impresión recibida por los sentidos. Por ejemplo, al mirar fijamente al sol, la impresión deja una imagen del astro ante nuestros ojos durante un tiempo prolongado; al mirar figuras geométricas durante un largo periodo, en la oscuridad el individuo tiene imágenes de líneas y ángulos ante sus ojos. Este tipo de fantasía no tiene un nombre específico, ya que es algo que generalmente no se discute en el discurso humano.

Los sueños, producto de la imaginación durante el sueño, constituyen lo que comúnmente llamamos *ensueños*. Estas fantasías, al igual que todas las demás, se basan en experiencias previas percibidas total o parcialmente por los sentidos. Durante el sueño, el cerebro y los nervios, esenciales para la sensación, se encuentran en un estado de letargo que dificulta su respuesta a los estímulos externos, lo que limita la formación de nuevas imágenes y, por ende, de nuevos ensueños, a las actividades internas del cuerpo humano.

Debido a su conexión con el cerebro y otros órganos, cuando estos elementos internos se perturban, inducen movimientos en dichos órganos. Sin embargo, dado que los órganos sensoriales están adormecidos y no hay nuevos estímulos que los sobresalgan, los ensueños suelen ser más vívidos durante el silencio sensorial del sueño que nuestros pensamientos durante la vigilia. A menudo resulta desafiante, e incluso en ciertos casos imposible, distinguir claramente entre sensación y ensueño. Personalmente, noto que en los sueños raramente pienso en las mismas personas, lugares, objetos y acciones que durante la vigilia. Además, no suelo recordar largas secuencias de pensamientos coherentes con mis sueños pasados. Cuando estoy despierto, a menudo reconozco lo absurdo de los sueños, algo que nunca experimento con mis pensamientos en estado de vigilia. Esta conciencia me permite discernir entre estar despierto y estar soñando: cuando estoy despierto, sé que no estoy soñando, mientras que cuando duermo, me siento despierto en el sueño.

Si consideramos que los sueños son causados por la alteración de ciertas partes internas del cuerpo, es lógico suponer que diferentes alteraciones generarán sueños distintos. Por ejemplo, cuando se tiene frío al acostarse, es común soñar con situaciones de terror, donde se generan imágenes de objetos temibles debido al flujo de sensaciones entre el cerebro y las partes internas. Del mismo modo, la ira puede provocar calor en ciertas partes del cuerpo durante la vigilia, mientras que, en el sueño, el exceso de calor en esas mismas áreas puede generar ira y crear la imagen de un enemigo en el cerebro.

Así, nuestros ensueños reflejan una versión invertida de nuestras experiencias durante la vigilia. La diferencia radica en que, durante la vigilia, el movimiento se origina en un extremo, mientras que durante el sueño, se origina en otro.

La mayor dificultad para distinguir entre los sueños y los pensamientos de un hombre en estado de vigilia se presenta cuando, por alguna circunstancia, perdemos la conciencia de estar durmiendo. Esto ocurre especialmente con aquellos que están plagados de preocupaciones y cuya mente está tan agitada que incluso duermen en situaciones inusuales, como al irse a la cama o al desnudarse, igual que otros se quedan dormidos en el sofá. Por ejemplo, se cuenta de Marco Bruto (un personaje que Julio César elevó a la prominencia, pero luego traicionó y asesinó) que, la noche antes de la batalla de Filipo contra César Augusto[6], experimentó una aparición espantosa, que los historiadores suelen interpretar como una visión. Sin embargo, considerando las circunstancias, es fácil inferir que se trataba simplemente de un sueño fugaz.

Sentado en su tienda, sumido en pensamientos sombríos y perturbado por sus acciones, no fue difícil para él, en su estado de fatiga y ansiedad, soñar con lo que más lo atormentaba. Este mismo miedo gradualmente lo despertó, disipando la aparición poco a poco. Al no estar seguro de si estaba dormido o despierto, no tenía razón para pensar que todo era un sueño o algo más que una visión. Este tipo de situaciones no son infrecuentes, ya que incluso las personas perfectamente despiertas, cuando están llenas de temor y superstición, y se encuentran solas en la oscuridad, son propensas a tener fantasías similares. En tales momentos, pueden creer ver espíritus y apariciones de personas fallecidas merodeando por los cementerios. Sin embargo, en realidad, todo se reduce a su imaginación o al engaño de individuos que, aprovechándose del miedo ajeno, se disfrazan y deambulan por lugares oscuros para sus propios propósitos.

La incapacidad para distinguir entre los sueños y otras fantasías, por un lado, y las experiencias reales, por otro, ha sido la raíz de muchas creencias religiosas en tiempos antiguos. En épocas pasadas, los gentiles adoraban a entidades como sátiros, faunos, ninfas y otras invenciones similares. De manera similar, hoy en día, la gente común aún alimenta la creencia en hadas, fantasmas y duendes, así como en el supuesto poder de las brujas.

Personalmente, no creo que las brujas posean algún poder real de brujería. Sin embargo, son castigadas por la falsa creencia de que pueden causar daño, así como por su intención de hacerlo si pudieran. Sus prácticas se asemejan más a una especie de culto religioso que a un verdadero arte o ciencia. En cuanto a las creencias sobre hadas y fantasmas, probablemente se originaron, o al menos fueron perpetuadas, para justificar el uso de rituales como exorcismos, cruces y agua bendita, inventados por personas supersticiosas. Aunque es cierto que Dios podría manifestarse de manera sobrenatural, no es un dogma cristiano creer que lo hace con la frecuencia suficiente como para que los hombres teman tales manifestaciones más que los cambios naturales en el curso de la vida, que también pueden ser asombrosos.

Los individuos malintencionados, aprovechándose del hecho de que Dios es omnipotente, difunden todo tipo de afirmaciones que les convienen, aun-

6 Esta batalla ocurrió en el año 42 a.C., en Macedonia. Luchaban los ejércitos de Marco Antonio y Octavo contra las fuerzas de los asesinos de Julio César, Marco Junio Bruto y Cayo Lasio Longino.

que sepan que son falsas. La sabiduría implica no aceptar tales afirmaciones a menos que la razón las respalde. La eliminación de estas supersticiones y el miedo a los espíritus conduciría a una mayor capacidad de las personas para participar en la sociedad de manera responsable y racional, sin ser manipuladas por aquellos que buscan poder a través del engaño.

La función primordial de las escuelas debería ser desafiar estas concepciones, pero lamentablemente suelen perpetuarlas. Esto se debe a que, al desconocer el verdadero funcionamiento de la imaginación y las sensaciones, enseñan lo que han recibido por tradición, sin cuestionarlo.

Algunos sostienen que las imágenes que creamos surgen de manera espontánea en nuestro interior, sin una causa definida. Otros afirman que son el resultado directo de nuestra voluntad; que los pensamientos buenos provienen de la inspiración divina, mientras que los malvados son instigados por fuerzas diabólicas. También hay quienes argumentan que nuestros sentidos recogen la información de las cosas y la transmiten al sentido común, luego a la fantasía, la memoria y, finalmente, al juicio. Sin embargo, esta explicación parece más una repetición de conceptos vacíos que una verdadera comprensión del proceso.

En cuanto al *entendimiento*, podemos considerar la imaginación que surge en los seres humanos (y en otros animales dotados de esta facultad) a través del uso de palabras u otros signos como una forma de entendimiento. Esto es algo que compartimos tanto con los animales como con los hombres. Por ejemplo, un perro puede aprender a entender los comandos o las reprimendas de su dueño mediante el hábito. Sin embargo, el entendimiento humano va más allá de simplemente comprender la voluntad; implica también la capacidad de procesar y organizar nuestros pensamientos y concepciones a través del lenguaje, formando afirmaciones, negaciones y otras formas de expresión. Este tipo de entendimiento humano será abordado con detalle más adelante.

Capítulo III
Sobre la consecuencia o la cadena de pensamientos

Al hablar de la *consecuencia* o *cadena* de pensamientos, nos referimos a la sucesión de un pensamiento tras otro, lo que llamamos *discurso mental* para distinguirlo del *discurso verbal.* Cuando alguien piensa en algo, el siguiente pensamiento no surge de manera aleatoria, sino que está ligado de alguna forma al anterior.

Así como no podemos tener imágenes en nuestra mente si antes no las hemos percibido a través de nuestros sentidos, tampoco podemos pasar de una imagen a otra si no hemos tenido esa experiencia sensorial previamente. La razón es clara: todas nuestras fantasías son movimientos que se producen internamente, remanentes de las sensaciones que hemos experimentado. Estos movimientos, que surgen inmediatamente después de las sensaciones, continúan de manera coherente una vez que estas han pasado.

Es como si el primer movimiento volviera a ocupar un lugar predominante y, por ende, guiara al siguiente, como el agua que se desplaza sobre una mesa al ser empujada de un lado a otro. Sin embargo, al igual que en nuestras experiencias sensoriales, donde una cosa es seguida por otra, en el tiempo, al imaginar algo, no podemos prever con certeza qué pensamiento surgirá a continuación. Lo único seguro es que algo debió ocurrir antes, en algún momento u otro.

Secuencia de pensamientos sin rumbo: Esta secuencia de pensamientos, o discurso mental, se puede clasificar en dos tipos. El primero carece de dirección y propósito, es voluble; no hay una emoción dominante que guíe y atraiga hacia sí a los siguientes pensamientos, convirtiéndolos en el objetivo de algún deseo o pasión. En este caso, los pensamientos fluctúan y parecen desconectados entre sí, como en un sueño. Esta es la condición común de aquellos que no solo están aislados, sino que tampoco tienen preocupaciones por nada más. Aunque estos pensamientos puedan ser tan activos como en otras ocasiones, carecen de armonía, como el sonido de un laúd desafinado en manos de un aficionado; o bien afinado, en manos de alguien que no sabe tocarlo. Sin embargo, incluso en este extraño estado de la mente, uno puede percibir a menudo la conexión y dependencia de un pensamiento con respecto a otro.

Por ejemplo, en una discusión sobre nuestra guerra civil actual[7], ¿qué

7 Cuando este libro fue publicado (año 1651), habían pasado pocos años desde que "culminara" la guerra civil inglesa (de 1642 a 1644, y Hobbes comenzó a escribirlo alrededor del 1646). Es interesante tener en cuenta que con la publicación de este libro Hobbes despertó muchas antipatías entre los anglicanos y los católicos franceses, por lo que en 1651 apeló al gobierno inglés revolucionario para su protección y escapó a Londres.

podría parecer más absurdo que preguntar (como alguien ya lo hizo) sobre el valor de una moneda romana? A pesar de ello, la coherencia, en mi opinión, era sorprendente, ya que el pensamiento sobre la guerra evocaba la idea de una traición del rey a sus enemigos; este pensamiento sugería la traición de Cristo; a su vez, esto llevaba al recuerdo de los treinta denarios que fueron el precio de aquella traición: de forma bastante clara se infiere de aquí aquella pregunta maliciosa; y todo esto en un instante, porque el pensamiento es veloz.

Secuencia de pensamientos organizados: La segunda categoría es más consistente, ya que está dirigida por algún deseo o propósito. Las impresiones dejadas por las cosas que anhelamos o tememos son tan intensas y duraderas que a veces interrumpen nuestro sueño o, cuando se desvanecen temporalmente, regresan rápidamente. La fuerza de estos deseos a menudo nos lleva a reflexionar sobre los medios que han producido efectos similares a los que buscamos; de ahí surgen las ideas sobre los métodos que podríamos emplear para alcanzar nuestro objetivo, y así sucesivamente, hasta que encontramos un inicio que sea alcanzable para nosotros. Cuando nuestra mente divaga, el recuerdo del objetivo nos devuelve rápidamente al camino correcto. Este principio fue observado por uno de los siete sabios[8], quien nos aconsejó: 'Respice finem'[9], es decir, en todas tus acciones, mantén en mente lo que deseas alcanzar, ya que esto guiará tus pensamientos hacia el camino para lograrlo.

La secuencia de pensamientos organizados se divide en dos tipos. El primero es cuando investigamos las causas o los medios que pueden producir un efecto imaginado; esto es común tanto en humanos como en animales. El segundo es cuando, al imaginar algo, intentamos determinar los posibles efectos que podríamos lograr con ello, es decir, imaginamos qué podríamos hacer con esa cosa si la tuviéramos. Esta segunda categoría es exclusiva de los humanos y raramente se encuentra en otras criaturas vivas que solo experimentan pasiones sensoriales básicas como el hambre, la sed, el deseo sexual y la ira. En resumen, cuando nuestros pensamientos están dirigidos por un propósito, el discurso mental se convierte en una búsqueda creativa o una facultad inventiva, lo que los antiguos llamaban 'sagacitas' y 'solertia'; una investigación de las causas de un efecto presente o pasado, o de los efectos de una causa pasada o presente. A veces, el individuo busca lo que ha perdido, y desde el momento en que nota su falta, su mente retrocede en el tiempo y el espacio para recordar dónde y cuándo lo tenía, con el objetivo de iniciar una investigación metódica. Luego, vuelve a esos lugares y tiempos para descubrir qué acciones o circunstancias podrían haberlo llevado a perderlo.

---

8 Esto hace referencia a los sietes sabios de Grecia, un grupo de filósofos, legisladores y estadistas que vivieron del 620 al 550 a.C.

9 Expresión latina, significa "considera el final".

Es lo que conocemos como *recuerdo* o evocación: los antiguos romanos lo llamaban *reminiscentia*, considerándolo como un reconocimiento de nuestras acciones pasadas. En ocasiones, uno tiene en mente un lugar específico dentro del cual necesita investigar; entonces, sus pensamientos exploran cada rincón de ese lugar, de la misma manera en que buscaríamos un objeto perdido en una habitación, o como un perro rastrearía el campo en busca de un rastro, o como alguien consultaría un diccionario para encontrar una palabra que rime.

Previsión: A veces, uno desea prever el curso de una acción determinada; entonces, reflexiona sobre acciones pasadas similares y sus consecuencias posteriores, asumiendo que situaciones similares darán lugar a acciones similares. Por ejemplo, cuando uno quiere prever qué le sucederá a un criminal, recuerda lo que ha visto ocurrir en crímenes similares: el crimen, la intervención de las autoridades, el arresto, el juicio y la condena. Este tipo de pensamiento se llama *previsión*, prudencia o providencia, e incluso sabiduría en ocasiones, aunque tales suposiciones, dada la dificultad de tener en cuenta todas las circunstancias, pueden ser muy engañosas. Sin embargo, algunos individuos tienen una experiencia mucho más amplia de hechos pasados que otros, y, en consecuencia, son más prudentes; sus predicciones raramente fallan. El presente es solo una realidad en la naturaleza; los eventos pasados solo existen en la memoria; pero los eventos futuros no tienen realidad alguna. El futuro es sólo una construcción mental, en la que aplicamos las consecuencias de acciones pasadas a las acciones presentes; aquellos con más experiencia lo hacen con mayor certeza, pero nunca con certeza absoluta. Aunque se le llame prudencia cuando las predicciones resultan correctas, en realidad es una presunción. La capacidad de prever los eventos futuros, conocida como providencia, pertenece solo a aquel cuya voluntad los hace realidad. Solo Él, de forma sobrenatural, puede otorgar la profecía. El mejor profeta, en la mayoría de los casos, es simplemente el más perspicaz; y el más perspicaz es aquel que está más informado y educado en los temas que examina, ya que tiene más señales para interpretar.

Señales: Un indicio es el hecho que precede a otro; y viceversa, el resultado es el evento que sigue a otro, cuando se han observado previamente las mismas secuencias. Cuantas más veces se han observado, menos incierto es el indicio y, por ende, aquel con más experiencia en cualquier tipo de asunto posee más señales para prever el futuro. En consecuencia, es más prudente, mucho más que alguien nuevo en ese campo y que no tiene la ventaja compensatoria de un talento natural y poco común, aunque a veces muchos jóvenes piensan lo contrario. Sin embargo, la prudencia no es lo que diferencia al hombre del animal. Hay animales que, a la edad de uno, observan y persiguen lo que es beneficioso para ellos con más astucia que un niño de diez años.

La *prudencia* es una *suposición del futuro* basada en la experiencia *del pasado*; pero también existe una suposición sobre cosas pasadas, deducida de otras cosas que no son futuras, sino también pasadas. Quien ha observado cómo un estado floreciente cae primero en la guerra civil y luego en la ruina, al presenciar la ruina de otro estado, inferirá que las causas fueron las mismas guerras y los mismos eventos. Pero esta inferencia tiene el mismo grado de incertidumbre que la predicción del futuro; ambas se basan únicamente en la experiencia.

Hasta donde recuerdo, no existe otra actividad de la mente humana, innata en ella, que no requiera más que haber nacido humano y hacer uso de los cinco sentidos. A través del estudio y el trabajo, se adquieren y desarrollan otras habilidades de las que hablaré más adelante, y que parecen exclusivas del ser humano. Muchas personas las adquieren a través de la educación y la disciplina, y todas derivan de la invención de palabras y lenguaje. Porque más allá de las sensaciones y los pensamientos, la mente humana no experimenta otro movimiento, aunque con la ayuda del lenguaje y el método, estas mismas facultades pueden ser elevadas a tal grado que distingan al hombre de todas las demás criaturas vivientes.

Cualquier cosa que nos imaginemos tiene *límites*. Por lo tanto, no hay idea o concepto que podamos considerar como *infinito*. Ningún ser humano puede concebir en su mente algo infinito ni entender la sabiduría infinita, el tiempo sin fin, la fuerza ilimitada o el poder sin límites. Cuando hablamos de algo como infinito, simplemente queremos decir que no podemos comprender completamente los términos y límites de lo mencionado, lo que refleja nuestra propia limitación mental. De esta manera, el nombre de Dios se utiliza no para que podamos entenderlo (ya que es *incomprensible* y su grandeza y poder son inconcebibles), sino para que podamos rendirle honor. Como mencioné anteriormente, cualquier cosa que concebimos ha sido previamente percibida por nuestros sentidos, ya sea en su totalidad o en partes, y un ser humano no puede tener una idea que represente algo que no pueda ser experimentado a través de los sentidos. Por lo tanto, nadie puede concebir algo sin imaginarlo en algún lugar específico, con un cierto tamaño y susceptible de ser dividido en partes; no tiene sentido que una cosa esté completamente en un lugar y simultáneamente en otro, ni que dos o más cosas ocupen el mismo lugar al mismo tiempo. Estas ideas son absurdas y han sido propuestas sin razón por filósofos fracasados y por escolásticos que han sido engañados o que intentan engañar.

Capítulo IV
Sobre el lenguaje

La invención de la *imprenta*, aunque fue algo tremendamente notable, no se compara con la importancia de la creación de las *letras*. No sabemos quién fue el primero en descubrir el uso de las letras, aunque se dice que Cadmo, hijo de Agenor, rey de Fenicia, las introdujo en Grecia[10]. Este invento fue esencial para preservar la memoria del pasado y conectar a la humanidad, dispersa en tantas regiones diferentes. Fue un logro complejo, resultado de una observación minuciosa de los movimientos de la lengua, el paladar, los labios y otros órganos del habla, y requirió la creación de distintos caracteres para su memorización.

Sin embargo, la invención más noble y beneficiosa de todas fue la del *lenguaje*, basado en *nombres* y su *interrelación*. Gracias al lenguaje, los humanos pueden registrar sus pensamientos, recordarlos después y comunicarse entre sí para su mutuo beneficio y convivencia. Sin él, no existirían el gobierno, la sociedad, los contratos ni la paz; la vida sería similar a la de los leones, osos y lobos. El primer autor del lenguaje fue Dios mismo, quien enseñó a Adán a nombrar a las criaturas que le iba mostrando. La Escritura no proporciona más detalles sobre este asunto.

Esto fue suficiente para que los humanos añadieron nuevos nombres a medida que la experiencia y el uso de las criaturas lo requerían, permitiéndoles comunicarse de manera mucho más efectiva. Así, con el tiempo, el lenguaje se fue desarrollando hasta llegar a la forma en que lo usamos hoy en día, aunque no sea tan extenso como un orador o filósofo podría necesitar. No encuentro en la Escritura ninguna indicación de que Adán haya aprendido los nombres de todas las formas, cosas, medidas, colores, sonidos, fantasías y relaciones, y mucho menos los términos lingüísticos técnicos como *general*, *especial*, *afirmativo*, *negativo*, *indiferente*, *optativo*, *infinitivo*, que resultan tan útiles y necesarios. Menos aún términos como *entidad*, *intencionalidad*, *quididad* y otro insignificantes de los Escolásticos[11].

Origen y uso del lenguaje: El lenguaje comenzó con Adán y su descendencia, pero se perdió en la Torre de Babel cuando Dios castigó a la humanidad por su rebelión, causando que olvidaran su idioma original. Forzados a dispersarse por el mundo, surgió la diversidad de lenguas que conocemos

10 En la mitología griega Cadmos es el héroe fundador de Tebas beocia; gracias a él se introdujo el alfabeto en Grecia, así como el arado, la agricultura y la fundación de metales.

11 La escolástica era una corriente teológica y filosófica de la edad media, que se valió de la filosofía grecolatina clásica para comprender la revelación religiosa del cristianismo.

hoy, evolucionando con el tiempo según la necesidad, la madre de todas las invenciones, y creciendo en complejidad y riqueza.

Uso del lenguaje: El propósito fundamental del lenguaje es convertir nuestros pensamientos en palabras, y esto con dos objetivos principales: como un registro de pensamientos, es decir, para mantener un registro de nuestras ideas, que pueden escaparse de nuestra memoria cuando nos enfocamos en nuevas tareas y situaciones, usamos entonces palabras como marcas o notas para recordar. Y un segundo objetivo sería para que las personas puedan expresar y compartir lo que piensan, sienten, desean, temen o lo que despierta en ellas otras emociones, aquí entonces utilizamos las palabras como signos.

En cuanto a los usos específicos del lenguaje, son los siguientes:

1. Registro de conocimientos: El lenguaje nos permite documentar nuestras meditaciones sobre las causas y motivos de las cosas presentes o pasadas, y predecir sus posibles efectos en el futuro. Este es el fundamento de las artes y ciencias.
2. Compartir conocimientos: Podemos transmitir nuestro entendimiento y sabiduría a otros, es decir, aconsejar y enseñar.
3. Expresar deseos y propósitos: Nos comunicamos para coordinar acciones y poder ayudarnos mutuamente.
4. Entretenimiento y placer: Utilizamos el lenguaje para divertirnos y deleitarnos a nosotros mismos y a los demás, jugando inocentemente con las palabras.

En resumen, el lenguaje es una herramienta esencial que ha evolucionado con la humanidad, permitiéndonos recordar, comunicar, enseñar, cooperar y disfrutar en nuestras interacciones diarias.

Abusos del lenguaje. El lenguaje, aunque esencial para la comunicación, también tiene sus abusos. Estos se manifiestan de las siguientes maneras:

1. Registro erróneo de pensamientos: Cuando las personas registran sus ideas de forma incorrecta debido a la inconsistencia en la significación de sus palabras, terminan registrando conceptos que nunca han concebido realmente, engañándose a sí mismas.
2. Uso metafórico inadecuado: Utilizar palabras de forma metafórica, en un sentido diferente al que fueron concebidas, puede llevar a engañar a los demás.
3. Falsedad deliberada: Declarar intenciones o deseos mediante palabras cuando en realidad no son ciertas.
4. Uso ofensivo del lenguaje: Utilizar palabras para agraviar unos a otros. Si bien la naturaleza dota a las criaturas de medios

físicos para defenderse, usar la lengua como arma es un abuso, excepto cuando se trata de corregir a alguien bajo nuestra responsabilidad.

Aplicación y clasificación de nombres: El lenguaje se utiliza para recordar la relación entre causas y efectos mediante la asignación y conexión de nombres.

Puede haber nombres propios y universales. Los nombres propios son aquellos que identifican a una sola entidad específica, como "Pedro" o "este árbol". Los nombres universales, por otro lado, se aplican a diversas cosas que comparten ciertas características, como "hombre" o "animal". Aunque cada uno de estos nombres representa una categoría, en realidad, designan múltiples entidades individuales. Los nombres universales pueden tener diferentes niveles de generalidad: pueden ser más amplios, como "cuerpo", que incluye a "hombre". Pueden ser iguales en extensión, como "hombre" y "racional", es decir que se comprenden mutuamente. Es importante señalar que un nombre no siempre es una sola palabra; a veces, puede ser una frase que actúa como un solo nombre, como "el que en sus acciones observa las leyes de su país", equivalente a "justo".

La transformación del pensamiento en lenguaje se logra mediante la utilización de nombres con diferentes niveles de significación, organizamos nuestras ideas y pensamientos de manera más clara y estructurada. Por ejemplo, una persona sorda y muda de nacimiento puede observar que los tres ángulos de un triángulo son iguales a dos ángulos rectos al comparar visualmente las figuras. Sin embargo, quien tiene el uso del lenguaje puede entender y formular la regla general de que "todo triángulo tiene sus tres ángulos iguales a dos ángulos rectos". Esta capacidad de abstracción y generalización permite que las conclusiones particulares se registren y recuerden como normas universales, liberando nuestro pensamiento de las limitaciones de tiempo y lugar y facilitando la aplicación de estas verdades en cualquier contexto. De este modo, el lenguaje no solo nos permite comunicar nuestras ideas y deseos, sino también registrar y recordar conocimientos de manera más efectiva, transformando observaciones específicas en verdades universales aplicables en cualquier situación.

Uso del Lenguaje y la numeración: El uso de las palabras para registrar nuestros pensamientos es más evidente en la numeración. Un individuo con una discapacidad intelectual que no haya aprendido el orden de los números, como uno, dos, y tres, puede contar los toques de una campana diciendo "uno, uno, uno," pero nunca sabrá la hora. En tiempos antiguos, cuando no existían términos numéricos, las personas contaban usando los dedos de una o ambas manos. Esta práctica ha influido en que muchas culturas utilicen una base de diez en su numeración, aunque algunas utilizan una base de cinco antes de reiniciar. Si alguien puede contar hasta diez pero recita los números sin orden, se perderá y no sabrá cuántos ha contado. Mucho menos podrá sumar, restar o realizar cualquier operación aritmética. Así que, sin palabras, no hay posibilidad de calcular números, magnitudes, velocidades, fuerzas y otras medidas cruciales para la existencia y el bienestar humano.

Verdad y Falsedad en el Lenguaje: Cuando juntamos dos nombres en una afirmación, como "un hombre es un ser vivo," la veracidad de esta afirmación depende de si el término "ser vivo" incluye todo lo que implica "hombre." Si es así, la afirmación es verdadera; si no, es falsa. La verdad y la falsedad son atributos del lenguaje, no de las cosas. Sin lenguaje, no hay verdad ni falsedad, aunque puede haber error, como cuando esperamos algo que no puede suceder o sospechamos algo que no ha ocurrido. Sin embargo, estos errores no implican falta de verdad.

La Importancia de las definiciones: La verdad depende de la correcta ordenación de los nombres en nuestras afirmaciones. Para buscar la verdad precisa, es esencial recordar el significado de cada nombre y usarlos adecuadamente. De lo contrario, uno puede enredarse en sus propias palabras, como un pájaro en una trampa, cuanto más intente liberarse, más atrapado quedará. Por esta razón, en geometría (la única ciencia que, según se dice, Dios complació en revelar a la humanidad), los estudios comienzan definiendo los términos. Esta fijación de significados se llama definición y se coloca al inicio de todas las investigaciones.

Esto resalta la necesidad de que quienes buscan el verdadero conocimiento examinen las definiciones de autores anteriores. Es crucial corregir aquellas que se han formulado de manera descuidada o crear nuevas definiciones. Los errores en las definiciones tienden a multiplicarse a medida que la investigación avanza, llevando a conclusiones absurdas que, eventualmente, se hacen evidentes e inevitables, a menos que se reinicie la investigación desde el principio. Este es el origen de muchos errores. Confiar ciegamente en los libros es como sumar pequeñas cantidades sin verificar si son correctas, solo para descubrir al final que se ha cometido un error, sin cuestionar los fundamentos iniciales. Al darse cuenta del error, no saben cómo proceder para aclarar los hechos. Pierden tiempo revisando sus libros, como pájaros atrapados en una habitación que se lanzan contra una ventana de cristal en lugar de encontrar la salida. Por eso, definir correctamente los términos es esencial para adquirir conocimiento. Las definiciones incorrectas, o la falta de definiciones, son la raíz de todas las hipótesis erróneas e insensatas. Aquellos que basan su conocimiento en la autoridad de los libros y no en su propio razonamiento se encuentran tan alejados de la verdadera ciencia como los ignorantes. La verdadera ciencia y las doctrinas erróneas tienen en común la ignorancia.

Sobre el uso y abuso del lenguaje: es cierto que el sentido común y la imaginación no caen en el absurdo; la naturaleza no se equivoca. Sin embargo, con el uso de las palabras, los hombres pueden volverse extremadamente sabios o extremadamente locos, excepto en casos de enfermedades o defectos en los órganos. Los hombres sabios usan las palabras para sus propios cálculos y razonamientos, mientras que muchos otros confían en la autoridad de figuras como Aristóteles, Cicerón, Tomás de Aquino, entre otros.

En cuanto *al papel de los nombres en el razonamiento,* se puede decir que cualquier cosa que pueda ser contada, sumada o restada se considera sujeta a nombres. Los latinos llamaban "rationes" a las cuentas y "ratiocinatio" al acto de contar, y lo que en los libros de contabilidad se llama "partidas," ellos lo llamaban "nomina," es decir, nombres. De aquí parece derivarse la extensión del término "ratio" a la facultad de calcular en otros contextos. Los griegos tenían una sola palabra para "lenguaje" y "razón," implicando que no hay razonamiento sin lenguaje. Al acto de razonar lo llamaban "silogismo," que significa resumir la consecuencia de una cosa respecto a otra. Como las mismas cosas pueden considerarse desde diversos ángulos, sus nombres reflejan esta diversidad y se agrupan en cuatro categorías generales:

1. Consideración de la materia: una cosa puede considerarse como materia o cuerpo, o bajo atributos específicos como ser viva, simple, racional, caliente, fría, en movimiento o en reposo. Todos estos términos se agrupan bajo el concepto de materia o cuerpo.
2. Consideración de los accidentes: podemos considerar algún accidente o cualidad presente en las cosas, como ser movido, tener una longitud, estar caliente, etc. Para esto, transformamos ligeramente el nombre de la cosa en un nombre para el accidente: vida para viviente, movimiento para movido, calor para caliente, longitud para largo, y así sucesivamente. Estas denominaciones se llaman nombres de accidentes o propiedades, y son nombres abstractos porque se separan del cómputo directo de la materia.
3. Propiedades de nuestro propio cuerpo: son aquellas propiedades de nuestro propio cuerpo a través de las cuales podemos distinguir diferentes tipos de cosas. Por ejemplo, cuando vemos algo, no consideramos la cosa en sí, sino lo que observamos como tal, el color, la idea de ese *algo* en nuestra imaginación. Al oír algo, captamos el sonido o la audición, que es una concepción adquirida por el oído. Estos son los nombres de las imágenes.

4. Uso de nombres positivos: tomamos en cuenta y nombramos a los nombres y expresiones mismos. Las palabras general, universal, especial y equívoco son nombres de nombres. Afirmación, interrogación, narración, silogismo y oración son nombres de expresiones. Esta es la variedad de nombres positivos que se usan para señalar algo en la naturaleza o que puede ser imaginado por la mente humana.

Nombres negativos y sus usos: También existen nombres negativos, que indican que una palabra no corresponde a la cosa en cuestión, como nada, nadie, infinito, indescriptible, tres no son cuatro, etc. Aunque no nombran ninguna cosa, son útiles en el cálculo y la corrección, recordándonos pensamientos pasados y rechazando el uso incorrecto de nombres.

Palabras sin significación: Todos los demás nombres que no tienen significado son solo sonidos sin sentido y pueden ser de dos tipos. Primero, aquellos nuevos cuyo significado aún no se ha definido, abundantes entre escolásticos y filósofos enrevesados. Segundo, aquellos formados por nombres contradictorios, como cuerpo incorpóreo o sustancia incorpórea. Si una afirmación es falsa, unir sus términos en un solo nombre produce un sinsentido. Por ejemplo, círculo cuadrado o virtud insuflada son tan absurdos como círculos cuadrados. Estas palabras sin sentido a menudo provienen de términos latinos y griegos. Un francés rara vez llamará a su Salvador con el nombre de Palabra, sino con el de Verbo, aunque ambos significan lo mismo en diferentes idiomas.

Comprensión: Cuando una persona escucha una frase y sus pensamientos se alinean con el significado de las palabras y su conexión, se dice que la comprende. La comprensión es simplemente la concepción derivada del discurso. Así, si el lenguaje es exclusivo del ser humano, la comprensión también lo es. Por lo tanto, de afirmaciones absurdas y falsas, especialmente si son universales, no puede surgir una verdadera comprensión; aunque algunos creen entenderlas, en realidad solo repiten las palabras y las memorizan.

Expresiones de emociones: Hablaré de las distintas expresiones que reflejan apetitos, aversiones y pasiones de la mente humana, y de su uso y abuso, después de abordar las pasiones en detalle.

Nombres inconstantes: Los nombres de las cosas que nos afectan, es decir, lo que nos gusta y disgusta, tienen significados inconstantes en el discurso cotidiano. Esto se debe a que las mismas cosas no afectan a todas las personas de la misma manera, ni siquiera a la misma persona en distintos momentos. Los nombres se usan para dar significado a nuestras concepciones, y nuestros afectos no son más que concepciones. Así, cuando percibimos las cosas de manera diferente, inevitablemente las llamamos de manera distinta.

Aunque la naturaleza de lo que concebimos sea la misma, la diversidad en nuestra percepción, motivada por nuestras distintas constituciones corporales y prejuicios de opinión, le da a cada cosa el matiz de nuestras pasiones individuales.

Por eso, al razonar, una persona debe considerar el contexto de las palabras, ya que, además de su significado natural, también llevan el peso de la naturaleza, disposición e intereses de quien las usa. Esto es evidente en los nombres de virtudes y vicios; lo que uno llama sabiduría, otro lo llama temor; lo que uno llama crueldad, otro lo llama justicia; lo que uno llama prodigalidad, otro lo llama magnanimidad; y lo que uno llama gravedad, otro lo llama estupidez. Por consiguiente, tales nombres no pueden ser la base de un razonamiento sólido. Tampoco pueden serlo las metáforas y tropos del lenguaje, aunque estos últimos son menos peligrosos porque su inconsistencia es más evidente.

Capítulo V
Sobre la razón y la ciencia

¿Qué es la razón? Cuando una persona razona, básicamente está calculando: suma partes para obtener un total o resta una cantidad de otra para obtener un residuo. Esto, aplicado a las palabras, significa combinar nombres de cosas para formar el nombre del conjunto, o a partir de los nombres del conjunto y una parte, deducir el nombre de la otra parte. Aunque en matemáticas también multiplicamos y dividimos, estas operaciones son simplemente sumas de iguales y restas repetidas, respectivamente. Estas operaciones se aplican no solo a los números, sino a cualquier cosa que pueda sumarse o restarse.

De igual manera, los aritméticos enseñan a sumar y restar números, mientras que los geómetras lo hacen con líneas, figuras, ángulos, proporciones, tiempos, velocidades, fuerzas y otros conceptos similares. Los lógicos aplican estos principios a las palabras: combinan nombres para crear afirmaciones, dos afirmaciones para formar un silogismo, y varios silogismos para construir una demostración; y de la conclusión de un silogismo restan una proposición para encontrar la otra. Los politólogos combinan pactos para establecer deberes humanos, y los juristas, leyes y hechos para determinar lo justo y lo injusto en las acciones de las personas. En cualquier ámbito donde haya adición y sustracción, hay lugar para la razón; y donde estas no se aplican, la razón no tiene cabida.

Definición de razón: Con base en lo anterior, podemos definir qué es y qué significa la palabra "razón" cuando hablamos de ella como una facultad mental. RAZÓN, en este contexto, no es más que el cálculo (es decir, suma y resta) de las consecuencias de los nombres generales acordados para representar y comunicar nuestros pensamientos. Usamos el término "representar" cuando el cálculo se refiere a nosotros mismos, y "comunicar" cuando compartimos o validamos nuestros cálculos con otros.

La verdadera razón: Así como en la Aritmética, los no expertos pueden cometer errores y los mismos profesionales pueden equivocarse y hacer cálculos incorrectos, en otros campos del razonamiento, incluso las personas más capaces, atentas y experimentadas pueden engañarse a sí mismas e inferir conclusiones incorrectas. Porque la razón, en sí misma, es siempre precisa, al igual que la Aritmética es un arte exacto e infalible. Sin embargo, ni la razón de una sola persona ni la de un grupo de personas constituye la certeza; un cálculo no puede considerarse correcto solo porque un gran número de personas lo haya aprobado unánimemente.

Razón y controversia: Cuando surge una disputa sobre un cálculo, las partes involucradas deben acordar recurrir a un árbitro o juez, cuya decisión servirá como referencia objetiva para ambas. Sin esto, la controversia se convertiría en un debate interminable, sin resolución clara. Esto es aplicable a cualquier tipo de discusión. Aquellos que se consideran más sabios que los demás y reclaman la verdadera razón como juez, están en realidad imponiendo su propia perspectiva como la única válida. Esto es tan insostenible en una sociedad como intentar cambiar las reglas de un juego para aprovechar la mano que se tiene. En tales casos, estos individuos no están apelando a la razón verdadera, sino a sus propias pasiones, mostrando así su falta de verdadera razón.

Uso de la razón: El propósito de la razón no es simplemente encontrar una verdad aislada, sino comenzar con definiciones y avanzar de una consecuencia a otra de manera lógica. No puede haber certeza en una conclusión final sin estar seguros de todas las afirmaciones y negaciones que la sustentan. Es como un jefe de familia que registra los totales de las facturas pagadas sin verificar cada suma individual; confiar ciegamente en la destreza y honestidad de los acreedores no aporta claridad. Del mismo modo, confiar en conclusiones basadas en la autoridad de los autores sin verificar cada paso desde las definiciones iniciales es inútil; no se entiende realmente, solo se cree.

Error y absurdo: Cuando alguien calcula sin palabras, simplemente a través de la observación y deducción (por ejemplo, prediciendo eventos futuros basados en eventos presentes), y se equivoca, eso se llama error. Incluso las personas prudentes pueden cometer errores. Sin embargo, cuando razonamos con palabras generales y llegamos a conclusiones incorrectas, eso es un absurdo, una expresión sin sentido. Un error es una suposición fallida sobre lo que ha pasado o lo que pasará, algo que no implica una imposibilidad. Pero una afirmación general incorrecta es inconcebible. Las palabras que no tienen un significado claro son absurdas e insensatas. Por ejemplo, hablar de un "rectángulo redondo" o de "sustancias inmateriales" no es un error, sino que las palabras carecen en sí de sentido.

Superioridad del hombre en la razón: Como mencioné anteriormente, el hombre supera a los demás animales en su capacidad de prever consecuencias y efectos. Añadiré ahora que, mediante el uso de las palabras, puede formular estas observaciones en reglas generales, llamadas teoremas o aforismos. Así, el hombre puede razonar o calcular no solo en números, sino en todo lo que puede sumarse o restarse.

El absurdo en la filosofía: Aparte del privilegio de la razón, los filósofos están sujetos a otro privilegio: el privilegio del absurdo, del cual ninguna otra criatura viva está exenta excepto el hombre. Dentro de la humanidad, aquellos que se dedican a la filosofía son particularmente propensos a ello. Como dijo Cicerón, no hay nada tan absurdo que no se pueda encontrar en los escritos de los filósofos. ¿Y por qué ocurre esto? La razón es clara: ninguno de ellos comienza su razonamiento desde las definiciones o explicaciones de los términos que emplean, un método que solo se emplea en Geometría, lo que ha conferido a las conclusiones de esta ciencia una indiscutible solidez.

Podemos mencionar algunas causas del absurdo:

- La primera causa del absurdo radica en la falta de método, al no comenzar el razonamiento con definiciones que establezcan el significado de las palabras. Es como querer contar sin conocer el valor de los números: 1, 2 y 3.
- La segunda causa proviene de asignar nombres de cuerpos a accidentes, o viceversa. Algunos afirman que la fe es "inspirada" o "infundida", cuando nada puede ser insuflado o introducido en algo que no sea un cuerpo. O que la extensión es un cuerpo; que los fantasmas son espíritus, y así sucesivamente.
- La tercera causa surge al asignar nombres de accidentes de cuerpos externos a los accidentes de nuestros propios cuerpos. Por ejemplo, afirmar que el calor está en el cuerpo, o que el sonido está en el oído.
- La cuarta causa es la asignación de nombres de cuerpos a expresiones. Por ejemplo, afirmar que existen cosas "universales", que una criatura viva es un "género" o una "cosa general".
- La quinta causa ocurre al asignar nombres de accidentes a nombres y expresiones. Por ejemplo, afirmar que la "naturaleza" de una cosa es su definición, o que el "mandato" de un hombre es su voluntad.
- La sexta causa radica en el uso de metáforas, tropos y otras figuras retóricas en lugar de palabras precisas. En la búsqueda de la verdad, no se pueden admitir tales expresiones.
- La séptima causa se relaciona con nombres que no tienen significado real, sino que se aprenden rutinariamente en las escuelas, como "hipostático"[12], "transubstanciación"[13], "consubstanciación"[14], "eterno retorno"[15] y otras jergas similares de los escolásticos.

12 Expresión utilizada en textos filosóficos desde la antigüedad, en un principio se utilizaba para referirse a la existencia concreta de una cosa. Formalmente, hipóstasis es el estado que subyace o la sustancia subyacente, y es la realidad esencial que sostiene todo lo demás.

13 La transubstanciación o transustanciación es, según las enseñanzas de la Iglesia católica, la conversión de toda la sustancia del pan en la sustancia del cuerpo de Cristo, y de toda la sustancia del vino en la sustancia de su sangre.

14 La consubstanciación es una doctrina teológica que, por al contrario de la transustanciación defendida por los católicos, sostiene que en la eucaristía coexisten las sustancias del cuerpo y la sangre de Cristo con las del pan y el vino.

15 Esta expresión puede hacer referencia a la del eterno retorno, que es una concepción filosófica del tiempo postulada en forma escrita por primera vez en Occidente por el estoicismo que planteaba una repetición del mundo en donde este se extinguía para volver a crearse. En contraposición con la filosofía occidental, en el pensamiento oriental el eterno retorno llevará a la perfección del universo, pues en cada reinicio se pulirá cada hecho hasta ser perfecto.

La Racionalidad y la Ciencia: Evitar el absurdo no es una tarea sencilla, a menos que se tenga un razonamiento extenso, lo que puede llevar al olvido de lo acontecido previamente. Todos los seres humanos, por naturaleza, razonan de manera similar y lo hacen correctamente cuando poseen buenos fundamentos. ¿Quién sería tan insensato como para errar en Geometría y persistir en el error, si otros señalan sus equivocaciones?

El camino de la ciencia: La razón no es innata en nosotros como lo son los sentidos y la memoria, ni se adquiere sólo con la experiencia, como la prudencia. Se logra primero mediante la correcta imposición de nombres y luego aplicando un método lógico al avanzar desde los elementos, que son los nombres, hasta las afirmaciones hechas al conectar uno con otro. Así, progresamos hasta comprender todas las consecuencias de los nombres relacionados con el tema en cuestión: esto es lo que llamamos Ciencia.

La mente humana y la razón: Los niños no tienen razón hasta que dominan el uso del lenguaje; sin embargo, se les considera racionales debido a la posibilidad futura de usarla. Muchos adultos, aunque poseen cierta racionalidad, la aplican de manera limitada en la vida cotidiana. Respecto a la ciencia, están tan lejos de entenderla que la consideran un hechizo mágico.

La importancia de la claridad y la ciencia: En resumen, la mente humana se ilumina con palabras claras y definiciones precisas, la razón es el camino, el avance en la ciencia es el sendero, y el beneficio para la humanidad es el fin. Por otro lado, las metáforas, palabras ambiguas o sin sentido son como luces fatuas que conducen a absurdos infinitos, resultando en disputas o desdén.

Prudencia y Sabiduría: distinciones y señales: La diferencia entre prudencia y sapiencia se hace evidente al considerar que la experiencia es la base de la primera, mientras que la segunda se apoya en el conocimiento científico. Aunque a menudo usamos el término "sabiduría" para ambas, los antiguos latinos siempre distinguieron entre prudencia y sapiencia, asignando el primero a la experiencia y el segundo al conocimiento sistemático. Para ilustrar esta diferencia, imaginemos a dos hombres: uno posee una habilidad natural excepcional en el manejo de las armas, mientras que el otro ha combinado esa habilidad con un profundo conocimiento adquirido sobre las tácticas de combate. La destreza del primero sería comparable a la prudencia, mientras que la del segundo representaría la sapiencia: ambas son valiosas, pero la segunda es infalible.

Signos de la Ciencia: ciertos e inciertos. Los signos de la ciencia pueden ser seguros o inciertos. Son seguros cuando alguien puede enseñar y demostrar claramente la verdad de lo que afirma a otros. Por otro lado, son inciertos cuando solo algunos eventos específicos respaldan la afirmación, y en ciertas ocasiones prueban su validez. En contraste, todos los signos de prudencia son inciertos, ya que es imposible recordar todas las circunstancias que pueden influir en un resultado. En cualquier asunto donde no se cuente con un conocimiento infalible, renunciar al juicio propio y confiar ciegamente en generalizaciones de autores, sujetas a múltiples excepciones, es un signo de imprudencia, comúnmente llamado pedantería. Muchos que presumen de su erudición en política e historia en consejos de gobierno, muestran una notable falta de interés en los asuntos domésticos que afectan su interés personal. Aunque puedan ser prudentes en sus asuntos privados, valoran más la reputación de su ingenio que el éxito en los negocios públicos de otros.

Capítulo VI

Sobre el origen interno de las sugerencias voluntarias, también conocidas como las "pasiones", y de los términos por los que éstas pueden manifestarse

Movimiento vital y animal: En los animales, existen dos tipos de movimientos únicos. Los primeros son los movimientos vitales, que comienzan en la concepción y continúan sin interrupción durante toda la vida. Estos incluyen la circulación de la sangre, el pulso, la respiración, la digestión, la nutrición, la excreción, entre otros. Estos movimientos no requieren la intervención de la imaginación.

El segundo tipo son los movimientos animales, también conocidos como movimientos voluntarios, como caminar, hablar o mover una parte del cuerpo según lo que nuestra mente ha imaginado. Estos movimientos implican la activación de órganos y partes internas del cuerpo, provocada por la acción de lo que vemos, oímos, etc. Esta imaginación es la persistencia del movimiento después de las sensaciones mencionadas en los capítulos I y II. Como caminar, hablar y otros movimientos voluntarios dependen siempre de un pensamiento previo sobre el cómo, dónde y qué, es evidente que la imaginación es el inicio interno de todo movimiento voluntario. Aunque la gente sin educación no conciba movimiento alguno en algo invisible, estos movimientos existen. De hecho, ningún espacio es tan pequeño que, al moverse una parte mayor de la cual ese espacio es parte, no se mueva primero en esta última.

Impulso. Estos comienzos sutiles del movimiento dentro del cuerpo, antes de manifestarse en caminar, hablar, luchar y otras acciones visibles, se denominan comúnmente IMPULSOS.

Hambre, sed, apetito y deseo. Este impulso, cuando se orienta hacia algo que lo causa, se llama APETITO o DESEO; el segundo es el término general, mientras que el primero suele referirse específicamente al deseo de alimento, como el hambre y la sed.

Aversión. Cuando el impulso se manifiesta como alejamiento de algo, se denomina AVERSIÓN. Las palabras "apetito" y "aversión" provienen del latín; ambas representan movimientos: uno de acercamiento y otro de alejamiento. Los griegos tienen términos equivalentes para expresar estas ideas. La naturaleza misma impone ciertas verdades a la humanidad, y aquellos que buscan lo antinatural se enfrentan a ellas. Las escuelas no reconocen un movimiento actual en simples apetitos como ir, moverse, etc.; pero como deben aceptar algún tipo de movimiento, lo llaman movimiento metafórico, lo cual es una expresión absurda, ya que, aunque las palabras pueden ser metafóricas, los cuerpos y sus movimientos no lo son.

Amor y odio. Aquello que los hombres desean también se dice que lo AMAN, y ODIAN aquellas cosas por las que sienten aversión. Así, deseo y amor son la misma cosa, con la diferencia de que con el deseo se implica la ausencia del objeto, y con el amor, generalmente, su presencia. De manera similar, la aversión implica la ausencia del objeto, mientras que el odio sugiere su presencia.

Apetitos y aversiones. Algunos apetitos y aversiones nacen con el hombre, como el apetito por la alimentación o la necesidad de excreción y liberación (que también podría llamarse aversión a algo que se siente en el cuerpo). Otros apetitos por cosas específicas surgen de la experiencia y observación de sus efectos en nosotros mismos o en otros. De las cosas que desconocemos por completo o en las que no creemos, solo podemos tener el deseo de probar e intentar. En cuanto a la aversión, la sentimos no solo hacia cosas que sabemos que nos han dañado, sino también hacia algunas de las cuales no sabemos si nos dañarán o no.

Desprecio. Las cosas que no deseamos ni odiamos simplemente las despreciamos. El DESPRECIO no es más que una inercia del corazón, que resiste la influencia de ciertas cosas. Esto se debe a que el corazón está más estimulado por otros objetos de mayor impacto, o a la falta de experiencia respecto a lo que despreciamos. Dado que la constitución del cuerpo humano está en constante cambio, es imposible que las mismas cosas provoquen siempre los mismos apetitos y aversiones en una persona. Mucho menos pueden coincidir todos los hombres en el deseo por el mismo objeto.

Lo bueno y lo malo. Lo que de algún modo es objeto de cualquier apetito o deseo humano se denomina bueno, y el objeto de su odio y aversión, malo; aquello que se desprecia es considerado vil e insignificante. Sin embargo, estas palabras —bueno, malo y despreciable— siempre se usan en relación con la persona que las utiliza. No son absolutos. La regla del bien y del mal no se puede tomar de la naturaleza de los objetos mismos, sino del individuo (donde no existe un Estado) o (en un Estado) de la persona que lo representa, o de un árbitro o juez a quien los hombres permiten establecer e imponer como sentencia su criterio del bien y del mal.

Pulchrum y turpe. En latín, hay dos palabras que se aproximan a los conceptos de bueno y malo: pulchrum y turpe. Pulchrum se refiere a lo que por ciertos signos aparentes promete algo bueno, y turpe a lo que promete algo malo. En nuestro idioma, no tenemos términos tan generales para estas ideas. Para pulchrum, usamos palabras como fino, bello, lindo, galante, honorable, adecuado, amigable. Para turpe, usamos términos como necio, deforme, malvado, bajo, nauseabundo, según sea el caso. Todas estas palabras, en su significado propio, se refieren al aspecto o disposición que promete lo bueno o lo malo.

Agradable y provechoso vs. desagradable e inútil. Existen tres tipos de bueno: bueno en promesa (pulchrum), bueno en efecto como fin deseado (jocundo, deleitoso) y bueno como medio (útil, provechoso). De manera similar, hay tres tipos de malo: malo en promesa (turpe), malo en efecto y fin (molesto, desagradable, perturbador) y malo en los medios (inútil, inaprovechable, penoso). Así como en las sensaciones lo que realmente experimentamos es sólo movimiento causado por la acción de los objetos, cuando esta acción continúa desde los ojos, oídos y otros órganos hasta el corazón, el efecto real es movimiento o impulso, que consiste en apetito o aversión hacia el objeto en cuestión. La sensación de este movimiento es lo que llamamos DELEITE O TURBACIÓN DE LA MENTE.

Deleite y pesar. El impulso que se llama apetito y en su manifestación de deleite y placer es, en mi opinión, una reafirmación del movimiento vital y un apoyo para él. Por lo tanto, aquellas cosas que causan deleite se llaman propiamente jocundas, porque ayudan o fortalecen; y las contrarias, molestas, ofensivas, porque obstaculizan y perturban el movimiento vital. Placer es la sensación de lo bueno; molestia o desagrado, la sensación de lo malo. De aquí que todo deseo, apetito y amor esté acompañado de cierto deleite más o menos intenso; y todo lo odiado y la aversión, de desagrado y ofensa, mayor o menor.

Placeres de los sentidos y de la mente. En cuanto a los placeres o deleites, algunos surgen de la sensación de un objeto presente, llamados placeres de los sentidos. Son todas las operaciones y exoneraciones del cuerpo, como lo que es agradable a la vista, al oído, al gusto, al tacto y al olfato. Otros placeres nacen de la expectativa basada en la previsión de las consecuencias de las cosas, agradables o desagradables para los sentidos. Estos son placeres de la mente para quienes deducen tales consecuencias, comúnmente denominados ALEGRÍA. Del mismo modo, las cosas desagradables pueden afectar los sentidos (dolor) o basarse en la expectativa de consecuencias negativas (pesar).

Pasiones simples y sus variaciones. Las pasiones simples, como apetito, deseo, amor, aversión, odio, alegría y pena, tienen diferentes nombres según su consideración específica. Primero, cuando una sucede a otra, se denominan según la posibilidad percibida de alcanzar lo que se desea. Segundo, según el objeto amado u odiado. Tercero, cuando se consideran conjuntamente. Cuarto, según la alternancia o sucesión de estas pasiones.

Esperanza y desesperación. El apetito unido a la idea de alcanzar se llama ESPERANZA. La misma cosa sin tal idea es DESESPERACIÓN. Aversión con la idea de sufrir daño es TEMOR. La misma aversión con la esperanza de evitar el daño mediante resistencia es VALOR. El valor repentino se llama CÓLERA. La esperanza constante es CONFIANZA en uno mismo. La desesperación constante es DESCONFIANZA en uno mismo. La ira por un gran daño hecho a otro, percibido como injusto, es INDIGNACIÓN. El deseo del bien de otro es BENEVOLENCIA, BUENA VOLUNTAD, CARIDAD. Si se refiere a la humanidad en general, es BONDAD NATURAL.

Codicia y ambición. El deseo de riquezas se llama CODICIA, generalmente usado de manera despectiva porque los que luchan por ellas suelen resentir que otros las obtengan. El deseo en sí mismo debe ser criticado o permitido según los medios empleados para lograrlo. El deseo de prominencia se llama AMBICIÓN, también usado en un sentido negativo por la misma razón.

Pusilanimidad. El deseo de cosas difíciles de alcanzar y el temor a obstáculos menores se llama PUSILANIMIDAD.

Magnanimidad. La indiferencia hacia ayudas u obstáculos insignificantes se llama MAGNANIMIDAD.

Valor. La magnanimidad ante el peligro de muerte o heridas se denomina VALOR o ENTEREZA.

Liberalidad y tacañería. La magnanimidad en el uso de las riquezas se llama LIBERALIDAD, mientras que la pusilanimidad en este aspecto se conoce como TACAÑERÍA o MISERIA, y puede ser vista como PARSIMONIA según el contexto.

Amabilidad y deseo. El amor hacia las personas en el contexto de la convivencia se llama AMABILIDAD. El amor hacia las personas por mero placer sensorial es DESEO NATURAL. Cuando este amor se basa en la imaginación insistente de placeres pasados, se llama LUJURIA.

Pasión amorosa y celos. El amor especial hacia alguien con el deseo de ser amado de manera singular se llama PASIÓN AMOROSA. Este amor, combinado con el temor de que esa estimación no sea recíproca, se conoce como CELOS.

Afán de venganza. El deseo de causar daño a otro para hacerle lamentar alguna acción pasada se llama AFÁN DE VENGANZA.

La curiosidad. El deseo de saber el porqué y el cómo de las cosas se denomina CURIOSIDAD. Esta pasión es exclusiva del ser humano y lo distingue de otros animales, cuyo apetito nutritivo y otros placeres sensoriales suelen prevalecer sobre el deseo de conocimiento.

Religión y superstición. El temor al poder invisible, imaginado por la mente o basado en relatos permitidos públicamente, se llama RELIGIÓN; si no está permitido, se llama SUPERSTICIÓN. Cuando el poder imaginado coincide realmente con lo que imaginamos, hablamos de RELIGIÓN VERDADERA.

Terror o pánico. El temor sin conocer la causa exacta se llama TERROR

PÁNICO. Esta emoción ocurre típicamente en grandes grupos de personas donde cada uno supone que los demás conocen la causa del temor, aunque no sea así.

Admiración. La alegría por la percepción de una novedad se llama ADMIRACIÓN. Esta emoción es propia del ser humano, ya que despierta el deseo de conocer la causa.

Gloria y vanagloria. La alegría que surge de la imaginación de la propia fuerza y capacidad se llama GLORIFICACIÓN. Cuando se basa en la experiencia de acciones pasadas, coincide con la confianza; pero cuando se funda en la adulación de los demás y en la autopercepción, se llama VANAGLORIA. La vanagloria, a diferencia de la confianza bien fundamentada, no engendra verdadero poder y se considera vana.

Desaliento. El pesar causado por la opinión de una falta de poder se llama DESALIENTO. La vanagloria basada en la suposición de capacidades inexistentes es común en los jóvenes, alimentada por historias de grandes hazañas, pero suele corregirse con la edad y la experiencia.

Risa. El entusiasmo repentino que provoca la RISA puede ser causado por un acto inesperado que nos agrada o por la percepción de algo ridículo en otros, comparándonos favorablemente. La risa frecuente a costa de los defectos ajenos es signo de pusilanimidad, mientras que los hombres grandes tienden a ayudar a los demás y se comparan solo con los más capaces.

Llanto. El desaliento repentino que causa el LLANTO puede ser motivado por la pérdida repentina de una esperanza vehemente o por el fracaso de la propia fuerza. Las personas que dependen inexcusablemente de ayuda externa, como mujeres y niños, son más propensas al llanto. Ambas emociones, risa y llanto, son reacciones repentinas que la costumbre tiende a eliminar con el tiempo.

Vergüenza y rubor. El pesar causado por la revelación de un defecto se llama VERGÜENZA, y se manifiesta en el RUBOR. En los jóvenes, es un signo de estima por la buena reputación y resulta apreciable. En los mayores, aunque indica lo mismo, llega demasiado tarde para ser valorado.

Impudicia. El desprecio por la buena reputación se llama IMPUDICIA.

Lástima y compasión. El dolor causado por la calamidad ajena se llama LÁSTIMA y surge de la idea de que una calamidad similar puede ocurrirnos a nosotros. Esto también se llama COMPASIÓN o, en términos modernos, COMPAÑERISMO. Las personas de carácter más fuerte tienden a sentir menos lástima por grandes desastres, y aquellos menos amenazados por una calamidad también sienten menos compasión ante la misma.

Crueldad. La crueldad es la indiferencia o falta de empatía hacia el sufrimiento ajeno, y suele surgir de la seguridad en la propia fortuna. Es difícil imaginar que alguien realmente disfrute con las desgracias de otros.

Emulación y envidia. La emulación es el sentimiento que aparece cuando el éxito de un rival enriquece nuestra determinación para mejorar nuestras propias habilidades y superar a esa persona. En cambio, cuando ese sentimiento va acompañado del deseo de obstaculizar al competidor, se convierte en envidia.

Deliberación. La deliberación ocurre cuando en nuestra mente se alternan deseos y aversiones, esperanzas y temores relacionados con una misma cosa, y consideramos las posibles consecuencias de nuestros actos o inacciones. Esta mezcla de emociones y pensamientos persiste hasta que tomamos una decisión o consideramos la acción imposible. No deliberamos sobre el pasado, ya que no se puede cambiar, ni sobre lo que sabemos o creemos imposible. Deliberamos sobre lo que creemos posible, aunque pueda ser en vano.

Voluntad. En el proceso de deliberación, el último deseo o aversión que nos lleva a actuar o no, se llama voluntad. La voluntad es un acto de querer, no una facultad. Todos los seres capaces de deliberar también tienen voluntad. A menudo se dice que alguien quería hacer algo pero se abstuvo; esto indica una inclinación, no una acción voluntaria. La acción depende de la última inclinación, no de cualquier deseo intermedio.

Expresiones de las pasiones. Las formas en las que expresamos nuestras pasiones a menudo son similares a cómo expresamos pensamientos. Generalmente, todas las pasiones pueden expresarse de manera indicativa: "yo amo", "yo temo", "yo deseo". La deliberación puede expresarse de forma subjuntiva, implicando suposiciones y sus consecuencias: "si hago esto, sucederá aquello". El lenguaje del deseo y la aversión es imperativo: "haz esto", "no hagas aquello". La vanagloria, la indignación, la lástima y el afán de venganza se expresan de manera optativa, mientras que la curiosidad se expresa interrogativamente: "¿qué es esto?", "¿por qué?".

El bien y el mal aparente. En la deliberación, nuestros deseos y aversiones dependen de nuestra previsión de las consecuencias. La percepción del bien o mal depende de una serie de consecuencias que rara vez podemos ver en su totalidad. Si el bien supera al mal, lo llamamos bien aparente; si el mal supera al bien, es mal aparente. Aquellos con la capacidad de prever mejor las consecuencias pueden deliberar más eficazmente y ofrecer el mejor consejo.

Felicidad. La felicidad es el éxito continuo en la obtención de lo que deseamos a lo largo del tiempo. No existe una tranquilidad perpetua en la vida, ya que siempre está en movimiento, impulsada por deseos y temores. La verdadera naturaleza de la felicidad que Dios guarda para quienes lo honran es incomprensible hasta que se experimente.

Elogio y exaltación. El elogio es la forma en que expresamos nuestra opinión sobre la bondad de algo. La exaltación se refiere a cómo expresamos la capacidad y grandeza de algo. Los griegos tenían una palabra específica para expresar la opinión sobre la felicidad de una persona, pero en nuestro idioma carecemos de un término equivalente. Con esto, se cubren suficientemente las pasiones para nuestro propósito.

Capítulo VII

Sobre los fines y/o los propósitos del discurso

Propósito de los discursos. Todos los discursos motivados por la búsqueda del conocimiento tienen un objetivo final: alcanzar o renunciar a algo. Donde se interrumpe la cadena del discurso, hay un fin circunstancial.

Juicio o sentencia final. Cuando el discurso es puramente mental, consiste en pensamientos disyuntivos sobre si algo será o no será, o si algo ha sido o no ha sido. Al interrumpir la cadena de un discurso, dejamos una presunción sobre estos aspectos. A esto se le llama opinión. Al igual que hay deseos alternativos cuando deliberamos sobre lo bueno y lo malo, también hay una opinión alternativa en la búsqueda de la verdad sobre el pasado y el futuro. El último deseo en la deliberación se llama voluntad; de la misma manera, la última opinión en la búsqueda de la verdad del pasado y del futuro se llama juicio o sentencia final de quien realiza el discurso.

Duda. Así como la serie completa de deseos alternos en la cuestión del bien y el mal se llama deliberación, la serie completa de opiniones alternantes sobre la verdad y la falsedad se llama duda.

Conocimiento absoluto. Ningún discurso puede llevar al conocimiento absoluto de un hecho pasado o futuro. Para conocer un hecho, primero es necesaria la sensación y luego la memoria. En cuanto al conocimiento de las consecuencias, lo que llamamos ciencia, no es absoluto, sino condicional. Nadie puede saber por discurso que esto o aquello es, ha sido o será, ya que eso implicaría conocimiento absoluto. Solo podemos saber que, si esto es, aquello es; si esto ha sido, aquello ha sido; o si esto será, aquello será, lo que implica conocimiento condicional. Esto no es la consecuencia de una cosa respecto a otra, sino del nombre de una cosa respecto al nombre de otra cosa.

Ciencia. Cuando el discurso se expresa verbalmente, comienza con las definiciones de las palabras y avanza mediante la conexión de estas en afirmaciones generales, y de estas en silogismos, el fin o conclusión se llama conclusión; y la idea mental significada es conocimiento condicional, o conocimiento de la consecuencia de las palabras, lo que comúnmente se llama ciencia.

Opinión. Pero si la base de dicho discurso no está constituida por definiciones, o si las definiciones no se conectan correctamente formando silogismos, entonces el fin o conclusión sigue siendo una opinión sobre la verdad de algo afirmado, aunque a veces con palabras absurdas o insensatas, sin posibilidad de ser comprendidas.

Conciencia. Cuando dos o más personas conocen un mismo hecho, se dice que son conscientes de ello respecto a la otra, lo que equivale a conocer conjuntamente. Como tales personas son los mejores testigos de los hechos mutuos o de terceros, ha sido siempre considerado censurable que alguien hable contra su conciencia o corrompa o fuerce a otro para hacerlo. Por esto, el testimonio de la conciencia siempre ha sido atendido con diligencia. Posteriormente, los hombres usaron la misma palabra metafóricamente para designar el conocimiento de sus propios actos y pensamientos secretos, diciendo que la conciencia equivale a mil testigos. Finalmente, quienes están fuertemente apegados a sus propias opiniones, por absurdas que sean, tienden obstinadamente a mantenerlas, llamando a esas opiniones conciencia, como si cambiar o contradecirlas fuera inapropiado; y así pretenden saber que son ciertas, aunque en realidad solo son opiniones.

Creencia y fe. Cuando el discurso de una persona no comienza con definiciones, puede partir de una reflexión personal, llamándose opinión, o basarse en las afirmaciones de alguien en quien confía plenamente por su capacidad y honestidad. En este caso, el discurso se centra más en la persona que en el contenido, y esto se denomina creencia y fe: fe en la persona, y creencia en la persona y en la veracidad de lo que dice. Así, creer en alguien implica una doble opinión: una sobre la persona y otra sobre la veracidad de sus palabras.

Tener fe, confiar, o creer en una persona significan lo mismo: una opinión sobre su veracidad. Sin embargo, creer lo que alguien dice solo se refiere a la opinión sobre la verdad de lo dicho. Cabe destacar que la frase "yo creo en", así como su equivalente en latín "credo in" y en griego "πιστεύω εἰς", se usa exclusivamente en contextos divinos. En otros casos, se dice "yo creo en él", "yo confío en él", "tengo fe en él", "me apoyo en él"; en latín, "credo illi", "fido illi"; en griego, "πιστεύω αὐτῷ". Esta peculiaridad en el uso eclesiástico ha generado numerosas disputas sobre el verdadero objeto de la fe cristiana.

En el Credo, "creo en" no implica confianza en la persona, sino la aceptación y reconocimiento de la doctrina. No solo los cristianos, sino todas las personas creen en Dios de manera que consideran verdad todo lo que se le atribuye, lo comprendan o no. Este es el máximo grado de fe y confianza que una persona puede tener. Sin embargo, no todos creen en la doctrina del Credo.

Cuando creemos en la veracidad de lo que alguien afirma basándonos no en la cosa misma o en los principios de la razón natural, sino en la autoridad y buena reputación de quien lo dice, la persona en quien creemos es el objeto de nuestra fe, y el honor de nuestra creencia se le otorga a ella. Así, cuando creemos que las Escrituras son la palabra de Dios sin una revelación directa de Dios, nuestra fe y confianza están en la Iglesia, cuya palabra aceptamos. Aquellos que creen en lo que un profeta dice en nombre de Dios confían y creen en el profeta, ya sea verdadero o falso; lo mismo ocurre con todo lo demás en la historia.

Por ejemplo, si no creyera todo lo que los historiadores escriben sobre los actos gloriosos de Alejandro o de César, no creo que el espíritu de Alejandro o de César se ofendería, sino el historiador. Si Livio[16] dice que los dioses hicieron hablar a una vaca y no lo creemos, no desconfiamos de Dios, sino de Livio. Así, es evidente que cualquier cosa que creamos, no por otra razón que la autoridad de los hombres y sus escritos, ya sea comunicada o no por Dios, es fe en los hombres solamente.

16 Tito Livio fue un historiador romano que escribió una gigantesca historia del Estado romano en 142 libros. Vivió del 59 a.C. al 17 d.C.

Capítulo VIII
Sobre las "virtudes", también conocidas como "intelectualidades" y sus efectos contrarios

Definición de las virtudes intelectuales. La virtud, en cualquier ámbito, se valora por su excelencia. Se basa en la comparación: si todos fueran iguales en todo, nada sería apreciado. Las virtudes intelectuales son aquellas habilidades de la mente que las personas admiran, valoran y desearían tener. Estas suelen englobarse bajo el término "talento", aunque esta palabra también se usa para distinguir una habilidad específica.

Las virtudes intelectuales se dividen en dos tipos: *naturales y adquiridas.* Las virtudes naturales no son las que uno tiene al nacer, ya que en ese momento solo poseemos sensaciones, una característica en la que los humanos no difieren mucho entre sí ni de los animales. Más bien, se refiere a las habilidades adquiridas solo a través del uso y la experiencia, sin método, formación o instrucción formal. Este talento natural se compone principalmente de dos cosas: rapidez de imaginación y una rápida sucesión de pensamientos dirigidos hacia un fin específico. Por el contrario, una imaginación lenta es lo que comúnmente llamamos pesadez o estupidez.

Gran talento o imaginación. La diferencia en la rapidez de la imaginación proviene de las distintas pasiones humanas. Cada persona ama y odia cosas diferentes, lo que lleva a que sus pensamientos sigan caminos distintos y observen las cosas de manera diferente. En esta sucesión de pensamientos, lo importante es notar en qué se parecen o se diferencian las cosas, para qué sirven o cómo pueden ser útiles. Aquellos que detectan semejanzas difíciles de ver para otros se consideran que tienen buen talento, lo que aquí se entiende como una buena imaginación.

Buen juicio. Quienes son capaces de distinguir entre cosas, observar y juzgar sus diferencias y similitudes, se dice que tienen buen juicio, especialmente en conversaciones y negocios.

Discreción. Cuando es necesario discernir tiempos, lugares y personas, esta virtud se llama discreción. La fantasía, sin el apoyo del juicio, no puede considerarse una virtud. Pero el juicio y la discreción juntos se valoran incluso sin la ayuda de la fantasía. Además de la discreción sobre tiempos, lugares y personas, es esencial aplicar frecuentemente los pensamientos hacia un fin específico. Quienes poseen esta virtud encuentran fácilmente similitudes que no solo son útiles para ilustrar su discurso con metáforas adecuadas, sino también por la originalidad de su invención. Sin esta orientación hacia un propósito, una gran imaginación puede ser una especie de locura, como aquellos que, al iniciar un discurso, se desvían constantemente por cuestiones que les vienen a la mente, perdiéndose en digresiones y paréntesis.

No hay un nombre específico para este tipo de locura, pero a veces se debe a la falta de experiencia, que hace que algo común parezca novedoso y sorprendente. Otras veces, es la pusilanimidad, cuando lo que parece grande a una persona es trivial para los demás. Lo nuevo y grandioso siempre parece digno de ser expresado, lo que gradualmente aparta a una persona de su propósito original en el discurso.

En un buen poema, ya sea épico, dramático, un soneto, epigrama u otra pieza, se necesitan tanto juicio como imaginación. Sin embargo, la imaginación debe prevalecer, ya que estas obras deben fascinar con su creatividad sin desagradar por falta de criterio.

En una buena historia, la cualidad predominante debe ser el juicio, ya que su excelencia radica en el método, la veracidad y la selección de acciones dignas de ser conocidas. La imaginación sólo debería usarse para embellecer el estilo. En discursos laudatorios e invectivas, la imaginación domina, ya que el objetivo no es la verdad, sino la exaltación o la crítica, logradas mediante comparaciones nobles o viles. El juicio determinará qué circunstancias hacen un acto digno de elogio o reproche. En exhortaciones e informes, dependiendo de si la verdad o la simulación sirven mejor al propósito, a veces se necesita más el juicio y otras la fantasía. En la demostración, el consejo y la búsqueda rigurosa de la verdad, el juicio es primordial, excepto cuando es necesario usar la imaginación para facilitar la comprensión. Las metáforas deben evitarse, ya que revelan simulación, y usarlas en un consejo o razonamiento sería claramente insensato.

En cualquier discurso, si la falta de discreción es evidente, por más impresionante que sea la imaginación, el discurso será considerado como señal de falta de talento. Esto no sucede cuando la discreción es clara, incluso si la imaginación es limitada. Los pensamientos secretos de una persona abarcan todo tipo de temas, santos y profanos, limpios y obscenos, serios y triviales, sin vergüenza ni deshonra. Sin embargo, en el discurso verbal, el juicio debe considerar el lugar, el tiempo y las personas. Un anatomista o un médico pueden hablar o escribir sobre temas sucios con el propósito de ser útiles, no de agradar. Pero si otro escribe fantasías frívolas sobre esos temas, es como presentarse en una reunión después de revolcarse en el lodo. La diferencia radica en la falta de discreción. En conversaciones informales, una persona puede jugar con las palabras y sus significados equívocos, lo que a veces muestra una gran imaginación. Pero en un sermón, en público, ante desconocidos o personas respetadas, tales juegos de palabras se consideran una necedad. Nuevamente, la diferencia es la falta de discreción. Así que, donde falta ingenio, no es la imaginación la que estorba, sino la falta de discreción.

Por consiguiente, el juicio sin imaginación es talento, pero la fantasía sin juicio no lo es.

Prudencia. Cuando los pensamientos de alguien giran en torno a muchas cosas y observa cómo pueden llevarle a su objetivo o qué objetivos pueden llevarle a ello, si sus observaciones no son fáciles ni comunes, este talento se llama PRUDENCIA, y depende mucho de la experiencia y memoria de situaciones similares anteriores y sus consecuencias. En esto no hay tanta diferencia entre las personas como en sus fantasías y juicios. La experiencia de personas de la misma edad no varía mucho en cantidad, pero sí según las diferentes situaciones, ya que cada uno tiene sus propios objetivos. Gobernar una familia y un reino no son grados diferentes de prudencia, sino diferentes tipos de negocios, cómo diseñar un cuadro pequeño o grande. Un esposo sencillo es más prudente en los asuntos de su propia casa que un consejero privado en los asuntos de otro.

Astucia. Si a la prudencia se añaden medios injustos o deshonestos, como los que suele emplear una persona por temor o necesidad, encontramos esa forma de sabiduría retorcida llamada ASTUCIA, que es signo de cobardía. La magnanimidad implica desprecio por ayudas injustas o deshonestas. Lo que los latinos llaman "*versutia*", que consiste en aceptar un peligro presente para evitar otro mayor, como robar a uno para pagar a otro, es una astucia de corto alcance, derivada de "*versura*", que significa tomar dinero a usura para pagar el interés actual.

Talento adquirido. El talento adquirido, es decir, el que se obtiene mediante método e instrucción, es esencialmente la razón. Esta se basa en el uso correcto del lenguaje y da lugar a las ciencias. Ya he tratado sobre la razón y la ciencia en los capítulos V y VI. Las causas de las diferencias en talento radican en las pasiones, las cuales varían debido a la constitución física y la educación. Si las diferencias fueran únicamente por la constitución del cerebro y los órganos sensoriales, habría tanta variabilidad en la visión y el oído como en la imaginación y el discernimiento. Por tanto, las diferencias en talento provienen de las pasiones, influenciadas por la complexión humana y las costumbres y educación.

Disipación y locura. Las pasiones que más influyen en las diferencias de talento son principalmente el deseo de poder, riquezas, conocimientos y honores, todos aspectos del poder. Un hombre sin grandes pasiones por estas cosas se considera indiferente, aunque puede ser honesto y decente, pero con poca imaginación y juicio. Los pensamientos actúan como exploradores para los deseos, buscando el camino hacia lo deseado. La firmeza y rapidez del intelecto provienen de aquí. No tener deseos es estar muerto; pasiones débiles significan pereza; apasionarse por todo es disipación y distracción; y una pasión excesiva en comparación con los demás es lo que llamamos locura. Hay tantas clases de locura como de pasiones. A veces, una pasión extraordinaria proviene de una constitución corporal defectuosa o de un daño físico; otras veces, es la vehemencia o la prolongada duración de la pasión lo que causa daño. En ambos casos, la locura es de la misma naturaleza.

La rabia. El orgullo extremo lleva a la violencia, y su exceso resulta en locura, como la rabia vehemente o furor. Un deseo excesivo de venganza, si se convierte en hábito, perturba los órganos y se transforma en rabia. El amor excesivo, combinado con celos, también se convierte en rabia. Una alta estima de sí mismo, con una sensación de inspiración divina, sabiduría o enseñanza, lleva a la distracción y disipación. Esta misma autoevaluación combinada con envidia se convierte en rabia; y una convicción vehemente de la verdad de algo, contradicha por otros, también produce rabia.

La melancolía. El abatimiento causa temores irracionales, comúnmente llamados melancolía, y se manifiesta de diversas formas, como frecuentar cementerios y lugares solitarios, realizar actos de superstición, o tener un temor específico a alguien o algo. En resumen, todas las pasiones que llevan a una conducta extraña y desusada se denominan comúnmente locura. Quien se tomara la molestia podría enumerar una multitud de tipos de locura, y si los excesos son locura, no hay duda de que las pasiones negativas son grados de ella. Por ejemplo, aunque el efecto de la locura en quienes creen estar inspirados no siempre se manifiesta en una persona a través de acciones extravagantes, cuando varias personas siguen una de esas inspiraciones, la rabia colectiva es bastante visible. ¿Qué mayor prueba de locura que atacar, herir y lapidar a sus mejores amigos? Y esto es lo mínimo que una multitud así puede hacer. Esa multitud increpará, combatirá y destruirá a aquellos que en el pasado les protegieron del mal. Si esto es locura en la multitud, lo mismo ocurre con el individuo.

Así como en el mar, aunque un hombre no perciba el ruido del agua que lo rodea, sabe que su porción contribuye al sonido de las olas tanto como cualquier otra parte del mar, del mismo modo, aunque no notemos una gran inquietud en uno o dos hombres, podemos estar seguros de que sus pasiones individuales son parte de la agitación que mueve a una nación turbulenta. Y si no existiera nada que manifestara su locura, al menos la pretensión de asignarse tal inspiración es prueba suficiente. Si un habitante de un manicomio os entretuviera con términos pretenciosos y, al despediros, quisierais saber quién es para corresponder más tarde, y os dijera que es Dios Padre, creo que no necesitamos esperar ninguna otra acción extravagante para tener una prueba de su locura.

Esta sensación de inspiración, comúnmente llamada espíritu particular, a menudo comienza con el descubrimiento o percepción de un error común en los demás. Sin saber o recordar por qué razonamiento llegaron a una verdad tan singular (aunque lo que descubren sea, en muchos casos, una sinrazón), se admiran a sí mismos, creyendo que poseen la gracia del Todopoderoso que les ha revelado esa verdad sobrenaturalmente por su Espíritu.

Que esta locura no es más que una muestra de una pasión excesiva se nota en los efectos del vino, muy similares a los de la mala disposición de los órganos. Porque la conducta de los hombres que han bebido demasiado es la misma que la de los locos: algunos rabian, otros aman, otros ríen, todos de manera extravagante, pero acorde a sus pasiones dominantes. El vino tiene el efecto de disipar todo disimulo, dejando ver la deformidad de las pasiones. Ni los hombres más sobrios, cuando caminan solos y dan rienda suelta a su imaginación, tolerarían que la extravagancia de sus pensamientos fuera públicamente advertida, lo cual es una confesión de que las pasiones sin guía son, en la mayoría de los casos, mera locura.

Tanto en tiempos antiguos como recientes, ha habido dos opiniones sobre la causa de la locura. Algunos la atribuyen a las pasiones; otros, a los demonios o espíritus, tanto buenos como malos, pensando que estos entes pueden agitar sus órganos de manera tan extraña e irracional como lo hacen los locos. Los primeros llaman a tales hombres locos; los segundos, poseídos por demonios (demoníacos), o movidos por los espíritus (energúmenos); y en Italia ahora se les llama no solo *pazzi* o locos, sino también "*spiritati*", o posesos.

Hubo una vez una gran multitud en Abdera, una ciudad griega[17], durante la representación de la tragedia de Andrómeda en un día extremadamente caluroso. Debido al calor y a la tragedia, muchos espectadores contrajeron fiebres y no hacían otra cosa que recitar versos con los nombres de Perseo y Andrómeda[18]. Esto, junto con la fiebre, se curó con la llegada del invierno. Se decía que esta locura procedía de la pasión despertada por la tragedia. De manera similar, otra vez esta ciudad experimentó una racha de locura que afectaba únicamente a las jóvenes, llevándolas a colgarse. Muchos creían que esto era obra de un demonio, pero hubo quien sospechó que el hastío de la vida en estas jóvenes podía deberse a una pasión mental. Suponiendo que valoraban más su honor, aconsejó a los magistrados que las desnudaran y las dejaran colgar desnudas, y así, dice la historia, curaron su locura. Sin embargo, los mismos griegos a menudo atribuían la locura a las Euménides

---

17 Abdera fue una polis ubicada en la región griega de Macedonia oriental y Tracia. El nombre de la ciudad de asocia al mito de Abderos y Heracles.

18 El mito de Perseo y Andrómeda es básicamente una historia de amor; Andrómeda fue encadenada a unas rocas para que el monstruo marino Cetus la devorara a fin de dejar en paz al resto de la población, y para salvarla llega Perseo que justo ha cortado la cabeza de Medusa, de esta forma logra petrificar al monstruo.

o Furias[19], a Ceres[20], a Febo[21] y a otros dioses. Atribuían muchas cosas a fantasmas, considerándolos cuerpos aéreos vivientes y llamándolos espíritus. Los romanos compartían esta opinión, al igual que los judíos, quienes llamaban a los profetas locos o demoníacos, según los consideraran inspirados por espíritus buenos o malos. Algunos judíos llamaban a ambos, profetas y demoníacos, hombres locos, y otros llamaban a la misma persona las dos cosas. En cuanto a los gentiles, no es sorprendente que consideraran enfermedades, salud, vicios y virtudes como demonios, ya que bajo el término demonio incluían tanto una fiebre como un diablo.

Que los judíos tuvieran tal opinión es extraño, porque ni Moisés ni Abraham pretendían profetizar por posesión de un espíritu, sino por la voz de Dios o por visión o sueño. Tampoco hay nada en su ley moral o ceremonial que sugiera tal entusiasmo o posesión. Cuando se dice que Dios (Núm. 11:25) tomó el espíritu que estaba en Moisés y se lo entregó a los setenta ancianos, no se refiere a dividir la sustancia de Dios. Las Escrituras, al hablar del espíritu de Dios en el hombre, se refieren a un espíritu humano inclinado hacia lo divino. Y cuando se dice (Éxodo 28:3) que Dios llenó a alguien con el espíritu de sabiduría para hacer vestiduras para Aarón, no significa que se le haya dado un espíritu que pueda hacer vestiduras, sino la habilidad de sus propios espíritus en este tipo de trabajo.

De manera similar, cuando el espíritu de un hombre produce acciones impuras, se llama espíritu impuro, y así se habla de otros espíritus, al menos cuando la verdad y el vicio son extraordinarios y eminentes. Los otros profetas del Antiguo Testamento tampoco pretendieron estar inspirados o que Dios hablara por ellos, sino que se les manifestaba mediante voz, visión o sueño. El peso del Señor no era posesión, sino orden o mandato. ¿Cómo cayeron los judíos en la idea de la posesión? Solo puedo imaginar que es debido a una curiosidad natural por buscar causas, y el deseo de situar la felicidad en los placeres sensoriales. Aquellos que ven ciertas excelencias, desastres y defectos en una mente humana, y no comprenden la causa, difícilmente creerán que sea algo natural, sino sobrenatural; y entonces, ¿qué puede haber sino Dios o el demonio? Así, cuando nuestro Salvador (Marcos

19 En la mitología romana se les conoce como Furias, mientras que en la mitología griega se les llama Euménides y Erinias, eran personificaciones femeninas de la venganza. Se representan con serpientes en sus cabellos, portando antorchas, látigos y con sangre cayendo de sus ojos en vez de lágrimas. También solían aparecer con grandes alas de murciélago o pájaro, o incluso con el cuerpo de un perro. Moraban en el Érebo o el Tártaro, oscuros abismos.

20 En la mitología romana Ceres era la diosa de la agricultura, la cosecha y la fecundidad; su equivalente en la mitología griega era Deméter.

21 Febo es un epíteto del dios Apolo en la mitología clásica, uno de los dioses más significativos después de Zeus, se le dedicaron numerosos templos.

3:21) estaba rodeado por la multitud, sus familiares pensaron que estaba loco e intentaron detenerlo. Pero los escribas decían (Juan 10:20) que tenía a Belcebú y que por él expulsaba a los demonios, como si el mayor loco empujara a los más pequeños.

En el Antiguo Testamento, aquel que vino a ungir a Jehú (2 Reyes 9:11) era un profeta, pero uno de los presentes preguntó: "¿Qué viene a hacer este loco?" Es evidente que cualquier comportamiento extraordinario se consideraba, para los judíos, como posesión de un dios o de un espíritu maligno. Excepto los saduceos, quienes no creían en los espíritus, lo cual podría inducir al ateísmo, y quizás por eso los demás tendían a llamar a tales hombres demoníacos en lugar de locos.

¿Por qué nuestro Salvador trató a esos hombres como si estuvieran poseídos y no simplemente como locos? La respuesta a esto se asemeja a la que se da a quienes cuestionan el movimiento de la tierra basándose en la Escritura. La Escritura fue escrita para revelar el reino de Dios y preparar a las personas para ser sus súbditos obedientes, dejando la discusión sobre asuntos terrenales y filosofía a la razón humana. Ya sea que las tierras y soles se mueven para crear el día y la noche o que las acciones excesivas de los hombres sean resultado de la pasión o el demonio (siempre y cuando no se les rinda culto), es igual en términos de nuestra sumisión a la Omnipotencia divina, el propósito para el cual se escribió la Escritura.

Cuando nuestro Salvador hablaba de la enfermedad como si fuera una persona, era una forma común entre quienes curan con palabras, como hizo Cristo, o como pretenden hacer los encantadores, ya sea que invoquen al diablo o no. ¿Acaso no se dice que Cristo también reprendió a los vientos y recriminó a la fiebre? Sin embargo, esto no implica que una fiebre sea un demonio. Cuando se menciona que muchos demonios confiesan a Cristo, esto puede interpretarse simplemente como que aquellos que estaban locos lo confesaron. Y cuando nuestro Salvador habla de un espíritu impuro que vaga en el desierto y vuelve a un hombre con otros siete espíritus peores, es claramente una parábola que describe a un hombre que, después de esforzarse por deshacerse de sus deseos, es vencido y empeora.

No hay nada en la Escritura que obligue a creer que los poseídos eran algo más que locos. Otro defecto en los discursos de algunas personas, que puede considerarse una forma de locura, es el abuso de palabras sin sentido. Esto ocurre cuando las personas utilizan palabras que juntas carecen de significado, pero que, sin embargo, se repiten de manera rutinaria sin comprender su sentido, a veces con la intención de engañar mediante su oscuridad.

Este fenómeno se limita a aquellos que discuten sobre temas incomprensibles, como los escolásticos, o sobre cuestiones de filosofía oscura. El pueblo común rara vez emite palabras vacías, lo que lleva a que otros los consideran tontos. Sin embargo, para confirmar si sus palabras realmente carecen de sentido, sería útil ofrecer ejemplos concretos; aquellos interesados podrían tomar a un escolástico y ver si pueden traducir un capítulo complejo, como uno sobre la Trinidad, la Deidad o la naturaleza de Cristo, a un idioma moderno para hacerlo más comprensible, o incluso a un latín más accesible como el que se usaba en tiempos pasados.

¿Qué quieren decir expresiones como "la primera causa, en razón de la subordinación esencial de las segundas causas, no necesita introducir algo en éstas, por medio de lo cual pueda ayudarlas a obrar"? Esta es la traducción de un capítulo del libro de Suárez[22], que trata sobre el concurso de Dios en el movimiento del mundo. ¿No parece una locura que se escriban volúmenes enteros sobre tales ideas? Tomemos el ejemplo de la transubstanciación. ¿No es absurdo afirmar que palabras como "blancura", "redondez" o "magnitud" pasan de la Hostia al cuerpo de Cristo durante la eucaristía? Al usar tales términos abstractos, ¿no están sugiriendo que existen espíritus que poseen el cuerpo de Cristo? Para estas personas, los "espíritus" son entidades incorpóreas que se mueven de un lugar a otro. Este tipo de absurdos podría considerarse una forma de locura y, cada vez que se abstienen de discutir o escribir de esta manera, muestran momentos de claridad mental. Este patrón se aplica a muchas virtudes y defectos intelectuales.

22 Francisco Suárez de Toledo, también conocido como doctor Eximius (Granada, 1548 - Lisboa, 1617), fue un jesuita teólogo, filósofo y jurista. Una de las principales figuras del movimiento de la Escuela de Salamanca, fue considerado uno de los mayores escolásticos, pro humanistas y autor clave del pensamiento de la llamada Primera globalización.

Capítulo IX
Sobre las distintas "materias" del conocimiento

Existen DOS tipos de SABER o de CONOCIMIENTO: uno es el conocimiento de los hechos y otro es el conocimiento de las implicaciones de una afirmación en relación con otra. El primero se basa en la sensación y la memoria, y es conocimiento directo, como cuando presenciamos un evento o recordamos que sucedió; es el tipo de saber que un testigo proporciona. El segundo se llama ciencia y es condicional, como cuando entendemos que, si una figura es un círculo, cualquier línea que pase por su centro la dividirá en dos partes iguales. Este tipo de comprensión es lo que un filósofo busca al razonar.

El registro del conocimiento de los hechos se conoce como historia natural, que abarca los hechos o efectos de la naturaleza que no son controlados por la voluntad humana; incluye la historia de minerales, plantas, animales y otros fenómenos similares. Por otro lado, la historia civil documenta las acciones voluntarias de los individuos dentro de una sociedad organizada.

Los registros de la ciencia son los libros que contienen las demostraciones de las implicaciones de una afirmación en relación con otra, comúnmente conocidos como libros de filosofía. Hay diversas categorías de estos libros, que pueden dividirse como se muestra en el siguiente mapa mental:

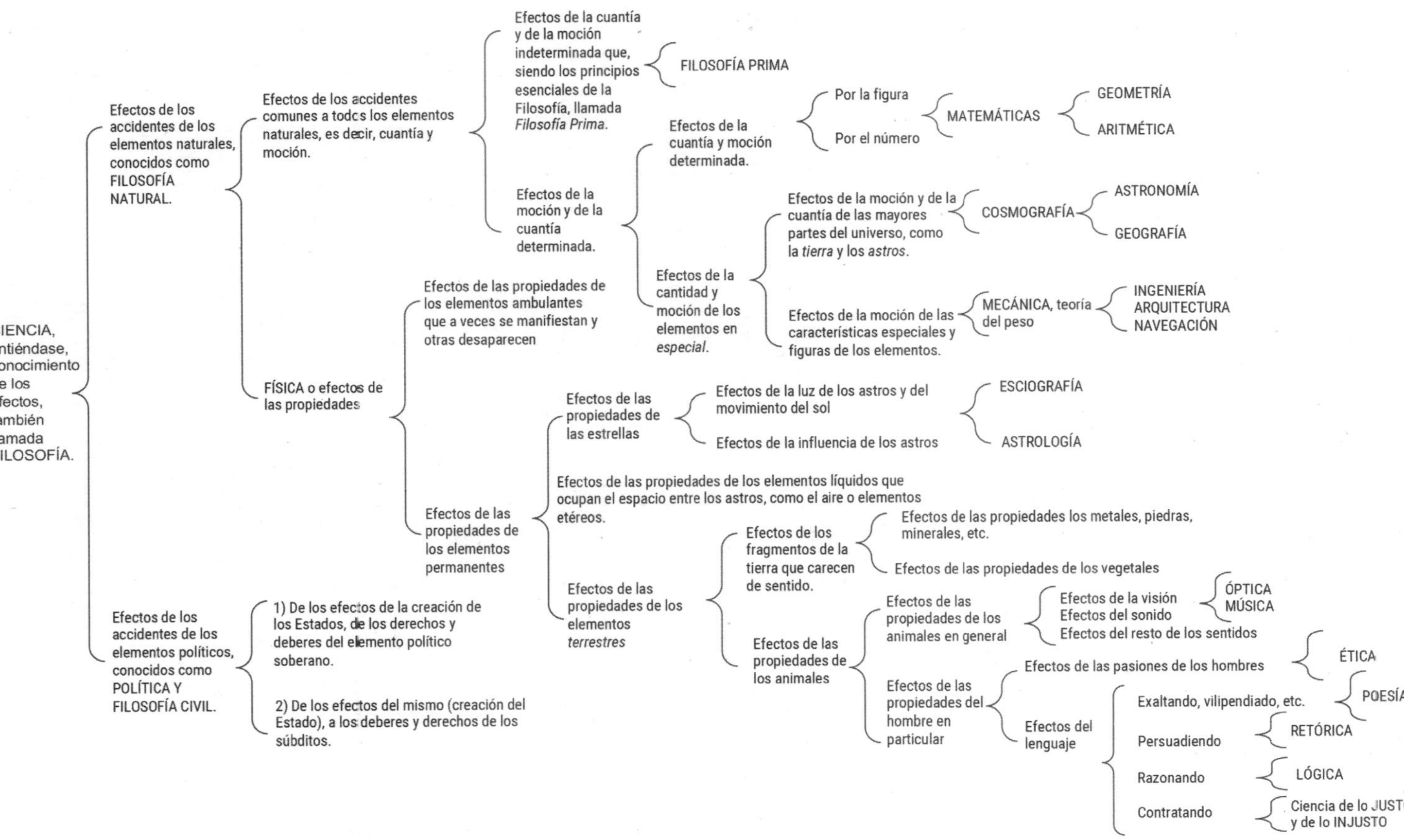

CIENCIA, entiéndase, conocimiento de los efectos, también llamada FILOSOFÍA.
Efectos de los accidentes de los elementos naturales, conocidos como FILOSOFÍA NATURAL.
Efectos de los accidentes comunes a todos los elementos naturales, es decir, cuantía y moción.
Efectos de la cuantía y de la moción indeterminada que, siendo los principios esenciales de la Filosofía, llamada Filosofía Prima.
FILOSOFÍA PRIMA
Efectos de la moción y de la cuantía determinada.
Efectos de la cuantía y moción determinada.
Por la figura
Por el número
MATEMÁTICAS
GEOMETRÍA
ARITMÉTICA
Efectos de la cantidad y moción de los elementos en especial.
Efectos de la moción y de la cuantía de las mayores partes del universo, como la tierra y los astros.
COSMOGRAFÍA
ASTRONOMÍA
GEOGRAFÍA
Efectos de la moción de las características especiales y figuras de los elementos.
MECÁNICA, teoría del peso
INGENIERÍA
ARQUITECTURA
NAVEGACIÓN
FÍSICA o efectos de las propiedades
Efectos de las propiedades de los elementos ambulantes que a veces se manifiestan y otras desaparecen
Efectos de las propiedades de los elementos permanentes
Efectos de las propiedades de las estrellas
Efectos de la luz de los astros y del movimiento del sol
ESCIOGRAFÍA
Efectos de la influencia de los astros
ASTROLOGÍA
Efectos de las propiedades de los elementos líquidos que ocupan el espacio entre los astros, como el aire o elementos etéreos.
Efectos de las propiedades de los elementos terrestres
Efectos de los fragmentos de la tierra que carecen de sentido.
Efectos de las propiedades los metales, piedras, minerales, etc.
Efectos de las propiedades de los vegetales
Efectos de las propiedades de los animales
Efectos de las propiedades de los animales en general
Efectos de la visión
Efectos del sonido
Efectos del resto de los sentidos
ÓPTICA
MÚSICA
Efectos de las propiedades del hombre en particular
Efectos de las pasiones de los hombres
ÉTICA
Efectos del lenguaje
Exaltando, vilipendiado, etc.
POESÍA
Persuadiendo
RETÓRICA
Razonando
LÓGICA
Contratando
Ciencia de lo JUSTO y de lo INJUSTO
Efectos de los accidentes de los elementos políticos, conocidos como POLÍTICA Y FILOSOFÍA CIVIL.
1) De los efectos de la creación de los Estados, de los derechos y deberes del elemento político soberano.
2) De los efectos del mismo (creación del Estado), a los deberes y derechos de los súbditos.

Capítulo X
Sobre el "poder" de la "estimación", de la "dignidad", del "honor" y del "nombre de las cosas"

El PODER de una persona (considerado de manera amplia) radica en sus medios actuales para asegurar algún beneficio futuro evidente. Puede ser original o instrumental.

El poder natural incluye las habilidades sobresalientes del cuerpo o la mente, como la fuerza, belleza, inteligencia, aptitud, elocuencia, generosidad o nobleza extraordinarias. Son instrumentales aquellos poderes que se obtienen mediante las cualidades mencionadas o por la fortuna y que sirven como medios para adquirir más, como la riqueza, la reputación, los amigos y los secretos designios de Dios, lo que comúnmente se llama buena suerte. La naturaleza del poder, en este sentido, es similar a la fama, que crece con el tiempo; o como el movimiento de objetos pesados, que se aceleran a medida que avanzan. El mayor de los poderes humanos es el que se forma con los poderes de varias personas unidas bajo una figura natural o civil; como el poder de un Estado, o de un gran grupo de personas, cuyo ejercicio depende de la voluntad de los individuos, como en el caso de una facción o varias facciones unidas. Por tanto, tener siervos es poder; tener amigos es poder, ya que son fuerzas combinadas. Además, la riqueza combinada con la generosidad es poder, ya que atrae amigos y seguidores. Sin generosidad, la riqueza no es poder, porque en ese caso no protege, sino que suscita envidia.

La reputación de poder es poder, porque con ella se obtiene la lealtad y el afecto de quienes buscan protección. Por la misma razón, la reputación de ser amado por la nación (lo que llamamos popularidad) también es poder. Cualquier cualidad que haga a una persona ser amada o temida por otros, o la reputación de tal cualidad, es poder, porque permite recibir la ayuda y servicio de muchos. El éxito es poder, porque otorga una reputación de sabiduría o buena fortuna, lo cual hace que la gente le tema o confíe en él.

La afabilidad de aquellos que ya están en el poder aumenta su poder, porque genera afecto. La reputación de prudencia en la gestión de la paz y la guerra es poder, porque confiamos más en los prudentes para gobernarnos. La nobleza es poder, pero no en todas partes, solo en los Estados donde tiene privilegios, ya que en esos privilegios reside el poder. La elocuencia es poder, porque se asemeja a la prudencia. Las buenas maneras son poder, porque al ser un don de Dios, atraen el favor de las mujeres y los extraños.

Las ciencias tienen un poder limitado, porque no son reconocidas por todos. Tampoco están al alcance de todos, sino de unos pocos y en ellos solo en ciertos aspectos. La ciencia es tal que solo aquellos que la han comprendido en gran medida pueden apreciarla realmente. Las artes de utilidad pública, como la fortificación, la fabricación de ingenios y otros dispositivos de guerra, son poder, porque fortalecen la defensa y aseguran la victoria. Y aunque la verdadera madre de estas artes es la ciencia, particularmente las Matemáticas, son valoradas (en este caso la partera pasa por madre) como producto de los artesanos que las aplican.

La estimación. El valor o estimación de una persona, al igual que cualquier otra cosa, se mide por su precio; es decir, cuánto estarían dispuestos a ofrecer por su capacidad. Este valor no es absoluto, sino que depende de la necesidad y el juicio de los demás. Un hábil comandante es muy valioso en tiempos de guerra, pero no tanto en tiempos de paz. Un juez competente e incorruptible es más apreciado en tiempos de paz que de guerra. En el mercado de las personas, no es el vendedor, sino el comprador quien determina el precio. Aunque una persona se valore a sí misma muy alto, su verdadero valor es el que le asignan los demás. La manifestación de este valor que nos atribuimos mutuamente se llama honor y deshonor. Valorar a alguien altamente es honrarle; valorarlo poco, es deshonrarle. Sin embargo, alto y bajo deben entenderse en relación al valor que cada uno se asigna a sí mismo.

Dignidad. La dignidad es la estimación pública de una persona, otorgada por el Estado. Esta estimación se expresa en cargos de mando, judicatura, empleos públicos, o en los nombres y títulos creados para distinguir tales valores. Elogiar a alguien por una ayuda de cualquier tipo es honrarlo, ya que expresa nuestra opinión de que posee la capacidad para ayudar; y cuanto más difícil es la ayuda, mayor es el honor. Obedecer es honrar, porque nadie obedece a quien no puede ayudarle o perjudicarle. Desobedecer, por lo tanto, es deshonrar.

Dar grandes dones a alguien es honrarlo, ya que implica reconocer su poder y buscar su protección. Dar pequeños dones es deshonrarlo, porque parecen limosnas y sugieren necesidad de pequeñas ayudas. Ser solícito en promover el bien de otro, así como adularlo, es honrarlo, porque demuestra que buscamos su ayuda o protección. Ignorar a alguien es deshonrarlo. Ceder el paso o lugar a otro es honrarlo, porque reconoce su mayor poder. Oponerse es deshonrarlo. Mostrar signos de amor o temor hacia alguien es honrarlo, porque ambos implican aprecio. Disminuir estos sentimientos más de lo esperado es deshonrarlo. Apreciar, elogiar o felicitar es honrar, porque valoramos la bondad, poder y felicidad. Despreciar, injuriar o compadecer es deshonrar.

Hablar con respeto, mostrarse decente y humilde es honrar, porque muestra temor a ofender. Hablar groseramente o actuar de manera obscena es deshonrar. Creer en alguien, confiar o apoyarse en él es honrar, pues refleja una alta opinión de su virtud y poder. Desconfiar o no creer en alguien es deshonrar. Pedir consejo o escuchar sus discursos es honrar, porque denota que lo consideramos sabio y elocuente. Dormitar, ignorar o hablar mientras alguien habla es deshonrar. Hacer cosas que otro considere signos de honor, o que lo sean según la costumbre, es honrar, ya que se reconoce el poder que otros le confieren. Negarse es deshonrar. Coincidir en opinión con alguien es honrar, pues implica aprobar su juicio y sabiduría. Disentir es deshonrar y tildarlo de error, o de locura si se disiente en muchas cosas. Imitar es honrar, porque implica una aprobación fuerte. Imitar al enemigo es deshonrarlo. Honrar a quienes otros honran es honrar también a estos otros, como signo de aprobación de su juicio. Honrar a sus enemigos es deshonrarlo. Tomar consejo de alguien o usarlo en acciones difíciles es honrarlo, pues indica su sabiduría o capacidad. Negarse a emplear en casos semejantes a quienes desean ser utilizados es deshonrarlos.

Honor y Deshonor en los Estados. En cualquier tipo de sociedad, con o sin Estados, existen formas naturales de estimación. Sin embargo, en los Estados, aquellos con la máxima autoridad pueden asignar honores a su antojo, creando así otros tipos de honores. Un soberano honra a un súbdito con títulos, oficios, empleos o actos que considera signos de su deseo de honrarlo. El rey de Persia honró a Mordecai[23] llevándolo por las calles con vestiduras reales, montado en un caballo del rey, con una corona, y un príncipe proclamando: "Así se honra a quien el rey quiere honrar". En contraste, otro rey de Persia concedió a un súbdito un vestido real, pero solo como su bufón, lo cual fue un deshonor. De este modo, el origen del honor civil reside en el Estado y depende de la voluntad del soberano; por lo tanto, es temporal y se llama honor civil. Esto incluye magistraturas, cargos públicos, títulos y, en algunos lugares, uniformes y emblemas. Las personas honran a quienes los poseen porque son símbolos del favor del Estado; este favor es poder.

Sobre lo que es honorable y lo que es deshonroso. Ser honorable es tener una posición, acción o cualidad que demuestre poder. Ser honrado y querido por muchos es honorable porque expresa poder. Ser honrado por pocos o por nadie es deshonroso. Dominio y victoria son honorables porque se logran por la fuerza; la servidumbre, por necesidad o temor, es deshonrosa. La buena fortuna es honorable si perdura, ya que indica el favor de Dios. La mala fortuna y el infortunio son deshonrosos. La riqueza es honorable porque otorga poder, mientras que la pobreza es deshonrosa. La magnanimidad, la liberalidad, la esperanza, el valor y la confianza son honorables porque surgen de la conciencia del poder. La pusilanimidad, la parsimonia, el temor y la desconfianza son deshonrosas.

La resolución oportuna es honorable porque implica desprecio por pe-

23 Mordecai, también conocido como Mardoqueo, es un personaje bíblico y uno de los principales protagonistas del libro de Ester.

queñas dificultades y peligros. La irresolución es deshonrosa, ya que muestra un valor excesivo por pequeños obstáculos y ventajas. Todas las acciones y conversaciones que aparentan proceder de una gran esperanza, discreción o talento son honorables porque todas estas cualidades son poder. Las acciones o palabras que surgen del error, ignorancia o locura son deshonrosas.

La gravedad, si parece provenir de una mente ocupada en otros asuntos, es honorable porque esa dedicación indica poder. Sin embargo, si parece un intento de simular gravedad, es deshonroso. La gravedad genuina es como un barco cargado de mercancías valiosas, mientras que la gravedad simulada es como un barco cargado de arena. Ser distinguido, ya sea por riqueza, cargos, grandes acciones o bondad eminente, es honorable porque indica poder. La oscuridad es deshonrosa. Descender de padres distinguidos es honorable porque facilita la obtención de ayuda y amistades. Descender de una familia oscura es deshonroso. Las acciones equitativas acompañadas de pérdidas son honorables porque indican magnanimidad, y esta es un signo de poder. La astucia y la falta de equidad son deshonrosas.

La codicia de grandes riquezas y la ambición de altos honores son honorables como indicativos de poder para obtenerlos. La codicia y ambición de pequeñas ganancias o preeminencias son deshonrosas. El honor de una acción, por grande y difícil que sea, no depende de su justicia, sino de la opinión sobre el poder. Por eso, los antiguos épicos honraban a los dioses al retratarlos cometiendo grandes, aunque injustos, actos. Júpiter es célebre por sus adulterios; Mercurio, por sus robos.

Hasta la formación de grandes Estados, ser pirata o salteador no se consideraba deshonroso, sino una ocupación legítima. Hoy en día, los duelos privados son honorables, aunque ilegales, porque demuestran valor. Los duelos, aunque impulsados por el temor al deshonor, son actos de destreza, un tipo de poder. Los escudos y blasones hereditarios son honorables si llevan privilegios; de lo contrario, no lo son. Este tipo de honor, llamado nobleza, proviene de los antiguos germanos y se ha extendido a Inglaterra, Francia, España e Italia. Los griegos no transmitían estos signos por herencia; los romanos lo hacían con imágenes de sus ancestros. Los pueblos de Asia, África y América no tienen esta costumbre, que es exclusiva de los germanos.

Germania y los símbolos de honor. Germania, la nación más antigua de todas, estaba dividida en innumerables pequeños señores, jefes y familias en sus inicios, quienes se encontraban en constante guerra entre sí. Para ser reconocidos por sus seguidores en combate y también como adorno, estos líderes pintaban la imagen de un animal u otro objeto en su armadura, escudo o vestimenta, y llevaban marcas visibles en las crestas de sus yelmos. Estos símbolos, tanto en las armas como en las crestas, se heredaban a los hijos: al primogénito en su forma original y a los demás con alguna modificación que el heraldo, o "Herold" en alemán, consideraba apropiada.

Cuando varias de estas familias se unieron formando una gran monarquía, la tarea del heraldo de distinguir escudos se convirtió en un oficio independiente. Estos señores dieron origen a la nobleza más antigua y distinguida, portando emblemas que solían representar animales valientes, castillos, armas, y otros signos de guerra, ya que la virtud militar era la más valorada. Posteriormente, tanto reyes como Estados populares otorgaron diversos tipos de escudos a los soldados para incentivar o recompensar sus servicios. Estas prácticas están documentadas en las historias antiguas de griegos y latinos, reflejando las costumbres germanas contemporáneas.

Títulos de honor. Los títulos de honor, como duque, conde, marqués y barón, son valiosos porque reflejan la estima del poder soberano del Estado. En la antigüedad, estos títulos representaban cargos y mandos, algunos derivados de los romanos y otros de los germanos y franceses. Los duques, en latín "duces", eran generales de guerra; los condes, "comités", eran compañeros de los generales encargados de gobernar y defender las plazas conquistadas; y los marqueses, "marchiones", eran condes que gobernaban las fronteras del Imperio. Estos títulos se introdujeron en el Imperio hacia la época de Constantino el Grande[24], siguiendo las prácticas militares germanas.

El título de barón parece tener origen en las Galias, significando "hombre libre". Los barones formaban la guardia de los reyes o príncipes, y siempre estaban cerca de ellos en la guerra. Deriva de "vir" en latín y se transformó en a *ber* y *bar*, y significaba lo mismo, en el lenguaje de las Galias, que *vir* en latín; de aquí se derivan *bero* y *baro*, de modo que tales hombres fueron llamados *berones*, y después barones, en español barones. Para más detalles sobre los títulos de honor, se puede consultar el tratado de Mr. Selden[25] sobre el tema. Con el tiempo, debido a disturbios o por razones de buen gobierno, estos cargos honoríficos se convirtieron en meros títulos, sirviendo principalmente para distinguir la preeminencia, lugar y orden de los súbditos en el Estado, nombrando duques, condes, marqueses y barones de lugares donde no tenían posesión ni cargo.

Dignidad y aptitud. La dignidad es una cualidad distinta de la estimación o valor de una persona y de su mérito o falta de él; consiste en una capaci-

24 Flavio Valerio Constantino (272-337) fue el primer emperador romano en otorgar la libertad de culto del cristianismo, junto con todas las demás religiones del imperio romano.

25 John Selden (1584-1654), fue un jurista y humanista inglés. *De jure naturali et gentium juxta disciplinam Ebraeorum*, fue su famoso tratado sobre el derecho natural, publicado en Londres en 1640 y da cuenta de sus amplios conocimientos jurídicos y literarios.

dad o poder particular en lo que destaca. Esta habilidad específica se llama usualmente aptitud. Es apto para ser director o juez, o para cualquier otro cargo, quien posee las cualidades necesarias para desempeñar bien ese cargo.

El más excelente de los ricos es aquel que tiene las cualidades necesarias para el buen uso de su riqueza. Aunque una persona puede carecer de alguna de estas cualidades, puede ser digna y estimada por otros aspectos. De igual manera, alguien puede ser digno por su riqueza o cargo, pero no tener derecho a ostentarlo antes que otros; por lo tanto, no puede decirse que lo merezca. El mérito presupone un derecho, y lo merecido se basa en la primacía. Este tema se tratará más adelante cuando se hable de los contratos.

Capítulo XI
Sobre la distinción de las "maneras"

¿Qué se entiende por *maneras*? Bajo la denominación de maneras, no me refiero aquí a la decencia de conducta cotidiana, como saludar adecuadamente, lavarse la boca o hurgarse los dientes en público. En su lugar, hablo de aquellas cualidades humanas que permiten vivir juntos en paz y armonía. Recordemos que la felicidad en esta vida no consiste en la serenidad de una mente satisfecha; no existe el "finis ultimus" (*propósito final*) ni el "summum bonum" (*bien supremo*) de los que hablan los viejos filósofos moralistas. Para una persona hambrienta, alcanzar su deseo es tan vital como para alguien cuyas sensaciones y fantasías están paralizadas. La felicidad es un progreso continuo de deseos, de un objeto a otro, ya que conseguir el primero solo abre el camino para perseguir el siguiente.

La razón es que el objetivo de los deseos humanos no es disfrutar una vez y por un instante, sino asegurar continuamente el camino para futuros deseos. Por lo tanto, las acciones y las inclinaciones de todas las personas buscan no solo conseguir, sino también asegurar una vida feliz. Solo difieren en el modo en que lo hacen, en parte debido a la diversidad de pasiones en diferentes personas y, en parte, a las diferencias en costumbres o en las opiniones sobre las causas que producen el efecto deseado.

El incesante afán de poder que habita en todos los hombres. En primer lugar, destaco una inclinación general de toda la humanidad: un perpetuo e incesante afán de poder que sólo cesa con la muerte. La causa de esto no siempre es la esperanza de un placer más intenso que el alcanzado, o la insatisfacción con un poder moderado, sino la necesidad de asegurar el poderío y los fundamentos de la voluntad actual adquiriendo otros nuevos. De aquí se deduce que los reyes, cuyo poder es grande, tratan de asegurar internamente mediante leyes y externamente a través de guerras. Una vez logrado esto, surge un nuevo deseo: a veces anhelan la fama de una nueva conquista; otras veces, buscan placeres fáciles y sensuales, o desean ser admirados y adulados por su excelencia en algún arte o habilidad mental.

El afán de lucha surge a raíz de la competencia. La competencia por riquezas, placeres, honores u otras formas de poder lleva a la lucha, la enemistad y la guerra. Los competidores utilizan medios como matar, sojuzgar, suplantar o repeler a otros para alcanzar sus deseos. Especialmente la competencia en elogios induce a reverenciar la *antigüedad*, porque los hombres compiten con los vivos, no con los muertos, y atribuyen a estos últimos más de lo debido para opacar la gloria de los primeros.

La obediencia civil nace del deseo de tranquilidad. El deseo de tranquilidad y placeres sensuales lleva a los hombres a obedecer a un poder común, porque tales deseos les hacen renunciar a la protección que esperarían de sus propios esfuerzos. El miedo a la muerte y a las heridas también contribuye a la obediencia por la misma razón. Por el contrario, las personas necesitadas y los ambiciosos mandos militares tienden a prolongar las guerras y a promover conflictos, ya que no hay honor militar sin guerra, ni otra manera de eludir un mal juego que comenzando otro nuevo.

Amor a las artes y la virtud. El deseo de conocimiento y el aprecio por las artes pacíficas inclinan a las personas a obedecer una autoridad común, ya que buscan ocio y, por lo tanto, necesitan la protección de un poder externo. El amor por la virtud y el deseo de elogios nos motivan a realizar acciones laudables que agradan a aquellos cuyo juicio valoramos. Los elogios de quienes despreciamos nos son indiferentes. El afán de fama póstuma también lleva a estos fines. Aunque después de la muerte no experimentamos las alabanzas, ya que estas alegrías se desvanecen ante los placeres celestiales o los tormentos infernales, la previsión de dicha fama brinda placer presente, imaginando el beneficio que asegurará a la posteridad.

El odio y los beneficios. Recibir un gran beneficio de alguien que consideramos nuestro igual nos lleva a fingir amor, pero en realidad genera un profundo aborrecimiento, como el de un deudor desesperado que evita a su acreedor. Los beneficios crean obligación, y la obligación es una forma de servidumbre, que, si no se puede corresponder, se convierte en odio perpetuo. Sin embargo, recibir beneficios de alguien superior nos inclina a amarlo, ya que no sentimos degradación. La aceptación halagadora (gratitud) se considera un honor que compensa el beneficio recibido. Recibir beneficios de un igual o inferior, con la esperanza de devolverlos, fomenta el amor, ya que la obligación se ve como ayuda mutua, generando una noble competencia por excederse en beneficios, donde ambos encuentran satisfacción.

Odio por la conciencia de culpa. Hacer daño a alguien más allá de lo que podemos o queremos reparar nos lleva a odiar al perjudicado, esperando su revancha o perdón, ambos indeseables.

Llegar al daño por miedo. El temor a la opresión nos lleva a prevenirla o buscar ayuda en la sociedad, ya que es la única manera de asegurar nuestra libertad y vida.

Desconfianza en el propio ingenio y capacidades. Las personas que desconfían de su astucia tienden a ser más aptas para la victoria en situaciones de tumulto y sedición que aquellas que se consideran a sí mismas juiciosas y reflexivas. Esta mayor aptitud para el triunfo se debe a que los primeros, conscientes de sus limitaciones intelectuales, prefieren actuar rápidamente para evitar ser superados por otros. En contraste, los que se creen juiciosos suelen disfrutar del proceso de consulta y deliberación, lo cual consume tiempo y puede ser perjudicial en escenarios de conflicto inmediato.

En contextos de sedición, donde la situación es caótica y el tiempo es un factor crucial, la capacidad de reaccionar rápidamente y con decisión es fundamental. Las personas que actúan de inmediato, sin detenerse a considerar todas las opciones, son capaces de tomar la iniciativa y aprovechar el factor sorpresa. Por el contrario, los individuos que valoran la reflexión y el análisis pueden perder oportunidades clave mientras ponderan sus opciones, lo que puede llevar a una parálisis por análisis. Además, en momentos de sedición, la estrategia más efectiva es la de la defensa mutua y el uso conjunto de la fuerza. En estos contextos, la sutileza y las estrategias complejas suelen ser menos efectivas que la acción directa y coordinada. La fuerza bruta y la defensa organizada proporcionan una ventaja significativa, superando cualquier ventaja que pueda derivarse de la sutileza o la astucia.

Por ejemplo, en una revuelta o insurrección, aquellos que rápidamente toman posiciones defensivas y atacan a los opositores con decisión suelen prevalecer sobre los que pierden tiempo en discusiones tácticas. Esta capacidad para reaccionar con rapidez y actuar de manera coordinada es crucial para superar a los adversarios y asegurar la victoria.

En resumen, en situaciones de tumulto y sedición, la rapidez de acción y la defensa mutua con fuerza bruta son estrategias superiores a la reflexión y la sutileza. Las personas que desconfían de su astucia y actúan rápidamente tienen una ventaja significativa sobre aquellas que prefieren la deliberación, ya que pueden aprovechar el caos del momento para asegurar la victoria.

Vanagloria y empresas vanas. Las personas que poseen una alta dosis de vanagloria, pero carecen de una capacidad real para respaldarla, tienden a disfrutar considerándose valientes y poderosos. Sin embargo, esta autopercepción no se traduce en acciones efectivas o decisivas. En lugar de buscar involucrarse en tareas o desafíos significativos que puedan poner a prueba sus habilidades, estos individuos se enfocan en la ostentación y la apariencia. Prefieren proyectar una imagen de valentía y destreza, aunque no tengan la capacidad necesaria para sostener esa imagen en situaciones críticas.

Cuando se enfrentan a peligros reales o dificultades sustanciales, su principal preocupación no es resolver el problema o superar el obstáculo. Al contrario, lo que realmente les preocupa es evitar que su insuficiencia quede al descubierto. Este miedo a ser desenmascarados como incompetentes o débiles domina su comportamiento, llevándolos a evitar situaciones en las que puedan ser evaluados o juzgados de manera objetiva. Prefieren mantenerse en un terreno seguro, donde su fachada de valentía no pueda ser cuestionada ni puesta a prueba.

La vanagloria, en este contexto, actúa como una especie de máscara. Permite a estos individuos mantener una apariencia externa de confianza y capacidad, mientras internamente están consumidos por el miedo a ser descubiertos. Esta dualidad puede llevarlos a comportarse de manera extravagante o a realizar actos que llamen la atención, pero que en realidad no conllevan ningún riesgo significativo ni requieren habilidades reales. La ostentación se convierte en su refugio, un modo de desviar la atención de sus limitaciones reales. Por ejemplo, pueden participar en actividades que les permitan ser el centro de atención sin enfrentar verdaderos desafíos. Pueden presumir de logros insignificantes o exagerar sus capacidades en situaciones seguras, donde la probabilidad de fracaso es mínima. Sin embargo, cuando las circunstancias demandan verdadera valentía o habilidad, estos individuos suelen retirarse, evitando cualquier escenario que pueda poner en peligro su fachada. En resumen, las personas con vanagloria pero sin una capacidad real buscan únicamente la ostentación y evitan la acción sustancial. Enfrentados a peligros o dificultades, su principal preocupación es proteger su imagen y evitar que su falta de capacidad sea descubierta. Esta actitud los lleva a enfocar sus esfuerzos en mantener una apariencia de valentía, sin comprometerse en acciones que puedan revelar su verdadera insuficiencia.

Aquellos que sienten vanagloria y valoran su capacidad por la adulación de otros, o por el éxito en alguna acción pasada, sin una base firme de autoconocimiento, tienden a lanzarse sin pensarlo en nuevas empresas. Cuando se aproxima el peligro o la dificultad, suelen retirarse si es posible. No encontrando una solución clara, prefieren arriesgar su honor, que puede ser salvado con una excusa, en lugar de poner en riesgo sus vidas, para las cuales ninguna salvación es suficiente. Las personas con una alta opinión de su propia sabiduría en asuntos de gobierno tienden a ser ambiciosas, porque el honor de la sabiduría se pierde sin empleo público en el consejo o en la magistratura. Por esto, los oradores elocuentes son propensos a la ambición, ya que la elocuencia parece ser sabiduría tanto para ellos como para los demás.

La *irresolución*, entendida como la incapacidad de tomar decisiones en momentos cruciales, surge de una sobrevaloración de aspectos insignificantes. La pusilanimidad, que se manifiesta en la indecisión y la falta de determinación, conduce a perder valiosas oportunidades para actuar en el momento oportuno. Cuando se ha reflexionado exhaustivamente sobre la situación y aun así no se logra determinar la mejor acción a seguir, esto indica que los motivos que guían la elección no están claros. La incapacidad de tomar una decisión en ese momento crítico implica desperdiciar la oportunidad debido a la atención prestada a detalles triviales, lo cual es un signo de pusilanimidad. En resumen, la falta de resolución resulta de dar demasiada importancia a lo irrelevante, lo que impide la toma de decisiones efectivas en momentos cruciales.

La *frugalidad*, aunque sea una virtud en los pobres, hace al hombre inepto para realizar acciones que requieren la fuerza de varios hombres a la vez, ya que debilita sus fuerzas, que necesitan ser nutridas y vigorizadas por la recompensa.

La *confianza* en otros surge de la ignorancia de los signos de sabiduría y bondad. La elocuencia, unida a la adulación, lleva a los hombres a confiar en quien la posee, porque la primera simula sabiduría y la segunda bondad. Si a esto se añade una reputación militar, lleva a la adhesión y sumisión a quienes la poseen. La elocuencia y la adulación previenen el peligro que pueda venir de esa persona, mientras que la reputación militar protege contra el peligro que venga de otros.

La *falta de conocimiento de las causas naturales* lleva a un hombre a confiar en la opinión y autoridad de otros. Todos los hombres interesados en la verdad, cuando no confían en sí mismos, deben apoyarse en la opinión de alguien a quien consideran más sabio y en quien no ven motivo alguno para ser defraudados.

La *ignorancia de la significación de las palabras*, o la falta de comprensión, lleva a los hombres no sólo a aceptar confiadamente la verdad que no conocen, sino también los errores y, lo que es peor, las insensateces de aquellos en quienes confían; porque ni el error ni la insensatez pueden ser descubiertos sin una perfecta comprensión de las palabras. La misma ignorancia lleva a que los hombres den nombres diferentes a la misma cosa según sus propias pasiones. Por ejemplo, quienes aprueban una opinión privada la llaman "opinión", mientras que quienes no están de acuerdo dicen que es una "herejía", aunque "herejía" no signifique más que una opinión particular, solo que con una connotación más negativa.

Además, sin estudio y sin una gran inteligencia, es difícil distinguir entre una acción conjunta de varios hombres y varias acciones individuales de una multitud. Por ejemplo, entre la acción unida de todos los senadores de Roma al dar muerte a Catilina[26], y las diversas acciones de varios senadores al matar a César. Como resultado, tienden a ver como acción del pueblo lo que en realidad son muchas acciones individuales realizadas por una multitud, probablemente guiados por la persuasión de una sola persona.

La adhesión a la costumbre proviene de la ignorancia sobre la naturaleza de lo justo y lo injusto. La falta de conocimiento sobre las causas y la constitución original del derecho, la equidad, la ley y la justicia lleva a los hombres a seguir la costumbre y el ejemplo como normas de conducta. Así, consideran injusto lo que han visto castigar por costumbre y justo aquello que ha sido tolerado o aprobado, encontrando algún ejemplo o precedente para justificarlo. Esto es similar a los niños pequeños, que solo saben lo que es

26 La conjuración de Catilina fue una conjura política y militar llevada a cabo por Lucio Sergio Catilina con la intención de hacerse con el poder en la República Romana en el 63. a.C. Murió luchando y cortaron su cabeza por traidor.

bueno o malo según los correctivos de sus padres y maestros. Sin embargo, a diferencia de los niños, los hombres no son fieles a esta norma. A medida que se vuelven fuertes y obstinados, apelan a la razón cuando les conviene, y a la costumbre cuando la razón está en su contra.

Esta es la razón por la cual la doctrina de lo justo y lo injusto es siempre objeto de disputa, tanto con la pluma como con la espada, mientras que teorías como las de líneas y figuras no lo son. En cuestiones matemáticas, los hombres no ven la verdad como algo que interfiera con sus ambiciones, beneficios o deseos. De hecho, no me cabe ninguna duda de que, si hubiera sido contrario al derecho de dominio, o al interés de aquellos que ostentan el poder, esa doctrina de que los tres ángulos de un triángulo son iguales a dos ángulos de un cuadrado, habría sido disputada o prohibida, y se habrían quemado todos los libros de geometría como brujería, si es que eso acaso fuera posible para los interesados.

La preocupación por los asuntos privados, deriva de la falta de comprensión sobre las razones de la paz. La falta de conocimiento sobre las causas más profundas lleva a atribuir todos los sucesos a razones inmediatas y tangibles, ya que son las únicas perceptibles. En muchos casos, cuando la gente se siente afectada por impuestos, dirigen su ira hacia los recaudadores y otros funcionarios fiscales, uniéndose a quienes critican al gobierno y, en ocasiones extremas, llegan incluso a desafiar la autoridad suprema por temor al castigo o por el orgullo de no ser perdonados.

Inclinación a creer, producto de la ignorancia sobre la naturaleza. La falta de comprensión sobre las causas naturales lleva a la credulidad, haciendo que la gente crea a menudo en cosas improbables. Cuando no se entiende la imposibilidad de algo, no se puede descartar su veracidad. Además, como disfrutan escuchando historias en compañía, la credulidad lleva a las personas a mentir. Así, la ignorancia inocente puede hacer que alguien crea, e incluso invente, engaños.

Curiosidad por el conocimiento, impulsada por la preocupación por el futuro. La ansiedad sobre lo que está por venir motiva a las personas a buscar las causas de las cosas, ya que entenderlas les permite tomar decisiones más informadas en el presente.

Creencia en una religión natural, por la misma razón. El deseo de conocer las causas nos lleva desde el efecto hasta la causa, y luego a la causa de esa causa, hasta llegar a la conclusión inevitable de que debe existir una causa eterna, lo que comúnmente se conoce como Dios. Es imposible investigar profundamente las leyes naturales sin inclinarse a creer en un Dios eterno, aunque la mente humana no pueda comprender completamente su naturaleza.

Quienes muestran poco interés en las causas naturales, al menos por temor a su propia ignorancia sobre algo que tiene el poder de afectarles profundamente, tienden a imaginar diferentes tipos de poderes invisibles. Estas personas están pendientes de sus propias fantasías, invocando estos poderes en tiempos difíciles y mostrándoles gratitud cuando las cosas van bien. Así es como se crean innumerables dioses basados en las creaciones de la imaginación humana. Este temor a lo invisible es la semilla de lo que cada individuo considera como religión, y aquellos que adoran o temen poderes distintos a los propios son vistos como supersticiosos.

Algunas personas, al observar esta inclinación religiosa, buscan alimentarla y darle forma, añadiendo sus propias ideas sobre las causas de eventos futuros. Esto les permite ejercer un mayor control sobre los demás, aprovechando así al máximo su poder.

Capítulo XII
Sobre la "religión"

La religión es una cualidad exclusiva del hombre. Si observamos que los signos y efectos de la religión solo se encuentran en el ser humano, no hay razón para dudar de que la semilla de la religión es única en el hombre. Esta cualidad, al menos en un grado superior, no se manifiesta en otras criaturas vivientes.

El deseo de comprender las causas, primero, es una característica propia de la naturaleza humana el investigar las causas de los eventos observados. Todos, aunque en diferentes grados, sienten curiosidad por entender las razones detrás de su fortuna, ya sea buena o mala. La consideración del origen de las cosas es lo segundo porque, al considerar que todo tiene un inicio, los humanos también reflexionan sobre la causa que determinó ese inicio en un momento específico, y no antes o después.

La observación de las consecuencias sería lo tercero, a diferencia de los animales, que encuentran su felicidad en el disfrute de la comida, el descanso y los placeres diarios, sin preocuparse por el futuro debido a su falta de observación y memoria del orden y las consecuencias, el hombre nota cómo un evento surge de otro. Observa las relaciones de causa y efecto y, cuando no puede discernir las causas verdaderas (a menudo invisibles), recurre a la imaginación o confía en la autoridad de otros que considera más sabios y amigos.

La causa natural de la religión: la ansiedad por el futuro. Los dos primeros puntos generan ansiedad. Sabiendo que todo tiene una causa, es inevitable que un hombre, que siempre busca protegerse del mal y asegurarse el bien, esté en constante preocupación por el futuro. Así, cada persona, especialmente los más previsores, se encuentran en una situación similar a la de Prometeo, encadenado y torturado por su propia previsión. Este perpetuo temor, sin descanso ni paz, salvo en el sueño, mantiene el corazón del hombre en constante inquietud por la muerte, la pobreza y otras calamidades.

El temor al poder de lo invisible. Este miedo perpetuo, alimentado por la ignorancia de las causas, necesita un objeto. Cuando no se puede ver nada, se atribuye la buena o mala fortuna a algún poder invisible. Los antiguos poetas acertaron al decir que los dioses surgieron del temor humano, lo cual es cierto para los numerosos dioses de las antiguas culturas. Sin embargo, el conocimiento de un Dios Eterno y Omnipotente surge más del deseo de comprender las causas naturales y sus efectos, que del miedo al futuro. Al investigar profundamente, uno llega a la conclusión de la existencia de una causa primera y eterna, que llamamos Dios.

La creencia de seres incorpóreos. Respecto a la naturaleza de estos agentes invisibles, la mente humana, al no poder imaginar algo incorpóreo, los compara con el espíritu humano. Al desconocer que estas apariciones son creaciones de la fantasía, se les considera como sustancias reales, denominadas fantasmas. Así, los hombres que reflexionan profundamente sobre la existencia de un Dios Infinito, Omnipotente y Eterno, tienden a considerarlo incomprensible. Definir su naturaleza como la de un espíritu incorpóreo y luego considerarlo ininteligible no es intentar hacer comprensible lo divino, sino honrarlo con atributos que están más allá de lo que se puede percibir en el mundo visible.

La mayoría de las personas desconocen cómo los agentes invisibles logran sus efectos. Sin comprender las causas inmediatas que emplean para que las cosas sucedan, recurren a observar y recordar lo que han visto antes, sin entender la conexión entre los eventos. Así, esperan que lo que ocurrió en el pasado se repita en el futuro, atribuyendo la buena o mala suerte a cosas sin relación con las causas reales. Por ejemplo, los atenienses en la guerra de Lepanto[27] pidieron otro Formio; la facción pompeyana en África solicitó otro Escipión[28], y otros han hecho lo mismo en diferentes situaciones. Se atribuye la fortuna a personas presentes, lugares, ciertas expresiones, especialmente si incluyen el nombre de Dios, y a frases cabalísticas y conjuros, creyendo incluso que pueden transformar una piedra en pan, el pan en hombre, o una cosa en otra. La reverencia que los humanos muestran a los poderes invisibles se manifiesta de manera similar a la que expresan hacia otras personas: con donativos, peticiones, agradecimientos, oblaciones, súplicas respetuosas, conducta sobria, palabras meditadas, y juramentos para asegurar promesas. La razón no sugiere otro comportamiento, dejando a cada uno persistir en esto o confiar en quienes consideran más sabios para otras ceremonias. Cuando se trata de cómo los poderes invisibles revelan el futuro, especialmente sobre la buena o mala fortuna o el éxito en una empresa específica, todos están igualmente perplejos. Acostumbrados a predecir el futuro basado en el pasado, los humanos tienden a tomar coincidencias como pronósticos de eventos futuros, y también a creer en los pronósticos de aquellos a quienes consideran sabios.

Cuatro elementos constituyen la semilla natural de la religión: la idea de

27 La batalla naval de Lepanto se llevó a cabo el 7 de octubre de 1571, marcando el último gran enfrentamiento en el mundo occidental que se libró, casi en su totalidad, entre embarcaciones de remo, con más de 400, y revelando un punto de inflexión en la expansión otomana en el Mediterráneo.

28 También conocido como Escipión el Africano, fue un político y general romano, nombrado cónsul en el año 236 a.C. Inició su carrera militar a comienzos de la segunda guerra púnica, en el 218 a.C.

los espíritus, la ignorancia de las causas secundarias, la devoción hacia lo temido y la aceptación de eventos casuales como pronósticos. Estas semillas, debido a las diferentes fantasías, juicios y pasiones de las personas, se han desarrollado en ceremonias tan variadas que lo que un hombre considera sagrado, otro lo encuentra ridículo.

La influencia de la cultura en la religión. Estas semillas han sido cultivadas por dos tipos de personas. Un grupo ha desarrollado la materia religiosa según su propia invención, mientras que el otro lo ha hecho bajo la dirección de Dios. Ambos buscan que quienes confían en ellos sean más aptos para la obediencia, las leyes, la paz, la caridad y la sociedad civil. Así, la religión del primer tipo es parte de la política humana y enseña los deberes que los reyes terrenales requieren de sus súbditos, mientras que la religión del segundo tipo es política divina y contiene preceptos para aquellos que se consideran súbditos del reino de Dios. Los fundadores de gobiernos y legisladores paganos pertenecen a la primera categoría, mientras que Abraham, Moisés y Jesucristo, de quienes derivan las leyes del reino de Dios, pertenecen a la segunda.

Las opiniones absurdas del paganismo. En cuanto a las opiniones sobre la naturaleza de los poderes invisibles, casi nada existe en la mente de un hombre que no haya sido considerado por los paganos como un dios o un demonio, o imaginado por sus poetas como habitado por un espíritu. Para ellos, la materia del mundo era un dios, denominado Caos. El cielo, el océano, los planetas, el fuego, la tierra y los vientos eran considerados dioses. Los humanos deificaron hombres, mujeres, aves, cocodrilos, vacas, perros, serpientes y hasta cebollas. Además, llenaron casi todos los lugares con espíritus llamados demonios. Las llanuras estaban pobladas por Panes[29] o sátiros; las selvas, por faunos y ninfas; el mar, por tritones y otras ninfas; cada río y fuente, por un espíritu y ninfas; cada casa tenía sus lares[30] o familiares; cada hombre su Genio; el infierno estaba lleno de espíritus como Caronte, Cerbero y las Furias; y durante la noche, todos los lugares se llenaban de Larvas, Lémures y fantasmas[31]. Asignaban divinidad y dedicaban templos a accidentes y cualidades como el tiempo, la noche, el día, la paz, la concordia, el amor, el odio, la verdad, el honor, la salud, la astucia, la fiebre y otros conceptos similares. Rogaban en pro o en contra de estas cualidades como

29 Referencia al dios Pan, en la mitología griega era el dios de los pastores y rebaños. En la mitología romana era representado como un fauno. En los himnos Homéricos se menciona el origen etimológico de su nombre: "solían llamarlo Pan porque a todos les alegró el ánimo".

30 Los lares son espíritus guardianes en la antigua religión romana; se creía que podían ser héroes ancestros, protectores del hogar.

31 En la mitología griega, las Larvae, también conocidas como Lémures, eran los espíritus de la muerte; eran la versión maligna y siniestra de los lares.

si los espíritus que representaban colgaran sobre sus cabezas, controlando el bien o el mal. Invocaban a sus propios ingenios como Musas; su ignorancia, como Fortuna; su deseo, como Cupido; su rabia, como Furia; su miembro viril, como Príapo[32], y atribuían sus poluciones y sueños eróticos a Íncubos y Súcubos. Cualquier personaje introducido por un poeta en su obra se convertía en dios o demonio. Los autores de la religión de los gentiles, practicando la segunda clase de religión, basada en la ignorancia humana respecto a las causas, atribuían la fortuna a motivos sin dependencia evidente, sustituyendo las causas secundarias por dioses secundarios. Asignaban la causa de la fecundidad a Venus; las artes a Apolo; la sutileza y astucia a Mercurio; las tormentas y tempestades a Eolo; y otros efectos a otros dioses, creando un cielo lleno de dioses para cada asunto.

Las formas de veneración concebidas naturalmente, como oblaciones, plegarias y agradecimientos, fueron complementadas por los legisladores gentiles con imágenes de los dioses en pintura y escultura. Así, incluso los más ignorantes, viendo estas representaciones, creían que los dioses realmente estaban encarnados en ellas, aumentando su temor. Les dotaron de casas y tierras, publicanos y rentas, consagrando estos bienes a sus ídolos, como cavernas, grutas, selvas, montañas e islas enteras. No solo les atribuyeron figuras humanas, animales o monstruos, sino también las pasiones y facultades humanas, como sentidos, lenguaje, sexo, deseos y generación. Incluso los mezclaron con humanos para producir dioses híbridos, como Baco y Hércules. Les atribuyeron ira, deseo de venganza y otros sentimientos humanos, y acciones como fraude, adulterio, robo, sodomía y todos los vicios asociados al poder o placer, así como aquellos que van contra la ley más que contra el honor.

Finalmente, en cuanto a los pronósticos del futuro, basados en conjeturas de experiencias pasadas o revelaciones divinas, los autores de la religión de los gentiles añadieron innumerables formas supersticiosas de adivinación. Así, la gente creía en respuestas ambiguas o absurdas de los sacerdotes de oráculos como Delfos, Delo, Ammon, deliberadamente ambiguas o absurdas por emanaciones tóxicas. También en las hojas de las sibilas, en frases sin sentido de los locos (considerados poseídos por un espíritu divino, lo que llamaban entusiasmo), y en teomancia o profecía. La ciencia del horóscopo, parte de la astrología judicial, interpretaba el aspecto de las estrellas en el nacimiento de una persona. La tumomancia se basaba en esperanzas y temores. La nigromancia, o conversación con los muertos, se consideraba impostura y fraude. El augurio interpretaba el vuelo y la alimentación de aves, y la aruspicina, las entrañas de animales sacrificados. Los sueños, el

32 Príapo es un dios menor de la mitología griega, asociado a la fecundidad; lo representaban siempre con una erección.

graznido de los cuervos, el canto de los pájaros, la metoposcopia (líneas de la cara), la quiromancia (líneas de la mano) y las palabras casuales también eran métodos de adivinación, al igual que fenómenos inusuales como eclipses, cometas, terremotos, inundaciones y nacimientos prematuros, conocidos como portenta y ostenta. En el azar, como el cara o cruz, o la adivinanza de orificios en una criba, el juego de versos de Homero y Virgilio, y otros innumerables conceptos similares, se creía que podían predecir el futuro. Así, la credulidad humana, junto con el ingenio y la destreza, se explotaban para manipular el miedo y la ignorancia de las personas.

Por esa razón, los primeros fundadores y legisladores de los Estados entre los gentiles, cuyo objetivo era simplemente mantener al pueblo en obediencia y paz, se preocuparon en todas partes por imprimir en sus mentes la convicción de que los preceptos promulgados eran asuntos de religión y no solo de conveniencia personal, sino dictados por algún dios u otro espíritu; o bien, que ellos mismos eran de una naturaleza superior a la de los mortales, haciendo que sus leyes fueran más aceptables. Así, Numa Pompilio afirmaba recibir de la Ninfa Egeria las ceremonias que instituyó entre los romanos. El primer rey y fundador del reino del Perú aseguraba que él y su esposa eran hijos del Sol, y Mahoma, al establecer su religión, presumía de hablar con el espíritu divino, encarnado en un pastor. En segundo lugar, se esforzaron por hacer creer que las leyes prohibían cosas igualmente desagradables a los dioses. En tercer lugar, prescribieron ceremonias, oraciones, sacrificios y festividades, haciendo creer que la ira de los dioses podía ser apaciguada por estos medios; que la buena fortuna en la guerra, las grandes epidemias, los terremotos y toda clase de desastres humanos eran producto de la ira divina, provocada por la negligencia en la adoración o el olvido de algún detalle de las ceremonias.

Aunque en la antigua Roma no se prohibía la incredulidad respecto a lo que los poetas escribían sobre los castigos y placeres tras la vida, y figuras de autoridad satirizaban abiertamente estas creencias, estas ideas eran más valoradas que las contrarias. Con estas y otras instituciones, y conforme a su propósito de mantener la paz, lograron que el pueblo creyera que la causa de sus desgracias radicaba en la negligencia o errores en las ceremonias o en la desobediencia a las leyes, haciéndolos menos propensos a rebelarse contra sus gobernantes. Entretenidos con la pompa y los festivales públicos en honor a los dioses, solo necesitaban alimentos para abstenerse del descontento y la protesta contra el Estado. Por estas razones, los romanos, que conquistaron gran parte del mundo conocido, no tuvieron reparos en tolerar cualquier religión en Roma, salvo cuando alguna era incompatible con su gobierno civil; la única religión prohibida fue la de los judíos, quienes, al considerar a Dios como su único rey, no aceptaban ser súbditos de ningún rey mortal o Estado. Así, la religión de los gentiles era parte de su política.

Donde Dios mismo instituyó una religión por revelación sobrenatural, estableció un reino propio y dio leyes no solo para la conducta de los hombres respecto a Él, sino también entre ellos. Por ello, en el reino de Dios, la política y las leyes civiles son parte de la religión, y no hay distinción entre dominio temporal y espiritual. Dios es el rey de toda la Tierra por su poder, pero de su pueblo elegido es rey por un pacto.

Considerando cómo se ha propagado la religión, es fácil entender las causas de su evolución desde sus principios, que son la idea de una deidad y poderes invisibles sobrenaturales. Estas semillas no pueden ser arrancadas de la naturaleza humana, pero pueden surgir nuevas religiones a través de la influencia de hombres reputados. Toda religión instituida se basa, en primer lugar, en la fe que la multitud tiene en cierta persona, a quien consideran no solo sabia y dedicada a procurarles felicidad, sino también santa, elegida por Dios para revelar su voluntad sobrenaturalmente. Así, cuando los líderes religiosos resultan sospechosos en cuanto a su sabiduría, sinceridad o amor, o incapaces de mostrar signos claros de revelación divina, la religión que intentan instituir se vuelve sospechosa y, sin temor al poder civil, es contradicha y rechazada.

La imposición de creer en cosas imposibles quita credibilidad a quien ha instituido una religión o añade algo a una ya existente. No es posible que dos partes de una contradicción sean verdaderas al mismo tiempo; por lo tanto, ordenar la creencia en cosas contradictorias es una prueba de ignorancia, desacreditando todo lo que se propone como revelación sobrenatural. La revelación puede referirse a cosas que están más allá de la razón natural, pero nunca contra ella.

Algunos actos que socavan la religión establecida, lo que socava la reputación de sinceridad es cuando las acciones o palabras de alguien revelan que no comparte la creencia que exige de los demás. Por eso, todo lo que se dice o hace en este sentido se considera escandaloso, pues se convierte en un obstáculo para la fe de otros. Ejemplos de esto son la injusticia, la crueldad, la hipocresía, la avaricia y la lujuria. ¿Quién podría creer que alguien que frecuentemente actúa de estas maneras piense realmente en un poder invisible que debe temerse y que asusta a otros por faltas menores?

La reputación del amor se pierde cuando se percibe que alguien persigue fines personales: por ejemplo, cuando la fe que exige de otros parece conducir a la adquisición de poder, riqueza, dignidad o placer exclusivo para quien la exige. Cuando se obtiene un beneficio personal, se juzga que la acción es para uno mismo y no por amor a los demás.

El testimonio más convincente de una vocación divina es la realización de milagros, hay una necesidad de milagros como prueba, la auténtica profecía (también un milagro) o una felicidad extraordinaria. Por lo tanto, los artículos de fe propuestos por alguien que ha hecho milagros son más creíbles que los añadidos por quien no puede demostrar su vocación divina de manera similar. En cuestiones naturales, los hombres buscan signos naturales; en cuestiones sobrenaturales, requieren signos sobrenaturales (milagros) antes de aceptar con fe.

Un claro ejemplo de esto es el de los hijos de Israel, que, cuando Moisés, quien había probado su vocación divina mediante milagros y al sacarlos de Egipto, se ausentó por cuarenta días, se rebelaron contra el culto verdadero y crearon un becerro de oro, cayendo en la idolatría egipcia. Tras la muerte de Moisés, Aarón y Josué, la siguiente generación adoró a Baal[33]. Así, cuando cesaron los milagros, falló la fe. Otro caso es el de los hijos de Samuel, que como jueces en Bersabé aceptaron sobornos y emitieron fallos injustos. El pueblo de Israel, viendo la injusticia, exigió un rey como las demás naciones, rechazando a Dios como su rey.

En cuanto a la decadencia de la religión, con la llegada de la religión cristiana, los oráculos del Imperio romano cesaron y el número de cristianos creció rápidamente gracias a la predicación de los apóstoles y evangelistas. Este éxito se atribuye en parte al desprecio que los sacerdotes paganos se ganaron por sus impurezas, avaricia y complacencia con los príncipes.

Asimismo, la religión de la iglesia de Roma fue en parte abolida en Inglaterra y en otras regiones de la cristiandad debido a la falta de virtud de los pastores, lo que debilitó la fe del pueblo. La introducción de la filosofía y doctrina de Aristóteles por los escolásticos, con sus contradicciones y absurdos, hizo que el clero cayera en la reputación de ignorancia e intención fraudulenta, provocando rebeliones, tanto con el consentimiento de los príncipes, como en Inglaterra, como sin él, como en Francia y Holanda.

Por último, si hablamos de las ventajas del Papa y de algunos cambios en la religión, podríamos decir que, en la iglesia de Roma, varios puntos declarados necesarios para la salvación claramente benefician al Papa y a sus súbditos espirituales que residen en territorios de otros príncipes cristianos. De no ser por los conflictos entre estos príncipes, podrían haber excluido toda autoridad externa, sin guerra ni disturbios, con la misma facilidad que ocurrió en Inglaterra. ¿Quién no se da cuenta de a quién beneficia la creencia de que un rey no tiene su autoridad de Cristo hasta que un obispo lo corona? ¿O que un rey, si es sacerdote, no puede casarse? ¿Que la legitimidad de nacimiento de un rey debe ser juzgada por la autoridad de Roma? ¿Que los súbditos pueden ser liberados de su promesa si la Corte de Roma declara

33 Baal es un dios cananeo-fenicio del trueno, la lluvia y la fertilidad; el nombre también se utilizaba como un título ya que significaba "señor" y "amo".

al rey hereje? ¿Que un rey, como Chilperico de Francia[34], puede ser depuesto sin causa por un Papa, como Zacarías[35], y su reino entregado a uno de sus súbditos? ¿Que el clero secular y regular esté exento, en lo criminal, de la jurisdicción del rey? ¿O que los emolumentos del altar y las indulgencias, entre otros signos de interés privado, beneficien a alguien?

Sobre el impacto en la fe y el poder civil, estos beneficios personales son suficientes para debilitar la fe más ferviente, si no fuera porque, como mencioné, están sostenidos más por el poder civil que por la percepción de santidad, sabiduría o probidad de sus maestros. Así, puedo atribuir todos los cambios de religión en el mundo a una sola causa: sacerdotes inadecuados, y esto no sólo aplica a los católicos, sino incluso a esta iglesia que tanto ha presumido de su reforma.

34 Chilperico II fue un rey de los francos, entre los años 715-717 y 719-721.

35 Último pontífice del llamado papado bizantino; fue el 94 papa de la iglesia católica, desde el 741 al 751.

Capítulo XIII

Sobre la "condición natural" del género humano, en lo que se refiere a su felicidad y a su miseria

La naturaleza ha diseñado a los seres humanos con una sorprendente similitud en cuanto a sus capacidades físicas y mentales. Aunque en ocasiones puede parecer que una persona es más fuerte físicamente o más inteligente que otra, en un análisis global, estas diferencias no son lo suficientemente significativas como para que una persona pueda reclamar ventajas exclusivas sobre otra. En realidad, incluso el individuo más débil tiene la capacidad de superar al más fuerte, ya sea a través de conspiraciones secretas o aliándose con otros que se encuentren en una situación similar de peligro. Este equilibrio en capacidades evita que unos pocos dominen completamente a los demás.

En lo que respecta a las facultades mentales, la igualdad entre los hombres es aún más pronunciada que en el ámbito físico. La prudencia, por ejemplo, es un resultado de la experiencia, algo que todos los seres humanos pueden adquirir por igual con el tiempo, siempre y cuando se dediquen a las mismas actividades. Lo que podría hacer que esta igualdad sea difícil de aceptar es la vanidad inherente en la percepción de la propia sabiduría. La mayoría de las personas tienden a creer que poseen una mayor sabiduría que los demás, exceptuando a unos pocos a quienes respetan por su fama o porque comparten sus opiniones. Esta tendencia a sobrevalorar la propia inteligencia, comparada con la de los demás, que se percibe como distante y abstracta, en realidad subraya una mayor igualdad entre los individuos. Un claro indicio de una distribución equitativa de cualquier cualidad es que cada persona esté satisfecha con la porción que le ha tocado.

Esta igualdad en capacidades se traduce directamente en una igualdad de expectativas para alcanzar nuestros objetivos. Cuando dos personas desean la misma cosa y no pueden compartirla, se convierten en rivales, tratando de eliminar o someter al otro para alcanzar sus propios fines. Estos fines son principalmente la autopreservación y, a veces, el placer. En tales situaciones, un agresor teme el poder de otro hombre. Por ejemplo, si alguien cultiva, construye o posee algo valioso, es probable que otros, al unir sus fuerzas, intenten despojarlo no sólo de su trabajo, sino también de su vida o libertad. El invasor, a su vez, se encuentra en el mismo riesgo de ser atacado por otros.

En este escenario de desconfianza mutua, la estrategia más sensata para un hombre es anticiparse, dominando a los demás por la fuerza o la astucia, hasta que ningún otro pueda amenazarlo. Esta anticipación es crucial para su propia conservación y es una conducta generalmente aceptada. Algunos individuos disfrutan exhibiendo su poder mediante la conquista, persiguiendo estos actos más allá de lo que su seguridad requiere. Otros, que en circunstancias normales estarían contentos con mantenerse dentro de límites modestos, se ven obligados a aumentar su fuerza para sobrevivir, ya que una defensa pasiva no es suficiente. Por lo tanto, para la preservación de uno mismo, es necesario aumentar su dominio sobre los demás.

Además, los hombres no encuentran placer en reunirse sin un poder común que los controle, ya que cada uno espera ser valorado tanto como se valora a sí mismo. En ausencia de un poder común, los signos de desprecio o subestimación incitan a los individuos a buscar mayor respeto infligiendo daño, lo que fomenta un ciclo de violencia y desconfianza. La necesidad de un poder común se hace evidente para evitar la continua escalada de conflictos.

En la naturaleza humana, identifico tres causas principales de discordia: la competencia, la desconfianza y la gloria. La competencia surge porque los hombres, al ser iguales, tienen aspiraciones similares y desean las mismas cosas. La desconfianza se origina del miedo a que otros puedan atacar primero para asegurar su propia supervivencia. La búsqueda de la gloria, por otro lado, lleva a los individuos a querer ser respetados y temidos, lo que provoca acciones agresivas para demostrar su superioridad. Estas tres causas impulsan la mayor parte de los conflictos humanos y la necesidad de establecer un poder común que mantenga el orden y la paz entre los individuos.

La primera causa que impulsa a los hombres a atacarse es la búsqueda de beneficios; la segunda, la necesidad de seguridad; y la tercera, el deseo de ganar reputación. La primera causa usa la violencia para apoderarse de personas, mujeres, niños y bienes de otros hombres; la segunda, para protegerlos; y la tercera, recurre a la fuerza por motivos insignificantes, como una palabra, una sonrisa, una opinión diferente, o cualquier signo de subestimación, ya sea hacia su persona o indirectamente hacia su familia, amigos, nación, profesión o apellido.

En ausencia de un estado civil, hay una constante guerra de todos contra todos. Es evidente que, cuando los hombres viven sin un poder común que los controle, se encuentran en un estado de guerra, una guerra de todos contra todos. Porque la GUERRA no se limita a la batalla, al acto de luchar, sino que persiste mientras exista la voluntad de luchar. Por tanto, debemos considerar la noción de tiempo para entender la naturaleza de la guerra, al igual que con el clima. Así como el mal tiempo no consiste en una o dos tormentas, sino en la tendencia a llover durante varios días, la guerra no se define solo por la lucha actual, sino por la disposición a ella mientras no haya certeza de paz. Todo el tiempo restante es de paz.

Las incomodidades de una guerra de este tipo son evidentes. Durante un tiempo de guerra, en el cual cada hombre es enemigo de los demás, no existe oportunidad para la industria, ya que su fruto es incierto; por lo tanto, no hay cultivo de la tierra, ni navegación, ni uso de productos importados por mar, ni construcciones cómodas, ni herramientas para mover y remover objetos que requieran gran fuerza, ni conocimiento del mundo, ni cálculo del tiempo, ni artes, ni letras, ni sociedad; y lo peor de todo, hay un continuo temor y peligro de muerte violenta; la vida del hombre es solitaria, pobre, brutal y breve.

Para aquellos que no reflexionan sobre estas cosas, puede parecer extraño que la naturaleza disocie y haga a los hombres aptos para invadir y destruirse mutuamente. Sin embargo, si consideramos nuestra propia conducta, encontramos que tomamos precauciones similares. Cuando emprendemos un viaje, llevamos armas y tratamos de ir bien acompañados; cuando vamos a dormir, cerramos las puertas; cuando estamos en casa, aseguramos nuestras pertenencias. Y esto a pesar de saber que existen leyes y funcionarios públicos armados para vengar cualquier daño que se nos haga. ¿Qué opinión tenemos, entonces, de nuestros conciudadanos, cuando nos armamos para viajar, cerramos nuestras puertas o aseguramos nuestras propiedades? ¿No acusamos a la humanidad con nuestros actos, como lo hago yo con mis palabras? Pero esto no es una acusación contra la naturaleza humana. Los deseos y pasiones del hombre no son pecados en sí mismos, ni lo son los actos que resultan de estas pasiones hasta que una ley los prohíbe. Los hombres no pueden conocer las leyes antes de que sean hechas, ni puede haber una ley hasta que se acuerde quién debe promulgarla.

Puede pensarse que nunca existió un tiempo o condición de guerra semejante en el mundo entero; sin embargo, existen lugares donde la gente vive de esa manera. Los pueblos salvajes en ciertas regiones de América, excepto en las pequeñas familias cuya concordia depende de la lujuria natural, carecen de gobierno y viven en ese estado bestial. Sea como fuere, podemos imaginar cómo sería la vida sin un poder común que temer, pues los hombres que vivían bajo un gobierno pacífico suelen degenerar en una guerra civil.

Aunque nunca haya existido un tiempo en que los individuos se hallaran en una guerra constante, los reyes y soberanos, celosos de su independencia, siempre han estado en continua enemistad, en una postura de gladiadores, con armas en guardia y ojos fijos en sus rivales. Con guarniciones y cañones en sus fronteras, con espías entre sus vecinos, mantienen una actitud de guerra. Sin embargo, como también defienden la industria de sus súbditos, no experimentan la misma miseria que la libertad de los individuos conlleva.

En una guerra de todos contra todos, nada es injusto. Las nociones de derecho e ilegalidad, justicia e injusticia no tienen cabida. Donde no hay poder común, no hay ley; donde no hay ley, no hay justicia. En la guerra, la fuerza y el fraude son las virtudes cardinales. Justicia e injusticia no son cualidades del cuerpo o del espíritu; son cualidades que se refieren al hombre en sociedad, no en estado solitario. En tal condición, no hay propiedad ni dominio, ni distinción entre lo tuyo y lo mío; cada uno posee lo que puede tomar y conservar. Esta miserable condición es superable en parte por las pasiones y en parte por la razón.

Las pasiones que inclinan a los hombres a la paz son el temor a la muerte, el deseo de las cosas necesarias para una vida confortable y la esperanza de obtenerlas mediante el trabajo. La razón sugiere normas adecuadas de paz, a las cuales los hombres pueden llegar por consenso mutuo. Estas normas, conocidas como leyes de naturaleza, son las que abordaré en los próximos capítulos.

Capítulo XIV
Sobre la primera y segunda de las "leyes naturales" y de los "contratos"

¿Qué es el derecho natural? El derecho natural, comúnmente llamado *jus naturale*, es la libertad que tiene cada persona de usar su propio poder como desee, para la conservación de su propia naturaleza, es decir, de su vida. Por tanto, puede hacer todo lo que su juicio y razón consideren adecuado para lograr este objetivo.

¿Qué es la libertad? La libertad se entiende, en su sentido más estricto, como la ausencia de impedimentos externos. Estos impedimentos pueden reducir parte del poder de una persona para hacer lo que quiere, pero no pueden impedirle usar el poder que le queda, de acuerdo con su juicio y razón.

Ley de naturaleza (*lex naturalis*). La ley de naturaleza es una norma general establecida por la razón, que prohíbe a una persona hacer lo que podría destruir su vida o privarla de los medios para conservarla, o bien omitir lo que podría preservar mejor su vida. Es importante no confundir derecho (*ius*) y ley (*lex*). El derecho consiste en la libertad de actuar o no actuar, mientras que la ley obliga a una de estas dos opciones. Así, la ley y el derecho son diferentes, como lo son la obligación y la libertad, que son incompatibles cuando se refieren a lo mismo.

La ley fundamental de la naturaleza. La condición humana es una guerra de todos contra todos, donde cada uno actúa según su razón. En esta situación, cada persona tiene derecho a hacer cualquier cosa, incluso en perjuicio de los demás. Mientras persista este derecho natural, nadie puede estar seguro de su vida. De aquí surge una regla general: cada uno debe esforzarse por la paz mientras tenga esperanza de lograrla; y cuando no sea posible, debe utilizar todos los medios y ventajas de la guerra. La primera parte de esta regla establece la ley fundamental de la naturaleza: buscar y seguir la paz. La segunda parte resume el derecho natural: defendernos por todos los medios posibles.

Segunda ley de la naturaleza. De la ley fundamental de la naturaleza, que ordena a los hombres buscar la paz, deriva la segunda ley: que uno acceda, si los demás también consienten, y mientras sea necesario para la paz y defensa propia, a renunciar al derecho a todas las cosas y conformarse con la misma libertad que se concede a los demás. Mientras uno mantenga su derecho de hacer lo que le plazca, los hombres están en guerra. Si los demás no renuncian a este derecho, nadie tiene razón para hacerlo, ya que esto significaría exponerse como presa, lo cual no está obligado a hacer.

Esta es la ley del Evangelio: lo que quieran que los demás les hagan a ustedes, háganlo también ustedes a ellos. Y la ley de la humanidad: lo que no quieras que te hagan, no lo hagas a los demás.

¿Qué significa renunciar a un derecho? Renunciar a un derecho significa despojarse de la libertad de impedir a otro beneficiarse del derecho sobre la cosa en cuestión. Quien renuncia a su derecho no otorga a otro un derecho que este no tuviera antes. Simplemente se aparta para que el otro pueda ejercer su derecho original sin obstáculos. Así, la renuncia a un derecho disminuye los impedimentos para que otro use su propio derecho.

Transferencia de un derecho. Se renuncia a un derecho ya sea por simple renuncia o por transferencia a otra persona. Por simple renuncia, cuando el cedente no se preocupa de quién se beneficia. Por transferencia, cuando se desea que el beneficio recaiga en una o varias personas específicas. Cuando alguien ha abandonado o transferido su derecho, se dice que está obligado a no impedir el beneficio resultante a quien se concede el derecho.

Obligación e injusticia. Quien ha transferido o renunciado a su derecho está obligado a no invalidar este acto. Si lo hace, comete una injusticia, ya que contradice su compromiso inicial. En controversias terrenales, la injusticia es comparable a un absurdo en las disputas académicas: contradecir lo que uno mantenía inicialmente. Así, la injusticia e injuria consisten en omitir voluntariamente lo que se prometió hacer.

Declaración de renuncia o transferencia. Renunciar o transferir un derecho implica una declaración o expresión mediante signos claros de que se renuncia o transfiere el derecho. Estos signos pueden ser palabras, acciones o ambas cosas. Tanto palabras como acciones son los medios por los cuales las personas se obligan mutuamente. La fuerza de estos compromisos no radica en su propia naturaleza, sino en el temor a las consecuencias de romperlos.

Derechos inalienables. Esto quiere decir que no todos los derechos son transferibles. La renuncia o transferencia de derechos se hace esperando un beneficio, por lo que ciertos derechos no pueden ser abandonados. Por ejemplo, un hombre no puede renunciar al derecho de resistir a quien le asalta para quitarle la vida, ya que esto no le reporta ningún beneficio. Lo mismo se aplica a las lesiones, la esclavitud y el encarcelamiento. El objetivo de la renuncia y transferencia de derechos es la seguridad de una persona en su vida y medios de conservación. Por lo tanto, si alguien parece renunciar a sus derechos de manera que contradiga este objetivo, se presume que no entendía cómo interpretar sus palabras y acciones.

Qué es un contrato. La mutua transferencia de derechos es lo que comúnmente llamamos contrato. Existe una diferencia entre la transferencia del derecho sobre algo y la entrega física de esa cosa. Por ejemplo, la entrega puede ocurrir simultáneamente con la transferencia de derechos, como en la compra y venta con dinero en efectivo o en el intercambio de bienes o tierras. También es posible que la entrega se realice más tarde.

Qué es un pacto. Uno de los contratantes puede entregar primero lo acordado y confiar en que el otro cumplirá su parte más adelante; este tipo de contrato se llama pacto o convenio. O ambas partes pueden acordar ahora para cumplir después. En estos casos, a quien debe cumplir una obligación futura se le concede un crédito, y su cumplimiento se llama fidelidad, mientras que la falta de cumplimiento voluntario es una violación de la fe.

La liberalidad. Cuando la transferencia de derechos no es mutua, sino que una parte transfiere con la esperanza de ganar amistad, servicios, reputación de caritativo o magnánimo, o incluso una recompensa celestial, no es un contrato, sino una donación, liberalidad o gracia. Todos estos términos significan lo mismo.

Signos explícitos de contrato. Los signos de un contrato pueden ser explícitos o implícitos. Los signos explícitos son palabras que expresan claramente su intención, ya sea en tiempo presente o pasado, como "yo doy", "yo otorgo", "yo he dado", "yo he otorgado", o en tiempo futuro, como "yo daré", "yo otorgaré". Las palabras en futuro implican una promesa.

Signos de contrato por inferencia. Los signos implícitos pueden derivarse de palabras, silencio, acciones o inacciones. En general, en cualquier contrato, un signo implícito es todo aquello que indica suficientemente la voluntad del contratante.

Liberalidad con palabras en presente o pasado. Las palabras referidas al futuro y que contienen una promesa son un signo insuficiente de liberalidad y no son obligatorias. Si se refieren al futuro, como "mañana daré", indican que aún no se ha dado, y el derecho no se ha transferido. Pero si las palabras se refieren al presente o pasado, como "yo he dado" o "doy para entregar mañana", entonces el derecho se cede hoy, aunque la entrega sea mañana. "Yo quiero que esto sea tuyo mañana" y "yo te lo daré mañana" son diferentes: la primera implica un acto de voluntad presente, mientras que la segunda es una promesa futura.

Derechos inalienables. No todos los derechos pueden transferirse. La renuncia o transferencia de derechos se hace esperando un beneficio, por lo que ciertos derechos no pueden ser abandonados. Por ejemplo, un hombre no puede renunciar al derecho de resistir a quien le asalta para quitarle la vida, ya que esto no le reporta ningún beneficio. Lo mismo aplica a lesiones, esclavitud y encarcelamiento. El objetivo de la renuncia y transferencia de derechos es la seguridad de una persona en su vida y medios de conservación. Por tanto, si alguien parece renunciar a sus derechos de manera que contradiga este objetivo, se presume que no entendía cómo interpretar sus palabras y acciones.

Transferencia de un derecho. Se renuncia a un derecho ya sea por simple renuncia o por transferencia a otra persona. Por simple renuncia, cuando el cedente no se preocupa de quién se beneficia. Por transferencia, cuando se desea que el beneficio recaiga en una o varias personas específicas. Cuando alguien ha abandonado o transferido su derecho, se dice que está obligado a no impedir el beneficio resultante a quien se concede el derecho.

Obligación e injusticia. Quien ha transferido o renunciado a su derecho está obligado a no invalidar este acto. Si lo hace, comete una injusticia, ya que contradice su compromiso inicial. En controversias terrenales, la injusticia es comparable a un absurdo en las disputas académicas: contradecir lo que uno mantenía inicialmente. Así, la injusticia e injuria consisten en omitir voluntariamente lo que se prometió hacer.

Declaración de renuncia o transferencia. Renunciar o transferir un derecho implica una declaración o expresión mediante signos claros de que se renuncia o transfiere el derecho. Estos signos pueden ser palabras, acciones o ambas cosas. Tanto palabras como acciones son los medios por los cuales las personas se obligan mutuamente. La fuerza de estos compromisos no radica en su propia naturaleza, sino en el temor a las consecuencias de romperlos.

Derechos inalienables. No todos los derechos son transferibles. La renuncia o transferencia de derechos se hace esperando un beneficio, por lo que ciertos derechos no pueden ser abandonados. Por ejemplo, un hombre no puede renunciar al derecho de resistir a quien le asalta para quitarle la vida, ya que esto no le reporta ningún beneficio. Lo mismo aplica a lesiones, esclavitud y encarcelamiento. El objetivo de la renuncia y transferencia de derechos es la seguridad de una persona en su vida y medios de conservación. Por tanto, si alguien parece renunciar a sus derechos de manera que contradiga este objetivo, se presume que no entendía cómo interpretar sus palabras y acciones.

¿Cuándo son inválidos los pactos de confianza mutua? Los pactos basados en la confianza mutua pueden ser inválidos cuando no se cumplen de inmediato y dependen de la confianza entre las partes. En un estado de naturaleza, donde prevalece la desconfianza y el conflicto, cualquier sospecha razonable puede invalidar el pacto. Sin embargo, cuando existe una autoridad común con el poder suficiente para obligar al cumplimiento, el pacto se mantiene válido. Quien cumple primero no tiene garantía de que el otro hará lo mismo, ya que la naturaleza humana, impulsada por la ambición y otras pasiones, no se refrena solo con palabras si no hay temor a un poder coercitivo. En un estado natural, sin autoridad común, todos son iguales y jueces de sus propios miedos, por lo que quien cumple primero actúa con riesgo, violando su derecho de proteger su vida y bienes.

En un estado civil, donde existe un poder capaz de hacer cumplir los pactos, el temor a la traición ya no es razonable. Por lo tanto, quien está obligado a cumplir primero debe hacerlo. El miedo que invalida un pacto debe provenir de un nuevo hecho o señal de falta de intención de cumplir. De lo contrario, el pacto no puede considerarse nulo, ya que lo que no impide a una persona prometer tampoco debería ser un obstáculo para cumplir.

El derecho a los medios. Quien transfiere un derecho también transfiere los medios para disfrutar de él. Si alguien vende una tierra, se entiende que cede también la hierba y lo que crece en ella. Quien vende un molino no puede desviar la corriente que lo alimenta. Los que otorgan el derecho de gobernar a una persona con plena soberanía, le transfieren también el derecho de recaudar impuestos y mantener un ejército y pagar magistrados para administrar justicia.

La imposibilidad de pactos con animales y con Dios sin revelación. No se pueden hacer pactos con animales, ya que no entienden ni aceptan la transferencia de derechos. Tampoco se pueden hacer pactos con Dios sin una revelación especial. Los votos contrarios a la ley natural son inútiles, ya que la obligación viene de la ley y no del voto. El objeto de un pacto siempre es algo deliberado y futuro. Prometer algo imposible no constituye un pacto. Sin embargo, si algo considerado posible resulta imposible más tarde, el pacto sigue siendo válido y obliga al cumplimiento en la medida de lo posible.

La liberación de pactos. Los hombres se liberan de sus pactos por cumplimiento o por remisión. El cumplimiento es el fin natural de la obligación, y la remisión es la restitución de la libertad mediante la transferencia del derecho en cuestión.

Validez de pactos por temor. Los pactos hechos por temor en un estado de naturaleza son obligatorios. Por ejemplo, si alguien paga un rescate para conservar su vida, está obligado a cumplir con el pago. En un estado de naturaleza, donde no hay leyes que prohíban el cumplimiento, el pacto es válido. Los prisioneros de guerra que prometen pagar su rescate están obligados a hacerlo. Un príncipe que hace una paz desventajosa por temor está obligado a respetarla, a menos que surja un nuevo motivo para la guerra. Incluso en estados civiles, si alguien promete dinero a un ladrón bajo coacción, está obligado a cumplir, a menos que la ley lo exima.

La prioridad de pactos. Un pacto anterior anula uno posterior. Si alguien transfiere su derecho a una persona hoy, no puede transferirlo a otra mañana; la última promesa es nula. Un pacto de no defenderse con fuerza contra la fuerza es siempre nulo, ya que nadie puede renunciar a su derecho de protegerse de la muerte, lesiones o encarcelamiento. La promesa de no resistir no transfiere ningún derecho ni es obligatoria.

Invalidez de autoincriminación sin perdón. Un pacto para autoincriminarse sin garantía de perdón es inválido. En un estado de naturaleza, no hay lugar para la autoincriminación. En un estado civil, la autoincriminación lleva al castigo, y nadie está obligado a tolerarlo sin resistencia. La acusación de un padre, esposa o benefactor también es inválida, ya que se presume que está corrompida por naturaleza. Las confesiones obtenidas bajo tortura no se consideran testimonios válidos; la tortura solo sirve para esclarecer y buscar la verdad, no para obtener testimonios confiables. Quien se autoincrimina al final lo hace para preservar su propia vida.

Finalidad del Juramento. Como mencioné antes, la fuerza de las palabras es limitada para garantizar que las personas cumplan con sus pactos. Sin embargo, existen dos factores en la naturaleza humana que pueden fortalecer esta fuerza. Algunos temen las consecuencias de romper su palabra, mientras que otros sienten orgullo o satisfacción al ser confiables. Esta generosidad es rara, especialmente entre quienes anhelan riquezas, poder o placeres sensuales, que son la mayoría de la humanidad. La pasión que impulsa estos sentimientos es el miedo, dirigido a dos grandes poderes: el de los espíritus invisibles y el de los hombres afectados. Aunque el poder de los espíritus es mayor, el temor al poder humano suele ser más fuerte. El miedo a los espíritus invisibles se manifiesta en la religión personal de cada individuo, una característica natural en el hombre. En cambio, el poder humano no siempre es suficiente para imponer el cumplimiento de las promesas, especialmente en un estado de naturaleza donde la desigualdad de poder solo se percibe en la confrontación. Así, antes de la sociedad civil, o durante una guerra que interrumpe la sociedad, solo el temor a un poder invisible, venerado como un dios y temido como vengador, puede fortalecer un pacto de paz contra la codicia, la ambición y otras pasiones. Por ello, dos personas sin autoridad civil solo pueden asegurarse mediante un juramento ante el Dios que ambos temen.

Forma del juramento. El JURAMENTO es una declaración añadida a una promesa, en la cual quien promete indica que, si no cumple, renuncia a la gracia de Dios y acepta su venganza. Los paganos juraban así: "Que Júpiter me mate, así como yo mato a este animal." Nosotros decimos: "Si hago esto o aquello, que Dios me ampare." A través de los ritos y ceremonias de cada religión, el temor de romper la palabra se incrementa.

Solo se jura por Dios. De esto se deduce que un juramento hecho de otra forma o rito es vano para quien lo hace y no es un verdadero juramento. No se puede jurar por nada si quien jura no piensa en Dios. A veces, los hombres juran por sus reyes por miedo o adulación, dándoles un honor divino. Sin embargo, jurar por Dios innecesariamente es profanar su nombre, y jurar por otras cosas, como suele hacerse en conversaciones, no es jurar realmente, sino una impía costumbre promovida por la excesiva vehemencia en el habla.

El juramento no aumenta la obligación. De esto se infiere que el juramento no añade nada a la obligación. Un pacto legal obliga ante Dios tanto con juramento como sin él. Si es ilegal, no obliga en absoluto, incluso si está respaldado por un juramento.

Capítulo XV

Sobre algunas otras leyes de la naturaleza

La tercera ley de la naturaleza se deduce de la obligación de transferir ciertos derechos para mantener la paz. Esta ley dicta que los hombres deben cumplir sus pactos. Sin esta práctica, los acuerdos son inútiles y consisten en meras palabras vacías. Al mantener todos los derechos, nos encontramos en un estado de guerra constante.

La justicia surge de esta ley de la naturaleza. Sin un pacto, no se transfiere ningún derecho y todos los hombres tienen derecho a todo. Por tanto, ninguna acción puede considerarse injusta. Sin embargo, una vez hecho un pacto, romperlo es injusto. La injusticia se define como el incumplimiento de un pacto, por lo que lo que no es injusto es justo.

Los pactos basados en la confianza mutua son nulos si existe el temor de incumplimiento. Aunque la justicia se origina en los pactos, no hay injusticia mientras persista el miedo, propio del estado natural de guerra. Para que los términos "justo" e "injusto" tengan sentido, debe existir un poder coercitivo que obligue a cumplir los pactos mediante el temor a un castigo mayor que el beneficio de romper el acuerdo. Este poder sólo existe con la constitución del Estado. De aquí se deduce que la justicia es la constante voluntad de dar a cada uno lo suyo. Donde no hay propiedad, no hay injusticia; y donde no hay un poder coercitivo, no hay propiedad. Sin Estado, nada es injusto, pues todos tienen derecho a todo. La justicia depende de la observancia de pactos válidos, y esta validez empieza con la creación de un poder civil que obligue a los hombres a cumplirlos. Así comienza también la propiedad.

Los necios creen que no existe justicia y afirman que, puesto que cada uno cuida de su propio bienestar, no hay razón para no actuar en su propio beneficio. De esta forma, hacer o no hacer, observar o no observar los pactos, no sería irracional si conduce a un beneficio personal. Aunque no niegan la existencia de pactos y su incumplimiento, consideran la injusticia razonable cuando beneficia al individuo. La perversidad triunfante ha sido vista como virtud, y algunos toleran la violación de la fe para ganar poder. Ejemplos como el de Júpiter, que depone a Saturno, muestran esta contradicción: Júpiter era visto como el vengador de la injusticia. Similarmente, el derecho del heredero a la corona se mantiene incluso si es convicto de traición, pero debe ser depuesto de inmediato; esta comparación se encuentra en un escrito jurídico, en los comentarios de Coke, sobre Littleton.[36] De estos ejemplos, se podría inferir que el asesinato del rey por parte del

36 Hace referencia a un libro de Edward Coke que fue publicado por partes desde el año 1628 a 1644, son ampliamente reconocidos como los textos fundacionales del derecho común.

heredero no es irracional si beneficia al asesino, pues toda acción voluntaria tiende al beneficio personal.

No pueden existir promesas mutuas sin seguridad de cumplimiento, como ocurre sin un poder civil. Tales promesas no son pactos. Cuando una parte cumple su promesa o existe un poder que obliga al cumplimiento, la cuestión es si esto va contra la razón, es decir, contra el beneficio propio. Digo que no es contra la razón. Primero, si un hombre hace algo que tiende a su propia destrucción, no es razonable, aunque un accidente lo beneficie. Segundo, en estado de guerra, donde cada hombre es enemigo de los demás, nadie puede confiar solo en su fuerza para protegerse sin alianzas. Engañar a los aliados no es razonable, ya que no puede esperar salvarse solo. Romper un pacto y afirmar que es razonable no es tolerable en ninguna sociedad que busca la paz y la defensa, y solo es posible por error de quienes lo admiten. Si se expulsa de la sociedad, el hombre perece, y si vive en sociedad es por el error de los demás, error que él no puede prever ni calcular. Por tanto, estos errores van contra la razón de su conservación, y quienes no lo destruyen lo hacen por ignorancia de su propio interés.

Respecto a alcanzar la felicidad eterna del cielo por cualquier medio, es una pretensión frívola: solo hay un camino para lograrlo, y no es rompiendo, sino cumpliendo lo pactado.

Es irracional alcanzar el poder mediante la rebelión: aunque se lograra, la razón dicta que no puede esperarse que sea así, sino al contrario; y al hacerlo, se enseña a otros a actuar igual. Por lo tanto, la justicia, es decir, cumplir el pacto, es una regla de razón que nos prohíbe hacer algo que destruya nuestra vida: es una ley de naturaleza. Algunos piensan que la ley de naturaleza debería llevar a la conservación de la vida humana en la tierra y a la felicidad eterna después de la muerte. Creen que romper el pacto puede conducir a esto, y consideran justo y razonable matar, deponer o rebelarse contra el poder soberano, establecido por su consentimiento. Sin embargo, como no hay conocimiento natural del estado del hombre después de la muerte, ni de la recompensa por romper la fe, sino solo creencias basadas en lo que dicen otros con conocimientos sobrenaturales, romper la fe no puede llamarse un precepto de la razón o de la naturaleza.

Algunos, estando de acuerdo en que es una ley de naturaleza cumplir la fe, hacen excepciones para ciertas personas, como herejes y otros que no cumplen sus pactos. Esto también va contra la razón, porque si la falta de un hombre liberara del pacto, la misma causa debería haber impedido hacerlo.

Cuando se aplican los términos "justo" e "injusto" a los hombres, se refieren a algo distinto en comparación con cuando se aplican a las acciones. En el contexto de las personas, estos términos implican si la conducta está en conformidad o en desacuerdo con la razón. En cambio, al referirse a las acciones, indican si dichos actos particulares son conformes o no a la razón, sin necesariamente juzgar el carácter general o el estilo de vida del individuo.

Un hombre que se considera justo es aquel que se esfuerza por asegurar que todas sus acciones sean moralmente correctas y en línea con lo que la razón dicta como correcto. Por otro lado, un hombre injusto es aquel que no muestra este cuidado y consideración en sus acciones. Estos individuos a menudo son denominados como rectos o no rectos, que en esencia reflejan la misma distinción entre justo e injusto. Es importante destacar que cometer algunas acciones injustas debido a impulsos repentinos o errores no despoja a un hombre de su título de justo, ni tampoco convierte a un hombre injusto en justo por realizar o evitar acciones por temor, ya que sus acciones no están motivadas por principios de justicia, sino por un beneficio personal inmediato.

La justicia en las acciones humanas se distingue por una nobleza infrecuente, que considera reprensible buscar beneficios a través de engaños o rompimientos de promesas. Esta integridad en la conducta se conoce como virtud, mientras que la falta de ella se describe como vicio.

No obstante, es crucial entender que la justicia en las acciones no transforma a las personas en justas, sino inocentes, en el sentido de que no han cometido acciones injuriosas. Por otro lado, la injusticia de las acciones, conocida como injuria, las hace culpables. La injusticia en la conducta es la disposición a causar daño a otros sin necesidad de que una persona específica sea el objeto directo de esa injuria. Por el contrario, la injusticia de una acción (la injuria) implica necesariamente a una persona específica que ha sido perjudicada, particularmente aquella con la que se hizo un pacto.

En muchos casos, la injuria afecta a una persona mientras el daño se extiende a otra. Por ejemplo, cuando un dueño ordena a su criado entregar dinero a un extraño y este no cumple con la orden, la injuria se dirige al dueño, mientras que el daño se produce para el extraño. En el ámbito de los Estados, los particulares pueden perdonarse deudas entre sí, pero no los actos de robo o violencia, que son injurias contra la integridad del Estado en sí mismo.

Además, es fundamental comprender que cualquier acción realizada con el consentimiento de un individuo no puede ser considerada una injuria. Solo se puede hablar de injuria cuando una acción se realiza contra la voluntad o sin el consentimiento explícito de la persona afectada. En caso de que exista un pacto previo, el consentimiento del agraviado libera de cualquier acusación de injuria, ya que no hay ruptura del pacto. En resumen, la justicia y la injusticia se aplican de manera distinta a las acciones y a las personas, reflejando diferentes aspectos de conformidad o desacuerdo con la razón y los pactos establecidos.

Los escritores dividen la justicia de las acciones en conmutativa y distributiva: la primera se basa en una proporción aritmética y la segunda en una proporción geométrica. La justicia conmutativa se refiere a la igualdad de valor de las cosas contratadas, y la distributiva a la distribución de beneficios según el mérito. Así, sería injusto vender más caro de lo comprado, o dar a alguien más de lo que merece. El valor de las cosas se mide por el deseo de los contratantes, y el justo valor es lo acordado. El mérito, fuera del pacto, no es debido por justicia, sino que es una recompensa de la gracia. La distinción entre justicia conmutativa y distributiva no es exacta en el sentido habitual. La justicia conmutativa es la de un contratante, es decir, cumplir un pacto de compra, venta, arrendamiento, préstamo, o trueque. La justicia distributiva es la de un árbitro, definiendo lo que es justo y distribuyendo a cada uno lo que le corresponde, aunque impropiamente llamada justicia distributiva, en equidad, una ley de naturaleza.

La gratitud depende de una gracia anterior, es decir, de una liberalidad previa. Esta es la cuarta ley de naturaleza: quien reciba un beneficio por mera gracia debe esforzarse en no dar motivo para que quien lo hizo se arrepienta. Nadie da sin intención de beneficiarse, ya que la donación es voluntaria y busca el bien propio. Si los hombres creen que su propósito será frustrado, no habrá benevolencia, confianza, ayuda mutua ni reconciliación, y continuará la guerra, lo cual es contrario a la primera ley de naturaleza que manda buscar la paz. La ingratitud es la falta de gratitud, y tiene la misma relación con la gracia que la injusticia con el pacto.

La quinta ley de naturaleza, conocida como complacencia, resalta la imperiosa necesidad de que cada individuo se esfuerce por adaptarse y ajustarse a los demás dentro de la sociedad humana. Para comprender plenamente esta ley, es esencial reconocer la inclinación natural que tienen los seres humanos hacia la vida social, a pesar de la diversidad que surge de sus variados afectos y disposiciones. Esta diversidad puede ilustrarse comparándola con las piedras empleadas en la edificación de un edificio: así como una piedra áspera y de forma irregular ocupa más espacio del necesario y es difícil de manejar debido a su dureza, un individuo que, por su naturaleza áspera, intenta retener recursos superfluos y necesarios para otros, sin posibilidad de corrección debido a sus pasiones ciegas, debe ser excluido de la sociedad por considerarse un elemento hostil.

Aquellos que observan esta ley de complacencia pueden ser caracterizados como sociables o cómplices, en contraposición a aquellos que exhiben rigidez, insociabilidad o inflexibilidad. Estos últimos, al no estar dispuestos a adaptarse a las necesidades y dinámicas sociales, se convierten en obstáculos para la armonía y la cooperación entre los miembros de la comunidad. La ley de complacencia no solo promueve la integración y la cohesión social, sino que también fomenta un ambiente de colaboración mutua y respeto por las diferencias individuales.

Es fundamental comprender que la complacencia no implica renunciar a las propias convicciones o principios, sino más bien adoptar una actitud de apertura y disposición hacia los demás, reconociendo y valorando sus necesidades y perspectivas. En última instancia, esta ley de naturaleza subraya la importancia de la adaptabilidad y la empatía en la construcción de sociedades verdaderamente inclusivas y equitativas.

La sexta ley de naturaleza aborda la cuestión de la facilidad para perdonar. Según esta ley, se establece que se debe conceder el perdón a las ofensas pasadas de aquellos que, sinceramente arrepentidos, buscan ser absueltos. El perdón, en su esencia, no es más que la garantía de restablecer la paz entre las partes involucradas. Cuando se niega el perdón a quienes muestran un genuino arrepentimiento, se crea un ambiente de temor en lugar de fomentar la paz, lo cual va en contra del principio fundamental de la ley natural que busca la armonía como su objetivo principal.

Permitir que el arrepentimiento genuino guíe hacia el perdón es fundamental para la construcción de relaciones humanas basadas en la comprensión y la reconciliación. Es un acto de generosidad y sabiduría reconocer la capacidad humana de cambiar y mejorar, dejando atrás las tensiones del pasado en favor de un futuro marcado por la paz y la convivencia pacífica. La negativa a perdonar puede perpetuar ciclos de conflicto y resentimiento, impidiendo así el progreso hacia una sociedad más cohesionada y compasiva.

Al practicar la facilidad para perdonar, se fortalece el tejido social al promover una cultura de aceptación y redención. Esto no significa ignorar las injusticias ni minimizar el impacto de las acciones pasadas, sino más bien reconocer la capacidad humana de aprender de los errores y avanzar hacia una convivencia más armoniosa. En definitiva, la sexta ley de naturaleza nos recuerda que el perdón no es solo un acto de bondad hacia los demás, sino también un paso crucial hacia la paz interior y colectiva.

La séptima ley de naturaleza, concerniente a las venganzas, sostiene que, al devolver mal por mal, no se debe centrar en la magnitud del daño previo, sino en el bien futuro que pueda resultar. Esta ley enfatiza que los castigos no deben ser infligidos con el propósito de glorificar el daño hacia otros, sin un propósito constructivo. La venganza desprovista de consideración por el bien venidero se convierte en una manifestación de vanidad y crueldad, contraria a la razón y propensa a generar conflictos bélicos en lugar de fomentar la paz.

Por otro lado, la octava ley de naturaleza, dirigida contra la contumelia, establece que ningún individuo debería expresar odio o desprecio hacia otro mediante acciones, palabras, gestos o expresiones faciales. Estos gestos de hostilidad tienen el potencial de provocar conflictos que desencadenan luchas y contradicen el propósito fundamental de mantener la paz entre los seres humanos. Evitar la contumelia es esencial para cultivar relaciones sociales armoniosas y promover un entorno donde prevalezca la comprensión mutua y el respeto por la dignidad de cada individuo.

Al adherirse a estas leyes de naturaleza, se fortalece el tejido social al fomentar una cultura de perdón, comprensión y respeto mutuo. Esto contribuye a crear comunidades más pacíficas y cooperativas, donde los conflictos se resuelven mediante el diálogo y la búsqueda de soluciones constructivas, en lugar de recurrir a la retaliación y la hostilidad. En resumen, tanto la séptima como la octava ley de naturaleza nos recuerdan que el respeto por los demás y la búsqueda de la paz son fundamentales para una convivencia humana armoniosa y sostenible.

La novena ley de naturaleza explora el fenómeno del orgullo, resaltando la importancia de que todos los individuos reconozcan a los demás como sus iguales por naturaleza. Esta ley fundamental subraya el principio de igualdad que es intrínseco a todos los seres humanos, independientemente de si la naturaleza los ha hecho iguales en capacidades o si existen diferencias entre ellos. El orgullo, que se manifiesta en la negación de esta igualdad y en la creencia de ser superior a los demás, representa una clara transgresión de este precepto básico.

Al cumplir con estas leyes de naturaleza, se fortalece el entramado social al promover valores como la adaptación mutua, el perdón genuino, la consideración del bien futuro sobre el mal pasado, y el respeto por la igualdad inherente a cada individuo. Estos principios no solo guían las interacciones humanas hacia un camino de armonía y entendimiento, sino que también establecen las bases para comunidades donde la justicia y la equidad son pilares fundamentales. En definitiva, estas leyes no solo regulan la conducta individual, sino que también moldean la manera en que los seres humanos pueden coexistir de manera pacífica y colaborativa en sociedad.

La décima ley de naturaleza confronta la arrogancia y está estrechamente ligada a otra norma fundamental: cuando se buscan condiciones de paz, nadie debe insistir en reservarse derechos que no estaría dispuesto a reconocer en otros. Al igual que todos deben renunciar a ciertos derechos naturales para garantizar la paz, como la libertad ilimitada para actuar según su voluntad, también es crucial retener ciertos derechos esenciales para la vida humana, como el control sobre sus cuerpos, el acceso al aire, al agua, a la movilidad y a otros recursos necesarios para una vida digna. Si durante la búsqueda de la paz, alguien reclama para sí lo que no estaría dispuesto a otorgar a los demás, contraviene la ley anterior que exige el reconocimiento de la igualdad natural y, por ende, va en contra de la ley de naturaleza.

Aquellos que respetan esta ley se caracterizan como modestos, mientras que quienes la violan son etiquetados como arrogantes. Históricamente, los griegos denominaban a la transgresión de esta ley como "hibris", denotando un deseo desmedido de obtener una porción superior a la que corresponde legítimamente.

La undécima ley, la equidad, aborda la necesidad de juzgar imparcialmente cuando a alguien se le encomienda resolver disputas entre otros dos. Esta ley fundamental de naturaleza establece que el juicio debe proceder con justicia y equidad entre las partes en conflicto. Sin esta equidad, solo queda la guerra como el árbitro final de las disputas humanas. Por lo tanto, aquellos que muestran parcialidad en sus decisiones contribuyen a que las personas desconfíen de los tribunales y los árbitros, lo cual contradice el principio fundamental de la ley de naturaleza y, en última instancia, puede provocar conflictos armados. La observancia de esta ley, que demanda una distribución justa y equitativa de lo que a cada individuo le corresponde por derecho, se conoce como equidad o justicia distributiva. Su violación se identifica como acepción de personas, un acto que pervierte el curso justo y equitativo de las decisiones.

La duodécima ley de naturaleza, que trata sobre el uso igual de bienes comunes, es fundamental para la convivencia humana en sociedades justas y equitativas. Esta norma establece que cuando nos encontramos con bienes que no pueden ser divididos físicamente, la mejor manera de gestionarlos es permitir su disfrute en común, siempre que las circunstancias lo permitan sin restricciones excesivas. En casos donde la cantidad o la capacidad de los bienes limita su disfrute ilimitado, se debe optar por una distribución proporcional entre aquellos que tienen derecho legítimo a acceder a ellos. Este principio se basa en la premisa de que la igualdad en el acceso y la utilización de recursos compartidos fomenta la armonía social y evita conflictos derivados de desigualdades percibidas o reales. Cuando se adopta esta práctica de distribución justa, se promueve un sentido de justicia que fortalece los lazos comunitarios y facilita la colaboración entre individuos con intereses y necesidades diversas.

Además, cualquier intento de distribuir estos bienes de manera desigual va en contra de los principios de equidad, ya que introduce tensiones y descontento entre los miembros de la comunidad. La equidad, en este contexto, implica no sólo la distribución justa de recursos tangibles, sino también el reconocimiento y respeto por los derechos y necesidades de cada individuo dentro del grupo social.

En resumen, la duodécima ley de naturaleza nos enseña que la gestión justa de los bienes comunes es esencial para mantener la paz y la cooperación en cualquier sociedad. Al adherirse a este principio, se promueve un entorno donde la equidad y el respeto mutuo son pilares fundamentales para una convivencia armónica y próspera.

La decimotercera ley de naturaleza, conocida como ley de la suerte, aborda la gestión de bienes que no pueden ser divididos ni compartidos colectivamente. Cuando nos encontramos con recursos o bienes que no pueden ser repartidos físicamente entre individuos, surge la necesidad de aplicar el principio de equidad para determinar quién tiene el derecho absoluto sobre ellos. Según esta ley natural, se establece que el método más justo para asignar este derecho es mediante un sorteo imparcial y transparente.

Este sorteo justo garantiza que la distribución de estos bienes sea equitativa y aleatoria, evitando así cualquier favoritismo o parcialidad en la adjudicación. Es una forma de asegurar que todos los implicados tengan igualdad de oportunidades para acceder a los bienes en cuestión, sin que ninguna persona o grupo pueda reclamar privilegios injustificados.

La aplicación de esta norma no solo promueve la justicia distributiva, sino que también refuerza la cohesión social al reducir conflictos potenciales derivados de disputas sobre la posesión de recursos escasos o valiosos. Asimismo, subraya el compromiso de la ley de naturaleza con el establecimiento de mecanismos equitativos que favorezcan el bienestar general y la convivencia pacífica. En resumen, la decimotercera ley de naturaleza, al enfocarse en la suerte como método de asignación de recursos indivisibles, destaca la importancia de la equidad y la imparcialidad como fundamentos esenciales para una distribución justa en cualquier comunidad o sociedad. Este principio no admite alternativas que puedan comprometer la equidad y el respeto por los derechos de cada individuo involucrado.

La decimocuarta ley de naturaleza explora el principio de la primogenitura y el establecimiento inicial de bienes. En este contexto, se distinguen dos tipos de sorteos: el arbitral, empleado para resolver disputas entre competidores, y el natural, que engloba la primogenitura o el primer establecimiento.

Cuando nos encontramos con recursos o bienes que no pueden ser compartidos de manera colectiva ni divididos físicamente entre los individuos, surge la necesidad de determinar quién será el beneficiario inicial de estos activos. Según esta ley natural, se establece que el derecho a la posesión se adjudica mediante un proceso aleatorio y justo, garantizando así que la asignación sea equitativa y libre de favoritismos.

El sorteo natural, que puede favorecer al primer poseedor o al primogénito en ciertos contextos, asegura que la asignación de recursos escasos o valiosos se realice de manera imparcial y transparente. Este enfoque no solo promueve la justicia distributiva, sino que también fortalece la cohesión social al minimizar posibles conflictos derivados de disputas por la propiedad de bienes fundamentales para la vida comunitaria. Al aplicar esta norma, se subraya el compromiso de la ley de naturaleza con la equidad y la estabilidad, evitando así discordias y asegurando que todos los miembros de la comunidad tengan igualdad de oportunidades para acceder a recursos esenciales. En resumen, la decimocuarta ley de naturaleza destaca la importancia de la aleatoriedad justa como un mecanismo clave para la asignación equitativa de bienes no divisibles, asegurando así un orden social más justo y armonioso.

Finalmente, la décima quinta ley de naturaleza, centrada en los mediadores, resalta la importancia crucial de garantizar un salvoconducto a todos aquellos que se dedican a facilitar la paz y la concordia entre las partes en conflicto. Esta norma se fundamenta en el principio de que la promoción de la paz como meta última conlleva también fomentar la mediación como un medio esencial para alcanzarla de manera efectiva y duradera. Los mediadores desempeñan un papel fundamental al actuar como facilitadores imparciales y constructivos en la resolución de disputas. Al proporcionar un salvoconducto a estos intermediarios, se asegura que puedan llevar a cabo su labor de manera segura y sin temor a represalias o interferencias, lo cual es vital para el éxito de cualquier proceso de mediación.

Este salvoconducto no solo protege la integridad física de los mediadores, sino que también fortalece la confianza y la credibilidad en el proceso de mediación. Al sentirse seguros y protegidos, los mediadores pueden trabajar con mayor eficacia para facilitar el diálogo, fomentar la comprensión mutua y buscar soluciones consensuadas que promuevan la reconciliación y la cooperación entre las partes enfrentadas. Además, la ley subraya que la mediación es un método preferido sobre el conflicto armado y otras formas de confrontación violenta, ya que no solo evita la escalada del conflicto, sino que también sienta las bases para una paz sostenible y basada en el respeto mutuo. Al promover la mediación mediante la garantía de salvoconductos, se fortalece el marco legal y moral que sustenta la resolución pacífica de conflictos, contribuyendo así a la estabilidad y al bienestar colectivo de las sociedades.

En resumen, la décimo quinta ley de naturaleza enfatiza la importancia estratégica de proteger a los mediadores mediante salvoconductos, facilitando así un ambiente propicio para la resolución pacífica de disputas y el mantenimiento de la armonía social.

La norma que permite un examen sencillo de las leyes de naturaleza podría parecer una deducción demasiado sutil para la comprensión general. Sin embargo, dado que la mayoría de las personas están ocupadas buscando su sustento diario y otros son negligentes para entender, es esencial hacer que sea accesible e inteligible para todos, incluso para los menos capacitados. Esto se resume en el principio fundamental: tratar a los demás como deseamos ser tratados. Al aplicar las leyes de naturaleza, al confrontar nuestras acciones con las de los demás, es crucial equilibrar imparcialmente las acciones de ambos lados para evitar que nuestras pasiones y el egoísmo sesguen el juicio. Así, cada ley de naturaleza parecerá justa y razonable.

Las leyes de naturaleza imponen obligaciones de conciencia, pero en la realidad solo se observan cuando hay suficiente seguridad. Internamente, estas leyes están ligadas a un deseo de verlas cumplidas; sin embargo, externamente, su aplicación puede variar. Quienes son íntegros y cumplen sus promesas incluso cuando otros no lo hacen sacrifican la paz y promueven la ruina, lo cual va en contra del propósito fundamental de las leyes naturales que buscan preservar la vida. Por otro lado, aquellos que tienen garantías de que otros observarán las mismas leyes, pero no las cumplen, fomentan la guerra en lugar de la paz y, por ende, la destrucción de la naturaleza humana por la violencia.

Las leyes de naturaleza, fundamentales para regular las interacciones humanas, no solo pueden ser transgredidas por acciones directamente opuestas a sus preceptos, sino también por aquellas que, aunque parezcan cumplirlas, en realidad están impulsadas por motivos contrarios a su espíritu. Esta complejidad moral se manifiesta especialmente en las transgresiones internas, donde el cumplimiento aparente de una ley encubre verdaderas intenciones contrarias.

Cuando una persona actúa de manera que superficialmente parece estar en conformidad con una ley de naturaleza, pero en realidad su propósito interno es contrario a los principios que esa ley defiende, se produce una infracción interna. Este tipo de violación socava la verdadera esencia de las leyes morales, ya que no se trata simplemente de la acción externa visible, sino de la motivación y el compromiso interno con los valores que sustentan esas leyes. Por ejemplo, alguien podría cumplir con un acuerdo o promesa de manera formal, pero con la intención oculta de aprovecharse de la confianza de otra persona. En este caso, aunque la acción parece cumplir con la letra del acuerdo, la motivación subyacente contradice el principio de honestidad y confianza mutua que la ley de naturaleza intenta promover.

Esta dinámica moral subraya la importancia de la integridad interna y la coherencia entre los valores personales y las acciones externas. Las leyes de naturaleza no solo requieren el cumplimiento exterior de sus mandatos, sino un sincero compromiso interior con los ideales de justicia, equidad y respeto mutuo que buscan preservar la armonía y el bien común en la sociedad.

Así, la reflexión sobre las infracciones internas a las leyes de naturaleza nos lleva a considerar no solo las apariencias externas de las acciones, sino también las motivaciones profundas que las impulsan. La verdadera ética y moralidad se encuentran no solo en el cumplimiento externo de las normas, sino en la alineación íntegra de los principios personales con los valores universales que guían el comportamiento humano hacia un bienestar colectivo y duradero.

Las leyes de naturaleza se mantienen como principios eternos e inmutables debido a que conceptos como la injusticia, la ingratitud, la arrogancia, el orgullo y la desigualdad nunca pueden ser considerados legítimos ni sostenibles a largo plazo. En contraste, la paz se erige como la guardiana de la vida, mientras que la guerra, por su naturaleza destructiva, nunca puede preservarla de manera verdadera y duradera.

Estas leyes, arraigadas en el corazón mismo de la ética humana, requieren simplemente un deseo sincero y un esfuerzo constante para ser cumplidas. Su simplicidad radica en el hecho de que no imponen barreras complejas ni requisitos inalcanzables; más bien, se basan en el compromiso personal y la integridad para guiar las acciones humanas hacia la justicia y el bien común.

Aquellas personas que se dedican con sinceridad a cumplir estas leyes son reconocidas como justas no solo por sus acciones visibles, sino por la congruencia entre sus principios internos y sus comportamientos externos. Este compromiso interior con la moralidad y la rectitud fortalece la cohesión social y promueve un entorno donde la confianza y el respeto mutuo pueden florecer.

En resumen, la perennidad de las leyes de naturaleza descansa en su capacidad para reflejar y sostener los valores universales que promueven la paz, la equidad y la armonía entre los seres humanos. Son estas leyes las que proporcionan el marco ético esencial para una convivencia justa y virtuosa en la sociedad.

La ciencia que explora y estudia estas leyes de naturaleza constituye la auténtica Filosofía moral, una disciplina que no se limita a discernir entre lo que es bueno y malo en las interacciones humanas. Más bien, la Filosofía moral se adentra en la comprensión profunda de cómo nuestros deseos y aversiones moldean estos conceptos, los cuales varían significativamente según los temperamentos individuales, las costumbres arraigadas y las doctrinas adoptadas por diferentes grupos humanos.

Las percepciones divergentes respecto al placer y el dolor, y las distintas apreciaciones sensoriales del gusto, el olfato, el oído, el tacto y la vista, son fenómenos naturales entre los seres humanos. Estas diferencias también se extienden a las valoraciones sobre lo que es moralmente correcto o incorrecto en las acciones cotidianas, lo cual puede generar controversias y conflictos, e incluso desencadenar conflictos armados si no se manejan con prudencia y justicia.

Incluso dentro de un individuo, las valoraciones sobre lo bueno y lo malo pueden fluctuar con el tiempo y las circunstancias, a menudo dando lugar a debates y disputas que reflejan la complejidad inherente a la ética humana. En este contexto, cuando el criterio personal se convierte en el determinante de lo que es aceptable o reprobable, la sociedad corre el riesgo de caer en un estado de naturaleza marcado por la discordia y la confrontación, en lugar de la cooperación y la armonía.

No obstante, a pesar de estas variaciones individuales y grupales, existe un consenso generalizado entre los seres humanos sobre la deseabilidad de la paz y los medios éticos para alcanzarla. Este consenso incluye valores como la justicia, la gratitud, la modestia, la equidad, la misericordia y otras virtudes que promueven la convivencia pacífica y el bienestar colectivo. Por el contrario, aquellos comportamientos que contravienen estas normas morales, como la injusticia y la parcialidad, son ampliamente reconocidos como vicios que socavan el tejido social y conducen a la disensión.

En síntesis, la Filosofía moral no solo identifica y examina estas leyes de naturaleza, sino que también ilumina el camino hacia una convivencia más justa y ética, proporcionando un marco de referencia esencial para orientar las decisiones individuales y colectivas hacia el bien común y la realización personal en sociedad.

La ciencia que explora estas virtudes y vicios constituye el corazón de la Filosofía moral genuina. Aunque los estudiosos de esta disciplina reconocen comúnmente las mismas virtudes y vicios, su enfoque tiende a centrarse en la moderación de las pasiones como el criterio principal de virtud. No obstante, la auténtica virtud va más allá de simplemente moderar las pasiones; implica un profundo entendimiento de por qué ciertas acciones son valoradas como medios para una vida pacífica, socialmente integrada y plenamente realizada.

Estos principios racionales, a menudo denominados leyes por los seres humanos, son más bien conclusiones o teoremas sobre lo que preserva y defiende la dignidad humana. Sin embargo, la verdadera ley, en su sentido propio, es la expresión de aquel que posee autoridad sobre los demás. Cuando estos teoremas son concebidos como la palabra de Dios, quien ejerce autoridad suprema sobre todas las cosas, entonces adquieren el estatus de verdaderas leyes, universales y eternas. Así, la Filosofía moral no sólo desglosa y analiza estas virtudes y vicios, sino que también busca comprender su fundamento último y su aplicación práctica en la vida cotidiana. Proporciona un marco ético esencial que orienta tanto las decisiones individuales como las políticas sociales hacia la armonía, el respeto mutuo y el bienestar general.

Capítulo XVI
Sobre las "personas", "autores" y otras cosas personificadas

¿Qué es una persona? Una persona es alguien cuyas palabras o acciones son percibidas como propias o como representaciones de las palabras o acciones de otra persona o entidad. Esta atribución puede ser verídica o ficticia, pero en ambos casos, define la naturaleza de la persona.

La persona natural y artificial. Existen dos tipos de personas: naturales y artificiales. Cuando una persona es vista como actuando por cuenta propia, se le denomina persona natural. Por otro lado, cuando actúa en nombre de otra entidad, ya sea una persona o una cosa, se le llama persona artificial o ficticia. Esta distinción es fundamental para entender cómo funcionan las representaciones y responsabilidades en diferentes contextos sociales y legales.

El origen de la palabra persona. La palabra "persona" tiene raíces latinas, mientras que los griegos utilizaban el término prósopon, que significa rostro. En latín, "persona" se refería a la máscara que los actores usaban en el teatro, simbolizando así la apariencia externa y el rol desempeñado. Este concepto teatral se trasladó a la representación en general, aplicándose tanto en tribunales como en la vida cotidiana. Así, una persona se asemeja a un actor que puede representar tanto a sí mismo como a otros. Por ejemplo, Cicerón utilizaba el término al decir "Unus sustineo tres Personas"[37], refiriéndose a la capacidad de representar tres roles distintos: el propio, el del adversario y el del juez.

Actor y autor. En el ámbito de las personas artificiales, algunas acciones y palabras están apropiadas por quienes las representan. En este contexto, el actor es quien realiza las acciones, mientras que el autor es quien posee el derecho sobre esas acciones y palabras. El actor actúa por la autoridad conferida por el autor, similar a cómo un dueño (dominus en latín, kyrios[38] en griego) posee bienes y derechos. Este derecho de acción se denomina autoridad, y actuar con autorización implica tener el derecho otorgado por el autor para realizar ciertas acciones.

Los pactos por autorización. Cuando un actor hace un pacto con la autorización del autor, dicho pacto obliga al autor como si él mismo lo hubiese hecho. Esto significa que el autor debe cumplir con las consecuencias del

37 La frase de Cicerón en latín era *"unus sustineo tres Personas: mei, adversarii et judicis"*. Aparece en su tratado De oratore, publicado en el 55. a.C. Habla de la retórica y su práctica.

38 *Kyrios* en griego viene a traducirse como maestro, tutor o señor.

pacto realizado por su representante. Todo lo que se ha dicho acerca de la naturaleza de los pactos entre individuos en su capacidad natural se aplica igualmente a los pactos hechos por actores, representantes o procuradores con autorización. Es fundamental que quien hace un pacto con el actor conozca la extensión de su autorización, ya que un pacto hecho sin conocer esta autorización no obliga al autor.

Actuar contra la ley de naturaleza. Cuando el actor actúa contra la ley de naturaleza por mandato del autor y está obligado a obedecer por un pacto anterior, la responsabilidad de la infracción recae en el autor, no en el actor. Rehusarse a cumplir dicho mandato también sería contra la ley de naturaleza, ya que implica romper un pacto.

Exhibición de la autorización. Es esencial que la autorización del actor sea clara para quien pacta con él. Si la autorización no se manifiesta cuando se requiere, el pacto no es vinculante. Sin embargo, si se sabe de antemano que la única garantía es la palabra del actor, entonces el pacto es válido porque el actor se erige a sí mismo como autor en este caso.

Personificación de cosas inanimadas e irracionales. Casi todo puede ser representado por ficción, incluyendo cosas inanimadas como iglesias, hospitales y puentes, que pueden ser personificados por directores, directores o inspectores. Sin embargo, estas cosas no pueden ser autores ni dar autorización; su representación y mantenimiento dependen de la autorización otorgada por los propietarios o gobernadores de dichas entidades. Similarmente, los niños, imbéciles y locos pueden ser representados por guardianes, aunque no pueden ser autores de sus propias acciones hasta recuperar la razón.

Falsos dioses y el verdadero Dios. Ídolos o ficciones mentales, como los dioses paganos, pueden ser personificados, pero no pueden ser autores, ya que no son entidades reales. La autorización para personificarlos proviene del Estado. En contraste, el verdadero Dios fue personificado por Moisés, Jesús y el Espíritu Santo, quienes actuaron en nombre de Dios y no por sí mismos.

La multitud vista como una persona. Una multitud de individuos se convierte en una persona cuando es representada por una sola entidad, actuando con el consentimiento de todos. La unidad del representante crea la unidad de la persona, y cada miembro de la multitud es considerado autor de las acciones del representante. Si el representante tiene autorización ilimitada, sus acciones obligan a todos los miembros; si la autorización es limitada, solo los actos dentro de esos límites son válidos. En una representación colectiva, la mayoría de votos determina la acción, reflejando la voz unificada del grupo.

En resumen, el concepto de persona en filosofía moral y legal abarca una amplia gama de roles y responsabilidades, desde la representación individual hasta la colectiva, siempre basado en la autoridad y autorización conferida por los verdaderos autores de las acciones.

Representantes en situaciones de empate. Cuando un grupo de representantes tiene un número par de miembros, especialmente si el grupo es pequeño, los votos a menudo terminan en empate, lo que convierte a estos representantes en figuras ineficaces y silenciosas, incapaces de tomar decisiones. En ciertas circunstancias, un empate en los votos puede resolver un asunto. Por ejemplo, en un juicio donde se decide entre condenar o absolver, un empate en los votos resulta en absolución, ya que no condenar implica liberar al acusado. Sin embargo, afirmar que no absolver es lo mismo que condenar no es correcto. De manera similar, en una deliberación sobre si ejecutar una acción de inmediato o posponerla, un empate en los votos significa automáticamente que se pospone la acción, ya que no se ordena la ejecución inmediata.

Voto negativo en grupos impares. Cuando el número de representantes es impar, como en grupos de tres o más, cada miembro tiene el poder de anular la decisión de todos los demás con su voto negativo. Este tipo de estructura no es eficaz para la representación, ya que la diversidad de opiniones e intereses entre las personas a menudo convierte al grupo en una entidad incapaz de actuar, especialmente en asuntos críticos como el gobierno en tiempos de guerra. La incapacidad de tomar decisiones coherentes y rápidas puede ser desastrosa en situaciones donde la acción decisiva es vital.

Tipos de autores y su responsabilidad. Existen dos tipos de autores. El primer tipo es simplemente el dueño de las acciones de otro, como ya se ha explicado previamente. El segundo tipo es un autor condicional, alguien que se convierte en dueño de una acción o pacto de otro bajo ciertas condiciones, es decir, que se hace responsable si el otro no cumple hasta un momento determinado. Estos autores condicionales se conocen comúnmente como fiadores, también llamados *fidejussores* y *sponsores* en latín, especialmente en relación con deudas, procedimientos legales y comparecencias ante un juez o magistrado.

Profundización y desarrollo de conceptos. El concepto de representación y decisión en situaciones de empate tiene implicaciones significativas en diversos ámbitos, desde los sistemas judiciales hasta las estructuras de gobierno. En contextos donde la imparcialidad y la equidad son cruciales, como en los juicios, un sistema que permite que los empates resulten en absoluciones refleja una inclinación hacia la presunción de inocencia. Esto asegura que, en caso de duda, no se condene a alguien sin pruebas concluyentes.

Por otro lado, en la toma de decisiones ejecutivas, especialmente en el gobierno y la administración, la estructura de los grupos de decisión debe ser cuidadosamente diseñada para evitar la parálisis administrativa. Un número impar de miembros en un consejo o junta puede facilitar decisiones más claras y rápidas, cruciales en situaciones de emergencia o guerra.

Los fiadores desempeñan un papel importante en la economía y el sistema judicial. Actúan como garantes de obligaciones financieras y legales, asegurando que las partes cumplan con sus compromisos. Su presencia añade una capa de seguridad en las transacciones y procedimientos legales, proporcionando confianza a las partes involucradas. La figura del fiador es fundamental en contratos y acuerdos, asegurando que las obligaciones se cumplan incluso si una de las partes falla en hacerlo.

En resumen, la estructura y funcionamiento de los representantes, la importancia de evitar empates y la figura de los autores y fiadores son elementos clave en la administración de justicia y gobernanza. Estas estructuras y roles están diseñados para asegurar decisiones justas, eficientes y confiables en diversos contextos, desde la resolución de disputas hasta la gestión de recursos y el mantenimiento del orden social.

Segunda Parte
Sobre el estado

Capítulo XVII
Sobre los motivos, la creación y la definición de un Estado

La seguridad como fin del Estado

Cuidado y Conservación Personal. El principal objetivo de la existencia del Estado es garantizar la seguridad de sus ciudadanos. La razón fundamental por la que los seres humanos, quienes naturalmente valoran su libertad y el dominio sobre otros, aceptan restringir sus propias libertades para vivir bajo un sistema estatal es para asegurar su propia preservación y, además, alcanzar una vida más armoniosa. Este deseo de dejar atrás la miserable condición de guerra, que surge inevitablemente de las pasiones humanas cuando no existe una autoridad visible que los controle, es esencial. Esta autoridad debe ser capaz de imponer el cumplimiento de los pactos y las leyes naturales, establecidas en los capítulos XIV y XV, mediante el temor al castigo.

Limitaciones de la ley natural. Las leyes naturales, que abarcan principios de justicia, equidad, modestia y piedad, entre otros, son ineficaces si no hay un poder que incentive su cumplimiento. Estas leyes, por sí solas, son contrarias a las pasiones naturales humanas que nos llevan a la parcialidad, el orgullo y la venganza. En ausencia de una autoridad suficiente para garantizar nuestra seguridad, los pactos sin respaldo coercitivo son meras palabras vacías, incapaces de proteger al hombre de manera efectiva. En tales situaciones, cada individuo debe confiar en su propia fuerza y habilidad para protegerse de los demás.

La Naturaleza de los estados y la seguridad. Históricamente, en comunidades pequeñas, el saqueo y la expoliación eran actividades comunes y, lejos de ser vistas como contrarias a la ley natural, se consideraban honorables cuanto mayor era el botín. Las leyes que regían estas comunidades eran las del honor, las cuales se limitaban a evitar la crueldad y permitir a los hombres conservar sus vidas e instrumentos de trabajo. Hoy en día, ciudades y reinos, que son esencialmente familias más grandes, buscan expandir sus dominios bajo el pretexto de seguridad. Utilizan tanto la fuerza abierta como las artimañas secretas para someter o debilitar a sus vecinos, sin otra garantía que su propia fuerza.

La insuficiencia de pequeños grupos y multitudes desorganizadas. La seguridad de un Estado no puede depender de la unión de un pequeño número de personas. Las pequeñas adiciones de fuerza pueden inclinar la balanza de poder, alentando así la invasión. La seguridad debe ser comparada con la amenaza del enemigo, y es suficiente cuando la superioridad del enemigo no es evidente ni manifiesta. Sin embargo, una gran multitud, si no está dirigida por un criterio común, no puede ofrecer defensa ni protección efectiva contra un enemigo común ni contra las ofensas internas. Las diferencias en opiniones y apetitos individuales llevan a una falta de cooperación, debilitando la fuerza colectiva y facilitando la conquista por parte de unos pocos que actúan en perfecta armonía.

La necesidad de un poder común que sea permanente. Si imaginamos una gran multitud de individuos que observan las leyes de justicia y otras leyes naturales, pero carecen de un poder común que los controle, podríamos suponer que todo el género humano actuará de la misma manera. En tal caso, no habría necesidad de un gobierno civil o Estado, ya que la paz existiría sin sujeción alguna. Sin embargo, esto es una utopía. La seguridad que los hombres desean ver establecida durante toda su vida no puede depender de un criterio unificado temporal, como en una batalla o guerra. Incluso después de una victoria unánime contra un enemigo exterior, la falta de un enemigo común conduce a la disgregación debido a intereses divergentes, retornando así a un estado de guerra. En conclusión, la seguridad del Estado depende de la existencia de un poder común que mantenga a raya las pasiones humanas y asegure el cumplimiento de los pactos y leyes naturales. Sin esta autoridad, los pactos son ineficaces y las comunidades están perpetuamente al borde del conflicto. Un Estado fuerte y unificado, dirigido por un criterio común, es esencial para la paz y la seguridad duradera.

¿Por qué ciertas criaturas viven en sociedad sin un poder coercitivo? Es interesante observar que algunas criaturas, como las abejas y las hormigas, viven en sociedades organizadas sin la necesidad de un poder coercitivo que las gobierne. Aristóteles, de hecho, las incluyó entre las criaturas políticas debido a su habilidad para coexistir y colaborar sin recurrir al uso de la palabra o una autoridad central. Esta observación plantea la pregunta de por qué los seres humanos no pueden vivir de la misma manera. A continuación, se presentan algunas razones que explican esta diferencia.

Pugna por el honor y la dignidad. Primero, los seres humanos están constantemente compitiendo por honor y dignidad, algo que no ocurre entre las abejas y las hormigas. Esta competencia genera envidia, odio y, en última instancia, conflictos y guerras. Las mencionadas criaturas no experimentan estas emociones, lo que les permite vivir en armonía sin necesidad de un poder coercitivo.

Intereses comunes vs. intereses individuales. Segundo, para estas criaturas, el bien común está alineado con su bienestar individual. Aunque buscan su beneficio personal, lo hacen de manera que también favorece al colectivo. En cambio, los seres humanos tienden a compararse con los demás, y su satisfacción personal a menudo depende de ser superiores a otros, lo que fomenta la discordia.

Falta de razonamiento. Tercero, las abejas y hormigas no poseen la capacidad de razonamiento que tienen los humanos. No cuestionan la administración de su sociedad porque no tienen la capacidad de ver ni imaginar fallos en ella. En cambio, los humanos frecuentemente se consideran más sabios y capaces que los demás, lo que lleva a intentos de reforma y cambios que pueden causar disturbios y guerras civiles.

Comunicación y manipulación. Cuarto, aunque estas criaturas tienen formas básicas de comunicación, carecen del lenguaje sofisticado que permite a los humanos manipular conceptos abstractos como la divinidad y el mal. Esta capacidad de comunicación avanzada puede sembrar descontento y perturbar la paz a través de manipulaciones caprichosas.

Incapacidad para distinguir la injuria y el daño. Quinto, las criaturas irracionales no distinguen entre injuria y daño. Mientras estén satisfechas, no se sienten ofendidas por sus semejantes. En cambio, los humanos, especialmente cuando están más sofisticados, tienden a complicarse y buscan demostrar su sabiduría controlando las acciones del Estado, lo que genera conflictos internos.

Naturaleza vs. Pacto. Finalmente, la cooperación entre estas criaturas es natural, mientras que en los humanos es artificial, basada en pactos. Por lo tanto, además de los acuerdos, es necesario un poder común que mantenga la constancia y obligatoriedad de estos pactos, dirigiendo las acciones hacia el bien común.

La generación del Estado. La única forma de establecer un poder común que pueda protegernos de invasiones extranjeras y agresiones internas, asegurando así nuestra capacidad de vivir seguros y satisfechos, es transferir todo nuestro poder y fuerza a una persona o asamblea. Este cuerpo deberá, por mayoría de votos, unificar nuestras voluntades en una sola. Esto implica elegir a un representante o asamblea que actúe en nuestro nombre y que cada uno de nosotros acepte y reconozca sus acciones como propias en cuestiones relacionadas con la paz y la seguridad comunes. Este acto no es solo un acuerdo de consentimiento o concordia; es una verdadera unificación de todos bajo una única entidad, instituida por un pacto entre todos los individuos. Es como si cada uno de nosotros dijera: "Autorizo y transfiero a este hombre o asamblea mi derecho a gobernarme, con la condición de que ustedes hagan lo mismo y autoricen todos sus actos de la misma manera".

La definición del Estado. Una vez hecha esta transferencia, la multitud unida en una sola entidad se denomina Estado, en latín, *civitas*. Esta es la creación del gran Leviatán, o, hablando con mayor reverencia, de ese dios mortal al cual debemos, bajo el Dios inmortal, nuestra paz y nuestra defensa. Gracias a la autoridad conferida por cada individuo, esta entidad posee un poder y fortaleza suficientes para, mediante el terror que inspira, conformar las voluntades de todos para mantener la paz interna y proporcionar ayuda mutua contra los enemigos externos.

El soberano y el súbdito. La esencia del Estado reside en que una persona, cuyos actos son respaldados por una multitud a través de pactos recíprocos, utiliza la fuerza y los recursos de todos como considere necesario para asegurar la paz y la defensa comunes. El titular de esta autoridad se llama soberano, y se dice que posee poder soberano; cada individuo bajo su mando es un súbdito.

Modos de alcanzar el poder soberano. Este poder soberano puede alcanzarse de dos maneras. Una es por fuerza natural, como cuando un hombre somete a sus descendientes o enemigos a su voluntad mediante el uso de la fuerza. La otra es cuando los hombres acuerdan voluntariamente someterse a un líder o asamblea en la confianza de ser protegidos por ellos. El primero se denomina Estado por adquisición y el segundo, Estado por institución. Primero, nos referiremos al Estado por institución.

CAPÍTULO XVIII
SOBRE LAS FACULTADES DE LOS GOBERNANTES POR DESIGNACIÓN

¿Qué significa instituir un Estado? Un Estado se considera instituido cuando un grupo numeroso de personas acuerda y se compromete mutuamente a otorgar a un individuo o a una asamblea de individuos el derecho de representar a todos ellos. Esto significa que el elegido actúa como representante de todos, y cada persona, tanto quienes estuvieron a favor como quienes estuvieron en contra, debe aceptar las decisiones y acciones de este representante como si fueran propias. El objetivo de este acuerdo es permitir que todos vivan en paz entre sí y estén protegidos contra amenazas externas.

Consecuencias de la institución de un Estado. La institución de un Estado conlleva la transferencia de todos los derechos y poderes al soberano o a la asamblea que recibe el consentimiento del pueblo. Este acto tiene varias implicaciones:

1. Imposibilidad de cambiar la forma de gobierno

En primer lugar, una vez que se ha formado un Estado, los individuos no pueden establecer un nuevo acuerdo que contradiga el pacto inicial. Esto significa que los súbditos de un soberano no pueden, sin su permiso, cambiar la forma de gobierno o transferir la autoridad a otra persona o grupo. Todos están comprometidos a considerar como propias las acciones del soberano, y no pueden legítimamente formar un nuevo pacto para obedecer a otro sin su consentimiento.

Si algún individuo disiente del acuerdo inicial, los demás deben romper su pacto con él, lo que sería injusto. Además, puesto que la soberanía ha sido otorgada al representante, despojarlo de su autoridad sería una injusticia. Si alguien intenta derrocar al soberano y es castigado por ello, debe considerarse que es autor de su propio castigo, ya que ha aceptado la autoridad del soberano mediante el pacto inicial. Si algunos individuos, desobedeciendo al soberano, pretenden hacer un nuevo pacto con Dios, esto también es injusto. Un pacto con Dios solo puede realizarse a través de un representante divino, que en este contexto es el soberano. Pretender un pacto directo con Dios sin la mediación del soberano es una falsedad evidente y un acto injusto. Este tipo de pretensiones no solo son injustas, sino también viles e inhumanas, ya que van en contra del orden y la justicia establecidos por el pacto social.

En resumen, la institución de un Estado implica un compromiso mutuo y una transferencia de poder que no puede ser revertida sin causar injusticia y caos. La estabilidad y la paz dentro del Estado dependen de la aceptación y la obediencia al soberano, quien actúa en representación de todos los ciudadanos.

2. *El poder soberano es intransferible.*

Una vez que el derecho de representar a todos los ciudadanos se otorga al soberano, este poder no puede ser transferido ni revocado. Esta cesión de autoridad ocurre mediante un pacto entre los ciudadanos, no entre el soberano y cada ciudadano individualmente. Por lo tanto, el soberano no puede violar este pacto, y ningún súbdito puede justificar la liberación de su obediencia basándose en una supuesta infracción por parte del soberano.

La naturaleza del pacto soberano. Es evidente que el soberano no realiza ningún pacto previo con sus súbditos. Esto se debe a que, si tal pacto existiera, tendría que ser hecho con toda la multitud como una sola entidad o con cada individuo por separado. Realizar un pacto con la multitud como parte del acuerdo es imposible, ya que esta multitud no constituye una entidad unificada hasta que el soberano es instaurado. Por otro lado, si el soberano realizara un pacto con cada individuo, estos pactos se volverían nulos en el momento en que se le confiere la soberanía. Esto es porque cualquier acción considerada una infracción del pacto por parte del soberano sería también una infracción cometida por todos los individuos, ya que el soberano actúa en representación de cada uno de ellos.

La falta de un juez para resolver la controversia. En caso de que alguien alegue que el soberano ha quebrantado el pacto y otros lo nieguen, no existe un juez superior que pueda resolver la disputa. En tal situación, la decisión recae nuevamente en la fuerza, y todos los individuos recuperarían su derecho a defenderse por sí mismos, lo cual va en contra del propósito inicial de instituir el Estado. Por lo tanto, es inapropiado intentar garantizar la soberanía mediante un pacto previo.

La naturaleza condicional del poder soberano. La idea de que el poder de un monarca sea condicional y basado en un pacto proviene de una falta de comprensión de una verdad fundamental: los pactos, en sí mismos, no tienen fuerza para obligar, contener, constreñir o proteger a nadie sin el respaldo de una fuerza pública. Esta fuerza es ejercida por el soberano o la asamblea que ostenta el poder, y sus acciones deben ser apoyadas por todos los ciudadanos y sostenidas por la fuerza de la comunidad unida.

Soberanía en una asamblea de hombres. Cuando el poder soberano reside en una asamblea de hombres, nadie imagina que se haya realizado un pacto condicional para instituir dicha asamblea. Por ejemplo, nadie afirmaría que el pueblo de Roma hizo un pacto con los ciudadanos romanos para mantener la soberanía bajo ciertas condiciones, y que, al incumplirse esas condiciones, los ciudadanos podrían legítimamente deponer al pueblo romano. La razón por la cual no se percibe esta lógica en una monarquía se debe a la ambición de aquellos que prefieren un gobierno asambleario, en el cual pueden tener la esperanza de participar, sobre una monarquía, de cuyo disfrute desesperan.

En resumen, la soberanía, una vez instituida, es intransferible y no puede ser sujeta a condiciones que permitan su revocación sin causar injusticia y caos. La estabilidad y el orden dentro del Estado dependen de la aceptación de la autoridad del soberano y del respaldo unificado de todos los ciudadanos hacia las decisiones y acciones de su líder.

3. La legitimidad de la institución del soberano.

Cuando la mayoría decide, a través de un voto concordante, establecer a un soberano, aquellos que no están de acuerdo deben aceptar la decisión del colectivo o enfrentarse a las consecuencias. Al unirse voluntariamente a la asamblea que establece esta autoridad, cada miembro implícitamente consiente en someterse a la voluntad de la mayoría. Si luego decide rechazar esta sumisión o protesta contra alguna decisión, actúa en contra del pacto original y, por lo tanto, comete una injusticia. Esto es cierto tanto si el individuo es parte de la asamblea como si no lo es. En ambos casos, debe someterse a los decretos establecidos o volver a la situación de conflicto en la que se encontraba previamente, donde cualquiera puede actuar en su contra sin ser considerado injusto.

4. La inmunidad del soberano frente a acusaciones de injusticia.

En el marco del Estado, cada súbdito, al integrarse en la estructura social y política, se convierte en coautor de todas las acciones y decisiones del soberano. Este principio se basa en la noción de que, al consentir en formar parte del Estado, los individuos transfieren su voluntad y poder de decisión al soberano. Este acto de consentimiento tácito implica que cualquier decisión o acción tomada por el soberano es, en última instancia, una extensión de la voluntad colectiva de los súbditos. Así, el soberano no actúa de manera autónoma o aislada, sino como representante y ejecutor de la voluntad general.

Dado que las acciones del soberano están respaldadas por el consentimiento de los súbditos, no puede haber acusaciones válidas de injusticia contra el soberano por parte de estos. Acusar al soberano de injusticia sería, en efecto, un acto de autoincriminación, ya que los súbditos han delegado su autoridad en él. La estructura del Estado se basa en este principio de delegación y representación, donde las acciones del soberano reflejan la voluntad común. Por lo tanto, cualquier queja de injusticia sería una protesta contra uno mismo, ya que los súbditos son responsables colectivamente de las acciones del soberano.

Es importante diferenciar entre actos moralmente incorrectos y actos injustos. Aunque el soberano puede cometer actos que, desde una perspectiva moral, sean cuestionables o incorrectos, estos actos no constituyen injusticia en el sentido legal y político. La injusticia implica una violación de los derechos o un acto en contra de la ley, pero dado que el soberano es la fuente de la ley y los derechos dentro del Estado, sus acciones no pueden ser consideradas injustas por definición. El soberano, al ser la encarnación de la autoridad y la ley, opera fuera de los límites de la injusticia tal como se aplican a los individuos.

La justicia, dentro del contexto del Estado, es administrada y definida por el soberano. Este poder de definir y administrar la justicia es una parte integral de la soberanía. Por lo tanto, la autoridad del soberano para actuar no puede ser cuestionada en términos de justicia, ya que el soberano es el árbitro supremo de lo que es justo o injusto. La inmunidad del soberano frente a las acusaciones de injusticia es, por tanto, una consecuencia natural de su rol como fuente de la ley y la justicia.

Este principio de inmunidad es esencial para la estabilidad y funcionamiento del Estado. Si los súbditos pudieran acusar al soberano de injusticia, se socavaría la autoridad del soberano y, por ende, la cohesión y estabilidad del Estado. La capacidad del soberano para actuar decisivamente y sin temor a represalias es fundamental para mantener el orden y la seguridad. Este poder de acción sin restricciones permite al soberano tomar decisiones necesarias para el bienestar común, incluso cuando esas decisiones puedan ser impopulares o difíciles de aceptar para algunos individuos.

La inmunidad del soberano frente a acusaciones de injusticia se fundamenta en la delegación de autoridad por parte de los súbditos y en el rol del soberano como fuente de la ley y la justicia. Este principio garantiza la estabilidad del Estado y permite al soberano actuar en beneficio del bien común sin temor a represalias injustas. Aunque el soberano puede cometer actos moralmente incorrectos, estos no pueden ser considerados injustos en el sentido estricto de la palabra, ya que el soberano actúa siempre con el consentimiento implícito de sus súbditos.

5. La intangibilidad del soberano.

Siguiendo la lógica de la inmunidad del soberano frente a las acusaciones de injusticia, se deduce que ningún súbdito tiene el derecho o la capacidad de castigar al soberano. Este principio se basa en la idea fundamental de que, al integrarse en el Estado, los súbditos transfieren su poder y autoridad al soberano. Esta transferencia de poder significa que cualquier acto realizado por el soberano está, en última instancia, autorizado y respaldado por los súbditos. Por lo tanto, castigar al soberano equivaldría a castigar a la propia comunidad, ya que los actos del soberano son una extensión de la voluntad colectiva. El propósito central de la institución del Estado es garantizar la paz y la defensa colectiva. Este objetivo es primordial y justifica la concentración de autoridad en manos del soberano. Para mantener la paz y la seguridad, el soberano debe tener la libertad y el poder de tomar decisiones cruciales sin interferencias. La autoridad del soberano para actuar en nombre del Estado es esencial para prevenir conflictos internos y externos, y para asegurar la estabilidad y el bienestar de la sociedad. Aunque el soberano es inmune al castigo por parte de los súbditos, esto no significa que esté exento de responsabilidad moral. El soberano, al actuar en nombre del Estado y sus ciudadanos, tiene la obligación moral de tomar decisiones que beneficien al colectivo. Sin embargo, esta responsabilidad moral no se traduce en la posibilidad de castigo legal o físico por parte de los súbditos. La moralidad del soberano es juzgada por la historia y la percepción pública, pero no puede ser cuestionada ni sancionada legalmente por aquellos que le han delegado su autoridad.

El equilibrio entre la autoridad del soberano y la justicia dentro del Estado es delicado. Mientras que el soberano tiene la libertad de actuar sin temor a represalias internas, debe hacerlo con un sentido de justicia y equidad para mantener la confianza de sus súbditos. La justicia en este contexto no se refiere a la justicia legal, sino a un sentido más amplio de justicia social y moral. El soberano debe ser visto como un protector y benefactor, no como un opresor, para mantener la cohesión y el apoyo de la comunidad.

La inmunidad del soberano frente al castigo por parte de los súbditos es una extensión natural del principio de autoridad delegada. Al formar parte del Estado, los súbditos otorgan al soberano el poder de actuar en su nombre, lo que implica que cualquier intento de castigar al soberano sería, en esencia, un acto de autoincriminación. La institución del Estado, con su objetivo de paz y defensa colectiva, depende de una autoridad indiscutible que pueda tomar decisiones cruciales sin temor a represalias. Esta estructura asegura la estabilidad y el bienestar de la sociedad, mientras que la responsabilidad moral del soberano garantiza que sus acciones sean justas y equitativas.

6. El soberano como juez de doctrinas y opiniones.

El soberano tiene el derecho inherente de juzgar qué doctrinas y opiniones son beneficiosas o perjudiciales para la paz del Estado. Este poder se basa en la premisa de que el soberano, como garante de la seguridad y la estabilidad del Estado, debe tener la capacidad de controlar las ideas que circulan en la sociedad. La regulación de las doctrinas incluye la autoridad para determinar cuáles pueden ser difundidas públicamente y quién está autorizado a examinar y aprobar los contenidos antes de su publicación.

Las creencias y opiniones de los individuos son los motores de sus acciones. Por lo tanto, el control sobre estas ideas es esencial para mantener la paz y la armonía social. El soberano debe poder intervenir en la formación y difusión de las creencias para evitar que ideas subversivas o conflictivas desestabilicen el orden público. La historia ha demostrado que las doctrinas peligrosas pueden incitar a la rebelión, la discordia y la violencia, socavando la cohesión social y la seguridad del Estado.

La verdad en las doctrinas es un concepto importante, pero dentro del contexto del Estado, cualquier doctrina que contradiga la paz no puede ser considerada verdadera. La paz y la concordia son pilares de la ley natural, y, por ende, cualquier doctrina que fomente la discordia o la violencia se considera falsa y peligrosa. El soberano, al ser el árbitro de la verdad pública, tiene la responsabilidad de asegurar que las ideas que se permiten en la sociedad sean aquellas que promuevan la estabilidad y el bienestar común. El soberano no solo tiene el derecho, sino también la responsabilidad de supervisar los contenidos que se difunden en la sociedad. Esto implica la implementación de mecanismos de censura y control para garantizar que las publicaciones y discursos públicos no contengan ideas que puedan incitar al desorden. La supervisión de contenidos es una medida preventiva destinada a proteger la integridad del Estado y asegurar que la información que circula refuerce la cohesión social.

La relación entre las doctrinas y las acciones sociales es directa y significativa. Las creencias de los individuos influyen profundamente en su comportamiento. Si se permite la proliferación de doctrinas que promuevan la desobediencia o la rebelión, las consecuencias pueden ser desastrosas para el Estado. Por lo tanto, el soberano debe vigilar cuidadosamente las ideas que se permiten en el dominio público y actuar decisivamente contra aquellas que representan una amenaza.

El derecho del soberano a regular doctrinas y opiniones no es un ataque a la libertad de expresión, sino una medida necesaria para equilibrar la libertad individual con la seguridad colectiva. La libertad de expresión es un valor importante, pero debe ejercerse de manera responsable. En una sociedad ordenada, la libertad no puede ser absoluta; debe estar sujeta a las restricciones que garanticen el bienestar y la seguridad de todos los ciudadanos.

La ley natural, que subyace a todas las leyes positivas, establece la paz y la concordia como sus principios fundamentales. Cualquier doctrina que socave estos principios se opone a la ley natural y, por tanto, debe ser controlada o suprimida por el soberano. La paz y la concordia son esenciales para la vida en sociedad, y su preservación es la máxima prioridad del soberano. Esto justifica plenamente la intervención del soberano en la regulación de las doctrinas y opiniones.

La censura, aunque a menudo vista de manera negativa, es una herramienta crucial para mantener la estabilidad del Estado. A través de la censura, el soberano puede prevenir la difusión de ideas que puedan llevar a la desestabilización social. Es una medida que, bien utilizada, protege a la sociedad de la anarquía y el caos. La censura no es una negación de la verdad, sino una protección de la verdad pública y del bien común.

El derecho del soberano a juzgar qué doctrinas y opiniones son perjudiciales o beneficiosas para la paz es fundamental para la estabilidad y la seguridad del Estado. La capacidad de regular las ideas que se difunden públicamente y supervisar los contenidos antes de su publicación es una responsabilidad esencial del soberano. La paz y la concordia, como pilares de la ley natural, deben ser protegidas a toda costa. Aunque la verdad en las doctrinas es importante, cualquier doctrina que contradiga la paz no puede ser considerada verdadera. La regulación de doctrinas y opiniones por parte del soberano es, por lo tanto, un componente vital para mantener el orden y la armonía en la sociedad.

7. El poder de establecer normas y propiedad.

El soberano tiene la plena autoridad para establecer las normas que determinan qué bienes y acciones pertenecen legítimamente a cada individuo, asegurando así que nadie sea molestado por sus conciudadanos en lo que le pertenece. Antes de la institución del poder soberano, todos tenían derecho a todas las cosas, lo cual inevitablemente causaba conflictos. Las normas de propiedad y las leyes civiles son esenciales para la paz y dependen de la autoridad soberana para su implementación y mantenimiento.

8. El derecho de la judicatura.

El soberano posee el derecho de judicatura, es decir, la autoridad para escuchar y resolver todas las controversias relacionadas con la ley, ya sea civil o natural, y con respecto a los hechos. Sin una autoridad decisoria, no hay protección efectiva contra las injusticias entre súbditos, y las leyes de propiedad y conducta serían inútiles. Sin esta judicatura, cada individuo se vería obligado a protegerse por su propia fuerza, lo que llevaría a un estado de guerra constante, contraviniendo el propósito de la institución del Estado.

La soberanía, una vez establecida, es esencial e inquebrantable para mantener la paz y el orden en la sociedad. La autoridad del soberano es fundamental para asegurar la justicia, la seguridad y la armonía entre los ciudadanos, permitiendo la existencia de un Estado estable y protegido contra la discordia y la guerra. La regulación de las opiniones y doctrinas, la administración de justicia y la definición de la propiedad y las normas civiles son herramientas indispensables en manos del soberano para lograr estos fines. Sin estos mecanismos, el Estado se fragmentaría, volviendo al caos y la anarquía que su institución pretendía superar.

9. Autoridad para declarar la guerra y la paz.

El poder de declarar la guerra y hacer la paz con otras naciones es un derecho esencial e inalienable del soberano. Este poder no solo se fundamenta en la necesidad de proteger los intereses del Estado, sino también en la prerrogativa de asegurar la seguridad y el bienestar de sus súbditos. La decisión de iniciar o cesar hostilidades es una de las responsabilidades más graves y significativas que recaen sobre el soberano, y debe ser ejercida con prudencia y sabiduría.

El soberano tiene la autoridad de evaluar cuándo es beneficioso para el interés público iniciar una guerra o establecer la paz. Esta evaluación implica considerar una variedad de factores, incluyendo las amenazas externas, las oportunidades diplomáticas, y los recursos disponibles. Al tomar estas decisiones, el soberano debe sopesar los riesgos y beneficios potenciales, asegurándose de que cualquier acción militar o diplomática sirva al bien común y fortalezca la posición del Estado en el escenario internacional.

Una vez tomada la decisión de iniciar o cesar hostilidades, el soberano debe determinar los recursos necesarios para llevar a cabo dicha acción. Esto incluye no solo la cantidad de fuerzas armadas requeridas, sino también el financiamiento necesario para sostenerlas. La financiación de las operaciones militares recae en gran medida sobre los súbditos, quienes deben contribuir con impuestos y otros medios de apoyo financiero. Esta recaudación de fondos es esencial para equipar, armar y mantener a las fuerzas militares, asegurando que el ejército tenga los medios necesarios para proteger al Estado.

La defensa de un pueblo depende en gran medida de la eficacia de sus ejércitos. La coordinación de estas fuerzas bajo un mando unificado es crucial para su éxito en el campo de batalla. Este mando unificado reside en el soberano, quien actúa como el comandante supremo de las fuerzas armadas. Aunque se pueda nombrar a un general para dirigir las tropas en combate, la autoridad última y la responsabilidad de las decisiones estratégicas y tácticas recaen siempre sobre el soberano. Esta jerarquía asegura que todas las acciones militares estén alineadas con los objetivos generales del Estado y respondan a una estrategia coherente y centralizada.

El control de las fuerzas militares es una manifestación directa del poder soberano. Este control no solo refleja la capacidad del soberano para defender el Estado, sino también su autoridad para decidir cómo y cuándo emplear el poder militar. La existencia de un mando militar centralizado bajo el soberano es esencial para mantener el orden y la disciplina dentro del ejército, y para garantizar que las acciones militares se lleven a cabo de manera efectiva y eficiente.

La unidad de mando bajo el soberano es un principio fundamental para la eficacia militar. La dispersión del mando o la existencia de múltiples centros de poder dentro de las fuerzas armadas pueden llevar a la descoordinación, el caos y la ineficacia en el campo de batalla. Al mantener el control centralizado, el soberano asegura que todas las unidades militares operen de manera cohesiva y que las órdenes se ejecuten de manera clara y precisa.

Como comandante supremo, el soberano no sólo tiene la autoridad para tomar decisiones estratégicas, sino también la responsabilidad de garantizar la moral y el bienestar de sus tropas. Este papel incluye la supervisión de la formación y el equipamiento de los soldados, la planificación de campañas militares y la evaluación constante de las amenazas y oportunidades que enfrenta el Estado. La presencia del soberano como líder militar supremo infunde confianza y lealtad entre las tropas, reforzando la cohesión y la efectividad del ejército.

El poder de declarar la guerra y hacer la paz es intrínseco a la seguridad nacional. Sin este poder, el Estado sería incapaz de responder adecuadamente a las amenazas externas, dejando a sus ciudadanos vulnerables a la agresión y la invasión. La capacidad del soberano para tomar decisiones rápidas y decisivas en tiempos de crisis es vital para la protección y la estabilidad del Estado. Esta autoridad asegura que el soberano pueda actuar de manera proactiva y reactiva, defendiendo los intereses nacionales y manteniendo la paz y la seguridad dentro de sus fronteras.

La autoridad del soberano para declarar la guerra y la paz es un componente crucial de su poder y responsabilidad. Este derecho no solo le permite proteger a su pueblo y sus intereses, sino que también asegura la cohesión y la eficacia de las fuerzas armadas bajo un mando unificado. Al evaluar el interés público, determinar los recursos necesarios, y coordinar las fuerzas armadas, el soberano actúa como el garante de la seguridad y la estabilidad del Estado. Esta autoridad es una manifestación directa del poder soberano y es esencial para la preservación de la paz y la defensa colectiva.

10. Selección de consejeros y funcionarios.

La selección de consejeros, ministros, magistrados y otros funcionarios clave es una prerrogativa esencial del soberano. Esta autoridad se extiende tanto en tiempos de paz como de guerra, permitiendo al soberano disponer de un equipo competente y leal que le ayude a cumplir sus deberes y responsabilidades. La capacidad de elegir a las personas más adecuadas para estos roles es fundamental para la eficacia del gobierno y la implementación de sus políticas. Estos individuos no sólo asesoran al soberano en la toma de decisiones, sino que también ejecutan sus órdenes y políticas. La capacidad y lealtad de estos funcionarios son esenciales para traducir la visión del soberano en acciones concretas. Por lo tanto, el soberano debe elegir personas que sean no sólo competentes y experimentadas, sino también leales y alineadas con sus objetivos.

Los magistrados y otros funcionarios encargados de la administración de justicia desempeñan un papel vital en la aplicación de las leyes y el mantenimiento del orden. La selección de estos individuos por el soberano asegura que el sistema judicial funcione de manera justa y eficiente. Los magistrados deben ser personas de integridad y conocimiento legal, capaces de interpretar y aplicar la ley de acuerdo con los principios y valores del Estado.

La competencia y la lealtad son dos cualidades fundamentales que el soberano debe buscar en sus funcionarios. La competencia asegura que los individuos tengan las habilidades y conocimientos necesarios para desempeñar sus funciones de manera efectiva. La lealtad garantiza que estos funcionarios actuarán en el mejor interés del soberano y del Estado, incluso en tiempos de crisis. La combinación de estas cualidades es crucial para la estabilidad y el éxito de la administración.

La capacidad del soberano para seleccionar a sus funcionarios es especialmente importante en tiempos de guerra y paz. En tiempos de paz, el enfoque puede estar en el desarrollo y la implementación de políticas que promuevan el bienestar y la prosperidad del Estado. En tiempos de guerra, el énfasis se desplaza hacia la defensa y la seguridad, requiriendo líderes militares y consejeros estratégicos que puedan tomar decisiones rápidas y efectivas bajo presión. La flexibilidad del soberano para elegir a los individuos adecuados para cada situación es vital para la resiliencia del Estado.

Los consejeros juegan un papel central en la toma de decisiones del soberano. Aportan su experiencia y perspectiva, ayudando al soberano a evaluar diferentes opciones y a tomar decisiones informadas. La calidad del consejo que recibe el soberano influye directamente en la eficacia de sus políticas y en la capacidad del Estado para enfrentar desafíos internos y externos. Por lo tanto, la selección de consejeros competentes y confiables es una prioridad crucial.

Los ministros son responsables de la implementación de las políticas del soberano en sus respectivos departamentos. Su papel es traducir las decisiones del soberano en acciones concretas y supervisar la ejecución de programas y proyectos. La eficacia de los ministros en su trabajo determina en gran medida el éxito de las políticas del soberano. Elegir ministros con habilidades administrativas y de liderazgo es esencial para el logro de los objetivos del Estado.

La integridad es una cualidad indispensable para todos los funcionarios del Estado. Los consejeros, ministros, magistrados y otros funcionarios deben actuar con honestidad y rectitud, evitando la corrupción y el abuso de poder. La selección de individuos íntegros asegura que las decisiones y acciones del gobierno sean justas y estén orientadas al bien común. El soberano debe evaluar cuidadosamente el carácter y la ética de los individuos antes de nombrarlos a cargos importantes. La continuidad del gobierno es otro aspecto crucial que depende de la selección adecuada de funcionarios. En tiempos de transición o crisis, es esencial que el Estado mantenga su funcionamiento sin interrupciones. Tener un equipo de funcionarios leales y competentes garantiza que las operaciones del gobierno puedan continuar de manera fluida, preservando la estabilidad y la seguridad del Estado.

Finalmente, la confianza del pueblo en su gobierno depende en gran medida de la calidad de los funcionarios que el soberano elige. Un gobierno compuesto por individuos competentes, leales e íntegros genera confianza y respeto entre los ciudadanos. Esta confianza es fundamental para la legitimidad del soberano y para la cooperación y el apoyo del pueblo en la implementación de sus políticas. La autoridad del soberano para seleccionar consejeros, ministros, magistrados y otros funcionarios es una prerrogativa esencial para el buen gobierno del Estado. Esta capacidad asegura que el soberano pueda contar con un equipo competente y leal, alineado con sus objetivos y comprometido con el bienestar del Estado. La selección cuidadosa de estos individuos es crucial para la eficacia del gobierno, la implementación de políticas, la administración de justicia y la preservación de la paz y la seguridad. Al ejercer esta autoridad, el soberano fortalece la estabilidad y la resiliencia del Estado, asegurando que pueda cumplir su misión de garantizar la paz y la defensa común.

11. Poder para recompensar y castigar.

El soberano tiene la autoridad para recompensar a sus súbditos con honores o riquezas, así como para castigarlos con penas físicas, multas o deshonra. Este poder es una herramienta fundamental para mantener el orden y la disciplina dentro de la sociedad, y se basa en la capacidad del soberano para decidir qué acciones deben ser incentivadas y cuáles deben ser disuadidas. La capacidad de recompensar y castigar es esencial para el funcionamiento efectivo del Estado y para asegurar que los ciudadanos cumplan con sus deberes y obligaciones.

Las recompensas son una forma de reconocer y valorar las contribuciones positivas de los súbditos al bienestar del Estado. Estas pueden tomar la forma de honores, títulos, posiciones de prestigio o recompensas materiales como riquezas. Al otorgar recompensas, el soberano no solo motiva a los individuos a continuar comportándose de manera ejemplar, sino que también establece un estándar de conducta que otros súbditos buscarán emular. Este sistema de incentivos es crucial para promover la lealtad, la dedicación y el servicio al Estado.

Los honores y títulos son una forma de recompensa que confiere prestigio y reconocimiento público. Estos pueden incluir nombramientos como lord, conde, duque o príncipe, y son utilizados por el soberano para distinguir a aquellos que han demostrado un servicio excepcional. La concesión de títulos no solo eleva el estatus social del individuo, sino que también refuerza la jerarquía y estructura del Estado, asegurando que aquellos en posiciones de autoridad sean respetados y valorados por sus contribuciones.

Las recompensas materiales, como riquezas o propiedades, son otra forma de incentivo que el soberano puede utilizar. Estas recompensas pueden ser otorgadas a individuos que han realizado servicios significativos o han demostrado una lealtad excepcional. Las recompensas materiales no solo mejoran la calidad de vida del individuo recompensado, sino que también sirven como un recordatorio tangible del valor de servir al Estado de manera diligente y leal.

El poder de castigar es igualmente importante para mantener el orden y la disciplina dentro de la sociedad. Los castigos pueden variar desde penas físicas hasta multas monetarias o la deshonra pública. La capacidad del soberano para imponer castigos efectivos es esencial para disuadir comportamientos perjudiciales y asegurar que los súbditos cumplan con las leyes y normas establecidas.

Las penas físicas, aunque severas, pueden ser necesarias para castigar delitos graves y disuadir a otros de cometer actos similares. Estas penas pueden incluir encarcelamiento, flagelación o, en casos extremos, la ejecución. El uso de penas físicas debe ser considerado con cuidado, asegurando que sean proporcionales al delito cometido y que sirvan para mantener el orden y la seguridad dentro de la sociedad.

Las multas monetarias son una forma común de castigo que puede ser utilizada para penalizar infracciones menos graves. Estas multas no solo actúan como un disuasivo financiero, sino que también pueden ser una fuente de ingresos para el Estado. Las multas deben ser ajustadas según la gravedad del delito y la capacidad económica del infractor, asegurando que el castigo sea justo y efectivo. La deshonra pública es un castigo que puede tener consecuencias duraderas para el individuo castigado. Este tipo de castigo puede incluir la pérdida de títulos, posiciones de prestigio o la exposición pública de las acciones del infractor. La deshonra pública no solo castiga al individuo, sino que también sirve como un ejemplo para otros, reforzando las normas y valores del Estado.

El soberano tiene la autoridad para aplicar recompensas y castigos según las leyes establecidas previamente o, en ausencia de tales leyes, según su propio juicio. Esta flexibilidad permite al soberano adaptar las recompensas y castigos a las circunstancias específicas, asegurando que sean justos y efectivos. Al tener esta autoridad, el soberano puede responder de manera rápida y decisiva a cualquier situación que amenace la paz y la seguridad del Estado.

Aunque el soberano tiene un amplio poder para recompensar y castigar, es esencial que estas acciones se realicen de manera justa y equitativa. La percepción de justicia por parte de los súbditos es crucial para mantener la legitimidad y la autoridad del soberano. Si las recompensas y castigos se perciben como arbitrarios o injustos, pueden erosionar la confianza y el respeto hacia el soberano, lo que podría llevar a la desobediencia y el descontento social.

Las leyes establecidas por el soberano proporcionan un marco claro y predecible para la aplicación de recompensas y castigos. Estas leyes deben ser comunicadas de manera efectiva a todos los súbditos, asegurando que entiendan las consecuencias de sus acciones. El respeto a las leyes y su aplicación consistente son fundamentales para la estabilidad del Estado y la confianza en el sistema de justicia.

El poder de recompensar y castigar no solo mantiene el orden, sino que también incentiva a los súbditos a servir al Estado de manera leal y diligente. Al recompensar las buenas acciones y castigar las malas, el soberano puede moldear el comportamiento de los súbditos, promoviendo valores como la lealtad, el trabajo duro y la cooperación. Este sistema de incentivos es crucial para la cohesión social y el funcionamiento efectivo del Estado.

El poder del soberano para recompensar y castigar es una herramienta fundamental para mantener la disciplina y el orden dentro de la sociedad. A través de la concesión de honores y riquezas, y la imposición de penas físicas, monetarias o de deshonra, el soberano puede incentivar el servicio al Estado y disuadir comportamientos perjudiciales. Este poder debe ser ejercido con justicia y equidad, asegurando que las acciones del soberano sean percibidas como legítimas y justas por los súbditos. Al hacerlo, el soberano fortalece su autoridad y asegura la estabilidad y seguridad del Estado.

12. Regulación de honores y preeminencias.

Es responsabilidad del soberano regular los honores y preeminencias dentro del Estado. Dado que los individuos tienden a valorarse a sí mismos y a exigir respeto, lo que puede generar rivalidades y conflictos, es necesario establecer un sistema oficial para asignar dignidades y reconocer méritos. Este sistema ayuda a prevenir disputas y a mantener la cohesión social. Además, el soberano tiene el poder de determinar los títulos de honor y las señales de respeto que se deben otorgar en contextos públicos y privados.

Sobre la indivisibilidad de los derechos soberanos, podría decirse que estos derechos constituyen la esencia de la soberanía y son señales claras de dónde reside el poder soberano. Aunque ciertos poderes pueden ser delegados o transferidos, como el de acuñar moneda o gestionar bienes, los derechos fundamentales de la soberanía no pueden ser divididos ni cedidos sin comprometer la capacidad del soberano para mantener la paz y la justicia. Un reino dividido en su soberanía no puede sostenerse, y la historia ha demostrado que la división de estos poderes conduce inevitablemente a la guerra civil y al caos.

Los derechos esenciales de la soberanía no pueden ser cedidos sin una renuncia explícita del poder soberano. Cualquier transferencia de estos derechos es nula si no se realiza bajo los términos directos y explícitos del soberano. La autoridad soberana es indivisible y, por lo tanto, siempre volverá a unirse a la soberanía si se intenta dividirla. El poder y el honor de los súbditos se desvanecen ante la presencia del poder soberano, que es absoluto y unificado. Este principio es aplicable tanto en monarquías como en asambleas, ya que el poder de la soberanía es consistente, sin importar su forma.

La soberanía implica una serie de derechos inalienables y esenciales que son fundamentales para la estabilidad y el buen gobierno de un Estado. Estos derechos no solo garantizan la paz y la justicia, sino que también aseguran que el poder soberano se mantenga intacto y eficaz en el cumplimiento de sus deberes.

El honor del soberano debe ser superior al de cualquier súbdito o al de todos ellos juntos. La soberanía es la fuente de todo honor; los títulos de nobleza, como lord, conde, duque y príncipe, son otorgados por ella. Así como los sirvientes son iguales y sin honor alguno en presencia de su amo, los súbditos también lo son ante su soberano. Aunque lejos de su presencia algunos sobresalgan más que otros, frente a él son como estrellas apagadas por la brillantez del sol.

El poder soberano no resulta tan oneroso como la falta de él, y los problemas suelen derivar de la reticencia a aceptar incluso un poder modesto. Algunos podrían argumentar que la vida de los súbditos es miserable debido a que están a merced de los caprichos y pasiones irregulares de aquellos que detentan un poder tan vasto. Este sentimiento es común tanto en las monarquías, donde se ve como una falla de la monarquía, como en los gobiernos democráticos, donde se culpa a la estructura misma del gobierno. En realidad, el poder, en todas sus formas, si es suficientemente robusto para proteger, es esencialmente el mismo.

Debemos recordar que la vida humana nunca puede estar libre de todas las incomodidades. Lo peor que puede sucederle al pueblo en general bajo cualquier forma de gobierno es insignificante si se compara con las miserias y calamidades que acompañan una guerra civil o un estado de anarquía donde los hombres, sin leyes ni poder coercitivo, actúan desenfrenadamente, entregándose al saqueo y la venganza.

La mayor restricción para los gobernantes soberanos no proviene del placer o beneficio que podrían obtener del daño o debilitación de sus súbditos, ya que la fortaleza y gloria de los soberanos dependen del vigor de su pueblo. En cambio, es la obstinación de los gobernantes lo que, involuntariamente, contribuye a su propia defensa, haciendo necesario obtener de sus súbditos cuanto sea posible en tiempos de paz. Esto garantiza que tengan los medios necesarios para resistir o aprovechar cualquier situación emergente o necesidad repentina, manteniendo así una ventaja sobre sus enemigos.

Todos los hombres están naturalmente equipados con lentes de aumento en forma de pasiones y egoísmo, a través de los cuales cualquier pequeña contribución parece un gran agravio. Sin embargo, carecen de aquellos lentes prospectivos, como la moral y la ciencia civil, que les permitirían ver las miserias que se ciernen sobre ellos y que solo pueden evitarse con tales aportaciones. La falta de una perspectiva clara sobre la necesidad y beneficios del poder soberano hace que las cargas parezcan más pesadas de lo que realmente son.

En resumen, la soberanía implica una relación compleja pero esencial entre el gobernante y los gobernados, donde el honor y el poder del soberano no sólo son fuentes de estabilidad y orden, sino también de protección frente a las calamidades que acompañan la falta de un liderazgo fuerte y cohesionado.

Capítulo XIX

Sobre las diversas formas de gobierno por institución y sobre la sucesión del poder soberano

Las formas de gobierno: diversidad y algunos conceptos fundamentales. Las formas de gobierno se clasifican en tres tipos principales. La distinción entre ellos radica en la figura del soberano o en la entidad representativa que actúa en nombre de todos los ciudadanos. La soberanía puede estar en manos de un individuo, de una asamblea compuesta por muchos, o de un grupo selecto dentro de una asamblea. Por lo tanto, los tipos de gobierno son: monarquía, democracia y aristocracia. En una monarquía, el poder recae en un solo individuo; en una democracia, el poder es ejercido por una asamblea de todos los ciudadanos; y en una aristocracia, solo una parte seleccionada de la población tiene autoridad.

Monarquía, democracia y aristocracia. En una monarquía, el soberano es una sola persona que ostenta todo el poder del Estado. En una democracia, cada ciudadano tiene el derecho de participar en la toma de decisiones a través de una asamblea general. Por otro lado, en una aristocracia, solo ciertos individuos, usualmente aquellos considerados los más aptos o distinguidos, tienen el poder de gobernar. Estas tres formas de gobierno abarcan todas las posibles configuraciones de soberanía, ya que el poder supremo debe estar en manos de uno, varios o todos los miembros de la sociedad.

Malinterpretaciones: la tiranía y la oligarquía. Los términos "tiranía" y "oligarquía" se utilizan a menudo para describir formas corruptas de monarquía y aristocracia, respectivamente. Sin embargo, estos no representan tipos diferentes de gobierno. Más bien, reflejan percepciones negativas de las mismas formas de gobierno. La tiranía es simplemente una monarquía vista con desagrado, mientras que la oligarquía es una aristocracia que no cuenta con el favor de sus súbditos. De manera similar, cuando una democracia es vista como desordenada y caótica, se le llama anarquía. La anarquía, sin embargo, no es una forma de gobierno, sino la ausencia total de gobernanza.

La unicidad del representante soberano. Una vez establecido el poder soberano, no puede haber otro representante del mismo pueblo con autoridad similar. Solo pueden existir representantes para fines específicos, limitados por el soberano. Tener múltiples representantes absolutos sería dividir un poder que es por naturaleza indivisible. Esta división inevitablemente llevaría a conflictos y desorden, contrarios a los propósitos de paz y estabilidad que la soberanía busca garantizar.

Subordinados y delegados. Cuando una asamblea soberana solicita al pueblo enviar representantes para expresar opiniones o deseos, estos delegados no son soberanos absolutos. De igual manera, en una monarquía, el monarca permanece como el único soberano, y cualquier representante enviado por el pueblo actúa únicamente dentro de los límites definidos por el soberano. La claridad en la naturaleza de la representación es crucial para evitar confusiones y mantener la unidad del poder.

En cuanto a las diferencias entre una monarquía y las asambleas, primero debo mencionar la conveniencia y aptitud para la paz y la seguridad. La diferencia fundamental entre monarquía, democracia y aristocracia no radica en el poder en sí, sino en su eficacia para garantizar la paz y la seguridad del pueblo. En una monarquía, el interés privado del monarca suele coincidir con el interés público, ya que el bienestar del soberano depende directamente de la prosperidad y la lealtad de sus súbditos. Un monarca necesita un pueblo fuerte y unido para mantener su propia riqueza, poder y gloria.

En democracias y aristocracias, la conexión entre el interés público y el interés privado de los gobernantes puede no ser tan fuerte. Los representantes, al ser muchos y con intereses diversos, pueden anteponer sus beneficios personales sobre los del público, lo que puede llevar a corrupción, traición o incluso guerra civil. Esto puede resultar en una gestión menos eficiente y más conflictiva comparada con la monarquía, donde la alineación de intereses es más directa.

El soberano tiene la capacidad de recompensar y castigar a sus súbditos para mantener el orden y la disciplina dentro del Estado. Las recompensas pueden ser honores, títulos o riquezas, incentivando el buen comportamiento y la lealtad. Los castigos, que pueden ser físicos, monetarios o de deshonra, sirven para disuadir conductas perjudiciales. Este balance de recompensas y castigos es esencial para promover la estabilidad y la obediencia en la sociedad.

Los honores y títulos son formas de reconocimiento que elevan el estatus social de los individuos y refuerzan la estructura jerárquica del Estado. Las recompensas materiales, como riquezas o propiedades, no solo mejoran la calidad de vida del recompensado, sino que también actúan como incentivos tangibles para el servicio al Estado.

Los castigos, como penas físicas o multas monetarias, son necesarios para mantener la ley y el orden. Las penas físicas se aplican a delitos graves, mientras que las multas monetarias pueden ser adecuadas para infracciones menos severas. La deshonra pública, por otro lado, puede tener efectos duraderos en la reputación del individuo y servir como una advertencia a otros.

Es crucial que el soberano ejerza su poder de recompensar y castigar con justicia y equidad. La percepción de justicia es fundamental para mantener la legitimidad del soberano. Las recompensas y castigos deben ser vistos como justos por los súbditos para asegurar su obediencia y lealtad. La estructura y el funcionamiento del gobierno, ya sea monarquía, democracia o aristocracia, deben ser comprendidos en términos de su capacidad para garantizar la paz, la seguridad y el bienestar de la sociedad. El poder soberano, en su capacidad de recompensar y castigar, es una herramienta vital para mantener el orden y la cohesión social. La justicia y la equidad en el ejercicio de este poder son esenciales para la legitimidad y la efectividad del gobierno, asegurando que los objetivos del Estado se cumplan de manera efectiva y sostenible.

En segundo lugar, es necesario mencionar la flexibilidad y la eficiencia del consejo en una monarquía. Una de las ventajas más destacadas de un monarca es su capacidad para recibir consejo cuando y donde lo desee. Esta libertad le permite consultar a expertos en cualquier materia, independientemente de su rango o posición, con la antelación y el sigilo necesarios. En contraste, una asamblea soberana solo puede recibir asesoramiento de aquellos que tienen derecho desde el principio a formar parte de ella. A menudo, estos individuos están más enfocados en acumular riqueza que en adquirir conocimiento. Además, en una asamblea, las opiniones deben expresarse en largos discursos, que tienden más a incitar emociones que a guiar acciones racionales. El entendimiento, en lugar de aclararse, puede nublarse por las pasiones desatadas en tales debates. La multitud inherente a una asamblea también impide recibir consejos en secreto, lo cual limita la capacidad de deliberar con discreción.

En tercer lugar, las decisiones de un monarca están sujetas solo a las fluctuaciones de la naturaleza humana. Sin embargo, en una asamblea, además de la inconstancia humana, existe la inestabilidad derivada del número de participantes. La ausencia de unos pocos miembros clave puede hacer que una resolución firme de ayer sea revocada hoy por razones de seguridad, negligencia o asuntos personales. Esta inconstancia adicional puede obstaculizar la implementación efectiva de decisiones cruciales.

En cuarto lugar, un monarca no puede tener desacuerdos internos causados por envidia o interés personal. En cambio, una asamblea puede estar tan dividida por estas pasiones que podría desencadenar una guerra civil. La unidad de propósito en una monarquía contrasta con la posible fragmentación en una asamblea.

En quinto lugar, un inconveniente notable de la monarquía es que un súbdito puede ser despojado de sus posesiones por el capricho de un solo hombre, enriqueciendo a un favorito o adulador. Este es un grave y a veces inevitable inconveniente. Sin embargo, lo mismo puede ocurrir en una asamblea, donde el poder soberano es compartido por muchos miembros susceptibles a malas influencias y manipulaciones oratorias. La codicia y la ambición pueden ser alimentadas mutuamente, y mientras que los favoritos de un monarca son pocos, los favoritos de una asamblea son muchos, y sus allegados son más numerosos. Además, el favorito de un monarca puede tanto ayudar a sus amigos como perjudicar a sus enemigos. Por otro lado, los oradores, que son los favoritos de las asambleas soberanas, aunque creen tener gran poder para dañar, tienen poco para defender. Acusar requiere menos elocuencia que disculpar, y la condena se percibe más justa que la absolución.

En sexto lugar, una desventaja de la monarquía es que el poder soberano puede recaer en un infante o en alguien incapaz de discernir entre el bien y el mal. En tales casos, el ejercicio del poder debe confiarse a otro individuo o a una asamblea que gobierne en su nombre como tutores y protectores. Sin embargo, argumentar que esto es un inconveniente inherente a la monarquía es afirmar que cualquier forma de gobierno es menos deseable que el caos y la guerra civil. Si el monarca anterior establece claramente quién será el tutor, cualquier inconveniente debe atribuirse a la ambición e injusticia de los súbditos, no a la estructura monárquica.

Por otro lado, en grandes Estados donde la soberanía reside en una asamblea, la toma de decisiones en asuntos de paz y guerra, así como en la promulgación de leyes, puede ser tan vulnerable como el gobierno de un infante. Al igual que un niño depende del consejo de sus tutores, una asamblea depende del consenso mayoritario, sea este bueno o malo. Además, en tiempos de crisis, las asambleas necesitan dictadores o protectores que actúan como monarcas temporales, asumiendo el poder total por un periodo específico.

Aunque las formas de soberanía se clasifican en tres tipos principales: monarquía, democracia y aristocracia, la práctica muestra variaciones que no siempre encajan perfectamente en estas categorías. Por ejemplo, las monarquías electivas, donde los reyes tienen poder soberano por un tiempo limitado, y los reinos donde el rey tiene un poder limitado, son a menudo considerados monarquías. Igualmente, un gobierno popular o aristocrático que subyuga a un país enemigo y lo gobierna a través de un presidente o magistrado puede parecer una democracia o aristocracia, pero no lo es en esencia.

En resumen, la flexibilidad, consistencia y unidad de propósito en una monarquía a menudo superan las ventajas de una asamblea, que puede estar dividida y sujeta a inconstancia y favoritismo. Sin embargo, la estructura de gobierno debe adaptarse a las circunstancias específicas y a la naturaleza del pueblo gobernado. La clave para un gobierno eficaz radica en la claridad de la representación, la justicia en el ejercicio del poder y la alineación de los intereses públicos y privados.

Si hablamos ahora del poder y la sucesión en la monarquía electiva, primero, consideremos al monarca electivo cuyo poder se limita a su vida, como en varios lugares de la cristiandad, actualmente. Este poder puede durar años o incluso meses, similar al de los dictadores en la antigua Roma. Si este monarca tiene el derecho de nombrar a su sucesor, entonces su gobierno deja de ser electivo y se convierte en hereditario. Por otro lado, si no tiene ese derecho, habrá otra persona o asamblea encargada de elegir a un nuevo soberano tras su muerte. En ausencia de tal autoridad, el Estado se disolvería y volvería a la anarquía y la guerra civil. Es esencial conocer quién tiene el poder de otorgar la soberanía, ya que esto indica que la soberanía residía en esa entidad antes de la muerte del monarca. Si nadie puede transferir la soberanía, entonces el monarca tiene la obligación, por ley natural, de establecer a su sucesor para evitar que el Estado caiga en caos. En consecuencia, al ser elegido, el monarca debía ser un soberano absoluto.

En segundo lugar, un monarca cuyo poder es limitado no puede ser superior a quienes tienen la autoridad para imponer esas limitaciones. Si no es superior, no es supremo, lo que significa que no es soberano. Por lo tanto, la soberanía siempre reside en la asamblea que tiene el derecho de limitar al monarca. Esto implica que el gobierno no es realmente una monarquía, sino una democracia o una aristocracia, como en la antigua Esparta, donde los reyes comandaban los ejércitos, pero la soberanía residía en los éforos.

En tercer lugar, consideremos el ejemplo del pueblo romano gobernando Judea a través de un presidente. Esto no convertía a Judea en una democracia, ya que no era gobernada por una asamblea donde los judíos tuviesen derecho a participar. Tampoco era una aristocracia, ya que no era gobernada por una asamblea de élite. Era una monarquía en el sentido de que una sola persona, representando al pueblo romano, ejercía el poder. Así, aunque un pueblo puede ser gobernado por una asamblea elegida, si es gobernado por una asamblea no elegida, es una monarquía de un pueblo sobre otro.

Las formas de gobierno son mortales, ya que tanto los monarcas individuales como las asambleas enteras pueden desaparecer. Para mantener la paz, es necesario crear una "eternidad artificial" de existencia, conocida como el derecho de sucesión. Sin esta perpetuidad, los gobernados por una asamblea o un monarca regresarían a la guerra civil tras la muerte de sus líderes. No hay forma perfecta de gobierno si la sucesión no está asegurada por el soberano actual. Si la sucesión depende de un individuo particular, este derecho puede ser apropiado por el soberano. Si se encomienda a una nueva elección, el Estado se disolverá, contrario a la intención de una seguridad perpetua.

En una democracia, la cuestión de la sucesión no es relevante ya que la asamblea no puede fallar a menos que falle la multitud gobernada. En una aristocracia, cuando un miembro de la asamblea muere, la elección de su reemplazo corresponde a la asamblea misma, que tiene la soberanía para elegir a todos sus consejeros y funcionarios. La asamblea puede delegar esta elección, pero siempre por su autoridad y puede revocarla si el bienestar público lo requiere.

El derecho de sucesión es particularmente complejo en la monarquía. La dificultad radica en determinar quién debe designar al sucesor y quién ha sido designado, requiriendo un razonamiento más preciso de lo habitual. En cuanto a quién debe determinar el derecho hereditario, el soberano actual tiene la autoridad de designar a su sucesor, para evitar el regreso a la guerra civil. Sin un representante, la multitud no puede elegir un nuevo monarca, lo que lleva al caos. Por lo tanto, es evidente que la designación del sucesor debe dejarse al juicio y voluntad del monarca en ejercicio.

En conclusión, el análisis del poder y la sucesión en la monarquía electiva revela la importancia de establecer un mecanismo claro para la transferencia de poder. La ausencia de tal mecanismo puede llevar a la disolución del Estado y el retorno a la guerra civil. La soberanía, ya sea en una asamblea o en un monarca, debe garantizar una continuidad de gobierno para evitar el caos y asegurar la estabilidad y la paz.

La cuestión de quién hereda el poder del monarca en ejercicio se resuelve mediante sus palabras explícitas, testamento, o señales tácitas suficientemente claras.

La sucesión puede ser determinada por palabras explícitas o testamento, donde el monarca, durante su vida, ya sea verbalmente o por escrito, nombra a su sucesor. Un ejemplo de esto lo encontramos en los primeros emperadores de Roma, quienes designaban a sus herederos de esta manera. Es importante destacar que la palabra "heredero" no se limita a los hijos o parientes cercanos, sino a cualquier persona que el monarca designe como sucesor. Así, si un monarca declara de manera explícita que cierta persona será su heredero, ya sea de palabra o por escrito, esa persona adquiere el derecho a ser monarca inmediatamente después de la muerte del predecesor.

En ausencia de un testamento o declaración expresa, se deben considerar otras señales de la voluntad del monarca. Una de ellas es la costumbre. En un lugar donde la costumbre es que el pariente más cercano herede, este tiene el derecho a la sucesión. Si la voluntad del monarca hubiese sido otra, podría haberlo declarado durante su vida. Asimismo, si la costumbre es que herede el pariente masculino más cercano, el derecho de sucesión recae en él. La misma lógica se aplica si la costumbre prefiere a una mujer. Cuando una costumbre puede ser rechazada fácilmente y no lo es, se considera una clara señal de que el monarca deseaba que esa costumbre continuara.

En ausencia de costumbre y testamento, se presume que el monarca desea que el gobierno permanezca monárquico, dado que él mismo lo aprobó. También se presume que preferiría que su hijo, sea varón o mujer, le suceda, pues es natural que los hombres prefieran a sus propios hijos sobre los hijos de otros. Y de sus propios hijos, preferiría a un varón sobre una mujer, ya que los varones son considerados más aptos para actos de valor y peligro. Si no hay descendientes directos, se presume que preferiría a un hermano sobre un extraño, y al pariente más cercano sobre el más lejano, ya que el pariente más cercano suele ser también el más querido. Esto se debe a que un hombre siempre obtiene más honor de la grandeza de su pariente más cercano.

Un monarca tiene el derecho legítimo de disponer de la sucesión mediante contrato verbal o testamento. Sin embargo, algunas veces surge la preocupación de que podría vender o donar su derecho a gobernar a un extranjero. Esto puede provocar opresión, ya que los extranjeros suelen ser menospreciados y pueden ignorar las reglas de la política local. Este inconveniente no surge necesariamente de estar sujeto a un gobierno extranjero, sino de la falta de habilidad de los gobernantes para seguir las verdaderas reglas de la política.

Los romanos, para evitar estos problemas, solían otorgar privilegios y el título de ciudadanos romanos a las naciones conquistadas y a sus líderes. Este enfoque incluía llevar a muchos de ellos al Senado y a posiciones prominentes en Roma, haciendo el gobierno más tolerable. De manera similar, el rey Jacobo I de Inglaterra y Escocia buscó la unión de los dos reinos, con la esperanza de prevenir las guerras civiles que afectaban a ambas naciones.

No es perjudicial para el pueblo que un monarca disponga de la sucesión según su voluntad, aunque a veces ha resultado inconveniente debido a los defectos particulares de ciertos príncipes. Un argumento a favor de la legitimidad de tal acto es que cualquier inconveniente que pueda surgir al entregar un reino a un extranjero también puede ocurrir cuando se concierta un matrimonio con extranjeros, ya que el derecho de sucesión puede recaer sobre ellos. Sin embargo, esto último es considerado legítimo por todos.

La sucesión en la monarquía es un proceso complejo que puede determinarse mediante declaraciones explícitas, costumbres establecidas o presunciones basadas en el afecto natural. Aunque la posibilidad de que un monarca designe a un extranjero como sucesor puede generar preocupación, la historia demuestra que es posible mitigar estos inconvenientes a través de una política inclusiva y estratégica. En última instancia, la legitimidad de la sucesión radica en la voluntad del monarca en ejercicio y en la capacidad del sucesor para gobernar con destreza y justicia.

Capítulo XX
Sobre el dominio paternal y el dominio despótico

Adquisición del poder por la fuerza. La soberanía por adquisición se refiere a un Estado donde el poder soberano se obtiene mediante la fuerza. Este poder se conquista cuando las personas, ya sea individualmente o en grupo, se someten al control de un individuo o asamblea, motivados por el temor a la muerte o a la esclavitud. En esencia, ceden todas sus acciones a aquel que tiene el poder sobre sus vidas y su libertad.

Comparación con la soberanía por institución. La soberanía por adquisición se diferencia de la soberanía por institución en que, en esta última, los individuos eligen a su soberano por temor mutuo, mientras que en la soberanía por adquisición se someten al soberano por miedo directo a él. En ambos casos, la motivación subyacente es el miedo. Esto plantea un punto importante para aquellos que consideran inválidos los pactos originados en el temor a la muerte o la violencia: si este argumento fuera cierto, ningún Estado podría mantener la obediencia de sus ciudadanos. Una vez establecida la soberanía, las promesas hechas bajo coacción no son vinculantes si contradicen las leyes. Sin embargo, esto no se debe al miedo en sí, sino a la falta de derecho del promisor sobre lo prometido. Así, lo que un hombre promete legítimamente, incumplirlo ilegalmente es una violación del pacto, salvo que el soberano, como autor del pacto, lo absuelva.

Derechos de la soberanía. Los derechos y consecuencias de la soberanía son idénticos tanto en la soberanía por adquisición como en la soberanía por institución. El soberano no puede transferir su poder sin consentimiento, no puede ser acusado ni castigado por sus súbditos, y es el juez supremo de lo necesario para la paz y de las doctrinas. Él es el único legislador y árbitro de disputas, así como el encargado de decidir sobre la guerra y la paz. Además, el soberano designa magistrados, consejeros, jefes y otros funcionarios, y establece recompensas y castigos. Estas prerrogativas se justifican por las mismas razones aplicables a la soberanía por institución.

Adquisición del dominio paternal. El dominio sobre los hijos, conocido como dominio paternal, se obtiene no por generación sino por contrato. Este derecho no se deriva del mero acto de procrear, sino del consentimiento expreso o tácito del hijo. En la generación, Dios asigna al hombre una colaboradora, creando igualdad entre los padres. Por lo tanto, el dominio sobre los hijos debería ser compartido, pero dado que un individuo no puede obedecer a dos dueños, surge una disputa. Históricamente, esta controversia ha sido resuelta por la ley civil, que en muchos casos favorece al padre debido a que los Estados suelen ser fundados por hombres. Sin embargo, en un estado de naturaleza sin leyes de matrimonio ni educación, el dominio sobre los hijos depende de acuerdos contractuales entre los padres o, en su ausencia, recae en la madre, ya que ella es quien inicialmente tiene el poder sobre el hijo.

Dominio por educación y sujeción. Cuando no hay un contrato, el dominio recae en la madre, ya que, en un estado natural sin leyes matrimoniales, solo ella puede declarar la paternidad. El hijo, al depender inicialmente de la madre para su supervivencia, está obligado a obedecerla. Si la madre abandona al hijo y otro lo cuida, el dominio pasa a este último. La sujeción del hijo también puede depender de la sujeción previa de uno de los padres al otro. Por ejemplo, si la madre está sujeta al padre, el hijo queda bajo la autoridad del padre, y viceversa.

El dominio despótico. El dominio despótico se adquiere por conquista o victoria en guerra, y es el dominio del vencedor sobre el vencido. Este dominio se establece cuando el vencido, para evitar la muerte, acepta someterse al vencedor, quien entonces tiene el derecho de usar su vida y libertad según su voluntad. Antes de este pacto, el vencido no es considerado un siervo. Una vez pactado, el vencido se convierte en siervo del vencedor, siempre y cuando se le permita conservar su libertad corporal bajo ciertas condiciones de obediencia y no violencia hacia su dueño. La soberanía por adquisición, aunque a menudo nacida de la fuerza y el temor, establece un sistema de gobierno con derechos y deberes similares a los de la soberanía por institución. La legitimidad de estos pactos y el dominio adquirido, ya sea paternal o despótico, depende en última instancia del consentimiento y la capacidad de los gobernantes para proteger y administrar justicia. Este análisis nos permite comprender mejor las dinámicas del poder y la obediencia en diferentes contextos históricos y legales.

La importancia del consentimiento. El derecho de dominio sobre un vencido no se establece simplemente por la victoria en sí, sino por el acuerdo del vencido. La conquista, es decir, el hecho de haber sido derrotado, capturado o puesto en fuga, no obliga al vencido a someterse. La obligación surge cuando el vencido acepta comparecer y someterse voluntariamente al vencedor. De hecho, el vencedor no está obligado a respetar la rendición de sus enemigos si no hay una promesa explícita de vida. La rendición sin condiciones no impone ninguna obligación al vencedor, excepto en la medida en que su discreción lo considere adecuado.

El significado de pedir cuartel. Cuando los vencidos piden cuartel, buscan escapar de la furia inmediata del vencedor mediante la sumisión. Este acto es una táctica para negociar sus vidas a cambio de una promesa de rescate o servidumbre. Al pedir cuartel, no se garantiza la vida, sino que se pospone la decisión sobre su destino hasta una deliberación posterior. La seguridad de su vida y la obligatoriedad de su servidumbre se establecen solo cuando el vencedor concede libertad corporal al vencido. Los esclavos que trabajan en prisiones o encadenados no lo hacen por obligación, sino para evitar la crueldad de sus guardianes.

Derechos del señor sobre el siervo. El señor del siervo tiene derecho sobre todo lo que el siervo posee, incluyendo sus bienes, su trabajo, sus siervos y sus hijos. Esto se debe a que el siervo, al pactar su obediencia, autoriza cualquier acción del señor. Si el siervo desobedece y el señor lo castiga, encadena o incluso mata, la responsabilidad recae en el siervo, ya que ha autorizado previamente cualquier acción del señor mediante su pacto de obediencia.

Comparación entre el dominio paternal y el dominio despótico. Los derechos y consecuencias del dominio paternal y del dominio despótico son similares a los de la soberanía por institución. Por ejemplo, un monarca que gobierna varias naciones puede tener soberanía por institución en una y soberanía por conquista en otra. Exigir más de la nación conquistada en virtud del título de conquista muestra una falta de comprensión de los derechos de soberanía. En ambos casos, el soberano es igualmente absoluto; de lo contrario, la soberanía no existiría. Esto significa que, en una condición de guerra, cada individuo tiene el derecho de protegerse a sí mismo con su propia espada.

Diferencia entre una familia y un reino. Una gran familia, cuando no es parte de ningún Estado, es en sí misma una pequeña monarquía en términos de derechos de soberanía. Esta familia puede consistir en un hombre y sus hijos, sus siervos, o ambos. En este contexto, el padre o dueño es el soberano. Sin embargo, una familia no se considera un Estado propiamente dicho a menos que tenga suficiente poder para evitar ser subyugada sin enfrentar el riesgo de una guerra. Cuando un grupo es demasiado débil para defenderse, cada individuo usará su propio juicio para salvar su vida, ya sea huyendo o sometiéndose al enemigo, de la misma manera que un pequeño grupo de soldados puede rendirse o escapar ante un ejército superior.

Este análisis muestra cómo los derechos soberanos se fundamentan en el consentimiento y las circunstancias. La naturaleza, la necesidad y el propósito de los hombres al establecer Estados y someterse al gobierno de monarcas o asambleas se basan en la protección y la supervivencia. La soberanía, ya sea por institución o por adquisición, se legitima a través de acuerdos y la capacidad del soberano para proporcionar seguridad y orden.

Derechos de la monarquía según las escrituras. La Biblia ofrece numerosas enseñanzas sobre la autoridad monárquica y la obediencia. Por ejemplo, los hijos de Israel le dijeron a Moisés: "Háblanos tú y te escucharemos, pero que no nos hable Dios, porque moriremos". Esta afirmación muestra una clara disposición a obedecer a Moisés sin cuestionamientos. En cuanto al derecho de los reyes, Dios, a través del profeta Samuel, explicó los poderes que un rey tendría sobre el pueblo: "Tomará a sus hijos para sus carros y caballería, recogerá todas sus cosechas, y tomará a sus hijas para que sean perfumistas, cocineras y panaderas. También se apropiará de sus campos, viñedos y olivares, y los dará a sus siervos".

Esto demuestra que el poder del rey es absoluto, resumido en la frase: "Ustedes serán sus siervos". A pesar de conocer estos términos, el pueblo consintió diciendo: "Seremos como todas las demás naciones, y nuestro rey juzgará nuestras causas e irá delante de nosotros en la guerra". Esta aceptación refuerza el derecho del monarca sobre la milicia y la judicatura, consolidando un poder absoluto que los ciudadanos transfieren voluntariamente.

La sabiduría y la justicia del rey. El rey Salomón, en su plegaria a Dios, pidió: "Dale a tu siervo entendimiento para juzgar a tu pueblo y discernir entre lo que es bueno y lo malo". Esto implica que el monarca es el juez supremo, con la capacidad de establecer leyes y discernir entre el bien y el mal. Por lo tanto, el poder legislativo reside en el soberano. La historia de David y Saúl ilustra aún más este punto. A pesar de que Saúl había puesto precio a la vida de David, este último, cuando tuvo la oportunidad de matar a Saúl, se negó a hacerlo, diciendo: "Dios prohíbe que realice semejante acto contra mi señor, el ungido de Dios". Este acto de lealtad muestra el profundo respeto por la autoridad ungida por Dios, incluso en situaciones de extrema adversidad.

La obediencia en las relaciones sociales. San Pablo también se refiere a la obediencia en sus escritos, diciendo: "Que los siervos obedezcan a sus señores en todo", y "que los hijos obedezcan a sus padres en todo". Estas enseñanzas refuerzan la idea de una obediencia simple y directa hacia aquellos que tienen autoridad, ya sea en un contexto paternal o despótico.

La autoridad de los gobernantes. Jesús mismo reconoció la autoridad de los gobernantes al decir: "Darle al César lo que es del César", y pagó el tributo correspondiente. También, como rey de los judíos, mandó a sus discípulos que tomaran una borrica y su borriquillo, explicando: "El Señor los necesita". Los discípulos no cuestionaron la necesidad de Jesús, sino que se sometieron a su voluntad.

Reflexiones sobre el poder y la autoridad. En el Génesis, la tentación de Eva por parte del demonio refleja un desafío a la autoridad de Dios: "Serán como Dios, podrán decidir entre el bien y el mal". Después de comer del fruto prohibido, Adán y Eva adquirieron la capacidad de juicio, aunque no necesariamente una comprensión adecuada del bien y el mal. Al sentir vergüenza por su desnudez, censuraron tácitamente a Dios. La reprimenda de Dios a Adán subraya la expectativa de obediencia incuestionable hacia quien tiene el derecho de mandar.

Estos pasajes bíblicos subrayan la importancia de la obediencia y el poder absoluto del soberano. La autoridad del monarca, apoyada por la Escritura, es vasta y abarca desde la administración de justicia hasta la imposición de tributos y la organización de la milicia. La Biblia enseña que las órdenes de aquellos con derecho a mandar no deben ser cuestionadas ni censuradas por sus súbditos. En resumen, la soberanía según las Escrituras implica un dominio completo y un compromiso de obediencia absoluta por parte del pueblo, consolidando así el poder y la autoridad del monarca.

Capítulo XXI
Sobre la "libertad" de los súbditos

¿Qué entendemos por libertad? La libertad, en su sentido más preciso, se refiere a la ausencia de obstáculos o impedimentos externos que limiten el movimiento. Esta definición es aplicable tanto a seres irracionales e inanimados como a criaturas racionales. Por ejemplo, cualquier cosa atada o restringida de manera que no pueda moverse más allá de un espacio determinado debido a la oposición de un objeto externo, se considera que no tiene libertad para moverse más lejos. Esto se aplica a todas las criaturas vivas mientras estén encarceladas o restringidas por muros o cadenas. Asimismo, el agua contenida por diques o canales, al no poder extenderse más allá de esos límites, se dice que no está en libertad de moverse como lo haría si no tuviera tales impedimentos. Cuando el impedimento para el movimiento reside en la naturaleza misma del objeto, no se dice que carezca de libertad, sino de fuerza para moverse. Por ejemplo, una piedra en reposo o una persona confinada a su cama por una enfermedad no se describen como carentes de libertad, sino de capacidad para moverse.

¿Qué significa ser libre? Siguiendo esta definición genuina de libertad, un hombre libre es aquel que, en las acciones que es capaz de realizar gracias a su fuerza y habilidad, no encuentra obstáculos para hacer lo que desea. Cuando aplicamos los términos "libre" y "libertad" a otras cosas que no son cuerpos, lo hacemos de manera inadecuada. Lo que no está sujeto a movimiento no puede estar sujeto a impedimentos. Por ejemplo, cuando decimos que un camino está libre, no nos referimos a la libertad del camino en sí, sino a la libertad de las personas que lo transitan sin obstáculos. De manera similar, una donación libre no significa que la cosa donada sea libre, sino que el donante, al hacer la donación, no estaba restringido por ninguna ley o pacto.

Libertad del albedrío. El concepto de libre albedrío no implica la libertad de la voluntad, el deseo o la inclinación, sino la libertad del hombre. Esta libertad consiste en no encontrar obstáculos para realizar lo que desea, siente o se inclina a hacer.

Coherencia entre temor y libertad. El temor y la libertad pueden coexistir. Por ejemplo, cuando una persona arroja sus bienes al mar por temor a que el barco se hunda, lo hace voluntariamente y podría abstenerse de hacerlo si así lo decide. Por lo tanto, esta acción es realizada por alguien que es libre. Asimismo, una persona puede pagar una deuda solo por temor a ir a la cárcel, pero dado que nadie le impide abstenerse de pagar, esta acción también es de una persona libre. Generalmente, todos los actos que los hombres realizan bajo el temor a la ley son actos que podrían haber evitado, lo que demuestra que los agentes tenían libertad.

Coherencia entre libertad y necesidad. La libertad y la necesidad también son coherentes. Por ejemplo, el agua no solo tiene la libertad, sino también la necesidad de fluir por un canal. Lo mismo sucede con las acciones que los hombres realizan voluntariamente. Estas acciones, al provenir de su voluntad, provienen de la libertad. Cada acto de libertad humana, deseo o inclinación tiene una causa que a su vez tiene otra causa, formando una cadena continua cuyo primer eslabón está en la mano de Dios, la primera de todas las causas. De esta manera, las acciones voluntarias del hombre proceden de la necesidad.

Dios, que ve y dispone todas las cosas, también ve que la libertad del hombre para hacer lo que desea va acompañada por la necesidad de hacer lo que Dios quiere. Aunque los hombres realizan muchas acciones que Dios no ordena ni es su autor, no pueden tener pasión o deseo por nada cuya causa no sea la voluntad de Dios. Si esto no asegurara la necesidad de la voluntad humana y, por lo tanto, de todo lo que depende de ella, la libertad del hombre sería una contradicción y un obstáculo para la omnipotencia y libertad de Dios.

Vínculos artificiales y pactos. Así como los hombres, para alcanzar la paz y su propia conservación, han creado un hombre artificial llamado Estado, también han creado cadenas artificiales llamadas leyes civiles. Estos vínculos, establecidos por pactos mutuos, están atados en un extremo a los labios del soberano y en el otro a los oídos de los súbditos. Aunque débiles por naturaleza, estos vínculos pueden mantenerse debido al peligro de romperlos. La libertad de los súbditos consiste en la libertad con respecto a estos pactos.

No existe en el mundo un Estado con normas suficientes para regular todas las acciones y palabras de los hombres, ya que esto es imposible. Por lo tanto, en todas las acciones no reguladas por las leyes, los hombres tienen la libertad de actuar según su propia razón para su mayor beneficio. Considerar la libertad en su verdadero sentido, como la libertad corporal de cadenas y prisión, hace que las demandas de libertad de los hombres sean absurdas, pues evidentemente ya disfrutan de ella.

Libertad y leyes. Demandar libertad como exención de las leyes es igualmente absurdo, pues esto permitiría que otros hombres controlen sus vidas. Ignorar que las leyes necesitan el respaldo de la fuerza para ser efectivas es ingenuo. La libertad de un súbdito radica únicamente en aquellas áreas no reguladas por el soberano, como la libertad de comprar y vender, hacer contratos, elegir su residencia, alimentación, estilo de vida y educación de sus hijos.

Si ahora reflexionamos sobre la *relación entre la libertad del súbdito y el poder del soberano*, debemos tener en cuenta antes que nada que la libertad del súbdito coexiste con el poder absoluto del soberano. Esto no significa que el poder soberano sobre la vida y la muerte se vea limitado o abolido por la libertad de los súbditos. Cada acción del soberano, incluso aquellas que puedan parecer injustas, no puede ser considerada como tal porque cada súbdito es autor de los actos del soberano. Esta concepción deriva de la idea de que, al ser súbditos, están obligados a observar las leyes naturales como si fueran las leyes de Dios.

Es común en los Estados que un súbdito pueda ser condenado a muerte por el mandato del poder soberano sin que esto sea considerado una injusticia. Un ejemplo de esto es el caso bíblico de Jefte, cuya hija fue sacrificada sin que se considerara una injuria hacia ella. Del mismo modo, un soberano que ordena la ejecución de un súbdito inocente no comete una injusticia contra el súbdito, sino contra Dios, ya que el derecho de actuar conforme a su voluntad le ha sido conferido por los mismos súbditos.

Podemos remitirnos a ejemplos históricos sobre el ejercicio del poder soberano, la historia siempre ofrece numerosos ejemplos donde el ejercicio del poder soberano sobre los súbditos se llevó a cabo sin que se considerara injusto. Por ejemplo, cuando David ordenó la muerte de Uriah, fue un acto contra la equidad y las leyes naturales, pero no una injuria hacia Uriah, sino hacia Dios. David reconoció esto cuando se arrepintió diciendo: "Solamente contra ti he pecado", refiriéndose a Dios. Asimismo, el pueblo de Atenas practicaba el ostracismo, desterrando a ciudadanos poderosos sin que necesariamente hubieran cometido un crimen, sino simplemente por el daño potencial que podrían causar. Este acto no se consideraba una injusticia, sino una medida preventiva para proteger el Estado.

En cuanto a la *diferencia entre la libertad de los individuos y la libertad del estado,* podemos destacar que la libertad glorificada por los escritores antiguos, tanto griegos como romanos, no se refería a la libertad individual, sino a la libertad del Estado. Esta libertad estatal es comparable a la que cada hombre tendría en ausencia de leyes civiles y un Estado organizado. En tal estado de naturaleza, los hombres viven en una guerra perpetua entre ellos, sin herencias, propiedades seguras ni protección, disfrutando de una libertad absoluta pero peligrosa.

En contraste, dentro de los Estados, esta libertad se manifiesta como la capacidad del Estado para actuar en su propio interés, libre de la influencia de otros Estados. Esta condición de constante preparación para la guerra y la defensa se asemeja a la libertad absoluta de los individuos en estado de naturaleza, pero a nivel colectivo. Los Estados libres, como Atenas y Roma, tenían la libertad de resistir o invadir a otros pueblos, no porque cada ciudadano tuviera libertad para oponerse a sus representantes, sino porque los representantes del Estado podían actuar sin restricciones externas.

La confusión entre libertad individual y libertad estatal. A menudo, los individuos se confunden al interpretar la libertad del Estado como una libertad personal inherente. Este malentendido se ve exacerbado por la influencia de escritores antiguos como Aristóteles y Cicerón, quienes, viviendo en sistemas de gobierno populares, basaban sus teorías en las prácticas de sus propios Estados. Enseñaban que la verdadera libertad sólo existía en las democracias, fomentando así un rechazo a la monarquía y una idealización de la libertad popular.

Este tipo de educación ha llevado a muchos en el mundo occidental a confundir la libertad estatal con una libertad individual que permite un control desmedido sobre los actos de los soberanos, resultando en tumultos y cambios de gobierno. Esta confusión ha provocado mucho derramamiento de sangre en los países occidentales, convirtiendo el aprendizaje de las lenguas griega y latina en una experiencia costosa no sólo en términos educativos, sino también en términos sociales y políticos.

En última instancia, la libertad de los súbditos se encuentra en aquellas áreas que no están reguladas por el soberano, permitiendo la compra y venta, la realización de contratos, la elección de residencia, alimentación, estilo de vida y la educación de los hijos. Comprender esta distinción es crucial para evitar confusiones y conflictos innecesarios, promoviendo así una sociedad más estable y justa.

La esencia de la libertad sujeta a la autoridad del soberano. Cuando nos adentramos en el análisis de la verdadera libertad de los súbditos bajo el poder soberano, es fundamental entender qué acciones pueden ser rechazadas sin incurrir en injusticia, incluso cuando son ordenadas por el soberano. Al constituir un Estado, renunciamos a ciertos derechos individuales a favor de la colectividad, lo cual implica tanto una obligación como una limitación de nuestra libertad previa.

La fundamentación de la obligación y la libertad del súbdito. La sumisión a la soberanía implica un pacto tácito donde se autorizan todas las acciones del soberano en beneficio de la paz interna y la defensa común. Este acuerdo no elimina por completo la libertad natural del individuo, sino que la enmarca dentro de los límites necesarios para la convivencia pacífica y la seguridad colectiva. Por lo tanto, cualquier acción que no vaya en contra de este propósito puede considerarse legítima dentro del marco de la soberanía.

Derechos inalienables y libertades restringidas. Es importante distinguir entre los derechos inalienables que no pueden ser transferidos por pacto y aquellos que quedan bajo la jurisdicción soberana. Por ejemplo, el derecho a defender el propio cuerpo contra una invasión es fundamental y no puede ser renunciado. Esto implica que un súbdito no está obligado a infligirse daño a sí mismo o a abstenerse de medios esenciales para su supervivencia, como alimentos o medicinas, a menos que sea en interés del bien común.

Limitaciones y excepciones en la obligación del súbdito. Aunque el soberano pueda ordenar misiones peligrosas o tareas poco honorables, la obligación del súbdito de cumplir depende del propósito y la intención detrás de dichas órdenes. Cuando la negativa a obedecer pone en riesgo el objetivo principal de la institución de la soberanía, la libertad para rehusar desaparece. En otros casos, el súbdito conserva el derecho de negarse si la acción no afecta directamente la estabilidad o la seguridad del Estado.

La participación en conflictos armados y la responsabilidad del súbdito. El compromiso militar ilustra un equilibrio delicado entre el deber hacia el Estado y la libertad personal. Aunque un soldado puede tener la obligación de luchar en defensa del país, ciertos casos permiten excepciones justificadas, como el reclutamiento de un sustituto adecuado o circunstancias que comprometan la seguridad personal de manera inminente. Es crucial distinguir entre la deserción por miedo legítimo y la cobardía, que socava la disciplina militar y el propósito de la defensa nacional.

Límites de la libertad en la resistencia al poder soberano. La libertad para resistir a la autoridad del Estado en defensa de otros, culpables o inocentes, socava el principio mismo de la soberanía y la protección estatal. Esta acción no solo debilita la capacidad del Estado para asegurar la justicia y el orden, sino que también puede conducir a la anarquía y la disolución del gobierno legítimo.

Consideraciones éticas y legales en la defensa colectiva. Cuando un grupo de individuos enfrenta una injusticia o una persecución injustificada por parte del soberano, existe la legítima libertad de unirse para protegerse mutuamente. Este acto no constituye una nueva injusticia si se realiza en legítima defensa personal o colectiva, aunque el perdón ofrecido por el soberano pueda alterar esta dinámica al limitar la justificación de la defensa propia.

En resumen, la libertad del súbdito bajo el poder soberano implica un delicado equilibrio entre los derechos individuales y las responsabilidades hacia la comunidad. Al comprender y respetar estos límites, se fortalece la cohesión social y se preserva la estabilidad del Estado, asegurando así un orden justo y sostenible para todos sus ciudadanos. Lo más conveniente siempre será el balance entre las libertades individuales y las obligaciones colectivas.

Libertad en la omisión de normas y legislaciones. La libertad máxima de los súbditos surge en ausencia de regulaciones específicas por parte del soberano. Cuando la ley no prescribe una norma para una situación particular, los individuos tienen la discreción de actuar según su propio juicio. Esta libertad varía significativamente según las circunstancias y las decisiones de quienes detentan el poder soberano. Históricamente, vemos ejemplos como el derecho medieval en Inglaterra, donde cualquier persona podía reivindicar sus tierras por la fuerza hasta que un estatuto posterior lo prohibió bajo pena.

Controversias legales y derechos del súbdito. En casos de disputas legales entre un súbdito y el soberano sobre deudas, propiedad, servicios requeridos o sanciones corporales, el súbdito tiene derecho a defenderse ante los jueces designados por el soberano. Este derecho se fundamenta en que el soberano actúa en virtud de leyes preexistentes, no de su poder arbitrario. Por lo tanto, la defensa del súbdito no contradice la voluntad del soberano, quien busca únicamente lo que las leyes establecidas consideran debido.

Concesiones de libertad y su limitación. Cuando un soberano otorga libertades que comprometen su capacidad de proteger efectivamente a sus súbditos, esas concesiones son inválidas a menos que renuncie explícitamente o transfiera su soberanía a otro. Esto se debe a que, al otorgar tales libertades, el soberano no renuncia completamente a su poder soberano, sino que simplemente no percibe la contradicción entre estas libertades y sus funciones esenciales. Por lo tanto, retiene la soberanía y todos los poderes necesarios para ejercerla, incluidos aquellos enumerados en el capítulo XVIII.

Duración de la obligación del súbdito hacia el soberano. La obligación de los súbditos hacia el soberano es tan duradera como la capacidad del soberano para protegerlos. Esta obligación se basa en el derecho natural de los individuos a protegerse a sí mismos cuando ningún otro puede hacerlo. La soberanía, esencial para el funcionamiento del Estado, puede estar sujeta a amenazas tanto externas como internas, lo que puede conducir a su eventual disolución si no se preserva adecuadamente.

Libertad en casos de cautiverio y destierro. La situación de un súbdito que cae prisionero en guerra o queda bajo el control de un enemigo plantea dilemas éticos y estratégicos significativos en términos de su lealtad y libertad. Cuando un súbdito se encuentra en tal escenario, su decisión de aceptar las condiciones impuestas por el vencedor para preservar su vida y libertad es crucial. Al aceptar estas condiciones, el súbdito efectivamente se convierte en vasallo del nuevo soberano, sometiéndose a su autoridad como una medida pragmática para asegurar su propia supervivencia.

Esta dinámica refleja una transición de lealtades y obligaciones, donde el súbdito prioriza su bienestar personal y la protección de su vida sobre cualquier otra consideración política o ideológica. Este acto de sumisión puede interpretarse como un compromiso temporal y práctico bajo circunstancias extremas, donde la alternativa podría ser la muerte o un cautiverio prolongado e incierto.

Sin embargo, es crucial destacar que esta sumisión no implica una renuncia permanente a la lealtad hacia su soberano original. Más bien, es una respuesta pragmática a una situación extrema de conflicto armado. La historia está repleta de ejemplos donde individuos han tenido que tomar decisiones difíciles bajo coacción en situaciones de guerra, comprometiendo momentáneamente sus principios para asegurar su propia supervivencia y la posibilidad de retornar a su comunidad de origen.

Por otro lado, si el súbdito es detenido injustamente sin una justificación legal que sea clara, conserva el derecho moral y en muchos casos legal a escapar utilizando cualquier medio disponible. Esto se fundamenta en el principio de la autodefensa y el derecho natural a la libertad personal. La injusticia de la detención sin causa legal y válida, deja de lado cualquier reclamo de autoridad por parte de quienes lo mantienen cautivo, otorgando al súbdito la legitimidad para buscar su libertad por todos los medios posibles.

En resumen, la situación de un súbdito prisionero durante la guerra o bajo control enemigo ilustra los límites de la lealtad y la libertad individual en contextos extremos. La decisión de aceptar la sumisión temporal como vasallo del nuevo soberano para preservar la vida y la libertad, así como el derecho a escapar frente a una detención injusta, reflejan dilemas éticos complejos y la adaptabilidad de los individuos ante circunstancias adversas en el escenario de los conflictos armados.

Renuncia y destitución del soberano. La idea de que la libertad de los súbditos está intrínsecamente ligada a la capacidad del soberano para ejercer su poder de manera efectiva y justa puede profundizarse al considerar varios escenarios y sus implicaciones históricas y contemporáneas. Cuando un monarca renuncia a la soberanía para sí mismo y sus herederos, los súbditos se encuentran en una encrucijada crucial. Esta renuncia puede ser el resultado de diversas circunstancias, como presiones internas o externas, cambios políticos o decisiones personales del monarca. Al liberar voluntariamente su derecho al poder, el monarca no solo está afectando su propia posición, sino también redefiniendo la relación fundamental entre gobernante y gobernados. Esta acción lleva consigo la restauración de la libertad natural de los súbditos, quienes quedan eximidos de cualquier obligación previa de lealtad hacia el monarca renunciante. Otro escenario crucial ocurre cuando un monarca muere sin dejar un heredero designado. En tales circunstancias, los súbditos se enfrentan a un vacío de poder y a la ausencia de una figura clara para ejercer la soberanía. Este período de incertidumbre no solo implica la pérdida de la autoridad centralizada, sino también la oportunidad para que los súbditos reconsideren sus lealtades y reevalúen el contrato social que sostiene el Estado. En ausencia de un heredero claro, la obligación de lealtad hacia cualquier autoridad reconocida se desvanece, permitiendo a los súbditos la libertad de buscar nuevas formas de gobierno o incluso de organizarse de manera diferente.

Cuando un soberano es desterrado o se convierte en súbdito de otro soberano, los súbditos enfrentan una transformación radical en su relación con el poder. Este cambio puede ser el resultado de conflictos internos o de intervenciones externas que alteran la estructura de la soberanía. En tales casos, la lealtad de los súbditos hacia el soberano desterrado o subordinado se desplaza hacia la nueva autoridad, siempre que esta nueva autoridad pueda mantener el derecho de soberanía sobre el territorio y la población en cuestión. Este proceso implica una adaptación dinámica de las lealtades y una reorganización de las estructuras políticas y sociales dentro del Estado.

En conjunto, estos escenarios ilustran cómo la libertad de los súbditos está directamente vinculada a la capacidad del soberano para ejercer su poder de manera justa y efectiva. Esta relación dinámica establece un equilibrio delicado entre los derechos individuales y las responsabilidades colectivas dentro del marco del Estado. Cuando el poder soberano es ejercido de manera injusta o ineficaz, se erosiona la confianza y la legitimidad del gobierno, lo que puede llevar a formas de resistencia o incluso a la ruptura del contrato social. Por otro lado, un ejercicio justo y efectivo del poder soberano fortalece la cohesión social y garantiza una convivencia ordenada y estable para todos los ciudadanos.

En conclusión, la libertad de los súbditos no es un estado estático, sino más bien un principio dinámico que evoluciona junto con la capacidad y la legitimidad del poder soberano. La capacidad del soberano para proteger y servir a sus súbditos de manera justa y efectiva determina en última instancia el grado de libertad y estabilidad dentro de la comunidad política. Este equilibrio entre poder y libertad es esencial para mantener un orden social justo y una convivencia pacífica en cualquier Estado.

Capítulo XXII
Sobre los "métodos" de
sujeción política y privada

A continuación, realizaré un análisis y profundización sobre los sistemas y el poder dentro de los Estados, comenzando por la diversidad de los sistemas sociales. Después de estudiar la formación, la estructura y el poder de un Estado, es fundamental analizar sus elementos constitutivos. En este contexto, podemos hablar de los sistemas, que actúan como los músculos de un cuerpo humano, vitales para su funcionamiento. Un sistema, en este sentido, se refiere a un grupo de personas unidas por un interés o propósito común. Los sistemas pueden ser clasificados en regulares e irregulares.

Sistemas regulares e irregulares. Los sistemas regulares son aquellos en los que un individuo o una asamblea actúa como representante de todo el grupo. Estos sistemas pueden ser independientes, lo que significa que no están subordinados a ninguna otra autoridad y funcionan como entidades autónomas, es decir, como Estados soberanos. Por otro lado, los sistemas regulares dependientes están subordinados a un poder superior, que puede ser un Estado o una autoridad soberana. Los sistemas irregulares, en contraste, no tienen un representante definido. Estos se manifiestan simplemente como la congregación de personas con fines específicos, como pueden ser los mercados o ferias, y se consideran legales siempre que no estén prohibidos por el Estado o destinados a propósitos malignos.

Sistemas políticos y privados. Dentro de los sistemas subordinados, encontramos dos categorías: los sistemas políticos y los privados. Los sistemas políticos, también conocidos como cuerpos políticos o personas públicas, son aquellos que se constituyen por la autoridad del poder soberano del Estado. Estos sistemas son fundamentales para la administración y gobernanza del Estado, ya que facilitan la organización y el control sobre diversos aspectos de la vida pública. Los sistemas privados, por su parte, son aquellos formados por los súbditos entre sí, o incluso con la autorización de una autoridad extranjera. Sin embargo, cualquier autoridad derivada de un poder extranjero dentro del dominio de otro Estado se considera privada, no pública. Esto se debe a que la autoridad pública debe emanar del poder soberano del Estado en cuestión.

Legalidad e ilegalidad en los sistemas privados. En la categoría de sistemas privados, es crucial distinguir entre los sistemas legales e ilegales. Los sistemas legales son aquellos tolerados por el Estado, mientras que los ilegales operan fuera de la ley y, por ende, sin la autorización estatal. La legalidad de estos sistemas depende de su reconocimiento y regulación por parte del poder soberano, que establece los límites y el marco dentro del cual pueden operar.

El poder del representante dentro de un cuerpo político es siempre limitado. Este poder es delimitado por el soberano, quien define hasta dónde pueden llegar las acciones del representante. El poder ilimitado sólo corresponde a la soberanía absoluta, y en un Estado, el soberano es el representante absoluto de todos los súbditos. Por tanto, cualquier representante de una parte de los súbditos sólo puede actuar dentro de los límites permitidos por el soberano.

Autorizar a un cuerpo político para tener una representación absoluta sería dividir el poder del Estado, algo que contravendría la paz y la defensa del mismo. De este modo, cualquier concesión de poder debe estar claramente definida y restringida para evitar malentendidos o errores que puedan surgir de la naturaleza humana.

Sobre cartas patentes y leyes. Los límites del poder otorgado a los representantes de un cuerpo político se manifiestan en dos aspectos: las cartas patentes y las leyes del Estado. Las cartas patentes son documentos oficiales emitidos por el soberano que especifican las facultades y limitaciones del representante. Estas cartas son esenciales para recordar y hacer cumplir las restricciones impuestas al representante. Además, las leyes del Estado complementan estas cartas al establecer lo que los representantes pueden hacer legalmente en todos los casos no especificados en las cartas patentes. Así, las leyes aseguran que los actos de los representantes se mantengan dentro del marco legal establecido por el poder soberano.

Actos del representante. Si el representante es una sola persona, cualquier acto realizado fuera de los límites establecidos por las cartas o las leyes es considerado un acto personal del representante y no del cuerpo político. En cambio, los actos que se ajustan a las cartas y leyes son considerados actos de todos los miembros del cuerpo político, ya que estos actos reflejan la voluntad del soberano, quien es el representante absoluto de todos los súbditos. Cuando el representante es una asamblea, cualquier decreto aprobado fuera de las autorizaciones de las cartas o leyes es responsabilidad de los miembros que votaron a favor, pero no de los que votaron en contra o estuvieron ausentes. La asamblea, como cuerpo político, puede ser sancionada en caso de violaciones graves, a través de la disolución o la revocación de sus cartas, o mediante multas económicas.

Responsabilidad financiera. En términos de responsabilidad financiera, si el representante es un individuo y contrae deudas en nombre del cuerpo político sin la debida autorización, la deuda es personal del representante. Esto se debe a que un representante no puede comprometer a los miembros del cuerpo político sin exceder sus propias facultades, y cualquier préstamo hecho bajo estas condiciones es una obligación personal del representante.

La estructura y funcionamiento de los sistemas dentro de un Estado son complejos y están cuidadosamente regulados para asegurar la coherencia y estabilidad del poder soberano. Los límites impuestos a los representantes y las distinciones entre sistemas políticos y privados, así como entre legales e ilegales, son esenciales para mantener el orden y la justicia en la sociedad. El poder soberano, a través de las cartas patentes y las leyes, garantiza que los actos de los representantes sean conformes con la voluntad del Estado, asegurando así una gobernanza efectiva y justa.

Ahora, en cuanto a la modernización y la profundización del texto original sobre los sistemas y el poder, enfocándonos en la *responsabilidad de deudas y multas* en las asambleas y para los representantes, podría decir que en situaciones donde se adquieren deudas mediante contratos o multas, el contexto cambia dependiendo de si el representante es un individuo o una asamblea. Si el representante es una sola persona, esa persona es la única responsable de la deuda. En cambio, cuando el representante es una asamblea, todos aquellos que votaron a favor del préstamo o del contrato que generó la deuda son responsables del pago. Esto se debe a que, al votar a favor, cada uno de los miembros se compromete personalmente con la deuda. Si uno de estos votantes paga la deuda completa, se libera a los demás del compromiso financiero.

Deuda dentro de la asamblea. Cuando la deuda afecta a un miembro de la asamblea, solo el cuerpo político como entidad es responsable del pago. Los miembros de la asamblea tienen libertad de voto, y si alguno de ellos vota a favor del préstamo, está implícitamente de acuerdo en que la deuda sea pagada por el fondo común de la asamblea. Si este miembro se opone al préstamo inicialmente pero luego acepta, se convierte tanto en prestatario como en prestamista, y no puede exigir el pago de manera individual, sino que debe recurrir al fondo común. En caso de que no haya fondos suficientes para cubrir la deuda, el miembro afectado sólo puede culparse a sí mismo por su decisión imprudente.

Protestas contra los decretos y el poder soberano. En cuerpos políticos subordinados, los miembros pueden legítimamente protestar contra los decretos de la asamblea y registrar su disentimiento para evitar responsabilidades indebidas. Sin embargo, en una asamblea soberana, esta libertad no existe. Cualquier protesta en este contexto implicaría una negación de la soberanía misma. Todo lo ordenado por el poder soberano es justificado para el súbdito, ya que este es autor de las acciones del soberano, aunque estas no siempre sean moralmente correctas.

Diversidad y gobernanza de cuerpos políticos. La diversidad de cuerpos políticos es vasta, variando según sus funciones, tiempos, lugares y números. Algunos cuerpos se instituyen para gobernar provincias, colonias o ciudades. En estos casos, una asamblea puede ser encargada de la administración, con su poder limitado por un mandato específico. La palabra "provincia" denota un encargo de administración conferido por el soberano a una asamblea o persona para gobernar en su nombre.

Gobierno de provincias y colonias. Históricamente, los romanos gobernaban sus provincias mediante presidentes y pretores[39], no por asambleas locales. Similarmente, las colonias inglesas, como Virginia y las Sommer Islands, eran gobernadas por asambleas en Londres, pero cada plantación tenía un gobernador individual. Aunque la naturaleza humana inclina a los individuos a participar en el gobierno cuando están presentes, en ausencia, prefieren delegar la administración a un individuo en lugar de a una asamblea.

Responsabilidad en las asambleas. Cuando una asamblea gobierna una provincia o colonia, cualquier deuda o acto ilegal decretado es responsabilidad de los miembros que votaron a favor. Los que se opusieron o estuvieron ausentes no son responsables. Además, una asamblea ubicada fuera de la colonia no tiene autoridad sobre los miembros dentro de la colonia ni puede imponer obligaciones fuera de ella. Su jurisdicción está limitada por las leyes locales.

Derechos de los miembros y de la autoridad soberana. Si un miembro particular se siente perjudicado por la corporación, su caso debe ser llevado ante el soberano o los jueces designados por él, no ante la corporación misma. En una asamblea soberana, el soberano es el juez supremo, incluso en asuntos propios, ya que no hay autoridad superior que pueda juzgarlo.

La estructura de responsabilidad y autoridad dentro de los cuerpos políticos es compleja y está cuidadosamente delineada para mantener el orden y la justicia. Los límites del poder de los representantes, la distinción entre sistemas políticos y privados, y la responsabilidad individual y colectiva son esenciales para asegurar la estabilidad del Estado. Estas reglas garantizan que el poder soberano mantenga su autoridad y que los actos de los representantes se alineen con la voluntad del Estado, asegurando una gobernanza justa y efectiva.

La representación en el comercio exterior. En el contexto de un cuerpo político creado para regular el comercio exterior, la representación más adecuada radica en una asamblea de todos sus miembros. Esto significa que

39 Los pretores eran magistrados romanos que ejercían la jurisdicción en Roma o en provincias cercanas. Los pretores actuaban en dos capacidades oficiales: primero, como el comandante de un ejército y segundo, como un magistrado elegido.

cualquier persona que invierta su dinero en la corporación debe tener la oportunidad de participar en las deliberaciones y decisiones, si así lo desea. La razón detrás de esta estructura es clara: los comerciantes, que ya tienen la libertad de comprar, vender, exportar e importar mercancías según sus decisiones, se obligan a sí mismos a formar una corporación para maximizar sus ganancias y gestionar mejor sus riesgos.

Necesidad de la corporación comercial. La mayoría de los comerciantes no pueden fletar un barco por sí mismos para exportar sus mercancías compradas en el país, ni importar productos del extranjero a su país de origen. Por ello, necesitan unirse en una sociedad donde puedan compartir ganancias y riesgos. Esta colaboración les permite comprar y vender productos a precios favorables y distribuir los costos y beneficios de manera equitativa. Sin embargo, esta sociedad no es un cuerpo político en el sentido estricto de la palabra, ya que carece de un representante común que pueda imponer leyes distintas a las aplicables a todos los súbditos.

Monopolios y los beneficios comerciales. Conceder a una compañía de mercaderes la condición de corporación política implica otorgarle un doble monopolio: ser los únicos compradores en su país y los únicos vendedores en el extranjero. Esto les permite fijar precios bajos al comprar en su país y vender a precios elevados en el extranjero. Esta estructura es beneficiosa para los mercaderes, ya que les permite controlar tanto el precio de compra como el de venta, optimizando sus márgenes de ganancia. Por otro lado, este doble monopolio puede perjudicar a la población local y a los extranjeros, ya que limita la competencia y establece precios artificialmente altos o bajos.

El impacto en la economía local y extranjera. Dentro del país, el monopolio exclusivo de exportación permite a la corporación fijar precios bajos para los productos agrícolas e industriales locales, mientras que el monopolio exclusivo de importación les permite establecer precios altos para los productos extranjeros necesarios para la población. Esta situación es perjudicial para los consumidores locales, que deben pagar precios elevados por los productos importados y recibir precios bajos por sus bienes exportados. En el extranjero, la situación es similar: la corporación puede vender productos nativos a precios altos y comprar productos extranjeros a precios bajos, beneficiándose a costa de los consumidores y productores extranjeros.

Transparencia y responsabilidad en la corporación. Dado que el objetivo principal de estas corporaciones no es el beneficio común de todos sus miembros, sino el beneficio individual de cada especulador, es fundamental que cada miembro tenga pleno conocimiento del uso de sus recursos. Esto implica que cada miembro debe tener la posibilidad de participar en las deliberaciones de la asamblea y de acceder a las cuentas y registros correspondientes. De esta manera, se asegura la transparencia y la responsabilidad dentro de la corporación.

Deudas y obligaciones en la corporación comercial. Si una corporación política de mercaderes contrae una deuda con un extranjero por actos de su asamblea representativa, cada miembro es responsable individualmente del total de la deuda. Un extranjero considera a los miembros de la corporación como individuos obligados al pago completo hasta que uno de ellos salde la deuda, liberando así a los demás. Sin embargo, si la deuda se contrae con un miembro de la corporación, este no puede exigir el pago individualmente, sino sólo del patrimonio común de la corporación, si existe alguno.

Tributos y multas en la corporación. Cuando el Estado impone un tributo sobre la corporación, este se distribuye proporcionalmente entre los miembros, según su participación en la compañía. En caso de multas por actos ilegales decretados por la corporación, sólo los miembros que votaron a favor del acto o que participaron en su ejecución son responsables. Los demás miembros no pueden ser considerados culpables simplemente por pertenecer a la corporación, especialmente si esta fue creada bajo la autoridad del Estado.

Deudas internas y la autoridad del Estado. Si un miembro se endeuda con la corporación, esta puede perseguir el pago, pero solo puede hacerlo a través de la autoridad del Estado, no por su propia cuenta. Permitir que la corporación ejerza esta autoridad implicaría que se convierta en juez de su propia causa, lo cual es incompatible con la justicia y la imparcialidad.

Asambleas para aconsejar al soberano. Existen corporaciones creadas para asesorar al soberano, cuya duración puede ser perpetua o limitada por la naturaleza de sus funciones. Estas corporaciones se forman cuando un monarca o una asamblea soberana ordena a las ciudades y regiones enviar diputados para informar sobre la situación y necesidades de los súbditos, o para deliberar sobre nuevas leyes. Estos diputados, reunidos en un tiempo y lugar fijos, forman una corporación política que representa a los súbditos del dominio para asuntos específicos propuestos por la autoridad soberana. Cuando finaliza su mandato, la corporación se disuelve, evitando la coexistencia de dos soberanías, lo cual sería incompatible con la paz y el orden.

Corporaciones privadas y la autoridad familiar. Además de las corporaciones políticas, existen corporaciones privadas y regulares, como las familias, que están unidas bajo una persona representativa, ya sea el padre o la madre. Estas entidades familiares tienen autoridad sobre sus miembros, dentro de los límites permitidos por la ley. Aunque la creación del Estado limita algunas de las autoridades familiares, los padres y dueños conservan su soberanía sobre sus familias en todas las acciones permitidas por la ley.

La estructura y función de los cuerpos políticos y comerciales están diseñadas para equilibrar los intereses individuales con los beneficios colectivos, bajo la autoridad del Estado. La transparencia, la responsabilidad y la justa distribución de obligaciones son esenciales para mantener la integridad y eficiencia de estas corporaciones.

Corporaciones privadas y sus implicaciones legales. Existen corporaciones privadas que, a pesar de ser organizadas de manera regular, operan al margen de la ley. Estas corporaciones están unidas bajo una figura representativa, pero carecen de cualquier autoridad pública reconocida. Ejemplos de estas organizaciones incluyen asociaciones de mendigos, ladrones y gitanos, las cuales se organizan para optimizar sus actividades de mendicidad y robo. Además, se pueden incluir aquellas corporaciones de individuos que, bajo la autorización de un poder extranjero, se reúnen en territorio ajeno para difundir doctrinas y formar partidos en contra del Estado.

Ligas privadas y sistemas irregulares. Los sistemas irregulares, como las ligas privadas, se forman sin un propósito específico ni vínculos obligatorios entre sus miembros, basándose únicamente en afinidades y objetivos comunes. La legalidad de estas ligas depende de los fines que persiguen. Aunque comúnmente se crean para defensa mutua, en un Estado, que ya es una forma de liga que agrupa a todos los ciudadanos, estas ligas privadas suelen ser innecesarias y a menudo tienen propósitos ilegales, siendo por ello consideradas como facciones o conspiraciones. Estas uniones, al no estar respaldadas por una autoridad formal, sólo son válidas en tanto no generen desconfianza justificada. Las alianzas entre Estados, donde no existe una autoridad superior para regularlas, son legales y beneficiosas mientras duran, pero las ligas entre súbditos de un mismo Estado, donde se puede recurrir al poder soberano para resolver disputas, son innecesarias y, a menudo, ilegales si su propósito es desconocido o dañino para el Estado.

Conspiraciones y facciones en el gobierno. En un sistema donde el poder soberano reside en una gran asamblea, cualquier grupo de miembros que intente influir en el resto sin la debida autorización constituye una facción o conspiración ilegal, ya que actúa en interés propio y no en beneficio de la asamblea. No obstante, un individuo que busque apoyo para su causa dentro de la asamblea, incluso mediante la compra de favores, no comete injusticia, siempre y cuando no haya una ley que lo prohíba explícitamente.

Feudos y facciones familiares. En cualquier Estado, un individuo que mantenga más siervos de los necesarios para gestionar sus propiedades crea una facción, lo cual es ilegal. Con la protección del Estado, no se justifica la necesidad de una fuerza privada para defensa. En sociedades menos desarrolladas, era común que grandes familias vivieran en constante hostilidad, invadiendo propiedades vecinas, lo cual es un comportamiento claramente injusto o indicativo de la ausencia de un Estado organizado.

Facciones religiosas y políticas. Las facciones basadas en creencias religiosas o políticas, como las de papistas y protestantes, o las de patricios y plebeyos en la antigua Roma, y aristócratas y demócratas en la antigua Grecia, son injustas. Estas facciones socavan la paz y la seguridad del pueblo, y desafían el poder soberano; representan una fuente significativa de tensión y conflicto dentro de cualquier sociedad.[40] Hoy en día, aunque las formas de gobierno y las estructuras sociales han evolucionado, las facciones basadas en creencias religiosas y políticas siguen representando desafíos significativos para la estabilidad y la paz. En muchas partes del mundo, las diferencias religiosas y políticas continúan siendo fuentes de conflicto. Por ejemplo, en el Medio Oriente, las tensiones entre diferentes sectas islámicas, como sunitas y chiítas, alimentan conflictos prolongados que desestabilizan la región. En el ámbito político, las divisiones ideológicas profundas entre diferentes partidos o movimientos pueden llevar a situaciones de parálisis gubernamental, violencia política e incluso intentos de golpe de Estado.

Legalidad de las reuniones públicas. La legalidad de una reunión pública depende de la ocasión y del número de personas presentes. Si la reunión tiene un propósito legal y es manifiesta, como una asamblea en una iglesia o una exhibición pública, es considerada legal. Sin embargo, si la reunión es extraordinariamente grande y carece de justificación evidente, puede ser vista como tumultuosa e ilegal. Por ejemplo, aunque un millar de personas puede presentar una petición a un magistrado, si todas se presentan simultáneamente, se considera una asamblea tumultuosa ya que bastarían unas pocas personas para este fin.

Un ejemplo clásico de una asamblea tumultuosa es el caso de San Pablo en Éfeso, donde Demetrio y un gran número de personas llevaron a dos amigos de Pablo ante el magistrado, clamando: "¡Grande es Diana de los Efesios!".[41] Esta multitud buscaba justicia contra Pablo por enseñar doctrinas contrarias a su religión y sus negocios. Aunque la causa puede haber sido justa según las leyes locales, la asamblea fue considerada ilegal por el magistrado, quien los reprendió y sugirió que usaran los canales legales establecidos para resolver sus disputas.

40 Estos ejemplos a los que hace referencia son: la Reforma Protestante ocurrida en el siglo XVI, dando como resultado la creación de iglesias independientes, como la Luterana en Alemania y la Anglicana en Inglaterra. La lucha entre patricios y plebeyos en Roma desembocó en la *Lucha de las Órdenes* (494-287 a.C.). En la antigua Grecia, la división entre aristócratas y demócratas tuvo su momento más álgido con la guerra del Peloponeso (431-404 a.C.)

41 Este acontecimiento se narra en la Biblia, Hechos 18:23-19:40.

Las corporaciones y asambleas en cualquier Estado deben operar dentro de los límites de la ley y bajo la autoridad del poder soberano. Las organizaciones privadas que actúan sin autorización oficial, especialmente aquellas con propósitos maliciosos o desconocidos, son ilegales y representan una amenaza para la paz y el orden público. La regulación de estas entidades es crucial para mantener la estabilidad y la justicia en la sociedad.

Capítulo XXIII
Sobre los "ministros públicos" del poder soberano

En el capítulo anterior, abordé las partes similares de un Estado; en este, profundizaré en las partes orgánicas, que corresponden a los ministros públicos.

Definición de Ministro Público. Un ministro público es una persona empleada por el soberano, ya sea un monarca o una asamblea, para gestionar ciertos asuntos con la autoridad de representar al Estado en dichos asuntos. Esta función es distinta de aquellos que sirven al soberano en su capacidad personal. Mientras que un soberano puede tener tanto una personalidad natural como una política (por ejemplo, un rey como individuo y como representante del Estado), los servidores en su capacidad personal no son considerados ministros públicos. Por tanto, empleados como ujieres, alguaciles y otros servidores que trabajan para la comodidad de la asamblea en una democracia o aristocracia, o aquellos que sirven en la casa de un monarca, no se clasifican como ministros públicos.

Ministros de la administración general. Entre los ministros públicos, algunos tienen a su cargo la administración general del dominio completo o de una parte significativa del mismo. Por ejemplo, un protector o regente que administra el reino durante la minoría de edad de un rey. En tales casos, todos los súbditos deben obedecer las ordenanzas y mandatos emitidos por estos representantes, siempre y cuando no contradigan el poder soberano. Del mismo modo, un gobernador, teniente, prefecto o virrey que administra una provincia en nombre del soberano también tiene autoridad sobre los habitantes de esa región. Estos ministros actúan bajo la voluntad del soberano y no tienen derecho a transferir la soberanía sin una declaración explícita de tal intención. Estos funcionarios se asemejan a los miembros y tendones que mueven las diversas partes de un cuerpo natural, ejecutando las directrices del soberano para mantener la cohesión y el funcionamiento del Estado.

Ministros de la administración especial. Además de la administración general, existen ministros públicos encargados de tareas específicas, tanto dentro del país como en el extranjero. En el ámbito interno, aquellos que gestionan las finanzas del Estado, como los encargados de establecer y recaudar impuestos, son ministros públicos. Estos individuos operan bajo la autoridad del soberano y no pueden actuar contra sus mandatos. Otros ejemplos incluyen aquellos responsables de la milicia, que gestionan la custodia de armas, fuertes y puertos, y que se encargan de reclutar, pagar y comandar soldados. Aunque un soldado de a pie lucha por el Estado, no representa la autoridad estatal de la misma manera que un comandante lo hace.

Ministros para la instrucción del pueblo. Otro grupo de ministros públicos son aquellos que tienen la autoridad para educar al pueblo sobre sus deberes hacia el soberano y para instruirlos en lo que es justo e injusto. Estos ministros desempeñan un papel crucial en la promoción de la paz y la armonía social, así como en la preparación del pueblo para resistir a enemigos externos. Operan bajo la autoridad del soberano, quien es el único con poder derivado directamente de Dios (Dei gratia) para enseñar e instruir al pueblo. Todos los demás reciben su autoridad a través del favor y la providencia del soberano.

Ministros de la judicatura. Aquellos a quienes se les otorga jurisdicción judicial también son ministros públicos. En sus funciones, representan la autoridad del soberano y sus decisiones son, en efecto, decisiones del soberano. La judicatura, esencialmente ligada a la soberanía, significa que los jueces son simplemente ejecutores de la voluntad soberana. Las controversias legales pueden ser de hecho o de derecho, y en cada caso, los jueces respectivos representan la autoridad del Estado.

Cuando surge una controversia entre una parte juzgada y un juez, ambos siendo súbditos del soberano, deben ser juzgados por personas elegidas con el consentimiento de ambas partes, ya que nadie puede ser juez en su propia causa. El soberano siempre es reconocido como el juez final y puede escuchar la causa directamente o designar a un juez aceptado por ambas partes. Este proceso garantiza que las decisiones judiciales sean justas y equitativas, reflejando la autoridad del soberano.

El concepto de ministros públicos es fundamental para entender la estructura y el funcionamiento de un Estado. Estos funcionarios no solo representan al soberano en diversas capacidades, sino que también son esenciales para la implementación de políticas y la administración de justicia. La clara distinción entre los servidores del soberano en su capacidad personal y los ministros públicos subraya la importancia de la delegación de autoridad en la gestión efectiva del Estado.

La administración general por parte de ministros públicos asegura que el dominio del soberano se mantenga cohesionado y funcione sin interrupciones. La administración especial permite una gestión enfocada y eficiente de áreas críticas como las finanzas y la defensa, asegurando que el Estado pueda cumplir con sus responsabilidades internas y externas. Los ministros encargados de la educación del pueblo juegan un papel vital en la cohesión social y la estabilidad, promoviendo un entendimiento común de justicia y deberes cívicos.

Finalmente, los ministros de la judicatura son esenciales para mantener el orden y la justicia dentro del Estado. Su capacidad para resolver disputas de manera imparcial y equitativa fortalece la autoridad del soberano y la confianza del pueblo en el sistema judicial. La estructura de la judicatura y la capacidad del soberano para actuar como juez final aseguran que el sistema legal sea robusto y adaptable a las necesidades del Estado.

Podemos concluir que los ministros públicos son los engranajes que mantienen en funcionamiento la compleja maquinaria del Estado. Su papel y autoridad, derivada directamente del soberano, aseguran que el Estado pueda gobernar de manera efectiva, mantener la paz y la justicia, y promover el bienestar general de sus súbditos.

El proceso judicial debe ser justo y razonable. Entendiendo las características de un proceso judicial justo y racional, es inevitable destacar la excelente estructura de los tribunales de justicia en Inglaterra, tanto para litigios privados como públicos. En el contexto de litigios comunes, donde tanto el demandante como el demandado son súbditos, y de litigios públicos, donde el demandante es el soberano (también llamados pleitos de la Corona), Inglaterra ofrece un modelo notable de equidad y justicia.

Estructura de los tribunales y los privilegios de los Lores. Históricamente, en Inglaterra, existían dos órdenes: los Lores y los Comunes. Los Lores gozaban del privilegio de ser juzgados únicamente por sus pares en casos de delitos capitales, con tantos Lores presentes como fuera posible. Este privilegio era considerado un favor, ya que los jueces eran elegidos por los mismos Lores. En todas las controversias, cada súbdito, al igual que los Lores en pleitos civiles, tenía como jueces a personas de su misma región. Los litigantes podían presentar excepciones hasta que finalmente se seleccionaron doce hombres libres de tacha, quienes emitieron el juicio final. Con jueces propios, no había margen para alegar que la sentencia no fuera definitiva. Estos jueces, autorizados por el poder soberano para instruir o juzgar, son comparables a los órganos de la voz en un cuerpo humano, ya que comunican y ejecutan la voluntad del Estado.

Ministros públicos y la ejecución de sentencias. Los ministros públicos también son aquellos que tienen la autoridad del soberano para ejecutar sentencias, divulgar órdenes, reprimir disturbios, y arrestar y encarcelar a delincuentes, entre otras tareas para mantener la paz. Sus actos, realizados bajo esta autoridad, son actos del Estado, similares a las funciones de las manos en un cuerpo humano.

La representación en el extranjero. En el ámbito internacional, los ministros públicos representan al soberano en otros Estados. Esto incluye embajadores, mensajeros, agentes y heraldos que actúan con autorización pública para asuntos estatales. Por otro lado, quienes son enviados por la autoridad de una región específica dentro de un Estado en conflicto, aunque sean recibidos, no actúan en nombre del Estado sino de su región, y por lo tanto no son considerados ministros públicos ni privados del Estado. De manera similar, un embajador enviado por un príncipe para actos privados, como felicitar o dar el pésame, es una persona privada a pesar de su autoridad pública.

Ministros públicos en misiones especiales. Aquellos enviados secretamente a otro país para recopilar información, aunque actúen con autoridad pública, no son percibidos como representantes del Estado, sino como individuos, actuando como "ministros privados" en el ámbito de la inteligencia, comparables a los ojos en un cuerpo humano. Asimismo, quienes son designados para recibir peticiones o información del pueblo, actuando como los oídos públicos, representan al soberano en esta función.

Consejeros y su función. Los consejeros que solo informan, sin otra misión específica, no son considerados ministros públicos. Un consejero, o un Consejo de Estado sin autoridad judicial o de mando, solo ofrece su opinión al soberano cuando se le solicita. El consejo se dirige únicamente al soberano, y no puede representar su persona ante él. Sin embargo, un cuerpo de consejeros generalmente tiene alguna otra autoridad, ya sea judicial o administrativa. En una monarquía, representan al monarca transmitiendo sus órdenes a los ministros públicos. En una democracia, el Consejo o Senado propone el resultado de sus deliberaciones al pueblo como consejo, pero cuando designa jueces o toma decisiones judiciales, actúa como ministro del pueblo. En una aristocracia, el Consejo de Estado es la asamblea soberana y no da consejos a nadie más que a sí misma.

El sistema judicial inglés, con su estructura bien definida y sus procesos equitativos, es un ejemplo de cómo una constitución puede garantizar justicia y equidad para todos los ciudadanos. La distinción entre los Lores y los Comunes, y el privilegio de ser juzgados por pares, refleja una época en la que la nobleza tenía un papel crucial en la administración de justicia. Este sistema, aunque antiguo, resalta la importancia de la representación adecuada y el derecho a un juicio justo.

La figura del ministro público es esencial para el funcionamiento del Estado. Desde la ejecución de sentencias hasta la representación en el extranjero, estos funcionarios aseguran que la voluntad del soberano se lleve a cabo eficazmente. Su papel es fundamental en la preservación del orden y la paz, así como en la administración de justicia.

En el contexto internacional, la diferenciación entre ministros públicos y privados es crucial. Los embajadores y agentes que representan oficialmente al Estado desempeñan un papel vital en la diplomacia y las relaciones exteriores. Aquellos que actúan en misiones secretas, aunque no sean reconocidos oficialmente, también son importantes para la seguridad y la estrategia del Estado.

Finalmente, los consejeros y los cuerpos de consejo, aunque no siempre actúan como ministros públicos, desempeñan un papel esencial en la formulación de políticas y decisiones estatales. Su capacidad para asesorar al soberano o al pueblo es fundamental para una gobernanza efectiva.

En conclusión, la estructura y funciones de los tribunales y ministros públicos en Inglaterra no sólo garantizan la justicia y el orden, sino que también reflejan una compleja y bien organizada administración estatal, esencial para la estabilidad y el buen gobierno.

Capítulo XXIV
Sobre el sostenimiento y la organización de un Estado

La nutrición de un Estado, entendida como la disponibilidad y distribución de recursos esenciales para la vida, es un concepto fundamental en la administración y desarrollo de cualquier nación. Esta idea abarca varios aspectos cruciales que se interrelacionan para asegurar el bienestar y la sostenibilidad de una sociedad. La disponibilidad de recursos esenciales es el primer pilar de la nutrición de un Estado. Estos recursos pueden clasificarse en tres categorías principales: animales, vegetales y minerales. Cada una de estas categorías incluye una amplia gama de bienes que son vitales para la supervivencia y el desarrollo humano.

Los recursos disponibles para un Estado se dividen en dos grandes grupos: los nativos, que se obtienen dentro del territorio nacional, y los extranjeros, que se importan desde otros países. Esta distinción es fundamental ya que ningún territorio puede producir todos los recursos necesarios para satisfacer las demandas de su población de manera autosuficiente. Por lo tanto, la capacidad de un Estado para importar bienes del exterior se convierte en un componente crucial de su política económica y de desarrollo.

Los recursos animales incluyen ganado, aves de corral y fauna silvestre utilizados para la alimentación, la industria del cuero y otros productos derivados. La gestión adecuada de estos recursos asegura un suministro constante de alimentos y materias primas esenciales para diversas industrias. El desarrollo sostenible juega un papel clave en la conservación de la biodiversidad y el equilibrio ecológico necesario para mantener estos recursos a largo plazo. Los recursos vegetales abarcan cultivos agrícolas, plantas medicinales, maderas y fibras. Estos productos no solo son vitales para la alimentación humana, sino que también son la base de industrias como la agricultura, la medicina y la construcción. La diversificación de los cultivos y la aplicación de técnicas agrícolas avanzadas son cruciales para maximizar la producción y garantizar la seguridad alimentaria. Los recursos minerales comprenden metales, minerales industriales y combustibles fósiles, elementos esenciales para la industria y la infraestructura modernas.

La disponibilidad y gestión de recursos tienen un impacto directo en la economía y el bienestar social de un Estado. Una gestión eficiente y equitativa de estos recursos promueve el desarrollo económico sostenible, la creación de empleo y la reducción de la pobreza. Por otro lado, la escasez o la mala gestión pueden conducir a tensiones sociales, desigualdades y conflictos internos. La gestión efectiva de recursos animales, vegetales y minerales es esencial para el desarrollo sostenible y la seguridad económica de cualquier Estado. La diversificación de fuentes y el intercambio internacional juegan un papel crucial en garantizar el acceso equitativo a los recursos necesarios para satisfacer las necesidades básicas de la población y promover el bienestar general.

La distribución equitativa de los recursos esenciales para la vida dentro de un Estado conduce inevitablemente al establecimiento de la propiedad, un concepto fundamentalmente regulado por la autoridad soberana. En ausencia de un orden estatal establecido, prevalecería una condición de conflicto constante donde la posesión de bienes estaría determinada únicamente por la fuerza física, lo cual no constituiría ni propiedad ni comunidad, sino más bien un estado de incertidumbre y caos. Por lo tanto, la verdadera noción de propiedad solo puede emerger y mantenerse bajo el amparo de la ley civil, como lo enfatizó Cicerón, quien argumentó que, sin esta ley, ningún individuo podría tener la certeza de conservar sus posesiones de manera segura y justa.

En contraste, en una situación de anarquía o ausencia de orden estatal, prevalecería la ley del más fuerte. La propiedad no estaría definida por normas consensuadas o por derechos legalmente reconocidos, sino por la capacidad de los individuos para mantener y defender lo que poseen mediante la fuerza física. Este estado de guerra perpetua y competencia violenta eliminaría cualquier noción de seguridad o justicia en la tenencia de bienes, creando un entorno de constante inseguridad y conflicto. Cicerón, conocido por su defensa apasionada de la ley y la justicia, destacó que la propiedad solo puede existir en un contexto donde la ley civil proporciona un marco de orden y previsibilidad. Según él, la ley civil no solo establece quién tiene derecho a qué, sino que también asegura que estos derechos sean reconocidos y respetados por todos los miembros de la comunidad. Sin este marco legal, las posesiones personales estarían constantemente en riesgo de ser disputadas o incluso confiscadas por otros individuos más poderosos o agresivos. La propiedad es un concepto que surge y se sostiene únicamente dentro de un contexto de orden y estructura social proporcionados por el Estado y su ley civil. Es la ley la que define los límites y las condiciones bajo las cuales los individuos pueden reclamar y mantener sus derechos sobre bienes materiales. La alternativa a este marco legal es un escenario de conflicto constante y falta de seguridad, donde la propiedad no sería más que una ilusión efímera frente al poder y la fuerza bruta.

Los dominios privados dentro de un Estado surgen de la distribución arbitraria del soberano, quien asigna tierras según su criterio de equidad y bien común. Este principio se ilustra en la historia de los israelitas, cuya tierra prometida fue dividida no arbitrariamente, sino según las decisiones de sus líderes religiosos y militares.

Es crucial entender que la propiedad de un súbdito no excluye el dominio del soberano. En otras palabras, un súbdito puede excluir a otros súbditos de sus tierras, pero no al soberano, cuyo papel es mantener la paz y seguridad común. Esta distribución de tierras, entonces, debe siempre servir al bien común, y cualquier acto que la contradiga es nulo.

En algunos casos, los Estados asignan tierras para su propio uso y para sostener el gasto público necesario para la paz y defensa. Sin embargo, esta asignación puede ser insuficiente y susceptible de enajenación, lo que lleva a la necesidad de impuestos y otros ingresos públicos. El Conquistador de Inglaterra, por ejemplo, se reservó tierras para sí, pero también impuso tasas sobre los súbditos para cubrir gastos públicos.

La gestión del comercio exterior y la distribución de tierras también son responsabilidades del soberano. Si los particulares manejan el comercio según su propia discreción, podrían perjudicar al Estado suministrando recursos al enemigo o importando bienes inútiles o dañinos. Por lo tanto, sólo el soberano puede aprobar o desaprobar lugares y materias de comercio exterior.

Las leyes estatales que regulan los contratos y la transferencia de propiedad entre los ciudadanos son un componente crucial de la autoridad soberana. Estas normativas abarcan una amplia gama de actividades comerciales y contractuales, desde simples transacciones de compra y venta hasta complejos arrendamientos y acuerdos de cualquier índole. La razón fundamental detrás de esta regulación es asegurar que todos los intercambios sean equitativos y contribuyan al bienestar general de la comunidad en su conjunto. La intervención del soberano en la regulación de los contratos no solo establece un marco legal claro para las transacciones comerciales, sino que también garantiza la protección de los derechos individuales y la integridad del proceso de intercambio. Sin esta supervisión y normativa, las partes involucradas en cualquier acuerdo contractual podrían quedar expuestas a abusos o malentendidos, lo que podría llevar a disputas y conflictos prolongados que afecten la estabilidad económica y social.

Uno de los principales objetivos de estas leyes es promover la equidad en los intercambios comerciales. Al establecer condiciones claras y justas para la compra, venta, arrendamiento y otros tipos de contratos, el Estado busca proteger a los ciudadanos de prácticas injustas o desleales que podrían perjudicar sus intereses. Esto ayuda a mantener un entorno económico donde todas las partes involucradas en una transacción puedan confiar en que se respetarán sus derechos y se cumplirán las obligaciones acordadas.

Las leyes que gobiernan los contratos pueden variar según el tipo de transacción y las condiciones específicas del mercado. Por ejemplo, las disposiciones legales sobre la compra y venta de bienes raíces pueden diferir de aquellas aplicables a contratos de servicios o acuerdos financieros. El soberano, en su papel de legislador y garante del orden público, tiene la responsabilidad de adaptar estas normativas a las necesidades cambiantes del mercado y a las expectativas de equidad y justicia de los ciudadanos.

El acondicionamiento de bienes, entendido como la capacidad de convertirlos en formas de valor igual y portátil, desempeña un papel crucial en la economía de cualquier Estado moderno. En este contexto, el oro, la plata y el dinero emergen como los pilares fundamentales que facilitan tanto el intercambio como la movilidad de recursos dentro y fuera de las fronteras nacionales.

El oro y la plata, por su reconocido valor intrínseco y su aceptación universal, actúan como reservas de valor estables que trascienden las fronteras nacionales. Estos metales preciosos no solo han sido históricamente valorados como símbolos de riqueza y estabilidad económica, sino que también sirven como medidas de valor objetivas en los intercambios comerciales internacionales. Su capacidad para mantener su valor a lo largo del tiempo y en diferentes contextos económicos los convierte en activos fundamentales para el respaldo de las monedas nacionales y para la protección contra la inflación y la volatilidad del mercado. En contraste con el oro y la plata, la moneda legal, acuñada y respaldada por la autoridad soberana de un Estado, cumple un papel igualmente vital en el acondicionamiento de bienes. Aunque la moneda legal puede carecer del valor intrínseco de los metales preciosos, su aceptación dentro de un país como medio de intercambio está garantizada por la legislación y la confianza pública en la estabilidad del gobierno emisor. Sin embargo, su valor puede estar sujeto a variaciones dependiendo de las políticas económicas, las condiciones del mercado y las decisiones soberanas que afectan su circulación y uso.

Uno de los aspectos más destacados del acondicionamiento de bienes mediante el uso de oro, plata y moneda legal es su capacidad para facilitar la movilidad de recursos y la fluidez en los intercambios comerciales. Estos medios de intercambio permiten que los bienes y servicios puedan ser transferidos y comercializados de manera eficiente y efectiva, tanto a nivel local como internacional. Esto no solo promueve la actividad económica y el crecimiento, sino que también fortalece las relaciones comerciales entre diferentes regiones y países, impulsando así el desarrollo económico global.

Es importante tener en cuenta que, aunque el oro, la plata y la moneda legal son fundamentales para la economía estatal, cada uno presenta sus propias vulnerabilidades y desafíos. Mientras que los metales preciosos pueden enfrentar fluctuaciones en su valor debido a factores como la oferta y la demanda global, la moneda legal está sujeta a riesgos relacionados con la política monetaria y las decisiones económicas del gobierno emisor. La capacidad del Estado para gestionar estas variables de manera efectiva determina en gran medida la estabilidad y la eficiencia de su sistema monetario y económico en general.

El flujo de dinero dentro del Estado, tanto hacia como desde las arcas públicas, se asemeja al sistema circulatorio del cuerpo humano, con recaudadores y tesoreros desempeñando roles similares a las venas y arterias. Estos conductos financieros son esenciales para el funcionamiento del Estado.

Las colonias, como extensiones de un Estado hacia tierras extranjeras, representan una estrategia histórica y geopolítica fundamental para expandir la influencia y los recursos de la metrópoli. Dependiendo de la naturaleza de su establecimiento y de la relación con la potencia madre, las colonias pueden adquirir diferentes estatus políticos y jurídicos. El derecho y el estatus de las colonias están intrínsecamente ligados a la autorización inicial del soberano o del gobierno central que las fundó. Esta autorización, otorgada a través de cartas patentes o documentos similares, define los derechos y deberes tanto de los colonos como de la metrópoli. En algunos casos, las colonias permanecen subordinadas políticamente a la metrópoli, sirviendo como provincias o territorios administrados desde lejos, pero siempre bajo la autoridad central de la potencia colonial.

Desde una perspectiva más amplia, las colonias son una forma de procreación estatal, donde el Estado original extiende su presencia territorial y cultural hacia nuevas fronteras. Este proceso no solo implica la ocupación física del territorio, sino también la implantación de instituciones, leyes y prácticas administrativas propias del Estado colonizador. Históricamente, las colonias han desempeñado un papel crucial en la expansión económica, política y cultural de las potencias coloniales, facilitando el acceso a recursos naturales, mercados y mano de obra en regiones distantes y diversas. Las colonias representan mucho más que simples asentamientos extranjeros; son manifestaciones de la proyección del poder y la influencia de una nación sobre nuevos territorios. El derecho y el estatus de estas colonias están determinados por la autorización inicial del soberano y la dinámica de relaciones entre la metrópoli y sus posesiones ultramarinas. Esta relación continua entre colonia y metrópoli ha moldeado significativamente la historia mundial.

Capítulo XXV
Sobre el consejo

El concepto de consejo revela una distinción crucial entre las dinámicas de mandar y aconsejar, que frecuentemente se pierde en la confusión generada por el uso cotidiano de las palabras. Esta ambigüedad se manifiesta especialmente en la manera imperativa con la que se emiten tanto órdenes como consejos, llevando a una confusión frecuente en cuanto a quién emite y quién recibe la dirección. A menudo, las frases como "Haz esto" son empleadas tanto por quienes mandan como por quienes aconsejan o exhortan, lo que puede dificultar la interpretación precisa de la intención detrás de las palabras.

En la escritura y en la práctica humana, esta ambigüedad puede llevar a malentendidos significativos, donde los consejos dados por asesores son interpretados erróneamente como órdenes de autoridad. Esto se agrava por la falta de consideración hacia las circunstancias específicas que rodean cada situación, lo cual conduce a confusiones y a una indebida equiparación de los preceptos de consejeros con mandatos de gobernantes. Estas interpretaciones erróneas suelen ser moldeadas por las conclusiones deseadas o por la aceptación de ciertos actos bajo análisis.

Para clarificar estos términos esenciales como mandar, aconsejar y exhortar, es crucial establecer definiciones precisas. Una orden se caracteriza por un mandato directo, donde se espera la obediencia sin necesidad de justificaciones adicionales más allá de la voluntad de quien la emite. Esto implica un claro interés en el beneficio propio del mandante, que actúa según su voluntad y para su provecho personal.

Por otro lado, un consejo implica un enfoque distinto, donde las recomendaciones se basan en el beneficio del destinatario del consejo. Aquí, quien aconseja busca el bienestar del otro, independientemente de sus motivaciones internas. Esta diferencia fundamental entre ordenar y aconsejar se traduce en la obligatoriedad de las órdenes, que pueden ser impuestas bajo la obligación de obediencia establecida previamente. En cambio, el consejo no puede ser impuesto y no conlleva la misma coerción, ya que la decisión final recae en el receptor, quien evalúa su propia situación y circunstancias.

Además, se destaca la noción de exhortación y disuasión como formas específicas de consejo, caracterizadas por un tono vehemente y un deseo explícito de influir en la acción del destinatario. La exhortación impulsa hacia la acción, apelando a emociones y argumentos persuasivos, mientras que la disuasión busca persuadir en sentido contrario, desalentando ciertas acciones. Ambos métodos se valen de la retórica y de recursos literarios para subrayar la utilidad o la justicia de seguir determinados consejos.

Por lo tanto, el discernimiento claro entre órdenes y consejos es esencial para evitar malentendidos y para preservar la autonomía del individuo en la toma de decisiones. La precisión en la definición de estos términos no solo aclara roles y responsabilidades, sino que también garantiza una comunicación efectiva y respetuosa en cualquier contexto.

El concepto de exhortación y disuasión revela una compleja dinámica de consejo, donde quienes los emiten suelen estar motivados por intereses propios, en lugar de considerar el beneficio del receptor. Esta práctica, evidentemente centrada en el empeño vehemente o en artificios persuasivos, revela una desviación del deber esencial de un consejero, que debe prioritariamente contemplar el bienestar del aconsejado, independientemente de sus propios intereses.

En situaciones donde se dirige un mensaje a una multitud, la capacidad de responder críticamente es limitada debido al número excesivo de oyentes. Esto contrasta con el contexto individual, donde el interlocutor puede desafiar y evaluar más rigurosamente las razones presentadas. Esta distinción subraya la complejidad inherente al acto de aconsejar en diferentes contextos y la necesidad de adaptarse a las circunstancias específicas.

Cuando los consejeros están comprometidos por intereses personales al ofrecer consejos solicitados, su imparcialidad se ve comprometida. Aunque el consejo en sí pueda ser excelente, la motivación detrás de quien lo da no puede ser considerada pura, comparándose así con un juez que emite sentencias justas a cambio de una recompensa. En contraste, cuando un líder, como un padre en su familia o un comandante en un ejército, emite exhortaciones y disuasiones, estas no solo son legítimas sino también necesarias y dignas de elogio.

En la interacción cotidiana, es crucial distinguir entre órdenes y consejos mediante ejemplos claros. Las órdenes, como las dadas en la Sagrada Escritura, derivan su autoridad de la voluntad divina y están destinadas a ser obedecidas sin cuestionamientos. Por otro lado, los consejos, como aquellos que invitan a vender todo y seguir una vida espiritual, se basan en el beneficio personal, ofreciendo una guía que promete recompensas en un sentido más elevado.

La habilidad para aconsejar correctamente no solo depende de la capacidad de evaluar las consecuencias probables de una acción propuesta, sino también de la integridad moral del consejero. A diferencia de la experiencia natural adquirida a través de los sentidos, los consejeros de un Estado pueden estar sesgados por sus propios intereses y pasiones, lo que potencialmente compromete la fiabilidad de sus consejos. Por lo tanto, la condición primordial para un consejero efectivo es que sus intereses estén alineados con los del aconsejado, garantizando así una guía justa y desinteresada.

En segundo lugar, la tarea de un consejero al deliberar sobre acciones es clarificar las consecuencias de manera que el receptor del consejo comprenda claramente. Esto requiere presentar argumentos firmes y un lenguaje claro y significativo, evitando inferencias precipitadas sin evidencia o expresiones ambiguas y metafóricas que puedan desviar al receptor de sus propios objetivos.

En tercer lugar, la capacidad de aconsejar se basa en la experiencia y el estudio profundo, particularmente en asuntos cruciales como mantener la paz interna y proteger contra amenazas externas. Esto requiere un profundo conocimiento de la naturaleza humana, los derechos gubernamentales, la equidad, la ley, la justicia y el honor, así como de las condiciones estratégicas tanto locales como internacionales. Solo con una experiencia considerable y un estudio extenso se puede adquirir esta perspectiva completa y precisa.

En cuarto lugar, para aconsejar efectivamente sobre asuntos que involucran a otros estados, es esencial estar informado sobre tratados, acuerdos y las relaciones internacionales relevantes. Esto solo puede ser realizado por aquellos que el líder considere apropiados y que estén debidamente informados sobre los contextos específicos.

En quinto lugar, si se considera que el número de consejeros es el mismo, es preferible escuchar sus opiniones individualmente en lugar de en asamblea por varias razones. Primero, al escucharlos individualmente se obtiene una variedad de opiniones sin la influencia de otros, lo cual permite una evaluación más clara y libre de presiones. En contraste, en una asamblea numerosa, las opiniones pueden ser sesgadas por intereses particulares, la pasión puede enmascarar el juicio y la influencia de la retórica puede distorsionar el proceso de toma de decisiones. Además, al escuchar a cada consejero individualmente, se facilita el examen detallado de sus argumentos y la evaluación de su veracidad o probabilidad, algo difícil de lograr en un entorno de debate masivo donde la atención se dispersa y las intervenciones son limitadas.

Estas consideraciones resaltan la importancia de la experiencia, la claridad en la comunicación y la selección cuidadosa de consejeros informados y objetivos para asegurar decisiones políticas y estratégicas sólidas y bien fundamentadas.

Además, en una reunión numerosa convocada para expresar opiniones, inevitablemente habrá individuos con la ambición de destacar como oradores elocuentes y hábiles en política. Su enfoque no estará tanto en el tema en discusión como en obtener aplausos para sus discursos elaborados, llenos de citas de diversos autores y adornados con colores brillantes. Este tipo de conducta resulta en una distracción que obstaculiza cualquier consulta seria, algo que se puede evitar fácilmente mediante la adopción de procedimientos de consejo más privados.

En cuarto lugar, en deliberaciones que requieren confidencialidad (una situación frecuente en los asuntos públicos), es crucial confiar esos asuntos a grupos más reducidos, formados por personas expertas y en cuya lealtad se tiene plena confianza.

En conclusión, ¿quién se arriesgaría a buscar consejo en una gran asamblea para asuntos tan íntimos como el matrimonio de sus hijos, la gestión de sus propiedades, el gobierno de su hogar o la administración de su patrimonio personal, especialmente si entre los consejeros hay quienes no desean su prosperidad? Es como jugar tenis con compañeros adecuados; quien administra sus asuntos consultando a varios consejeros prudentes en áreas específicas maximiza sus posibilidades de éxito. Por otro lado, quien depende exclusivamente del consejo colectivo, se ve arrastrado por opiniones convergentes que pueden ser obstaculizadas por desacuerdos internos o por aquellos que actúan en su contra. Este último enfoque es menos efectivo, similar a un jugador de tenis que, a pesar de tener buenos compañeros, se ve obstaculizado por discordias internas que retrasan las decisiones.

Aunque es cierto que varios puntos de vista pueden proporcionar una visión más amplia, esto no siempre es ventajoso cuando los consejeros tienen intereses personales divergentes, a menos que una sola persona tome la decisión final. De lo contrario, la multiplicidad de opiniones puede resultar en un enfoque sesgado, donde cada consejero mira principalmente por su propio interés.

Esta dinámica explica por qué ningún gran Estado democrático puede mantenerse únicamente mediante deliberaciones abiertas en asamblea, a menos que sea cohesionado por una amenaza externa, la reputación de un líder destacado, consejos secretos de unos pocos, o el miedo mutuo entre facciones igualmente poderosas. En cuanto a los Estados más pequeños, sean democráticos o monárquicos, la sabiduría humana no puede garantizar su supervivencia a menos que haya divisiones de poder entre sus vecinos que los mantengan en equilibrio.

Capítulo XXVI
Sobre las "leyes civiles"

La noción de ley civil se refiere a aquellas normativas a las que los individuos están obligados a adherirse por el simple hecho de pertenecer a un Estado en general, más que a uno específico. Mientras que las leyes particulares son estudiadas por expertos legales especializados en las normativas de diferentes países, la ley civil en su conjunto concierne a todos los ciudadanos. La antigua ley romana, derivada de la palabra "civitas" que significa Estado, se consideraba ley civil. Aquellos países que fueron parte del Imperio Romano y aún conservan parte de estas leyes las llaman ley civil para distinguirlas de sus propias normativas locales.

Sin embargo, mi objetivo aquí no es discutir específicamente sobre las leyes de un lugar en particular, sino sobre la esencia misma de la ley, como lo hicieron Platón, Aristóteles, Cicerón y otros pensadores, prescindiendo del estudio legal especializado.

Primero, es evidente que una ley en general no es simplemente un consejo, sino una orden. Esta orden no proviene de un individuo hacia otro, sino de aquel que tiene autoridad sobre quien está obligado a obedecerla. En el caso de la ley civil, esta orden simplemente agrega al nombre de la persona que emite la orden, que es la persona del Estado.

Con esto en mente, defino la ley civil como las reglas que el Estado impone a cada súbdito, ya sea de manera oral, escrita o a través de otros medios que indiquen claramente la voluntad del Estado. Estas reglas tienen el propósito de guiar a los individuos en distinguir entre lo justo y lo injusto, estableciendo lo que está en conformidad con la ley y lo que no lo está.

Esta definición revela que algunas leyes son aplicables a todos los ciudadanos, otras a provincias específicas, a ciertos grupos vocacionales o a individuos particulares. Además, las leyes establecen normas sobre lo que es justo e injusto, y algo no puede ser considerado injusto si no está en conflicto con alguna ley existente. Por lo tanto, solo el Estado tiene la autoridad para crear leyes, ya que nuestra obligación es únicamente hacia el Estado, y las órdenes deben ser comunicadas de manera clara para que los ciudadanos puedan cumplirlas adecuadamente.

A partir de esta definición, se deducen varias conclusiones importantes:

1. El legislador en todos los Estados es el soberano, ya sea un individuo en una monarquía o una asamblea en una democracia o aristocracia. El Estado, que impone y ordena la observancia de las leyes, es por tanto el legislador.

Dado que el Estado actúa a través de su representante (el soberano), este último es el único con la autoridad para crear nuevas leyes o derogar las existentes.

2. El soberano de un Estado, ya sea una asamblea o un individuo, no está sujeto a las leyes civiles porque tiene el poder de crear y anular leyes. Puede liberarse de su propia obligación legal derogando las leyes que le limitan y promulgando nuevas normativas. De esta manera, el soberano siempre ha sido libre, ya que la verdadera libertad radica en la capacidad de actuar según su propia voluntad. Además, nadie puede estar obligado por sus propias leyes, ya que aquel que puede imponer una obligación también puede removerla.

3. Cuando una práctica prolongada adquiere la fuerza de una ley, no es simplemente el paso del tiempo lo que le otorga autoridad, sino la voluntad del soberano, manifestada a través de su silencio (pues el silencio a veces indica consentimiento); mientras el soberano guarde silencio al respecto, no constituye ley. Por lo tanto, si el soberano tiene una disputa de derecho basada no en su voluntad presente, sino en leyes promulgadas previamente, el paso del tiempo no puede perjudicar su derecho, sino que el asunto debe ser juzgado según la equidad. De hecho, muchas acciones injustas y sentencias desfavorables han perdurado durante períodos más extensos de lo que se pueda recordar. Nuestros juristas no reconocen como leyes las malas costumbres, sino solo aquellas que son razonables, y argumentan que las costumbres perniciosas deben ser abolidas. Sin embargo, la evaluación de lo que es razonable y lo que debe ser eliminado corresponde a quien establece las leyes, ya sea la asamblea soberana o el monarca.

4. La ley natural y la ley civil se complementan mutuamente y tienen el mismo alcance. Las leyes naturales, que incluyen conceptos como la equidad, la justicia, la gratitud y otras virtudes morales que derivan de la naturaleza humana misma (como mencioné al final del capítulo XV), no son propiamente leyes, sino disposiciones que inclinan a los individuos hacia la paz y la obediencia. Una vez que se establece un Estado, surgen las leyes civiles; antes de esto, son meras órdenes estatales y, por lo tanto, se convierten en leyes civiles porque es el poder soberano el que obliga a los individuos a obedecerlas. En los conflictos entre particulares, para determinar lo que es justo y equitativo, y para hacer que estas normas sean vinculantes, se requiere la intervención de ordenanzas emitidas por el poder soberano y la imposición de sanciones a quienes las infrinjan. Por lo tanto, la ley natural constituye una parte integral de la ley civil en todos los Estados del mundo. Recíprocamente, la ley civil también forma parte de los dictámenes de la naturaleza, ya que la justicia, entendida como el cumplimiento de los pactos y la atribución de lo debido a cada uno, es un principio fundamental de la ley natural. En consecuencia, cada ciudadano de un Estado acepta volunta-

riamente la obediencia a la ley civil, ya sea mediante la participación en una asamblea representativa común o mediante el pacto individual con el soberano para evitar la violencia y conservar la vida. Por lo tanto, la obediencia a la ley civil también es parte de la ley natural. La ley civil y la ley natural no son categorías separadas, sino partes distintas de un mismo conjunto normativo: una parte está codificada y se denomina civil, mientras que la otra es intrínseca y se conoce como natural. Además, el derecho natural, es decir, la libertad natural del hombre, puede ser restringido y limitado por la ley civil; de hecho, el propósito mismo de establecer leyes es precisamente esa limitación, sin la cual no puede existir orden alguno. Las leyes no fueron creadas para restringir la libertad natural de los individuos, sino para garantizar que no se perjudican mutuamente y puedan colaborar para enfrentar amenazas comunes.

5. Las leyes provinciales no derivan su validez de la costumbre, sino del poder soberano que las promulga. Cuando el soberano de un Estado subyuga a un pueblo que anteriormente vivía bajo leyes diferentes, y luego gobierna a ese pueblo con las mismas leyes que antes regían su vida, esas leyes se convierten en las leyes civiles del conquistador, no del Estado subyugado. En este caso, el legislador no es aquel cuyas autoridades originalmente establecieron las leyes, sino aquel cuya autoridad continúa manteniéndolas como leyes en el presente. Por lo tanto, cuando existen varias provincias dentro de un Estado con diferentes sistemas legales, comúnmente conocidos como costumbres locales, estas costumbres no deben su autoridad únicamente al paso del tiempo, sino que se consideran leyes válidas porque en algún momento fueron leyes codificadas o promulgadas por constituciones y estatutos del soberano. En resumen, para que una ley no escrita sea respetada universalmente en todas las provincias de un dominio sin que haya discrepancias injustas en su aplicación, esa ley debe ser una ley natural que obligue a todos los seres humanos por igual.

6. Reflexiones contemporáneas sobre la legislación. Al examinar el origen de todas las leyes, ya sean codificadas o no, encontramos que su autoridad y eficacia derivan exclusivamente de la voluntad del Estado, expresada a través de su representante (que puede ser el monarca en una monarquía o la asamblea soberana en otros Estados). Es sorprendente encontrar opiniones contrarias en los libros de juristas destacados de diversos países, que sugieren, directa o indirectamente, que el poder legislativo puede depender de individuos particulares o jueces subordinados. Este es el caso, por ejemplo, de la creencia de que la ley común solo está sujeta al control del Parlamento. Esto es cierto únicamente cuando el Parlamento ejerce el poder soberano y no puede ser convocado o disuelto excepto por su propia voluntad. Si existe algún derecho para disolver el Parlamento, entonces también existe un dere-

cho para controlarlo, y, por ende, controlar su influencia. En contraposición, si no existe tal derecho, aquel que controla las leyes no es el parlamento, sino el rey dentro del Parlamento. Aunque el Parlamento sea soberano, independientemente de la sabiduría y el número de sus miembros, nadie podría sostener que su mera reunión otorgue automáticamente el poder legislativo. Además, se argumenta que los dos pilares de un Estado son la fuerza y la justicia, siendo la primera responsabilidad del rey y la segunda depositada en manos del Parlamento. Sin embargo, ¿puede un Estado sobrevivir si la fuerza recae en alguien a quien la justicia no tiene autoridad para gobernar?

7. Reflexiones de Sir Edward Coke sobre la interpretación de la ley. En su obra sobre Littleton, Sir Edward Coke sostiene que una ley nunca puede estar en contradicción con la razón, afirmando además que la ley no es solo el texto escrito, sino lo que se ajusta a la intención del legislador. Aunque estas premisas son ciertas, surge la pregunta sobre qué tipo de razón debe considerarse válida para que una norma sea reconocida como ley. No puede ser una razón privada, ya que ello llevaría a tantas contradicciones legales como escuelas de pensamiento. Tampoco puede ser, como sugiere Sir Ed. Coke, una perfección artificial de la razón adquirida a través de estudio, observación y experiencia prolongada, dado que tal enfoque puede reforzar juicios erróneos. Cuando se construye sobre fundamentos falsos, el edificio legal puede resultar más ruinoso cuanto más se amplía. Por tanto, las decisiones y argumentos de los estudiosos del derecho, por muy exhaustivos que sean, pueden ser discordantes. Por lo tanto, no es la jurisprudencia o la sabiduría de los jueces subordinados lo que determina la ley, sino la razón del Estado, esa entidad artificial que representa la unidad y coherencia legislativa. Dado que el Estado, en su representación, actúa como una sola persona, rara vez surgen contradicciones legales; y cuando surgen, la razón misma puede, mediante interpretación o ajuste, eliminarlas. En todas las cortes de justicia, es el soberano (que personifica al Estado) quien administra la justicia. Los jueces subordinados deben entender la razón que motivó a su soberano a establecer una ley particular y ajustar sus fallos en consecuencia; de lo contrario, la sentencia no sería del soberano sino propia, y, por ende, injusta.

8. La divulgación de la ley es condición necesaria para su validez. Dado que la ley es una orden y una orden implica la manifestación de la voluntad del que manda, ya sea verbalmente, por escrito u otro medio suficiente, podemos concluir que una orden emitida por un Estado solo se convierte en ley para aquellos que tienen los medios para conocer su existencia. Los individuos que, por nacimiento, locura o discapacidad, carecen de capacidad para conocer las leyes, no están sujetos a ellas, del mismo modo que las bestias no lo están. Estos individuos no pueden ser considerados capaces de distinguir lo justo de lo injusto, dado que nunca han tenido la capacidad

de formar pactos o entender sus implicaciones. Por lo tanto, no tienen la obligación de acatar las leyes y, en consecuencia, esas leyes no son aplicables para ellos. Es crucial determinar qué argumentos y signos son suficientes para asegurar que se ha hecho conocer la ley, tanto en las monarquías como en otras formas de gobierno.

Estas ideas subrayan la relación fundamental entre el Estado, la ley y la autoridad soberana, destacando cómo la ley civil define y regula la conducta dentro de una sociedad organizada bajo un gobierno establecido.

Las leyes no escritas son, en esencia, manifestaciones de la ley natural. En primer lugar, cuando una norma obliga a todos los súbditos sin excepción, sin ser documentada ni publicada formalmente en lugares específicos para su conocimiento, se convierte en ley natural. Este tipo de leyes son aquellas que los hombres reconocen y aceptan no por la mera influencia de otros, sino por la razón propia de cada individuo, una razón que es universalmente aceptable, como lo es la regla fundamental: "No hagas a otros lo que no deseas que te hagan a ti".

En segundo lugar, cuando una ley obliga solo a ciertos individuos o a una persona en particular, y no está documentada ni expresada de manera formal, también se trata de una ley natural. Este tipo de normas se conocen y comprenden mediante los mismos argumentos y señales que distinguen a los titulares de esa condición de los demás súbditos. Esto se debe a que una ley que no está escrita o promulgada formalmente por su creador solo puede ser entendida por la razón del individuo obligado a obedecerla, convirtiéndola así en una ley no solo civil, sino también natural.

Por ejemplo, cuando un soberano nombra a un ministro público sin proporcionarle instrucciones escritas detalladas sobre sus funciones, ese ministro está obligado a interpretar sus deberes conforme a los dictámenes de la razón. Lo mismo ocurre con un juez, quien debe asegurarse de que sus fallos sean equitativos según la razón de su soberano. Estos principios de la razón natural se pueden agrupar bajo el concepto de fidelidad, que es una faceta de la justicia natural.

Exceptuando la ley natural, todas las demás leyes deben ser comunicadas a aquellos que están obligados a obedecerlas, ya sea de manera verbal, escrita o mediante algún otro acto que manifieste claramente la autoridad soberana. De hecho, la voluntad de otra persona solo puede ser conocida a través de sus palabras, actos o mediante inferencias basadas en sus intenciones y propósitos. En el caso del Estado, estas intenciones siempre deben considerarse alineadas con la equidad y la razón.

En tiempos antiguos, antes de la generalización del uso de la escritura, muchas leyes se reducían a versos para facilitar su memorización entre el pueblo común, quienes las recitaban o cantaban con facilidad. Salomón recomendaba a sus seguidores que ataran los diez mandamientos a sus dedos para no olvidarlos. Del mismo modo, Moisés instruyó al pueblo de Israel a enseñar la ley a sus hijos, hablando de ella en casa y en los caminos, escribiéndola en sus puertas y portones, y reuniendo a hombres, mujeres y niños para escuchar su lectura.

No es suficiente que una ley esté escrita y publicada; también deben existir signos claros de que emana de la voluntad del soberano. Si individuos privados creen tener suficiente poder para imponer sus propias leyes injustas o perseguir ambiciones personales sin riesgo, pueden promulgar normativas sin autoridad legislativa o en contra de ella. Por lo tanto, se requiere no solo la declaración de la ley, sino también signos evidentes de su origen y autoridad.

En cada Estado, el autor o legislador debe ser claramente identificable, dado que el soberano, establecido por el consentimiento general, se supone ampliamente conocido por todos. Aunque la ignorancia o la arrogancia de los individuos puede llevar al olvido de cómo se constituyó originalmente su Estado, ningún pensador serio debería tener dudas sobre dónde reside la soberanía. Es un dictamen de la razón natural y, por lo tanto, una ley evidente de la naturaleza que nadie debe socavar el poder del cual depende su propia protección contra los enemigos y la garantía de sus derechos en caso de agravio. Por lo tanto, la identificación del soberano no debería ser motivo de duda para nadie, excepto por propia negligencia o malicia.

La distinción entre verificación y autorización plantea una cuestión crucial: la fuente de autoridad emanada del soberano. Superar esta dificultad depende del acceso a registros públicos, consejos, ministros y tribunales que, aunque verifican las leyes, no las autorizan. La verificación implica más bien testimonio y registro, no el ejercicio mismo de la autoridad legislativa que radica exclusivamente en la orden del soberano.

Cuando un individuo se enfrenta a una disputa relacionada con la ley natural o la equidad común, la sentencia emitida por un juez subordinado, investido de la autoridad para tales casos, valida la aplicación de la ley natural en ese contexto específico. Aunque la opinión de un erudito en leyes puede prevenir litigios, sigue siendo solo una opinión. El juez, tras escuchar la controversia, debe comunicar qué constituye la ley.

En asuntos que involucran delitos o agravios contra la ley escrita, cualquier individuo puede consultar los registros para determinar si un acto es ilícito antes de cometerlo. No obstante, aquel que actúa sin verificar primero la legalidad de su acción incurre en ilegalidad. De igual manera, quien se siente agraviado debe consultar la ley antes de buscar reparación, evitando así causar injusticias en lugar de buscar justicia.

Cuando se trata de la obediencia a un funcionario público, la lectura de su comisión o la disponibilidad de información al respecto constituyen una verificación suficiente de su autoridad. Cada individuo tiene la responsabilidad de informarse sobre las leyes que puedan afectar sus acciones futuras, ya sean promulgadas por escrito o implícitas en la naturaleza misma.

La interpretación auténtica de la ley reside en el poder soberano y no en escritos de filosofía moral. Las opiniones de los escritores no tienen peso legal sin respaldo estatal, aunque puedan contener verdades evidentes sobre la necesidad de virtudes morales para preservar la paz. Sin embargo, estas verdades, aunque fundamentales para la naturaleza humana, solo adquieren estatus legal cuando son promulgadas por el soberano.

Es esencial comprender que todas las leyes, ya sean escritas o no, requieren interpretación. Las leyes naturales, fáciles de reconocer para aquellos que aplican su razón natural sin sesgo, resultan oscuras para quienes son cegados por el egoísmo o la pasión. Por otro lado, las leyes escritas, ya sean breves o extensas, pueden ser mal interpretadas debido a la ambigüedad de las palabras. Solo el legislador puede deshacer estos nudos interpretativos, aplicando el poder legislativo para clarificar la intención original de la ley.

En resumen, la ley, para ser efectiva, debe no solo ser verificada sino también autorizada por la autoridad soberana. Las interpretaciones deben derivarse de esa autoridad para evitar confusiones y mantener la coherencia legal dentro de un Estado.

La interpretación de la ley es un proceso fundamental que recae en manos del juez, quien emite una sentencia viva en cada caso particular. La interpretación de la ley natural es, en esencia, la aplicación de dicha ley al caso específico en cuestión. El juez, designado por la autoridad soberana, se encarga de evaluar si las demandas de las partes involucradas se alinean con la razón y la equidad naturales. Su sentencia se convierte en una interpretación auténtica de la ley natural, no por ser una decisión personal, sino porque actúa bajo la autorización del soberano. Esta sentencia, en ese momento, adquiere la fuerza de ley para las partes en litigio.

Es importante destacar que la sentencia de un juez no obliga a él mismo ni a otros jueces a dictar la misma decisión en casos similares en el futuro. Los jueces, subordinados o soberanos, pueden cometer errores en sus juicios. Si un juez, en un caso posterior, encuentra que una sentencia diferente sería más justa, está obligado a emitir esa nueva sentencia. Ningún error humano se convierte en una ley vinculante para él ni para otros jueces, incluso si se ha comprometido a seguirla.

Las leyes de naturaleza, que son inmutables, no pueden ser alteradas por las decisiones judiciales precedentes, sin importar cuántos jueces hayan fallado en contra de la equidad natural. Los príncipes pueden sucederse y los jueces pueden cambiar, pero la ley natural, eterna y divina, permanece inalterable. Por lo tanto, ninguna decisión pasada puede justificar una sentencia irracional o eximir a un juez actual de la responsabilidad de estudiar y aplicar la equidad basada en los principios de su propia razón natural.

Consideremos el caso de un hombre acusado de un delito capital que, temiendo la corrupción de los jueces y la malicia de sus enemigos, huye. Si posteriormente es capturado y absuelto judicialmente, pero aun así se le confiscan sus bienes, esto constituye una condena manifiesta de un inocente. Tal sentencia no puede ser considerada una interpretación de la ley natural, ni convertirse en ley mediante precedentes judiciales. La injusticia de la primera sentencia no puede servir de modelo para futuros jueces.

Aunque puede existir una ley escrita que castigue la huida de un inocente, considerar tal huida como presunción de culpabilidad, una vez que el individuo ha sido absuelto, es contrario a la naturaleza de la presunción. Un jurista inglés argumentaba que si un inocente, acusado de un delito, huye por temor y luego es absuelto, debe perder sus bienes debido a la presunción legal basada en su huida. Sin embargo, tal interpretación es contraria a la justicia y no debe ser aceptada como ley en Inglaterra o en cualquier otra jurisdicción.

La interpretación de las leyes escritas no debe depender únicamente de los comentarios de los juristas, ya que estos son más susceptibles de objeciones que el texto mismo de la ley. Las interpretaciones deben ser realizadas por jueces autorizados por el soberano. Sus sentencias deben ser reconocidas como leyes en cada caso particular, pero no deben obligar a otros jueces a emitir decisiones similares en casos futuros. Un juez puede errar en la interpretación de la ley escrita, pero ningún error judicial puede cambiar la ley general emitida por el soberano.

En las leyes escritas, se suele diferenciar entre la letra y la intención de la ley. Si por letra se entiende cualquier interpretación posible de las palabras, esta distinción es válida, debido a la ambigüedad y el uso metafórico de muchas palabras. Sin embargo, si por letra se entiende el sentido literal, entonces la letra y la intención de la ley son lo mismo. El sentido literal refleja la intención del legislador, que siempre se presume justa. Sería despectivo para un juez suponer lo contrario del soberano.

Por lo tanto, la interpretación de la ley es un proceso dinámico y esencial para la justicia. Los jueces deben aplicar la ley con equidad, corregir errores pasados y entender que la ley natural permanece inmutable. La autoridad del soberano es fundamental para validar las interpretaciones y asegurar que las decisiones judiciales sean justas y coherentes con los principios de la razón natural.

Cuando la redacción de una ley no proporciona suficiente claridad para emitir una sentencia justa, el juez debe recurrir a los principios de la ley natural. En casos complejos, puede ser necesario suspender el juicio hasta obtener una autorización más específica. Por ejemplo, una ley escrita puede ordenar que alguien despojado de su hogar por la fuerza sea restituido de la misma manera. Sin embargo, si una persona, por descuido, deja su casa vacía y luego es desalojada por la fuerza, no existe una ley específica para este escenario. Aun así, este caso debe considerarse bajo la misma ley, ya que no ofrecer una solución sería contrario a la voluntad del legislador.

Supongamos que la ley establece que se debe juzgar con base en la evidencia. Si un hombre es acusado falsamente de un hecho que el juez presenció ser realizado por otra persona, el juez no debe condenar al inocente siguiendo la letra de la ley, ni debe sentenciar en contra de la evidencia testimonial. En tales situaciones, el juez debe solicitar al soberano la designación de otro juez y actuar como testigo. Así, la intención de la ley puede prevalecer sobre la literalidad de sus palabras. Sin embargo, ningún inconveniente justifica una sentencia contraria a la ley, ya que los jueces no deben decidir lo que es conveniente o inconveniente para el Estado, sino lo que es justo.

Las cualidades necesarias para ser un buen juez, o intérprete de la ley, difieren de las que se exigen a un abogado, especialmente en el estudio de las leyes. Un juez no debe informarse sobre los hechos por otro medio que no sea el testimonio de los testigos, y sobre la ley solo debe recibir orientación a través de los estatutos y constituciones del soberano, presentados en el juicio por aquellos con autoridad para interpretarlos. No necesita preocuparse por anticipado de su juicio, ya que los testigos le proporcionarán los hechos y las autoridades legales le explicarán la ley en el contexto del caso.

En Inglaterra, los Lores del Parlamento actuaban como jueces en casos difíciles, aunque pocos de ellos eran expertos en derecho. Estos consultaban con juristas designados para el caso, quienes tenían la autoridad para dictar sentencia. De manera similar, en los juicios ordinarios, doce personas del pueblo actúan como jueces y deciden tanto sobre los hechos como sobre el derecho, aunque no se espera que conozcan la ley en profundidad. Reciben orientación de una autoridad legal y, aunque no siempre sigan ese consejo, no son penalizados a menos que se demuestre corrupción o mala fe.

Un buen juez debe poseer, en primer lugar, una comprensión profunda de la ley de naturaleza, conocida como equidad, que se basa en la razón natural más que en los escritos de otros hombres. Esta cualidad es más común en quienes han tenido más oportunidades y disposición para reflexionar sobre estos principios. En segundo lugar, debe mostrar desprecio por las riquezas y las preferencias innecesarias. En tercer lugar, debe ser capaz de despojarse de todo temor, amor, odio y compasión en el juicio. Por último, debe tener paciencia para escuchar, atención diligente y una buena memoria para retener, asimilar y aplicar lo escuchado.

La clasificación y división de las leyes varían según los métodos utilizados por los diferentes escritores que han abordado el tema. Esta categorización no depende de la naturaleza de las leyes, sino del propósito del escritor y puede complementar cualquier otro método humano. En las Institutas de Justiniano, por ejemplo, se encuentran siete tipos diferentes de leyes civiles.

La interpretación de la ley es un arte que requiere no solo conocimiento técnico, sino también una profunda comprensión de los principios subyacentes de justicia y equidad. La capacidad de un juez para discernir entre la letra y el espíritu de la ley es crucial para asegurar que las decisiones judiciales sean justas y equitativas. Este equilibrio entre la literalidad y la intención es esencial para mantener la confianza en el sistema legal.

Los jueces deben estar bien equipados para enfrentar la complejidad y la ambigüedad que a menudo presentan los casos judiciales. Su formación debe ir más allá del conocimiento de las leyes escritas, abarcando una comprensión filosófica de la justicia y la moralidad. Solo así pueden garantizar que sus decisiones reflejan no solo la legalidad, sino también la equidad y la rectitud.

En última instancia, la justicia debe ser vista no solo como un conjunto de normas a seguir, sino como un principio vivo que guía las acciones y decisiones de quienes están encargados de interpretarla y aplicarla. La modernización del sistema legal debe enfocarse en formar jueces que no solo sean expertos en la letra de la ley, sino también en su espíritu, asegurando que cada sentencia emitida sea una verdadera representación de la justicia en su forma más pura.

El poder del emperador y las leyes romanas. Las leyes y edictos emanados del emperador romano, como constituciones y epístolas, derivan su autoridad del poder absoluto que el pueblo depositó en él. De manera similar, en Inglaterra, los decretos y proclamaciones de los reyes tienen una función análoga, derivando su poder del monarca.

Decretos del senado y del pueblo romano. Las leyes promulgadas por el Senado y el pueblo romano representaban el poder soberano que residía en el pueblo. Aunque los emperadores podían derogarlas, estas leyes siguen vigentes mientras no fueran derogadas, funcionando bajo la autoridad imperial. De manera similar, las leyes del Parlamento en Inglaterra se mantienen en vigor por la autoridad del Estado, salvo que sean explícitamente derogadas.

Decretos del pueblo llano y órdenes de la cámara de los comunes. Los decretos emitidos exclusivamente por el pueblo, sin la participación del Senado, se mantenían como leyes imperiales siempre que no fueran anulados por los emperadores. En Inglaterra, las órdenes de la Cámara de los Comunes funcionan de manera análoga, representando la voz del pueblo en el sistema legislativo.

Senatus consulta y actas del consejo. Con el crecimiento demográfico de Roma, se volvió impráctico reunir al pueblo para todas las consultas. Por ello, el emperador decidió que el Senado asumiera esta función, lo que resultó en los "Senatus Consulta". Estas órdenes se asemejan a las Actas del Consejo en otros sistemas de gobierno, donde un cuerpo asesor toma decisiones en nombre del soberano.

Edictos de los pretores y justicia mayor. Los edictos emitidos por los pretores y, en ciertos casos, por los ediles, eran fundamentales en el sistema judicial romano. Estos funcionarios desempeñaban roles equivalentes a los de los jueces superiores en las Cortes de Inglaterra, siendo responsables de administrar justicia y emitir edictos judiciales.

Responsa prudentum y jurisprudencia. Las "Responsa Prudentum" eran respuestas y opiniones de juristas autorizados por el emperador para interpretar la ley. Estas opiniones eran vinculantes para los jueces y se asemejan a las recopilaciones de casos juzgados en Inglaterra, aunque en este país, los jueces no están obligados a seguir estas recopilaciones de manera estricta.

Costumbres no escritas y leyes naturales. Las costumbres no escritas, que imitan la ley por consenso tácito del emperador, son consideradas leyes verdaderas siempre que no contravengan la ley natural. Estas costumbres reflejan un entendimiento implícito y compartido de la justicia y la equidad.

Clasificación de las leyes: naturales y positivas. Las leyes se dividen en naturales y positivas. Las leyes naturales son eternas y universales, basadas en virtudes morales como la justicia y la equidad. Estas leyes no solo se llaman naturales, sino también morales, ya que guían hacia la paz y la caridad, tal como se discutió en los capítulos XIV y XV. Por otro lado, las leyes positivas son aquellas creadas por la voluntad de los soberanos. Estas leyes no han existido desde la eternidad y son establecidas para gobernar la conducta humana. Las leyes positivas pueden ser humanas o divinas, y se dividen en distributivas y penales.

Leyes distributivas y penales. Las leyes distributivas determinan los derechos de los ciudadanos, regulando la adquisición y mantenimiento de propiedades, así como los derechos y libertades de acción. Estas leyes se dirigen a todos los ciudadanos y establecen un marco para la justicia y la equidad en la sociedad. Las leyes penales, por otro lado, especifican las penalidades para aquellos que violan la ley. Estas leyes están dirigidas a los funcionarios encargados de ejecutar las penas y aseguran que los delincuentes sean castigados adecuadamente. Aunque todos los ciudadanos deben conocer las penalidades, la ejecución de las mismas recae en los ministros públicos designados para tal fin.

Leyes divinas y la autoridad para declararlas. Las leyes divinas positivas son mandamientos específicos de Dios dirigidos a ciertos grupos o individuos.

Estas leyes son declaradas por personas autorizadas por Dios. Sin embargo, la autoridad de estas personas debe ser reconocida a través de signos extraordinarios como milagros o una vida de santidad. Aunque estos signos no son pruebas absolutas de una revelación divina, pueden inducir una creencia razonable en la autoridad del declarante.

Obligación de obedecer las leyes divinas. Aunque es difícil adquirir una certeza absoluta sobre la revelación divina de otra persona, la obediencia a las leyes divinas puede ser requerida si no contradicen la ley natural. Los individuos pueden sentirse obligados a seguir estas leyes por su propio acto de fe y compromiso, aunque no se les puede exigir que crean en ellas sin evidencia personal de la revelación. La interpretación y aplicación de las leyes, tanto naturales como positivas, requieren una comprensión profunda de la justicia, la equidad y la autoridad. Los jueces y legisladores deben equilibrar la letra de la ley con su espíritu, asegurando que las decisiones sean justas y equitativas para mantener la confianza en el sistema legal.

Fe en la ley sobrenatural. La fe en la ley sobrenatural no se trata de una realización tangible, sino de un asentimiento, una aceptación. No es una obligación que los humanos le ofrecen a Dios, sino un don que Dios otorga libremente a aquellos a quienes Él elige. Por otro lado, la incredulidad no significa simplemente romper algunas de sus leyes, sino rechazar todas ellas, excepto las leyes naturales. Este concepto se puede clarificar aún más mediante ejemplos y testimonios extraídos de la Sagrada Escritura.

El pacto de Dios con Abraham. El pacto que Dios estableció con Abraham de manera sobrenatural es un ejemplo claro. Dios dijo: "Este será mi pacto, que guardarás entre tú y yo y tu descendencia después de ti". La descendencia de Abraham, que aún no existía en ese momento, no había recibido esta revelación directamente. Sin embargo, estaban obligados a obedecer lo que Abraham les manifestara como ley de Dios. Esto solo era posible gracias a la obediencia que debían a sus padres, quienes, como en el caso de Abraham, poseían poder soberano sobre sus hijos y siervos en ausencia de cualquier otra autoridad terrenal.

Cuando Dios le dijo a Abraham: "En ti deben quedar bendecidas todas las naciones de la tierra; porque yo sé que tú ordenarás a tus hijos y a tu hogar, después de ti, que tomen la vía del Señor y observen la rectitud y el juicio", queda claro que la obediencia de su familia, que no había recibido la revelación directa, dependía de la obligación inicial de obedecer a su soberano.

Moisés y el Monte Sinaí. En el monte Sinaí, solo Moisés ascendió para comunicarse con Dios, mientras que al pueblo se le prohibió hacerlo bajo pena de muerte. Sin embargo, estaban obligados a obedecer todo lo que Moisés les declarara como ley de Dios. Esta obediencia se basaba en su sumisión espontánea, como lo demuestran sus palabras: "Háblanos y te oiremos, pero no dejes que Dios nos hable a nosotros, o moriremos".

El Papel del estado y la revelación. Estos ejemplos demuestran que, en un Estado, un súbdito sin una revelación directa y segura de la voluntad de Dios debe obedecer el mandato del Estado. Si los individuos tuvieran la libertad de considerar sus propios sueños y fantasías, o los de otros, como mandamientos divinos, nunca habría consenso sobre lo que constituye un mandamiento de Dios. Cada persona podría desobedecer las leyes del Estado bajo su propia interpretación personal.

Por lo tanto, en todo aquello que no contradiga la ley moral o natural, los súbditos están obligados a obedecer las leyes del Estado como si fueran divinas. Esto es evidente para cualquier razonamiento humano, ya que lo que no va en contra de la ley de la naturaleza puede convertirse en ley en nombre de quien tiene el poder soberano. No hay razón para que los individuos estén menos obligados si la ley es presentada en nombre de Dios.

Leyes divinas y la autoridad para declararlas. Las leyes divinas positivas son mandamientos específicos de Dios dirigidos a ciertos grupos o individuos, y son declaradas por aquellos a quienes Dios ha autorizado. Sin embargo, ¿cómo puede conocerse la autoridad de alguien para declarar que dichas leyes son de Dios? Dios puede ordenar a un hombre, de manera sobrenatural, que dé leyes a otros. Pero, como es esencial que los obligados por estas leyes reconozcan la autoridad de quien las declara, y nosotros no podemos adquirir este reconocimiento directamente de Dios, surge la pregunta de cómo puede un hombre asegurarse de la revelación recibida por el declarante sin una revelación personal.

Evidencia de la revelación. Adquirir evidencia de la revelación de otro es imposible sin una revelación personal. Aunque un hombre puede ser inducido a creer en la revelación de otro por milagros, la santidad de su vida o la sabiduría de sus acciones, estos no son testimonios infalibles. Los milagros son obras maravillosas, pero lo que es milagroso para unos puede no serlo para otros. La santidad puede ser fingida, y la felicidad visible puede ser producto de causas naturales y ordinarias.

Creencia y obediencia. Así, ningún hombre puede saber con certeza absoluta, por razón natural, que otro ha tenido una revelación sobrenatural de la voluntad divina. Solo puede haber una creencia que varía en firmeza según los signos observados. En cuanto a la obligación de obedecer estas revelaciones, si la ley no contradice la ley de naturaleza y el individuo decide obedecerla, queda obligado por su propio acto. La fe en la ley sobrenatural es, entonces, un don divino, no una obligación humana.

La fe en la ley sobrenatural se basa en la aceptación y no en la obligación. La obediencia a las leyes del Estado, cuando no contradicen la ley natural, es una extensión de esta fe. Este entendimiento es crucial para mantener la cohesión y la armonía dentro de cualquier sociedad, asegurando que las leyes divinas y estatales sean respetadas y obedecidas adecuadamente.

El pacto que Dios estableció con Abraham de manera sobrenatural es un claro ejemplo de cómo la fe y la obediencia se entrelazan en la narrativa bíblica. Dios le dijo a Abraham: "Este será mi pacto, que guardarás entre tú y yo y tu descendencia después de ti". Aunque la descendencia de Abraham aún no existía y no recibió esta revelación directamente, formaba parte integral del pacto y estaba obligada a seguir las leyes divinas transmitidas por Abraham. Esta obediencia no se basaba en una revelación personal, sino en la autoridad y la soberanía que los padres ejercían sobre sus hijos y siervos en ausencia de otro poder terrenal.

Dios le prometió a Abraham: "En ti serán bendecidas todas las naciones de la tierra; porque yo sé que tú ordenarás a tus hijos y a tu hogar después de ti, que sigan el camino del Señor y observen la justicia y el juicio". Este mandato subraya que la obediencia de su familia, sin haber recibido una revelación directa, dependía de su deber fundamental de seguir la guía del patriarca, quien era su soberano espiritual.

En el monte Sinaí, solo Moisés ascendió para comunicarse con Dios, mientras que el pueblo tenía prohibido hacerlo bajo pena de muerte. A pesar de no haber recibido la revelación directa, estaban obligados a obedecer todo lo que Moisés les comunicara como ley divina. Este acto de obediencia espontánea se refleja en su declaración: "Háblanos y te escucharemos, pero no permitas que Dios nos hable a nosotros, o moriremos". Esto indica claramente que, en un estado, un ciudadano sin una revelación directa de la voluntad de Dios debe seguir las leyes del Estado.

La relación entre la ley divina y la ley del Estado. Si los individuos tuvieran la libertad de considerar sus propios sueños y fantasías, o los de otros, como mandamientos divinos, habría una gran disparidad en la comprensión de la voluntad de Dios, y cada persona podría justificar la desobediencia a las leyes del Estado. Por lo tanto, en todas las cuestiones que no contravienen la ley moral o natural, los ciudadanos están obligados a seguir las leyes del Estado como si fueran divinas. Esto se fundamenta en el principio de que cualquier cosa que no contradiga la ley de la naturaleza puede ser legitimada por la autoridad soberana.

La incompatibilidad de mandamientos contrarios al estado. No hay lugar en el mundo donde sea aceptable que los hombres reconozcan otros mandamientos divinos que aquellos declarados por el Estado. Los Estados cristianos, por ejemplo, castigan a quienes se rebelan contra la religión oficial, y otros Estados hacen lo mismo con aquellos que instituyen religiones prohibidas. En asuntos no regulados por el Estado, es justo, de acuerdo con la ley natural, que cada persona disfrute de su libertad.

La distinción entre las leyes que fundamentales y las no fundamentales. Las leyes fundamentales son aquellas cuya abolición llevaría al colapso del Estado, como los cimientos de una construcción. Estas incluyen el poder de hacer la paz y la guerra, instituir jueces, elegir funcionarios y cualquier otra medida necesaria para el bien público. Por otro lado, las leyes no fundamentales son aquellas cuya derogación no implica la desintegración del Estado, como las leyes que regulan las disputas entre ciudadanos.

Diferencia entre ley y derecho. Los términos "lex civilis" (ley civil) y "jus civile" (derecho civil) a menudo se usan indistintamente, pero no deberían. El derecho representa la libertad que la ley civil nos permite, mientras que la ley civil es una obligación que restringe la libertad otorgada por la ley de naturaleza. La naturaleza permitió a cada hombre protegerse por su propia fuerza y actuar preventivamente contra vecinos sospechosos, pero la ley civil restringe esta libertad donde la protección legal puede ser asegurada.

Diferencia entre las leyes y las cartas. De manera similar, los términos "leyes" y "cartas" también se confunden. Sin embargo, las cartas son concesiones del soberano, no leyes, sino exenciones de la ley. Mientras que las leyes se formulan con órdenes y mandatos, las cartas se expresan como dones y concesiones. Lo que se concede a una persona no se impone como una obligación legal.

Así, la obediencia a la ley divina y la del Estado es esencial para la cohesión y el funcionamiento de una sociedad. La distinción clara entre mandamientos divinos, leyes civiles, derechos y concesiones es crucial para entender cómo se deben regir las acciones y creencias dentro de cualquier estructura social y política. Este análisis nos ayuda a comprender mejor la interacción entre la fe, la ley y la autoridad en el contexto de la vida comunitaria. Puede crearse una ley para obligar y mandar a todos los súbditos de un Estado; una libertad a carta hace referencia y se aplica únicamente a un solo hombre o una parte del pueblo. Decir que todos los habitantes de un pueblo son libres en un caso cualquiera, sería como decir que en ese caso en específico no se cumplió ley alguna o que, si se llevó a cabo el cumplimiento de la ley, pues entonces se encuentra derogada ahora en el presente.

CAPÍTULO XXVII
SOBRE LAS FALTAS O DELITOS, EXIMENTES Y ATENUANTES

La naturaleza del pecado. ¿Qué es el pecado? El pecado no es simplemente una transgresión de la ley; es también un acto de desprecio hacia el legislador, ya que tal desprecio implica, en esencia, una violación de todas sus leyes. Por tanto, el pecado puede manifestarse no solo en la realización de un acto prohibido, en la pronunciación de palabras censuradas por la ley o en la omisión de lo que la ley manda, sino también en la intención de cometer dicha transgresión. La mera intención de quebrantar la ley implica un grado de desprecio hacia la autoridad que debe hacerla cumplir.

Imaginación y moralidad. La reflexión sobre la naturaleza humana y el concepto del pecado en relación con los deseos y fantasías nos lleva a explorar profundamente cómo se define la transgresión moral y legal en diferentes contextos éticos y religiosos. El punto central de esta discusión es discernir entre el pensamiento y la acción, entre la imaginación y la realización, y cómo estos elementos se entrelazan en la experiencia humana y en la aplicación de la ley moral y civil.

En primer lugar, es crucial distinguir entre la fantasía o la imaginación y la intención deliberada de cometer un acto. Según muchos sistemas éticos y legales, la culpabilidad moral o legal no se asigna simplemente por desear algo en la mente, sino por la decisión consciente de llevar a cabo ese deseo de manera concreta y tangible. Esto implica que pensar en tener lo que otra persona posee o fantasear con escenarios de daño o desaparición de alguien no constituye una infracción directa de las normas morales o legales, siempre y cuando estos pensamientos permanezcan en el ámbito de la imaginación y no se traduzcan en acciones concretas.

Por ejemplo, el mandamiento "No codiciarás" se refiere a la prohibición de desear envidia o avaricia por lo que pertenece a otro hasta el punto de estar dispuesto a transgredir la ley o la moralidad para obtenerlo. Mientras que la fantasía o el placer imaginativo de poseer lo que otro tiene puede ser natural y común, no se considera pecado o ilegal en sí mismo. Es solo cuando este deseo se transforma en una resolución consciente y una acción que podría violar derechos, propiedad o moralidad que se convierte en una preocupación ética o legal.

Del mismo modo, la consideración de la muerte de alguien de quien se espera daño o sufrimiento, aunque puede ser perturbadora o moralmente compleja, no constituye un delito o pecado simplemente por existir en la mente de una persona. La clave radica en la decisión de actuar sobre ese pensamiento de manera que ponga en peligro la vida o el bienestar de otro ser humano.

Este análisis pone de relieve la complejidad de la naturaleza humana y la importancia de la voluntad consciente y la deliberación en la determinación de la culpabilidad moral o legal. La capacidad de fantasear o imaginar situaciones diversas es inherente a la experiencia humana y no necesariamente indica una predisposición a la transgresión moral o legal. Más bien, es la acción deliberada y la resolución de materializar estas fantasías en la realidad lo que define la responsabilidad moral y legal.

En resumen, mientras que las fantasías y los deseos pueden ser poderosos y complejos, no constituyen pecado o delito por sí mismos. La moralidad y la ley se centran en las acciones concretas y la intención detrás de ellas, reconociendo la diferencia fundamental entre el pensamiento y la conducta. Esta distinción es crucial para mantener un equilibrio adecuado entre la libertad humana de pensamiento y la responsabilidad moral y legal de las acciones realizadas en consecuencia.

Juicio y severidad en la interpretación del pecado. Estas reflexiones me llevan a pensar que aquellos que sostienen que las primeras ideas de la mente, incluso cuando están constreñidas por el temor de Dios, son pecaminosas, son excesivamente estrictos tanto consigo mismos como con los demás. No obstante, reconozco que es más prudente errar por exceso de rigor que por indulgencia.

Delito: Definición y Distinción. El delito es un pecado que se manifiesta a través de la comisión de un acto o palabra prohibida por la ley, o por la omisión de un mandato legal. De este modo, todo delito es un pecado, pero no todo pecado es un delito. Proponerse robar o matar es un pecado, incluso si no se traduce en acciones o palabras, porque Dios, que conoce los pensamientos del hombre, puede juzgarlo. Sin embargo, hasta que se manifieste algo tangible que permita a un juez humano inferir la intención, no se le puede calificar de delito. Esta distinción era clara para los griegos, que diferenciaban entre pecado (αμαρτία) y delito (αδίκημα ο κρίμα), y también para los latinos, que distinguían entre "peccatum" (pecado) y "crimen" (delito), siendo este último aquellos pecados que pueden ser evidenciados ante un juez.

La relación entre ley, pecado y delito. De la relación entre pecado y ley, y entre delito y ley civil, se pueden inferir varias conclusiones. Primero, donde cesa la ley, cesa el pecado. Sin embargo, como la ley natural es eterna, la violación de pactos, la ingratitud, la arrogancia y todos los actos contrarios a la virtud moral nunca dejarán de ser pecado. En segundo lugar, al cesar la ley civil, cesa el delito, ya que sin una ley que lo regule, cada persona es su propio juez, guiado solo por su conciencia. En tercer lugar, cuando el poder soberano desaparece, también lo hace el delito, porque sin un poder que proteja mediante la ley, cada individuo tiene derecho a protegerse a sí mismo.

La ignorancia de la ley. La ignorancia de la ley de naturaleza no exime a nadie de culpa. Desde el momento en que una persona alcanza el uso de razón, se asume que comprende la regla de oro: no hacer a otros lo que no desea para sí. Por tanto, dondequiera que vaya una persona, si actúa contra esta ley, comete un delito. La ignorancia de la ley civil puede excusar a una persona en un país extranjero hasta que la ley le sea declarada; hasta entonces, ninguna ley civil es obligatoria. Sin embargo, la ignorancia del poder soberano en la localidad donde reside habitualmente no le excusa, ya que debe informarse sobre la autoridad que le protege.

Consecuencias de la violación de la ley. La ignorancia de la pena no exime a nadie. Al infringir la ley, una persona acepta todas las consecuencias conocidas de sus acciones, incluso si no conoce la pena específica. El castigo es una consecuencia natural de la violación de la ley en cualquier estado. Si una pena está determinada previamente, el infractor queda exento de una mayor penalidad posterior. Sin embargo, cuando los hombres comparan el beneficio de su injusticia con el daño del castigo, pueden sentirse alentados a cometer el acto si el castigo no es suficientemente disuasorio. Castigar más severamente de lo previamente establecido, o más que a otros por el mismo crimen, implica que la ley puede llevar a error o inducir al mal.

La relación entre pecado, delito y ley es compleja y multifacética. La moralidad y la legalidad deben entenderse en el contexto de la naturaleza humana y la estructura de la sociedad. La interpretación y aplicación de la ley requieren un equilibrio entre la justicia, la comprensión de la naturaleza humana y el mantenimiento del orden social.

La irretroactividad de las leyes. Una acción no puede considerarse un delito si la ley que lo prohíbe se promulgó después de cometido el acto. Si la acción va en contra de la ley natural, esa ley ya existía antes del hecho. Sin embargo, una ley positiva no puede ser conocida antes de su promulgación, y, por lo tanto, no puede ser obligatoria de manera retroactiva. Cuando una ley prohíbe una acción antes de que esta se realice, quien comete el acto queda sujeto a la pena establecida posteriormente, siempre y cuando una pena no menor haya sido previamente conocida por escrito o por medio de ejemplos.

Confusiones en el razonamiento y su relación con el delito. Los individuos tienden a violar la ley debido a defectos en su razonamiento, que se manifiestan en tres aspectos principales. Primero, debido a la presunción de principios falsos, como la creencia errónea de que, en todas las épocas y lugares, las acciones injustas han sido justificadas por la fuerza y las victorias de quienes las cometen. Esta mentalidad conduce a la errónea conclusión de que la justicia es una ilusión y que todo lo que un hombre pueda conseguir por su esfuerzo y fortuna le pertenece legítimamente. Si se acepta esta perspectiva, ningún acto puede ser inherentemente delictivo; su carácter delictivo depende del éxito del perpetrador. Así, un hecho puede ser considerado virtuoso o vicioso según lo determine la fortuna, provocando una constante perturbación en la paz del Estado.

Influencia de falsos maestros. Los falsos maestros que interpretan incorrectamente la ley natural y contravienen la ley civil representan una preocupación significativa en cualquier sociedad. Estos individuos, ya sea por ignorancia, malicia o una combinación de ambos, distorsionan principios fundamentales que guían la conducta humana y afectan la cohesión social. Profundizar en esta problemática revela cómo estas interpretaciones erróneas no solo afectan a nivel individual, sino que también pueden tener repercusiones más amplias en el orden jurídico y moral de una comunidad.

Es crucial entender la diferencia entre la ley natural y la ley civil. La ley natural se basa en principios universales y fundamentales que se consideran inherentes a la naturaleza humana y a la moralidad. Estos principios son percibidos como independientes de cualquier legislación humana específica y suelen estar relacionados con conceptos de justicia, derechos humanos y deberes éticos básicos. Por otro lado, la ley civil es el conjunto de normas y regulaciones establecidas por una autoridad legalmente reconocida para regular la conducta dentro de una sociedad determinada.

Cuando los falsos maestros distorsionan o interpretan incorrectamente la ley natural, pueden surgir conflictos con la ley civil. Estas interpretaciones erróneas pueden conducir a la enseñanza de doctrinas que contradicen los principios fundamentales sobre los cuales se basa la ley civil, como la igualdad, la justicia y el respeto por los derechos individuales. Por ejemplo, interpretaciones erróneas de la ley natural podrían utilizarse para justificar discriminaciones basadas en género, raza u orientación sexual, contraviniendo las leyes civiles que prohíben dichas prácticas discriminatorias.

Además, los falsos maestros a menudo promueven doctrinas personales o tradiciones antiguas que pueden estar desactualizadas o incompatibles con el entorno legal y social contemporáneo. Estas enseñanzas pueden generar confusión entre los ciudadanos sobre cuáles son sus deberes y derechos legales reales, creando un clima de incertidumbre y desobediencia selectiva a las leyes vigentes. Por ejemplo, interpretaciones erróneas de la ley natural podrían llevar a individuos a rechazar pagar impuestos argumentando motivos éticos o morales personales, ignorando las obligaciones fiscales establecidas por la ley civil.

La influencia de los falsos maestros no debe subestimarse, ya que pueden ejercer un impacto significativo en la cohesión social y en la estabilidad jurídica de una sociedad. Sus interpretaciones erróneas pueden alimentar ideologías extremistas o sectarias que buscan subvertir el orden establecido en beneficio propio o en detrimento del bien común. En situaciones más extremas, estas interpretaciones erróneas pueden incluso incitar a actos de desobediencia civil o violencia, desafiando la autoridad legítima y socavando el estado de derecho.

Para contrarrestar esta problemática, es fundamental promover una educación robusta sobre los principios básicos de la ley natural y la ley civil, asegurando que todos los ciudadanos comprendan correctamente sus derechos y responsabilidades legales. Además, las autoridades civiles deben estar vigilantes ante las interpretaciones distorsionadas de la ley natural que puedan comprometer la igualdad, la justicia y el respeto por los derechos fundamentales. La vigilancia y la educación son herramientas clave para mitigar los efectos perjudiciales de los falsos maestros y garantizar un orden social justo y equitativo para todos los miembros de la comunidad.

Inferencias erróneas de los principios verdaderos. En tercer lugar, las inferencias erróneas de principios verdaderos son comunes entre quienes toman decisiones apresuradas sin un estudio adecuado. Estas personas, confiadas en su inteligencia y experiencia común, subestiman la complejidad de entender lo justo y lo injusto, lo que requiere un estudio profundo. Ninguno de estos defectos en el razonamiento puede justificar un delito, aunque algunos puedan atenuar su gravedad. Esto es especialmente cierto para aquellos que ocupan cargos públicos, ya que se presume que poseen una comprensión superior de la razón y la ley.

Las pasiones y los delitos. Las pasiones humanas, como la vanagloria, desempeñan un papel crucial y a menudo subestimado en la comisión de delitos. La vanagloria se define como una estimación excesiva e insensata de la propia valía, donde individuos creen que su estatus, ingenio, riqueza o linaje les otorgan una posición especial ante la ley y la sociedad. Esta percepción distorsionada no solo afecta su comportamiento personal, sino que también influye en cómo perciben y responden a las normas legales establecidas.

En primer lugar, aquellos impulsados por la vanagloria tienden a minimizar la seriedad de sus actos delictivos. Consideran que sus habilidades o privilegios los eximen de las consecuencias que enfrentaría un individuo común por cometer el mismo delito. Esta actitud refleja una falta de respeto hacia el principio de igualdad ante la ley, fundamental para la justicia y la cohesión social. Al no reconocer la ley como un marco equitativo que se aplica de manera universal, socavan el tejido mismo de la comunidad legal y ética.

Además, la vanagloria puede alimentar comportamientos delictivos más audaces y flagrantes. Los individuos que se sobreestiman a sí mismos pueden ser más propensos a desafiar abiertamente las normas, creyendo que su estatus o capacidad para evadir la detección los protegerá de las consecuencias legales. Esta mentalidad puede llevarlos a perpetrar actos de corrupción, fraude, abuso de poder o cualquier otra transgresión que crean estar por encima de reproche.

Otro aspecto crucial es cómo la vanagloria distorsiona la percepción de la dignidad y el honor. Aquellos que la sufren pueden sentir que la ley y sus sanciones no son aplicables a ellos de la misma manera que a los demás. Esta actitud no solo refleja una arrogancia moral, sino que también subraya la falta de comprensión de los principios de justicia y responsabilidad personal que sustentan las normas legales.

Es importante destacar que la vanagloria no solo afecta a individuos aislados, sino que también puede permear estructuras más amplias, como instituciones y sistemas. Cuando la vanagloria se arraiga en líderes políticos, empresariales o comunitarios, puede influir en decisiones que afectan a muchas personas, erosionando la confianza en las instituciones y socavando la cohesión social. Comprender cómo la vanagloria influye en la comisión de delitos es crucial para abordar efectivamente el comportamiento criminal y promover una cultura de cumplimiento legal equitativo. Reconocer y contrarrestar la arrogancia y la presunción indebida de ciertos individuos ante la ley es fundamental para fortalecer el estado de derecho y garantizar que todos los ciudadanos sean tratados con igualdad y justicia ante la ley.

Presunción de riqueza y poder. Los individuos que se valoran principalmente por su riqueza suelen caer en la trampa de cometer delitos con la ilusión de que podrán escapar al castigo. Esta mentalidad está fundamentada en la creencia de que el dinero puede corromper la justicia o facilitar el soborno. La perspectiva de poder manipular el sistema legal para evitar las consecuencias de sus acciones criminales es una tentación constante para aquellos que ven su fortuna como un escudo contra la ley.

De manera similar, aquellos que cuentan con una red extensa de amigos poderosos o gozan de gran popularidad y reputación, también pueden sentirse tentados a violar la ley. La influencia y el respaldo de estas conexiones sociales pueden alimentar la ilusión de impunidad, haciendo que crean que están por encima de las normas que rigen a la mayoría. Esta sensación de protección puede llevarlos a actuar con mayor audacia y menos temor a las consecuencias legales.

Sin embargo, esta actitud de confiar en la influencia financiera, social o reputacional para eludir la justicia no solo es moralmente cuestionable, sino que también socava los fundamentos de un sistema legal justo y equitativo. La percepción de que algunos individuos pueden comprar su inocencia o usar su estatus para evitar responsabilidades promueve la desigualdad ante la ley y mina la confianza pública en las instituciones.

Es crucial reconocer que la verdadera integridad y fortaleza moral se demuestran no en la capacidad de eludir el castigo, sino en la disposición de cumplir con las normas establecidas y enfrentar las consecuencias de las propias acciones. La ley debe aplicarse de manera equitativa y sin favoritismos, asegurando que todos los ciudadanos sean tratados por igual ante la justicia, independientemente de su estatus económico o social.

En última instancia, la sociedad se beneficia de un sistema legal que protege los derechos de todos sus miembros y promueve la responsabilidad personal. Aquellos que buscan escapar de sus responsabilidades mediante la explotación de su riqueza, influencia o popularidad solo perpetúan la injusticia y debilitan la estructura misma que debería garantizar la equidad y el orden social.

La interrelación entre la ley, el delito y la naturaleza humana constituye un tema fundamental y complejo que atraviesa los cimientos de cualquier sociedad organizada. Para comprender plenamente esta dinámica, es esencial explorar cómo las leyes y normativas legales se entrelazan con los comportamientos humanos, motivaciones y entendimientos morales.

En primer lugar, la ley se erige como un pilar central que regula la convivencia social al establecer límites claros y expectativas de comportamiento aceptable. Sin embargo, su efectividad y aplicación dependen tanto de su formulación como de la comprensión que la sociedad tenga de ella. Las interpretaciones erróneas de la ley, ya sea por desconocimiento, malicia o ignorancia, pueden llevar a individuos a cometer actos delictivos bajo la creencia errónea de que sus acciones están justificadas o no serán castigadas adecuadamente.

Además, las pasiones humanas desempeñan un papel crucial en la comisión de delitos. El odio, la lujuria, la codicia y otras emociones intensas pueden nublar el juicio y llevar a decisiones impulsivas o irreflexivas que violen la ley. Estas emociones pueden ser tan poderosas que incluso aquellos con un conocimiento profundo de la ley pueden verse tentados a actuar en contra de ella, anteponiendo sus intereses personales o emocionales a las normas establecidas.

La comprensión profunda de la ley y la moralidad también juega un papel clave en la prevención del delito. Aquellos que no internalizan los principios éticos subyacentes a las normas legales pueden verse tentados a transgredir, creyendo que sus acciones no tienen repercusiones morales significativas. Este déficit de comprensión puede surgir de deficiencias en la educación cívica o moral, o de una cultura que no enfatiza suficientemente la responsabilidad individual y el respeto por el orden social.

Por lo tanto, mantener un equilibrio adecuado entre el rigor de la ley y la comprensión de la naturaleza humana es esencial para la estabilidad y el progreso de cualquier comunidad. La ley debe ser clara, accesible y justa, pero también debe adaptarse a las realidades y complejidades del comportamiento humano. La educación continua sobre los principios legales y morales, así como la promoción de un ambiente que fomente la empatía y el respeto por los demás, son fundamentales para prevenir el delito y fortalecer el tejido social.

En última instancia, la justicia y la legalidad no son conceptos estáticos, sino dinámicos y evolutivos que deben responder de manera efectiva a los desafíos y cambios en la sociedad. Un enfoque integrador que reconozca la complejidad de la naturaleza humana y promueva el cumplimiento voluntario de las leyes es esencial para construir comunidades seguras, equitativas y prósperas.

Sabiduría y su falsa presunción. Las personas que se consideran extremadamente sabias a menudo se arrogan el derecho de criticar las acciones de los demás y desafiar abiertamente la autoridad del gobierno. Este comportamiento puede llegar a alterar las leyes mediante discursos públicos, donde sugieren que solo aquellas acciones que se alinean con sus propios intereses deberían considerarse legales, mientras que otras merecen ser desafiadas o ignoradas.

Este grupo de individuos, en su supuesta sabiduría, a menudo se enorgullece de sus actos que desafían las normativas establecidas. Especialmente cuando estos actos implican engaño y astucia, creen erróneamente que sus acciones son demasiado sutiles o sofisticadas para ser descubiertas o penalizadas. Esta percepción distorsionada no solo refleja un desprecio por las leyes y regulaciones que sostienen el orden social, sino que también constituye un peligro real para la estabilidad y cohesión de la comunidad.

La crítica sistemática y desafiante de las leyes por parte de estos individuos supuestamente sabios socava la autoridad de las instituciones y promueve una cultura de excepciones y privilegios personales sobre la igualdad ante la ley. Al proclamar su superioridad moral o intelectual, estos críticos a menudo justifican sus acciones como un servicio a un supuesto bien mayor, ignorando los principios fundamentales de justicia y equidad que deben guiar cualquier sistema legal justo.

Además, la falsa percepción de sabiduría entre este grupo puede llevarlos a considerar sus acciones como legítimas o incluso virtuosas, cuando en realidad socavan el tejido mismo de la sociedad civil. La ley no solo establece límites para la conducta individual, sino que también protege los derechos y la seguridad de todos los ciudadanos. Ignorar estas normativas en nombre de una supuesta sabiduría esenciales para la cohesión social y la paz pública.

Por lo tanto, es crucial para el orden social y la justicia que las personas, incluso las que se consideran extremadamente sabias, respeten y obedezcan las leyes establecidas, buscando cambiarlas o mejorarlas dentro del marco legal existente en lugar de desafiarlas abiertamente. El respeto por el estado de derecho es fundamental para mantener una sociedad justa y equitativa donde todos los ciudadanos puedan vivir con seguridad y dignidad.

Los individuos que son los primeros en incitar disturbios en el Estado, especialmente en épocas de guerra civil, suelen enfrentar un destino adverso: rara vez sobreviven lo suficiente para ver cumplidos sus objetivos. Esta ironía revela que los supuestos beneficios de sus acciones delictivas tienden a materializarse solo para las generaciones posteriores, no para ellos mismos, lo que cuestiona la verdadera sabiduría de sus decisiones.

A menudo, aquellos que confían en su impunidad y creen estar ocultos en la oscuridad están engañándose a sí mismos. Esta percepción de seguridad es simplemente una forma de ceguera, equiparable a la de los niños que creen estar escondidos al taparse los ojos. La realidad es que la justicia eventualmente alcanza a quienes violan la ley, independientemente de cuán ocultos se sientan en el momento.

La vanidad y la búsqueda de reconocimiento pueden llevar a estas personas a cometer actos delictivos impulsados por la ira. Interpretan la libertad de expresión ordinaria como desprecio hacia ellos, lo que a menudo desemboca en acciones ilegales. Este ciclo de arrogancia, ira y delito refleja una falta de madurez y discernimiento sobre las consecuencias de sus acciones.

Es esencial reconocer que los disturbios y las acciones ilegales no solo amenazan la estabilidad del Estado, sino que también socavan la confianza pública en las instituciones y la ley. La sociedad depende de un respeto compartido por las normas y los principios legales para mantener la cohesión y el orden social. Quienes actúan en contra de estos fundamentos socavan su propio futuro y el de las generaciones venideras.

Por lo tanto, la reflexión sobre estas dinámicas es crucial para cultivar una ciudadanía informada y responsable. La verdadera sabiduría radica en reconocer los límites de la propia libertad y en buscar cambios constructivos dentro de los marcos legales establecidos, en lugar de desafiarlos con acciones impulsivas que solo perpetúan ciclos de conflicto y desconfianza.

El odio, la concupiscencia, la ambición y la codicia como causas de delito. Los delitos motivados por el odio, la lujuria, la ambición y la codicia son fenómenos profundamente arraigados en la naturaleza humana y en la de otras criaturas vivientes. Estas pasiones, tan intrínsecas a nuestro ser, son ampliamente comprendidas y reconocidas por todos. Sin embargo, su impacto en nuestras acciones puede ser tan poderoso que solo medidas extraordinarias de razón o un sistema riguroso de castigos pueden mitigar sus efectos perjudiciales.

El odio, por ejemplo, es una emoción que genera una incomodidad continua y muchas veces inconfesable en las personas. Frente a esta molestia persistente, los individuos se ven enfrentados a la decisión de soportar pacientemente o de eliminar la fuente de su malestar, a menudo recurriendo a actos que pueden contravenir la ley. La ambición y la codicia, por su parte, son pasiones intensas y dominantes que a menudo desafían el control racional. La búsqueda de poder y riqueza puede llevar a personas a actuar con la esperanza de escapar impunes, ignorando las consecuencias legales y morales de sus acciones.

La lujuria, aunque menos constante en comparación con otras pasiones, es igualmente vehemente en su impacto. Esta intensa atracción hacia el deseo sexual puede superar incluso el miedo a posibles castigos, ya sean inciertos o fáciles de eludir. La lujuria, en ocasiones, impulsa a individuos a cometer actos que transgreden normas sociales y legales, subordinando el juicio racional a la satisfacción momentánea de deseos personales.

La comprensión de estas pasiones profundamente arraigadas en la humanidad es esencial para abordar la criminalidad desde una perspectiva más compasiva y efectiva. Si bien la razón puede ofrecer cierto control sobre estas emociones, la realidad demuestra que su influencia persiste de manera poderosa en las decisiones y acciones de las personas. Por lo tanto, la aplicación de la ley debe considerar estas complejidades emocionales y motivacionales al evaluar la culpabilidad y al determinar las sanciones adecuadas.

El miedo como causa de delito. El miedo, en comparación con otras pasiones, es la que menos inclina a los hombres a quebrantar las leyes. Exceptuando a algunas naturalezas valientes, el miedo es la única emoción que, cuando existe una apariencia de provecho o placer derivado de violar las leyes, hace que los hombres las respeten. Sin embargo, en muchos casos, el miedo también puede llevar a cometer delitos.

No cualquier tipo de miedo justifica una acción delictiva, solo el miedo a un daño corporal inminente, conocido como temor físico, puede ser una justificación. Si alguien es atacado y teme por su vida, puede herir o matar a su agresor en defensa propia sin cometer un delito, ya que la defensa de la vida es un derecho inalienable. Sin embargo, matar a alguien porque se sospecha que tiene intenciones de matar, cuando hay medios disponibles para solicitar protección, es un delito.

Por otro lado, temer palabras desagradables o pequeñas injurias que no están castigadas por la ley, y actuar para evitar el desprecio ajeno violando la ley, es un delito. Este tipo de daño es imaginario y no justifica una reacción delictiva. Asimismo, el miedo a los espíritus, ya sea por superstición propia o influenciada por otros, no justifica la violación de la ley. Los sueños y visiones, producto de nuestras propias fantasías y experiencias pasadas, no deben ser la base para acciones contrarias a la ley.

La relación entre la sabiduría, las pasiones y el delito es intrincada. La falsa percepción de sabiduría, junto con pasiones como la vanagloria, el odio, la lujuria, la ambición y la codicia, pueden llevar a conductas delictivas. El miedo, aunque generalmente es una fuerza disuasoria, también puede ser una causa de delito en ciertas circunstancias. Es esencial que la sociedad y sus leyes sean capaces de discernir entre los diversos impulsos humanos y sus manifestaciones, aplicando la razón y la justicia para mantener el orden y la paz.

Diversidad y gravedad de los delitos. Contrario al punto de vista de los estoicos en la antigüedad, la comprensión moderna de los delitos reconoce una diversidad significativa en su naturaleza y gravedad. No todos los actos ilícitos son iguales ni merecen la misma reacción judicial. Esta perspectiva contemporánea distingue entre la posibilidad de eximir completamente un acto de ser considerado un delito y la de atenuar su gravedad para reducir la severidad de la condena.

En esencia, todos los delitos son injustos, pero la magnitud de esa injusticia puede variar considerablemente. Es como comparar curvas en un gráfico: algunas son suaves y poco pronunciadas, mientras que otras son agudas y tienen efectos más marcados. Los estoicos, por su parte, no reconocían esta diferencia y consideraban que todos los actos contrarios a la moral eran igualmente graves, ya fuera matar a una gallina o cometer parricidio.

La posibilidad de eximir completamente un acto de ser considerado un delito implica demostrar que no hubo violación de ninguna norma legal o moral aplicable. Por ejemplo, en casos de legítima defensa o cuando una acción fue realizada bajo un error de interpretación de la ley, el acto no sería considerado un delito en absoluto. Por otro lado, la atenuación de la gravedad de un delito implica reconocer circunstancias mitigantes que reducen la culpabilidad del infractor o disminuyen el impacto negativo del acto sobre la sociedad y las víctimas. Factores como el arrepentimiento sincero, la ausencia de antecedentes penales o condiciones atenuantes como la edad o la presión extrema pueden influir en la decisión judicial para imponer una pena menos severa.

La distinción entre diversos grados de injusticia no solo es crucial para la justicia moderna, sino que también asegura que las sanciones sean proporcionales y justas. Esta comprensión más matizada de la moralidad y la ley fortalece la confianza pública en el sistema legal al promover una aplicación más equitativa de la justicia.

Eximentes totales. Las eximentes que eliminan completamente la naturaleza del delito son aquellas que suprimen la obligación establecida por la ley. Si alguien comete un acto contrario a la ley, pero no estaba obligado a seguir esa ley, su acto no puede considerarse un delito. La falta de conocimiento de la ley exime totalmente, ya que una ley de la que uno no tiene forma de informarse no es obligatoria. Sin embargo, la negligencia en buscar información no es una excusa válida, y aquellos que se consideran suficientemente razonables para gobernar sus asuntos no pueden alegar desconocimiento de las leyes naturales. Solo los niños y los locos pueden excusarse por desconocer la ley natural. Si una persona está cautiva o en poder del enemigo, y esta situación no es culpa suya, cesa la obligación de seguir la ley, ya que debe obedecer al enemigo o morir. Por lo tanto, dicha obediencia no constituye un delito, porque nadie está obligado a renunciar a su propia protección cuando la ley no puede protegerlo.

Actuar bajo coacción. Si alguien, por miedo a la muerte inminente, se ve obligado a realizar un acto contrario a la ley, queda totalmente excusado, ya que ninguna ley puede obligarlo a renunciar a su propia supervivencia. En una situación en la que la vida está en peligro inmediato, el instinto de conservación prevalece sobre la obligación de cumplir la ley. En casos de extrema necesidad, como cuando una persona no tiene alimento u otros recursos esenciales para vivir, y no puede obtenerlos de otra manera que no sea cometiendo un acto ilegal, como robar comida o arrebatar una espada para defenderse, también queda eximida. La supervivencia justifica estas acciones bajo la misma lógica.

Eximentes por la autorización de terceros. Los actos realizados bajo la autorización de otra persona pueden eximir al ejecutor, pero no al autor de la orden. Si el acto viola la ley y perjudica a un tercero, tanto el autor como el ejecutor son responsables. Sin embargo, si el soberano ordena un acto contrario a una ley previa, el ejecutor está eximido, ya que el soberano no puede condenar sus propias acciones, y lo que no puede ser condenado por el soberano no puede ser castigado por nadie más.

Cuando el soberano emite una orden contraria a una ley anterior, dicha orden abroga la ley en relación con ese acto particular. Si el soberano renuncia a un derecho esencial, otorgando libertades incompatibles con el poder soberano, cualquier desobediencia a una orden que contradiga esa libertad constituiría un pecado contra la obligación del súbdito. El súbdito debe comprender lo que es incompatible con la soberanía, ya que esta se instituyó por su consentimiento y para su protección.

Evaluación de la gravedad del delito. Los delitos son examinados bajo una lupa multifacética que considera diversos elementos críticos para determinar su gravedad y aplicar sanciones proporcionales. Estos criterios incluyen la naturaleza maligna de la causa que originó el delito, el impacto ejemplar que puede influir en otros, el daño tangible causado a víctimas o a la sociedad en general, y las circunstancias particulares como el momento, el lugar y las personas involucradas. La malignidad de la causa subyacente en un delito juega un papel crucial en su evaluación. Algunos actos delictivos se originan en motivos particularmente maliciosos o perversos, lo cual agrava su naturaleza y repercusión. Por ejemplo, un crimen cometido por motivos de odio racial o por venganza personal tiende a ser considerado más grave debido a la malevolencia intrínseca del móvil que lo impulsó.

El impacto ejemplar de un delito también se pondera cuidadosamente. Los actos que establecen precedentes peligrosos o que socavan la confianza en el sistema legal pueden ser vistos como más perjudiciales que aquellos que no tienen un efecto ejemplar significativo. Por ejemplo, un caso de corrupción política puede tener un impacto desproporcionadamente grande en comparación con otros delitos financieros menos visibles, pero igualmente dañinos. El daño real o potencial causado por un delito es otro factor determinante. La extensión del sufrimiento infligido a las víctimas, la comunidad o la sociedad en general puede variar ampliamente y afectar la gravedad percibida del delito. Delitos como el homicidio, el fraude masivo o el terrorismo causan un daño profundo y duradero que merece una respuesta legal y social significativa.

Las circunstancias específicas en las que se comete un delito también son cruciales para su evaluación. El tiempo, el lugar y las personas involucradas pueden influir en la percepción del delito y en la aplicación de la justicia. Por ejemplo, un robo en medio de una crisis económica puede ser considerado de manera diferente a un robo en tiempos de prosperidad. Asimismo, las circunstancias individuales del delincuente, como su historial criminal o su situación emocional, pueden afectar la determinación de la pena adecuada. Este enfoque detallado en la evaluación de los delitos no solo busca establecer la culpabilidad del individuo, sino también comprender la complejidad del comportamiento humano y su relación con la ley. Reconoce la importancia de un sistema de justicia que no solo castigue, sino que también rehabilite y proteja a la sociedad. La consideración cuidadosa de estos factores garantiza que las decisiones judiciales sean justas, equitativas y acordes con los principios de la ley y la moralidad pública.

La presunción de poder constituye una agravante significativa en la comisión de delitos. Cuando un acto ilegal se realiza confiando en la fortaleza, riqueza o influencias para resistir a quienes aplican la ley, este delito se considera más grave que si simplemente se basa en la esperanza de no ser descubierto o de escapar. La idea de impunidad derivada de la fuerza es particularmente perjudicial, pues fomenta un desprecio generalizado por las leyes, mientras que el miedo a las consecuencias suele moderar el comportamiento del individuo en el futuro. Un delito cometido conscientemente y reconocido como tal es más severo que aquel que procede de una errónea convicción de que es un acto legítimo. Quien actúa con plena conciencia y confianza en su fuerza o en el respaldo de otro poder para repetir su delito muestra una mayor culpabilidad en comparación con quien comete un error y rectifica al ser informado de su transgresión.

Cuando el error de alguien proviene de la autoridad de un maestro o de un intérprete legal debidamente reconocido, se le considera menos culpable que aquel cuyo error surge de seguir sus propios razonamientos o principios sin fundamento autorizado. Esto se debe a que lo que enseña un maestro autorizado por el Estado tiene una apariencia de legalidad mientras está bajo control de esa autoridad, lo cual contrasta con las acciones basadas en juicios privados que pueden carecer de fundamento legal.

Ejemplos de impunidad y su impacto. La presencia de casos previos de impunidad puede tener un impacto significativo en la evaluación de la gravedad de un delito en comparación con situaciones en las que se ha castigado de manera consistente el mismo acto. Los ejemplos de impunidad funcionan como señales claras de que ciertos comportamientos pueden realizarse sin enfrentar consecuencias legales, especialmente cuando estos auspicios provienen directamente del soberano o de autoridades relevantes. Esta situación plantea un dilema ético y práctico dentro del sistema judicial, ya que las expectativas de impunidad pueden influir poderosamente en las decisiones de individuos que consideran cometer actos ilegales.

Quienes promueven o permiten estas expectativas de impunidad comparten una responsabilidad ética y legal en las acciones delictivas que resultan. Su apoyo indirecto y la falta de acción para hacer cumplir la ley pueden interpretarse como una forma de complicidad moral en la perpetuación de delitos. Este fenómeno no solo erosiona la confianza en el sistema legal, sino que también mina la autoridad y la legitimidad del gobierno en general. La presencia de ejemplos de impunidad también plantea desafíos en términos de igualdad ante la ley. Si algunos individuos pueden eludir las consecuencias de sus acciones mientras que otros enfrentan castigos severos por delitos similares, se genera una percepción de injusticia que socava la cohesión social y la moralidad pública. Esto resalta la importancia de una aplicación consistente y equitativa de la ley para mantener la integridad del sistema judicial y proteger los derechos de todos los ciudadanos.

Además, la existencia de ejemplos de impunidad puede perpetuar un ciclo de violencia y delincuencia al enviar señales incorrectas sobre las normas sociales y legales aceptadas. Cuando los individuos perciben que ciertos delitos pueden cometerse sin repercusiones graves, se debilita el disuasivo natural que la ley debería representar. Esto puede conducir a un aumento en la frecuencia y gravedad de los delitos, afectando negativamente la seguridad pública y el bienestar comunitario.

La consideración de los ejemplos de impunidad no solo es crucial para evaluar la gravedad de un delito individual, sino también para entender las dinámicas sociales y políticas que influyen en el comportamiento delictivo. Es fundamental que el sistema judicial aborde estas cuestiones con seriedad y adopte medidas efectivas para garantizar que todos los ciudadanos sean tratados con justicia y que se mantenga la integridad de la ley en beneficio de la sociedad en su conjunto.

Premeditación y la agravación del delito. La premeditación es un factor que sin duda intensifica significativamente la gravedad de un delito en comparación con aquellos impulsados por pasiones repentinas. Cuando un individuo comete un acto delictivo con premeditación, está actuando con plena conciencia y planificación previa. Este comportamiento deliberado revela un desprecio consciente tanto por las consecuencias legales como por las implicaciones sociales de sus acciones.

El hecho de que el individuo haya dedicado tiempo a considerar la ley y aun así proceda con el acto ilícito subraya su falta de respeto hacia el poder soberano y las normativas establecidas. Esta falta de respeto no puede ser excusada completamente bajo ninguna circunstancia, ya que implica una decisión calculada de ignorar las obligaciones legales y morales que incumben a todos los ciudadanos.

La premeditación también sugiere una mayor culpabilidad moral, ya que el individuo ha tenido la oportunidad de reflexionar sobre las posibles consecuencias de sus acciones y, a pesar de ello, ha optado por seguir adelante. Este nivel de planificación implica una mayor capacidad para entender y prever los resultados de sus actos, lo que agrava la responsabilidad del perpetrador. Desde una perspectiva legal, los delitos cometidos con premeditación suelen ser considerados más serios debido a la intencionalidad y la conciencia clara de los límites legales que se sobrepasan. Este tipo de comportamiento no solo socava la autoridad de la ley, sino que también pone en peligro el orden social al desafiar abiertamente las normas establecidas para la convivencia pacífica y justa.

La premeditación no solo intensifica la gravedad de un delito, sino que también revela aspectos más profundos sobre la naturaleza del perpetrador y su actitud hacia la sociedad y el sistema legal. Es fundamental que el sistema judicial considere este factor al determinar las sanciones adecuadas, garantizando así la justicia y la coherencia en la aplicación de la ley para mantener el orden y la seguridad pública.

Importancia de la promulgación y del conocimiento de la ley. Cuando la ley se promulga públicamente y se interpreta regularmente ante el público, cualquier acto contrario a ella adquiere una gravedad adicional en comparación con aquellos cometidos en contextos donde la información legal es de difícil acceso o conocida solo a través de individuos privados. En el primer escenario, la falta de conocimiento o la aparente negligencia para informarse adecuadamente sobre la ley implica un cierto menosprecio hacia la autoridad soberana y sus normativas establecidas. Este menosprecio se fundamenta en la noción de que todos los ciudadanos tienen la obligación moral y cívica de conocer y respetar las leyes que rigen la convivencia social.

La promulgación pública de la ley y su interpretación regularizada sirven como indicadores claros de las expectativas legales dentro de la sociedad. Esto implica que los ciudadanos tienen acceso directo a las normas que regulan su comportamiento y las consecuencias de desviarse de ellas. En este contexto, cualquier transgresión se considera no solo como una violación de la ley, sino también como un desafío abierto a la autoridad y al orden establecido.

Por otro lado, cuando la información sobre la ley es escasa, difícil de obtener o se transmite de manera fragmentaria a través de canales privados, la falta de conocimiento puede ser más comprensible. En estas circunstancias, la dificultad para acceder a la ley puede atribuirse parcialmente a la limitada disponibilidad de recursos informativos claros y accesibles. Sin embargo, incluso en este caso, se espera que los individuos hagan un esfuerzo razonable por informarse sobre las normas legales que afectan su conducta y decisiones.

La diferencia entre ambos contextos resalta la importancia de la accesibilidad y la claridad en la información legal. Una sociedad bien informada y educada en materia jurídica tiende a tener menos casos de infracciones debidas a la ignorancia deliberada o a la desinformación. Además, una interpretación regular de la ley fortalece la cohesión social al establecer un marco de referencia común para todos los ciudadanos, facilitando así la aplicación equitativa de las normas y la administración de justicia. La promulgación pública y la interpretación regular de la ley no solo refuerzan su autoridad y efectividad, sino que también sirven como elementos clave para mantener el respeto hacia la ley y la cohesión social. Estos principios fundamentales subrayan la importancia de un sistema legal transparente y accesible que fomente el cumplimiento voluntario de las normas y contribuya a un orden social justo y equitativo para todos los ciudadanos.

Aprobación tácita y la responsabilidad. Los actos que son expresamente condenados por la ley pero que, sin embargo, reciben una aprobación tácita a través de otras señales manifiestas del legislador plantean un dilema jurídico interesante. Esta situación sugiere que el legislador puede, de alguna manera, estar comunicando una ambigüedad respecto a la aplicación y la interpretación de ciertas normativas. En consecuencia, los actos que se encuentran en esta área gris del derecho plantean desafíos significativos en términos de responsabilidad y sanción.

Cuando la voluntad del legislador se manifiesta de manera ambigua, creando una especie de dualidad normativa, surge la cuestión sobre cómo deben interpretarse y aplicarse estas leyes contradictorias. Este escenario no solo complica la determinación de la gravedad de un delito, sino que también puede afectar la imputación de culpabilidad al infractor. En tales casos, argumentar que el delincuente debe cargar con toda la culpa se vuelve problemático, ya que el propio legislador ha contribuido a generar incertidumbre en la normativa.

Es crucial considerar que el legislador, al permitir implícitamente ciertas conductas que contradicen la ley explícita, comparte parte de la responsabilidad por las transgresiones resultantes. Esta dinámica plantea interrogantes sobre la coherencia y la eficacia del marco legal, así como sobre la necesidad de claridad y consistencia en las normativas que rigen la conducta social y jurídica. Además, refleja la complejidad inherente a la interpretación de las leyes en contextos donde pueden existir discrepancias o lagunas normativas.

Desde una perspectiva ética y legal, este tipo de situaciones subraya la importancia de que el legislador sea claro y coherente en la promulgación y la interpretación de las leyes. La falta de claridad puede inducir a conductas que desafían la autoridad de la ley, socavando así la confianza pública en el sistema jurídico y la equidad de su aplicación. Por lo tanto, abordar estas ambigüedades y asegurar una interpretación justa y consistente de las normativas legales son fundamentales para mantener la integridad y la eficacia del sistema de justicia. Los casos donde los actos son condenados explícitamente por la ley, pero aprobados tácitamente por otras señales del legislador destacan la necesidad de una revisión cuidadosa y sistemática de las normativas legales. Esta revisión no solo busca evitar ambigüedades y contradicciones normativas, sino también promover un ambiente donde el cumplimiento de la ley sea claro y justo para todos los ciudadanos.

Comparación entre los delitos según sus efectos. El impacto de un delito no se limita solo al daño inmediato que causa, sino que también abarca sus repercusiones más amplias en la sociedad y en las instituciones estatales. Cuando evaluamos la gravedad de un acto ilícito, es imperativo considerar cómo afecta tanto a individuos como al tejido social en su conjunto. Un delito que perjudica a muchas personas tiene un alcance y una gravedad superiores en comparación con aquel que afecta solo a unas pocas.

Por ejemplo, la revelación de secretos estatales o los ataques contra los representantes del Estado no solo comprometen la seguridad y estabilidad del gobierno, sino que también amenazan la confianza pública en las instituciones y en la capacidad del Estado para proteger los intereses colectivos. Estos actos se perciben como más graves porque trascienden los intereses individuales y comprometen el funcionamiento mismo de la estructura estatal.

La clasificación y comparación de delitos según diversos criterios no solo sirve para medir su gravedad, sino también para entender mejor su impacto y naturaleza. La ley distingue entre delitos públicos y privados precisamente por esta razón: los delitos públicos afectan al Estado en su conjunto, mientras que los delitos privados afectan a individuos específicos dentro de la sociedad. Esta diferenciación es fundamental en la administración de justicia y en la aplicación de sanciones proporcionales y equitativas.

Los delitos públicos, como la traición o la sedición, tienen consecuencias que van más allá del individuo afectado directamente, afectando la estabilidad política, la seguridad nacional y la cohesión social. Por otro lado, los delitos privados, como el robo o la agresión, aunque graves, se centran en el perjuicio a una persona o a un grupo reducido de individuos.

Entender estos conceptos no solo es crucial para los profesionales del derecho y los encargados de hacer cumplir la ley, sino también para los ciudadanos que confían en un sistema judicial justo y efectivo. La aplicación coherente de estos principios asegura que las sanciones sean proporcionales a la gravedad del delito y que se mantenga la confianza pública en la capacidad del sistema legal para proteger los derechos individuales y preservar el orden social. La evaluación del impacto de un delito, junto con su clasificación según criterios legales, proporciona un marco comprensivo para determinar su gravedad y aplicar justamente las consecuencias correspondientes. Este enfoque no solo promueve la equidad en la justicia, sino que también fortalece la integridad de las instituciones estatales y su capacidad para mantener un orden social justo y seguro.

El estudio minucioso de cada tipo de delito revela la complejidad inherente a las normativas legales y la importancia de evaluar cada caso de manera individualizada. Esta evaluación debe considerar una variedad de factores que pueden influir significativamente en la gravedad y las consecuencias de un acto ilícito.

En primer lugar, la intencionalidad detrás del delito desempeña un papel crucial en la determinación de su gravedad. Actos cometidos con plena conciencia y voluntad de transgredir la ley suelen considerarse más graves que aquellos realizados bajo circunstancias de error o ignorancia. La intencionalidad refleja la disposición del infractor para desafiar las normas establecidas y puede indicar un desprecio consciente por las consecuencias legales y sociales de sus acciones.

Además, la premeditación agrega otra capa de complejidad al análisis de un delito. Cuando un individuo planifica meticulosamente un acto ilícito con anticipación, demuestra una deliberación que va más allá de un impulso momentáneo. La premeditación implica una reflexión profunda sobre las posibles consecuencias legales y morales, lo cual refuerza la percepción de una falta de respeto hacia el sistema legal y sus normativas.

El impacto social de un delito también debe ser considerado. Algunos actos no solo afectan a las víctimas directas, sino que también tienen repercusiones más amplias en la comunidad y en la percepción pública de la seguridad y el orden. Delitos como la corrupción, el fraude o la violencia de género no solo causan daño a las víctimas individuales, sino que socavan la confianza en las instituciones y en la capacidad del sistema legal para proteger los derechos de todos los ciudadanos.

Además, la respuesta del sistema legal ante cada delito es fundamental para garantizar la equidad y la justicia. La consistencia en la aplicación de las leyes y la proporcionalidad de las sanciones son aspectos cruciales para mantener la confianza pública en el sistema judicial. Las respuestas judiciales deben ser proporcionales a la gravedad del delito y deben considerar mitigantes y agravantes específicos que pueden influir en la culpabilidad del infractor.

En conclusión, el análisis detallado de cada tipo de delito revela la necesidad de un enfoque multidimensional para evaluar la gravedad de las transgresiones. La intencionalidad, la premeditación, el impacto social y la respuesta del sistema legal son elementos esenciales que deben ser considerados para asegurar que las decisiones judiciales sean justas, equitativas y proporcionales. Este enfoque no solo fortalece la efectividad del sistema legal, sino que también promueve la confianza pública en la administración de justicia y en la protección de los derechos fundamentales de todos los ciudadanos.

Capítulo XXVIII
Sobre las "penas" y las "recompensas"

¿Qué es una pena? Una pena es un castigo impuesto por la autoridad pública a una persona que ha cometido o dejado de cometer un acto considerado como una violación de la ley. El objetivo es que, a través de este castigo, se fomente en las personas una mayor disposición para obedecer la ley.

El derecho de castigar. Antes de profundizar en las implicaciones de esta definición, es fundamental entender cómo se justifica el derecho o la autoridad para castigar en cada caso. Es crucial recordar que, según lo previamente discutido, nadie está obligado por contrato a no resistir la violencia. Por lo tanto, no se puede suponer que alguien haya cedido el derecho a otro para que ejerza violencia sobre él. Al formarse un Estado, los individuos renuncian al derecho de defender a otros, pero no al de defenderse a sí mismos. Están obligados a asistir al soberano cuando este castiga a otros, pero no cuando el castigo es contra ellos mismos. Pactar para asistir al soberano en el castigo de otros no confiere un derecho de castigar. Es evidente que el derecho del Estado para castigar no proviene de una concesión de los súbditos. Antes de la formación del Estado, cada individuo tenía el derecho a hacer lo necesario para su propia supervivencia, incluyendo someter, dañar o matar a otros si era necesario. Este derecho se transfiere al Estado al renunciar a los derechos individuales de autodefensa, consolidando así el poder del soberano para usar este derecho en favor de la conservación de todos. Este poder no se le otorga, sino que se le deja a él exclusivamente, salvo por los límites impuestos por la ley natural.

Injurias privadas y las venganzas. Ya hemos observado que la definición de "pena" es un concepto fundamental en el derecho y la justicia, ya que se refiere a un castigo impuesto por la autoridad pública en respuesta a una transgresión de la ley. Esta definición nos lleva a una serie de implicaciones y distinciones importantes, especialmente en lo que respecta a la diferencia entre las penas y otros tipos de daños o venganzas infligidos por individuos. Las venganzas privadas y las injurias infligidas por individuos no pueden considerarse propiamente penas. Esto se debe a que una pena, por definición, debe provenir de la autoridad pública. Las venganzas privadas son actos de represalia personal, llevados a cabo sin el respaldo de la ley o el sistema judicial. Estas acciones suelen ser motivadas por emociones como el odio, la ira o el deseo de retribución, y carecen del proceso legal que caracteriza a las penas legítimas. Una de las razones por las que las venganzas privadas no se consideran penas es que carecen de legitimidad y de un proceso legal adecuado. Las penas impuestas por la autoridad pública pasan por un sistema judicial donde se evalúan las pruebas, se escuchan las partes implicadas y se emite un veredicto basado en la ley. En contraste, las venganzas privadas no siguen este procedimiento y, por lo tanto, pueden ser arbitrarias, desproporcionadas y no estar justificadas por los hechos.

Es crucial entender la diferencia entre una pena y una represalia. Una pena es una sanción formal y legalmente definida, impuesta por una autoridad pública como respuesta a una violación de la ley. Tiene un propósito específico: castigar al infractor, disuadir futuras transgresiones, y, en algunos casos, rehabilitar al delincuente. En cambio, una represalia es un acto de venganza personal que no está regulado por la ley ni supervisado por las autoridades. Carece de los objetivos y la estructura de una pena legítima y puede estar motivada por deseos personales de venganza más que por un sentido de justicia.

El concepto de pena también se relaciona con la idea de que la autoridad pública tiene el monopolio legítimo de la violencia en una sociedad. Esto significa que solo el Estado y sus instituciones tienen el derecho de usar la fuerza de manera legítima para mantener el orden y aplicar la justicia. Este monopolio es esencial para prevenir la violencia arbitraria y asegurar que el uso de la fuerza sea proporcional, justificado y dirigido a mantener el bienestar público. El monopolio de la violencia por parte del Estado también protege los derechos de los ciudadanos al garantizar que cualquier uso de la fuerza sea revisado y controlado. Las penas impuestas por la autoridad pública están sujetas a un marco legal que protege los derechos humanos y asegura que las sanciones sean justas y equitativas. Por el contrario, las venganzas privadas no ofrecen tales garantías y pueden llevar a abusos y violaciones de los derechos de las personas.

En resumen, la distinción entre penas y venganzas privadas subraya la importancia de un sistema de justicia centralizado y regulado por la autoridad pública. Esta separación asegura que las sanciones sean aplicadas de manera justa, imparcial y con un propósito legítimo, protegiendo así el orden social y los derechos de los individuos. La definición de pena nos recuerda que la justicia debe ser administrada por instituciones legítimas y no por individuos movidos por emociones personales, garantizando así una sociedad más justa y equilibrada.

Denegación de las preferencias. No todos los actos de la autoridad pública que resultan en una desventaja para un individuo pueden ser considerados penas. En particular, ser menospreciado o privado de una preferencia por el favor público no constituye una pena. Esto se debe a que no implica un nuevo perjuicio, sino que simplemente mantiene al individuo en la misma situación que antes. Cuando un individuo es menospreciado o privado de una preferencia, no está experimentando un perjuicio nuevo, sino que simplemente no está recibiendo un beneficio adicional que podría haber sido otorgado. La persona permanece en la misma situación que antes de que existiera la oportunidad del favor público. No hay una pérdida activa, sino una ausencia de ganancia.

Otro aspecto crucial es la diferencia entre expectativas y derechos. Un derecho es una garantía legal que protege a los individuos de ser privados de algo que les pertenece por justicia. Las penas afectan estos derechos directamente. Sin embargo, una expectativa, como el favor público, no es una garantía, sino una posibilidad. La privación de una expectativa no constituye un castigo, ya que no hay un derecho violado, sino simplemente una oportunidad no realizada. Aunque la exclusión de un favor público no constituye una pena, puede tener implicaciones psicológicas y morales. Un individuo que esperaba ser favorecido puede sentirse menospreciado o decepcionado, lo que puede afectar su bienestar emocional. Sin embargo, desde una perspectiva legal y ética, estas emociones no transforman la situación en una pena, ya que no hay un perjuicio adicional concreto impuesto por la autoridad pública. Ser menospreciado o privado de una preferencia por el favor público no constituye una pena porque no implica un nuevo perjuicio para el individuo. Esta distinción es fundamental para mantener la claridad en la aplicación de la justicia y el derecho. Las penas deben ser reservadas para sanciones concretas que resultan en un perjuicio adicional en respuesta a una transgresión de la ley, mientras que la exclusión de preferencias públicas debe ser entendida como parte del proceso normal de distribución de recursos y oportunidades por parte de la autoridad pública.

Penalidad sin audiencia pública. Otro de estos requisitos es la existencia de una condena pública previa. El daño infligido por la autoridad pública sin una condena pública previa no puede considerarse una pena, sino más bien un acto hostil. Esta distinción es crucial para mantener la integridad del sistema judicial y la legitimidad del poder público. Para que una acción sea categorizada como pena, debe haber un proceso judicial que determine la culpabilidad del individuo en cuestión. Este proceso incluye la acusación formal, el juicio y la sentencia. Solo después de este proceso puede la autoridad pública imponer una pena. Este procedimiento asegura que el castigo sea justo y esté basado en evidencias y en la interpretación de la ley por una autoridad competente. El debido proceso es un principio fundamental que protege los derechos de los individuos frente a posibles abusos del poder. Incluye varias garantías, como el derecho a un juicio justo, el derecho a la defensa, la presunción de inocencia hasta que se demuestre lo contrario, y la posibilidad de apelación. Estas garantías aseguran que nadie sea castigado sin una evaluación imparcial de los hechos y la aplicación correcta de la ley.

Cuando la autoridad pública inflige un daño sin una condena pública previa, este acto no cumple con los criterios de una pena legítima. En lugar de ser una respuesta justa a una violación de la ley, se convierte en un acto hostil. Este tipo de acciones pueden ser arbitrarias, basadas en motivos personales o políticos, y carecen de la legitimidad que proporciona un proceso judicial.

La ausencia de un juicio público implica un alto riesgo de arbitrariedad y abuso de poder. Los individuos pueden ser castigados sin pruebas suficientes, sin la posibilidad de defenderse y sin un veredicto imparcial. Esto socava la confianza en el sistema judicial y en las instituciones del Estado, y puede conducir a un estado de temor y desconfianza generalizada entre la población.

Penalidad por poder usurpado. El soberano, que puede ser una figura monárquica, un parlamento, o cualquier otra entidad de gobernanza establecida, tiene el poder de crear, interpretar y aplicar las leyes. Esta autoridad se basa en el consentimiento de los gobernados y en la estructura legal que define los límites y las responsabilidades del poder. Solo aquellas penas que se derivan de este marco de autoridad pueden ser consideradas legítimas. Cuando un daño es infligido por un poder usurpado, es decir, por individuos o grupos que no tienen la autoridad legítima para imponer penas, este daño no se considera una pena legítima, sino un acto de hostilidad. Los usurpadores actúan fuera del marco legal y, por tanto, sus acciones carecen de la legitimidad necesaria para ser consideradas justas o legales. La usurpación de poder ocurre cuando individuos o grupos asumen funciones y poderes que no les han sido otorgados por la autoridad legítima. Esto puede suceder a través de golpes de estado, rebeliones, o cualquier otro medio mediante el cual se intenta tomar el control del poder sin el debido proceso legal y sin el consentimiento de los gobernados. El daño infligido por un poder usurpado, es decir, por jueces o autoridades que actúan sin la legitimidad del soberano, no puede considerarse una pena legítima, sino un acto de hostilidad. La legitimidad de una pena reside en su origen, que debe ser una autoridad pública reconocida y respaldada por el soberano. Sin un proceso judicial legítimo y sin el debido proceso, cualquier daño infligido carece de la legalidad y legitimidad necesarias para ser considerado una pena justa. La distinción entre pena y acto de hostilidad es fundamental para mantener la integridad del sistema judicial y la confianza en las instituciones públicas.

Penalidad sin intención de reeducar. En quinto lugar, cualquier daño infligido sin la intención o posibilidad de disuadir al delincuente o a otros de violar la ley no se puede considerar como una pena sino como un simple acto de hostilidad, ya que sin ese propósito no puede considerarse como tal.

Debe haber una intención clara y firme de reeducar a los individuos para evitar que vuelvan a delinquir o cometer los mismos errores.

Consecuencias naturales. Mientras que las penas son castigos deliberadamente impuestos por una autoridad pública con el fin de mantener el orden y la justicia, las consecuencias naturales de nuestras acciones, aunque pueden ser perjudiciales, no se consideran penas en el mismo sentido. Esto se debe a que no son el resultado de una decisión consciente de una autoridad, sino de la propia naturaleza o, según algunas creencias, de un castigo divino. Las consecuencias naturales de las acciones humanas son aquellas que ocurren como resultado directo de nuestras decisiones y comportamientos. Estas consecuencias no son deliberadamente impuestas por ninguna autoridad, sino que surgen de la interacción de nuestras acciones con las leyes naturales del mundo. Algunos ejemplos de consecuencias naturales podrían ser: herirse al atacar a otro, si una persona intenta agredir a otra y resulta herida en el proceso, esa lesión es una consecuencia natural de su propia acción agresiva. Enfermar por actos ilegales, cuando una persona que participa en actividades ilegales que implican riesgos para la salud, como el consumo de drogas ilícitas, puede enfermar como resultado de esas decisiones.

En algunas filosofías y religiones, los daños naturales que resultan de ciertas acciones humanas pueden ser interpretados como castigos divinos. Según esta perspectiva, los daños que se sufren al realizar actos inmorales o ilegales son una forma de retribución divina.

Por lo tanto, es esencial distinguir entre las penas impuestas por la autoridad humana y las consecuencias naturales de las acciones. Mientras que las primeras son sanciones deliberadamente aplicadas para mantener el orden y la justicia, las segundas son resultados inherentes de nuestras decisiones y comportamientos. La justicia humana tiene sus limitaciones y no puede abarcar todas las formas de daño que surgen de la conducta personal. La distinción entre daño natural y pena legal es crucial para entender la complejidad de la justicia y la moralidad en nuestra sociedad. Las consecuencias naturales, aunque pueden ser interpretadas como castigos divinos, no deben confundirse con las penas impuestas por una autoridad pública legítima. Esta comprensión nos ayuda a navegar el complejo entramado de responsabilidad, justicia y moralidad en nuestras vidas diarias.

Daño inferior al beneficio del delito. En séptimo lugar, si el daño infligido es menor que el beneficio obtenido del delito, no se considera una pena sino un precio o redención, ya que la pena debe tener como fin disuadir a las personas de cometer delitos. En conclusión, la efectividad de una pena se mide no solo por su capacidad de castigar al infractor, sino también por su poder disuasorio. Una sanción debe infligir un daño que supere significativamente el beneficio obtenido del delito para ser considerada efectiva. Cuando las penas son insuficientes y se convierten en precios o redenciones, el sistema de justicia falla en su propósito de disuadir el comportamiento delictivo, incentivando así la repetición de delitos. Para mantener el orden y la justicia, es esencial diseñar y aplicar penas que sean proporcionales, efectivas y capaces de disuadir tanto al infractor como a otros potenciales delincuentes.

Daño mayor al establecido por la ley. En octavo lugar, si se inflige un daño mayor al establecido por la ley para un delito, el excedente no es pena sino un acto de hostilidad. La finalidad de la pena no es la venganza, sino el terror a una condena conocida.

Daño por actos anteriores a la ley. En noveno lugar, el daño infligido por actos realizados antes de la promulgación de una ley no es una pena sino un acto de hostilidad, ya que no hay transgresión de la ley antes de su existencia.

Representante del Estado. En décimo lugar, debemos mencionar que el daño infligido al representante del Estado no es una pena sino un acto de hostilidad, ya que la pena debe ser infligida por la autoridad pública, no contra ella.

Daño a súbditos rebeldes. Finalmente, el daño infligido a súbditos rebeldes se considera un acto de guerra, no un castigo, ya que han rechazado la autoridad y, por tanto, no están sujetos a las leyes del Estado.

Clasificación de las penas. La primera y más general clasificación de las penas es entre divinas y humanas, un tema que será tratado en detalle posteriormente.

Penas humanas: definición y tipos. Las penas humanas son castigos impuestos por orden del hombre y pueden ser de diversos tipos: corporales, pecuniarias, deshonrosas, de prisión o de destierro, o una combinación de varias de ellas.

Penas corporales. Las penas corporales o físicas, son aquellas que se aplican directamente sobre el cuerpo, según el propósito de quien las impone. Ejemplos de estas penas incluyen la flagelación, las lesiones o la privación de placeres corporales previamente disfrutados de manera legal.

Penas capitales y no capitales. Entre las penas corporales, algunas son capitales y otras no. Las penas capitales implican la muerte, ya sea de manera simple o con tormento. Las penas no capitales incluyen flagelaciones, heridas y encadenamientos, entre otras. Si después de aplicar una pena no se busca intencionalmente causar la muerte, esta no se considera capital, aunque la persona pueda morir accidentalmente debido a la pena.

Penas pecuniarias. Las penas pecuniarias no solo implican la privación de una suma de dinero, sino también de tierras u otros bienes que pueden comprarse y venderse. Si una ley establece una multa con el fin de recaudar dinero de quienes la violan, esta no es propiamente una pena, sino el precio por la exención de la ley, que permite el acto a aquellos que pueden pagar. Sin embargo, cuando la ley es de naturaleza moral o religiosa, la multa no exime del cumplimiento de la ley, sino que actúa como un castigo por la transgresión.

Ignominia. La ignominia es el acto de infligir un daño deshonroso o privar a alguien de un bien honorable. Algunos bienes son naturalmente honorables, como la valentía, la magnanimidad, la fuerza y la sabiduría. Otros bienes se consideran honorables por el Estado, como insignias, títulos y cargos. La pérdida de los primeros no constituye una pena, ya que no pueden ser suprimidos por una ley. Sin embargo, la pérdida de los segundos sí es un castigo legítimo, ya que estos bienes son conferidos por la autoridad pública.

Prisión. La prisión implica la privación de la libertad por orden de la autoridad pública y puede darse de dos maneras: como custodia de un acusado o como castigo para un condenado. La custodia no es una pena, ya que nadie debe ser castigado antes de ser oído y declarado culpable. Sin embargo, cualquier daño más allá de lo necesario para asegurar la custodia es ilegal. La prisión como castigo, en cambio, es una pena legítima, ya que implica la privación de la libertad debido a una transgresión de la ley. La prisión puede ser en una cárcel, una isla, una cantera o cualquier lugar donde se restrinja el movimiento de una persona.

Destierro. El destierro ocurre cuando alguien es condenado a abandonar el territorio del Estado o a no entrar en una determinada comarca durante un tiempo o permanentemente. Sin otras circunstancias, el destierro no parece una pena, sino un subterfugio para evitar el castigo. Según Cicerón, el destierro en Roma era un refugio para los hombres en peligro. Si se destierra a alguien permitiéndole conservar sus bienes y rentas, el mero cambio de residencia no es un castigo y puede perjudicar al Estado. Un desterrado se convierte en enemigo legítimo del Estado. Sin embargo, si también se le privan sus bienes, el destierro se convierte en una pena pecuniaria.

Castigo a inocentes. El castigo a súbditos inocentes contraviene la ley natural, ya que las penas solo se imponen por transgresión de la ley. Castigar a un inocente viola la ley natural, que prohíbe la venganza sin un bien futuro, y la equidad, que exige una distribución justa de la justicia. Castigar a inocentes también es una ingratitud, ya que los súbditos dieron poder al soberano para ser protegidos, no para ser castigados injustamente.

Daño a inocentes en guerra. El daño infligido a inocentes durante la guerra no viola la ley natural si beneficia al Estado y no rompe pactos previos. Los no súbditos son enemigos legítimos en guerra y pueden ser dañados según el derecho natural. Esto incluye a los rebeldes, que renuncian a la subordinación y vuelven a un estado de guerra, legitimando así el daño incluso a sus descendientes inocentes. La rebelión no es simplemente un delito, sino una guerra renovada contra el Estado.

La recompensa: definición y tipos. Las recompensas pueden clasificarse en salarios o gratificaciones, dependiendo de si son otorgadas por contrato o por generosidad. Si se otorgan por contrato, se llaman salarios o sueldos y son un beneficio debido por un servicio prestado o prometido. Si se deben a la generosidad, son un acto de gracia de quien las otorga, con el propósito de incentivar un mejor servicio.

Salarios por contrato. Cuando el soberano de un Estado asigna un salario a un cargo público, quien lo recibe está legalmente obligado a desempeñar dicho cargo. Si no existe un contrato formal, la obligación puede ser por honor, reconocimiento o intención de retribución. Aunque las personas no tienen excusa legal para negarse a servir en funciones públicas sin compensación, no están obligadas por ley natural ni por las instituciones del Estado, a menos que el servicio no pueda prestarse de otro modo. Esto implica que el soberano puede utilizar todos sus recursos, similar a cómo un soldado puede demandar su paga como una deuda.

Beneficios por temor. Los beneficios otorgados por el soberano a un súbdito por temor a su poder o capacidad de dañar al Estado no son verdaderas recompensas. Estos beneficios no son salarios, ya que no existe un contrato implícito, y tampoco son actos de generosidad, pues son concedidos bajo coacción. Tales beneficios son sacrificios que el soberano hace para apaciguar a quien considera una amenaza, y no fomentan la obediencia, sino que alientan la extorsión.

Salarios fijos y ocasionales. Los salarios pueden ser fijos, provenientes del tesoro público, o inciertos y casuales, derivados del ejercicio del cargo. Los salarios inciertos pueden ser perjudiciales para el Estado, especialmente en el ámbito judicial. Si los beneficios de jueces y ministros dependen del número de casos, surgen dos problemas: el incremento de cuotas, ya que, a más casos, mayor beneficio; y la competencia entre tribunales para atraer más casos. Estos problemas no afectan a los cargos ejecutivos, ya que su volumen de trabajo no puede ser aumentado por esfuerzos individuales.

Castigo y recompensa: los mecanismos del Estado. El castigo y la recompensa son los mecanismos que movilizan las partes de un Estado. He explicado la naturaleza del hombre, cuya arrogancia y pasiones lo llevan a someterse al gobierno, y el gran poder del gobernante, comparado con el Leviatán. Esta comparación proviene de los versículos finales del capítulo 41 de Job, donde Dios describe al Leviatán como el rey de la arrogancia, invulnerable y superior a todas las criaturas soberbias.

Aunque el Leviatán es mortal, y está sujeto a morir como todas las criaturas que habitan en la tierra, su temor y las leyes que debe obedecer provienen directas del cielo. En los próximos capítulos, abordaré sus enfermedades, las causas de mortalidad y las leyes naturales que debe seguir.

Capítulo XXIX
Sobre las causas que debilitan o fomentan la "desestructuración" de un Estado

La estabilidad de los Estados está íntimamente ligada a la calidad de su fundación. Aunque ninguna obra humana es eterna, un Estado bien diseñado y gobernado con razón puede perdurar, evitando su colapso por causas internas. Si un Estado se desintegra no por la agresión externa, sino por conflictos internos, el problema no reside en la naturaleza humana, sino en la estructura y administración del Estado.

La disolución de los Estados a menudo se debe a su fundación imperfecta. Si los hombres usaran plenamente su razón, podrían crear Estados capaces de perdurar tanto como la humanidad misma, las leyes naturales y la justicia que los sustenta. Sin embargo, cuando los Estados se desmoronan por conflictos internos, la culpa recae en los arquitectos de su estructura, no en los ciudadanos que los componen. Los hombres desean establecer un gobierno firme y duradero, pero carecen del arte de legislar y de la humildad para adaptarse a las restricciones necesarias. Sin la guía de un arquitecto competente, solo pueden construir un Estado frágil, destinado a derrumbarse eventualmente. Una de las causas de la disolución es cuando un gobernante acepta menos poder del necesario para mantener la paz y defender el Estado, lo que puede parecer un acto injusto y fomentar la rebelión. Los reyes que no aseguran un poder adecuado desde el principio enfrentan dificultades cuando intentan recuperarlo para la salvación pública, lo que puede llevar a la percepción de injusticia y fomentar la rebeldía. Por ejemplo, Enrique II enfrentó problemas con Tomás Becket, quien recibió apoyo del Papa debido a promesas que limitaban la subordinación eclesiástica[42]. De manera similar, los barones cuyo poder fue incrementado por Guillermo Rufo se rebelaron contra el rey Juan con apoyo extranjero[43].

Esta problemática no solo afecta a las monarquías. En la Roma antigua, la falta de poder absoluto en el gobierno republicano causó sediciones y gue-

42 Tomás Becket (1118-1170), también conocido como Tomás de Canterbury fue un noble, político y religioso católico inglés, arzobispo de Canterbury entre los años 1162 y 1170, también fue lord canciller del Reino de Inglaterra. Fue asesinado después de iniciar un conflicto con Enrique II por la defensa de los intereses de la iglesia católica en Inglaterra, debido a esto es considerado mártir y venerado como un santo.

43 Guillermo II (1056-1100), también conocido como Guillermo Rufo, fue el tercer hijo de Guillermo el Conquistador y rey de Inglaterra desde 1087 hasta 1100. Se le llamaba Rufo, que significa rojo o bermejo, porque durante su niñez era pelirrojo y porque siempre tenía el rostro enrojecido. Fue un gobernante despiadado y poco querido.

rras civiles, eventualmente llevando a la caída de la democracia y al establecimiento de la monarquía. Las disputas entre el Senado y el pueblo causaron conflictos prolongados, como las sediciones de Tiberio y Gayo Graco[44], y las guerras entre Mario y Sila[45]. Estas situaciones reflejan la debilidad de un poder compartido insuficiente. En Atenas, la rigidez de ciertas leyes, como la prohibición de proponer la guerra por Salamina bajo pena de muerte, mostró cómo las restricciones excesivas pueden perjudicar la defensa del Estado. Solón, al aparentar locura, logró proponer la renovación de la guerra, subrayando la necesidad de flexibilidad en el poder estatal.

Otra causa de debilidad estatal es la creencia de que cada individuo puede juzgar las acciones como buenas o malas según su criterio personal. En ausencia de leyes civiles, los juicios privados pueden ser válidos, pero en un Estado, la ley civil es la medida del bien y del mal. La proliferación de juicios personales lleva a disputas y desobediencia, debilitando la cohesión estatal. Además, la doctrina de que actuar contra la conciencia es siempre un pecado puede socavar la obediencia a las leyes civiles, ya que la conciencia y el juicio pueden equivocarse. La conciencia privada no debe prevalecer sobre la ley pública en un Estado, ya que la diversidad de opiniones privadas puede llevar a la anarquía si cada individuo sigue solo su propia conciencia.

Finalmente, la creencia de que la fe y la santidad provienen únicamente de la inspiración sobrenatural, y no del estudio y la razón, puede desestabilizar el gobierno civil. Si cada individuo considera su inspiración personal como guía, se socava la autoridad de las leyes civiles. La fe y la santidad, aunque poco comunes, se desarrollan a través de la educación y la disciplina, no necesariamente por medios sobrenaturales. Estas creencias, difundidas por individuos que interpretan las Escrituras de manera irracional, pretenden hacer pensar a los hombres que la santidad y la razón natural no pueden coexistir.

En conclusión, la estabilidad de los Estados depende de una fundación sólida y del mantenimiento de un poder adecuado y cohesivo. Las doctrinas sediciosas y la falta de un juicio centralizado pueden desintegrar incluso a los gobiernos más robustos. Es crucial que las leyes y la autoridad pública sean respetadas para evitar la anarquía y mantener la paz y el orden.

44 Las Reformas de los Graco fueron una serie de reformas legislativas producidas en la República Romana entre el 133 a. C. al 123 a. C. por los hermanos Tiberio Sempronio Graco y Cayo Sempronio Graco, de la familia de los Gracos.

45 La primera guerra civil de la República romana fue el primero de los grandes conflictos militares políticos de la República romana que tuvieron lugar durante el siglo I a. C. y que la llevarían a la desestabilización, adelantando su final y la instauración del Imperio romano. La guerra se originó cuando los líderes de las dos facciones enfrentadas en el senado los optimates y populares, Sila y Cayo Mario respectivamente, compitieron por los honores de liderar la guerra contra Mitrídates VI rey del Ponto.

La idea de que el poder soberano debe estar sometido a las leyes civiles es profundamente incompatible con la esencia misma de un Estado. Es cierto que todos los soberanos están sujetos a las leyes naturales, ya que estas son divinas y ningún hombre o Estado puede derogarlas. Sin embargo, el soberano no está obligado a seguir las leyes que él mismo ha establecido, porque estar sujeto a esas leyes sería equivalente a estar sujeto al Estado, del cual él es el representante. Este error, que coloca las leyes por encima del soberano, implica también la existencia de un juez y un poder capaz de castigarlo, lo que equivaldría a crear un nuevo soberano, y así sucesivamente, conduciendo a una confusión y eventual disolución del Estado.

La noción de que cada individuo posee una propiedad absoluta sobre sus bienes, excluyendo el derecho del soberano, es igualmente destructiva para el Estado. En realidad, cada persona tiene una propiedad que excluye el derecho de otros súbditos, pero esta propiedad solo existe gracias al poder soberano. Sin la protección del soberano, cualquier otro hombre tendría igual derecho sobre esos bienes. Si el derecho del soberano fuera excluido, no podría cumplir su misión de defender a los ciudadanos contra enemigos externos y conflictos internos, lo que llevaría al colapso del Estado. Por lo tanto, los súbditos no pueden tener un derecho absoluto sobre sus bienes que excluya al soberano, mucho menos sobre los cargos judiciales o ejecutivos que representan la autoridad del soberano.

La idea de que el poder soberano puede ser dividido es directamente contraria a la esencia de un Estado. Dividir el poder de un Estado equivale a destruirlo, ya que los poderes divididos inevitablemente se enfrentan y se anulan mutuamente. Estas doctrinas fomentan la creencia de que las leyes deben depender de la enseñanza de ciertos profesionales, en lugar del poder legislativo. Además, el ejemplo de un gobierno diferente en una nación vecina puede incitar a la población a desear cambios en la forma de gobierno establecida. Por ejemplo, el pueblo judío pidió a Samuel un rey como los de otras naciones, rechazando así a Dios como su soberano. De manera similar, las ciudades griegas estaban constantemente perturbadas por facciones aristocráticas y democráticas que deseaban imitar a Esparta o Atenas.

Muchos consideran que los recientes disturbios en Inglaterra son una imitación de los Países Bajos, creyendo erróneamente que cambiar la forma de gobierno es la clave para la prosperidad. La naturaleza humana tiende a la novedad y, cuando está influenciada por el éxito de otros, es casi inevitable que se busquen cambios. Esta tendencia se refuerza por la lectura de libros de política e historia de los antiguos griegos y romanos, que presentan una imagen idealizada de sus logros militares y formas de gobierno. Los jóvenes, y aquellos sin una base sólida en la razón, quedan fascinados por estas historias y empiezan a creer que la prosperidad de esos tiempos se debía a la virtud de sus gobiernos populares, ignorando las frecuentes sediciones y guerras civiles causadas por sus políticas imperfectas.

La lectura de tales libros ha llevado a algunos a justificar el asesinato de reyes, etiquetándolos de tiranos y considerando el regicidio como tiranicidio, un acto legítimo según la perspectiva de esos escritores antiguos. Esto fomenta la creencia errónea de que los súbditos en un Estado popular disfrutan de libertad, mientras que en una monarquía son esclavos. Esta percepción es especialmente peligrosa en una monarquía, donde tales libros deberían ser cuidadosamente censurados para eliminar sus enseñanzas perjudiciales.

Comparo el veneno de estas ideas con la mordedura de un perro rabioso, una enfermedad conocida como hidrofobia, que provoca un tormento constante de sed y un miedo irracional al agua. De manera similar, una monarquía mordida por las ideas democráticas de estos escritores sufre un rechazo irracional hacia el gobierno fuerte que necesita. Esta "tirano fobia" o miedo a ser gobernado con firmeza, debilita aún más la estructura del Estado. La difusión de estas ideas sin un control adecuado puede ser extremadamente dañina para una monarquía. Permitir que tales libros se lean públicamente sin una censura adecuada es comparable a permitir la propagación de un veneno. Este veneno puede ser tan destructivo como la rabia, que induce un terror al agua en los afectados y los convierte en seres rabiosos. De manera similar, una monarquía puede ser profundamente herida por escritores democráticos que critican continuamente el régimen, llevando a un rechazo hacia un monarca fuerte, a pesar de la necesidad de uno, debido a un temor irracional a ser gobernados con firmeza.

Al igual que algunos médicos han sostenido la idea de que existen tres espíritus en el ser humano, hay quienes creen que en un Estado pueden existir diferentes soberanos en lugar de uno solo. Esta idea genera una supremacía en conflicto con la soberanía, donde se contraponen cánones y leyes, y se enfrenta la autoridad espiritual con la civil. Este planteamiento confunde a las personas con términos y distinciones vacías, que solo ocultan la presencia de un reino paralelo, un reino fantasmagórico.

Es esencial entender que el poder civil y el del Estado son, en esencia, lo mismo. La supremacía y la capacidad de crear leyes y otorgar títulos pertenecen al Estado. Si un soberano puede hacer leyes y otro puede hacer cánones, eso implicaría la existencia de dos Estados sobre los mismos ciudadanos, lo que dividiría al reino internamente y lo haría insostenible. A pesar de la distinción superficial entre lo temporal y lo espiritual, la realidad es que esta dualidad crea dos reinos, sometiendo a cada ciudadano a dos señores diferentes.

El poder eclesiástico, al aspirar a declarar lo que es pecado, también aspira a dictar lo que es ley, ya que el pecado no es más que la transgresión de la ley. Por otro lado, el poder civil también busca definir la ley, lo que pone a los súbditos en la difícil situación de tener que obedecer a dos amos con mandatos a menudo contradictorios. Esto es insostenible. O bien el poder civil se subordina al espiritual, convirtiendo al espiritual en la única soberanía, o el poder espiritual se subordina al civil, estableciendo la supremacía de lo temporal. Si estos dos poderes se enfrentan, el Estado corre un grave riesgo de caer en una guerra civil y desintegrarse.

El poder civil, al ser más tangible y estar basado en la razón natural, tiende a atraer a una parte significativa de la población. Mientras tanto, el poder espiritual, envuelto en las complejidades escolásticas y el miedo al infierno, también tiene un fuerte impacto, lo que puede llevar a la perturbación y, a veces, a la destrucción del Estado. Esta situación es comparable a la epilepsia en el cuerpo humano, una condición que los judíos consideraban una posesión demoníaca. En la epilepsia, un viento antinatural en la cabeza obstruye los nervios, causando convulsiones violentas. Del mismo modo, en el cuerpo político, cuando el poder espiritual agita a la sociedad con terrores y promesas, de una manera contraria a la dirección del poder civil, provoca caos y puede llevar al Estado al ahogamiento bajo la opresión o al incendio de una guerra civil.

El concepto de un gobierno mixto también puede ser peligroso. Cuando el poder de recaudar fondos, que equivale a la capacidad nutritiva, depende de una asamblea, mientras que el poder ejecutivo reside en un individuo, y el poder legislativo requiere el consentimiento de múltiples cuerpos, el Estado se debilita. Esta división puede llevar a una falta de respeto por las leyes o a la insuficiencia de recursos necesarios para la vida y el movimiento del Estado. Aunque algunos consideren este sistema como una "monarquía mixta", en realidad no es un Estado unido, sino tres facciones independientes que compiten entre sí. A diferencia de la Trinidad en el reino de Dios, donde tres personas pueden coexistir en unidad, en el reino de los hombres, tal división conduce a la diversidad de opiniones y a la incapacidad de subsistir.

Esta irregularidad del Estado no se puede comparar fácilmente con una enfermedad humana específica, pero se puede imaginar como un hombre con otro hombre creciendo a su lado, con cabeza, brazos y torso propios. Si hubiera un tercer hombre en el lado opuesto, la comparación sería más precisa, mostrando cómo la multiplicidad de poderes soberanos en un Estado es una anormalidad que conduce a su ineficacia y eventual colapso.

La falta de recursos financieros es una de las enfermedades más críticas del Estado, especialmente en situaciones de guerra inminente. Esta dificultad surge de la creencia de los ciudadanos en su derecho absoluto sobre sus propiedades, excluyendo al soberano de cualquier uso de las mismas. Como resultado, el poder soberano se ve constantemente obstruido en su capacidad de recaudar fondos para el tesoro público. Esta resistencia del pueblo obliga al soberano a recurrir a estrategias legales para obtener pequeñas sumas que a menudo son insuficientes. En última instancia, si no se pueden reunir los recursos necesarios, el soberano se ve forzado a medidas más drásticas, lo que puede llevar a un conflicto abierto con el pueblo. Esta tensión es comparable a una fiebre intermitente, donde la sangre se ve obstaculizada en su flujo natural hacia el corazón, causando primero escalofríos y luego un esfuerzo ardoroso del corazón para restaurar el flujo sanguíneo, resultando en sudor si la naturaleza es lo suficientemente fuerte, o la muerte si es demasiado débil.

Otra enfermedad del Estado es la concentración excesiva de riqueza en manos de unos pocos, a menudo a través de monopolios o recaudación de rentas públicas. Esto puede ser comparado con la pleuresía, una condición en la cual la sangre se acumula en la membrana del pecho, causando inflamación, fiebre y dolor agudo. La acumulación de riqueza en pocas manos puede generar una desigualdad extrema y tensiones sociales significativas.

La popularidad de un súbdito poderoso es otra amenaza para el Estado, especialmente si el soberano no puede asegurar su lealtad. La influencia de un individuo ambicioso puede desviar al pueblo de la obediencia a las leyes, en favor de seguir a alguien cuya verdadera intención desconocen. Esto es particularmente peligroso en un gobierno democrático, donde la fuerza del ejército puede alinearse con la percepción pública. Un ejemplo histórico es Julio César, quien, ganando el afecto de su ejército, se convirtió en el amo del Senado y del pueblo, utilizando su popularidad para consolidar su poder. Este fenómeno de líderes populares y ambiciosos es una forma de rebelión, comparable a los efectos corrosivos de la brujería.

La excesiva concentración de población y recursos en una sola ciudad también es perjudicial para el Estado, ya que puede generar un ejército grande y costoso de mantener, además de corporaciones y gremios que actúan como pequeños estados dentro del Estado, similares a parásitos en un cuerpo humano.

La libertad de criticar al soberano por parte de aspirantes a la política es otra amenaza. Estos individuos, alimentados por el viento de la opinión pública y las falsas doctrinas, desafían constantemente las leyes fundamentales del Estado, perturbando su estabilidad, de manera similar a como pequeños parásitos causan molestias en un organismo.

Finalmente, el deseo insaciable de expandir los territorios puede infligir heridas incurables al enemigo y generar conquistas mal consolidadas. Estos territorios conquistados a menudo se convierten en una carga, y es más seguro perderlos que mantenerlos. También está la letargia provocada por la comodidad excesiva y la consunción resultante del tumulto o la dilapidación de recursos.

En resumen, estas enfermedades del Estado, desde la falta de recursos hasta la ambición desmedida y la crítica constante al soberano, son comparables a diversas enfermedades físicas que, si no se tratan adecuadamente, pueden llevar a la decadencia o incluso a la muerte del organismo estatal.

Por último, la disolución del Estado ocurre cuando, en medio de una guerra, ya sea externa o interna, los enemigos logran una victoria definitiva. En tal situación, si las fuerzas del Estado no pueden mantener sus posiciones y proteger a sus ciudadanos, el Estado queda disuelto. En ese momento, cada individuo se encuentra en libertad de protegerse por los medios que su propia discreción le sugiera. En esencia, el soberano actúa como el alma del Estado, dándole vida y movimiento. Cuando el soberano perece, los miembros del Estado ya no están bajo su control, de la misma manera que un esqueleto humano pierde su funcionalidad una vez que el alma (aunque inmortal) lo ha abandonado.

Aunque el derecho de un monarca soberano no puede ser extinguido por las acciones de otros, la obligación de los ciudadanos hacia ese monarca sí puede cesar. En tiempos de caos y desprotección, los ciudadanos tienen el derecho de buscar protección donde sea posible. Una vez que encuentran esta protección, están obligados a asegurarla, no por una sumisión voluntaria, sino por el miedo y la necesidad de supervivencia.

Por otro lado, cuando se suprime el poder de una asamblea, su derecho se extingue completamente. La disolución de la asamblea implica que ya no existe como entidad soberana, y, por tanto, no hay posibilidad de retorno a su antiguo estado de poder. En estas circunstancias, el concepto de soberanía se redefine, y los ciudadanos deben reorganizarse bajo nuevas estructuras de protección y autoridad.

La disolución del Estado, entonces, no solo representa un colapso de las estructuras gubernamentales, sino también una transformación fundamental en las relaciones de poder y lealtad dentro de la sociedad. Los ciudadanos, en ausencia de un soberano capaz de protegerlos, deben adaptarse y buscar nuevas formas de organización y defensa. Esta situación puede llevar a un periodo de anarquía, donde la autodefensa y la formación de nuevas alianzas se convierten en la norma, redefiniendo la naturaleza misma del poder y la autoridad.

En conclusión, la disolución del Estado marca un punto de inflexión crítico. Sin la protección y el control del soberano, los individuos se ven obligados a buscar nuevas formas de organización y protección, lo que puede llevar a una reconfiguración total del orden social y político.

Capítulo XXX
Sobre la misión del soberano representante

La misión del soberano: procurar el bien del pueblo. La misión principal de un soberano, ya sea un monarca o una asamblea, es garantizar la seguridad y el bienestar del pueblo. Esta responsabilidad no solo emana de la autoridad que se le ha otorgado, sino que también está inscrita en la ley natural, que lo obliga a rendir cuentas únicamente ante Dios, el autor de dicha ley. Sin embargo, la seguridad no se limita a la mera preservación de la vida, sino que también abarca todas las excelencias que un individuo puede alcanzar a través de actividades legales que no pongan en riesgo el bienestar del Estado.

Implementación Mediante Instrucción y Legislación. El soberano debe cumplir con su misión a través de una política de educación pública y la promulgación de leyes justas. No se trata solo de intervenir en casos individuales de injusticia, sino de establecer una base sólida de doctrina y ejemplo que sirva de guía general. Las buenas leyes y su ejecución permiten a cada ciudadano aplicar estas normas a sus circunstancias particulares, asegurando así un orden social armonioso y justo.

Preservación de los Derechos Esenciales. Los derechos esenciales de la soberanía son cruciales para la estabilidad del Estado. Estos derechos, detallados en otros capítulos, no deben ser transferidos ni renunciados, ya que hacerlo debilitaría el poder del soberano y pondría en riesgo la integridad del Estado. Si el soberano renuncia a su autoridad sobre leyes civiles, judicatura suprema, decisiones de guerra y paz, recaudación de impuestos, y designación de funcionarios, está renunciando efectivamente a los medios necesarios para cumplir sus fines.

Importancia de la Educación del Pueblo. Es fundamental que el pueblo comprenda los fundamentos y razones de estos derechos esenciales. La ignorancia o la desinformación pueden llevar a la seducción por discursos rebeldes y a la resistencia contra el soberano. Por ello, es crucial enseñar estos principios de manera diligente y veraz, ya que no pueden ser mantenidos únicamente por el temor a castigos legales. Las leyes civiles contra la rebelión se sostienen sobre la ley natural que prohíbe la traición, y si los ciudadanos no entienden esta obligación natural, no podrán respetar ninguna ley del soberano.

Objeciones y Respuestas. Algunos podrían argumentar que la justicia y la soberanía absoluta carecen de fundamentos racionales. Sin embargo, esta visión es errónea. Los principios de la soberanía absoluta, aunque no siempre reconocidos en todos los Estados, existen y pueden ser descubiertos a través de la razón y la experiencia. La humanidad ha aprendido a construir Estados más sólidos y duraderos mediante la observación y el estudio, de la misma manera que ha aprendido a construir edificios resistentes.

Educación del Pueblo: Un Desafío Superable. Se podría decir que el pueblo no tiene la capacidad para comprender estos principios complejos. Sin embargo, la experiencia demuestra que, con la instrucción adecuada y la protección de la ley, las naciones pueden adoptar creencias y principios que incluso superan la razón. Si pueden aceptar los misterios de la religión, también pueden aprender y aceptar los principios racionales que sustentan la soberanía. La instrucción del pueblo en los derechos esenciales de la soberanía no es una tarea insuperable. El soberano, al mantener su poder íntegro, debe promover esta educación como una medida de seguridad y beneficio mutuo. Solo así se puede evitar el peligro de la rebelión y asegurar la estabilidad y prosperidad del Estado. La responsabilidad recae en el soberano y en quienes administran el Estado, para garantizar que estos principios sean comprendidos y respetados por todos los ciudadanos.

Enseñanza a los Ciudadanos: Evitar el Cambio de Gobierno. Descendiendo a los detalles, es fundamental que los ciudadanos comprendan que no deben anhelar formas de gobierno diferentes a la suya propia, incluso si observan prosperidad en naciones vecinas con sistemas distintos. La prosperidad de un país gobernado por una asamblea aristocrática o democrática no se debe a la forma de gobierno en sí, sino a la obediencia y la concordia de sus ciudadanos. Del mismo modo, un pueblo prospera bajo una monarquía no porque un solo hombre tenga el derecho de gobernar, sino porque los demás le obedecen. Si en cualquier tipo de Estado se suprime la obediencia, el Estado no solo dejará de florecer, sino que pronto se desmoronará. Aquellos que, apelando a la desobediencia, buscan reformar el Estado, en realidad están contribuyendo a su destrucción. Esto es comparable a las insensatas hijas de Peleo en la fábula, que, deseando rejuvenecer a su decrépito padre, lo cortaron en pedazos siguiendo el consejo de Medea, sin lograr su objetivo.

Este deseo de cambio es una violación del primer mandato de Dios, que dice: "No tendrás otros dioses aparte de mí". En el contexto de los reyes, también se les considera como dioses en el sentido de autoridad y liderazgo.

Evitar la Adoración de Figuras Populares. En segundo lugar, se debe enseñar a los ciudadanos a no admirar excesivamente las virtudes de ningún conciudadano, por destacado que sea en la sociedad, ni de ninguna asamblea que no sea la soberana. No deben otorgar la obediencia o el honor que solo pertenece al soberano. Los ciudadanos no deben recibir influencia alguna que no esté autorizada por el poder soberano. Un soberano que permite la adulación de figuras populares y no protege su lealtad puede compararse con la violación del segundo mandamiento, donde la lealtad y la obediencia deben ser exclusivas al poder soberano.

No Discutir la Autoridad Soberana. En tercer lugar, se debe advertir a los ciudadanos sobre la gravedad de hablar mal del representante soberano, ya sea una persona o una asamblea. Discutir o cuestionar su poder, o usar su nombre de manera irreverente, puede socavar la autoridad del soberano y debilitar la obediencia del pueblo, lo cual es esencial para la seguridad del Estado. Esto es análogo al tercer mandamiento, que prohíbe el uso irreverente del nombre de Dios.

Días Dedicados a la Educación Cívica. Considerando que el pueblo necesita ser instruido regularmente sobre sus deberes y la estructura del poder soberano, es necesario establecer días específicos para esta educación. En estos días, después de los rezos y alabanzas a Dios, los ciudadanos deben ser aleccionados sobre sus deberes y las leyes que los afectan. Se debe leer y explicar la ley, recordándoles la autoridad que la promulga. Esta práctica tiene un paralelo en el sábado judío, un día dedicado a la lectura y exposición de la ley, recordando a los judíos que su rey era Dios, quien los liberó de la esclavitud en Egipto. De manera similar, la primera tabla de los mandamientos establece el poder absoluto de Dios como rey de los judíos, y sirve de guía para aquellos con poder soberano sobre los hombres, enseñándoles qué doctrinas deben impartir a sus súbditos.

Honrar a los Padres. La educación inicial de los niños recae en sus padres, por lo que es necesario que los niños obedezcan a sus padres mientras están bajo su tutela, y que posteriormente, en reconocimiento de los beneficios de su educación, les muestren respeto y honor. Originalmente, el padre de todos los hombres era también su señor soberano, con poder de vida y muerte sobre ellos. Aunque al instituir el Estado los padres de familia renunciaron a ese poder absoluto, nunca se entendió que perdieran el honor debido por la educación de sus hijos. La renuncia a este derecho no era necesaria para la institución del poder soberano, y sin esta gratitud, no habría razón para que un hombre deseara tener hijos o tomarse la molestia de alimentarlos e instruirlos. Este principio se alinea con el quinto mandamiento, que ordena honrar a los padres. Es vital que los ciudadanos comprendan y respeten estas enseñanzas para mantener la estabilidad y prosperidad del Estado, asegurando una sociedad armoniosa y bien gobernada.

Promoción de la Justicia y Prevención de Injurias. Todo líder soberano debe asegurarse de que se imparta una enseñanza sólida sobre la justicia. La justicia consiste en no privar a nadie de lo que le pertenece, lo que implica que los ciudadanos deben ser instruidos para no arrebatar a sus vecinos, ya sea por medio de la violencia o el engaño, nada que les corresponda por derecho. Entre las posesiones más valiosas de un individuo se encuentran su vida y su integridad física. En un plano inmediatamente inferior, se encuentran los asuntos relacionados con el afecto conyugal, seguidos por las riquezas y los medios de vida. Por lo tanto, se debe educar al pueblo para que evite cualquier acto de violencia contra otra persona, ya sea como venganza privada, la violación del honor conyugal, el saqueo violento o el robo fraudulento de bienes ajenos.

Además, es crucial destacar las consecuencias perniciosas de los juicios falsos, obtenidos mediante la corrupción de jueces o testigos. Estos actos de corrupción eliminan la distinción de propiedad y anulan la justicia. Todas estas cuestiones se abordan en los mandamientos sexto, séptimo, octavo y noveno.

Actuar con Sinceridad y Rectitud. Es igualmente importante enseñar que no solo los actos injustos son condenables, sino también los propósitos e intenciones de cometerlos. La injusticia radica tanto en la depravación de la voluntad como en la irregularidad del acto. Esta es la esencia del décimo mandamiento y el resumen de la segunda tabla, que se reduce al precepto de la caridad mutua: "Amarás a tu prójimo como a ti mismo". De la misma manera, el resumen de la primera tabla se centra en el amor a Dios, a quien los judíos reconocen recientemente como su rey.

La Importancia de la Educación Universitaria. Para que el pueblo reciba esta instrucción adecuada, es necesario examinar los medios y métodos a través de los cuales se han arraigado tantas opiniones contrarias a la tranquilidad humana, basadas en principios frágiles y falsos. Estas opiniones incluyen que los hombres deben juzgar lo legítimo e ilegítimo según sus propias conciencias en lugar de la ley, que los súbditos pecan al obedecer las órdenes del Estado sin antes juzgarlas legítimas, que la propiedad de sus riquezas excluye el dominio del Estado sobre ellas, que es legítimo para los súbditos matar a los llamados tiranos, que el poder soberano puede dividirse, entre otras ideas similares.

La mayoría de las personas, ya sea por necesidad y codicia que los impulsa a concentrarse en su trabajo, o por abundancia e indolencia que los empuja hacia los placeres sensuales, adquieren sus nociones de deber principalmente desde el púlpito, de los sacerdotes, y de sus vecinos o familiares que parecen más sabios y mejor informados. Estos individuos obtienen su conocimiento de las universidades y escuelas jurídicas, o de libros publicados por hombres eminentes en estas instituciones.

Justicia y Equidad. La seguridad del pueblo también requiere que el poder soberano administre justicia equitativamente a todos los sectores de la población. Esto significa que tanto ricos como pobres deben recibir justicia por igual en las injurias que se les infringen. No debe haber mayor esperanza de impunidad para los poderosos que para los más humildes. Esta equidad es un precepto de la ley natural y un soberano está tan sujeto a ella como el más insignificante de sus súbditos.

Igualdad en la Tributación. La equidad en la justicia se extiende a la igualdad en la imposición de tributos. Esta igualdad no se basa en la riqueza de los individuos, sino en la deuda que cada uno tiene con el Estado por la protección que les brinda. No es suficiente que un hombre trabaje para conservar su vida; también debe estar dispuesto a luchar, si es necesario, por asegurar su trabajo. Los impuestos establecidos por el poder soberano son el salario debido a quienes sostienen la espada pública, defendiendo a los ciudadanos en sus diversas actividades. Dado que la protección de la vida es igual de valiosa para pobres y ricos, la deuda de un pobre hacia su protector es la misma que la de un rico. La igualdad en la tributación, por lo tanto, debería basarse en lo que se consume, no en la riqueza del consumidor.

Reflexión Final. Es fundamental que las universidades y escuelas jurídicas se esfuercen por implantar la verdad y erradicar las doctrinas falsas. La correcta instrucción de la juventud en las universidades es crucial para la adecuada educación del pueblo. La equidad en la justicia y la igualdad en la tributación son pilares esenciales para mantener la estabilidad y prosperidad del Estado, asegurando una sociedad armoniosa y bien gobernada.

Promoción del Bienestar Público. Es imperativo que el Estado no deje a su suerte a aquellos individuos incapaces de mantenerse por sí mismos debido a circunstancias inevitables. La caridad pública debe ser regulada por leyes que aseguren que estas personas reciban el apoyo necesario, en cumplimiento de las necesidades básicas. Dejar al desamparo a los vulnerables sería un acto tan carente de caridad como arriesgarlos a depender de una caridad incierta y variable.

Fomento de la Productividad y Prevención de la Ociosidad. Respecto a las personas físicamente capaces, es esencial obligarlas a trabajar activamente. Para evitar excusas sobre la falta de empleo, deben existir leyes que fomenten diversas formas de actividad económica, como la navegación, la agricultura, la pesca y la diversidad de manufacturas que requieren trabajo. La población de personas pobres y robustas, que continúa aumentando, podría ser trasladada a regiones insuficientemente habitadas. Sin embargo, este traslado no debe implicar la expulsión de los habitantes actuales, sino fomentar la coexistencia ordenada, donde cada individuo cultive su parcela con cuidado y esfuerzo para garantizar su subsistencia en el momento adecuado. Cuando la sobrepoblación global se convierta en un problema, la guerra se convierte en el último recurso para resolver el desequilibrio, trayendo consigo una solución definitiva a través de la victoria o la derrota.

La Importancia de las Buenas Leyes. Es responsabilidad del soberano promulgar leyes que sean beneficiosas y necesarias para el pueblo. Pero, ¿qué hace que una ley sea buena? No se trata simplemente de que sea justa, ya que ninguna ley puede ser injusta. Las leyes, creadas por el poder soberano, son válidas y corresponden a los deseos y necesidades de los ciudadanos. Las buenas leyes son aquellas que son necesarias y evidentes para el bienestar del pueblo.

Claridad y Eficacia de las Leyes. El propósito de las leyes no es coartar la libertad de acción del pueblo, sino dirigir y canalizar sus impulsos naturales para evitar conflictos. Las leyes deben ser claras y concisas, explicando las razones y motivos detrás de su promulgación. Esta claridad revela la intención del legislador y facilita la comprensión y aplicación de la ley, evitando ambigüedades que puedan dar lugar a litigios innecesarios. Las leyes breves y precisas son preferibles a las largas y complicadas, que pueden confundir más que guiar.

Correcta Aplicación de Castigos y Recompensas. El soberano también tiene el deber de administrar castigos y recompensas de manera justa y efectiva. El propósito del castigo no es solo la venganza, sino corregir al infractor y disuadir a otros. Los crímenes más graves, que amenazan el orden público y provocan indignación generalizada, deben ser castigados con severidad. Por otro lado, los delitos motivados por debilidades humanas, como el miedo extremo o la necesidad, pueden justificar una aplicación más indulgente de la ley, sin comprometer la estabilidad del Estado.

Distribución Justa de Recompensas. Las recompensas otorgadas por el soberano deben beneficiar al Estado y motivar a los ciudadanos a servir con lealtad y dedicación. Estas recompensas deben ser eficientes en coste para el tesoro público y efectivas para inspirar futuros actos de servicio. Premiar a individuos ambiciosos pero populares para evitar conflictos puede ser contraproducente y se debe evitar, ya que podría fomentar más ambiciones desmedidas. Es crucial no confundir la gratitud con el temor ni usar recompensas para apaciguar a individuos que buscan perturbar la paz pública en su búsqueda de poder. Estas medidas, cuando se aplican correctamente, aseguran el bienestar general y la estabilidad de un Estado, promoviendo una sociedad justa y armoniosa bajo un gobierno eficaz y justo.

Selección de Consejeros y Liderazgo Político. Una de las responsabilidades clave del soberano radica en la elección de consejeros competentes, cuya voz sea fundamental en la gobernanza del Estado. La palabra "consejo" deriva de "consilium", que abarca tanto la deliberación sobre futuras acciones como el juicio de hechos pasados y la interpretación de la ley presente. Aquí nos concentramos en su primer sentido: la selección de consejeros es exclusiva de la monarquía, ya que en democracias y aristocracias los consejeros son miembros del cuerpo gobernante.

La capacidad de los consejeros se mide por su disposición a ofrecer consejos desinteresados y su profundo conocimiento de los asuntos que promueven la paz y defensa del Estado. Identificar quién podría beneficiarse de disturbios públicos es complicado, pero ciertos signos, como el apoyo agravios injustificados por individuos con recursos limitados, pueden indicar motivos sospechosos. Más aún, determinar quién posee el conocimiento adecuado de los asuntos públicos es aún más desafiante, ya que aquellos que lo poseen a menudo no lo ostentan. El verdadero dominio de cualquier arte se demuestra no solo al hablar con frecuencia sobre ello, sino al hacerlo con beneficio constante.

Política y Privilegios Hereditarios. En algunas partes de Europa, ciertas personas tienen derecho hereditario a un puesto en el consejo supremo del Estado, una práctica derivada de antiguas costumbres germánicas. Estos privilegios históricos, inicialmente concedidos para distinguir a los líderes conquistadores, han perdurado a través del favor soberano, pero desafían la autoridad del mismo. A lo largo del tiempo, estos derechos deben ceder ante el mérito y la habilidad, no ganando más honor del que sus capacidades genuinas merezcan.

El Valor del Buen Consejo y la Deliberación. Independientemente de la habilidad individual de los consejeros, el valor de sus consejos aumenta cuando cada uno expone su opinión y razones de manera clara y reflexiva. La meditación previa permite anticipar las consecuencias de las decisiones y reduce las disputas motivadas por envidia u otras pasiones. Este enfoque deliberativo es crucial para la eficacia y coherencia de las políticas estatales.

Consulta Local y Administración Militar. Para cuestiones que afectan directamente el bienestar de los ciudadanos y las leyes nacionales, es esencial recopilar información directa de las comunidades locales y atender sus necesidades legítimas sin comprometer la soberanía del Estado. Esta consulta activa asegura que las políticas sean justas y adecuadas para todos los ciudadanos.

Liderazgo Militar y Seguridad Nacional. El comandante en jefe del ejército debe ser respetado y admirado por sus soldados para cumplir eficazmente su misión. Debe ser trabajador, valiente, accesible, generoso y afortunado, fomentando la lealtad entre sus tropas. Esta popularidad no debe amenazar la estabilidad del poder soberano, especialmente en sistemas no populares. Es crucial que los líderes militares sean tanto competentes como leales para garantizar la seguridad y la estabilidad del Estado.

Estas prácticas y principios, cuando se aplican diligentemente, fortalecen la capacidad del soberano para gobernar efectivamente, asegurando así un Estado robusto y próspero.

El Soberano Popular y la Seguridad Nacional. Cuando el soberano goza de popularidad, es decir, cuando es respetado y querido por su pueblo, no hay peligro en que alguno de sus súbditos también sea popular. Los soldados raramente se unen contra su soberano por más que descontento tengan con él, a menos que consideren justa la causa por la que luchan. Aquellos que han usurpado el poder legítimo antes de establecerse en él, siempre corren el riesgo de justificar su autoridad para evitar el desprecio del pueblo. Poseer un derecho legítimo al poder soberano es tan apreciado que aquellos que lo ostentan no necesitan más que demostrar su capacidad para ganarse el apoyo incondicional de sus súbditos, ya sea para gobernar eficazmente o para enfrentar a sus enemigos con éxito. Sin embargo, la mayoría de la humanidad, siempre inquieta y activa, raramente está satisfecha con el estado actual de las cosas.

Ley de las Naciones y la Ley Natural. En cuanto a las relaciones entre soberanos, regidas por lo que se conoce como la ley de las naciones, es esencial destacar que esta ley es equivalente a la ley natural. Cada soberano tiene el derecho supremo de garantizar la seguridad de su pueblo, tal como cualquier individuo tiene el derecho de proteger su propio cuerpo. La misma ley que guía a los individuos en sus interacciones sociales también impone obligaciones análogas a los Estados, ya sean monarcas soberanos o asambleas legislativas. No existe tribunal de justicia natural fuera de la conciencia, donde Dios, no el hombre, establece leyes que rigen la humanidad. Estas leyes son naturales en relación con Dios como autor de la naturaleza, y son divinas en relación con Dios como Rey supremo. Sobre este reino divino y su interacción con el pueblo elegido hablaré más adelante en este discurso.

Capítulo XXXI
Sobre el "reino de Dios por naturaleza"

La Soberanía Divina y las Leyes del Reino. En este tratado, se destaca la naturaleza fundamental de la condición humana, donde la mera naturaleza de la libertad absoluta conduce a la anarquía y, en última instancia, a la guerra. Las leyes de la naturaleza son esenciales para evitar este estado caótico, y un Estado sin un poder soberano efectivo es simplemente una ilusión sin sustancia, incapaz de perdurar. La obediencia de los súbditos al soberano en todo lo que no contradiga las leyes divinas es crucial, pero para ello es esencial comprender qué constituyen estas leyes divinas.

En el contexto de las leyes civiles, surge la necesidad de distinguir claramente entre las leyes del poder civil y las leyes de Dios, para evitar el conflicto entre la obediencia civil y los preceptos divinos. Este conocimiento es crucial para evitar tanto la transgresión por exceso de obediencia civil como por temor a contravenir las leyes divinas.

El Reino de Dios y sus Súbditos. El Salmo proclama que "Dios es Rey, alégrese la tierra", estableciendo que todas las naciones están sujetas al poder divino. Incluso cuando las naciones están en tumulto, Dios permanece como Rey supremo, reinando, sobre todo, desde seres humanos hasta criaturas irracionales y elementos inanimados. Sin embargo, no todos son súbditos en el reino de Dios. Aquellos que niegan su existencia o no reconocen su providencia no pueden considerarse súbditos, pues no aceptan su palabra ni sus preceptos.

Las Leyes Divinas y su Manifestación. Las leyes divinas se revelan de tres maneras distintas: a través de la razón natural, la revelación y la profecía. La promulgación clara y suficiente de estas leyes es fundamental, eliminando así cualquier excusa de ignorancia. La razón natural revela principios universales, mientras que la revelación y la profecía se manifiestan de manera más específica, destinadas a personas y comunidades particulares.

El Reino Natural y Profético de Dios. Dios gobierna de dos maneras distintas: a través de su reino natural, basado en la razón y reconocido por aquellos que aceptan su providencia universal; y a través de su reino profético, específicamente dirigido a los judíos mediante leyes positivas reveladas a través de los profetas. Este doble reino refleja la diversidad en la forma en que Dios se comunica y gobierna a la humanidad, proporcionando un marco integral para entender su soberanía y la relación entre las leyes divinas y los deberes humanos.

La Soberanía Divina y las Leyes de la Naturaleza. El derecho de la soberanía divina emana directamente de su omnipotencia. No se fundamenta meramente en el acto de crear a los seres humanos y esperar su obediencia como un acto de gratitud por sus beneficios, sino en su poder irresistible. Como he argumentado previamente que el derecho soberano surge del pacto, ahora se evidencia cómo este mismo derecho puede derivarse de la naturaleza, destacando aquellos casos donde no puede ser usurpado de ninguna manera.

Si consideramos que todos los seres humanos, por naturaleza, tienen derecho absoluto sobre todas las cosas, entonces cada uno tendría derecho a gobernar sobre todos los demás. Sin embargo, este derecho no puede imponerse por la fuerza, por lo tanto, es crucial para la seguridad de cada individuo renunciar a este derecho y establecer, mediante autoridad soberana y consentimiento común, líderes que los gobiernen y protejan. De aquí se deduce que, si algún individuo posee un poder irresistible, naturalmente asumiría el dominio sobre todos los demás debido a la superioridad de su poder. De manera similar, es por este poder que el dominio sobre los seres humanos y el derecho a castigarlos a voluntad corresponde naturalmente a la omnipotencia de Dios, no simplemente como creador y distribuidor de gracias, sino como un Ser supremo y todopoderoso.

La Providencia Divina y la Justicia. La cuestión de por qué los malvados a menudo prosperan mientras que los buenos sufren adversidades ha sido objeto de debate a lo largo de la historia. Esta problemática está estrechamente vinculada a cómo Dios dispone las circunstancias de la vida, lo cual a menudo desafía la comprensión humana y afecta la fe incluso entre los santos y los filósofos. David lamenta en los Salmos cómo los impíos prosperan mientras que los justos sufren, una reflexión que plantea interrogantes profundos sobre la providencia divina.

Las Leyes Divinas y la Veneración. Al discutir el derecho de la soberanía divina basado exclusivamente en la naturaleza, es esencial considerar las leyes divinas o los dictados de la razón natural. Estas leyes abarcan los deberes naturales del ser humano hacia sus semejantes y el honor que naturalmente se debe a nuestro soberano divino. Incluyen principios como la equidad, la justicia, la piedad, la humildad y otras virtudes morales, que he abordado en capítulos anteriores de este tratado.

Honor y Veneración hacia Dios. El honor implica tener una alta opinión sobre el poder y la bondad de otro. Honrar a Dios implica pensar de la manera más elevada posible acerca de su poder y su benevolencia. La veneración, manifestada en los gestos y palabras externas de los hombres, representa una parte de lo que los antiguos latinos entendían como culto. Este término, cultus, implica el trabajo dedicado a algo con el fin de obtener beneficios. En el contexto de la relación con Dios, venerar significa ganar su favor a través de actos de respeto y devoción, reconociendo su poder y buscando su gracia. Por lo tanto, el derecho de la soberanía divina se sostiene tanto en su omnipotencia como en las leyes de la naturaleza y las obligaciones morales que impone. La comprensión de estas leyes divinas y el significado de la veneración hacia Dios son fundamentales para entender el orden moral y espiritual del universo.

Honor y veneración: conceptos y expresiones. El concepto de honor íntimo se construye en la opinión de poder y bondad, desencadenando tres pasiones fundamentales: amor, vinculado a la bondad; y esperanza y miedo, asociados al poder. Estas emociones se manifiestan externamente a través del elogio, la exaltación y la consagración. El elogio se dirige hacia la bondad, expresado mediante palabras que destacan la virtud de un individuo. Por otro lado, la exaltación y la consagración se centran en el poder, evidenciado cuando se rinden honores a través de acciones como la obediencia y el reconocimiento de autoridad.

Diferencias entre veneración natural y arbitraria. Existen signos naturales de honor, como los atributos de bondad, justicia y acciones como las plegarias y la obediencia, que son intrínsecamente venerados en todas las culturas. Por otro lado, la veneración arbitraria se define por costumbres humanas que varían en distintos tiempos y lugares. Gestos como las salutaciones y ciertos actos de agradecimiento pueden ser honorables o deshonrosos dependiendo del contexto cultural y social, siendo esta la esencia de la veneración arbitraria.

Naturaleza de la veneración: ordenada y libre. La veneración arbitraria se desglosa en dos formas: ordenada y libre. La veneración ordenada se ajusta a las expectativas del objeto de adoración, enfocándose principalmente en la obediencia como expresión máxima de respeto. Por otro lado, la veneración libre depende de la percepción subjetiva del individuo que adora; si los gestos de veneración son malinterpretados o considerados ridículos por el objeto de adoración, entonces la verdadera veneración no se realiza. Además, la veneración puede ser pública o privada: pública cuando es realizada por un Estado como un todo, y privada cuando es manifestada por individuos particulares.

Propósito y fin de la veneración. El propósito último de la veneración entre los seres humanos es el reconocimiento del poder. Cuando un individuo es venerado, se percibe como poderoso, lo cual fomenta la disposición de otros a obedecerle, fortaleciendo así su autoridad. En contraste, la adoración hacia Dios no persigue ningún fin ulterior; es un deber humano que se rige por reglas de honor dictadas por la razón. Los débiles muestran veneración hacia los más poderosos con la esperanza de beneficios, el temor a daños o en agradecimiento por favores recibidos.

Atributos del honor divino. En el caso de la veneración hacia Dios, iluminada por la naturaleza, es esencial reconocer ciertos atributos fundamentales. Primeramente, se le atribuye la existencia, pues es imposible honrar a alguien en quien no se cree que existe. Además, es crucial distinguir entre aquellos que identifican al mundo o al espíritu del mundo como Dios, una concepción que, según los filósofos, degrada la verdadera naturaleza divina al negar su existencia como causa primordial del universo. Este análisis profundo sobre el honor y la veneración revela cómo estos conceptos se entrelazan con la percepción de poder y bondad, tanto en el ámbito humano como en la adoración hacia lo divino.

Continuando con esto, podríamos decir que, en tercer lugar, negar que el mundo fue creado y sostener su eternidad implica privar a Dios de su existencia, pues lo eterno no tiene origen y, por ende, no necesita una causa externa para su existencia.

En cuarto lugar, aquellos que atribuyen indiferencia a Dios le restan el cuidado y la atención hacia la humanidad, privándolo así de su honor. Esta perspectiva reduce el amor y el temor que inspira en los hombres, fundamentales para el respeto hacia él.

En quinto lugar, afirmar que Dios es finito en cosas que denotan grandeza y poder es deshonroso, pues implica limitarlo de forma injusta. Considerar a Dios como finito es menospreciar su verdadera grandeza, ya que a lo finito se le puede añadir más, lo cual no es aplicable a la infinitud divina.

Por lo tanto, atribuirle forma física no es una forma de honrarlo, pues toda forma implica límites y finitud. Del mismo modo, concebirlo como una entidad con partes o totalidad limita su esencia infinita, ya que estas son características propias de entidades finitas.

Asimismo, situarlo en un lugar específico o atribuirle movimiento o reposo implica confinarlo dentro de límites espaciales y temporales, algo incompatible con su naturaleza divina, que trasciende tales categorías.

La idea de la multiplicidad de dioses también desmerece su infinitud, pues lo infinito y absoluto no puede ser compartido ni limitado por otros entes. Del mismo modo, atribuirle emociones humanas como el arrepentimiento, la ira o la compasión implica una limitación injusta de su poder y perfección, ya que estas emociones presuponen una pasividad y un cambio que no pueden aplicarse a la naturaleza divina.

Por consiguiente, cuando hablamos de la voluntad de Dios, debemos entenderla no como un deseo humano racional, sino como un poder omnipotente mediante el cual todo se realiza. Lo mismo ocurre con atributos como la vista o el conocimiento, que en Dios no son meras capacidades sensoriales sino una perfección absoluta y omnipresente que no depende de factores externos.

Aquellos que desean hablar de Dios de acuerdo con la razón natural deben recurrir a atributos negativos como infinito, eterno e incomprensible, o a superlativos como altísimo, grandísimo y similares. Estos términos no buscan definir la esencia de Dios, lo cual sería limitarlo con nuestras propias ideas, sino expresar nuestra admiración y disposición a obedecerlo.

En última instancia, no existe más que un nombre para captar la esencia divina: "Yo soy". Este nombre abarca toda la concepción de su naturaleza y su relación con nosotros como Dios, que incluye su rol como Padre, Rey y Señor, englobando así toda su majestuosidad y supremacía sobre el universo y la humanidad.

Veneración Divina: Actos y Principios. Respecto a los actos que constituyen veneración divina, un principio fundamental de la razón dicta que deben ser signos claros de la intención de honrar a Dios. Entre estos actos se encuentran:

En primer lugar, las plegarias y rezos, que no hacen dioses a los escultores que crean imágenes, sino que son expresiones de veneración dirigidas hacia Dios por parte de las personas que las ofrecen.

En segundo lugar, la acción de gracias, que se diferencia de las plegarias en que estas preceden al beneficio recibido, mientras que la acción de gracias sigue al mismo. Ambas tienen como objetivo reconocer a Dios como el autor de todos los beneficios, pasados y futuros.

En tercer lugar, los dones, que incluyen los sacrificios y las ofrendas, especialmente si son lo mejor que se puede ofrecer, son signos visibles de honor hacia Dios, ya que implican un acto de agradecimiento y sumisión.

En cuarto lugar, jurar solamente por Dios es un claro signo de honor, pues implica reconocer que solo Dios conoce el corazón humano y que ningún poder humano puede proteger contra la justa retribución divina hacia el perjuro.

En quinto lugar, parte del culto racional implica hablar de Dios con reverencia y consideración, lo cual refleja un temor respetuoso hacia su poder. Esto implica que el nombre de Dios no debe ser usado de manera liviana o sin motivo, excepto en casos de juramento necesario por orden del Estado o para asegurar la paz entre las naciones.

Discutir sobre la naturaleza de Dios, más allá de los principios de la razón natural, es contrario al honor que se le debe, ya que la ciencia natural no puede enseñarnos nada sobre la esencia divina, al igual que no puede sobre la naturaleza humana o la de cualquier otra criatura viviente. Tales disputas no honran a Dios, sino que más bien reflejan un deseo de mostrar nuestra propia capacidad intelectual.

En sexto lugar, las plegarias, acciones de gracias, ofrendas y sacrificios deben realizarse de acuerdo con el dictamen de la razón natural, lo cual implica que cada uno de estos actos debe ser el mejor y más significativo honor que podamos ofrecer. Por ejemplo, las plegarias y acciones de gracias deben ser expresadas con palabras y frases elegantes y bien consideradas, evitando la ligereza y lo improvisado, para así rendir el máximo honor a Dios.

En séptimo lugar, la razón no solo nos induce a venerar a Dios en privado, sino también, y de manera especial, en público ante otros seres humanos. Es en este contexto público donde la veneración alcanza su máxima aceptación como acto de honor hacia Dios, permitiendo así que otros también lo honren.

Finalmente, la obediencia a las leyes divinas, específicamente las leyes de la naturaleza que Dios ha establecido, constituye la forma más elevada de veneración. Así como la obediencia es más apreciada por Dios que cualquier sacrificio externo, el no cumplir con sus mandamientos representa la más grave de las faltas.

Estos principios y actos de veneración divina que la razón natural dicta a los individuos reflejan un profundo respeto y honor hacia la divinidad, asegurando así una relación correcta y reverente con el Creador.

La Veneración Pública y el Culto a Dios. La veneración pública se define por su uniformidad. Si consideramos que un Estado tiene personalidad propia, entonces también debe rendir veneración a Dios. Esta veneración se manifiesta cuando el Estado ordena que los ciudadanos la expresen públicamente. Este culto público se distingue por su uniformidad, pues las acciones que difieren entre individuos no pueden considerarse actos de veneración pública. Por lo tanto, cuando se permiten distintos tipos de culto derivados de diversas religiones particulares, no puede hablarse de un culto público ni afirmar que el Estado tenga una religión específica.

Todos los atributos dependen de las leyes civiles. Así como las palabras y los atributos atribuidos a Dios tienen su significado por convención y acuerdo humano, estos deben expresar el honor que los hombres desean conferir. Todo lo que puede ser realizado por voluntades individuales, en ausencia de ley, pero con la guía de la razón, puede ser también llevado a cabo por el Estado a través de leyes civiles. Dado que el Estado no tiene voluntad propia ni establece leyes más que por la voluntad del soberano, los atributos que el soberano ordena como signos de honor en el culto a Dios deben ser aceptados y utilizados por los individuos en su culto público.

No todos los actos son adecuados. Algunos actos son naturalmente signos de honor, mientras que otros representan deshonor y vergüenza, pues son evitados por quienes desean mostrar respeto. Los actos que implican conducta decorosa, modesta y humilde deben formar parte integral de la veneración, mientras que aquellos que sugieren deshonra no pueden ser instituidos como parte del culto divino por autoridades humanas. Existen numerosos actos y gestos de naturaleza indiferente. Aquellos que el Estado ordena como universales y públicamente autorizados, como signos de honor y parte del culto a Dios, deben ser aceptados y practicados por todos los súbditos. Como dice la Escritura, "es mejor obedecer a Dios que a los hombres", esto se aplica en el reino de Dios por medio de un pacto y no por naturaleza.

Castigos inherentes. Además, es esencial mencionar los castigos naturales que siguen a las acciones humanas en esta vida. Cada acción, placentera o no, desencadena una cadena de consecuencias que ningún esfuerzo humano puede prever completamente. La intemperancia trae enfermedades, la precipitación el fracaso, la injusticia la violencia, el orgullo la ruina, la cobardía la opresión, la negligencia del gobierno la rebelión y la rebelión, la muerte. Estos castigos naturales son consecuencia directa del quebrantamiento de las leyes naturales y no son arbitrarios.

Con esto puedo concluir que la discusión sobre la constitución, naturaleza y derechos de los soberanos, así como los deberes derivados de los principios de la razón natural para los súbditos. Esta doctrina es muy diferente de la mayoría de las prácticas en el mundo, especialmente en los países occidentales influenciados por Roma y Atenas. Es claro que se requiere una profunda filosofía moral en quienes detentan el poder soberano, similar a la visión de Platón sobre la necesidad de filósofos-gobernantes para evitar los desórdenes y cambios en el gobierno causados por la guerra civil. Sin embargo, la ciencia de la justicia natural es la única necesaria para los soberanos y sus ministros principales. No es necesario sobrecargarlos con ciencias matemáticas como proponía Platón, sino dotarlos de buenas leyes que promuevan el estudio y el entendimiento. Confío en que estos escritos puedan algún día llegar a manos de un soberano dispuesto a examinarlos por sí mismo, sin la influencia de intérpretes interesados, para convertir esta verdad teórica en una realidad práctica beneficiosa para todos.

Tercera Parte
Al respecto de un Estado cristiano

Capítulo XXXII
Sobre los principios de la política cristiana

He derivado los derechos del poder soberano y el deber de los súbditos a partir de principios naturales, basándome en la experiencia y el acuerdo mutuo sobre el uso de las palabras. Estos derechos se originan en la naturaleza humana, conocida a través de la experiencia y las definiciones universalmente aceptadas de términos esenciales para el razonamiento político. Ahora, al abordar la naturaleza y los derechos de un Estado cristiano, que dependen en gran medida de revelaciones sobrenaturales de la voluntad de Dios, mi análisis debe fundamentarse no sólo en la palabra natural de Dios, sino también en la profética.

A pesar de esto, no debemos descartar nuestros sentidos y experiencias, ni nuestra razón natural, ya que son dones de Dios para guiarnos hasta el regreso de nuestro Salvador. Estos talentos no deben quedar inactivos bajo una fe ciega, sino ser empleados en la búsqueda de justicia, paz y verdadera religión. Aunque en la palabra de Dios hay elementos que superan la razón, es decir, que no pueden ser demostrados ni refutados por ella, no hay nada contrario a la razón. Cuando algo parece estar en conflicto, es debido a nuestra mala interpretación o razonamiento defectuoso.

Cuando encontramos algo en las Escrituras que parece demasiado difícil de entender, debemos someternos a la palabra sin intentar reemplazar una verdad filosófica con la lógica en aquellos misterios que no pueden ser comprendidos por la ciencia natural. Los misterios de nuestra religión son como píldoras medicinales que, cuando se toman enteras, curan; pero si se desmenuzan, pierden su eficacia.

El sometimiento de nuestro entendimiento no implica una sumisión ciega a la opinión de otros, sino una voluntad de obedecer cuando es necesario. No podemos cambiar nuestra percepción, memoria, entendimiento, razón u opinión a voluntad, ya que estas responden inevitablemente a lo que vemos, oímos y consideramos. Cautivamos nuestro entendimiento y razón al abstenernos de contradecir y al hablar conforme a la autoridad legítima, viviendo de acuerdo con sus mandatos, lo que implica confianza y fe en quien habla, incluso si no comprendemos plenamente sus palabras.

Dios se comunica con el hombre directamente o a través de otro hombre a quien ya le ha hablado. Si Dios habla directamente a una persona, solo esa persona puede comprender plenamente la experiencia. Sin embargo, es difícil, si no imposible, que otros comprendan esa experiencia. Si alguien afirma que Dios le ha hablado sobrenaturalmente y de manera inmediata, y yo dudo de su afirmación, es difícil que me convenza. Un soberano puede obligarme a la obediencia, es decir, a no actuar ni hablar en contra de su afirmación, pero no puede forzarme a cambiar mi pensamiento. Si alguien sin autoridad sobre mí hace una afirmación similar, no puede exigir mi fe ni mi obediencia.

Decir que Dios habló a alguien a través de la Sagrada Escritura significa que Dios habló a través de los Profetas, los Apóstoles o la Iglesia, al igual que habla a todos los cristianos. Afirmar que Dios le habló en un sueño es simplemente decir que soñó que Dios le hablaba, lo cual no tiene fuerza para convencer a alguien que entiende que los sueños suelen ser actos naturales originados en pensamientos previos. Asegurar que ha visto una visión o escuchado una voz es decir que soñó despierto; muchas veces, una persona confunde un estado de semivigilia con una visión. Decir que habla por inspiración sobrenatural es afirmar que siente un fuerte deseo de hablar o tiene una firme convicción de sí mismo, sin una razón natural suficiente. Aunque la omnipotencia divina puede manifestarse a través de sueños, visiones, voces e inspiraciones, no obliga a nadie a creer en estas manifestaciones, ya que quien las experimenta puede errar o mentir.

¿Cómo puede una persona, a la que Dios no ha revelado directamente su voluntad (salvo a través de la razón natural), saber cuándo obedecer o no a alguien que dice ser un profeta? Consideremos el caso bíblico donde el rey de Israel consultó a cuatrocientos profetas sobre una guerra, pero solo Miqueas era el verdadero profeta. Incluso un verdadero profeta, que había demostrado ser enviado por Dios a través de milagros, fue engañado por otro profeta más viejo que lo persuadió de desobedecer una orden divina. Si un profeta puede engañar a otro, ¿entonces cómo podemos estar seguros de conocer la voluntad de Dios por medio de alguien que dice ser un profeta?

Para responder a esto, debemos recurrir a la Sagrada Escritura. Según las Escrituras, hay dos indicadores que, combinados, pueden ayudarnos a identificar a un verdadero profeta: la realización de milagros y la coherencia con la religión establecida. Por separado, ninguno de estos signos es suficiente. Deuteronomio 13:1-3 nos advierte que incluso si un profeta realiza un milagro, pero insta a seguir a otros dioses, no debemos escucharlo. Estos falsos profetas deben ser rechazados porque buscan desviarnos de la adoración a Dios.

Dios no pretende que los milagros sean la única prueba de la autenticidad de los profetas, sino también una prueba de nuestra fidelidad hacia Él. Las obras de los hechiceros egipcios en la época de Moisés, aunque menores en comparación, eran también verdaderos milagros. Además, un milagro que busca incitar a la rebelión contra la autoridad legítima no debe ser considerado como enviado por Dios. Las palabras "rebelarse contra Dios" en este contexto son equivalentes a "rebelarse contra nuestro rey". Dios gobernó a los israelitas a través de Moisés, quien comunicaba los mandamientos divinos al pueblo.

Después de que Jesucristo fue reconocido como el Mesías, advirtió sobre el peligro de los falsos profetas y sus milagros. Dijo que se levantarían falsos Cristos y profetas que realizarían grandes señales y milagros para engañar, si fuera posible, incluso a los elegidos. Esto implica que los falsos profetas pueden tener el poder de hacer milagros, pero no debemos aceptar su doctrina como palabra de Dios.

San Pablo, en su carta a los Gálatas, advierte que incluso si él mismo o un ángel del cielo predicaran un evangelio diferente, serían malditos. Esto subraya que cualquier predicación contraria a la autoridad reconocida es anatematizada. Pablo se dirigía a aquellos que habían aceptado a Jesús como el Cristo, el Rey de los judíos, por su predicación.

Así como los milagros sin la enseñanza de la doctrina establecida por Dios son insuficientes, también lo es la predicación de la verdadera doctrina sin la realización de milagros. Deuteronomio 18:21-22 nos enseña que, si un profeta habla en nombre del Señor, pero su predicción no se cumple, no debemos temerle. Sin embargo, surge la pregunta de cómo saber si una profecía se cumplirá cuando predice eventos futuros lejanos. Por lo tanto, los milagros que nos obligan a creer en un profeta deben ser confirmados por eventos inmediatos o en un futuro no muy lejano.

En resumen, la verdadera enseñanza de la religión establecida por Dios y la realización de milagros presentes son las únicas señales que la Escritura reconoce como indicativas de un verdadero profeta. Ninguna de estas señales, por sí sola, puede obligar a otro a creer en lo que dice un supuesto profeta.

Considerando que en la actualidad ya no se producen milagros, no queda ningún signo por el cual se pueda reconocer una revelación o inspiración divina en una persona. Por lo tanto, no estamos obligados a prestar atención a una doctrina más allá de lo que está de acuerdo con la Sagrada Escritura. Desde los tiempos de nuestro Salvador, la Escritura ha reemplazado y suplido la necesidad de cualquier otra profecía. A través de una interpretación juiciosa y un razonamiento meticuloso, podemos deducir todas las reglas y preceptos necesarios para conocer nuestros deberes hacia Dios y hacia los hombres, sin recurrir al fanatismo o la inspiración sobrenatural.

En este contexto, la Escritura será la base de mi análisis sobre los derechos de los gobernantes supremos en los Estados cristianos y el deber de los súbditos cristianos hacia su soberano. En el siguiente capítulo, abordaré los libros, autores, propósito y autoridad de la Biblia para fundamentar esta discusión.

Capítulo XXXIII

Sobre el número, la antigüedad, el alcance, la autoridad y los intérpretes de los libros de la Sagrada Escritura

Cuando hablamos de los libros de la Sagrada Escritura, nos referimos a aquellos textos que deben considerarse como el canon, es decir, las reglas de la vida cristiana. Estos libros no solo dictan las normas de conducta que los creyentes deben seguir, sino que también representan leyes que abarcan tanto el ámbito espiritual como el civil. Aunque la Escritura no especifica qué leyes deben establecer los soberanos en sus respectivos dominios, sí establece qué leyes no deben promulgar. Como ya se ha demostrado, los soberanos son los únicos legisladores en sus territorios, por lo que estos libros solo son canónicos, es decir, solo son leyes, en las naciones donde la autoridad soberana los ha establecido como tales.

Dios es, sin duda, el soberano de todos los soberanos, y, por lo tanto, cuando se dirige a un súbdito, debe ser obedecido, independientemente de lo que disponga cualquier autoridad terrenal. Sin embargo, la verdadera cuestión aquí no es la obediencia a Dios, sino cómo y cuándo Dios ha hablado. Los súbditos, que no poseen una revelación sobrenatural, sólo pueden conocer la voluntad divina a través de la razón natural, que los lleva a obedecer la autoridad de sus respectivos Estados para lograr la paz y la justicia.

Siguiendo esta lógica, sólo puedo reconocer como Sagrada Escritura aquellos libros del Antiguo Testamento que la autoridad de la iglesia de Inglaterra ha decretado como tales. Estos libros son bien conocidos y no necesitan ser enumerados aquí. Son los mismos que fueron reconocidos por San Jerónimo, quien consideró apócrifos otros textos como la Sabiduría de Salomón, Eclesiástico, Judith, Tobías, los dos libros de los Macabeos (aunque vio el primero en hebreo) y el tercero y cuarto de Esdras.

En cuanto a los libros canónicos, el erudito judío Josefo[46], que escribió en la época del emperador Domiciano, calculó que había veintidós, coincidiendo este número con las letras del alfabeto hebreo. San Jerónimo[47] hizo una clasificación similar, aunque con una distribución diferente. Josefo mencionó cinco libros de Moisés, trece de los Profetas que escribieron so-

46 Tito Flavio Josefo (37-100), fue un historiador judeorromano del siglo I. Registró con detalle la historia judía, especialmente la del siglo I, así como la guerra judeo-romana. Su obra, junto con los textos bíblicos, es una de las principales fuentes sobre la historia de la antigua Palestina.

47 San Jerónimo (340-420), santo cristiano y padre de la iglesia. Por petición del papa Dámaso I se encargó de traducir la biblia del hebreo y del griego al latín, conocida como *vulgata*, es decir, de alcance para el pueblo.

bre su época, y cuatro de himnos y preceptos morales. San Jerónimo, por su parte, reconoció cinco libros de Moisés, ocho de los Profetas y nueve de otras escrituras sagradas, conocidas como Hagiógrafos.

Los Septuaginta, setenta eruditos judíos enviados por el rey Ptolomeo de Egipto para traducir la ley judía del hebreo al griego, nos dejaron como Sagrada Escritura solo aquellos textos reconocidos por la iglesia de Inglaterra.

En lo que respecta a los libros del Nuevo Testamento, son universalmente aceptados como canónicos por todas las iglesias griegas y por todas las sectas cristianas que reconocen algún conjunto de libros como canónico.

La autoría original de los distintos libros de la Sagrada Escritura no ha sido confirmada por ningún testimonio histórico suficiente, que es la única prueba en materia de hechos, ni puede serlo mediante argumentos de la razón natural, ya que la razón solo puede evidenciar la verdad de las consecuencias, no de los hechos. Por tanto, debemos guiarnos por la luz que los propios libros nos proporcionan. Aunque esta luz no nos revela a los autores de cada libro, sí nos ayuda a determinar la época en que fueron escritos.

Este enfoque es esencial para comprender la importancia y la autoridad de la Sagrada Escritura. A través de una interpretación cuidadosa y un razonamiento meticuloso, podemos deducir todas las reglas y preceptos necesarios para conocer nuestros deberes hacia Dios y hacia los hombres, sin recurrir al fanatismo ni a la inspiración sobrenatural. La Escritura, por tanto, se convierte en la base sólida sobre la cual fundamentar nuestra comprensión de los derechos de los gobernantes y las obligaciones de los súbditos en los Estados cristianos. En los próximos capítulos, exploraremos en detalle los libros, autores, propósito y autoridad de la Biblia para profundizar en esta discusión.

Ahora, indagaré un poco sobre la autenticidad y la autoría de los libros del Antiguo Testamento. Comenzaré cuestionando *la Autoría del Pentateuco*. En primer lugar, es importante destacar que no existe una evidencia concluyente de que Moisés haya escrito los libros del Pentateuco, a pesar de que comúnmente se les llama los "cinco libros de Moisés". De igual manera, el hecho de que el libro de Josué, el libro de los Jueces, el libro de Ruth y los libros de los Reyes lleven esos nombres no constituye una prueba suficiente de que fueran escritos por Josué, los Jueces, Ruth o los Reyes. Muchas veces, los títulos de los libros indican el tema que abordan más que al autor que los escribió. Por ejemplo, la "Historia de Livio" toma su nombre del autor, mientras que la "Historia de Skanderbeg",[48] se denomina así por su contenido.

Indicadores internos de una redacción posterior. Un ejemplo claro de esta falta de certeza se encuentra en el último capítulo del Deuteronomio (cap.

48 Fue un aristócrata y militar de Albania, considerado su héroe nacional (1405-1468).

34, vers. 6), donde se menciona que nadie sabe dónde está enterrado Moisés "hasta hoy", lo que sugiere que esas palabras fueron escritas mucho tiempo después de la muerte de Moisés. Sería ilógico pensar que Moisés, refiriéndose a su propio sepulcro, afirmara que nadie sabe dónde está mientras él aún vivía. Algunos podrían argumentar que solo el último capítulo, y no todo el Pentateuco, fue escrito por otro autor. Sin embargo, también encontramos en Génesis (cap. 12, vers. 6) la mención de Abraham pasando por la tierra de los Cananeos, señalando que "el Cananeo estaba entonces en la tierra", lo que implica que estas palabras fueron escritas cuando los Cananeos ya no habitaban allí, algo que ocurrió mucho después de la muerte de Moisés.

Citas de fuentes anteriores. En Números (cap. 21, vers. 14), el autor menciona un libro aún más antiguo titulado "El Libro de las Guerras del Señor", donde se registran las hazañas de Moisés en el Mar Rojo y en el paso de Arnon. Esto demuestra que los cinco libros de Moisés fueron redactados posteriormente a los eventos que describen, aunque no es claro cuánto tiempo después.

Escritos de Moisés y su conservación. Aunque Moisés no haya compilado estos libros tal como los conocemos hoy, escribió partes significativas que se mencionan en los textos, como las leyes contenidas en Deuteronomio (cap. 11 y siguientes hasta el cap. 27). Estas leyes fueron escritas por Moisés y entregadas a los sacerdotes y ancianos de Israel para ser leídas cada siete años durante la fiesta del Tabernáculo. Esta misma ley fue ordenada por Dios para que los reyes la copiaran y la mantuvieran junto al arca de la alianza. A pesar de haber sido perdida durante un tiempo, fue redescubierta por el sacerdote Hilcías y llevada al rey Josías, quien la hizo leer al pueblo para renovar el pacto con Dios.

Autoría posterior de otros libros históricos. El libro de Josué también muestra indicios de haber sido escrito mucho después de la época de Josué. En Josué (cap. 4, vers. 9), se menciona que las doce piedras colocadas en el Jordán estaban "allí hasta hoy", frase que sugiere un tiempo mucho después de los eventos narrados. También se utilizan expresiones similares en varios otros pasajes del libro, indicando una redacción posterior.

Libros de los jueces y Ruth. Los libros de los Jueces y de Ruth contienen expresiones y referencias que indican que fueron escritos mucho tiempo después de los eventos que describen. Por ejemplo, en Jueces (cap. 18, vers. 30), se menciona que los descendientes de Jonatán fueron sacerdotes "hasta el día del cautiverio del país", lo cual claramente se refiere a un periodo posterior.

Libros de Samuel y los Reyes. Los libros de Samuel también presentan evidencia de haber sido escritos después de su época. En 1 Samuel (cap. 30, vers. 25), se establece una ordenanza que se mantuvo "hasta hoy", lo que sugiere una redacción posterior. Del mismo modo, los libros de los Reyes y las Crónicas hacen referencia a monumentos y lugares que "permanecieron allí hasta sus propios días", indicando que fueron escritos mucho después de los eventos narrados, probablemente después del cautiverio en Babilonia.

Libros de Esdras y Nehemías. Finalmente, los libros de Esdras y Nehemías fueron claramente escritos después del retorno del exilio babilónico, ya que narran la reconstrucción de los muros y las casas de Jerusalén, así como la renovación del pacto y las ordenanzas. Un análisis detallado de los textos y las evidencias internas sugiere que muchos de los libros del Antiguo Testamento fueron escritos mucho tiempo después de los eventos que describen. Este entendimiento nos ayuda a contextualizar mejor estos textos y a apreciar la manera en que fueron recopilados y transmitidos a lo largo de la historia. La autenticidad y la autoría de estos libros no disminuyen su valor espiritual y moral, sino que nos invitan a explorar más profundamente su significado y relevancia.

La Historia de Esther. La historia de la reina Esther se sitúa durante el período del cautiverio babilónico, lo que indica que su autor fue contemporáneo a esos eventos o vivió después de ellos. Este contexto histórico es crucial, ya que nos permite entender mejor las circunstancias y el propósito detrás de su narración.

El Libro de Job. El libro de Job es único, ya que no presenta indicios claros del momento en que fue escrito. Aunque es evidente que Job no es un personaje ficticio (Ezequiel 14:14 y Santiago 5:11 lo confirman), el libro no parece ser una simple narrativa histórica. Más bien, es un tratado filosófico que aborda la eterna cuestión de por qué los malvados prosperan mientras los justos sufren. Esta obra es aún más notable porque, desde el inicio hasta el tercer versículo del tercer capítulo, está escrita en prosa; luego, hasta el sexto versículo del último capítulo, adopta un formato poético, antes de regresar a la prosa. Esta estructura sugiere que la sección poética fue concebida como una disputa filosófica, mientras que la prosa actúa como prefacio y epílogo.

Los salmos y su compilación. Los Salmos, en su mayoría, fueron escritos por el rey David para ser usados por los cantores. A estos se añadieron cánticos de Moisés y otros santos, así como salmos posteriores al regreso del cautiverio, como el 137 y el 126. Esto indica que el Salterio fue compilado y organizado en su forma actual después del retorno de los judíos de Babilonia, reflejando un proceso de recopilación y edición que integró múltiples fuentes y autores.

Los proverbios y su origen. Los Proverbios son una colección de sentencias sabias y divinas, en parte atribuidas a Salomón, Agur hijo de Jakeh, y la madre del rey Lemuel. Es improbable que esta compilación fuera realizada por

Salomón mismo; más bien, parece ser obra de recopiladores piadosos que vivieron después de él. Esta diversidad de fuentes enriquece el contenido del libro y demuestra una tradición de sabiduría que se extendió más allá de la vida de sus autores originales.

Eclesiastés y el cantar de los cantares. El Eclesiastés y el Cantar de los Cantares son atribuidos a Salomón, aunque los títulos y las inscripciones probablemente se añadieron cuando los libros de la Escritura fueron reunidos en un canon. Estos títulos tenían la intención de preservar tanto la doctrina como la identidad de los autores, subrayando la importancia de la enseñanza y la memoria histórica.

Los profetas y sus tiempos. Los profetas Sofonías, Jonás, Amós, Oseas, Isaías y Miqueas profetizaron durante los reinados de Amón y Azarías (también conocido como Osías) de Judá. Sin embargo, el libro de Jonás, más que una profecía, es una narrativa sobre su desobediencia y rebeldía, lo que hace improbable que él mismo fuera el autor. Jeremías, Abdías, Nahúm y Habacuc profetizaron en tiempos de Josías, mientras que Ezequiel, Daniel, Hageo y Zacarías lo hicieron durante el cautiverio. Joel y Malaquías no especifican claramente su período, pero sus libros, como los de otros profetas, fueron organizados en su forma actual después del exilio en Babilonia.

La redacción de Esdras y Nehemías. Los libros de Esdras y Nehemías fueron escritos después del retorno del exilio, documentando la reconstrucción de Jerusalén y la renovación del pacto. Estos textos reflejan la reorganización social y religiosa de los judíos en su tierra natal.

Compilación del Antiguo Testamento. La consolidación de los textos del Antiguo Testamento se realizó después del retorno de los judíos del exilio babilónico y antes de la traducción al griego ordenada por Ptolomeo Filadelfo. Esdras desempeñó un papel crucial en esta compilación, como se relata en el segundo libro de Esdras (cap. 14, vers. 21-22, 45), donde se menciona que Esdras, guiado por el Espíritu Santo, reescribió las leyes y las enseñanzas divinas que habían sido perdidas.

Este análisis detallado de los textos bíblicos muestra que muchos de los libros del Antiguo Testamento fueron escritos o compilados mucho después de los eventos que narran. Esta comprensión nos invita a valorar estos textos no solo como documentos históricos sino también como obras literarias y filosóficas, enriquecidas por las tradiciones y la sabiduría de múltiples generaciones. La autenticidad y la autoría de estos textos no solo reflejan la evolución de las ideas religiosas y morales a lo largo del tiempo, sino también la capacidad humana para preservar y reinterpretar sus enseñanzas más profundas.

Ahora me centraré en los *orígenes y en el reconocimiento del Nuevo Testamento.* Los autores del Nuevo Testamento vivieron dentro de la generación posterior a la Ascensión de Cristo. Todos, a excepción de San Pablo y San Lucas, fueron testigos directos de la vida de Jesús o fueron sus discípulos. Por lo tanto, los escritos de estos autores son contemporáneos a la era apostólica.

Recepción y validación de los Textos. La aceptación oficial de los libros del Nuevo Testamento por la Iglesia no ocurrió inmediatamente. A diferencia del Antiguo Testamento, que fue compilado y restaurado bajo la guía de Esdras después del exilio babilónico, los textos del Nuevo Testamento inicialmente existieron en pocas copias. Estas copias, además, no estaban fácilmente disponibles para la gente común, sino que eran custodiadas principalmente por los líderes eclesiásticos.

Cánones de los apóstoles y el concilio de Laodicea. La primera lista completa de los libros del Antiguo y Nuevo Testamento aparece en los Cánones de los Apóstoles, atribuidos a Clemente, el primer obispo de Roma tras San Pedro. Sin embargo, esta atribución es debatida. El Concilio de Laodicea, celebrado en el año 364 d.C., fue el primero en recomendar la Biblia a las iglesias cristianas como los escritos auténticos de los profetas y apóstoles.

Integridad y autoridad de las Escrituras. A pesar de la ambición y el poder creciente de los líderes eclesiásticos en ese tiempo, no hay razones para sospechar que las Escrituras fueran falsificadas para favorecer sus intereses. Si hubieran tenido esa intención, habrían modificado los textos para consolidar su poder sobre los príncipes cristianos y la autoridad civil. Por lo tanto, es razonable confiar en que el Antiguo y el Nuevo Testamento que tenemos hoy son relatos genuinos de las enseñanzas y hechos de los Profetas y Apóstoles.

Libros apócrifos y la traducción al griego. Algunos libros apócrifos no están incluidos en el canon bíblico, no porque contradigan la doctrina, sino porque no se lograron encontrar en hebreo. Después de la conquista de Asia por Alejandro Magno, muchos judíos cultos dominaban el griego. Los setenta intérpretes que tradujeron la Biblia al griego eran hebreos, y escritores judíos como Filo y Josefo también escribieron en griego con gran elocuencia.

La autoridad canónica de los libros. La canonicidad de un libro no depende únicamente de su contenido, sino de la autoridad de la Iglesia que lo reconoce como tal. Aunque los libros bíblicos fueron escritos por diferentes autores, todos compartían un propósito común: la preservación del reino de Dios. El Génesis, por ejemplo, traza la genealogía del pueblo de Dios desde la creación hasta la migración a Egipto, mientras que los otros libros de Moisés establecen las leyes divinas.

Narrativa del antiguo y Nuevo Testamento. La historia del Antiguo Testamento describe la sucesión de los descendientes de David hasta el cautiverio babilónico, anunciando la llegada del Salvador, Jesús, cuya vida y enseñanzas son relatadas por los Evangelistas. Las Actas y Epístolas de los Apóstoles narran la llegada del Espíritu Santo y la misión de los Apóstoles para dirigir a los judíos y convertir a los gentiles.

Autoridad y legislación de las Escrituras. La cuestión de la autoridad de las Escrituras es un tema disputado entre diferentes sectas cristianas. La verdadera pregunta es: ¿qué autoridad convierte estos textos en ley? Las leyes morales, coherentes con la razón, son universales y eternas. Sin embargo, las leyes divinas escritas obligan solo a quienes Dios las ha comunicado directamente. Por lo tanto, la autoridad para interpretar y aplicar las Escrituras reside en el soberano del Estado cristiano, quien tiene el poder legislativo bajo Dios.

La iglesia y la autoridad de las Escrituras. Si la Iglesia se considera una entidad unificada, tiene autoridad sobre las Escrituras; de lo contrario, la autoridad reside en el Estado cristiano. La cuestión, entonces, es si los monarcas y las asambleas soberanas de los Estados cristianos son independientes bajo Dios o están sujetos a un vicario de Cristo con autoridad sobre la cristiandad. Esta es una pregunta que requiere una comprensión profunda del reino de Dios y de la autoridad legítima para interpretar y legislar las Escrituras.

La cuestión de la autoridad de las Escrituras es fundamental para la fe cristiana. Los textos del Antiguo y Nuevo Testamento, tal como los conocemos hoy, han sido preservados y transmitidos por la Iglesia con el propósito de guiar a los creyentes en la obediencia a Dios. La interpretación y aplicación de estos textos dependen de la autoridad reconocida, ya sea del Estado cristiano o de una entidad eclesiástica con poder legítimo.

Capítulo XXXIV
Sobre el significado de "espíritu", "ángel" e "inspiración" en los libros de la Sagrada Escritura

En cuanto al significado de las palabras en la escritura, iniciaré abordando la cuestión del *cuerpo* y del *espíritu.* En cualquier razonamiento sólido, es crucial tener un entendimiento constante del significado de las palabras. Esto es especialmente importante en doctrinas religiosas, donde las palabras no dependen de la intención del autor, como en la ciencia, ni del uso cotidiano, sino del significado atribuido en las Escrituras. Por ello, antes de avanzar, es necesario clarificar, desde la Biblia, el sentido de ciertas palabras que, debido a su ambigüedad, podrían generar confusión o debate. Empezaré por las palabras "cuerpo" y "espíritu", conocidas en la terminología escolástica como sustancias corpóreas e incorpóreas.

Definición de cuerpo. En su acepción más general, la palabra "cuerpo" se refiere a aquello que ocupa un espacio determinado en el universo. Este término implica algo tangible y real, parte del conglomerado total de cuerpos que forman el universo. Los cuerpos son susceptibles a cambios, manifestándose de diferentes maneras a nuestros sentidos: a veces están en movimiento, otras en reposo; pueden sentirse calientes o fríos; y presentan diversas características como color, olor, sabor o sonido. Estas variaciones, que percibimos como propiedades de los cuerpos, se llaman accidentes. Por lo tanto, "sustancia" y "cuerpo" son términos intercambiables, y hablar de una "sustancia incorpórea" sería contradictorio, como decir "un cuerpo incorpóreo".

Percepción común del cuerpo. En el uso cotidiano, la gente no se refiere a todo el universo como "cuerpo", sino solo a las partes tangibles que pueden percibir por el tacto o la vista. Así, el aire no suele considerarse un cuerpo, sino que se denomina "viento" o "espíritu". En el contexto de una criatura viva, se habla de "espíritu vital" o "espíritu animal" para referirse a la sustancia aérea que le da vida y movimiento. Las ilusiones o percepciones erróneas, como las imágenes en un espejo, sueños o alucinaciones, no son cuerpos reales, sino perturbaciones de los sentidos.

Definición de espíritu. En el lenguaje común, "espíritu" puede referirse a un cuerpo sutil y fluido, invisible, o a una mera apariencia, una fantasía de la imaginación. También tiene múltiples significados metafóricos: una disposición mental como el "espíritu de contradicción", una inclinación hacia la impureza como un "espíritu impuro", una actitud eminentemente sabia como un "espíritu de sabiduría", o una enfermedad mental como cuando se dice que alguien está "poseído por un espíritu".

El espíritu en la escritura. Cuando la Biblia se refiere a Dios como un "espíritu", o menciona el "espíritu de Dios", el significado exacto puede ser difícil de captar para la mente humana. Esto se debe a que la naturaleza de Dios es incomprensible; solo sabemos que existe, pero no podemos entender su esencia. Los atributos que le asignamos no describen su naturaleza, sino nuestro deseo de honrarle con los términos más reverentes que conocemos.

Ejemplos bíblicos relacionados con el espíritu. En Génesis 1:2, donde se dice que "el espíritu de Dios se movía sobre la superficie de las aguas", si se interpreta "espíritu de Dios" como Dios mismo, implicaría movimiento y lugar, características que solo entendemos de los cuerpos. Este pasaje se hace más claro al compararlo con Génesis 8:1, donde se menciona que Dios trajo su "espíritu" sobre la tierra para disminuir las aguas, interpretado como un viento. Aquí, "espíritu de Dios" significa un viento enviado por Dios.

Sabiduría y Espíritu. En Génesis 41:38, el faraón llama "espíritu de Dios" a la sabiduría de José. Dios le dice a Moisés en Éxodo 28:3 que hable con los "sabios de corazón" a quienes Él ha llenado con "espíritu de sabiduría" para hacer los vestidos de Aarón. Esto se repite en otros pasajes (Éxodo 31:3, 4:3, 6:33, 33:31, e Isaías 11:2-3), donde "espíritu de sabiduría" se refiere a dones especiales otorgados por Dios.

El verdadero significado de las palabras "cuerpo" y "espíritu" en la Biblia puede variar y ser interpretado de diferentes maneras. Es crucial comprender estas variaciones para evitar malentendidos y obtener una comprensión más profunda de las Escrituras. El "espíritu" puede representar tanto una presencia divina como cualidades especiales conferidas por Dios, mientras que el "cuerpo" se refiere a lo tangible y perceptible en nuestro mundo físico.

El Espíritu de Dios en el libro de los Jueces. En el libro de los Jueces, un notable celo y valor en la defensa del pueblo de Dios es denominado "el espíritu de Dios". Este término se utiliza para describir cómo Dios inspiró a líderes como Otoniel, Gedeón, Jefté y Sansón para liberar a Israel de la opresión (Jueces 3:10; 6:34; 11:28; 13:23; 14:6, 19). No se trata de una aparición sobrenatural, sino de un fervor extraordinario y una determinación en la lucha por la libertad de su pueblo.

El Espíritu de Dios en Saúl. El mismo concepto se aplica a Saúl en 1 Samuel 11:6, donde se dice que "el espíritu de Dios descendió sobre Saúl" al escuchar sobre la insolencia de los amonitas hacia los hombres de Jabesh Gilead. Esto no implica una aparición, sino un intenso enojo y resolución para castigar la crueldad de los amonitas. De manera similar, en 1 Samuel 19:20, el espíritu de Dios descendió sobre Saúl cuando se unió a los profetas en sus alabanzas a Dios. Aquí, el espíritu de Dios se manifiesta como un celo repentino y fervoroso para unirse en la devoción, no como una visión o aparición.

Profetas y el Espíritu de Dios. El falso profeta Ezequías cuestionó a Miqueas diciendo: "¿Por dónde se fue de ti el espíritu del Señor para hablarme a mí?" (1 Reyes 22:24). Esta expresión no se refiere a una aparición, sino a la capacidad de Miqueas para prever eventos futuros a través de una visión divina. En los libros de los Profetas, aunque estos hablan por el espíritu de Dios, es decir, por una gracia especial de predicción, su conocimiento del futuro no proviene de una aparición, sino de sueños o visiones sobrenaturales.

El hálito de vida en la Creación. En Génesis 2:7, se dice que Dios hizo al hombre del polvo de la tierra y sopló en su nariz el hálito de vida, convirtiéndolo en un ser viviente. Este hálito de vida simboliza que Dios infundió vida al hombre. Job también menciona: "Mientras el espíritu de Dios esté en mis narices" (Job 27:3), significando mientras viva. Similarmente, en Ezequiel 1:20, el "espíritu de vida" en las ruedas indica que las ruedas estaban vivas. Y cuando se dice que "el espíritu entró en mí y me afirmé sobre mis pies" (Ezequiel 2:30), significa que recuperó su fuerza vital, no que un espíritu incorpóreo lo poseyera.

El Espíritu y la Sabiduría. En Números 11:17, Dios dice: "Tomaré del espíritu que está en ti y lo pondré sobre ellos", refiriéndose a los setenta ancianos. Posteriormente, dos de los ancianos profetizan en el campamento, y aunque algunos se quejan y Josué pide a Moisés que los detenga, Moisés no lo hace, indicando que ellos actuaban bajo una autoridad espiritual otorgada por Dios, no por una aparición.

El Espíritu de Cristo y la Sabiduría. En Deuteronomio 34:9, se dice que Josué estaba lleno del espíritu de sabiduría porque Moisés había puesto sus manos sobre él, indicando que Josué recibió la autoridad y misión de Moisés. En Romanos 8:9, "Si algún hombre no tiene el espíritu de Cristo, no es de los suyos", significa sumisión a la doctrina de Cristo, no una aparición. De igual manera, 1 Juan 4:2 declara que "cada espíritu que confiesa que Jesucristo ha venido en carne, es de Dios", refiriéndose a la autenticidad de la fe cristiana y no a una aparición sobrenatural.

Espíritu Santo y la misión de Jesús. En Lucas 4:1 y Mateo 4:1, se menciona que Jesús estaba lleno del Espíritu Santo, lo cual puede interpretarse como un fervor en la misión para la cual fue enviado por Dios Padre. No sugiere una aparición de Dios, sino una intensa dedicación a su obra. Los discípulos, viendo a Jesús caminar sobre el mar, pensaron que era un espíritu, indicando un cuerpo aéreo y no un fantasma. Este malentendido se aclara cuando se dice que todos lo vieron, lo cual no puede ser una ilusión compartida.

La interpretación del "espíritu de Dios" en la Biblia varía según el contexto, pero generalmente no se refiere a apariciones sobrenaturales. En su lugar, describe un fervor extraordinario, una autoridad espiritual otorgada por Dios, o una misión divina. Las referencias a "espíritu" en la Escritura, ya sea en términos de vida, sabiduría, o devoción, enfatizan atributos y capacidades infundidos por Dios para cumplir sus propósitos. Esta comprensión nos ayuda a interpretar correctamente los textos bíblicos y a reconocer la profundidad y diversidad de su lenguaje.

Ahora abordaré la interpretación de los Ángeles en la Biblia, comenzando con el concepto de Ángel como un mensajero del mismo Dios. El término "ángel" generalmente se refiere a un mensajero, y con mayor frecuencia, a un mensajero de Dios. Este concepto abarca no solo seres divinos sino también cualquier manifestación extraordinaria del poder de Dios, especialmente a través de sueños o visiones. Aunque las Escrituras no detallan la creación de los ángeles, frecuentemente se les describe como espíritus. En el contexto bíblico y comúnmente entre judíos y gentiles, "espíritu" puede significar cuerpos etéreos como el aire o el viento, así como las imágenes que se forman en la mente durante sueños y visiones. Estas imágenes no son sustanciales ni perdurables más allá del sueño o visión en que aparecen. Sin embargo, cuando Dios las provoca de manera sobrenatural para comunicar su voluntad, se les denomina apropiadamente mensajeros de Dios, es decir, ángeles.

Percepciones antiguas sobre los ángeles. Los gentiles solían imaginar las creaciones de la mente como entidades que existían independientemente del cerebro y no dependían de la fantasía humana. Basados en esta creencia, formulaban sus teorías sobre demonios, ya sean benignos o malignos, a los que consideraban sustancias reales, aunque intangibles. De manera similar, los judíos, aunque sin fundamento explícito en el Antiguo Testamento, compartían la idea de que tales apariciones, cuando eran provocadas por Dios, eran criaturas permanentes. Así, consideraban ángeles de Dios a las apariciones beneficiosas y espíritus malignos a las perjudiciales, como el espíritu de Pitón y los espíritus que causaban enfermedades mentales, creyendo que quienes sufrían de estas afecciones estaban poseídos por demonios.

Ejemplos bíblicos de ángeles y sus manifestaciones. Al examinar los pasajes del Antiguo Testamento que mencionan ángeles, encontramos que muchas veces se trata de imágenes suscitadas en la mente para simbolizar la presencia de Dios en alguna acción sobrenatural. Por ejemplo, en Génesis 16, la aparición que se denomina "ángel del Señor" habla a Agar y promete multiplicar su descendencia, lo que indica que era Dios mismo comunicándose a través de una voz sobrenatural.

Apariciones de ángeles en la biblia. Los ángeles que se aparecieron a Lot en Génesis 19 son llamados "hombres" y Lot se dirige a ellos como si fueran uno solo, hablando como si se tratara de Dios. Esto sugiere que estas apariciones eran imágenes formadas en la mente, igual que en otros casos donde el ángel es simplemente una voz divina. Cuando el ángel llama a Abraham desde el cielo para detener el sacrificio de Isaac (Génesis 22), es una voz, no una figura visible. Esta voz se considera un ángel porque comunica la voluntad de Dios.

Ángeles en sueños y visiones. En Génesis 28, los ángeles que Jacob vio en su sueño subiendo y bajando por una escalera eran parte de su fantasía nocturna, pero como eran señales de la presencia divina, se les llama ángeles. De manera similar, cuando Jacob dice que "el ángel del Señor" se le apareció en sueños (Génesis 31), se refiere a una experiencia onírica donde Dios mismo se manifiesta.

La columna de nubes y el ángel del Señor. En Éxodo 14, el ángel que guiaba al ejército de Israel se manifiesta como una columna de nubes durante el día y una columna de fuego por la noche. Esta columna no era una figura humana, sino un signo de la presencia divina. Dios prometió a Moisés que esta columna guiaría a los israelitas, y cuando se dice que la columna descendió y se mantuvo junto al tabernáculo, se le atribuyen las acciones y palabras de un ángel.

La función de los ángeles como signos de la presencia de Dios. Los ángeles, ya sea en forma de figuras humanas o de columnas de nubes, tienen como propósito expresar la presencia de Dios en actos sobrenaturales. No es su forma, sino su función lo que define su naturaleza angelical. Cuando Moisés pidió que Dios lo acompañara en su viaje después del episodio del becerro de oro (Éxodo 33:14), Dios respondió: "Mi presencia irá contigo", destacando que su presencia directa es más significativa que cualquier mensajero.

Los ángeles en la Biblia son principalmente mensajeros que representan la presencia y poder de Dios en diversas formas, ya sea a través de visiones, sueños, voces o figuras simbólicas. Aunque las percepciones antiguas sobre los ángeles varían, lo esencial es que estos mensajeros son manifestaciones de la voluntad divina, creadas para guiar, proteger y comunicar los designios de Dios a la humanidad.

Explorar cada pasaje del Antiguo Testamento donde se menciona el término "ángel" sería una tarea extremadamente extensa. En resumen, no hay un solo texto en la parte del Antiguo Testamento que la Iglesia de Inglaterra considera canónico, que permita deducir la existencia de una entidad permanente (entendida como espíritu o ángel) que no tenga forma ni pueda ser dividida por el entendimiento humano. Es decir, que no sea corpórea. En cada pasaje, el término "ángel" puede interpretarse como "mensajero". Por ejemplo, Juan el Bautista es llamado ángel y Cristo es referido como el ángel del pacto. De manera similar, la paloma y las lenguas de fuego se consideran ángeles, simbolizando la presencia especial de Dios.

Aunque en el libro de Daniel se mencionan los ángeles Gabriel y Miguel, el texto sugiere que Miguel representa a Cristo, no como un ángel, sino como un príncipe. Gabriel, al igual que otras apariciones en sueños de santos varones, parece ser una figura fantasmal. En un sueño de Daniel, se describe una conversación entre dos santos, uno de los cuales llama a Gabriel para ayudar a entender una visión. Dios no necesita nombrar a sus servidores celestiales, ya que estos nombres solo son útiles para la limitada memoria humana.

Ángeles en el Nuevo Testamento. En el Nuevo Testamento, no hay evidencia de que los ángeles sean entidades permanentes e incorpóreas, excepto cuando se refiere a hombres a quienes Dios ha hecho mensajeros y ministros de su palabra o sus obras. Jesús menciona en Mateo 25:41 que a los malvados se les dirá en el Día del Juicio: "Apartaos, malditos, al fuego eterno preparado para el diablo y sus ángeles". Este pasaje sugiere la existencia de ángeles malignos, pero si se entiende que "el diablo y sus ángeles" se refiere a los adversarios de la Iglesia y sus ministros, entonces la naturaleza incorpórea de los ángeles es cuestionable, ya que el fuego eterno no puede castigar sustancias impasibles.

San Pablo en 1 Corintios 6:3 dice: "¿No sabéis que juzgaremos a los ángeles?", y en 2 Pedro 2:4 menciona: "Porque si Dios no perdonó a los ángeles que pecaron, sino que los arrojó al infierno". Estos pasajes confirman la permanencia de la naturaleza angélica, pero también sugieren su materialidad. En Mateo 22:30, se dice que en la resurrección los hombres serán tal y como los ángeles de Dios en el cielo, es decir, permanentes, no incorpóreos.

Naturaleza de los Ángeles y el significado de Espíritu. Para quienes comprenden los términos "sustancia" e "incorpóreo", decir que un ángel o espíritu es una sustancia incorpórea es contradictorio. Un ángel, en este sentido, sería una sustancia que no es ángel ni espíritu en absoluto. Considerando el significado de "ángel" en el Antiguo Testamento y la naturaleza de los sueños y visiones naturales, parece que los ángeles no eran más que apariciones sobrenaturales de la fantasía, provocadas por Dios para comunicar su presencia y mandatos.

Inspiración divina y el Espíritu Santo. El concepto de "espíritu" está ligado al de "inspiración". Si entendemos "espíritu" como una sustancia etérea, la inspiración sería la penetración de un viento sutil en un hombre. Si los espíritus no son corpóreos, la inspiración sería la insuflación de un fantasma, lo cual es imposible, ya que los fantasmas no existen. En la Biblia, la inspiración se usa de manera metafórica. En Génesis 2:7, cuando Dios infunde el aliento de vida al hombre, significa que le dio vida y movimiento. En 2 Timoteo 3:16, cuando se dice que toda la Escritura es inspirada por Dios, se refiere a que Dios inclinó el espíritu de los escritores a escribir lo que sería útil para la enseñanza.

En 2 Pedro 1:21, cuando se dice que los hombres santos hablaban movidos por el Espíritu Santo, se entiende como la voz de Dios en un sueño o visión sobrenatural, no como inspiración literal. Del mismo modo, cuando Jesús sopla sobre sus discípulos y dice: "Recibid el Espíritu Santo", no se refiere a un hálito espiritual literal, sino a un signo de las gracias espirituales que Él les otorga.

La interpretación de los ángeles en las Escrituras, tanto en el Antiguo como en el Nuevo Testamento, revela que estos seres son principalmente mensajeros y símbolos de la presencia y voluntad de Dios. Aunque se mencionan entidades permanentes, la idea de que sean incorpóreas no se sostiene firmemente en los textos bíblicos. Los ángeles son manifestaciones de la intervención divina en el mundo, y su representación en sueños, visiones y símbolos refuerza su papel como intermediarios entre Dios y la humanidad.

A menudo se menciona que muchos, incluso nuestro Salvador mismo, estaban llenos con el Espíritu Santo. Sin embargo, esta plenitud no debe entenderse como una infusión de la sustancia divina, sino como una acumulación de sus dones, como la santidad de vida o el don de lenguas, obtenidos ya sea de manera sobrenatural o mediante el estudio y el esfuerzo diligente. Estos dones son manifestaciones del poder de Dios.

Cuando Dios declara en Joel 2:28: "Derramaré mi Espíritu sobre toda carne, y profetizarán sus hijos y sus hijas; sus ancianos soñarán sueños, y sus jóvenes verán visiones", no debemos interpretarlo literalmente como si el Espíritu fuera comparable al agua y pudiera ser vertido o infundido. Más bien, Dios promete conceder dones proféticos como sueños y visiones. El término "infundido", aplicado a las gracias de Dios, es incorrecto, ya que estas son virtudes y no sustancias que puedan ser transportadas o llenadas en los hombres, como se hace con los barriles.

De igual manera, hablar de inspiración en sentido estricto, o decir que los espíritus de Dios entran en los hombres para profetizar, o que los espíritus malignos causan locura, lunatismo o epilepsia, no es conforme al sentido de la Escritura. En las Escrituras, el "espíritu" se entiende como el poder de Dios que actúa a través de causas que nosotros no entendemos completamente.

En Hechos 2:2, cuando se menciona que "un viento impetuoso llenó toda la casa donde estaban sentados" los Apóstoles en Pentecostés, no se refiere al Espíritu Santo como la deidad misma, sino como un signo externo de la intervención especial de Dios en sus corazones. Este viento simboliza la acción divina que capacita a los Apóstoles con las gracias internas y virtudes santas necesarias para su ministerio apostólico.

Capítulo XXXV

Sobre el significado del reino de Dios y del santo y sagrado sacramento en la Escritura

El Reino de Dios: Perspectivas y Significados. En los escritos religiosos y sermones de devoción, el concepto del "reino de Dios" se interpreta comúnmente como la felicidad eterna en el cielo, lo que también se conoce como el reino de la gloria. A veces, se entiende como la santificación, una dimensión crucial de esa felicidad, denominada el reino de la gracia. Sin embargo, rara vez se considera como una monarquía en el sentido estricto de un poder soberano ejercido por Dios sobre sus súbditos mediante su consentimiento, que es la verdadera esencia de un reino.

Contrariamente a la interpretación común que asocia el "reino de Dios" principalmente con una realidad espiritual o moral, las Escrituras indican que este término frecuentemente se refiere a un reino tangible y literal, específicamente establecido por los votos y promesas del pueblo de Israel. En la narrativa bíblica, el "reino de Dios" no es meramente una abstracción espiritual, sino una entidad política y social concreta. Esta concepción tiene sus raíces en el pacto que Dios hizo con Israel, donde Él fue elegido como su rey en un sentido muy real y práctico.

En el contexto del Antiguo Testamento, el reino de Dios comenzó a tomar forma cuando el pueblo de Israel, liberado de la esclavitud en Egipto, llegó al monte Sinaí. Allí, Dios y el pueblo de Israel entraron en un pacto solemne: Dios prometió que les daría la tierra de Canaán como herencia y lugar de asentamiento, y en reciprocidad, Israel aceptó a Dios como su rey y comprometió su obediencia a Sus mandamientos y leyes. Este pacto es la base del reino de Dios como una realidad histórica y política. Se estableció un sistema de gobierno donde Dios era la autoridad suprema y sus leyes, entregadas a Moisés, eran la constitución del reino. Los jueces y reyes subsecuentes, como David y Salomón, actuaban como representantes y administradores de este gobierno divino en la tierra.

Este reino, por tanto, tenía un carácter dual. Por un lado, era un reino literal con territorio, leyes y un pueblo gobernado por las directrices divinas. Por otro lado, tenía una dimensión espiritual y moral que requería que sus súbditos vivieran de acuerdo con la voluntad de Dios, cultivando virtudes como la justicia, la misericordia y la fidelidad. La soberanía de Dios no solo abarcaba los aspectos civiles y judiciales de la vida israelita, sino también los espirituales, guiando al pueblo hacia una relación correcta con Dios y con los demás.

La metáfora del "reino de Dios" aparece de forma más prominente y con una connotación diferente en el Nuevo Testamento. Aquí, el término comienza a adoptar un sentido espiritual que va más allá de la política y la geografía. Jesús, en sus enseñanzas, amplía el concepto para incluir el dominio de Dios sobre el pecado y la redención de la humanidad. Este reino ya no se define solo por un territorio o una nación, sino por el reinado de Dios en los corazones y vidas de los creyentes. Jesús predicó que el reino de Dios estaba cerca, llamando a las personas al arrepentimiento y a la transformación moral y espiritual.

Aun así, la idea del "reino de Dios" en el Nuevo Testamento no compromete la soberanía divina establecida en el Antiguo Testamento. La dominación sobre el pecado es esencial para cada súbdito del reino de Dios, indicando que la verdadera ciudadanía en este reino implica vivir bajo la autoridad y los principios de Dios. Jesús, al cumplir y ampliar las promesas del Antiguo Testamento, muestra que el reino de Dios incluye tanto la promesa de una nueva creación como la realidad actual de la vida transformada por el Espíritu Santo. Los milagros, las parábolas y las enseñanzas de Jesús ilustran cómo este reino desafía y trasciende las expectativas humanas, llamando a una lealtad que afecta todos los aspectos de la vida.

Por lo tanto, debemos entender que la expresión "el reino de Dios" en las Escrituras es una realidad multifacética que abarca desde un reino histórico y literal establecido por el pacto de Dios con Israel hasta un dominio espiritual y moral sobre el pecado, proclamado y realizado por Jesús en el Nuevo Testamento. La soberanía de Dios permanece constante en ambas concepciones, requiriendo de sus súbditos una obediencia integral que reconoce Su autoridad suprema en todas las dimensiones de la vida. Esta comprensión del reino de Dios subraya la importancia de vivir bajo el reinado de Dios, ya sea en la tierra prometida de Canaán o en la lucha diaria contra el pecado y la injusticia.

Desde la creación, Dios no solo gobernó sobre todos los hombres por su poder natural, sino que también tuvo súbditos especiales a quienes transmitía sus mandatos directamente. Así, Dios reinó sobre Adán y le ordenó no comer del árbol del conocimiento del bien y del mal. Adán desobedeció y, al comer del fruto, intentó ser como Dios, juzgando el bien y el mal por su propia voluntad. Su castigo fue la pérdida del estado de vida eterna en el que Dios lo había creado.

Posteriormente, Dios castigó a la descendencia de Adán con un diluvio universal debido a sus vicios, salvando sólo a ocho personas. En estos ocho consistió el reino de Dios en ese momento.

Más adelante, Dios estableció un pacto con Abraham, prometiéndole ser su Dios y el de su descendencia, y otorgándoles la tierra de Canaán como posesión perpetua. Este pacto incluía la circuncisión como símbolo y testimonio de la alianza. Aunque en este pacto aún no se llamaba explícitamente rey a Dios ni reino a Abraham y su descendencia, la institución era la misma: una soberanía especial de Dios sobre los descendientes de Abraham, renovada por Moisés en el Monte Sinaí.

En el Monte Sinaí, Moisés renovó el pacto, y Dios prometió que, si el pueblo obedecía Su voz y guardaba Su pacto, serían un pueblo especial para Él, un reino sacerdotal y una nación santa. Esta idea se reafirma en el Nuevo Testamento, donde San Pablo llama a Abraham el padre de los creyentes, es decir, de aquellos que son fieles y no violan el pacto con Dios, anteriormente mediante la circuncisión y luego mediante el bautismo.

Este pacto en Sinaí se consolidó con la promesa de que Israel sería un reino sacerdotal y una nación santa, términos que destacan su dedicación especial a Dios. Esto indica que bajo la designación de reino de Dios se entiende un estado constituido por el consentimiento de los súbditos para su gobierno civil y conducta moral, tanto en relación con Dios como en justicia hacia otras naciones, en tiempos de paz y guerra. Aquí, Dios se manifiesta como rey, y el Sumo Sacerdote actúa como su virrey.

Hay numerosos pasajes bíblicos que apoyan esta interpretación. Por ejemplo, en 1 Samuel 8:7, cuando los ancianos de Israel pidieron un rey debido a la corrupción de los hijos de Samuel, Dios le dijo a Samuel que escuchara al pueblo, ya que, al pedir un rey humano, no lo habían rechazado a él, sino a Dios mismo como su rey. Esto demuestra que, en ese tiempo, Dios era efectivamente el rey de Israel, y Samuel solo transmitía los decretos divinos.

En resumen, el reino de Dios, tanto en el Antiguo como en el Nuevo Testamento, puede entenderse como una soberanía especial establecida por consentimiento y pacto, donde Dios gobierna directamente sobre su pueblo, marcando una relación única y comprometida con ellos. Este concepto abarca tanto el ámbito espiritual y moral como el civil y político, subrayando la importancia de la obediencia y la lealtad al pacto divino.

En 1 Samuel 12:12, Samuel se dirige al pueblo y les recuerda que, cuando vieron al rey de los hijos de Ammán venir contra ellos, pidieron un rey humano, a pesar de que el Señor era su rey. Esto deja claro que Dios era el soberano, gobernando directamente el sistema civil de Israel.

Los profetas también anticiparon la restauración del reinado divino después de que los israelitas rechazaron a Dios. Por ejemplo, en Isaías 24:23, se declara: "La luna se avergonzará y el sol se confundirá cuando el Señor de los ejércitos reine en el monte Sión y en Jerusalén." Aquí se habla explícitamente del reino de Dios sobre la tierra, en Sión y Jerusalén. Similarmente, Miqueas 4:7 dice: "El Señor reinará sobre ellos en el monte Sión," enfatizando el reino terrenal. Ezequiel 20:33-37 también refuerza esta idea: "Yo los haré pasar bajo la vara y los llevaré a la sumisión del pacto," indicando un reinado en el que Dios haría cumplir Su pacto con Israel.

En el Nuevo Testamento, el ángel Gabriel anuncia que Jesús ocupará el trono de David y reinará eternamente sobre la casa de Jacob (Lucas 1:32-33). Este es un reino terrestre, como se evidencia cuando Jesús fue presentado como una amenaza al poder de César, lo cual condujo a su crucifixión bajo el título "Jesús de Nazaret, rey de los judíos". Además, en Hechos 17:7, los discípulos proclamaron que "hay otro rey, Jesús", lo que reafirma la naturaleza terrenal y real del reino de Dios.

La oración "Porque tuyo es el reino, el poder y la gloria" subraya la autoridad del reino de Dios, no solo por el poder divino, sino también por el pacto que establece su gobierno. La petición "Venga a nosotros tu reino" en el Padre Nuestro pide la restauración del reino interrumpido con la elección de Saúl, y la llegada del reinado de Cristo. Este reinado, que los apóstoles proclamaron y los evangelios enseñaron, es un llamado a la obediencia al gobierno divino, situando a los creyentes en el reino de la gracia. Cuando Cristo venga en majestad para juzgar, este reino será conocido como el reino de la gloria.

Además, si el reino de Dios no fuera un reino terrenal ejercido a través de sus vicarios, no habría habido tantas disputas y guerras sobre quién tiene la autoridad espiritual. Los diferentes sacerdotes y reyes no habrían competido por la jurisdicción espiritual.

En esta interpretación del reino de Dios, también encontramos el verdadero significado de "santo". En el contexto del reino de Dios, "santo" es equivalente a lo que los hombres en sus reinos llaman "público". El rey de un país es la persona pública o representante de sus súbditos, y Dios, como rey de Israel, es el único Santo de Israel. Así, los judíos, siendo la nación de Dios, son llamados una nación santa (Éxodo 19:6). En efecto, "santo" se refiere a Dios o a lo que le pertenece, de la misma manera que "público" se refiere al estado o lo que le pertenece al estado, sin que ninguna persona particular pueda reclamarlo.

El concepto de reino de Dios es multifacético, abarcando tanto el ámbito espiritual como el civil. Se fundamenta en la obediencia a las leyes divinas entregadas por Moisés y la expectativa de su restauración por Cristo. Este reino se manifiesta en la vida diaria de los creyentes que abrazan el evangelio y prometen lealtad a Dios. El reino de Dios, tanto en la gracia presente como en la gloria futura, refleja la autoridad y soberanía divina sobre toda la creación, asegurando que aquellos que lo siguen son parte de un pacto eterno y especial con el Creador.

La Santidad en el Contexto del Reino de Dios. El concepto de santidad se extiende a diversas dimensiones y elementos en la vida religiosa. Por ejemplo, el sábado, conocido como el día de descanso dedicado a Dios, es considerado un día santo. De la misma manera, el templo, como la casa de Dios, es un lugar sagrado. Los sacrificios, diezmos y ofrendas, que representan tributos a Dios, son deberes sagrados. Los sacerdotes, profetas y reyes ungidos, que sirven bajo la autoridad de Cristo, son considerados hombres santos. Incluso los ángeles, como mensajeros celestiales de Dios, son llamados ángeles santos. En todas estas aplicaciones, la palabra "santo" denota propiedad obtenida por consentimiento y dedicación a Dios.

Cuando decimos "Santificado sea tu nombre," estamos pidiendo la gracia divina para cumplir con el primer mandamiento de no tener otros dioses aparte del verdadero Dios. Toda la humanidad es, en cierto sentido, la nación de Dios, pero los judíos fueron considerados una nación santa debido al pacto que establecieron con Él. Este pacto los convirtió en su propiedad especial.

El término "profano" en las Escrituras se usa como sinónimo de "común", lo que implica que "santo" y "propio" son términos equivalentes dentro del reino de Dios. Además, en un sentido figurado, los hombres que llevan una vida dedicada a Dios, alejados de intereses mundanos, también son llamados santos. En un sentido más literal, todo lo que es apartado y dedicado al servicio de Dios se dice que está santificado. Así, el séptimo día fue santificado en el cuarto mandamiento, y en el Nuevo Testamento, los elegidos son santificados cuando son ungidos por el Espíritu Santo. La dedicación y consagración de objetos y personas al servicio de Dios también los hace santos. Templos, utensilios de culto, sacerdotes, sacrificios y ofrendas, así como los elementos de los sacramentos, son considerados sagrados y consagrados.

Grados de Santidad. Existen diversos grados de santidad. Por ejemplo, todo el pueblo de Israel era un pueblo santificado a Dios, pero dentro de Israel, la tribu de Leví era especialmente santa. Entre los levitas, los sacerdotes eran aún más santos, y el Sumo Sacerdote era el más santo de todos. Similarmente, la Tierra de Judea era considerada tierra santa, pero la Ciudad Santa, Jerusalén, tenía un grado mayor de santidad. Dentro de Jerusalén, el templo era aún más sagrado, y el sanctum sanctorum era el lugar más sagrado de todos.

Los Sacramentos. Un sacramento es la dedicación de un objeto visible para un uso común y su consagración al servicio de Dios. Los sacramentos sirven como signos de nuestra admisión en el reino de Dios y como recordatorios de nuestra relación con Él. En el Antiguo Testamento, el signo de admisión era la circuncisión; en el Nuevo Testamento, es el bautismo. La conmemoración en el Antiguo Testamento se realizaba con la comida del cordero pascual, recordando la liberación de los judíos de la esclavitud en Egipto. En el Nuevo Testamento, la Cena del Señor conmemora nuestra liberación del pecado por medio de la muerte de Cristo en la cruz. Los sacramentos de admisión, como el bautismo, se realizan una sola vez, ya que no es necesario ser admitido más de una vez. Sin embargo, los sacramentos de conmemoración, como la Cena del Señor, se repiten frecuentemente para recordarnos nuestra liberación y nuestra alianza con Dios. Estos sacramentos representan juramentos solemnes de nuestra alianza con Dios.

Otras Consagraciones. Existen otras formas de consagración que también pueden llamarse sacramentos, ya que el término "sacramento" significa consagración al servicio de Dios. Sin embargo, cuando implica un juramento o promesa de alianza con Dios, las formas reconocidas en el Antiguo Testamento eran la circuncisión y la extremaunción, y en el Nuevo Testamento, el bautismo y la Cena del Señor. La santidad en el contexto del reino de Dios implica una dedicación especial y consagración al servicio divino. Esta dedicación puede aplicarse a días, lugares, personas y objetos, reflejando diferentes grados de santidad según su propósito y consagración. Los sacramentos, como signos visibles de esta consagración, juegan un papel crucial en nuestra admisión y recordatorio constante de nuestra relación y alianza con Dios.

Capítulo XXXVI
Sobre la palabra de Dios y de los profetas

Cuando nos referimos a la "palabra" de Dios o del hombre en un contexto religioso, no estamos hablando simplemente de una palabra individual o un mero componente gramatical como un nombre, verbo o adjetivo. En realidad, estamos haciendo referencia a una unidad de comunicación mucho más completa y significativa: una oración o un discurso que lleva consigo un mensaje íntegro y con propósito. Esta "palabra" es una entidad completa que puede transmitir diversos tipos de mensajes, tales como afirmaciones, negaciones, órdenes, promesas, amenazas, deseos o preguntas. Cada uno de estos tipos de mensajes tiene su propio contexto y finalidad, y es en este sentido más amplio que la "palabra" debe ser entendida.

En latín, este concepto se conoce como "sermo", que denota un discurso o conversación completa, cargada de significado y contexto. De manera similar, en griego, la palabra "λόγος" (logos) encapsula esta idea de una declaración integral y coherente. "Logos" no solo se refiere a la palabra hablada, sino también a la razón y al principio ordenado del universo, lo que resalta su importancia y profundidad.

La "palabra" de Dios, en este sentido, es mucho más que simples términos articulados; es un mensaje divino que comunica la voluntad y el propósito de Dios de una manera que es comprensible para los seres humanos. Por ejemplo, cuando Dios habla en las Escrituras, no está simplemente enunciando palabras al azar, sino que está transmitiendo un mensaje completo que puede incluir instrucciones para el comportamiento moral, promesas de salvación, advertencias de juicio, y revelaciones de Su carácter y propósito.

En el Antiguo Testamento, la "palabra" de Dios a menudo viene a través de los profetas, quienes transmiten mensajes que no solo instruyen al pueblo de Israel sobre las leyes y preceptos divinos, sino que también les advierten sobre las consecuencias de la desobediencia y les promueven la esperanza a través de las promesas de redención y restauración. Estos mensajes son discursos completos que abordan la situación del pueblo en un momento dado y les muestran el camino que deben seguir según la voluntad de Dios.

En el Nuevo Testamento, el concepto de "logos" adquiere una dimensión aún más profunda con la encarnación de Jesucristo, quien es descrito como el "Verbo" o "Logos" hecho carne (Juan 1:1, 14). Aquí, la "palabra" de Dios no solo es un mensaje hablado o escrito, sino que se manifiesta en la persona de Jesús, quien encarna y revela plenamente la voluntad y el carácter de Dios. Jesús, como el Logos, no solo enseña con sus palabras, sino que también demuestra con su vida y acciones el mensaje completo de amor, redención y reconciliación de Dios con la humanidad.

Además, la "palabra" en este contexto incluye las enseñanzas y mandamientos que Jesús dio a sus discípulos y que fueron registrados en los Evangelios. Estas enseñanzas son discursos completos que abordan cómo deben vivir los seguidores de Jesús, cómo deben relacionarse con Dios y con los demás, y cómo deben comprender su misión en el mundo. De este modo, la "palabra" de Dios es una guía integral para la vida y la fe de los creyentes.

En conclusión, cuando hablamos de la "palabra" de Dios o del hombre en un contexto religioso, estamos refiriéndonos a un mensaje completo y significativo que va más allá de simples palabras aisladas. Este mensaje, conocido en latín como "sermo" y en griego como "λόγος" (logos), representa una declaración o enseñanza integral que comunica la voluntad, el propósito y el carácter de Dios de una manera comprensible y aplicable a la vida humana. Es una entidad completa que lleva consigo instrucciones, promesas, advertencias y revelaciones que son fundamentales para la fe y la práctica religiosa.

Diferentes Interpretaciones de la Palabra. La expresión "palabra de Dios" abarca diversos significados dentro del contexto religioso y bíblico. No se limita únicamente al autor de las palabras, como se observa en expresiones como "el Evangelio de San Mateo", donde se atribuye la autoría a Mateo. También se refiere al contenido del mensaje transmitido, como en las crónicas de los reyes de Israel o Judá, donde "las palabras" se refieren a los eventos y registros históricos de esos días.

En las Escrituras griegas, especialmente en el Nuevo Testamento, el término "palabra de Dios" adquiere un significado más amplio y profundo. No se reduce únicamente a lo que Dios dijo literalmente, sino que abarca todo lo relacionado con Dios, Su voluntad, y Su gobierno divino. Este concepto incluye la doctrina religiosa en su totalidad, que comprende enseñanzas, mandamientos, principios éticos y teológicos, así como las revelaciones divinas sobre el plan de salvación y redención para la humanidad.

Cuando nos referimos a la "palabra de Dios", estamos reconociendo que esta no solo transmite información, sino que también revela la verdad espiritual y moral que guía la vida de los creyentes. Es un medio a través del cual Dios se comunica con la humanidad, revelando Su carácter, Su amor, Su justicia y Su misericordia. Este mensaje divino no solo informa, sino que transforma vidas, llamando a la obediencia y al arrepentimiento, y ofreciendo esperanza y consuelo a aquellos que buscan Su presencia. Así, la "palabra de Dios" abarca tanto la autoridad de las Escrituras como el contenido revelado en ellas. Es la expresión completa de la voluntad divina, que aborda tanto la verdad histórica como las verdades espirituales y doctrinales esenciales para la fe cristiana. Entender la profundidad y la amplitud de la "palabra de Dios" implica reconocer no solo lo que Dios ha dicho, sino también cómo ese mensaje transforma vidas y guía la comunidad de fe en su relación con Él.

La Doctrina del Evangelio. En el Nuevo Testamento, la "palabra de Dios" a menudo se refiere a la doctrina del cristianismo. Por ejemplo, en Hechos 13:46, Pablo y Bernabé hablan de la "palabra de Dios" refiriéndose a la enseñanza del cristianismo. En Hechos 5:20, un ángel dice a los apóstoles que hablen "todas las palabras de esta vida," refiriéndose claramente a la doctrina del Evangelio, como se demuestra en su enseñanza y predicación de Jesucristo en el templo.

La Palabra de Dios y su Poder Creativo. En un sentido más amplio, la "palabra de Dios" también puede entenderse metafóricamente, como la sabiduría, el poder y los planes eternos de Dios manifestados en la creación del mundo. En Génesis 1, los mandatos divinos como "Hágase la luz" son ejemplos de la palabra de Dios en acción. En Juan 1:3, se dice que todas las cosas fueron hechas por medio de Él, y en Hebreos 1:3, se menciona que Dios sustenta todas las cosas por el poder de su palabra.

La Encarnación de la Palabra. En el Evangelio según San Juan, Jesús es presentado como la encarnación de la "Palabra" de Dios (Juan 1:14). Esta referencia trae consigo un significado profundo y trascendente: no simplemente un término o una expresión lingüística, sino la manifestación viva y tangible de la promesa divina de redención y salvación para la humanidad. La "Palabra" encarnada en Jesús simboliza la revelación suprema de Dios al mundo, un acto de amor y gracia destinado a guiar a la humanidad hacia la vida eterna.

La idea de Jesús como la "Palabra" se extiende más allá del Evangelio de Juan. En el libro del Apocalipsis, específicamente en el capítulo 19, versículo 13, Cristo es descrito llevando una túnica teñida en sangre, y su nombre es proclamado como "la Palabra de Dios". Esta imagen subraya la continuidad y la culminación de la revelación divina a través de Jesucristo. Su vida, ministerio y sacrificio representan la plena realización de las promesas hechas por Dios a través de los profetas y las Escrituras del Antiguo Testamento.

La referencia a Jesús como la "Palabra de Dios" en Apocalipsis enfatiza su papel como la encarnación de la voluntad y el propósito divinos. Su venida al mundo no solo cumplió con las expectativas mesiánicas de Israel, sino que también trajo consigo la plenitud de la verdad y la gracia de Dios para toda la humanidad. A través de su vida terrenal, enseñanzas, milagros y, finalmente, su sacrificio en la cruz, Jesús reveló la naturaleza amorosa y redentora de Dios de una manera única y definitiva.

En conclusión, la identificación de Jesucristo como la "Palabra de Dios" en las Escrituras subraya su singularidad y su papel central en el plan de salvación divino. Su vida y ministerio representan la culminación de la revelación divina, un testimonio de la fidelidad de Dios a cumplir sus promesas y de su deseo de restaurar la comunión con la humanidad perdida. Entender a Jesús como la "Palabra de Dios" implica reconocer su significado profundo y su impacto transformador en la historia de la fe cristiana.

La Palabra como Doctrina y Promesa. En el estudio de la "palabra de Dios", es esencial entender que va más allá de las meras palabras literales que Dios pronuncia. Incluye tanto sus declaraciones directas como sus promesas, doctrinas y acciones reveladas a lo largo de las Escrituras. Un ejemplo notable se encuentra en el Salmo 105:19, donde la "palabra" que llega a José se refiere al cumplimiento exacto de la profecía que él había predicho. Esto ilustra cómo la palabra de Dios no solo comunica información, sino que también lleva consigo el poder para cumplir lo que se ha prometido.

Otro pasaje significativo es Mateo 24:35, donde Jesús afirma que "mis palabras no pasarán". Aquí, Jesús está asegurando que sus enseñanzas, promesas y profecías son inquebrantables y se cumplirán con certeza absoluta. Esta declaración resalta la autoridad de las palabras de Jesús y su conexión con la palabra de Dios en su totalidad, estableciendo así la base para entender la "palabra de Dios" como algo que trasciende lo meramente lingüístico para incluir también la voluntad divina manifestada en doctrinas y promesas.

La comprensión de la palabra de Dios como un mensaje completo se profundiza aún más al considerar su encarnación en Jesucristo. En él, la palabra de Dios se hizo carne (Juan 1:14), personificando no solo las enseñanzas y profecías divinas, sino también la plenitud de la sabiduría y el poder de Dios. Jesús no solo habló las palabras de Dios, sino que también las vivió y las cumplió en su ministerio terrenal, revelando así la voluntad y el plan salvífico de Dios de una manera tangible y accesible para la humanidad. La "palabra de Dios" abarca tanto las declaraciones verbales de Dios como las doctrinas, promesas y acciones que revelan su poder y voluntad divina. La encarnación de la palabra en Jesucristo subraya la importancia de la doctrina cristiana como la realización de las promesas divinas, ofreciendo guía y esperanza para aquellos que buscan la vida eterna a través del conocimiento y la aceptación de la palabra de Dios en todas sus dimensiones.

La Palabra de Dios en las Escrituras: Razón, Equidad y Profecía. Las Escrituras presentan diversos momentos en los que la "palabra de Dios" se alinea con principios de razón y equidad, aunque no siempre sean pronunciadas por profetas o santos. Por ejemplo, el faraón Necao, un idólatra, advirtió al rey Josías que no se interpusiera en su camino hacia Carquemis. A pesar de no ser un profeta, sus palabras fueron consideradas como provenientes de Dios, y al ignorarlas, Josías encontró su muerte en la batalla (2 Crónicas

35:21-23). Aunque en el primer libro de Esdras se atribuye esta advertencia a Jeremías, la Escritura canónica prevalece, destacando que las palabras sensatas y justas pueden considerarse inspiradas por Dios.

La Palabra Escrita en el Corazón del Hombre. La "palabra de Dios" se revela no solo a través de las Escrituras y las revelaciones directas, sino también a través de principios innatos de razón y equidad que Dios ha inscrito en el corazón del hombre. Este concepto se encuentra ilustrado en varios pasajes bíblicos significativos. Por ejemplo, en Salmos 36:31, se describe cómo la misericordia de Dios alcanza hasta los cielos y su fidelidad hasta las nubes, sugiriendo que sus principios trascienden los límites humanos y están arraigados en la esencia misma de la creación.

Jeremías 31:33 nos habla de cómo Dios pondrá su ley en las mentes y la escribirá en los corazones de su pueblo, destacando que la verdad y la justicia divinas no son solo preceptos externos, sino verdades arraigadas en la conciencia y el entendimiento humano. Este pasaje enfatiza que la relación con Dios implica una transformación interna que capacita al individuo para discernir y vivir de acuerdo con sus principios eternos.

Además, Deuteronomio 30:11-14 subraya la accesibilidad de la palabra de Dios, afirmando que no está demasiado lejos ni fuera de nuestro alcance. Esto implica que los principios divinos de razón y equidad son accesibles y comprensibles para todos, no limitados a una élite espiritual o intelectual, sino disponibles para cualquier persona que busque la verdad y la justicia.

Entonces, podríamos concluir que la "palabra de Dios" no se limita a la revelación escrita en las Escrituras, sino que se manifiesta también en principios universales y eternos de razón y equidad que Dios ha inscrito en el corazón humano. Estos principios, evidentes en pasajes como Salmos 36:31, Jeremías 31:33 y Deuteronomio 30:11-14, guían a la humanidad hacia comportamientos justos y equitativos, fortaleciendo así la comprensión y la aplicación práctica de la verdad divina en la vida diaria.

El Rol del Profeta en las Escrituras. El término "profeta" en la Biblia abarca una rica diversidad de roles y funciones que van más allá de simplemente ser un portavoz de Dios o un predictor del futuro. En su sentido más amplio, un profeta es aquel designado para comunicar la voluntad divina al pueblo, actuando como intermediario entre Dios y la humanidad. Esta figura se encuentra representada por destacados personajes del Antiguo Testamento como Moisés, Samuel, Elías, Isaías y Jeremías, quienes fueron llamados y capacitados por Dios para transmitir mensajes específicos a su pueblo en momentos clave de la historia bíblica.

Además de estos profetas principales, también encontramos que los sumos sacerdotes, como Caifás en el Nuevo Testamento, desempeñaron un papel profético al transmitir las palabras de Dios y las revelaciones divinas al pueblo de Israel. Esta función no se limitaba únicamente a la comunicación de eventos futuros, sino que incluía la interpretación de la ley y la dirección espiritual del pueblo en relación con Dios.

En el contexto neotestamentario, la noción de profeta se amplía para incluir a aquellos que enseñaban y edificaban a las congregaciones cristianas. Este aspecto se destaca en pasajes como 1 Corintios 14:3, donde se menciona la función de la profecía como un don espiritual que edifica, exhorta y consuela a la comunidad de creyentes. Ejemplos bíblicos específicos, como el caso de Moisés y Aarón, ilustran cómo Dios designó a Aarón como el vocero de Moisés ante el pueblo, otorgándole así un papel profético al actuar como su portavoz y representante autorizado (Éxodo 4:16; 7:1). Incluso figuras como Abraham son reconocidas como profetas en ciertos contextos, como en Génesis 20:7, donde interceden ante Dios en nombre de otros, mostrando que la función profética también puede incluir el acto de intercesión divina en beneficio de otros.

Por lo tanto, el término "profeta" en la Biblia encapsula una variedad de roles significativos que van desde la comunicación directa de la voluntad divina hasta la enseñanza y la edificación espiritual en la comunidad. Estas figuras no solo transmitían mensajes específicos de Dios, sino que también desempeñaban un papel crucial en la orientación espiritual y moral del pueblo, asegurando así la continuidad del vínculo entre Dios y la humanidad a lo largo de la historia bíblica.

La Profecía como Elogio a Dios. Profetizar también puede significar alabar a Dios públicamente con himnos y cánticos, como lo hicieron los profetas que venían del alto lugar con instrumentos musicales (1 Samuel 10:5-6, 10). Miriam, la hermana de Moisés, es llamada profetisa en este contexto (Éxodo 15:20). San Pablo, en 1 Corintios 11:4-5, también utiliza el término "profetizar" para referirse a los elogios a Dios mediante salmos y cánticos sagrados.

Los poetas paganos que componían himnos en honor a sus dioses también eran llamados "vates" o profetas. San Pablo, en Tito 1:12, cita a uno de estos poetas llamándolo profeta, reconociendo que la palabra "profeta" se usaba comúnmente para describir a aquellos que honraban a Dios en verso.

La Predicción en la Profecía. La distinción entre la verdadera profecía y las prácticas engañosas de la adivinación es crucial para entender el concepto bíblico de profeta. Aunque la profecía puede incluir la predicción de eventos futuros, no todos los que se dedican a esta actividad son considerados verdaderos profetas en el sentido bíblico. Los impostores y adivinos que utilizan métodos como los espíritus familiares o técnicas de adivinación pueden a veces acertar en sus predicciones de manera fortuita, pero sus errores son abundantes y evidencian su falta de conexión auténtica con Dios.

La verdadera profecía, en contraste, es una manifestación extraordinaria otorgada por Dios a aquellos a quienes Él elige como sus portavoces. Esto puede incluir a individuos inesperados e incluso a personas moralmente comprometidas. Un ejemplo destacado es la mujer de Endor, quien, a pesar de ser conocida por prácticas de adivinación, fue utilizada por Dios para pronunciar una profecía verdadera sobre la muerte de Saúl (1 Samuel 28:7-20). Este incidente subraya que la autenticidad de la profecía no está determinada por la moralidad personal del individuo, sino por la genuina intervención divina que respalda sus palabras. En conclusión, la verdadera profecía es un don extraordinario que proviene de Dios y que no se limita a la simple predicción de eventos futuros. Es un medio mediante el cual Dios comunica su voluntad y su propósito a la humanidad, y su validez no depende de las técnicas o métodos humanos, sino de la auténtica revelación divina que trasciende las limitaciones humanas y revela la verdad eterna.

La Voz de Dios. Aunque la Biblia menciona que Dios habla a los profetas, esto no implica que Dios tenga una voz física. En cambio, debemos entender estas comunicaciones como formas en que Dios hace conocer su voluntad. Las Escrituras describen varios métodos mediante los cuales Dios se manifiesta, y estos deben ser considerados para comprender cómo Dios habla a los profetas.

La "palabra de Dios" abarca desde principios de razón y equidad hasta profecías y enseñanzas divinas. Los profetas, tanto en el Antiguo como en el Nuevo Testamento, desempeñan roles cruciales al comunicar la voluntad de Dios, ya sea a través de predicciones, enseñanzas o alabanzas públicas. La comprensión de estos conceptos profundiza nuestra apreciación de cómo la divina palabra guía e inspira la vida humana hacia la justicia y la verdad.

Maneras en que Dios Habló a los Primeros Patriarcas y Profetas. La forma en que Dios se comunicó con Adán, Eva, Caín y Noé no está claramente detallada en la Biblia. Tampoco se describe explícitamente cómo habló a Abraham hasta que éste salió de su tierra natal y se trasladó a Siquem, en Canaán. En ese momento, según Génesis 12:7, se menciona que Dios se le apareció. Esta aparición representa una de las maneras en que Dios manifiesta su presencia: a través de visiones.

En otra ocasión, en Génesis 15:1, la "palabra del Señor" llegó a Abraham en una visión, indicando que algo significativo, como un mensajero divino, le habló. De nuevo, en Génesis 18:1, Dios se manifestó a Abraham mediante la aparición de tres ángeles, y a Abimelec, en Génesis 20:3, a través de un sueño. A Lot, Dios se le mostró mediante dos ángeles (Génesis 19:1), y a Agar mediante un ángel también (Génesis 21:17). En Génesis 22:11, Dios habló a Abraham a través de una voz del cielo, y a Isaac (Génesis 26:24) en la noche, posiblemente en un sueño. De manera similar, Jacob experimentó un sueño en el que vio una escalera que llegaba al cielo (Génesis 28:12) y una visión de ángeles (Génesis 32:1). A Moisés, Dios se le apareció en forma de una llama de fuego en medio de una zarza ardiente (Éxodo 3:2).

Después de Moisés, Dios continuó hablando a los profetas principalmente mediante sueños y visiones. Esto se observa en figuras como Gedeón, Samuel, Elías, Eliseo, Isaías, Ezequiel y otros profetas del Antiguo Testamento. En el Nuevo Testamento, Dios también se comunicó de esta manera con José, Pedro, Pablo y Juan el Evangelista, como se describe en el Apocalipsis.

Moisés: Un Profeta de Relación Directa con Dios. Moisés es una figura única en cuanto a cómo Dios se comunicó con él. En el monte Sinaí y en el Tabernáculo, Dios habló con Moisés de una manera extraordinaria, distinta a la que usó con otros profetas. Según Números 12:6-8, Dios declaró que hablaba a los profetas comunes en sueños y visiones, pero a Moisés le hablaba "cara a cara", como un amigo. Esta relación directa se destaca aún más en Éxodo 33:11, donde se dice que "El Señor hablaba con Moisés cara a cara, como quien habla con su amigo". Sin embargo, esta comunicación especial se realizaba a través de un ángel, como se menciona en Hechos 7:35, 53 y Gálatas 3:19, lo que indica que era una visión, aunque más clara que las recibidas por otros profetas.

La Profecía a Través de Sueños y Visiones. La profecía, a menudo comunicada mediante sueños y visiones, constituye una forma prominente de revelación divina en las Escrituras. Ejemplos abundan, como en Joel 2:28, donde se profetiza que "sus hijos y vuestras hijas profetizarán, sus ancianos soñarán sueños, sus jóvenes verán visiones". Este pasaje subraya cómo Dios elige diversos medios para transmitir su mensaje, utilizando tanto a jóvenes como a ancianos como receptores de sus revelaciones.

Incluso figuras prominentes como el rey Salomón experimentaron la intervención divina a través de sueños, como se registra en 1 Reyes 3:15, donde Salomón recibe promesas y sabiduría de Dios en un sueño. Para los profetas del Antiguo Testamento, tales experiencias no eran meras coincidencias, sino manifestaciones de la voluntad divina. Estas revelaciones podían manifestarse de manera sobrenatural en los verdaderos profetas, quienes actuaban como portavoces de Dios, transmitiendo sus mensajes de forma clara y veraz.

Sin embargo, también había falsos profetas que imitaban estas experiencias divinas para engañar al pueblo. Aunque sus visiones y sueños podían parecer auténticos, eran en realidad artificios diseñados para obtener poder o influencia sobre los demás. Esta distinción entre autenticidad y falsedad en la profecía subraya la importancia de discernir la verdadera voz de Dios entre las numerosas voces que competían por la atención del pueblo.

De esta manera, la profecía como medio de comunicación divina abarca una gama de experiencias, desde sueños y visiones hasta intervenciones directas en la conciencia humana. Estas manifestaciones no solo ilustran la diversidad de métodos utilizados por Dios para revelarse, sino también la necesidad continua de discernimiento espiritual para identificar las auténticas palabras de Dios en medio de las numerosas imitaciones y engaños que caracterizan el mundo espiritual y religioso.

Profetas por Espíritu e Inspiración. Los profetas del Antiguo Testamento se consideraban portavoces de Dios, hablando "por el espíritu" o bajo la inspiración divina. En Zacarías 7:12, el profeta lamenta cómo los judíos endurecieron sus corazones y rechazaron escuchar "la ley ni las palabras que el Señor de los ejércitos enviaba por su espíritu por medio de los antiguos profetas". Este pasaje subraya que hablar "por el espíritu" no era simplemente una forma poética de describir la inspiración, sino que implicaba una conexión directa y activa con la voluntad de Dios.

Para los profetas, recibir un mensaje "por el espíritu" implicaba más que simplemente escuchar una voz interna; frecuentemente, involucraba recibir visiones o sueños que comunicaban la palabra de Dios de manera clara y específica. Cada nuevo mensaje profético requería una nueva comisión divina, una nueva revelación o experiencia sobrenatural que confirmara la autenticidad y la autoridad del mensaje transmitido.

Este proceso de revelación destacaba la continua intervención divina en los asuntos humanos y la importancia de la obediencia y la receptividad a la palabra de Dios. Los profetas no hablaban por cuenta propia ni por su propia iniciativa; eran elegidos y comisionados directamente por Dios para llevar sus mensajes al pueblo. Por lo tanto, la expresión "hablar por el espíritu" implica una conexión íntima y activa con la guía divina, subrayando la seriedad y la sacralidad del rol profético en la revelación y la comunicación de la voluntad de Dios a la humanidad.

Profetas Supremos y Subordinados. En el Antiguo Testamento, la figura del profeta se destacó tanto en su supremacía como en sus diversas formas de manifestación. Los profetas supremos, como Moisés y los sumos sacerdotes en épocas regias, ocuparon posiciones destacadas en la comunicación entre Dios y el pueblo. Moisés, en particular, se destacó como el gran legislador y líder espiritual de Israel, recibiendo directamente las leyes y mandamientos de Dios en el monte Sinaí.

Durante períodos de obediencia y sumisión al gobierno divino, los reyes piadosos también actuaron como profetas principales. Estos líderes consultaban regularmente a Dios a través de los sumos sacerdotes en asuntos cruciales y tomaban decisiones basadas en las respuestas divinas. Por ejemplo, el rey Saúl, aunque no siempre obediente, en varias ocasiones buscó la dirección de Dios a través del sacerdocio para las decisiones militares y rituales (1 Samuel 13:9; 14:18). Incluso antes de convertirse en rey, David consultó a Dios sobre decisiones estratégicas, como la lucha contra los filisteos (1 Samuel 23:2).

Salomón, conocido por su sabiduría y riqueza, también ejerció una autoridad significativa sobre el sacerdocio. En un acto de gobierno sabio, pero también de purificación, Salomón retiró a Abiatar del cargo sacerdotal y nombró a Sadoc en su lugar (1 Reyes 2:27, 35). Esta acción no solo demostró la autoridad real de Salomón sobre los asuntos religiosos, sino también su compromiso con la pureza y la corrección dentro del sacerdocio.

Estos ejemplos ilustran cómo, a lo largo del Antiguo Testamento, la función profética no se limitaba a individuos específicos como Moisés, sino que se extendía a reyes y sumos sacerdotes que buscaban la voluntad divina y la comunicaban al pueblo. La interacción entre estos líderes y Dios, a menudo mediada por el sacerdocio, reflejaba el papel crucial de la revelación divina en la dirección y el gobierno del pueblo de Israel.

La Comunicación Divina con Moisés y Otros Profetas. La comunicación de Dios con Moisés en el monte Sinaí no puede ser entendida simplemente como un sueño o visión, ya que esto contradiría la distinción hecha entre Moisés y otros profetas. Tampoco puede afirmarse que Dios apareció en su propia naturaleza, ya que esto negaría su infinitud e invisibilidad. La comunicación divina con Moisés, mediada por un ángel, sugiere una visión más clara y directa que la otorgada a otros profetas. En conclusión, entonces, sabemos que Dios se comunicó de diversas maneras con los patriarcas y profetas, utilizando visiones, sueños y apariciones angélicas. Moisés, sin embargo, tuvo una relación única y directa con Dios, que lo distinguió de otros profetas. Estas diversas formas de comunicación divina ilustran la complejidad y riqueza de las interacciones entre Dios y los seres humanos a lo largo de las Escrituras.

La Comunicación de Dios con Moisés y los Sacerdotes en el Monte Sinaí. Cuando Dios habló a Moisés en el monte Sinaí, las formas tradicionales de comunicación divina que conocemos no pueden aplicarse de manera concluyente. De manera similar, tampoco está claro cómo Dios se comunicaba con los Sumo Sacerdotes desde la sede de la clemencia en el Antiguo Testamento. No se nos ha dado una explicación precisa sobre cómo Dios se dirigía a estos profetas supremos, encargados de invocar Su presencia y transmitir Su voluntad.

La Singularidad del Nuevo Testamento. En la transición al Nuevo Testamento, la figura profética experimenta una transformación significativa con la llegada de Jesucristo. A diferencia del Antiguo Testamento, donde los profetas supremos como Moisés y los sumos sacerdotes actuaban como intermediarios entre Dios y el pueblo, Jesucristo emerge como una figura única que encarna tanto la voz divina que habla como el profeta hacia quien se dirige esa voz.

Primero, Jesucristo es reconocido como el Dios que habla. En Él, Dios se revela completamente a la humanidad. Como el Hijo de Dios encarnado, Jesús trae consigo no solo enseñanzas y revelaciones, sino también la plenitud de la divinidad manifestada en su persona y en sus palabras. A través de sus enseñanzas, parábolas y discursos, Jesús comunica directamente la voluntad de Dios a la humanidad sin la necesidad de intermediarios humanos.

Segundo, Jesucristo también cumple la función de profeta. En el sentido profético, Jesús no solo predice eventos futuros, como su muerte y resurrección, sino que también proclama la venida del Reino de Dios y revela la naturaleza y el carácter de Dios de una manera única y autorizada. Su enseñanza no solo interpreta las Escrituras, sino que también las cumple, estableciendo así una nueva comprensión de la ley y la voluntad divina que trasciende las interpretaciones previas.

Esta dualidad en Jesucristo como el Dios que habla y el Profeta a quien se dirige, elimina la necesidad de intermediarios humanos en la comunicación divina. A diferencia del Antiguo Testamento, donde la mediación entre Dios y el pueblo era crucial, Jesucristo se presenta como la mediación definitiva y perfecta, estableciendo un nuevo orden en la relación entre Dios y la humanidad. Su vida, enseñanzas, y el cumplimiento de las profecías del Antiguo Testamento subrayan su papel único y supremo como el Profeta y la Palabra encarnada de Dios.

Profetas Subordinados y su Comunicación Divina. En el contexto de los profetas subordinados de vocación perpetua, la evidencia sugiere que no recibieron comunicaciones sobrenaturales directas de Dios, como se registró con los profetas supremos del Antiguo Testamento. En cambio, su desarrollo espiritual y moral se atribuía a la influencia continua del Espíritu Santo. Este proceso de crecimiento espiritual no ocurre de manera aislada, sino que se nutre a través de la educación, la instrucción y las circunstancias personales, todos los cuales son instrumentos mediante los cuales Dios obra en la vida del individuo.

Aunque este proceso de formación no implica manifestaciones sobrenaturales evidentes como visiones o sueños proféticos, se considera una acción divina porque toda inclinación hacia la piedad y la virtud proviene en última instancia de Dios. Este entendimiento es crucial para discernir la naturaleza de la inspiración divina entre los profetas, subrayando que la obra del Espíritu Santo no siempre se manifiesta de manera espectacular, sino también a través de influencias sutiles y procesos internos.

Cuando un profeta afirma hablar "en el espíritu" o "por el espíritu de

Dios", está expresando su alineación con la voluntad divina, tal como fue revelada por los profetas supremos como Moisés o Isaías. En este contexto, la palabra "espíritu" no se refiere necesariamente a una manifestación sobrenatural, sino más bien a la intención, el entendimiento y la disposición del individuo que se somete a la dirección y la influencia del Espíritu Santo en su vida y ministerio.

Los Setenta Ancianos en Tiempos de Moisés. Durante la época de Moisés, se relata en Números 11:25 un evento significativo donde setenta ancianos en el campamento de los israelitas fueron capacitados para profetizar. Según el relato, Dios descendió en una nube, habló directamente con Moisés y tomó el espíritu que estaba en él para impartirlo sobre los setenta ancianos. Este acto simboliza la transferencia del espíritu profético de Moisés a estos ancianos, quienes entonces comenzaron a profetizar.

Este evento subraya la subordinación de las profecías de estos ancianos a las de Moisés. No actuaban como profetas independientes, sino que sus palabras y acciones proféticas estaban intrínsecamente ligadas al liderazgo y la autoridad de Moisés como el profeta supremo de Dios. Sin la transferencia del espíritu de Moisés, los setenta ancianos no habrían tenido la capacidad de profetizar, lo que destaca su dependencia directa de Moisés como el canal principal de la revelación divina en ese momento.

Este episodio es emblemático de cómo la estructura de liderazgo y la comunicación divina estaban organizadas en el contexto del Antiguo Testamento. Moisés no solo actuaba como un líder político y espiritual, sino también como el principal portador de la autoridad y el poder del Espíritu de Dios. Esto contrasta con la situación en el Nuevo Testamento, donde la llegada de Jesucristo como el Mesías y la encarnación de la Palabra divina cambió significativamente el paradigma de la profecía y la relación entre Dios y su pueblo.

Además, esto sugiere que el "espíritu de Dios" en este caso se refiere a la disposición e intención de obedecer y asistir a Moisés en la administración del gobierno. No se les otorgó la naturaleza divina de manera sustancial, como se hizo con Cristo. Más bien, recibieron la gracia de Dios para cooperar con Moisés, lo cual es fundamental en la administración del reino.

La Suerte como Medio de Comunicación Divina. En diversas ocasiones tanto en el Antiguo como en el Nuevo Testamento, Dios empleó la suerte como un medio para manifestar su voluntad divina de manera clara y directa. Un ejemplo notable se encuentra en 1 Samuel 14:43, donde se revela que Dios usó la suerte para exponer la transgresión de Jonatán, hijo de Saúl, en una situación crítica. Este incidente ilustra cómo Dios intervino mediante un proceso aparentemente aleatorio para traer a la luz una falta que necesitaba ser corregida y purificada.

Otro caso importante se registra en Josué 1:10, cuando el país de Canaán fue dividido entre las tribus de Israel mediante un sorteo realizado en Shiloh. Aquí, la suerte no solo determinó la asignación de la tierra prometida, sino que también simbolizó la guía divina en la distribución de las herencias entre el pueblo elegido de Dios. Este acto de dividir la tierra por sorteo no solo estableció la posesión física de Canaán, sino que también reafirmó la promesa divina de un territorio para los hijos de Israel.

Además, en Josué 7:16, se relata cómo Dios utilizó la suerte para revelar el pecado oculto de Acán, quien había desobedecido la orden de no tomar despojos de Jericó. Este incidente muestra cómo la suerte fue instrumental en descubrir la transgresión individual que afectaba a toda la comunidad de Israel, subrayando así la importancia de la obediencia y la santidad en la relación con Dios.

La utilización de la suerte como medio de comunicación divina en estos relatos resalta la soberanía de Dios para intervenir en asuntos humanos de manera directa y decisiva. Aunque no se utiliza ampliamente en la Biblia como método principal de revelación, la suerte sirvió como un instrumento para clarificar la voluntad divina en situaciones específicas donde era necesario discernir y corregir desviaciones del camino prescrito por Dios para su pueblo.

La Comunicación Divina en el Nuevo Testamento. En el Nuevo Testamento, la comunicación divina se manifiesta a través de diversos medios sobrenaturales que reflejan la continuidad de la revelación y la guía de Dios hacia su pueblo. Un ejemplo prominente es la forma en que Dios utilizó visiones y sueños para comunicarse con figuras clave como la Virgen María y José. María recibió la noticia del nacimiento de Jesús a través de una visión angelical, donde el ángel Gabriel le anunció el plan divino para traer al Salvador al mundo (Lucas 1:26-38). De manera similar, José fue instruido y guiado en varios momentos críticos a través de sueños, como cuando fue advertido de la amenaza contra Jesús por parte de Herodes (Mateo 2:13).

Además, la experiencia de Pablo ofrece un ejemplo dramático de la intervención divina a través de visiones. En su camino a Damasco, experimentó una visión impactante de Cristo que transformó radicalmente su vida y su misión, convirtiéndose en uno de los más fervientes apóstoles de la fe cristiana (Hechos 9:1-19). Esta visión no solo cambió la dirección de su vida personal, sino que también marcó un punto crucial en la expansión del cristianismo primitivo.

Otro episodio significativo es la visión de Pedro, quien mientras oraba en Jope, vio una visión de una sábana descendiendo del cielo con diversos animales considerados impuros según la ley judía. Esta visión simbolizó la inclusión de los gentiles en la comunidad cristiana, desafiando las restricciones tradicionales y preparando el terreno para la expansión universal del evangelio (Hechos 10:9-16). Además de las visiones y los sueños, los Apóstoles recibieron la gracia del Espíritu Santo en Pentecostés, un evento que fortaleció y capacitó a los seguidores de Jesús para llevar adelante su misión de predicar el evangelio por todo el mundo conocido. Este evento marcó un cambio profundo en cómo Dios interactuaba con su pueblo, ahora a través de la presencia continua y activa del Espíritu Santo en la comunidad cristiana.

Finalmente, en la elección de Matías en lugar de Judas Iscariote, Dios utilizó la suerte para revelar su voluntad sobre quién debería ocupar el lugar vacante entre los Doce Apóstoles. Esta instancia muestra cómo, incluso en decisiones importantes dentro de la iglesia primitiva, Dios intervino para guiar y asegurar que su plan divino se llevara a cabo conforme a sus designios (Hechos 1:23-26). Estos ejemplos destacan la diversidad de métodos que Dios empleó en el Nuevo Testamento para comunicar su voluntad a sus siervos y guiar el desarrollo del cristianismo primitivo. Desde visiones y sueños hasta la gracia del Espíritu Santo y la utilización de la suerte, cada método sirvió para cumplir un propósito específico dentro del plan redentor de Dios para la humanidad.

El Discernimiento entre Profecías Verdaderas y Falsas. Es esencial comprender que la autenticidad de cualquier profecía debe ser evaluada con cuidado y discernimiento para determinar su origen divino o humano. En el contexto del Antiguo Testamento, las señales distintivas de una profecía verdadera incluían su consistencia con la doctrina revelada a Moisés en la ley y la capacidad de realizar milagros, como la predicción precisa de eventos futuros que solo Dios podría conocer y revelar. Estas características servían como criterios fundamentales para discernir la autenticidad de los mensajes proféticos entre el pueblo de Israel.

En contraste, en el Nuevo Testamento, la prueba principal de una profecía auténtica era la confesión y predicación de que Jesucristo es el Mesías prometido. Esta distinción se enfatiza claramente en las enseñanzas de los apóstoles, donde se subraya que cualquier espíritu o profecía que reconoce y proclama la encarnación de Jesús, es genuino y procede de Dios. San Juan, en su epístola, enfatiza esta prueba al declarar que "todo espíritu que confiesa que Jesús vino en carne, es de Dios" (1 Juan 4:2).

Este criterio revela no solo la coherencia con la revelación anterior, sino también la continuidad del mensaje divino a lo largo de las épocas. En ambos Testamentos, el discernimiento entre la verdad y la falsedad profética requiere no solo el uso de la razón natural, sino también una firme adhesión a las enseñanzas reveladas y el poder de Dios manifestado en la confirmación milagrosa de su palabra. Este enfoque asegura que el mensaje profético no solo sea auténtico, sino también una guía segura para el pueblo de Dios en todas las generaciones.

La Responsabilidad Individual y el Gobierno Divino. La comunicación divina en las Escrituras, tanto en el Antiguo como en el Nuevo Testamento, se despliega de manera variada y adaptativa según las circunstancias y necesidades específicas de cada época y contexto cultural. En el Antiguo Testamento, vemos cómo Dios se comunica a través de visiones como las de Abraham (Génesis 15:1), Moisés (Éxodo 3:2), y Ezequiel (Ezequiel 1:1), cada una diseñada para transmitir mensajes específicos y directrices divinas. Los sueños, como los de José (Génesis 37:5-11) y Daniel (Daniel 7:1), también sirven como medios de comunicación divina, revelando eventos futuros y ofreciendo dirección espiritual.

Los ángeles juegan un papel crucial como mensajeros de Dios, apareciendo figuras como Abraham (Génesis 18:1-15), Lot (Génesis 19:1-22), y los profetas (Zacarías 1:9-17), entregando mensajes y ejecutando las órdenes divinas. La suerte, utilizada en casos como la elección de Matías para reemplazar a Judas (Hechos 1:26), también se empleó como medio para discernir la voluntad divina en decisiones importantes dentro de la comunidad de creyentes.

En el Nuevo Testamento, vemos que la comunicación divina continúa a través de visiones y sueños. El apóstol Pedro, por ejemplo, recibe una visión en Jope que transforma su comprensión del plan divino para todas las naciones (Hechos 10:9-23). Pablo, en su camino a Damasco, experimenta una visión de Jesucristo que lo convierte en un apóstol de los gentiles (Hechos 9:3-19). Los ángeles, como Gabriel que se aparece a la Virgen María para anunciar el nacimiento de Jesús (Lucas 1:26-38), también continúan actuando como portadores de mensajes divinos en el Nuevo Testamento.

Cada uno de estos métodos de comunicación divina requiere un discernimiento cuidadoso por parte de quienes los reciben. Este discernimiento asegura que la voluntad de Dios sea correctamente entendida y obedecida, protegiendo así contra las interpretaciones erróneas y los falsos profetas que pueden surgir. Mantener un enfoque diligente en la doctrina ordenada y en los representantes legítimos de Dios es crucial para preservar el orden divino y humano, evitando desviaciones que puedan conducir a confusiones y errores en la fe.

En el Antiguo Testamento, Dios utilizó a profetas supremos como Moisés, quien tenía una relación única y directa con Dios. Moisés es un ejemplo primordial de cómo Dios puede elegir a un individuo para ser el mediador de Su voluntad, comunicando leyes y directrices que formarían la base del pacto entre Dios y Su pueblo. Moisés no sólo recibió los Diez Mandamientos, sino que también sirvió como juez y líder, guiando a los israelitas a través del desierto y resolviendo disputas basadas en la sabiduría divina que se le había otorgado. Este tipo de comunicación directa y personal con Dios es excepcional y establece un estándar de liderazgo espiritual y obediencia inquebrantable a la voluntad divina.

Jesucristo, en el Nuevo Testamento, ocupa un papel aún más singular. No solo es el mensajero, sino también el mensaje mismo, encarnando la voluntad de Dios de manera plena y perfecta. Jesús, siendo tanto divino como humano, representa la culminación de la revelación divina. Su vida, enseñanzas, muerte y resurrección no solo comunican la voluntad de Dios, sino que también ofrecen el medio para la redención y la reconciliación de la humanidad con Dios. La comunicación divina en este contexto es encarnacional, donde Dios se hace carne para habitar entre nosotros y ofrecer un camino claro hacia la salvación.

Además de estos profetas supremos, Dios también se comunicó a través de profetas subordinados y otros medios. Los profetas menores y los setenta ancianos que asistieron a Moisés son ejemplos de cómo Dios puede distribuir Su espíritu para guiar a un grupo más amplio de líderes. Estos profetas, aunque subordinados, desempeñaron roles cruciales en la administración y la dirección del pueblo de Dios, asegurando que la comunidad permaneciera alineada con la voluntad divina.

La suerte y los sueños también sirvieron como canales de comunicación divina. En tiempos antiguos, echar suertes era una práctica común para discernir la voluntad de Dios en situaciones donde la sabiduría humana no era suficiente. Este método, aunque aparentemente aleatorio, se consideraba bajo la dirección divina, como cuando Josué dividió la tierra de Canaán entre las tribus de Israel. De manera similar, los sueños y visiones proporcionaron una ventana a la voluntad divina, como en el caso de José, quien recibió instrucciones sobre cómo proteger a la Virgen María y al niño Jesús, o Pablo, que fue llamado al ministerio apostólico a través de una visión.

El discernimiento cuidadoso es crucial en todos estos casos. Distinguir entre una verdadera revelación divina y una falsa profecía requiere no solo una comprensión profunda de la doctrina y las enseñanzas previamente establecidas, sino también una humildad y una apertura para ser guiados por el Espíritu Santo. La historia bíblica está llena de ejemplos de falsos profetas que pretendieron hablar en nombre de Dios, pero cuyas enseñanzas llevaron a la gente al error y la idolatría. Los criterios establecidos en las Escrituras, como la coherencia con la doctrina de Moisés y la confesión de que Jesús es el Cristo, sirven como herramientas esenciales para este discernimiento.

En última instancia, la clave para reconocer y seguir la verdadera voluntad de Dios reside en una combinación de fe, conocimiento bíblico, y la guía continua del Espíritu Santo. Esta obediencia no es solo una aceptación pasiva, sino un compromiso activo de vivir según los mandatos divinos, de participar en la comunidad de fe, y de ser testigos de la verdad de Dios en el mundo. Evitar ser engañados por falsas profecías implica una vigilancia constante y una dedicación a la verdad que Dios ha revelado a través de los siglos, tanto en el Antiguo como en el Nuevo Testamento.

Capítulo XXXVII
Sobre los milagros y su utilidad

Consideremos como milagros las obras sorprendentes de Dios, conocidas también como maravillas. Estos eventos extraordinarios no solo sirven para manifestar sus mandatos, sino también para confirmar su presencia y poder ante la humanidad. Cuando los seres humanos, limitados por su razón natural, tienden a dudar de lo divino, estos sucesos son catalogados como signos en las Sagradas Escrituras. En la antigüedad latina, eran llamados "ostenta" y "portenta", términos que destacan cómo estos fenómenos son demostraciones visibles de la voluntad del Omnipotente y de lo que Él desea que ocurra en el mundo terrenal. Estos milagros no solo revelan la intervención divina en la historia humana, sino que también invitan a la reflexión sobre la relación entre lo sobrenatural y lo natural, desafiando las limitaciones del entendimiento humano y mostrando la grandeza y la sabiduría de Dios de manera palpable y concreta.

Para entender qué es un milagro, es crucial identificar las obras que los hombres perciben como extraordinarias y admirables. Estos eventos sorprenden a las personas por dos razones principales: primero, porque son inusuales o nunca antes vistos; segundo, porque, cuando ocurren, no pueden ser explicados por medios naturales, sino que requieren la intervención directa de Dios. La clave está en la combinación de lo excepcional y la imposibilidad de atribuirlo a causas naturales.

Por otro lado, si un evento puede ser considerado posible o tener una explicación natural, incluso si es raro o poco común, no se clasifica como milagro. Por ejemplo, si un caballo o una vaca hablara, sería un milagro porque es inusual y no podemos imaginar una causa natural para ello. Similarmente, una transformación extraordinaria de la naturaleza que resulte en una nueva forma de vida sería considerada milagrosa.

Sin embargo, cuando se trata de eventos como el parto humano o animal, aunque no comprendamos completamente su proceso, dejan de ser considerados milagrosos debido a su regularidad en la naturaleza. Del mismo modo, si un ser humano se transformara en piedra, sería un milagro debido a la rareza y la imposibilidad natural de este fenómeno. Por el contrario, la petrificación de la madera, aunque difícil de entender, no se clasifica como milagro porque es algo que ocurre con cierta frecuencia. Así, los milagros se distinguen por su excepcionalidad y por desafiar cualquier explicación natural plausible, destacando así la intervención divina en lo ordinario y confirmando la presencia activa de lo sobrenatural en el mundo natural.

El primer arco iris que apareció en el mundo fue percibido como un milagro debido a su novedad y a su función como un signo divino asegurando que no habría otra destrucción universal por inundación. En aquel momento, era algo único y sin precedentes, claramente atribuido a la intervención directa de Dios para transmitir un mensaje de esperanza y promesa. Con el paso del tiempo, los arco iris se han vuelto comunes y bien entendidos desde el punto de vista científico. Ya sea que conozcamos sus causas naturales o no, la familiaridad con este fenómeno ha disminuido su percepción como milagro. Hoy en día, tanto los científicos que comprenden su formación por refracción y reflexión de la luz en gotas de agua, como las personas comunes que aprecian su belleza sin entender su origen exacto, tienden a verlos como un fenómeno natural y predecible.

Es importante distinguir los milagros de las obras extraordinarias creadas por el ingenio humano. Aunque algunas creaciones humanas puedan parecer impresionantes y fuera de lo común, como monumentos, tecnologías avanzadas o logros artísticos, si comprendemos cómo fueron realizadas y los medios utilizados, no las consideramos milagrosas. Esto se debe a que dichas obras no fueron el resultado de una intervención divina directa, sino de la capacidad, conocimiento y esfuerzo humano. Mientras que los milagros se caracterizan por su carácter extraordinario y su atribución a la intervención divina, los fenómenos naturales como los arco iris y las creaciones humanas destacadas son apreciadas por su complejidad y belleza, pero no se consideran milagrosas cuando se comprenden sus causas y procesos involucrados.

La percepción de la admiración y el asombro varía significativamente según el conocimiento y la experiencia de cada individuo. Lo que puede ser considerado un milagro para unos, puede no serlo para otros. Este contraste se evidencia claramente entre personas menos instruidas y supersticiosas, quienes pueden interpretar ciertos eventos como portentos, mientras que individuos más educados reconocen su origen natural y no los encuentran tan sorprendentes.

Por ejemplo, los eclipses solares y lunares han sido históricamente vistos como eventos sobrenaturales por parte del público general, incapaz de comprender las complejas dinámicas celestiales. En contraste, aquellos con conocimientos científicos pueden predecir con precisión cuándo y dónde ocurrirán estos fenómenos, eliminando el aura de misterio y milagro que rodea estos eventos para quienes los comprenden. Otro ejemplo notable es cuando alguien con perspicacia revela actos privados de otra persona a alguien ignorante de esos detalles. Para el individuo ignorante, esta revelación puede parecer asombrosa y casi milagrosa, pues desconoce cómo la información pudo ser obtenida. En contraste, personas más cautelosas y prudentes pueden entender cómo la observación cuidadosa o el acceso a cierta información llevó a esa revelación, despojándola así de cualquier misterio sobrenatural. La percepción de los milagros y asombros está estrechamente ligada al nivel de conocimiento y experiencia individual. Lo que para unos puede ser una muestra de lo divino o inexplicable, para otros puede ser simplemente un fenómeno natural o resultado del entendimiento y la habilidad humanas.

Es esencial que los milagros ocurran para validar y autenticar a los mensajeros, ministros y profetas de Dios, asegurando así que la gente reconozca su divina autoridad y se sienta motivada a obedecer sus enseñanzas. Aunque la creación del mundo y el diluvio universal fueron obras impresionantes, no se realizaron con el propósito específico de acreditar a ningún profeta o ministro de Dios, por lo tanto, no se clasifican comúnmente como milagros.

Lo que realmente provoca asombro no es la capacidad inherente para realizar una obra, ya que se cree universalmente que Dios posee el poder de hacer cualquier cosa. Lo verdaderamente extraordinario radica en que Dios actúe en respuesta a la petición de un ser humano específico. Por ejemplo, las obras realizadas por Moisés en Egipto son ejemplos claros de verdaderos milagros, diseñados específicamente para que el pueblo de Israel creyera que Moisés era el enviado de Dios.

Después de recibir el mandato divino de liberar a los israelitas del yugo egipcio, Moisés fue investido con el poder para realizar acciones extraordinarias como transformar su vara en serpiente y luego regresarla a su forma original, causar y sanar la lepra en su mano, y convertir agua en sangre. Estos actos milagrosos jugaron un papel crucial en la aceptación y fe del pueblo de Israel hacia Moisés como mensajero de Dios, consolidando así su liderazgo y autoridad divina.

Al estudiar los milagros llevados a cabo por Moisés y otros profetas desde los tiempos del cautiverio, y posteriormente por Jesús y sus apóstoles, podemos observar que su propósito fundamental siempre fue despertar o confirmar la creencia de que no actuaban por iniciativa propia, sino como enviados directamente por Dios. Además, los milagros tenían como objetivo fomentar la fe, pero no de manera universal entre todos los seres humanos, sino específicamente entre aquellos elegidos por Dios para recibir su mensaje y seguir su voluntad.

Un ejemplo claro son las plagas de Egipto, las cuales no estaban destinadas a convertir al Faraón, ya que Dios había anticipado que endurecería su corazón. Incluso cuando finalmente el Faraón liberó a los israelitas, no fue debido a los milagros en sí, sino por la persistencia y efectos de las plagas sobre Egipto. Los milagros, por tanto, no solo validaban la autoridad divina de los mensajeros, sino que también fortalecían la fe de aquellos que estaban dispuestos a creer y seguir a Dios, demostrando así su poder y misericordia a través de actos extraordinarios.

En el Nuevo Testamento se registra que Jesús realizó pocos milagros en su tierra natal debido a la incredulidad predominante entre la gente. Este hecho no se debió a una limitación de su poder, sino a que el propósito de sus milagros era reunir a aquellos que Dios había escogido para la salvación, es decir, los elegidos por su gracia. Nuestro Salvador no podía usar su poder para convertir a aquellos que el Padre había previamente rechazado.

Por lo tanto, cada individuo debe discernir quién actúa como verdadero representante de Dios en la Tierra y adherirse a la doctrina establecida por él. Cualquier profeta que contradiga esta norma debe ser examinado cuidadosamente y, si es necesario, desautorizado por la autoridad suprema para evitar caer en las trampas de los falsos profetas y mantener tanto el orden divino como el orden humano establecido por Dios. Este principio asegura que las enseñanzas y acciones de los profetas sean coherentes con la voluntad divina y conduzcan a la verdad espiritual que Dios desea para su pueblo.

Reflexionemos sobre la naturaleza y el propósito de los milagros, que pueden definirse como obras de Dios realizadas fuera del orden natural establecido en la creación para demostrar la misión de un enviado extraordinario destinado a la salvación de su pueblo elegido.

Sabemos que la definición de milagro implica, en primer lugar, que estas manifestaciones no son el resultado de algún poder inherente en el profeta o mensajero, sino que son acciones directas y sobrenaturales de Dios mismo. Esto significa que Dios obra de manera inmediata y sin necesidad de utilizar al profeta como una causa intermedia en la ejecución de los milagros.

En segundo lugar, es crucial entender que ningún demonio, ángel u otro espíritu creado tiene la capacidad de realizar verdaderos milagros. Cualquier fenómeno que pueda parecer milagroso debido a ciertas habilidades naturales o a prácticas de encantamiento no califica como un milagro genuino. Esto se debe a que un milagro auténtico debe tener su origen directamente en la voluntad y el poder divino, no en causas naturales o en el manejo de fuerzas espirituales creadas.

Esta comprensión distingue claramente entre lo sobrenatural, que proviene de Dios, y las manifestaciones que pueden ser percibidas erróneamente como milagros debido a la falta de entendimiento de sus verdaderas causas. Es esencial para la fe y la doctrina comprender esta distinción para reconocer la autenticidad de los actos divinos y mantener una visión clara sobre la intervención sobrenatural en la vida humana y en la historia.

Algunos pasajes bíblicos pueden parecer atribuir a los magos y encantadores la capacidad de realizar milagros similares a los de Dios. Por ejemplo, en la historia de Moisés, los magos de Egipto lograron replicar algunos de los milagros como convertir varas en serpientes y transformar agua en sangre mediante encantamientos. Sin embargo, la Biblia no proporciona una definición precisa de qué constituye un encantamiento. Si interpretamos el encantamiento como una serie de efectos sorprendentes alcanzados por medios fraudulentos o engañosos, entonces los textos que parecen confirmar el poder de la magia deben ser reconsiderados desde otra perspectiva.

Es crucial discernir entre lo que la Biblia relata como milagros verdaderos, que provienen de la intervención divina, y lo que puede parecer milagroso, pero se logra a través de artimañas humanas o fuerzas espirituales menos divinas. Este discernimiento ayuda a mantener una comprensión clara de la obra de Dios en contraste con las prácticas y creencias que no están alineadas con Su voluntad y poder soberano.

Las palabras, por sí solas, poseen significado únicamente para aquellos que las comprenden y pueden influir en las emociones y percepciones de los oyentes. Cuando un objeto parece tener poderes encantados o un supuesto milagro parece ser realizado mediante un encantamiento, es importante considerar que, si no contribuye a la edificación del pueblo de Dios, el objeto en sí mismo no está encantado; más bien, es el espectador quien se encuentra engañado por la ilusión creada. Por lo tanto, todos los supuestos milagros realizados por encantadores no son más que ilusiones o engaños que desvían a las personas de la verdad y la auténtica obra de Dios. Es esencial discernir entre lo que es verdadero y lo que es falso para mantener una fe fundamentada en la verdad y no en artificios o falsedades.

La ignorancia y la inclinación al error son características frecuentes en todos los seres humanos, especialmente en aquellos que carecen de conocimientos sobre las causas naturales y las dinámicas humanas. Esta falta de comprensión los vuelve vulnerables a ser engañados por artimañas simples y efectos ilusorios. Antes de que se desarrollara el conocimiento científico sobre los eclipses, cualquier individuo que pudiera predecir con precisión uno de estos fenómenos habría sido venerado como un hacedor de milagros. De manera similar, los trucos realizados por un mago o ilusionista habrían sido interpretados como actos sobrenaturales si no fueran ahora tan conocidos y comunes. Un ejemplo clásico es el de un ventrílocuo, capaz de hablar sin mover los labios aparentemente desde una ubicación distinta, lo cual fácilmente podría convencer a las personas de que están escuchando una voz celestial o divina. Este tipo de fenómenos ilustra cómo la falta de entendimiento puede llevar a la atribución errónea de poderes sobrenaturales a eventos que tienen explicaciones simples y naturales una vez que se comprenden adecuadamente.

Los individuos hábiles en descubrir secretos personales o confesiones pasadas y luego repetirlos podrían ser percibidos como hechiceros o taumaturgos, términos que en la antigüedad denotaban a quienes realizaban actos asombrosos o misteriosos. La variedad de estos engañadores se sustenta en su habilidad personal para manipular percepciones y generar ilusiones convincentes. Además, las imposturas orquestadas mediante la colaboración entre varias personas pueden engañar a un número aún mayor de individuos. Por ejemplo, dos personas que representan un papel donde una finge estar enferma y la otra la cura pueden fácilmente engañar a un público desprevenido. Si toda una comunidad o grupo participa en la farsa, la capacidad para engañar a otros se amplifica considerablemente, afectando a un número significativo de personas. Este fenómeno ilustra cómo la cooperación y la habilidad para manipular situaciones pueden dar lugar a engaños masivos, explotando la ingenuidad y la falta de conocimiento de las personas respecto a los límites de lo posible y lo real.

En resumen, los verdaderos milagros son actos divinos realizados para autenticar a los mensajeros de Dios y fortalecer la fe de su pueblo. Todo lo demás, por impresionante que pueda parecer, no es más que el resultado de la habilidad humana para engañar y manipular las percepciones de los demás.

Considerando la propensión humana a ser fácilmente persuadidos por supuestos milagros, es fundamental adoptar precauciones adecuadas para discernir la verdad. La mejor y más efectiva precaución es seguir las directrices que Dios ha establecido claramente. Como se menciona en el libro del Deuteronomio, específicamente en los capítulos 13 y 18, se nos advierte de no reconocer como verdaderos profetas a aquellos que enseñan doctrinas religiosas que difieren de las establecidas por el representante de Dios en aquel tiempo, que era Moisés. Además, se nos instruye a no aceptar a quienes hacen pronósticos que no se cumplen.

Esta precaución se fundamenta en la idea de que los verdaderos mensajeros de Dios deben estar alineados con las enseñanzas y la voluntad divina reveladas anteriormente. Cualquier desviación doctrinal o falta de cumplimiento en las predicciones indica que la persona no está siendo guiada por la auténtica voluntad de Dios. Esto no solo protege a las personas de ser engañadas por impostores que buscan explotar su credulidad, sino que también asegura que la fe y la práctica religiosa se mantengan dentro de los límites establecidos por Dios mismo.

Por lo tanto, seguir las directrices divinas reveladas en las escrituras es la única manera verdaderamente efectiva de discernir entre lo auténtico y lo falso en el ámbito de lo espiritual. Esto no solo aplica a la época de Moisés, sino que sigue siendo relevante en la actualidad, proporcionando una guía sólida para navegar las aguas turbulentas de las afirmaciones milagrosas y los pronósticos no cumplidos.

En el tiempo de Moisés, y posteriormente bajo el liderazgo de Aarón y sus sucesores, así como bajo la guía soberana del pueblo de Dios en todas las épocas, es crucial referirse a la doctrina establecida antes de aceptar como genuino cualquier supuesto milagro o profeta. Este principio es fundamental para mantener la integridad doctrinal y espiritual dentro de la comunidad de creyentes. La razón subyacente es que la revelación divina no es algo estático, sino que se construye sobre una base de enseñanzas y mandatos que deben ser coherentes a través del tiempo.

Cuando nos enfrentamos a reclamos de milagros o profecías, la primera medida es consultar la autoridad adecuada, que en el tiempo de Moisés era él mismo como el representante directo de Dios. En las épocas posteriores, este papel fue asumido por líderes espirituales designados. Esta consulta no solo busca verificar si el fenómeno es auténtico según las normas establecidas, sino también discernir si va en contra de la revelación previamente dada. Es esencial determinar si el milagro en cuestión no puede ser explicado por medios naturales y requiere la intervención directa de Dios para ser realizado.

En situaciones donde la autenticidad del milagro o la veracidad del profeta son dudosas, es crucial someter nuestro juicio personal a la autoridad reconocida como representante de Dios en ese momento. Esto asegura que nuestras decisiones y creencias estén alineadas con la voluntad divina revelada y no sean influenciadas por interpretaciones erróneas o falsas pretensiones. Al adherirse a estos principios, la comunidad de creyentes se protege contra engaños y falsas doctrinas, manteniendo así la pureza y la verdad espiritual que Dios ha establecido para su pueblo a lo largo de la historia.

Por ejemplo, consideremos el caso de alguien que afirma que, mediante la pronunciación de ciertas palabras sobre un pedazo de pan, este se transforma en un dios o en un hombre, o en ambos, aunque físicamente sigue siendo pan. Ante una afirmación tan extraordinaria, es imperativo no aceptarla ciegamente, sino someterla al juicio de la autoridad establecida dentro de la Iglesia. Esta práctica está fundamentada en la necesidad de mantener la coherencia doctrinal y evitar la propagación de falsas enseñanzas que puedan desviar a los creyentes de la verdad revelada.

El principio se encuentra respaldado por el consejo de Moisés en Deuteronomio 18:22, que advierte contra aquellos que hablan presuntuosamente en nombre de Dios. Según este pasaje, si la autoridad eclesiástica niega la veracidad de la supuesta transmutación del pan, entonces no se debe obedecer al individuo que la proclama. Este enfoque protege contra interpretaciones erróneas o falsas pretensiones que podrían distorsionar la enseñanza genuina y desviar la fe de sus fundamentos.

Por otro lado, si la autoridad reconocida dentro de la Iglesia confirma que el milagro ha ocurrido y que efectivamente el pan se ha transformado en lo que se afirma, entonces se debe aceptar sin cuestionamientos. Esta aceptación refleja la importancia de la autoridad divinamente establecida para discernir y validar los eventos que sobrepasan la comprensión humana, asegurando así que las creencias y prácticas dentro de la comunidad de fe estén alineadas con la voluntad y el propósito divinos.

En resumen, consultar y seguir la autoridad de la Iglesia es esencial para discernir la autenticidad de los supuestos milagros y profecías, asegurando que la fe y la doctrina se mantengan fieles a la revelación divina y se preserven de errores y falsas enseñanzas.

Además, es crucial tener en cuenta que, si nos enteramos de un presunto milagro, pero no lo hemos presenciado personalmente, debemos recurrir a la autoridad legítima de la Iglesia y a su líder antes de aceptar esos relatos como verídicos, incluso si los narradores parecen ser personas confiables. Este principio de verificar los milagros reportados es especialmente pertinente en el contexto de los gobiernos cristianos modernos. En la actualidad, es raro encontrar a alguien que haya presenciado un milagro que pueda ser atribuido a encantamientos, palabras o plegarias que, según cualquier persona con un sentido razonable, parezcan ser sobrenaturales.

Este enfoque se basa en la necesidad de mantener la integridad doctrinal y evitar la propagación de falsas creencias que puedan surgir de testimonios no verificados. La consulta a la autoridad eclesiástica proporciona un marco establecido para discernir la autenticidad de los eventos extraordinarios que se alegan como milagros. Esta práctica protege contra la credulidad excesiva y promueve una comprensión fundamentada en la enseñanza y la autoridad de la Iglesia, cuya responsabilidad es salvaguardar la fe de los creyentes de desviaciones y engaños.

Además, el contexto contemporáneo nos desafía a aplicar un filtro crítico incluso a relatos que parezcan persuasivos o impresionantes. Dado que vivimos en una era donde la ciencia y la razón son fundamentales, es esencial aplicar un criterio riguroso antes de aceptar como milagrosos eventos que podrían tener explicaciones naturales o podrían ser producto de malentendidos. Este discernimiento no solo protege la integridad de la fe, sino que también fortalece la confianza en la autenticidad de los milagros genuinos que han sido validados por la autoridad competente dentro de la tradición eclesiástica.

El papel de la Iglesia y su líder, entonces, es crucial para evaluar y discernir la veracidad de los milagros reportados, especialmente en un contexto contemporáneo donde la comprensión científica y el escepticismo racional son dominantes. Esta práctica no solo salvaguarda la doctrina y la fe cristiana, sino que también promueve una comprensión equilibrada y fundamentada de los eventos que desafían la explicación natural.

La cuestión que enfrentamos no se limita únicamente a discernir si lo que presenciamos constituye un milagro genuino, sino también a evaluar la autenticidad de los relatos de milagros que escuchamos o leemos. En este sentido, es crucial reconocer que no debemos depender únicamente de nuestro propio juicio individual, sino que debemos recurrir a la razón pública, es decir, a la autoridad del representante supremo de Dios, quien actúa como el juez en estos asuntos. Este líder, al que hemos confiado un poder soberano, tiene la responsabilidad de preservar la paz y la cohesión dentro de la comunidad.

El rol de este representante eclesiástico no solo radica en ser un administrador de la doctrina y la fe, sino también en ser el guardián de la integridad doctrinal y moral. Su autoridad proporciona un marco seguro para discernir entre lo verdadero y lo falso en lo concerniente a los milagros reportados. Al consultar esta autoridad, nos beneficiamos de su perspectiva informada y de su capacidad para distinguir entre lo que puede ser auténticamente sobrenatural y lo que puede ser el resultado de malentendidos, engaños o deseos personales.

Además, al encomendar esta tarea a la autoridad eclesiástica, se promueve la coherencia y la unidad en la comunidad de fe, asegurando que todos los creyentes adopten una comprensión compartida y fundamentada de los eventos extraordinarios. Esta práctica no solo fortalece la credibilidad de la fe cristiana frente a las críticas externas, sino que también protege a los fieles de desviaciones doctrinales y de interpretaciones erróneas que podrían surgir si se permitiera un discernimiento puramente individual y subjetivo.

En resumen, la consulta a la autoridad eclesiástica para discernir la autenticidad de los milagros es esencial para mantener la coherencia doctrinal y fortalecer la fe cristiana. Este enfoque no solo salvaguarda la integridad de la comunidad de creyentes, sino que también asegura que los milagros, como signos del poder divino, sean adecuadamente reconocidos y comprendidos dentro del marco establecido por la tradición y la enseñanza eclesiástica.

Cuando se analiza la cuestión de los milagros y la fe, se abre un panorama donde la libertad individual se encuentra con la autoridad colectiva. Cada persona tiene la facultad de decidir qué eventos considera milagrosos, sopesando los posibles beneficios o intenciones detrás de tales afirmaciones. Este discernimiento implica no solo evaluar la veracidad de los relatos, sino también considerar cómo estas creencias afectan a quienes las sostienen o rechazan.

Sin embargo, cuando la discusión se traslada al ámbito de la confesión de fe, la dinámica cambia. Aquí, la razón personal debe ceder terreno ante la autoridad pública, que es representada por aquellos que han sido designados como líderes en la comunidad de fe. Estos representantes actúan como mediadores entre la doctrina establecida y las interpretaciones individuales, asegurando así la coherencia y la integridad doctrinal dentro de la comunidad.

La figura del representante de Dios y líder de la Iglesia desempeña un papel crucial en este contexto. Esta persona no solo actúa como un guía espiritual, sino que también asume la responsabilidad de discernir la autenticidad de los milagros reportados. Su autoridad proporciona un marco objetivo para evaluar eventos extraordinarios, basado en la tradición, la enseñanza y la experiencia comunitaria acumulada a lo largo del tiempo.

Es importante destacar que la consulta a esta autoridad no implica una negación automática de la libertad individual de creencia, sino más bien un reconocimiento de la importancia de la cohesión y la unidad en la fe. En un mundo donde las interpretaciones pueden variar ampliamente, la función del líder eclesiástico es vital para mantener la integridad de la doctrina y para proteger a los fieles de desviaciones doctrinales o interpretaciones sesgadas.

En resumen, mientras que la libertad de creencia permite a cada individuo evaluar los milagros según su propio criterio, la confesión de fe requiere que la razón personal se someta a la autoridad pública representada por los líderes religiosos. Este equilibrio entre autonomía individual y guía comunitaria es fundamental para preservar la coherencia y la autenticidad dentro de la comunidad de creyentes.

Capítulo XXXVIII

Sobre el significado de la vida eterna, del infierno, la salvación, el mundo futuro y la redención, presentes en la Escritura

El mantenimiento de una sociedad civil depende fundamentalmente de la justicia. Esta justicia se sustenta en el poder de vida y muerte, así como en otras recompensas y castigos menores, los cuales son competencia de quienes ostentan la soberanía del Estado. Un Estado no puede subsistir si alguien distinto del soberano tiene la capacidad de ofrecer recompensas mayores que la vida o imponer castigos peores que la muerte. Dado que la vida eterna representa una recompensa superior a la vida presente, y el tormento eterno es un castigo mayor que la muerte física, es esencial que aquellos que desean evitar la confusión y la guerra civil mediante la obediencia a la autoridad, reflexionen sobre el significado de la vida eterna y el tormento eterno según la Sagrada Escritura. Deben comprender por qué pecados y contra quiénes estos pecados son cometidos, y qué acciones conducen a la vida eterna.

Inicialmente, Adán fue creado en un estado de perfección y armonía, disfrutando de una vida idílica en el paraíso del Edén. Este paraíso no solo era un lugar de belleza y abundancia, sino también el hogar del árbol de la vida, del cual Adán podía comer libremente. Sin embargo, había una única restricción: no debía comer del árbol del conocimiento del bien y del mal. Este mandato divino simbolizaba la obediencia y la fidelidad que Dios esperaba de su creación.

La historia da un giro cuando Adán, influenciado por Eva y la serpiente, desobedece este mandato y consume el fruto prohibido. Esta acción no fue solo una simple transgresión, sino un acto de rebelión que trajo consigo consecuencias profundas y duraderas. Como resultado de esta desobediencia, Dios expulsó a Adán y Eva del Edén, impidiendo así su acceso al árbol de la vida. Este acto de expulsión marcó el inicio de la mortalidad para Adán y su descendencia.

Es crucial entender que la mortalidad impuesta no implicó una muerte física inmediata para Adán, ya que él continuó viviendo muchos años después de la caída y tuvo numerosos descendientes. La frase "En el día en que comas de ello, tú habrás de morir seguramente" debe interpretarse como la certeza de la mortalidad y la introducción de la muerte en la experiencia humana. Antes del pecado, Adán tenía la promesa implícita de una vida eterna en la tierra, pero con la desobediencia, esa promesa fue revocada, y la mortalidad se convirtió en una realidad inevitable para él y toda su descendencia.

La vida eterna, perdida a través del pecado de Adán, no fue un destino final e irreversible para la humanidad. A través de Jesucristo, la humanidad recibió la promesa de redención y la oportunidad de recuperar lo que se había perdido. Jesucristo, mediante su sacrificio, pagó por los pecados de todos aquellos que creen en él, restaurando la posibilidad de vida eterna. San Pablo, en sus epístolas, explica esta dinámica de redención. En Romanos 5:18-19, dice: "Porque, así como por la ofensa de uno el juicio fue condenatorio para todos los hombres, así por la rectitud de uno, la gracia vendrá sobre todos los hombres para justificación de la vida." Esto enfatiza que, así como la transgresión de Adán trajo condena a todos, la justicia de Jesucristo trae salvación y vida eterna a todos los que creen.

San Pablo reafirma esta idea en 1 Corintios 15:21-22: "Porque como la muerte vino por un hombre, por un hombre vendrá también la resurrección de los muertos. Y así como en Adán todos mueren, así también en Cristo todos serán vivificados." Aquí, Pablo subraya la conexión entre Adán y Cristo, mostrando cómo el pecado y la muerte entraron al mundo a través de uno, y cómo la redención y la resurrección vienen a través del otro. En este sentido, la obra de Cristo es vista como la antítesis de la caída de Adán: donde uno trajo muerte, el otro trae vida.

Este entendimiento de la redención no solo proporciona una esperanza futura de vida eterna, sino que también redefine la relación de la humanidad con Dios, transformando la narrativa de condena en una de gracia y salvación. A través de Cristo, la humanidad no solo es liberada de la condena del pecado original, sino que también se le ofrece la promesa de una nueva vida en comunión con Dios, una vida que trasciende la mortalidad impuesta por la caída de Adán.

En cuanto al lugar donde los hombres disfrutarán de esta vida eterna que Cristo les ha obtenido, los textos bíblicos sugieren que será en la tierra. Si consideramos que con Adán todos mueren y pierden el paraíso y la vida eterna en la tierra, entonces es razonable pensar que, con Cristo, quien viene a restaurar lo que se había perdido, todos serán vivificados y vivirán nuevamente en la tierra. Este concepto se alinea con diversas referencias bíblicas que hablan de una bendición y vida eterna en la tierra.

El Salmo 133:3 dice: "Como el rocío de Hermón, que desciende sobre los montes de Sion, porque allí envía el Señor la bendición, la vida para siempre." Este versículo sitúa la bendición y la vida eterna en Sion, que está en Jerusalén, en la tierra. Esto sugiere que la vida eterna prometida por Dios no es en un reino etéreo o celestial distante, sino en un lugar tangible y real sobre la tierra.

Asimismo, en Apocalipsis 2:7, San Juan menciona: "Al que venciere, le daré a comer del árbol de la vida, el cual está en medio del paraíso de Dios."

Este árbol de la vida se refiere al mismo que estaba en el Edén, el ámbito original de Adán, cuyo dominio era la tierra. Esta referencia refuerza la idea de que el destino final de los redimidos incluye el acceso al árbol de la vida, indicando una restauración de las condiciones edénicas en la tierra. Más adelante, en Apocalipsis 21:2 y 21:10, San Juan ofrece una visión clara de la nueva Jerusalén, diciendo: "Y yo, Juan, vi la santa ciudad, la nueva Jerusalén, descender del cielo, de Dios, dispuesta como una esposa ataviada para su marido." Y en el versículo 10: "Y me llevó en el Espíritu a un monte grande y alto, y me mostró la gran ciudad, la santa Jerusalén, que descendía del cielo de Dios." Estas visiones sugieren una transformación y renovación del mundo presente, donde el paraíso de Dios desciende a la tierra, haciendo de ella el lugar donde la humanidad redimida disfrutará de la vida eterna.

El concepto de una nueva Jerusalén que desciende a la tierra subraya la creencia en una renovación completa del orden creado. No es que la humanidad ascenderá al cielo para disfrutar de la vida eterna, sino que el cielo mismo, en la forma de la nueva Jerusalén, vendrá a la tierra. Esta teología de la renovación y restauración terrenal tiene profundas implicaciones para la comprensión cristiana de la redención y la vida eterna. Por lo tanto, los textos bíblicos parecen apoyar la idea de que la vida eterna obtenida a través de Cristo será vivida en una tierra renovada y transformada. Este destino final no es simplemente una vuelta al estado edénico original, sino una culminación gloriosa del propósito redentor de Dios para toda la creación. La tierra se convierte en el lugar donde se realiza la plena comunión entre Dios y la humanidad, y donde las bendiciones de la vida eterna son disfrutadas en plenitud.

La implicación de este entendimiento es que el plan de redención de Dios abarca no solo la salvación individual, sino la renovación de toda la creación. La vida eterna en una nueva tierra refleja la intención divina de restaurar todo lo que fue afectado por el pecado, llevando a cabo una redención cósmica que abarca tanto el orden natural como el espiritual. Este concepto de una tierra renovada y glorificada donde Dios habita con su pueblo es una imagen poderosa y esperanzadora que fortalece la fe y la expectativa de los creyentes en la promesa de vida eterna con Dios.

Además, cuando Jesús dice en Mateo 22:30 que en la resurrección no habrá matrimonios, sino que seremos como ángeles en el cielo, describe una vida eterna similar a la que Adán habría tenido si no hubiera pecado. Si Adán y Eva hubieran vivido eternamente en la tierra sin procrear continuamente, la tierra no se habría llenado rápidamente de seres inmortales. La pregunta de los judíos sobre a quién pertenecería una mujer en la resurrección si se había casado con varios hermanos, muestra su ignorancia sobre las implicaciones de la vida eterna. Jesús les recuerda que en la eternidad no habrá generación ni matrimonios, similar a los ángeles.

La comparación entre la vida eterna que Adán perdió y la que Cristo recuperó mediante su victoria sobre la muerte se mantiene. Así como Adán perdió la vida eterna, pero siguió viviendo por un tiempo, el creyente cristiano recobrará la vida eterna a través de Cristo, aunque muera físicamente y permanezca muerto hasta la resurrección. La muerte se considera una consecuencia del pecado de Adán, mientras que la vida eterna se considera un resultado de la redención y la absolución en Cristo, independientemente de la resurrección física. En resumen, la vida eterna y el tormento eterno son conceptos fundamentales que deben ser comprendidos en el contexto de la justicia y el poder soberano del Estado, así como en la enseñanza de la Sagrada Escritura, para mantener el orden y evitar la confusión y la guerra civil.

La idea de que después de la resurrección los hombres vivan eternamente en el cielo, entendido como las partes más alejadas de la tierra o incluso más allá, no tiene un fundamento claro en las Escrituras ni en la razón. El "reino de los cielos" se refiere al reino de Dios, cuyo trono está en el cielo, y este reino fue inicialmente el pueblo de Israel, gobernado por los profetas en representación de Dios, comenzando con Moisés, seguido por Eleazar y los sumos sacerdotes, hasta que, en tiempos de Samuel, los israelitas pidieron un rey mortal, como las otras naciones.

Con la llegada de Cristo y la predicación de sus ministros, los judíos fueron llamados a regresar a Dios y los gentiles a obedecerle, lo que creó un nuevo "reino de los cielos". Este reino, según las enseñanzas cristianas, representa el dominio de Dios sobre todos los creyentes, un reino donde la autoridad divina se extiende sobre toda la creación. En este contexto, Dios es nuestro rey y su trono es el cielo, pero esto no necesariamente implica que los hombres deben ascender a un lugar celestial para alcanzar la felicidad eterna. Más bien, las Escrituras indican que el hombre permanece en la tierra bajo la autoridad de Dios, disfrutando de su presencia y bendición.

Por ejemplo, en el Evangelio de Juan 3:13, se dice: "Nadie ha ascendido al cielo, sino el que descendió del cielo, el Hijo del Hombre". Este versículo subraya que Jesús, quien en ese momento estaba en la tierra, es quien ha venido del cielo, destacando la singularidad de su origen y misión divina. Similarmente, en Hechos 2:34, Pedro afirma que David no ascendió al cielo, utilizando este hecho para probar la ascensión única de Cristo. Este argumento resalta la creencia en la singularidad de la ascensión de Jesús y su papel exclusivo como mediador entre Dios y la humanidad.

Este entendimiento podría ser respondido diciendo que, aunque los cuerpos no ascienden hasta el juicio final, las almas de los fieles están en el cielo tras la muerte. No obstante, las palabras de Cristo en Lucas 20:37-38, donde habla sobre la resurrección y afirma que "Dios no es Dios de muertos, sino de vivos, pues para él todos viven", implican que los patriarcas son inmortales no por naturaleza, sino por la voluntad de Dios, quien les otorga vida eterna. Esto sugiere que la vida eterna no se basa en una ascensión física al cielo, sino en una relación continua y vivificante con Dios, quien es la fuente de toda vida.

La idea del "reino de los cielos" se interpreta no solo como un destino futuro en un lugar celestial, sino también como una realidad presente en la tierra donde los creyentes viven bajo el señorío de Cristo. Jesús enseñó que el reino de Dios está presente dondequiera que su voluntad se cumpla, lo que implica una transformación radical de la vida en la tierra. Este reino es tanto una esperanza futura como una realidad presente, donde los seguidores de Cristo experimentan su reinado en sus vidas diarias.

En el marco del Nuevo Testamento, la inauguración de este reino a través de la obra redentora de Cristo y la misión de sus apóstoles se ve como el cumplimiento de las promesas hechas a Israel y una extensión de esas bendiciones a todos los pueblos de la tierra. La predicación del evangelio y la incorporación de gentiles en el pueblo de Dios reflejan la visión profética de un reinado universal de Dios, donde todas las naciones son invitadas a participar en su salvación.

Por lo tanto, la noción de ascensión al cielo debe entenderse en un sentido más profundo y teológico. No se trata meramente de un traslado físico a un lugar celestial, sino de una transformación espiritual y una unión con Dios que comienza en esta vida y se completa en la resurrección y la nueva creación. Los textos bíblicos sugieren una continuidad entre la vida presente y la vida eterna, donde la relación con Dios y la vida bajo su reinado se perfeccionan en la venida del reino en su plenitud. La enseñanza cristiana sobre el reino de los cielos nos invita a ver la vida eterna no solo como una futura realidad celestial, sino como una presente experiencia de la gracia y el reinado de Dios en nuestras vidas. Esto se realiza plenamente en la tierra renovada, donde la presencia de Dios será completamente manifiesta y los creyentes disfrutarán de su bendición y comunión eternas.

Aunque los patriarcas y otros fieles han muerto, las Escrituras indican que viven en Dios, lo que significa que están inscritos en el libro de la vida, absueltos de sus pecados y destinados a la vida eterna tras la resurrección. Este concepto subraya que la verdadera inmortalidad y vida eterna para los creyentes no es una característica inherente de la naturaleza humana, sino una promesa divina que se cumple mediante la resurrección final.

La idea de que el alma humana es inmortal por naturaleza y vive independientemente del cuerpo, o que los hombres son inmortales de otra manera que no sea a través de la resurrección en el día final, no está claramente sostenida por las Escrituras. La teología bíblica enfatiza que la inmortalidad es otorgada por Dios y se realiza plenamente en la resurrección. En este sentido, la vida eterna no es una cualidad innata del alma humana, sino una bendición otorgada por la gracia de Dios.

Todo el capítulo 14 del libro de Job, que lamenta la mortalidad humana, no niega la inmortalidad en la resurrección. Job describe la condición del hombre mortal, comparándolo con un árbol que, aunque cortado, puede reverdecer al recibir agua. En cambio, el hombre muere y no se levanta hasta que no haya cielo. Esta imagen refleja la esperanza en la resurrección futura. Según San Pedro en su segunda epístola, esto ocurrirá en la resurrección general, cuando los cielos y la tierra sean renovados por el fuego en el día del juicio. En Job 14:7-12, Job expresa: "Porque hay esperanza para el árbol; si es cortado, aún brotará, y sus renuevos no cesarán. Aunque envejezcan sus raíces en la tierra, y muera su tronco en el polvo, al percibir el agua reverdecerá y hará copa como planta nueva. Pero el hombre muere, y es cortado; perece el hombre, ¿y dónde está él? Como las aguas se evaporan del mar, y el río se agota y se seca, así el hombre yace y no vuelve a levantarse; hasta que no haya cielos, no despertarán, ni se levantarán de su sueño." Este pasaje resalta la idea de que la resurrección y la vida inmortal comenzarán en un momento determinado, el día del juicio final, cuando Dios renueve toda la creación.

San Pedro, en su segunda epístola, 3:10-13, apoya esta visión al describir la renovación de los cielos y la tierra: "Pero el día del Señor vendrá como ladrón en la noche; en el cual los cielos pasarán con gran estruendo, y los elementos ardientes serán deshechos, y la tierra y las obras que en ella hay serán quemadas. Puesto que todas estas cosas han de ser deshechas, ¡qué clase de personas no deben ser ustedes en santa conducta y en piedad, esperando y apresurándose para la venida del día de Dios, en el cual los cielos serán deshechos por fuego, y los elementos se fundirán con intenso calor! Pero, según su promesa, nosotros esperamos nuevos cielos y nueva tierra, en los cuales mora la justicia".

Job sugiere que la vida inmortal comienza para el hombre en la resurrección y el juicio final, y que esta inmortalidad es una promesa de Dios, no una característica inherente de la naturaleza humana. Este entendimiento subraya la dependencia total de la humanidad en la gracia y el poder de Dios para la obtención de la vida eterna. La inmortalidad y la resurrección son, por tanto, una esperanza escatológica, una expectativa futura que se realiza en el cumplimiento de las promesas divinas en el día del Señor. Este enfoque teológico resalta la importancia de la fe en la promesa de la resurrección y la vida eterna. Los creyentes son llamados a vivir en esperanza y confianza en la fidelidad de Dios, sabiendo que, aunque la muerte física es una realidad presente, la vida eterna es una certeza futura garantizada por la resurrección de Jesucristo. Así, la inmortalidad no es vista como una propiedad inherente del alma, sino como un don concedido por Dios a través de la obra redentora de Cristo y la renovación final de todas las cosas.

Finalmente, en el capítulo XXXV de este libro, se ha demostrado que el reino de Dios es un estado civil donde Dios es soberano, primero bajo el Antiguo Pacto y luego bajo el Nuevo, reinando a través de su vicario o representante. Estos mismos pasajes también sugieren que, tras el retorno de Cristo en su majestad y gloria para reinar eternamente, el reino de Dios existirá en la tierra. Esta doctrina, aunque sustentada en numerosos pasajes de las Escrituras, puede parecer novedosa para muchos. No obstante, la propongo no como una nueva paradoja religiosa, sino en espera de que se resuelva la disputa sobre la autoridad que debe aprobar o rechazar todas las doctrinas y cuyos mandatos deben ser obedecidos por todos. Los puntos de doctrina sobre el reino de Dios tienen un impacto significativo en el reino humano y, por lo tanto, deben ser determinados por aquellos que tienen el poder soberano bajo Dios.

La Biblia menciona que tanto el reino de Dios y la vida eterna, como los enemigos de Dios y sus tormentos tras el Juicio Final, tendrán su escenario en la tierra. Esto sugiere que la tierra es el escenario designado tanto para la recompensa de los justos como para el castigo de los malvados, alineándose con la idea de que el paraíso restaurado y el infierno de tormentos coexisten en este mundo renovado.

El lugar donde reposan las almas de los hombres hasta la resurrección, ya sea enterrados o consumidos por la tierra, es frecuentemente referido en las Escrituras con términos que denotan profundidades subterráneas. En la tradición latina, se usan términos como "infernus" o "inferi", que evocan imágenes de regiones subterráneas, lugares de oscuridad y sombra. Estos términos se refieren tanto a la morada de los muertos como a una condición de espera, una especie de estado intermedio antes de la resurrección final y el juicio.

Por otro lado, los griegos emplean el término "ᾅδης" (Hades), que también sugiere un sitio donde no llega la luz, un reino sombrío y subterráneo que acoge a las almas de los fallecidos. El Hades griego, similar al Sheol hebreo, no es simplemente una tumba, sino una dimensión más profunda y compleja, un lugar donde las almas existen en una especie de suspensión, aguardando el día de la resurrección. La imagen del Hades o del inframundo como un lugar oscuro y oculto bajo la superficie de la tierra está profundamente arraigada en las culturas antiguas y en la narrativa bíblica. La tumba y estas regiones más profundas son vistas como destinos provisionales, donde las almas esperan el juicio final. En este contexto, el uso de términos como "Hades" o "infernus" no solo describe un lugar físico, sino también un estado existencial de espera y anticipación.

El concepto de que la tierra misma es el escenario de la vida eterna y el juicio final resuena en varias partes de las Escrituras. Por ejemplo, en el Apocalipsis, se describe la visión de una nueva Jerusalén descendiendo del cielo a la tierra, indicando que el paraíso no está en un reino celestial distante, sino aquí, en una tierra renovada y transformada por la presencia divina. Apocalipsis 21:1-2 dice: "Vi un cielo nuevo y una tierra nueva; porque el primer cielo y la primera tierra pasaron, y el mar ya no existía más. Y yo, Juan, vi la santa ciudad, la nueva Jerusalén, descender del cielo, de Dios, dispuesta como una esposa ataviada para su marido." Asimismo, las Escrituras describen los tormentos de los malvados en términos muy concretos y terrestres. La idea de que el castigo y la recompensa se desarrollan en la tierra implica una conexión directa entre la vida presente y la futura, donde la justicia divina se manifiesta plenamente en el mismo escenario donde la humanidad vivió y actuó.

El uso de términos subterráneos para describir la morada de los muertos también refleja una visión del cosmos en la que el inframundo está físicamente debajo de la superficie de la tierra, un lugar separado del reino de los vivos. Esta separación simboliza la distancia entre la vida temporal y la existencia postrera, subrayando la seriedad del tránsito entre la vida y la muerte, y la espera del juicio final. En resumen, la visión bíblica de la vida eterna, el reino de Dios, y los tormentos de los enemigos de Dios tras el Juicio Final se centran en la tierra como el escenario definitivo. Los términos "infernus", "inferi" y "Hades" reflejan una concepción antigua de un inframundo oscuro y oculto, donde las almas esperan su destino final. Este entendimiento subraya la continuidad entre la vida presente y la futura, y la realización de la justicia divina en el mismo ámbito donde los seres humanos viven y actúan.

Para profundizar en estos conceptos, es esencial entender la simbología detrás de estas descripciones. El "infernus" o "Hades" no son necesariamente lugares físicos, sino estados de existencia donde las almas esperan el Juicio Final. Estos términos subrayan la condición de separación y expectativa de las almas de los muertos. En este contexto, "Hades" se refiere al lugar donde las almas de los muertos residen antes del juicio final, mientras que "infernus" denota la condición de castigo y tormento. El Tártaro, por otro lado, es un lugar de tormento para los condenados. En la mitología griega, se describía como un pozo tan profundo que un yunque de bronce tardaría nueve días en llegar al fondo si se dejara caer desde la tierra. Esta descripción sirve para enfatizar la inescapabilidad y el tormento interminable de este lugar. En el Nuevo Testamento, el Tártaro es mencionado en 2 Pedro 2:4, donde se dice que Dios no perdonó a los ángeles que pecaron, sino que los arrojó al Tártaro, encerrándolos en abismos de oscuridad para ser reservados hasta el juicio. Esta referencia resalta la severidad del castigo divino y la naturaleza eterna de la condena.

La simbología de estos términos también refleja una comprensión más amplia de la justicia divina. El abismo insondable, el Tártaro y el Hades representan la separación de Dios y la ausencia de luz, lo que implica un estado de desesperación y sufrimiento perpetuo. Esta separación es la consecuencia última del rechazo de Dios y la persistencia en el pecado. En conclusión, los lugares destinados a los condenados en la teología bíblica no son necesariamente ubicaciones físicas específicas, sino representaciones simbólicas de estados de existencia en los que las almas experimentan separación y castigo divino. Estas descripciones utilizan imágenes poderosas y términos adoptados de otras culturas para comunicar la gravedad del juicio divino y la naturaleza eterna del castigo para aquellos que rechazan a Dios. La comprensión de estos conceptos subraya la importancia de la vida moral y espiritual, y la necesidad de alinearse con la voluntad divina para evitar tal destino.

La Biblia adopta esta simbología para ilustrar las consecuencias del pecado y la separación de Dios. Estos lugares de tormento simbolizan la completa ausencia de luz y esperanza, una existencia marcada por el sufrimiento eterno debido a la separación de la gracia divina. Este concepto es fundamental para entender la gravedad del Juicio Final y la necesidad de vivir una vida conforme a la voluntad de Dios para evitar tal destino. Además, la idea de un abismo sin fondo resalta la infinita distancia entre el estado de gracia y la condenación eterna. No es tanto una descripción geográfica como una metáfora de la infinita separación entre los redimidos y los condenados. Esta separación es no solo física sino también espiritual y moral, marcando la diferencia entre la vida eterna en la presencia de Dios y el castigo eterno en su ausencia.

Por lo tanto, como conclusión, la Biblia utiliza términos y conceptos que van más allá de la mera geografía para describir los destinos eternos de las almas. Los lugares como el "infernus", el "Tártaro" y el "abismo insondable" son metáforas potentes que subrayan las consecuencias eternas de nuestras acciones y elecciones en la vida. Al final, estos términos nos invitan a reflexionar sobre la importancia de la fe y la obediencia a Dios para alcanzar la vida eterna y evitar la condenación. Virgilio, en su obra, describe este Tártaro como un lugar de castigo eterno, un abismo sin fondo:

Bis patet in praeceps, tantum tenditque sub umbras
quantus ad aethereum caeli suspectus Olympum [49]

---

49 Estos versos en latín corresponden a la Eneida, obra escrita por Virgilio en el siglo I a.C. Una traducción aproximada podría ser (se incluyen versos anteriores para mejor comprensión del texto):

Así, la Escritura nos presenta que tanto el reino de Dios y la vida eterna como los enemigos de Dios y sus tormentos después del Juicio Final tendrán su escenario en la tierra. El lugar donde reposan las almas de los hombres hasta la resurrección, ya sea enterrados o consumidos por la tierra, es frecuentemente referido en las Escrituras con términos que denotan profundidades subterráneas. Sin embargo, el lugar destinado a los condenados tras la resurrección no está claramente especificado ni en el Antiguo ni en el Nuevo Testamento. No se describe por su ubicación geográfica, sino por la compañía que lo habitará: los malvados a quienes Dios ha eliminado de manera extraordinaria y milagrosa en tiempos anteriores. Estos lugares son mencionados como "in inferno", "en el Tártaro" o "en el abismo insondable", haciendo referencia a personajes bíblicos como Coré, Datán y Abiram, quienes fueron tragados vivos por la tierra.

En los textos bíblicos, el destino de los malvados se presenta de una manera que enfatiza la justicia divina y la separación eterna de los justos. La referencia a personajes como Coré, Datán y Abiram ilustra esta separación y el castigo divino. En Números 16:31-33, se describe cómo estos hombres, junto con sus familias, fueron tragados por la tierra debido a su rebelión contra Moisés y Aarón. Este evento simboliza no solo un castigo físico, sino una condena espiritual y eterna.

No es que los autores bíblicos sugieren la existencia de un abismo literal e infinito dentro del globo terráqueo, que es finito y relativamente pequeño en comparación con la vastedad de las estrellas. Más bien, estos términos se alinean con conceptos de demonología griega, que los romanos posteriormente adoptaron y llamaron "Tártaro". Para los griegos, el Tártaro era una región del inframundo aún más profunda que el Hades, reservada para los titanes y los más grandes pecadores. Homero en la Ilíada y Hesíodo en la Teogonía describen el Tártaro como un lugar de castigo tan profundo que la distancia desde la tierra es incalculable, acentuando su carácter inaccesible y temible.

Los Poderosos de los Tiempos de Noé. Se suele creer que antes del diluvio existían unos seres poderosos conocidos como héroes o gigantes en la tierra, haciendo referencia a un aspecto intrigante de la mitología y la cosmología antigua. Según la narrativa, estos seres eran el resultado de la unión entre los "hijos de Dios" y las "hijas de los hombres". Esta interpretación sugiere

---

Pues dentro tiene su morada una hidra más horrible todavía,
con sus cincuenta negras fauces siempre abiertas;
luego se abre el mismo Tártaro, espantoso precipicio,
que profundiza debajo de las sombras
el doble de lo que se levanta sobre la tierra el etéreo Olimpo.

una mezcla entre entidades divinas o espirituales y seres humanos, lo cual es un tema recurrente en varias tradiciones religiosas y mitológicas de todo el mundo. La mención de estos seres también implica que su existencia fue aniquilada debido a su maldad. Este evento catastrófico se conecta con el Diluvio, un juicio divino que, según las escrituras, purgó a la tierra de la corrupción y la maldad que estos seres representaban. Es importante destacar que las descripciones de estos eventos, aunque enraizadas en la mitología y la tradición antigua, ofrecen una reflexión sobre la naturaleza humana y divina, así como sobre el destino después de la muerte.

Las referencias bíblicas citadas, como Proverbios 21:16 y Job 26:5, profundizan en la concepción de un destino oscuro y profundo para estos seres malévolos. Proverbios 21:16 advierte que aquellos que se desvían del camino de la sabiduría terminarán en la congregación de los gigantes, insinuando que su destino es uno de castigo y separación espiritual. Por otro lado, Job 26:5 describe a los gigantes bajo las aguas, sugiriendo un lugar de confinamiento y olvido, asociado con tinieblas y separación de la luz divina. Estos pasajes no solo alimentan la narrativa del juicio divino sobre los seres malignos antes del Diluvio, sino que también reflejan la cosmovisión antigua sobre el destino de los condenados. La imagen de estar bajo las aguas se presenta como un símbolo de la lejanía de Dios y la ausencia de luz espiritual, donde los castigados son relegados a una existencia oscura y desolada. En conclusión, el relato de los gigantes antes del Diluvio y su destino según las escrituras ofrece una perspectiva profunda sobre el juicio divino, la maldad humana y la justicia espiritual. Estas historias mitológicas no solo capturan la imaginación, sino que también invitan a reflexionar sobre temas universales como el bien y el mal, la justicia divina y el destino de las almas después de la muerte.

Las Ciudades de Sodoma y Gomorra. El relato de la destrucción de Sodoma y Gomorra, narrado en las Escrituras, ejemplifica la ira divina manifestada en un acto de juicio severo contra ciudades que, según se dice, estaban inmersas en la maldad y la depravación. Este evento no solo ha quedado registrado como un acontecimiento histórico y moral, sino que también ha sido interpretado como una lección sobre las consecuencias del pecado y la justicia divina. La Biblia relata que Sodoma y Gomorra fueron consumidas por fuego y azufre, una manifestación de la ira de Dios que sirvió como advertencia y castigo por sus pecados. Esta destrucción se ha convertido en un símbolo poderoso del castigo eterno, un recordatorio de las consecuencias de vivir en oposición a la voluntad divina.

La referencia bíblica de Apocalipsis 21:8 amplía esta idea al describir diferentes tipos de pecadores y su destino final. Los cobardes, incrédulos, abominables, asesinos, fornicarios, hechiceros, idólatras y todos los mentirosos están destinados al "lago que arde con fuego y azufre, que es la segunda muerte". Este lago de fuego se presenta metafóricamente como un lugar de tormento y castigo perpetuo, donde los condenados experimentarán una destrucción completa y definitiva. La metáfora del fuego y azufre sugiere un castigo que no solo es físico, sino también espiritual y simbólico. El fuego, en este contexto, representa la purificación y la justicia divina que consume todo lo impuro y malvado. El azufre añade un elemento de repulsión y juicio intensificado, simbolizando la ira divina contra la maldad.

Este pasaje de Apocalipsis subraya la gravedad del castigo eterno y la separación eterna de la presencia de Dios para aquellos que persisten en la maldad y el pecado. Es una advertencia sobre las consecuencias últimas de las acciones humanas y una llamada a la reflexión sobre la importancia de vivir de acuerdo con los principios morales y espirituales. En resumen, tanto el relato de la destrucción de Sodoma y Gomorra como la descripción del lago de fuego en Apocalipsis 21:8 ilustran la seriedad de la ira divina y el destino final de aquellos que rechazan la rectitud y persisten en el mal. Estos pasajes no solo sirven como testimonios históricos y religiosos, sino también como enseñanzas morales y espirituales sobre la justicia, el juicio y las consecuencias últimas de nuestras decisiones y acciones.

Las Tinieblas de Egipto. La plaga de las tinieblas que asoló Egipto, como se describe en Éxodo 10:23, es una metáfora poderosa que revela tanto el juicio divino como la protección divina. Durante esta plaga, una oscuridad tan densa envolvió la tierra que los egipcios no podían verse unos a otros ni moverse de sus lugares durante tres días. Sin embargo, en contraste, los hijos de Israel tenían luz en sus habitaciones. Esta imagen de oscuridad total, que abarcaba todo el territorio de Egipto, puede entenderse como una manifestación física del juicio divino sobre la nación por su obstinación y maldad. Esta plaga no solo interrumpió la vida cotidiana y la estructura social de Egipto, sino que también simbolizó la separación entre la luz y la oscuridad, entre el pueblo de Dios y aquellos que persistían en la idolatría y la injusticia. Metafóricamente, esta oscuridad extrema también se utiliza para ilustrar el destino de los malvados después del juicio divino. Se la describe como una "tiniebla absoluta" o una oscuridad sin fin, lo que sugiere un estado de separación completa de la luz de Dios y de cualquier forma de iluminación espiritual. Es un estado de desolación espiritual y perdición total, donde no hay esperanza ni posibilidad de retorno.

La referencia a los hijos de Israel que tenían luz en sus habitaciones durante la plaga enfatiza la protección divina y el cuidado hacia aquellos que siguen a Dios y obedecen sus mandatos. Es un recordatorio de que, incluso en medio del juicio y la oscuridad que rodea al mundo, Dios provee luz y guía para aquellos que son fieles a Él. Esta metáfora de las tinieblas en Éxodo

10:23 y su interpretación simbólica en el contexto espiritual más amplio nos enseña sobre la seriedad del juicio divino, la separación entre el bien y el mal, y la protección divina hacia aquellos que buscan la justicia y la verdad. También nos recuerda la importancia de la obediencia y la fe en Dios como vías para recibir su luz y salvación, mientras que aquellos que persisten en la maldad enfrentan un destino de oscuridad eterna y separación de la presencia de Dios.

El Valle de Hinom. El Valle de Hinom, conocido también como Gehenna, tiene una carga simbólica y espiritual profunda en varias tradiciones religiosas. Ubicado junto a Jerusalén, este valle fue inicialmente asociado con prácticas idólatras extremas, incluyendo el sacrificio de niños al ídolo Moloch. Este acto aberrante representaba una profunda apostasía y una afrenta a Dios, lo que llevó a que el valle fuera visto como un lugar de maldición y juicio divino. Con el tiempo, Gehenna también se convirtió en un vertedero donde se quemaban desechos constantemente para purificar el aire y evitar plagas y enfermedades. Los fuegos perpetuos que consumían los desechos en Gehenna contribuyeron a la imagen del infierno como un lugar de tormento y purificación eterna, donde el fuego nunca se apaga y la agonía es interminable. Esta imagen del infierno como un lugar de fuego eterno e inextinguible se ha utilizado metafóricamente para representar el destino final de los condenados después del juicio divino. Es un lugar de sufrimiento intenso y separación eterna de la presencia de Dios, reservado para aquellos que han rechazado su gracia y han persistido en el mal.

Desde una perspectiva espiritual y moral, Gehenna simboliza las consecuencias terribles de la idolatría, el pecado y la injusticia. Es un recordatorio vívido de la justicia divina y el castigo para aquellos que han traicionado los principios divinos y han causado sufrimiento a otros seres humanos. Además, la imagen de los fuegos perpetuos en Gehenna subraya la permanencia y la intensidad del juicio divino sobre el mal y la impiedad. Por lo tanto, el Valle de Hinom o Gehenna es mucho más que un lugar geográfico. Es un símbolo poderoso de juicio divino, purificación y justicia eterna, que ha resonado a lo largo de la historia como una advertencia contra el pecado y un llamado a la fidelidad hacia Dios y hacia los principios morales y espirituales que Él establece.

La Interpretación metafórica del Infierno. La noción de que las referencias al fuego del infierno son metafóricas, y no literalmente un lugar de tormento físico perpetuo, es crucial para comprender las diferentes perspectivas teológicas y espirituales sobre el destino final de los malvados. En primer lugar, la interpretación no literal de las Escrituras implica que las descripciones del infierno como un lugar de fuego eterno, como Gehenna o el lago de fuego mencionado en Apocalipsis, deben ser entendidas en un sentido figurado.

En lugar de un tormento físico interminable, estas imágenes metafóricas sugieren una destrucción total y absoluta. Esto significa que el castigo no es una tortura sin fin, sino más bien una separación definitiva de la presencia amorosa y redentora de Dios.

El Valle de Hinom o Gehenna históricamente simboliza el juicio divino y la justicia sobre el mal. Las prácticas idólatras y los sacrificios abominables que se llevaron a cabo allí representaron un rechazo total de la voluntad de Dios, lo que condujo a la consideración de Gehenna como un lugar de maldición y castigo. La imagen del fuego perpetuo en Gehenna se ha utilizado para ilustrar la seriedad y las consecuencias eternas del pecado y la rebelión contra Dios. En Apocalipsis 20:14, la referencia a la muerte y el Hades arrojados al lago de fuego subraya la idea de la abolición y destrucción final de todo lo que está separado de la vida eterna con Dios. Esta interpretación refuerza la perspectiva de que el castigo eterno no implica un sufrimiento continuo y consciente, sino más bien una cesación definitiva de existencia y conexión con Dios. Desde una perspectiva teológica más amplia, esta interpretación metafórica del infierno permite una comprensión más profunda de la misericordia y la justicia divinas. No se trata simplemente de un castigo arbitrario o vengativo, sino de las consecuencias naturales y lógicas del rechazo persistente de la gracia y el amor de Dios. La destrucción total y absoluta sugiere que aquellos que han elegido apartarse de Dios experimentarán una pérdida irrevocable de vida y comunión con Él. Entender las referencias al fuego del infierno como metáforas de destrucción total y absoluta en lugar de un tormento físico perpetuo enriquece nuestra comprensión de la justicia divina y la realidad del juicio final. Esto invita a una reflexión profunda sobre las decisiones morales y espirituales que tomamos en la vida y nos llama a buscar la reconciliación con Dios a través de la fe y el arrepentimiento.

Los Atormentadores y su Naturaleza. En cuanto a los atormentadores, se les describe utilizando términos como Satán, el acusador (Diabolus), y el destructor (Abaddon). Estos nombres, aunque en la tradición popular se suelen interpretar como nombres propios de entidades demoníacas, en realidad, deberían ser entendidos de manera diferente. Estos apelativos no se refieren a seres individuales, sino que representan funciones o cualidades negativas. Al ver estos términos bajo esta luz, se evita caer en las doctrinas de demonología que fueron prevalentes en muchas religiones antiguas, y que contrastan notablemente con las enseñanzas de Moisés y Cristo.

El término "Satán" proviene del hebreo "שָׂטָן" (sátan), que significa "adversario" o "acusador". En el contexto bíblico, Satán no es inicialmente una figura maligna en sí misma, sino más bien un papel, una función dentro del orden divino. En el libro de Job, por ejemplo, Satán es el fiscal en la corte celestial, cuestionando la piedad de Job y sugiriendo pruebas para comprobar su fidelidad. Este rol de adversario y examinador refleja la función de Satán como una fuerza que pone a prueba la integridad y la fe de los individuos, más que un ser malévolo que actúa independientemente.

"Diabolus" es una transliteración del griego "Διάβολος" (diábolos), que significa "calumniador" o "difamador". En la teología cristiana, el diablo se convierte en el arquetipo del engañador, alguien que distorsiona la verdad y siembra confusión. Esta figura del diablo se utiliza para personificar las fuerzas de la mentira y la manipulación, que actúan en oposición a la verdad divina. Al ver a Diabolus como un símbolo, se destaca la idea de que el mal no es tanto una entidad autónoma, sino una manifestación de la falsedad y el engaño que los humanos deben superar.

El término "Abaddon" proviene del hebreo "אֲבַדּוֹן" (Abaddón), que se traduce como "destrucción" o "ruina". En el Apocalipsis de Juan, Abaddon es descrito como el ángel del abismo, un destructor que personifica la devastación y el caos. Sin embargo, interpretado simbólicamente, Abaddon representa las fuerzas de la destrucción que existen en el mundo, tanto en sentido físico como espiritual. Estas fuerzas pueden ser entendidas como los desafíos y las pruebas que llevan a la descomposición de lo antiguo para dar paso a lo nuevo, un proceso necesario de renovación y purificación.

En muchas religiones antiguas, los demonios y espíritus malignos eran considerados seres autónomos con personalidades propias, capaces de intervenir en el mundo humano de manera tangible. Estas creencias dieron lugar a elaboradas mitologías y rituales destinados a apaciguar o protegerse de estas entidades. En contraste, las enseñanzas de Moisés y Cristo proponen una visión más abstracta y ética del mal. En lugar de centrarse en entidades malignas externas, se enfocan en las cualidades y acciones humanas que contravienen la voluntad divina.

Las enseñanzas de Moisés se centran en la ley y la justicia como medio para vivir en armonía con la voluntad de Dios. El mal se define en términos de violaciones a esta ley, actos de injusticia y desobediencia. No hay una elaborada demonología en la Torá; el énfasis está en la conducta humana y la responsabilidad individual. Cristo, por su parte, introduce una visión del mal que es tanto interna como externa. Él habla del pecado como algo que emerge del corazón humano y llama a sus seguidores a la pureza de intención y acción. Jesús también enfrenta y exorciza demonios, pero estos actos se interpretan más como liberaciones de las fuerzas de opresión y enfermedad, simbolizando la victoria de la bondad y la verdad sobre el engaño y la maldad.

Al interpretar a Satán, Diabolus y Abaddón como símbolos de adversidad y destrucción, se evita caer en la trampa de una demonología que externaliza el mal y lo convierte en entidades autónomas. Esta interpretación subraya que el verdadero combate espiritual se libra en el corazón y la mente de cada individuo, y que las fuerzas del mal son, en última instancia, aspectos negativos de la naturaleza humana y del mundo que deben ser reconocidos y superados.

En resumen, los términos Satán, Diabolus y Abaddón deben entenderse como representaciones simbólicas de cualidades y funciones negativas, no como nombres propios de demonios. Esta interpretación se alinea mejor con las enseñanzas de Moisés y Cristo, que enfocan el mal en términos de comportamiento humano y responsabilidad moral, en lugar de en entidades externas. Al adoptar esta visión, se promueve una comprensión más profunda y ética del mal, que enfatiza la importancia de la lucha interna y la superación personal. En resumen, la Biblia utiliza una rica simbología para describir los destinos eternos de las almas. Lugares como el infierno, el Tártaro, y el abismo insondable son metáforas que subrayan las consecuencias eternas de nuestras acciones y elecciones en la vida. Nos invitan a reflexionar sobre la importancia de la fe y la obediencia a Dios para alcanzar la vida eterna y evitar la condenación. El enemigo, el acusador y el destructor simbolizan la oposición a aquellos que habitarán en el reino de Dios. Si el reino de Dios, según la Escritura, estará en la tierra tras la resurrección, entonces es lógico que el enemigo y su reino también estén en la tierra. Esto ya ocurría en la antigüedad, cuando el reino de Dios estaba en Palestina y las naciones circundantes eran consideradas los reinos del enemigo. Así, Satán representa cualquier adversario terrenal de la Iglesia.

Los Tormentos del Infierno. Las Escrituras presentan una variedad de descripciones de los tormentos del infierno, utilizando imágenes y metáforas poderosas para transmitir conceptos espirituales y morales. Por ejemplo, se menciona el "llanto y el crujir de dientes" en Mateo 8:12, una imagen que evoca dolor y desesperación profundos. Otros pasajes como Isaías 66:24 y Marcos 9:44, 46, 48 hablan del "gusano de la conciencia", sugiriendo un tormento interno persistente y corrosivo. Además, el fuego eterno, donde "el gusano no muere y el fuego no se apaga", como se describe en varios pasajes, refleja un castigo continuo e incesante.

Es esencial entender que estos tormentos no deben interpretarse literalmente, sino como metáforas que representan estados de angustia y desesperación espiritual. El "fuego eterno" y el "gusano de la conciencia" simbolizan el remordimiento y el dolor emocional profundo que resultan de vivir en separación de Dios y de su amor eterno. La vergüenza y el desprecio perpetuos mencionados en Daniel 12:2 subrayan la perdición y la falta de redención, contrastando con la vida eterna de aquellos que viven en comunión con Dios. El sufrimiento descrito se intensifica al comparar la miseria actual de los condenados con la felicidad eterna de los justos. Esta comparación agudiza el tormento al destacar la pérdida irremediable de la comunión con Dios y la falta de esperanza. Bajo el dominio de gobernantes crueles y malvados, y en oposición al enemigo eterno de los santos, se subraya la omnipotencia de Dios como un factor que agrava el sufrimiento, mostrando la irremediable separación de aquellos que rechazan la gracia divina.

Desde una perspectiva teológica, estas descripciones no deben interpretarse como una descripción literal del infierno, sino como una forma de ilustrar las consecuencias espirituales y morales de la incredulidad y la desobediencia. La finalidad de estas metáforas es enfatizar la importancia de la elección humana y el impacto de las decisiones espirituales en la vida eterna. Más que un castigo físico, el infierno representa la separación espiritual de Dios y la ausencia de su amor redentor. Al reflexionar sobre las metáforas de los tormentos del infierno en las Escrituras, se destaca la profundidad del mensaje espiritual y moral que transmiten. Estas imágenes no solo sirven para advertir sobre las consecuencias del pecado, sino también para resaltar la necesidad de una relación íntima y redentora con Dios. Entender estos conceptos simbólicos no solo enriquece la comprensión teológica, sino que también invita a una reflexión personal sobre la importancia de la fe y la obediencia en la vida espiritual.

La Segunda Muerte. Entre las penas que enfrentan los malvados, se destaca la "segunda muerte", un concepto intrigante y profundamente arraigado en las Escrituras. Aunque la resurrección universal es clara en la doctrina cristiana, esta no garantiza vida eterna para los réprobos. Es fundamental explorar cómo se articula esta doctrina a partir de pasajes como 1 Corintios 15:42-43, donde San Pablo distingue entre la corrupción y la incorrupción, la deshonra y la gloria, la debilidad y el poder, destacando las promesas de gloria y poder que no se extienden a aquellos destinados a la condenación. La "segunda muerte" no es simplemente un término retórico, sino una realidad espiritual y física significativa. Se diferencia de la muerte física inicial en su naturaleza eterna y en su implicación tanto para el alma como para el cuerpo. Aunque se habla de un "fuego eterno" en las Escrituras, es crucial entender que este no implica una existencia perpetua en tormento sin fin, sino más bien un estado de sufrimiento interminable que eventualmente conduce a la destrucción total. La noción de eternidad aquí no se refiere a una prolongación indefinida del sufrimiento, sino al carácter irrevocable de la sentencia final.

El "fuego eterno" y los tormentos asociados con él son descritos como eternos en las Escrituras, pero esto no debe malinterpretarse. No indican una tortura interminable sin un fin en vista, sino un proceso culminante que termina con la destrucción definitiva de los condenados. Es un fuego que consume hasta que no queda nada más que destrucción y aniquilación espiritual. En última instancia, tanto la muerte como el sepulcro serán arrojados al lago de fuego, conocido como la segunda muerte, simbolizando la completa separación y exclusión de la presencia y gracia de Dios.

Desde una perspectiva teológica y ética, la doctrina de la segunda muerte subraya la seriedad del pecado y la justicia de Dios. Es una advertencia contra la desobediencia y una llamada a la reconciliación con Dios a través de Cristo. Este concepto invita a una reflexión profunda sobre la naturaleza del juicio divino y la importancia de la fe y la obediencia en la vida espiritual. La segunda muerte no solo representa un destino final para los impenitentes, sino también la manifestación última de la justicia y el amor divinos, que separa el bien del mal de manera decisiva y eterna. En conclusión, la segunda muerte emerge como un tema complejo pero crucial en la teología cristiana, destacando tanto la gravedad del pecado como la justicia redentora de Dios. Es un recordatorio solemne de que nuestras decisiones tienen consecuencias eternas y de la necesidad de buscar la reconciliación con Dios mientras hay tiempo. Profundizar en este concepto no solo enriquece nuestra comprensión teológica, sino que también nos llama a una vida de fe, rectitud y esperanza en la promesa de la vida eterna junto a Dios.

La Salvación y la Vida Eterna. En las Escrituras, los gozos de la vida eterna se identifican con el concepto de "salvación" o "ser salvado". Este término abarca mucho más que simplemente escapar de un destino condenatorio; implica ser rescatado y restaurado a la condición original para la cual fue creado el ser humano. Explorar esta idea nos lleva a profundizar en la naturaleza de la salvación como una protección completa de todos los males y calamidades que afectan a la humanidad desde la caída.

La salvación no se limita a la redención espiritual o a la promesa de vida eterna en el cielo. Más allá de eso, implica una restauración integral de la condición humana a su estado original de inmortalidad y pureza antes de la caída de Adán. Este estado incluía una vida libre de corrupción, donde la necesidad, la enfermedad y la muerte misma no tenían lugar. Así, ser salvado significa ser protegido no solo de males específicos, sino de todo tipo de mal que ha sido introducido en el mundo por el pecado. El hombre fue creado inicialmente en una condición de felicidad inmortal y libre de corrupción. Sin embargo, el pecado de Adán introdujo la separación de Dios y con ello, la entrada del sufrimiento y la muerte en el mundo. Esta pérdida significó no solo la separación espiritual de Dios, sino también la exposición a males físicos y espirituales que afectan a toda la humanidad.

La salvación, por lo tanto, implica la restauración de la relación con Dios y la restauración de la condición original del hombre. Esto se logra a través de la obra redentora de Cristo, quien mediante su muerte y resurrección ofrece el camino para la reconciliación y la restauración total. La protección del pecado, por ende, implica ser protegido de todos los males derivados de la separación de Dios, incluyendo la reconciliación espiritual y la promesa de vida eterna en la presencia divina.

Desde una perspectiva teológica y existencial, la salvación se convierte en el cumplimiento de la promesa divina de restaurar lo que se perdió en el Edén. No es simplemente un acto de perdón individual, sino un proceso de transformación y renovación que abarca todo el ser humano y toda la creación. Esta comprensión ampliada de la salvación nos invita a reflexionar sobre nuestra condición actual y a aspirar a la plenitud de vida que Dios ofrece a través de su gracia y amor redentor. En conclusión, la salvación como se presenta en la Escritura es mucho más que un escape del castigo eterno. Es la restauración de la humanidad a su estado original de comunión con Dios y la eliminación de todas las consecuencias del pecado. Explorar este concepto nos enriquece espiritualmente y nos motiva a vivir en la esperanza y la seguridad de que Dios está restaurando todas las cosas conforme a su plan divino.

En la Sagrada Escritura, la remisión del pecado y la salvación de la muerte y la miseria se presentan como sinónimos íntimamente ligados. Esta conexión se ilustra poderosamente en las palabras de Jesús registradas en Mateo 9:2, cuando cura a un paralítico y le dice: "Confía, hijo, tus pecados te son perdonados." En este acto, Jesús no solo demuestra su autoridad para sanar físicamente, sino que equipara el perdón de pecados con la liberación de las consecuencias del pecado, incluyendo la muerte y la miseria que son sus castigos.

El pecado, como enseña la Escritura, trae consigo la muerte espiritual y física, así como la miseria. Estos son efectos inevitables de la separación de Dios y la rebelión contra su voluntad. En contraste, la remisión del pecado, que es el perdón divino obtenido a través de la fe en Cristo, representa la liberación de estos castigos. Es la restauración de la armonía con Dios y la promesa de una vida eterna sin sufrimiento ni separación de su presencia.

Las Escrituras emplean un lenguaje simbólico y metafórico para describir tanto las consecuencias eternas del pecado como las bendiciones del reino de Dios. Por ejemplo, se utiliza el fuego eterno y la separación como imágenes del castigo eterno, mientras que la vida eterna junto a Dios se representa como un estado de gozo y comunión perfecta. Estos simbolismos no solo ilustran las realidades espirituales, sino que también subrayan la seriedad de nuestras decisiones y la importancia de la fe y la obediencia en la vida del creyente. La verdadera salvación, como nos enseña la Biblia, va más allá del perdón superficial de pecados; implica una transformación completa del ser humano y su restauración a la imagen de Dios. Esta obra redentora es posible únicamente a través del sacrificio de Cristo en la cruz, que ofrece una reconciliación perfecta entre Dios y el hombre. La remisión del pecado, por lo tanto, no solo libera del castigo futuro, sino que también restaura la relación rota y abre las puertas a una vida eterna en la presencia y el amor de Dios.

Profundizar en estos conceptos nos invita a reflexionar sobre la magnitud del amor de Dios y la gracia que ofrece a través de Jesucristo. Nos desafía a vivir en la luz de su verdad y a buscar una vida de obediencia y fe. Esta comprensión no solo enriquece nuestro conocimiento teológico, sino que también fortalece nuestra vida espiritual y nuestra esperanza en la promesa de la salvación eterna. En resumen, la remisión del pecado en la Sagrada Escritura no es simplemente un acto de indulgencia divina, sino el fundamento de la liberación total del pecado y sus consecuencias. Es la promesa de una vida eterna restaurada en la presencia de Dios, donde el sufrimiento y la separación han sido superados por el poder y el favor de nuestro Salvador, Jesucristo. Esta verdad nos llama a vivir con gratitud y devoción, conscientes del gran regalo que Dios nos ofrece a través de su sacrificio redentor.

Reflexiones sobre la Salvación y el Reino de Dios. La Biblia presenta diversas salvaciones que van más allá de lo temporal, cada una revelando aspectos únicos del poder redentor y protector de Dios. Estos pasajes específicos, como 1 Samuel 14:39, 2 Samuel 22:4 y 2 Reyes 13:5, nos ofrecen una perspectiva amplia sobre cómo Dios interviene para salvar a su pueblo en diferentes contextos y situaciones.

1. Salvación como Liberación Temporal: En 1 Samuel 14:39, se declara solemnemente: "Vive el Señor que salvó a Israel", refiriéndose a una liberación de enemigos temporales que amenazaban la seguridad y la paz del pueblo de Dios. Este tipo de salvación se centra en la protección divina contra adversidades y peligros físicos que enfrentaban los israelitas en su historia.

2. Salvador de Violencia y Adversidad: En 2 Samuel 22:4, el salmista proclama a Dios como su Salvador personal, quien lo liberó de la violencia y la opresión. Este pasaje ilustra cómo la salvación de Dios abarca la protección individual contra las fuerzas destructivas y la injusticia, ofreciendo seguridad y paz en medio de las aflicciones personales.

3. Liberación de la Opresión Nacional: En 2 Reyes 13:5 relata cómo Dios otorgó a los israelitas un Salvador y los liberó de la opresión asiria. Esta salvación nacional muestra el poder soberano de Dios para intervenir y liberar a su pueblo de la dominación extranjera, reafirmando su compromiso con Israel y su fidelidad en tiempos de crisis y desesperación.

Estos pasajes no solo describen eventos históricos de liberación física y temporal, sino que también ofrecen una visión más profunda de la naturaleza de la salvación en la Biblia. Más allá de la liberación de enemigos terrenales, revelan cómo Dios protege y redime a su pueblo en todos los aspectos de la vida: físico, espiritual y emocional.

La diversidad de las salvaciones bíblicas nos enseña que el poder redentor de Dios no está limitado por el tiempo ni por las circunstancias. Cada acto de salvación, ya sea personal o nacional, refleja su compromiso eterno de amor y cuidado hacia su creación. Además, estos relatos fortalecen nuestra fe al mostrar cómo Dios interviene en nuestras vidas de maneras que superan nuestras expectativas y entendimiento humano.

Comprender estas diferentes facetas de la salvación nos invita a reflexionar sobre nuestra propia relación con Dios. Nos desafía a confiar en su poder redentor y a buscar su guía y protección en todas las áreas de nuestras vidas. Nos anima a vivir con gratitud y esperanza, sabiendo que nuestro Salvador está siempre dispuesto a intervenir en nuestras circunstancias y a traernos liberación, paz y restauración completa. En conclusión, los pasajes mencionados en la Biblia sobre diferentes formas de salvación nos muestran la riqueza y la profundidad del plan redentor de Dios. Estos relatos no solo fortalecen nuestra fe, sino que también nos inspiran a buscar una relación más íntima con nuestro Salvador, quien nos ofrece una salvación que trasciende lo temporal y nos conduce hacia la plenitud de vida en su presencia eterna.

La Complejidad de la Salvación en General. La noción de salvación, especialmente en relación con el reino de los cielos, plantea un desafío significativo al considerar su ubicación y naturaleza. Tradicionalmente, el reino se entiende como un estado organizado por los hombres para garantizar seguridad perpetua contra enemigos y escasez, lo que sugiere que esta salvación debería manifestarse en la tierra. Sin embargo, la comprensión bíblica de la salvación va más allá de lo terrenal y se adentra en lo espiritual y eterno.

El reino de los cielos, según la enseñanza cristiana, no se limita a un dominio físico o material, sino que representa una realidad espiritual y eterna inaugurada por Jesucristo. Este reino no se establece solo mediante la conquista terrenal, sino a través de la transformación del corazón humano y la restauración de la relación con Dios. Cuando hablamos de salvación y el reino de los cielos, no solo consideramos la seguridad y protección física, sino también la victoria sobre el pecado y la muerte. La salvación implica un triunfo sobre las fuerzas del mal, una victoria que se obtiene mediante la batalla espiritual y la entrega total a Dios. Esta lucha espiritual se desarrolla en la vida terrenal, donde cada creyente enfrenta desafíos y pruebas que fortalecen su fe y preparan el camino para la salvación completa.

Aunque la batalla y la victoria se experimentan en la tierra, la consumación de la salvación se contempla en la dimensión celestial. La Escritura enseña que aquellos que son salvos disfrutarán de la presencia eterna de Dios en los cielos, donde no habrá más sufrimiento ni dolor. Esta dimensión celeste de la salvación resalta la esperanza cristiana de una vida después de esta vida terrenal, donde la plenitud de la comunión con Dios será realizada. Jesucristo es proclamado como Rey y Salvador en las Escrituras, quien inaugura el reino de los cielos mediante su muerte y resurrección. Él no solo proporciona seguridad espiritual y protección divina, sino que también asegura la vida eterna para aquellos que creen en Él. Esta obra salvadora de Cristo no se limita a la tierra, sino que trasciende los límites terrenales y alcanza la eternidad.

La comprensión profunda de la salvación y el reino de los cielos fortalece la fe y alimenta la esperanza de los creyentes. Nos anima a perseverar en medio de las pruebas terrenales, sabiendo que nuestra verdadera patria y nuestro destino final están en los cielos. Esta esperanza transforma nuestra perspectiva sobre la vida y nos impulsa a vivir en anticipación de la plenitud del reino de Dios. En resumen, la salvación y el reino de los cielos son conceptos complejos que combinan aspectos terrenales y celestiales. Mientras que la salvación comienza con la experiencia de la gracia de Dios en la tierra, encuentra su cumplimiento final en la eternidad celestial. Este entendimiento nos desafía a vivir con una perspectiva eterna y a buscar el reino de Dios sobre todas las cosas, anticipando con alegría el día cuando experimentaremos la plenitud de la salvación en la presencia gloriosa de nuestro Rey y Salvador, Jesucristo.

Testimonios de las Escrituras. El pasaje de Isaías 33:20-24 ofrece una visión detallada y poética del estado de salvación que espera a los creyentes. Este texto no solo describe un lugar físico, sino que también revela verdades espirituales profundas sobre la presencia y el gobierno de Dios. Isaías comienza destacando a Sión y Jerusalén como la ciudad de las solemnidades, la morada de la quietud. Esta descripción sugiere un lugar de paz y seguridad, donde la presencia de Dios garantiza estabilidad y protección perpetuas. La imagen de "tienda que no será desmontada" y "ni una sola de sus estacas será removida jamás" enfatiza la firmeza y la durabilidad de la morada divina.

El texto continúa con una imagen paradisíaca de Sión, donde el Señor provee "anchas riberas y arroyos". Esta imagen contrasta con la idea de conflictos y guerras, simbolizando la abundancia y la tranquilidad que trae la presencia de Dios. La referencia a que "no pasará ninguna galera con remos, y tampoco pasará ningún gran navío" subraya la completa paz y ausencia de amenazas externas bajo el gobierno soberano de Dios.

Isaías proclama que el Señor es el juez, el legislador y el rey de Sión. Esta triple función divina enfatiza el gobierno completo y justo de Dios sobre su pueblo. Como juez, Dios establece normas de justicia y equidad; como legislador, promulga leyes que guían y protegen a su pueblo; y como rey, ejerce su soberanía para garantizar la paz y la prosperidad eternas.

El pasaje culmina con la promesa de salvación divina y el perdón de iniquidades. Isaías profetiza que, en la morada de Dios, las cuerdas que estaban aflojadas serán restauradas, simbolizando la renovación espiritual y física de su pueblo. La referencia a los lisiados que arrebatan la presa sugiere una reversión de roles y la restauración de lo que fue perdido. Finalmente, Isaías proclama que, en la morada del Señor, no habrá enfermedad ni dolor. Los habitantes ya no dirán "estoy enfermo", indicando la completa sanidad y restauración bajo el reinado de Dios. Además, se promete el perdón total de iniquidades, subrayando la gracia y la misericordia divina que borran el pecado y restauran la relación con Dios.

Isaías 33:20-24 ofrece una visión profundamente esperanzadora de la salvación proporcionada por Dios a su pueblo. Esta visión no solo describe un lugar de paz y prosperidad física, sino que también revela la restauración espiritual completa y la intimidad renovada con Dios. Es un recordatorio de la promesa divina de un reino eterno donde la justicia y la paz reinan supremas, y donde los redimidos disfrutan de la presencia constante y el favor inquebrantable del Señor. Estos versículos nos muestran que la salvación proviene de Jerusalén, que será una morada de paz y estabilidad. La eternidad de este lugar está asegurada: "una tienda que no será desmontada". El Salvador será el Señor, nuestro juez, legislador y rey. La salvación se compara a una vasta extensión de agua corriente, indicando abundancia y bienestar. Los enemigos estarán debilitados, y los salvados no conocerán la enfermedad. Todo esto está encapsulado en la remisión del pecado: "A la gente que viva en ella les será perdonada su iniquidad."

El Reino de Dios en Jerusalén. Isaías 65:20-21 proporciona una visión profética que refuerza la idea de que la salvación y el reino de Dios tendrán lugar de manera tangible en la tierra, específicamente en Jerusalén. Este pasaje no sólo enfatiza el papel central de Jerusalén como la ciudad escogida por Dios, sino que también revela la extensión universal de la salvación a través de Israel hacia todas las naciones.

El profeta Isaías anticipa un tiempo en el que los gentiles, aquellos que anteriormente subyugaron y esclavizaron al pueblo judío, vendrán a Jerusalén trayendo a los hermanos de todas las naciones como ofrenda al Señor. Esta imagen simboliza la reconciliación y la restauración, donde los antiguos enemigos se convierten en adoradores y colaboradores en el reino de Dios. Es un testimonio del poder redentor y reconciliador de Dios que transforma incluso las relaciones más fracturadas.

Isaías profetiza que el Señor tomará a estos gentiles convertidos como sacerdotes y levitas. Esto sugiere que, en el reino de Dios, no solo los descendientes físicos de Aarón tienen un papel en el servicio sagrado, sino que aquellos de todas las naciones que se unan a la fe en Dios también serán llamados y capacitados para servir en roles de santidad y ministerio. Es una imagen de inclusión y universalidad en el reino de Dios, donde la salvación y el servicio se extienden más allá de las fronteras étnicas y culturales.

El hecho de que Isaías sitúe Jerusalén como la sede principal del reino de Dios subraya su importancia teológica y profética. Jerusalén no solo será el lugar de reunión y adoración para los redimidos de todas las naciones, sino que también será desde donde se irradiará la luz y la verdad de Dios hacia el mundo entero. Esta visión refuerza la conexión íntima entre la tierra y la obra redentora de Dios, indicando que la historia de la salvación tendrá un punto focal geográfico específico en Jerusalén.

El profeta enfatiza que, desde Jerusalén, la salvación se extenderá a los gentiles. Esto muestra que el plan de Dios para la redención no se limita a un solo pueblo o nación, sino que abarca a toda la humanidad. Jerusalén, por tanto, no solo será el centro espiritual del reino de Dios, sino también el punto de partida para la misión global de Dios de llevar su salvación a todas las personas. Isaías 65:20-21 proporciona una visión profunda y esperanzadora de la redención y el reino de Dios que se cumplirán en la tierra, específicamente en Jerusalén. Este pasaje destaca la universalidad de la salvación, la inclusión de los gentiles en el servicio sagrado y la centralidad teológica de Jerusalén en el cumplimiento de los propósitos redentores de Dios. Es un recordatorio de la promesa de Dios de restaurar y renovar todas las cosas a través de su gracia y su poder, manifestado en su reino eterno de justicia, paz y amor.

En los pasajes de Juan 4:22 y Romanos 1:16-17, se exploran aspectos fundamentales sobre la salvación, destacando el papel crucial de los judíos en la revelación y propagación del Evangelio. Estos versículos ofrecen perspectivas complementarias que revelan la amplitud y la profundidad de la obra redentora de Dios a través de Cristo.

Jesús habla directamente a la mujer samaritana en Juan 4:22, contextualizando la salvación en relación con los judíos. Este pasaje enfatiza que los judíos tenían el conocimiento y la comprensión del camino de la salvación a través de las Escrituras y las promesas de Dios reveladas a través de ellos. Para los samaritanos, que tenían una fe mixta y una relación complicada con los judíos, esta declaración de Jesús subraya la importancia de la revelación progresiva de Dios y la continuidad histórica de su plan redentor a través del pueblo judío. La afirmación de Jesús no implica exclusividad salvífica, sino más bien una afirmación de la verdad revelada que se originó en la historia del pueblo judío y culmina en la persona de Cristo como Salvador universal.

Este contexto es crucial para comprender la relación entre la historia sagrada de Israel y la misión redentora de Jesucristo para toda la humanidad.

En Romanos 1:16-17, el apóstol Pablo expande esta idea al describir el Evangelio como el poder de Dios para la salvación de todos los que creen, primero del judío y también del griego. Aquí, Pablo enfatiza la universalidad del Evangelio como el medio divinamente ordenado para reconciliar a la humanidad con Dios. La referencia inicial al judío subraya el papel pionero del pueblo judío en la revelación y la transmisión del plan de salvación divina, a través de las promesas, profetas y la venida de Cristo.

Pablo contrasta la justicia revelada por el Evangelio con la justicia propia humana, destacando que es por fe, desde la fe en Cristo, que se recibe la justificación y la vida eterna. Esta enseñanza recalca la centralidad de la fe en Cristo como la única manera de acceder a la salvación, independientemente del origen étnico o cultural. Así, tanto judíos como gentiles encuentran la salvación en la misma fuente: Cristo y su Evangelio.

La combinación de Juan 4:22 y Romanos 1:16-17 revela la coherencia en la enseñanza bíblica sobre la salvación. Desde la perspectiva de Juan, la salvación tiene sus raíces en la revelación divina dada a través del pueblo judío, mientras que, en Romanos, se muestra cómo esta revelación se expande para abarcar a todos los creyentes, sin distinción de origen étnico. Ambos pasajes enfatizan la continuidad del plan redentor de Dios a través de la historia y la revelación progresiva culminante en Cristo. Estas enseñanzas invitan a reflexionar sobre la importancia de entender la historia de la salvación como un proceso dinámico y global, donde Dios revela su amor y misericordia a través de un pueblo elegido y, finalmente, lo extiende a toda la humanidad. Asimismo, nos desafían a compartir el Evangelio con todos los pueblos y naciones, reconociendo que la salvación proviene de Dios y se ofrece libremente a través de la fe en Jesucristo, nuestro Señor y Salvador.

El Día del Juicio y la Salvación. Los profetas Joel y Abdías proporcionan una visión profunda y esperanzadora sobre el lugar de la salvación y la liberación en Sión, destacando la importancia espiritual y simbólica de esta ciudad en el plan redentor de Dios.

Joel describe el día del Juicio en términos impresionantes, enfatizando que será un momento de maravillas tanto en el cielo como en la tierra. En medio de estos eventos cósmicos, Joel proclama que "quien quiera que pronuncie el nombre del Señor será salvado" (Joel 2:32). Esta afirmación subraya la universalidad y la accesibilidad de la salvación para todos aquellos que invoquen sinceramente el nombre de Dios. El profeta vincula esta promesa directamente con el monte de Sión y Jerusalén, identificándolos como el lugar donde reside la salvación. Sión, en la enseñanza bíblica, no solo es un monte físico, sino un símbolo de la presencia y el gobierno de Dios entre su pueblo. Por lo tanto, la declaración de Joel resalta que la salvación no es simplemente una liberación física, sino una restauración espiritual y un encuentro con la gracia redentora de Dios.

Abdías complementa esta visión en su breve libro profético, afirmando que "en el monte de Sión estará la liberación, y existirá santidad" (Abdías 1:17). Este versículo destaca la conexión intrínseca entre la liberación espiritual y la santidad, resaltando que la presencia de Dios en Sión transformará no solo las circunstancias externas, sino también los corazones y la vida espiritual del pueblo de Dios. La referencia a la "casa de Jacob poseerá sus posesiones" enfatiza la restauración y la plenitud que el pueblo de Dios experimentará en Sión. Este pasaje sugiere que la salvación no solo trae consigo la redención espiritual, sino también la promesa de la herencia y la bendición completa para aquellos que pertenecen al Señor.

Ambos pasajes proféticos, aunque escritos en contextos diferentes y abordando aspectos distintos de la salvación, convergen en la idea central de que Sión es el lugar designado por Dios para la manifestación de su salvación y su gloria. Desde una perspectiva espiritual, Sión representa el reino de Dios en la tierra y el cumplimiento último de sus promesas para su pueblo.

La comprensión de estas profecías invita a los creyentes a considerar profundamente el significado de la salvación como un acto divino que no solo trae libertad y santificación, sino que también establece el reinado de Dios en la vida de quienes le siguen. La relación entre Sión y la salvación subraya la importancia de buscar a Dios, confiar en sus promesas y vivir en santidad, anticipando el día en que toda la creación será restaurada y renovada bajo su soberanía. En resumen, Joel y Abdías nos recuerdan que la salvación no es solo un evento futuro, sino una realidad presente y anticipada en la comunidad de fe que vive en la presencia de Dios. La esperanza en Sión nos impulsa a vivir con expectación y fidelidad, sabiendo que en Cristo hemos sido llamados a participar en su reino de justicia, paz y amor eterno.

La Salvación en la Tierra. La Biblia ofrece una perspectiva clara y consistente acerca de la salvación y el reino de Dios, destacando que estos estarán arraigados en la tierra, especialmente en Jerusalén. Este enfoque bíblico revela profundas verdades sobre la redención y el gobierno divino que son esenciales para entender el plan de Dios para la humanidad.

1. Salvación Proviene de los judíos y se Extiende a los Gentiles: En Juan 4:22, Jesús le dice a la mujer samaritana: "La salvación viene de los judíos". Este pasaje subraya que los judíos, a través de la revelación de Dios, han sido instrumentos clave en la manifestación de la verdad salvífica. Desde los tiempos del Antiguo

Testamento hasta la venida de Jesucristo, los judíos jugaron un papel fundamental en preservar la fe y preparar el camino para la redención universal. Esta salvación no se limita a un grupo étnico específico, sino que se extiende a todos los gentiles, como enfatiza Pablo en Romanos 1:16-17, donde el Evangelio es el poder de Dios para la salvación de todo aquel que cree, tanto judío como gentil.

2. El Reino de los Cielos y el Gobierno de Dios: El término "reino de los cielos" o "reino de Dios" se utiliza en las Escrituras para describir el dominio soberano de Dios sobre su creación y especialmente sobre su pueblo. Aunque tradicionalmente se ha interpretado como un estado celestial, la interpretación bíblica sugiere que este reino no solo tiene implicaciones futuras en un cielo distante, sino que tiene una dimensión presente y terrenal. Por ejemplo, Mateo 6:10 enseña a los discípulos a orar por la venida del reino de Dios y por la voluntad de Dios que se cumpla en la tierra como en el cielo, indicando una manifestación activa y visible del reino de Dios en la realidad terrenal.

3. Jerusalén como Centro de la Salvación y el Reino: Isaías 33:20-24 y Abdías 1:17 subrayan a Jerusalén como el lugar donde residirá la salvación y la liberación. Estos pasajes proféticos enfatizan que la presencia de Dios transformará no solo la ciudad física, sino también la vida espiritual y la comunidad de fe que reside en ella. Esta visión simbólica de Jerusalén como el epicentro de la redención refuerza la idea de que la salvación será experimentada en la tierra y que el reino de Dios se establecerá físicamente en este lugar sagrado.

Desde una perspectiva teológica, la verdadera salvación implica la remisión del pecado y la liberación de toda forma de maldad. Este concepto se expresa en Isaías 65:17-25, donde se profetiza un nuevo cielo y una nueva tierra donde reinará la justicia y la paz. La salvación no solo es un acto individual de perdón, sino un proceso cósmico de restauración completa, culminando en un reino de paz y justicia bajo el gobierno eterno de Dios. En resumen, la enseñanza bíblica sobre la salvación y el reino de Dios enfatiza que estos estarán arraigados en la tierra, especialmente en Jerusalén, como el lugar de la manifestación plena de la presencia y el gobierno de Dios. Esta visión proporciona una base sólida para entender la redención como un evento histórico y escatológico que transforma la creación y restaura la relación entre Dios y la humanidad. Al comprender estas verdades, los creyentes son invitados a participar activamente en la expansión del reino de

Dios en la tierra, viviendo en anticipación de la venida gloriosa del Señor y la consumación final de su plan redentor.

Los Tres Mundos en la Escritura. En la enseñanza bíblica, se mencionan tres mundos distintos que revelan aspectos clave del plan redentor de Dios y el destino final de la humanidad. Estos mundos proporcionan una estructura temporal que guía nuestra comprensión del propósito divino desde la creación hasta la consumación final.

1. El Mundo Antiguo: Desde Adán hasta el Diluvio: El mundo antiguo, como se describe en 2 Pedro 2:5, abarca el período desde la creación de Adán hasta el Diluvio. Este mundo se caracteriza por la caída del hombre en el pecado y la consiguiente corrupción generalizada que llevó a Dios a enviar el diluvio como juicio sobre la maldad de la humanidad. Noé, siendo justo y fiel, fue preservado por Dios como predicador de justicia para una nueva humanidad después del diluvio. Este mundo antiguo representa la primera fase de la historia humana, marcada por la desobediencia, el juicio divino y la preservación de un remanente justo.

2. El Mundo Presente: La Era de la Gracia y la Enseñanza de Jesucristo: El mundo presente, como menciona Jesús en Juan 18:36, se refiere a la era en la que vivimos actualmente. Jesús declaró que su reino no es de este mundo terrenal, enfatizando que su misión era espiritual y trascendente, destinada a enseñar a la humanidad el camino de la salvación y restaurar el reino de su Padre celestial mediante su doctrina y su sacrificio redentor en la cruz. En esta era presente, los creyentes tienen acceso a la gracia y al perdón de Dios a través de la fe en Jesucristo, preparándose así para la venida del mundo venidero.

3. El Mundo Venidero: Nuevos Cielos y Nueva Tierra: El mundo venidero, profetizado por San Pedro en 2 Pedro 3:13 y otros pasajes, es el destino final de la historia redentora de Dios. Este mundo está caracterizado por la promesa de nuevos cielos y nueva tierra, donde la justicia habitará. Este es el reino escatológico donde Cristo regresará con poder y gloria para reunir a sus elegidos y establecer su reino eterno bajo la autoridad del Padre. En este mundo venidero, se cumplirá la redención final y se restaurará la creación a su estado original de armonía y perfección, liberada del pecado y de toda forma de maldad.

La comprensión de los tres mundos en la Escritura ofrece una visión integral del plan de Dios para la humanidad. Desde el mundo antiguo marcado por la caída y el juicio, pasando por el presente donde la gracia y la enseñanza de Jesucristo prevalecen, hasta el mundo venidero de la nueva creación y el reino eterno de Dios, estos mundos reflejan la progresión de la historia humana hacia su consumación en Cristo. Esta visión temporal nos invita a vivir con esperanza y anticipación del cumplimiento completo de las promesas divinas, preparándonos para la venida gloriosa del Señor y la realización final de su reino de justicia y paz.

La Redención y la Salvación. La idea de la salvación en el contexto cristiano involucra conceptos fundamentales como la redención y el rescate. Estos conceptos no solo ilustran la gravedad del pecado y la justicia divina, sino también la provisión de Dios para la reconciliación con la humanidad caída.

Cuando una persona peca, según la enseñanza bíblica, incurre en una deuda espiritual y moral con Dios. El pecado no solo es una transgresión de la ley divina, sino que también conlleva consecuencias espirituales y eternas. El pecador se encuentra en una condición de separación de Dios y en necesidad de reconciliación para restaurar la relación rota.

Dios, como el ofendido supremo por el pecado, exige un pago por la transgresión cometida. Este pago es descrito como un rescate que debe ser pagado para liberar al pecador de las consecuencias del pecado y restaurar la comunión con Dios. En la teología cristiana, este rescate es provisto por Jesucristo, quien ofrece su vida como sacrificio perfecto y suficiente para cubrir el costo del pecado humano.

El rescate no se trata simplemente de compensar un daño equivalente al pecado cometido, porque ningún ser humano puede cumplir con esta demanda debido a la naturaleza infinita del ofendido, que es Dios mismo. Más bien, el rescate de Cristo es único y efectivo porque él, siendo totalmente sin pecado y divino, puede asumir el castigo que merecemos como pecadores y ofrecer su vida en lugar de la nuestra.

La redención y el rescate son acciones que se llevan a cabo según la voluntad soberana de Dios. Desde la perspectiva cristiana, Dios, en su amor y justicia perfectos, determinó que el sacrificio de Cristo fuera el medio por el cual la humanidad podría ser salvada y reconciliada con él. Este acto de redención revela tanto la justicia como la misericordia de Dios, proporcionando una manera para que los pecadores sean perdonados y restaurados a una relación correcta con su Creador.

La salvación, entonces, no es meramente la remisión de castigos futuros, sino la restauración de la comunión y la vida eterna con Dios. Implica un cambio profundo en la condición espiritual del individuo, liberándolo del poder del pecado y asegurando su participación en el reino eterno de Dios. La comprensión profunda de la redención y el rescate en la salvación cristiana nos lleva a apreciar el sacrificio único de Cristo en la cruz como el cumplimiento perfecto de la justicia divina y la provisión generosa de la gracia salvadora. Este tema crucial revela la profundidad del amor de Dios por la humanidad caída y su deseo de restaurar lo que se perdió por el pecado. Así, la salvación se convierte en un acto transformador que ofrece esperanza y vida nueva a todos los que creen en Cristo como su Salvador y Señor.

El Perdón y los Sacrificios. El perdón de los pecados es un tema central en la teología cristiana, que abarca desde el Antiguo Testamento hasta el Nuevo Testamento, revelando la naturaleza de Dios y su relación con la humanidad. El perdón de los pecados está ligado estrechamente al arrepentimiento genuino. En las Escrituras, se enseña que aquellos que se arrepienten sinceramente de sus pecados pueden recibir el perdón de Dios. El arrepentimiento implica un cambio de mente y corazón, acompañado de una voluntad de apartarse del pecado y volverse hacia Dios. Este acto humano de arrepentimiento abre la puerta a la gracia divina que ofrece el perdón.

En el Antiguo Testamento, Dios estableció sacrificios y oblaciones como medio de expiación por los pecados del pueblo de Israel. Estos rituales simbolizaban la transferencia de culpa y la purificación ceremonial del pecado del individuo o de la comunidad. El perdón de los pecados estaba condicionado al cumplimiento riguroso de estas prescripciones divinamente ordenadas, lo cual reflejaba la seriedad del pecado a los ojos de Dios y la necesidad de una expiación adecuada para restaurar la comunión con él.

El perdón de los pecados no es un acto de injusticia por parte de Dios, a pesar de que el pecado conlleva la amenaza de castigo. En las relaciones humanas, una promesa de bien está obligada a cumplirse, pero una amenaza de mal no necesariamente se cumple. Sin embargo, Dios, siendo infinitamente justo y misericordioso, cumple su palabra tanto en las promesas de bendición como en las advertencias de juicio. Su justicia demanda que el pecado sea castigado, pero su misericordia provee el camino para la reconciliación a través del perdón ofrecido por Cristo. En el Nuevo Testamento, la venida de Jesucristo cumplió y superó todos los rituales de expiación del Antiguo Testamento. Cristo, como el Cordero de Dios sin mancha, ofreció su vida como sacrificio perfecto y suficiente por los pecados de toda la humanidad. Su muerte en la cruz proporcionó la expiación definitiva y el perdón completo de los pecados para aquellos que creen en él. Esta obra redentora revela la gracia y el amor incondicional de Dios hacia los pecadores, ofreciéndoles una nueva vida y la promesa de la vida eterna.

Para los creyentes, comprender el perdón de los pecados implica reconocer la seriedad del pecado, la necesidad del arrepentimiento sincero y la confianza en la obra redentora de Cristo. Este entendimiento fortalece la relación personal con Dios y motiva a vivir una vida de obediencia y gratitud por su gracia salvadora. Además, proporciona consuelo y esperanza en medio de la lucha contra el pecado y las dificultades de la vida. El perdón de los pecados revela la profunda compasión y justicia de Dios, quien ofrece la reconciliación a través de la expiación en Cristo. Este tema esencial en la teología cristiana subraya la necesidad de la gracia divina para la salvación y la restauración de la relación rota entre Dios y la humanidad. Así, el perdón de los pecados no solo asegura la remisión de la culpa, sino que también inaugura una nueva vida en comunión con Dios, evidenciando su amor y su fidelidad a través de todas las generaciones.

El Sacrificio de Cristo. La redención que Cristo ofrece a través de su sacrificio es fundamental para la teología cristiana, pero es crucial entenderla correctamente en relación con la justicia y la misericordia de Dios. La redención en Cristo no es simplemente una satisfacción legal donde la muerte de Jesús obliga a Dios a perdonarnos. Más bien, es un acto voluntario y sacrificial de Cristo mismo, que Dios aceptó como medio para la salvación de la humanidad. Esta comprensión resalta la soberanía y la misericordia de Dios en la administración de la justicia y la gracia.

Cuando hablamos del sacrificio de Cristo, nos referimos no solo a su muerte en la cruz, sino también a todo el acto de ofrecerse a sí mismo por la humanidad. Cristo, siendo completamente Dios y completamente humano, cumplió perfectamente la voluntad del Padre al ofrecerse como sacrificio por el perdón de los pecados. Este sacrificio no se impuso a Dios como una obligación legal, sino que fue un acto de amor y redención que Dios, en su sabiduría y misericordia, aceptó para restaurar la relación rota entre él y la humanidad.

Aunque en la Escritura a veces se refiere al sacrificio de Cristo como un "precio", esto no debe entenderse como una transacción legalista o una compensación que equilibre una deuda. Más bien, es el precio que Dios, en su amor y misericordia infinitos, determinó aceptar para perdonar nuestros pecados y reconciliarnos con él. Esta comprensión subraya la libertad divina para perdonar y restaurar, basada en su carácter redentor y su deseo de reconciliación con su creación caída.

Para los creyentes, comprender la naturaleza sacrificial de Cristo profundiza la apreciación de su obra redentora. Nos lleva a reconocer nuestra dependencia absoluta de la gracia de Dios y nos motiva a responder con gratitud y obediencia. La redención en Cristo no solo asegura el perdón de los pecados, sino que también inaugura una nueva vida en comunión con Dios, transformando nuestra relación con él y con los demás. En resumen, la redención en Cristo no es un acto mecánico o legalista, sino un acto de amor y gracia divina que revela la profundidad del amor de Dios por la humanidad. Es un sacrificio voluntario y perfecto que Dios aceptó para restaurar la comunión perdida debido al pecado. Esta comprensión teológica no solo enriquece nuestra fe, sino que también nos impulsa a vivir vidas que reflejen la gratitud y la obediencia a aquel que nos redimió con su preciosa sangre.

La Segunda Venida y el Reino de Dios. La segunda venida de Cristo es un evento esperado y fundamental en la doctrina cristiana, simbolizando la culminación y la consumación de la historia humana según la fe cristiana. Este evento es descrito con grandeza y solemnidad en las Escrituras, donde se enseña que aquellos que han creído y se han arrepentido serán salvados y participarán en el establecimiento del reino de Dios en la tierra.

Cristo regresará con poder y gloria, manifestando su autoridad divina sobre toda la creación. Esta venida no es solo un evento espiritual, sino que implica una intervención física y tangible en el mundo humano. Esta manifestación física resalta la naturaleza terrenal del reino de Dios, que se establecerá en Jerusalén como su centro inicial y se extenderá a todos los rincones del mundo habitado por aquellos que han sido aceptados en su reino.

La esperanza de "nuevos cielos y una nueva tierra" subraya la transformación radical que experimentará la creación, donde la justicia y la paz reinarán de manera tangible. Esta visión apunta a una restauración completa de la creación, liberada de la corrupción y del pecado que han marcado el mundo desde tiempos antiguos. Es un reino de Dios no solo espiritual, sino también físico, donde la presencia divina se manifestará en su plenitud. La Escritura ofrece una narrativa completa y coherente del reino de Dios y la salvación, abarcando el pasado desde Adán hasta el Diluvio como un tiempo de prueba y caída, el presente marcado por la revelación de Cristo como el camino de salvación y redención, y el futuro prometido de nuevos cielos y nueva tierra donde la justicia y la paz prevalecerán bajo el reinado de Cristo.

La redención y la salvación, lejos de ser meras transacciones legales, son actos profundamente arraigados en la infinita misericordia de Dios. A través del sacrificio expiatorio de Cristo, Dios ofrece perdón y vida eterna a toda la humanidad que responde con fe y arrepentimiento. Este acto de gracia revela la profundidad del amor divino y la voluntad de restaurar la relación rota entre Dios y la humanidad, inaugurando así un reino eterno de paz y comunión con Dios. En conclusión, la segunda venida de Cristo y el establecimiento del reino de Dios en la tierra representan la consumación del plan divino de salvación, donde la creación será restaurada, la justicia será establecida y la paz será perpetua bajo el reinado eterno de Cristo, el Rey de reyes y Señor de señores.

Capítulo XXXIX
Sobre el significado de la palabra "iglesia" en la escritura

La palabra "iglesia" (Ecclesia) abarca varios significados dentro de los textos sagrados de la Biblia y en contextos históricos diversos. En primer lugar, se utiliza para referirse al lugar físico donde los cristianos se congregan para llevar a cabo sus ritos religiosos, como se menciona en 1 Corintios 14:34: "Que sus mujeres guarden silencio en la iglesia". Aquí, "iglesia" se entiende metafóricamente como la congregación reunida en ese lugar específico. Con el tiempo, este término ha evolucionado para también referirse al edificio en sí mismo, distinguiéndolo de los templos utilizados en otras religiones. Por ejemplo, el Templo de Jerusalén era considerado la "casa de Dios", un espacio sagrado para la oración. En una perspectiva más amplia, cualquier edificio consagrado por los cristianos para el culto a Cristo se denomina "la casa de Cristo". En griego, los padres de la iglesia lo llamaban "κυριακή" (kuriaké), que significa "la casa del Señor". De esta raíz griega provienen las palabras "Kyrke" en escandinavo antiguo y "Church" en inglés. Cuando "iglesia" no se refiere a un edificio físico, mantiene su significado original de "Ecclesia" en las ciudades-estado de la antigua Grecia: una asamblea de ciudadanos convocados para escuchar al magistrado. En la Roma antigua, esta asamblea era conocida como "concilio", y el magistrado que hablaba era llamado "ecclesiastes" o "concionator". Si la asamblea era convocada por una autoridad legítima, se denominaba "ecclesia legitima", es decir, una asamblea válida y legal. Por otro lado, si la reunión surgía de un tumulto o una sedición, se refería como una "iglesia confusa", o "ecclesia confusa". En resumen, el término "iglesia" abarca desde el significado de congregación de fieles hasta el edificio físico dedicado al culto cristiano, pasando por su raíz original de asamblea ciudadana en la Grecia antigua y el contexto legal en la antigua Roma. Esta diversidad de significados refleja tanto la evolución histórica como la riqueza semántica que ha adquirido a lo largo de los siglos.

El término "iglesia" abarca una rica variedad de significados dentro de los textos sagrados y en el contexto histórico del cristianismo. En primer lugar, se emplea para referirse a todos aquellos que tienen derecho a formar parte de la congregación cristiana, incluso si no están físicamente reunidos. Este concepto se encuentra ejemplificado en Hechos 8:3, donde se menciona que Saulo perseguía y devastaba la Iglesia, entendida como la comunidad cristiana dispersa por diferentes regiones. Otro uso de "iglesia" se encuentra en Colosenses 4:15, donde se dice: "Saludad a la iglesia que está en su casa", lo que indica una referencia específica a una comunidad local de creyentes reunida en un hogar. Este tipo de uso resalta la diversidad de contextos en los cuales el término puede aplicarse, desde la congregación en un lugar físico hasta la comunidad cristiana en su totalidad.

En un sentido más elevado y teológico, encontramos en Efesios 5:27 la expresión "una iglesia gloriosa, sin mancha ni arruga, santa e inmaculada", que se refiere a la iglesia triunfante o futura, simbolizando la perfección espiritual y moral de los elegidos por Cristo. En contraste, Mateo 18:17 presenta un uso donde "iglesia" describe una congregación de creyentes, independientemente de la autenticidad de su fe, con autoridad para ejercer disciplina moral y espiritual sobre sus miembros. El texto advierte sobre la necesidad de escuchar a la iglesia como una entidad representativa y autoritaria, capaz de emitir juicios y tomar decisiones en nombre de la comunidad de creyentes.

Es importante destacar que cualquier acción realizada por la iglesia debe contar con la autorización y el respaldo de una congregación legítima. Esto asegura que las decisiones tomadas sean representativas de la comunidad en su totalidad, respetando a los ausentes y a aquellos que puedan no estar de acuerdo con la acción tomada. Por lo tanto, término "iglesia" no solo abarca un lugar físico de reunión o una comunidad local, sino que también se extiende a una dimensión espiritual y teológica más profunda, representando tanto a los creyentes dispersos como a la iglesia futura gloriosa, bajo la cabeza suprema de Cristo. Este amplio rango de significados muestra la complejidad y la profundidad de la doctrina eclesiástica dentro del cristianismo.

Según esta interpretación, la noción de "iglesia" se define como una comunidad de individuos que profesan la fe cristiana y están unidos bajo la autoridad de un soberano, cuya orden es fundamental para su reunión, y sin cuyo consentimiento no deben congregarse. En todos los contextos estatales, cualquier asamblea que no cuente con la autorización del soberano civil se considera ilegítima. Del mismo modo, una iglesia que se reúne en un estado que ha prohibido su congregación también se categoriza como una asamblea ilegítima.

Esta concepción implica que no existe una Iglesia universal en la tierra a la cual todos los cristianos deban obedecer, dado que no hay una autoridad mundial que esté por encima de todos los estados. Los cristianos residen en diferentes dominios regidos por distintos príncipes y estados soberanos, y cada uno está sujeto al gobierno civil del cual son miembros. Por lo tanto, ninguna otra autoridad puede ejercer dominio sobre ellos. Una Iglesia que tiene la capacidad de impartir mandatos, dictar juicios, absolver, condenar u otras acciones similares es, esencialmente, un estado civil compuesto por cristianos; se denomina estado civil cuando sus ciudadanos son personas en general, y se llama Iglesia cuando dichos ciudadanos son cristianos.

Este enfoque revela la complejidad de las relaciones entre el poder civil y religioso, donde la autoridad secular y eclesiástica coexisten y a menudo se superponen. La Iglesia, en este sentido, no solo funciona como una entidad religiosa, sino que también asume roles y responsabilidades similares a las de un estado soberano, aunque limitadas al ámbito de la fe y la moral cristiana. La comprensión de estos conceptos subraya la importancia de la soberanía estatal y la autonomía religiosa en la configuración de las comunidades cristianas a lo largo de la historia.

Los términos "poder temporal" y "poder espiritual" son conceptos que se han introducido para generar confusión y duplicidad en la mente de la gente, dificultando así la identificación de su verdadero soberano. Aunque se espera que después de la resurrección los cuerpos de los fieles sean espirituales y eternos, en esta vida son materiales y corruptibles. Por lo tanto, en el contexto terrenal actual, el único gobierno que puede existir sobre la religión es el gobierno temporal, ya que ningún otro tipo de gobierno puede ser establecido si el soberano que rige tanto el Estado como la religión prohíbe su enseñanza.

Este soberano debe ser único y absoluto, porque de lo contrario surgirán inevitablemente conflictos y guerras civiles entre el Estado y la Iglesia, entre aquellos que enfatizan lo espiritual y los que priorizan lo temporal, entre quienes representan la espada de la justicia y aquellos que protegen el escudo de la fe. Más crucial aún, estas divisiones se manifestarán dentro de cada corazón cristiano, entre la fe y la razón, entre el llamado divino y las exigencias mundanas. Esta reflexión subraya la importancia de la autoridad unificada y la necesidad de una única fuente de gobierno para mantener la cohesión social y espiritual. En última instancia, la coexistencia armoniosa entre el poder temporal y espiritual depende de una comprensión clara y una aplicación justa de la autoridad, con el fin de evitar discordias internas y preservar la integridad tanto del Estado como de la religión.

Los líderes de la Iglesia, conocidos como pastores, no solo desempeñan un papel espiritual, sino que también actúan como soberanos civiles dentro de su comunidad. La subordinación mutua entre estos pastores es crucial para evitar conflictos y asegurar la coherencia doctrinal. Sin una clara jerarquía, la existencia de múltiples pastores principales podría llevar a la predicación de doctrinas contradictorias, lo cual inevitablemente conduciría a la falsedad de al menos una de ellas. Desde una perspectiva de ley natural, es esencial que el pastor principal esté subordinado al soberano civil, garantizando así la cohesión y la autoridad unificada dentro de la comunidad eclesiástica. En los próximos capítulos, profundizaremos en quién debe asumir este papel según las enseñanzas y principios fundamentales de las Escrituras, explorando cómo se establece esta autoridad y cómo contribuye a mantener la integridad doctrinal y espiritual de la Iglesia.

Capítulo XL
Sobre los derechos del reino de Dios en Abraham, Moisés, los sumos sacerdotes y los reyes de Judá

Abraham es reconocido como el progenitor de los fieles y el pionero en el reino de Dios, establecido a través del pacto divino. Este acuerdo no solo comprometía a Abraham personalmente, sino también a toda su descendencia, en la obligación de reconocer y obedecer los mandatos divinos. Estos mandatos abarcaban tanto las leyes naturales, accesibles mediante la razón, como las revelaciones especiales comunicadas por Dios a través de sueños y visiones. Aunque la ley moral ya imponía estas obligaciones, el pacto fortalecía el compromiso de Abraham y sus descendientes de cumplir fielmente los mandatos de Dios. El pacto esencialmente implicaba que Abraham aceptara y transmitiera a su familia todas las instrucciones recibidas de Dios, asegurándose de que cada generación las siguiera con fidelidad. Este compromiso no solo afianzaba la relación especial entre Dios y Abraham, sino que también establecía un modelo de fe y obediencia que sería fundamental para la posteridad del linaje elegido.

En el pacto entre Dios y Abraham, se pueden identificar tres aspectos fundamentales que delinean el gobierno del pueblo de Dios. En primer lugar, Dios se comunicó exclusivamente con Abraham, indicando que no estableció un pacto directo con cada miembro de su familia o descendencia. Sin embargo, las voluntades de estos miembros estaban implícitas en la voluntad de Abraham, quien tenía la autoridad legítima para obligarlos a cumplir cualquier acuerdo realizado en nombre de todos. Este principio se refleja en Génesis 18:18-19, donde Dios afirma que Abraham instruirá a sus hijos y descendientes para que sigan el camino del Señor, asegurando así la bendición de todas las naciones de la tierra en él. Este punto nos lleva a la primera conclusión: aquellos a quienes Dios no se ha dirigido directamente deben recibir sus mandatos a través de su soberano. De manera análoga, la familia de Abraham obedeció a Abraham como su líder y soberano civil, cumpliendo con los mandatos divinos que él transmitía. De igual modo, en cada Estado, las personas que no reciben una revelación sobrenatural específica deben obedecer las leyes y decretos de su soberano en lo que respecta a sus acciones externas y a la profesión de la religión. Es importante destacar que los pensamientos y las creencias internas, conocidos solo por Dios, no son actos voluntarios ni están sujetos a las leyes humanas, subrayando así la soberanía divina sobre la conciencia individual y la relación entre el orden temporal y espiritual en la vida de los creyentes.

El principio que se desprende del pacto de Abraham con Dios establece un punto crucial: Abraham tenía el derecho de disciplinar a cualquier miembro de su familia que afirmara recibir revelaciones privadas o el espíritu de Dios, si estas contradecían sus enseñanzas. Esto justifica que el soberano contemporáneo tenga la facultad de sancionar a aquellos que, desobedeciendo las leyes establecidas, actúen en base a revelaciones personales. De este modo, el soberano ocupa una posición análoga en el Estado a la que ocupaba Abraham en su familia, lo que le confiere la autoridad para mantener el orden y la coherencia en la práctica religiosa y civil.

La tercera conclusión se centra en el hecho de que, al igual que solo Abraham en su familia, y solo un soberano en un Estado cristiano, podían discernir qué era y qué no era la palabra de Dios. Dado que Dios se comunicó exclusivamente con Abraham, solo él tenía la capacidad de interpretar y transmitir lo que Dios había dicho a su familia. De manera similar, el soberano en un Estado cristiano es el único intérprete autorizado de la voluntad divina en asuntos de fe y moral pública.

Este pacto, inicialmente establecido con Abraham, se renovó posteriormente con Isaac y más tarde con Jacob, subrayando su continuidad y relevancia a través de las generaciones. Sin embargo, no fue hasta que los israelitas fueron liberados de Egipto y llegaron al monte Sinaí que el pacto se renovó formalmente. En ese momento, Moisés actuó como representante de Dios al renovar el pacto, estableciendo así a los judíos como el pueblo especial de Dios. Moisés, junto con Aarón y sus descendientes, continuaron este legado como un reino sacerdotal perpetuo, asegurando la continuidad del pacto y la guía divina para el pueblo de Israel. Estos puntos no solo ilustran la autoridad y responsabilidad de los líderes religiosos y civiles en la interpretación y aplicación de la voluntad divina, sino que también destacan la importancia de los pactos como fundamentos esenciales para la cohesión y la guía espiritual de la comunidad de creyentes a lo largo de la historia bíblica.

El principio de autoridad de Moisés sobre los israelitas refleja un punto crucial: Moisés no reclamaba su autoridad sobre los israelitas como un derecho heredado de Abraham, ya que no podía fundamentarla en una línea de sucesión directa. Más bien, la autoridad de Moisés dependía de la creencia del pueblo en su santidad, en su comunicación directa con Dios, y en la autenticidad de los milagros que realizaba. Si el pueblo dejaba de creer en estas cualidades, no se sentiría obligado a obedecerlo como el representante de Dios. Por lo tanto, la autoridad de Moisés, al igual que la de todos los príncipes y líderes, debía basarse en el consentimiento libre y voluntario del pueblo, así como en su promesa de obedecerlo.

Este concepto se ilustra claramente en Éxodo 20:18, cuando el pueblo de Israel, aterrorizado por los truenos, relámpagos y el sonido de la trompeta que acompañaban la entrega de los Diez Mandamientos, le pidió a Moisés que actuara como intermediario con Dios. Ellos dijeron: "Habla tú con nosotros, y nosotros escucharemos; pero no hable Dios con nosotros, no sea que muramos". En este momento crucial, el pueblo reconoció la conexión especial de Moisés con Dios y se comprometió a obedecer cualquier palabra que él transmitiera de parte de Dios. Esta declaración no solo consolidó la autoridad de Moisés sobre ellos, sino que también estableció un principio fundamental: que la legitimidad del liderazgo y la autoridad religiosa deben ser reconocidas y aceptadas por aquellos a quienes gobiernan.

Este episodio subraya la importancia del consentimiento del pueblo como base para la autoridad legítima, incluso en asuntos religiosos. Moisés no impuso su autoridad de manera arbitraria; en cambio, fue reconocido y aceptado por el pueblo como el canal a través del cual Dios se comunicaba con ellos. Esta dinámica demuestra que el liderazgo efectivo, tanto en lo civil como en lo religioso, depende no solo de la habilidad y carisma del líder, sino también de la confianza y la fe del pueblo en la legitimidad de su liderazgo divinamente ordenado.

El pacto que estableció un reino sacerdotal hereditario para Aarón debía interpretarse plenamente una vez que Moisés falleciera. Este evento marca un momento crucial en la transición de liderazgo dentro del pueblo de Israel. Es esencial entender que cualquier individuo que establece un régimen de gobierno, ya sea una monarquía, una aristocracia o una democracia, debe poseer autoridad suprema sobre el pueblo. En el caso de Moisés, su autoridad estaba claramente respaldada por su papel como el único mediador entre Dios y los israelitas.

La Escritura confirma explícitamente el rol único de Moisés como el representante de Dios ante el pueblo. Por ejemplo, en Éxodo 24:1-2, cuando Dios instruye a Moisés a subir al monte junto con Aarón, Nadab, Abihú y setenta ancianos, se especifica claramente que solo Moisés se acercará al Señor. Esto subraya que Moisés era el único autorizado para entrar en la presencia directa de Dios y recibir sus mandamientos. Aunque Aarón y los demás acompañantes fueron permitidos a cierta distancia, no compartían la misma cercanía y comunicación directa con Dios que Moisés.

La autoridad de Moisés como mediador entre Dios y el pueblo se refuerza aún más en el versículo 9, donde se menciona que Moisés, Aarón, Nadab, Abihú y los ancianos vieron al Dios de Israel. Sin embargo, es crucial notar que esta visión ocurrió después de que Moisés previamente se había encontrado con Dios y recibido las palabras divinas. Moisés actuó como el canal exclusivo a través del cual Dios comunicaba sus mandatos al pueblo, mientras que Aarón y los otros acompañantes fueron testigos privilegiados, pero no mediadores en sí mismos.

Este episodio ilustra la importancia de la autoridad centralizada y la cadena de mando clara en el liderazgo religioso y civil. Moisés no solo representaba la voz de Dios, sino que también ejercía un control unificador sobre el pueblo de Israel, asegurando que las instrucciones divinas fueran interpretadas y seguidas de manera coherente. Su papel no era simplemente el de un líder político, sino el de un guía espiritual cuya autoridad se basaba en la fe y el consentimiento del pueblo, respaldado por la evidencia de su comunicación directa con Dios.

Este principio subraya la importancia del liderazgo legítimo y la necesidad de un mediador reconocido para mantener la cohesión religiosa y social dentro de una comunidad. Moisés estableció un precedente para futuros líderes religiosos al demostrar que la autoridad divina debe ser transmitida de manera clara y aceptada por aquellos a quienes gobierna, asegurando así la unidad y la obediencia dentro del pueblo de Dios.

La Escritura también muestra que Dios habló con Moisés en numerosas ocasiones, particularmente en la organización de ceremonias religiosas y en la impartición de leyes contenidas en los capítulos 25 al 31 de Éxodo y en todo Levítico. Aarón rara vez fue mencionado en estas comunicaciones divinas. Moisés demostró su autoridad arrojando el becerro de oro, hecho por Aarón, al fuego. Además, cuando Aarón y Miriam se rebelaron contra Moisés, Dios mismo intervino y juzgó a favor de Moisés.

En el conflicto entre Moisés y el pueblo, encabezado por Coré, Datán, Abiram y 250 príncipes de la asamblea, Dios demostró su apoyo a Moisés al hacer que la tierra se tragara a los líderes rebeldes y al consumir a los 250 príncipes con fuego. Esto refuerza la idea de que Moisés tenía la soberanía sobre los israelitas, tanto en asuntos civiles como religiosos, ya que él era el único que hablaba directamente con Dios y podía comunicar sus mandatos al pueblo.

La prohibición divina de acercarse al monte donde Dios hablaba con Moisés, bajo pena de muerte, como se detalla en Éxodo 19:12 y 19:21, subraya la exclusividad de Moisés como intermediario divino. Quien ocupa el lugar de Moisés en un Estado cristiano moderno es, por tanto, el único autorizado a interpretar y comunicar los mandatos de Dios. La interpretación de las Escrituras debe estar restringida por los límites establecidos por el soberano del Estado, ya que las Escrituras representan el monte Sinaí y las leyes del soberano son los límites alrededor de este monte.

No había profetas en la época de Moisés, salvo aquellos aprobados y autorizados por él. En Números 11:16, Dios instruye a Moisés a reunir a setenta ancianos, a quienes Dios impartió su espíritu, pero no de forma independiente, sino subordinada a la autoridad de Moisés. Este acto simbolizaba la transferencia de la inteligencia y la sabiduría de Moisés a los ancianos para que pudieran hablar al pueblo en nombre de Dios, propagando la doctrina aprobada por Moisés. Esto quedó demostrado cuando dos de estos ancianos profetizaron en el campamento y fueron inicialmente considerados ilegítimos hasta que se entendió que actuaban bajo el espíritu de Moisés.

En resumen, ningún súbdito debe pretender tener una revelación o profecía en oposición a la doctrina establecida por la autoridad soberana designada por Dios. La autoridad en la interpretación y aplicación de la voluntad divina reside únicamente en el líder que ocupa el lugar de Moisés, asegurando así la coherencia y el orden en la práctica religiosa dentro del Estado.

Tras la muerte de Aarón y posteriormente la de Moisés, el reino sacerdotal recayó en Eleazar, el hijo de Aarón, en virtud del pacto. Eleazar se convirtió en el Sumo Sacerdote y fue declarado soberano por Dios, quien también designó a Josué como líder militar. Según Números 27:21, Dios dejó claro que Josué debía acudir a Eleazar para consultar al Señor, y bajo su guía, el pueblo de Israel actuaría. Esto establece que el poder supremo de declarar la paz y la guerra residía en el Sumo Sacerdote.

El Sumo Sacerdote también tenía la máxima autoridad judicial. El Libro de la Ley estaba bajo su custodia, y los sacerdotes y levitas actuaban como jueces subordinados en asuntos civiles, tal como se indica en Deuteronomio 17:9-10. En cuanto a las prácticas del culto divino, no había duda de que, hasta la época de Saúl, el Sumo Sacerdote mantenía la autoridad suprema. Así, el poder civil y el eclesiástico estaban unidos en una sola persona: el Sumo Sacerdote. Este modelo de gobierno es el que se aplica a quienes gobiernan por derecho divino, es decir, por autoridad directa de Dios.

Desde la muerte de Josué hasta la época de Saúl, Israel atravesó un período conocido como la era de los Jueces, un tiempo marcado por la falta de un monarca centralizado. Este vacío de poder soberano se evidencia en el libro de los Jueces, donde se relata que "no había rey en Israel, y cada uno hacía lo que bien le parecía" (Jueces 21:25). La ausencia de un liderazgo centralizado dejó al pueblo sin una guía clara y resultó en una continua fluctuación moral y espiritual. Tras la muerte de Josué y Eleazar, quienes habían sido líderes fuertes y guías espirituales para Israel, surgió una nueva generación que no compartía el mismo compromiso con Dios ni el conocimiento de las grandes obras que él había realizado por su pueblo. Este distanciamiento espiritual y moral llevó a los israelitas a adoptar prácticas idolátricas, como servir a Baal y cometer actos de maldad, lo que fue severamente condenado por Dios (Jueces 2:10-11).

La situación en Israel durante este período refleja un ciclo constante de apostasía, arrepentimiento y liberación a manos de los jueces que Dios levantaba en momentos de crisis. Cada vez que el pueblo se apartaba de Dios, enfrentaba la opresión de enemigos extranjeros como consecuencia de su desobediencia. Sin embargo, cuando clamaban a Dios en arrepentimiento, él levantaba jueces para liberarlos y restaurar la paz temporal en la tierra. Los israelitas, al igual que los seguidores de Moisés, necesitaban constantes señales y milagros para fortalecer su fe y recordarles la fidelidad de Dios hacia ellos. Estas manifestaciones sobrenaturales no estaban destinadas a evitar quebrantar su promesa inicial de seguir a Dios, sino más bien a reforzar y confirmar la fe que ya habían comprometido, en cumplimiento de los mandatos de la ley natural y moral.

La necesidad de señales y milagros en la vida de Israel subraya la importancia de la fe como un compromiso continuo y no simplemente como una declaración inicial. Dios, en su misericordia y paciencia, utilizó estos actos poderosos para recordar a su pueblo su deber de obediencia y su promesa de fidelidad. A través de estos episodios, también se destacó la necesidad de un liderazgo espiritual fuerte y constante, capaz de guiar al pueblo en tiempos de crisis y mantener la unidad en la fe y la moralidad. Este período de los Jueces no solo es una narrativa histórica en el Antiguo Testamento, sino también un recordatorio perenne de los desafíos y lecciones espirituales que enfrentan las comunidades religiosas cuando carecen de un liderazgo sólido y un compromiso constante con los mandamientos divinos.

Aunque el ejercicio del poder soberano parecía ausente, el derecho al gobierno supremo permanecía en el Sumo Sacerdote. La obediencia que se otorgaba a los Jueces, quienes eran seleccionados por Dios de manera extraordinaria para proteger a Israel de sus enemigos, no deslegitimaba el derecho del Sumo Sacerdote al poder soberano en asuntos de gobierno y religión. Ni los Jueces ni Samuel tuvieron una vocación ordinaria para gobernar; fueron elegidos de manera excepcional y eran obedecidos por los israelitas debido a la reverencia que sus actos inspiraban, demostrando sabiduría, valentía o éxito, como señales del favor divino.

En consecuencia, el derecho a regular tanto el gobierno como la religión era indivisible. La unidad del poder civil y eclesiástico en el Sumo Sacerdote reflejaba un sistema en el que ambos aspectos de la vida estaban intrínsecamente ligados, asegurando así una guía coherente y divina para el pueblo de Israel. Esta estructura se mantuvo hasta la llegada de Saúl, cuando el modelo de liderazgo comenzó a cambiar, pero el fundamento del poder dual del Sumo Sacerdote quedó establecido como el ideal de gobierno teocrático en la tradición israelita.

Transición de la Gobernanza en Israel: De Jueces a Reyes. Con el fin de la era de los Jueces, Israel experimentó un cambio significativo con la instauración de la monarquía, marcando un punto de inflexión en su estructura política y religiosa. Antes de este período, toda la autoridad en asuntos religiosos y gubernamentales recaía en el Sumo Sacerdote, quien actuaba como el representante terrenal de Dios ante el pueblo. Esta autoridad no solo era reconocida como un poder divino, sino que también estaba respaldada por un pacto especial entre los israelitas y Dios, establecido desde tiempos de Moisés y renovado a través de los profetas y jueces.

Sin embargo, con el advenimiento de los reyes en Israel, hubo una transferencia significativa de soberanía. La figura del rey no solo asumió el papel de líder político, sino que también adquirió autoridad sobre asuntos religiosos, transformando la estructura de gobierno y la dinámica de poder en la nación. Esta transición fue un cambio radical en la forma en que se ejercía la autoridad divina y humana en Israel. La monarquía, una institución establecida con el consentimiento de Dios y del pueblo, representó un nuevo modelo de gobierno en el que la autoridad no estaba centralizada únicamente en el Sumo Sacerdote, sino compartida o incluso predominante en la figura del rey. Este cambio reflejó una evolución en la comprensión del liderazgo y la gobernanza, adaptándose a las necesidades y desafíos cambiantes de la sociedad israelita en su relación con Dios y con otras naciones.

La soberanía del rey no anuló la autoridad religiosa del Sumo Sacerdote, pero sí redistribuyó el poder de manera que el liderazgo político y espiritual se entrelazaran en una sola figura. Esto implicó una nueva dinámica en la relación entre religión y gobierno, donde el rey no solo representaba la autoridad política sino también tenía un papel crucial en la administración de los asuntos sagrados y en la interpretación de la voluntad divina para la nación. Este cambio en la estructura política y religiosa de Israel sentó las bases para un período de consolidación nacional y expansión territorial bajo el liderazgo de figuras como Saúl, David y Salomón. Cada uno de estos reyes no solo ejerció el poder político, sino que también desempeñó un papel fundamental en la dirección espiritual y moral de la nación, influenciando profundamente la identidad y el destino de Israel como pueblo elegido por Dios.

El Pedido del Pueblo y el Consentimiento Divino. Cuando los israelitas solicitaron a Samuel un rey que los juzgara, expresaron un deseo profundo de cambiar su forma de gobierno, alejándose de la autoridad ejercida por el Sumo Sacerdote en nombre de Dios y optando por un liderazgo monárquico como el de las otras naciones. Este pedido marcó un punto crucial en la historia de Israel, donde la estructura de gobierno y la dinámica de poder se transformaron significativamente.

El deseo del pueblo de tener un rey terrenal implicaba un cambio radical en la forma en que entendían y practicaban la autoridad divina. En lugar de recibir instrucciones directas a través del Sumo Sacerdote como representante de Dios, ahora buscaban un líder humano visible y tangible que los guiara y gobernara en todos los aspectos de la vida política y religiosa.

Esta transición reflejó un cambio cultural y social profundo en la identidad nacional de Israel. Dios, en su respuesta a Samuel, reconoció la legitimidad de la demanda del pueblo, a pesar de que implicaba un rechazo aparente de su autoridad directa sobre ellos. Dios explicó que no era Samuel a quien rechazaban, sino a Él mismo como su gobernante supremo. Esta aceptación divina del deseo del pueblo de tener un rey señaló un nuevo capítulo en la relación entre Dios y su pueblo elegido, donde la soberanía humana y la voluntad divina se entrelazaban de una manera diferente a la que se había experimentado antes.

La institución de la monarquía en Israel no anuló la relación especial entre Dios y su pueblo, pero sí redirigió cómo se expresaba y se practicaba esa relación en la vida cotidiana. El rey no solo gobernaba políticamente, sino que también desempeñaba un papel crucial en la dirección espiritual y moral de la nación. Este líder no solo era un juez y un gobernante, sino también un símbolo de unidad nacional y unificador espiritual. El cambio hacia la monarquía también tuvo implicaciones teológicas y prácticas profundas para Israel. Marcó un paso hacia una forma de gobierno más centralizada y estructurada, que reflejaba las realidades políticas y militares de la época. Además, proporcionó una plataforma para el desarrollo de la teología política en Israel, explorando cómo la autoridad divina y la autoridad humana se interrelacionaban y coexistían en el contexto de una nación comprometida con seguir los caminos de Dios. En resumen, la solicitud de los israelitas de tener un rey como las otras naciones no solo alteró la estructura de gobierno en Israel, sino que también influyó en la forma en que entendían su relación con Dios y cómo se practicaba la fe en su vida cotidiana. Este cambio marcó un momento crucial en la historia de Israel, donde las dinámicas de poder y la expresión de la autoridad divina experimentaron una transformación significativa.

Redefinición de la Autoridad Sacerdotal. Al rechazar a Dios como su Rey y optar por un líder humano en forma de rey, los israelitas reconfiguraron drásticamente la estructura de autoridad en su nación. Este cambio significó que los sacerdotes perdieron la autoridad directa que tenían como representantes de Dios, quedando su poder limitado a lo que el rey decidiera reconocerles. Esta situación variaba considerablemente según la bondad o maldad de los reyes que gobernaban en ese momento. En el ámbito civil, el rey se convirtió en la figura central y suprema. Los israelitas buscaban que el rey no solo actuara como juez en sus disputas internas, sino que también liderara en tiempos de guerra, tal como se menciona explícitamente en 1 Samuel 8:20. Esto implicaba que el rey tenía autoridad plena tanto en tiempos de paz como en tiempos de conflicto, incluyendo la regulación de asuntos religiosos y la administración de la ley.

La elección de tener un rey significó que no había otra palabra de Dios aparte de la ley de Moisés para guiar la vida religiosa y civil del pueblo. La ley de Moisés, que abarcaba tanto aspectos religiosos como civiles, se convirtió en la base sobre la cual se estructuraba la vida y la práctica religiosa del pueblo de Israel bajo el reinado del rey. Esto consolidó aún más la autoridad del rey sobre todos los aspectos de la vida nacional, estableciéndolo como la figura central tanto política como espiritualmente.

El papel del rey en la ordenación de la religión era crucial, ya que determinaba qué prácticas religiosas serían seguidas y cómo se llevarían a cabo los rituales y sacrificios. Su autoridad se extendía sobre el clero y los sacerdotes, quienes dependían de su favor y apoyo para ejercer sus funciones dentro del contexto religioso nacional. Esta dinámica ilustra cómo la transición hacia una monarquía cambió fundamentalmente la dinámica de poder y la práctica religiosa en Israel. Además, la historia de Israel bajo la monarquía también mostró la interacción compleja entre la autoridad civil y religiosa. Los reyes no solo gobernaban en función de sus propios intereses y agendas políticas, sino que también tenían la responsabilidad de guiar espiritualmente a la nación y asegurar su alineación con la voluntad divina según la ley de Moisés. Esta dualidad de funciones y responsabilidades hizo del rey una figura central y multifacética en la vida nacional de Israel durante este período crucial de su historia.

Evidencias de la Supremacía Real en Asuntos Religiosos. En 1 Reyes 2:27, se menciona que Salomón destituyó a Abiatar del sacerdocio del Señor, demostrando que tenía autoridad sobre el Sumo Sacerdote como sobre cualquier otro súbdito. Este acto es una clara señal de supremacía en asuntos religiosos. Además, en 1 Reyes 8, Salomón dedicó el templo, bendijo al pueblo y pronunció una magnífica plegaria durante la consagración de todas las iglesias y casas de rezo, lo cual también es un signo destacado de supremacía en materia religiosa. En 2 Reyes 22, cuando se encontró el Libro de la Ley en el templo, el asunto no fue decidido por el Sumo Sacerdote sino por Josías, quien consultó a la profetisa Hulda, demostrando nuevamente la supremacía del rey en asuntos religiosos.

La Gobernanza de David y la Autoridad sobre Asuntos Espirituales. David nombró a Hashabías y a sus descendientes hebronitas como gobernadores de Israel en asuntos del Señor y al servicio del rey (1 Crónicas 26:30). Asimismo, designó a otros hebronitas como legisladores sobre varias tribus en todas las cuestiones pertinentes a Dios y a los negocios del rey (1 Crónicas 26:32). Este poder, que abarcaba tanto lo temporal como lo espiritual, demuestra una autoridad plena y unificada.

El Control de los Reyes sobre la Religión y el Estado. Desde la instauración del reino de Dios hasta el cautiverio, la supremacía religiosa residía en la misma mano que la soberanía civil. Después de la elección de Saúl, el cargo de sacerdote pasó a ser ministerial y no magistral. Aunque la gobernación en asuntos políticos y religiosos se unió primero en los Sumos Sacerdotes y luego en los Reyes, el pueblo no siempre comprendió esta unión. A menudo, los israelitas necesitaban ver grandes milagros o éxitos notables para confiar plenamente en sus gobernantes. Cuando los gobernantes no les agradaban, encontraban pretextos, ya fuera en la política o la religión, para cambiar el gobierno o rebelarse.

La Rebelión y las Turbulencias Civiles. Después de la muerte de Eleazar y Josué, las nuevas generaciones, que no habían presenciado los milagros del Señor, se sintieron libres de la obligación del pacto sacerdotal. Despreciaron el mandato del Sacerdote y la ley de Moisés, actuando según su propio criterio. Obedecían en asuntos civiles a quienes consideraban capaces de liberarlos de sus opresores, sin consultar a Dios, sino a hombres o mujeres que admiraban como profetas. Incluso, aunque tuvieran un ídolo en su capilla, si contaban con un levita como capellán, creían que adoraban al Dios de Israel.

La Institución de la Monarquía y la Persistencia de la Religión. Cuando los israelitas solicitaron un rey al estilo de otras naciones, no fue con la intención de abandonar la adoración a Dios, sino por desesperanza ante la justicia de los hijos de Samuel. Deseaban un rey que juzgara sus asuntos civiles, sin cambiar la religión enseñada por Moisés. Siempre encontraron pretextos, ya fueran de justicia o religión, para sacudir la obediencia cuando esperaban lograr sus objetivos. Samuel, a pesar de su disgusto, ungió a David como rey después de que Saúl no siguiera su consejo divino.

La Influencia de los Profetas. A lo largo de la historia de los Reyes de Judá e Israel, los profetas controlaban a los reyes, reprochándoles tanto por transgresiones religiosas como por errores políticos. Ejemplos notables incluyen a Josafat, reprendido por el profeta Jehú por aliarse con el rey de Israel contra los sirios, y Ezequías, reprochado por Isaías por mostrar sus tesoros a los embajadores de Babilonia. Aunque los reyes tenían autoridad sobre el Estado y la religión, su poder no era absoluto, sino que estaba condicionado a sus aptitudes naturales y éxitos.

El Cautiverio y la Supremacía Religiosa. Durante el cautiverio, los judíos no tuvieron un Estado propio. Tras su retorno, aunque renovaron su pacto con Dios, no prometieron obediencia a Esdras ni a ningún otro líder. Posteriormente, como súbditos de los griegos, su religión se corrompió por influencias externas. En esta confusión, no puede deducirse la supremacía en materia de religión y Estado.

En el Antiguo Testamento, se concluye que la soberanía del Estado entre los judíos incluía la autoridad suprema en la adoración externa de Dios, representando la persona de Dios. Esta autoridad se mantuvo hasta la llegada de Jesucristo, quien vino a redimir a la humanidad y conducirla a su reino eterno. Esto se explorará en el siguiente capítulo.

Capítulo XLI
Sobre la misión de nuestro alabado salvador

Tres Dimensiones de la Misión del Mesías. En la Sagrada Escritura, la misión del Mesías se desglosa en tres aspectos fundamentales: redentor, pastor y rey. Primero, el Mesías es redentor, salvador de la humanidad. En segundo lugar, actúa como pastor, consejero y maestro, enviado por Dios como profeta para guiar a aquellos elegidos para la salvación. Finalmente, la tercera misión es la de ser rey, un monarca eterno bajo la autoridad de su Padre, al igual que Moisés y los Sumos Sacerdotes en sus respectivas épocas. Cada una de estas misiones se corresponde con distintos momentos en la historia sagrada.

La Primera Venida: Redención y Sacrificio. La redención de la humanidad se cumplió en la primera venida del Mesías, cuando, a través de su sacrificio en la cruz, se ofreció a sí mismo por nuestros pecados. Este acto de sacrificio es el núcleo de la misión redentora, ya que cargó con nuestras iniquidades, tal como Dios había dispuesto. Aunque la muerte de un hombre, incluso sin pecado, no puede compensar en rigor todas las ofensas de la humanidad, Dios aceptó este sacrificio en su clemencia divina. En la Antigua Ley, como se narra en el Levítico 16, Dios ordenaba que los sacerdotes hicieran una reparación anual por los pecados de Israel, simbolizado por el sacrificio de un becerro y dos machos cabríos. Uno de los machos cabríos era sacrificado, mientras que el otro, el "chivo expiatorio", cargaba con los pecados del pueblo y era enviado al desierto. De manera similar, la muerte del Mesías se convirtió en el precio suficiente por los pecados de toda la humanidad.

Símbolos del Antiguo Testamento y el Sacrificio del Mesías. Las Escrituras del Antiguo Testamento contienen numerosos presagios del sacrificio del Mesías. Por ejemplo, en el sacrificio de Isaac y otros ritos, se anticipa la pasión de Cristo. En Isaías 53, se describe cómo el Mesías, angustiado y afligido, no abrió su boca, como un cordero llevado al matadero. Él soportó nuestras penas y cargó con nuestras iniquidades, simbolizando tanto al animal sacrificado como al que se pone en libertad. El Mesías es descrito como "cortado de la tierra de los vivientes" por la rebelión del pueblo, y al soportar nuestros pecados, es el chivo expiatorio que lleva las iniquidades del pueblo. Este paralelo con los dos machos cabríos del Levítico resalta la dualidad de su misión: sacrificado en la cruz y liberado en la Resurrección.

El Rey en Espera y el Reino Venidero. El que redime no tiene título sobre lo redimido hasta que el rescate es pagado. Por tanto, durante su vida terrenal, Jesús, en su condición humana, no ejerció la realeza sobre aquellos a quienes redimía. A pesar de no ser rey presente en ese momento, los fieles, a través del bautismo, se comprometían a reconocer su realeza bajo el Padre cuando Él decidiera asumir su Reino. Jesús mismo afirmó: "Mi reino no es de este mundo" (Juan 18:36), señalando que su reino comenzará tras la resurrección general, en un nuevo cielo y una nueva tierra. En Mateo 16:27, se menciona que el Hijo del Hombre vendrá en la gloria de su Padre con sus ángeles para recompensar a todos según sus obras, cumpliendo así su misión de rey en el mundo venidero.

Reconocimiento Temporal del Poder. Durante su ministerio, Jesús reconoció la autoridad de los escribas y fariseos en el sitial de Moisés (Mateo 23:2), y se abstuvo de ejercer juicio sobre los asuntos terrenales (Lucas 12:14; Juan 12:47). Aunque vino para ser rey y juez en el mundo futuro, en el presente su misión era salvar al mundo. San Juan aclara que todo juicio ha sido encomendado al Hijo por el Padre (Juan 5:22), pero esta autoridad plena se manifestará plenamente en su segunda venida.

El Juicio Futuro y la Segunda Venida. En la segunda venida de Cristo, cuando el Hijo del Hombre se siente en su trono de gloria, aquellos que lo han seguido también se sentarán en doce tronos para juzgar a las doce tribus de Israel (Mateo 19:28). Esta futura manifestación de su realeza y juicio subraya que, aunque Jesús ya posee toda la autoridad, su pleno ejercicio de la misma está reservado para el tiempo después del juicio final. En resumen, la misión del Mesías se despliega en tres dimensiones: como redentor en su primera venida, como pastor y maestro a lo largo del tiempo, y finalmente como rey eterno en el mundo venidero. Cada etapa de esta misión refleja su autoridad divina y su papel central en la salvación y redención de la humanidad.

La Primera Venida de Cristo y Su Propósito. Si Cristo, durante su vida terrenal, no ejerció un reinado visible, ¿cuál fue entonces el propósito de su primera venida? La respuesta se encuentra en la misión de restaurar, bajo un nuevo pacto con Dios, el reino que originalmente le pertenecía pero que fue destruido por la desobediencia de los israelitas con la elección de Saúl. Cristo vino a proclamar que Él era el Mesías prometido por los profetas, y a ofrecerse a sí mismo como sacrificio por los pecados de aquellos que, mediante la fe, se someterían a él. Si la nación en su conjunto lo rechazaba, su misión incluía llamar a la obediencia a los gentiles que creyeran en Él.

Predicación y Preparación. Durante su tiempo en la tierra, la misión de Jesús tuvo dos objetivos principales. Primero, se proclamó como el Cristo, el esperado rey de los judíos. Segundo, persuadió y preparó a las personas, a través de su enseñanza y milagros, para vivir de una manera que los hiciera dignos de la inmortalidad en el tiempo en que Él vendría en gloria para tomar posesión del reino de su Padre. Por esta razón, Jesús frecuentemente se refería a su período de predicación como la "regeneración", no como un reino en sí mismo, sino como una preparación para el reino de Dios que estaba por venir.

Obediencia a la Autoridad Terrenal. Jesús enseñó que, durante este tiempo de preparación, los fieles debían obedecer a las autoridades establecidas, como los que estaban en la cátedra de Moisés, y pagar tributo al César. Esto muestra que su misión no buscaba disminuir los derechos civiles de los judíos o del César, sino más bien preparar a sus seguidores para el reino venidero. Al enseñar a obedecer las leyes civiles y a reconocer la autoridad de los gobernantes, Jesús dejó claro que su reino no era de este mundo presente.

Conformidad con las Leyes Judías y Romanas. La predicación y los milagros de Jesús tenían el propósito de probar que Él era el Mesías, y en ningún momento violaron las leyes judías. Tanto los gobernantes como los gobernados en Israel esperaban al Mesías y el advenimiento del reino de Dios. La actuación de Jesús, por tanto, no contravenía las leyes judías, y su mensaje era coherente con la espera del Mesías. Incluso Pilato, al entregar a Jesús para ser crucificado, declaró que no encontraba falta en Él y no lo condenó por pretender ser rey, sino que simplemente lo tituló "Rey de los Judíos", rechazando cambiar esta sentencia a pesar de las presiones populares.

El Reino Futuro de Cristo. Respecto a la tercera parte de su misión, que es la de ser rey, esta no comenzará hasta después de la resurrección. En ese momento, Cristo será rey no solo como Dios, ya que siempre ha sido rey de toda la tierra por su omnipotencia, sino también de manera especial sobre sus elegidos, en virtud del pacto del bautismo. Por esto, Jesús dijo que sus apóstoles se sentarían en doce tronos y juzgarían a las doce tribus de Israel cuando el Hijo del Hombre esté en el trono de su gloria. Esto significa que Cristo reinará en su naturaleza humana y recompensará a cada uno según sus obras.

En Lucas 22:29-30, se confirma esta promesa: "Yo les concedo un reino, como mi Padre me ha concedido a mí, para que ustedes puedan comer y beber en mi mesa en mi reino, y sentarse sobre tronos, juzgando a las doce tribus de Israel". Este pasaje subraya la dimensión futura y celestial del reinado de Cristo, marcando el cumplimiento pleno de su misión en el mundo venidero. Así, de esta forma, la primera venida de Cristo tenía el objetivo de establecer un nuevo pacto con Dios, predicar que Él era el Mesías prometido y preparar a sus seguidores para el reino venidero. Su enseñanza y milagros demostraron su identidad como el Mesías, mientras que su respeto por la autoridad terrenal mostró que su reino no era de este mundo. La plenitud de su reinado y juicio se manifestará después de la resurrección, en el nuevo cielo y la nueva tierra, donde recompensará a cada uno según sus obras y gobernará como el Rey eterno sobre sus elegidos.

La Manifestación del Reino de Cristo. El pasaje que describe el reino de

Cristo revela que este reino, otorgado por su Padre, no se materializará hasta que el Hijo del Hombre venga en su gloria y haga a sus apóstoles jueces de las doce tribus de Israel. Sin embargo, surge una pregunta interesante: dado que no habrá matrimonios en el reino de los cielos, ¿qué tipo de comida se menciona en este pasaje? Jesús lo aclara en Juan 6:27: "No trabajen por la comida que perece, sino por aquella comida que permanece para vida eterna, la cual el Hijo del Hombre les dará". Comer en la mesa de Cristo significa, por tanto, participar del árbol de la vida, es decir, disfrutar de la inmortalidad en el reino del Hijo del Hombre. Estos y otros pasajes evidencian que el reino de Cristo será ejercido en su naturaleza humana. Además, Él será un representante de Dios Padre, de manera similar a como lo fueron Moisés en el desierto y los Sumos Sacerdotes antes de Saúl, y los Reyes después de él.

Cristo y Moisés: Paralelismos en su Misión. Una de las profecías sobre Cristo establece que Él será como Moisés: "Yo levantaré para ellos un profeta como tú de entre sus hermanos; pondré mis palabras en su boca" (Deuteronomio 18:18). Esta semejanza se refleja claramente en los actos de Jesús durante su vida terrenal. Así como Moisés escogió a doce príncipes de las tribus para gobernar bajo su autoridad, Jesús seleccionó a doce apóstoles que se sentarían en doce tronos para juzgar a las doce tribus de Israel. Asimismo, Moisés designó a setenta ancianos para recibir el Espíritu de Dios y profetizar, y de manera análoga, Jesús eligió a setenta discípulos para predicar sobre el reino y la salvación a todas las naciones. Cuando se criticó a algunos de estos setenta ancianos por profetizar en el campamento, Moisés los defendió, argumentando que su profecía servía a su gobierno. De igual modo, Jesús defendió a un hombre que expulsaba demonios en su nombre, afirmando: "No se lo impidan, porque el que no está contra nosotros, está a nuestro favor" (Lucas 9:50).

Los Sacramentos y la Continuidad de la Fe. Jesús también estableció dos sacramentos clave, en línea con las prácticas mosaicas: uno para la admisión en el reino de Dios y otro para conmemorar la liberación de sus elegidos de su estado de miseria. Antes de Moisés, los hijos de Israel tenían la circuncisión como sacramento de entrada al reino de Dios. Este rito, omitido durante el desierto, fue restaurado al llegar a la tierra prometida. Similarmente, antes de la llegada de Jesús, los judíos practicaban el bautismo para lavar a los gentiles que adoptaban la fe en el Dios de Israel. Juan el Bautista utilizó este rito para aquellos que se unían a Cristo, y Jesús lo instituyó como sacramento para todos sus creyentes. La Biblia no detalla el origen exacto del bautismo, pero es probable que derive de las leyes mosaicas sobre la lepra, donde un leproso, tras ser declarado limpio por el sacerdote, era admitido nuevamente en la comunidad mediante un lavado ceremonial. Este ritual puede haber inspirado el bautismo, simbolizando la purificación del pecado y la bienvenida a la iglesia con solemnidad.

El Bautismo y la Cena del Señor. El bautismo, como sacramento de entrada, puede haber tenido influencias adicionales de ceremonias gentiles, como el lavado ritual de aquellos considerados muertos y que regresaban a la vida. Sin embargo, es más plausible que Jesús adoptara esta práctica del lavatorio legal post-lepra, en lugar de un rito pagano. El segundo sacramento, la Cena del Señor, se inspira en la Pascua judía, donde el cordero pascual conmemora la liberación de Egipto. En la Eucaristía, la partición del pan y el vino recuerda nuestra liberación del pecado por la pasión de Cristo.

La Autoridad de Cristo como Representante de Dios. La autoridad de Cristo, al igual que la de Moisés, es subordinada a la de Dios Padre. Esta relación se destaca en la oración enseñada por Jesús: "Padre nuestro... venga tu reino... tuyo es el reino, el poder y la gloria". Esto subraya que Cristo vendrá en la gloria de su Padre y que su autoridad es derivada. San Pablo también lo afirma: "Entonces vendrá el fin, cuando él entregue el reino a Dios Padre" (1 Corintios 15:24).

Representación Divina y Unicidad en Dios. Jesús, tanto en su enseñanza como en su reinado, representa la persona de Dios, de la misma manera que Moisés. Aunque Dios se revela como Padre y comparte una misma sustancia, hay una pluralidad de personas en cuanto a sus representaciones: Moisés y Cristo. Esta pluralidad de representantes corresponde a la pluralidad de personas, aunque todos comparten una misma esencia divina. Podemos concluir, por lo tanto, que la misión de Cristo en su primera venida fue preparar a la humanidad para su reino venidero, estableciendo sacramentos que simbolizan la admisión y la conmemoración de la liberación espiritual, y actuando como un representante de Dios, mostrando un paralelismo con Moisés y asegurando la continuidad de la fe en la promesa divina.

Capítulo XLII

Sobre el poder eclesiástico y sacerdotal

Comprendiendo el Poder Eclesiástico. Para entender el poder eclesiástico, es crucial distinguir dos periodos clave en la historia del cristianismo: uno antes de la conversión de los reyes y autoridades civiles, y otro después de esta conversión. Durante mucho tiempo después de la Ascensión de Cristo, no hubo gobernantes que abrazaran y permitieran públicamente la enseñanza y práctica de la religión cristiana. Este contexto histórico es fundamental para comprender cómo se desarrolló y se estructuró la autoridad eclesiástica en sus primeras etapas.

El Poder Eclesiástico en los Primeros Tiempos. En el periodo inmediatamente posterior a la Ascensión, el poder eclesiástico residía en los Apóstoles. Ellos eran los encargados de predicar el Evangelio y convertir a los hombres al cristianismo, guiándolos hacia la salvación. Este poder no se extinguió con la muerte de los Apóstoles, sino que fue transferido a otros mediante un rito específico conocido como la imposición de manos. Esta ceremonia simboliza la transmisión del Espíritu Santo, o espíritu de Dios, a quienes eran ordenados como ministros de Dios, asegurando la continuidad de la misión de la Iglesia. La imposición de manos no era simplemente un gesto simbólico, sino una confirmación tangible de la encomienda de predicar a Cristo y enseñar su doctrina. Esta práctica se remonta a Moisés, quien realizó un acto similar con su asistente Josué. En Deuteronomio 34:9 se narra: "Y Josué, hijo de Nun, estaba lleno del espíritu de sabiduría porque Moisés había puesto sus manos sobre él". De manera similar, Jesús, entre su Resurrección y Ascensión, transfirió su espíritu a los Apóstoles primero soplando sobre ellos y diciendo "Recibid el Espíritu Santo" (Juan 20:22), y luego, tras su Ascensión, enviándoles el Espíritu Santo en forma de un viento poderoso y lenguas de fuego (Hechos 2:2-3).

La Continuidad del Poder Eclesiástico. La continuidad del poder eclesiástico en la Iglesia primitiva se aseguró a través de esta sucesión apostólica. Aquellos que recibieron el poder de los Apóstoles mediante la imposición de manos se convirtieron en los nuevos portadores de la autoridad espiritual. Este proceso garantizó que la doctrina y la misión de la Iglesia se mantuvieran intactas y se transmitieron de generación en generación. La sucesión apostólica no solo aseguró la continuidad de la misión eclesiástica, sino que también reforzó la legitimidad de la autoridad espiritual. La imposición de manos se consideraba una transmisión directa del Espíritu Santo, otorgando a los nuevos ministros la gracia y el poder necesarios para llevar a cabo su misión. Este ritual no era una mera formalidad, sino una expresión profunda de la continuidad de la fe y la autoridad desde Cristo, a través de los Apóstoles, hasta los líderes de la Iglesia.

La Representación Divina en Tres Personas. La representación de Dios en tres manifestaciones distintas se entiende mejor a través de esta sucesión apostólica. Así como Moisés y los Sumos Sacerdotes fueron representantes de Dios en el Antiguo Testamento, y Jesús mismo lo fue durante su tiempo en la tierra, el Espíritu Santo, a través de los Apóstoles y sus sucesores, continuó esta representación divina en la tarea de predicar y enseñar. Este concepto de representación múltiple es clave para la comprensión de la Trinidad en la teología cristiana. San Juan, en su primera carta (1 Juan 5:7), afirma: "Hay tres que dan testimonio en el cielo: el Padre, el Hijo y el Espíritu Santo; y estos tres son uno". Esta declaración no implica una contradicción, sino que se ajusta perfectamente al concepto de tres personas en una sola divinidad. Cada representación de Dios, ya sea a través de Moisés, Jesús o los Apóstoles, es una manifestación de la misma esencia divina. En este contexto, Dios Padre, representado por Moisés, es una persona; representado por su Hijo, es otra persona; y representado por los Apóstoles y los maestros que enseñan con la autoridad derivada de Él, es una tercera persona. Sin embargo, cada persona en este caso es la persona de un mismo Dios. Esta triple representación no divide la esencia divina, sino que la multiplica en su manifestación, permitiendo una comprensión más profunda y rica de la naturaleza de Dios y su interacción con el mundo.

La Autoridad de Moisés y la Institución de los Sacramentos. Moisés, como representante de Dios en el Antiguo Testamento, instituyó prácticas que prefiguraban los sacramentos del Nuevo Testamento. La imposición de manos que realizó sobre Josué no solo transmitió autoridad, sino que también simbolizó una continuidad espiritual. Esta práctica fue emulada por los Apóstoles, quienes utilizaron la imposición de manos para ordenar a nuevos ministros y extender la misión de la Iglesia. Además, la institución de los sacramentos en el cristianismo tiene paralelismos claros con las prácticas mosaicas. La circuncisión, como rito de admisión en el reino de Dios para los israelitas, encuentra su paralelo en el bautismo cristiano. Antes de la venida de Cristo, los judíos ya practicaban el bautismo como un rito de purificación para los gentiles que se convertían al judaísmo. San Juan Bautista utilizó este rito para preparar a los seguidores de Cristo, y Jesús lo instituyó como un sacramento esencial para todos los creyentes. Este bautismo no sólo simbolizaba la limpieza de los pecados, sino que también marcaba la entrada en la comunidad de fe, una nueva vida en Cristo.

La Eucaristía y la Liberación del Pecado. El sacramento de la Eucaristía, o la Cena del Señor, también tiene raíces en las prácticas del Antiguo Testamento. El cordero pascual, comido en conmemoración de la liberación de los judíos de la esclavitud en Egipto, es reflejado en la Eucaristía, donde el pan y el vino simbolizan el cuerpo y la sangre de Cristo. Este sacramento celebra la liberación del pecado a través del sacrificio de Cristo, recordando a los creyentes su redención y unión con Dios. En conclusión, respecto a esto, el poder eclesiástico se comprende mejor al considerar la transmisión de la autoridad divina a través de sucesivas generaciones, comenzando con los Apóstoles y continuando con aquellos que recibieron su encargo. Esta autoridad no solo mantiene la continuidad de la doctrina y la misión de la Iglesia, sino que también ilustra la representación de Dios en tres personas, un concepto central para la comprensión de la Trinidad y la naturaleza de la autoridad eclesiástica en el cristianismo Esta continuidad y representación múltiple aseguran que la misión de la Iglesia, desde sus inicios hasta la actualidad, se mantenga fiel a la enseñanza original de Cristo. A través de la sucesión apostólica y los sacramentos, la Iglesia no sólo preserva su autoridad espiritual, sino que también proporciona a los creyentes una conexión tangible y continúa con la gracia divina. Este entendimiento profundo de la autoridad eclesiástica y su desarrollo histórico fortalece la fe y la práctica cristiana, permitiendo una relación más rica y significativa con Dios.

El Significado de los Testimonios Divinos. Se podría cuestionar el propósito de estos tres testimonios distintos. Según San Juan (1 Juan 5:11), estos testimonios confirman que Dios nos ha otorgado vida eterna a través de su Hijo. Además, la manifestación de estos testimonios se explica porque Dios ha dado testimonio a través de los milagros realizados por Moisés, por su propio Hijo y finalmente por los Apóstoles, quienes fueron ungidos con el Espíritu Santo. Todos estos testigos representaron la persona de Dios en su tiempo, profetizando o predicando acerca de Jesucristo. El carácter del apostolado entre los doce primeros y principales Apóstoles residía en dar testimonio de la Resurrección de Cristo, como se detalla explícitamente en Hechos 1:21-22, cuando San Pedro habla de la elección de un nuevo Apóstol en lugar de Judas Iscariote. Pedro destacó que uno de aquellos que acompañaron a Jesús desde su bautismo por Juan hasta su ascensión debía ser testigo con ellos de su resurrección, lo que resalta la importancia del testimonio apostólico mencionado por San Juan.

La Trinidad de Testigos en la Tierra. En el mismo pasaje, se menciona otra trinidad de testigos en la tierra (1 Juan 5:8): el espíritu, el agua y la sangre, que coinciden en testimoniar las gracias del Espíritu de Dios y en los dos sacramentos, el bautismo y la Cena del Señor. Estos tres elementos convergen en un testimonio que asegura la vida eterna para los creyentes, como se afirma en el versículo 10: "El que cree en el Hijo de Dios tiene el testimonio en sí mismo". Aunque estos elementos no son la misma sustancia, juntos proporcionan un testimonio unificado.

La Trinidad en el Cielo y en la Tierra. La Trinidad celestial refiere a las personas de un mismo Dios, manifestado en diferentes épocas y contextos. Dios fue representado por Moisés, por su Hijo encarnado y por los Apóstoles. A través de estos representantes, Dios se reveló en diferentes momentos históricos y bajo diversas circunstancias, lo que subraya la continuidad y la coherencia de su testimonio a través del tiempo.

El Poder Eclesiástico y su Naturaleza. El poder eclesiástico fue conferido por Cristo a los Apóstoles, quienes fueron capacitados con el Espíritu Santo para ejercer este poder de manera efectiva. En el Nuevo Testamento, el Espíritu Santo es conocido como Paráclito, que significa "asistente" o "ayudante", aunque comúnmente se traduce como "consolador". Este poder eclesiástico, por lo tanto, no es coercitivo sino más bien instructivo y persuasivo en su naturaleza.

La Naturaleza del Poder Eclesiástico. El cardenal Belarmino, en su tercera Controversia general, aborda cuestiones cruciales sobre el poder eclesiástico del papa de Roma, distinguiendo entre monárquico, aristocrático y democrático. Cada una de estas formas implica un poder soberano y coercitivo. Sin embargo, si el poder conferido por nuestro Salvador no incluye coerción, sino la proclamación del reino de Cristo y la persuasión a someterse a él, entonces cualquier disputa sobre este poder sería en vano.

La Autoridad de los Ministros de Cristo. Como se expuso previamente, el reino de Dios no es de este mundo, por lo tanto, los ministros de Cristo no pueden exigir obediencia como los reyes terrenales. Jesús envió a sus Apóstoles para persuadir a los judíos de que regresaran y para invitar a los gentiles a recibir el reino de su Padre, no para gobernar en su nombre hasta el Juicio final.

La Regeneración y la Evangelización. El periodo entre la Ascensión y la Resurrección se considera una regeneración, una preparación para la segunda venida gloriosa de Cristo en el día del Juicio, como se menciona en Mateo 19:28 y Efesios 6:15. Este tiempo se asemeja a la pesca, la levadura y la siembra, metáforas que excluyen la violencia y destacan la persuasión en la labor de los ministros de Cristo, cuya tarea principal es evangelizar, es decir, proclamar a Cristo y preparar a la humanidad para su segunda venida.

El Poder de la Fe y la Convicción. La misión de los ministros de Cristo en el mundo es fomentar la fe en Cristo, que se basa en la certeza o probabilidad de argumentos racionales o basados en creencias preexistentes. Por lo tanto, los ministros de Cristo no tienen poder para castigar a quienes no creen o se oponen a sus enseñanzas. Sin embargo, si poseen autoridad civil, pueden legítimamente aplicar la ley contra cualquier resistencia. Estas reflexiones profundizan en la naturaleza del testimonio divino, el poder eclesiástico y la misión de los ministros de Cristo en la tierra, proporcionando una perspectiva ampliada y contemporánea sobre estos temas fundamentales del cristianismo.

La Autoridad de los Ministros de Cristo y la Obediencia Civil. Existe un argumento que cuestiona el derecho de los ministros de Cristo en el mundo contemporáneo para impartir órdenes, basado en la autoridad legítima que Cristo confirió a todos los príncipes, tanto cristianos como no cristianos. Según San Pablo (Colosenses 3:20), los hijos deben obedecer a sus padres en todo, porque esto agrada a Dios. Asimismo, en el versículo 22, se insta a los siervos a obedecer a sus amos en todas las cosas, no solo cuando están presentes y los observan, sino con sinceridad de corazón y por temor al Señor. Este mandato se aplica incluso a aquellos cuyos amos no son creyentes, subrayando la importancia universal de la obediencia en todas las circunstancias.

Obediencia a las Autoridades Temporales. San Pablo (Romanos 13:1-6) exhorte a los cristianos a someterse a las autoridades superiores, porque todo poder proviene de Dios y estamos sujetos a ellas no solo por temor a incurrir en la ira divina, sino también por convicción de conciencia. San Pedro (1 Pedro 2:13-15) también enfatiza la sumisión a toda institución humana, ya sea al rey como autoridad suprema o a los gobernadores enviados por él para castigar a los malhechores y elogiar a los que hacen el bien, porque esto es la voluntad de Dios. Aunque los príncipes y gobernantes a los que se refieren San Pedro y San Pablo eran no cristianos, se destaca aún más la obligación de obedecer a los líderes cristianos, a quienes Dios ha conferido autoridad sobre nosotros.

La Autoridad Civil y el Mandato Cristiano. Surge la pregunta: ¿Cómo podemos ser compelidos a obedecer a cualquier ministro de Cristo si nos ordena hacer algo que va en contra del mandato del rey u otro representante soberano del Estado al cual pertenecemos y del cual buscamos protección? Es evidente que Cristo no ha dejado a sus ministros en este mundo con la autoridad para mandar a otros hombres a menos que también estén investidos con autoridad civil.

La Fe y la Libertad de Conciencia. ¿Qué ocurre si un rey o Estado nos prohíben creer en Cristo? Tal prohibición carece de efecto, ya que la fe y la falta de fe no se determinan por los decretos humanos. La fe es un don de Dios que no puede ser otorgado ni suprimido mediante promesas o amenazas. Si nos ordenan profesar con palabras lo que no creemos en nuestro corazón, esta profesión externa es solo un símbolo y no compromete la verdadera fe cristiana, como lo muestra el ejemplo de Naamán (2 Reyes 5:17), quien se inclinó ante el ídolo Rimmon, pero mantuvo su fe en el Dios de Israel en su corazón.

La Coherencia con las Enseñanzas de Cristo. Cuando se plantea la objeción sobre negar a Cristo ante los hombres, podemos afirmar que cuando un súbdito obedece a su soberano en asuntos que no implican la negación interna de su fe, no está negando a Cristo, sino cumpliendo con las leyes de su país y obedeciendo a su gobernante.

Un Ejemplo de Libertad Religiosa y Civil. Para ilustrar esto, si un súbdito de un Estado cristiano cree en secreto en otra religión y su soberano le obliga bajo pena de muerte a asistir al servicio de una iglesia cristiana, ¿debería preferir la muerte antes que obedecer? Esta situación plantea la cuestión de la libertad religiosa y civil, subrayando la complejidad de obedecer las leyes civiles sin comprometer la conciencia religiosa, como lo enseñó Cristo. Esta exploración detallada revela las complejidades de la obediencia civil y la fe cristiana en un contexto moderno, reflejando las tensiones históricas entre las leyes humanas y las exigencias de la conciencia religiosa.

El Verdadero Significado del Martirio y la Misión de los Predicadores. ¿Acaso todos aquellos que han sacrificado sus vidas en nombre de Cristo, cuyas historias llenan las páginas de la Iglesia, lo hicieron en vano? Para responder a esta pregunta, es crucial diferenciar entre los mártires que fueron ejecutados por proclamar abiertamente el reino de Cristo y aquellos que simplemente defendieron su fe personal. Los primeros, condenados por testificar sobre la resurrección de Jesús, son verdaderos mártires. Según San Pedro (Hechos 1:21-22), un verdadero mártir es alguien que fue testigo ocular de la resurrección de Cristo, lo cual solo pueden afirmar aquellos que estuvieron con Él durante su ministerio terrenal y lo vieron resucitado. Es evidente que solo los discípulos originales de Cristo, como los mencionados por San Pedro, pueden ser verdaderos mártires en el sentido más puro de la palabra. Quienes no fueron testigos directos solo pueden atestiguar lo que otros dijeron, siendo así mártires secundarios o testigos de los testigos de Cristo.

La Importancia del Testimonio y la Verdad de Cristo. Morir por la creencia en que Jesús es el Cristo, quien redimió a la humanidad y traerá la salvación en su reino glorioso, es la única causa digna de tal sacrificio. No se compara con morir por doctrinas que benefician al clero o sirven a ambiciones humanas. Un mártir, por definición, es alguien que da testimonio de la verdad, ya sea con su vida o con su testimonio verbal.

El Mandato de Predicar y la Autoridad Civil. Nadie está llamado a ser mártir si no ha sido enviado a proclamar que Cristo vino en carne mortal. Los discípulos fueron enviados específicamente para convertir a los incrédulos, no simplemente para fortalecer las creencias de aquellos que ya eran creyentes. Cristo envió a sus apóstoles y discípulos con la autoridad de predicar, no de dominar. Como se registra en Mateo 10, fueron enviados a las ovejas perdidas de Israel para anunciar que el reino de Dios estaba cerca.

La Función Ministerial de los Predicadores. El papel de los predicadores es servir, no ejercer dominio. San Pablo, por ejemplo, argumentó con los judíos basándose en las Escrituras para demostrar que Jesús es el Cristo, el Rey resucitado. Sin embargo, enseñar que Jesús es el Cristo y que resucitó no implica desobedecer a las autoridades civiles actuales, sino más bien esperar su venida con paciencia y fe, mientras se sigue obedeciendo a los gobernantes terrenales. El verdadero martirio se fundamenta en el testimonio directo de la resurrección de Cristo y en la proclamación de su reino venidero. Aquellos que han sido llamados a esta tarea son los únicos que pueden ser considerados mártires de Cristo, dando testimonio incluso hasta la muerte, si es necesario. Este testimonio debe darse en conformidad con las leyes y autoridades establecidas, mostrando así la verdadera fidelidad al evangelio de Cristo.

El Significado Profundo del Bautismo y su Compromiso. Otro mandato esencial de la comisión de Cristo fue el de bautizar en el nombre del Padre, del Hijo y del Espíritu Santo. ¿Pero qué implica realmente el bautismo? Es la inmersión en el agua. Sin embargo, más allá del acto físico, ¿qué representa esta inmersión en nombre de algo? El bautismo simboliza una transformación profunda. La persona que es bautizada se sumerge y se lava, señalando que se convierte en un individuo renovado, un fiel súbdito del Dios cuya presencia fue representada en tiempos antiguos por figuras como Moisés y los Sumos Sacerdotes, quienes gobernaron sobre los judíos. Además, se identifica con Jesucristo, el Hijo de Dios y hombre que nos redimió. En su naturaleza humana, Cristo representa la persona de su Padre y su reino eterno después de la resurrección.

El bautismo también implica un compromiso con la doctrina de los Apóstoles. Ellos fueron comisionados y asistidos por el Espíritu del Padre y del Hijo, establecidos como guías seguros para conducirnos al reino celestial. Este compromiso se manifiesta en nuestra promesa durante el bautismo. Es crucial entender que este acto no establece una nueva autoridad sobre nuestras acciones externas en esta vida, sino que prometemos seguir la doctrina apostólica como nuestra guía hacia la vida eterna. San Pablo, en su epístola, subraya que toda autoridad terrenal no será derribada hasta el juicio final. Este pasaje confirma que en el bautismo no buscamos establecer otra autoridad para gobernar nuestras vidas terrenales, sino que nos comprometemos a seguir fielmente la enseñanza de los Apóstoles, quienes nos conducen hacia la salvación eterna.

El Poder de la Remisión y Retención de los Pecados: Un Compromiso Sagrado. El poder de remitir y retener los pecados, también conocido como el poder de liberación y obligación, así como las llaves del reino celestial, surge como una consecuencia directa de la capacidad para administrar o negar el sacramento del bautismo. El bautismo, por su parte, representa el sacramento de la alianza para aquellos que son admitidos en el reino de Dios, es decir, en la vida eterna y para la remisión de los pecados. La vida eterna, inicialmente perdida debido al pecado humano, se recupera mediante la remisión de los pecados. Por lo tanto, el objetivo principal del bautismo es precisamente la remisión de los pecados. Es por esto que San Pedro, al ser preguntado por aquellos que se convirtieron por su predicación en Pentecostés, aconsejó que se arrepintieran y fueran bautizados en el nombre de Jesús para la remisión de los pecados. El acto de bautizar implica declarar la recepción de los individuos en el reino de Dios, mientras que negarse a bautizar implica declarar su exclusión. Por lo tanto, se deduce que el poder de declarar a alguien liberado o retenido en el pecado fue otorgado a los Apóstoles y a sus sucesores.

Cuando Jesús sopló sobre ellos y les dijo: "Reciban el Espíritu Santo" (Juan 20:22), añadió inmediatamente después: "A aquellos a quienes ustedes perdonen los pecados, les son perdonados; a aquellos a quienes se los retengan, les son retenidos" (Juan 20:23). Estas palabras no otorgan una autoridad para perdonar o retener pecados de manera simple y absoluta, como lo hace Dios, quien conoce el corazón humano y la sinceridad de su arrepentimiento y conversión. Más bien, esta autoridad es condicional al arrepentimiento genuino del penitente. Si el arrepentimiento es fingido, sin la verdadera penitencia, entonces la absolución resulta nula y no tiene efecto para la salvación, sino que podría agravar los pecados. Por lo tanto, los Apóstoles y sus sucesores no tienen otra tarea que observar las señales externas de arrepentimiento. Cuando estas señales son genuinas, no tienen autoridad para denegar la absolución. Este poder es un compromiso sagrado que requiere discernimiento y responsabilidad para asegurar la verdadera reconciliación con Dios.

El Juicio y la Sentencia en la Iglesia Primitiva: Un Análisis Profundo. Un aspecto similar se observa con respecto al bautismo. Los Apóstoles no tenían la autoridad para negar o conceder el bautismo a un judío convertido o a un gentil impenitente. Sin embargo, dado que nadie puede discernir la verdad del arrepentimiento de otro hombre excepto por los signos externos derivados de sus palabras y acciones, que pueden ser sujetos a hipocresía, surge la pregunta crucial: ¿Quién puede ser el juez de tales señales? Nuestro Salvador mismo aborda esta cuestión: "Si tu hermano peca contra ti, ve y repréndele estando tú y él solos; si te oyere, has ganado a tu hermano. Pero si no te oyere, toma aún contigo uno o dos, para que en boca de dos o tres testigos conste toda palabra. Y si no oyere a ellos, dilo a la iglesia; y si no oyere a la iglesia, tenle por gentil y publicano" (Mateo 18:15-17). De esta manera, es evidente que el juicio sobre la verdad del arrepentimiento no recae en un individuo, sino en la Iglesia, es decir, en la congregación de los fieles o en aquellos que actúan como sus representantes.

Además del juicio, también es necesario pronunciar la sentencia. Este acto siempre corresponde a un Apóstol o a un pastor de la Iglesia, actuando como vocero. Jesús se refiere a esto en Mateo 18:18: "Todo lo que atéis en la tierra, será atado en el cielo; y todo lo que desatéis en la tierra, será desatado en el cielo". San Pablo practicaba esto claramente, como se ve en 1 Corintios 5:3-5: "Porque yo, ausente en cuerpo, pero presente en espíritu, ya he juzgado, como si estuviera presente, al que tal cosa ha hecho, en el nombre de nuestro Señor Jesucristo, reunidos ustedes y mi espíritu, con el poder de nuestro Señor Jesucristo, el tal sea entregado a Satanás para destrucción de la carne, a fin de que el espíritu sea salvo en el día del Señor". Aquí, Pablo pronuncia la sentencia después de que la asamblea escucha el caso y lo condena. En el mismo capítulo (versículos 11 y 12), el juicio en tales casos se atribuye expresamente a la asamblea: "Pero ahora os he escrito que no os juntéis con ninguno que, llamándose hermano, sea fornicario, o avaro, o idólatra, o maldiciente, o borracho, o ladrón; con el tal ni aun comáis. Porque ¿qué razón tendría yo para juzgar a los que están fuera? ¿Acaso ustedes no juzgan a los que están dentro?" Por lo tanto, la sentencia que expulsa a un hombre de la Iglesia es pronunciada por el Apóstol o el pastor, mientras que el juicio sobre el mérito del caso corresponde a la Iglesia, es decir, a la congregación de creyentes en la ciudad respectiva, como fue el caso en Corinto.

La Excomunión en la Antigüedad y su Significado en la Iglesia Primitiva. Esta faceta del poder de las llaves, que implicaba la expulsión del reino de Dios, se conoce como excomunión. Originalmente, excomulgar derivaba de la práctica judía de expulsar de la Sinagoga, es decir, apartar del lugar de culto divino a aquellos considerados contagiosos por su conducta o enseñanzas, de manera similar a cómo los leprosos eran excluidos de la congregación de Israel según la ley de Moisés, hasta ser declarados limpios por el sacerdote. El uso y efecto de la excomunión, antes de ser reforzado por el poder civil, implicaba principalmente que los no excomulgados debían evitar la compañía de los excomulgados. No bastaba con considerarlos paganos, como aquellos que nunca fueron cristianos, ya que con estos últimos se podía comer y beber, cosa que estaba prohibida con los excomulgados. Esto se refleja en las palabras de San Pablo (1 Corintios 5:9-10), donde prohíbe explícitamente acompañarse de fornicarios y otros pecadores, incluso si eran como hermanos: "con uno semejante no deben tener compañía, ni comer". Así lo estableció también nuestro Salvador al equiparar al excomulgado con un pagano o publicano (Mateo 18:17).

En cuanto a la expulsión de los excomulgados de las Sinagogas u otros lugares de reunión, no era una prerrogativa de la Iglesia sino del propietario del local, ya fuera cristiano o pagano. Dado que todos los espacios estaban bajo la jurisdicción del Estado, tanto los excomulgados como aquellos que nunca habían sido bautizados podían acceder a estos lugares con la autorización del magistrado civil. Un ejemplo notable es el caso de Pablo antes de su conversión, cuando entró en la Sinagoga de Damasco para arrestar a los cristianos por orden del Sumo Sacerdote, mostrando así que la autoridad civil prevalecía sobre las disposiciones de la comunidad religiosa. Este entendimiento arroja luz sobre el contexto histórico y legal en el cual se practicaba la excomunión en la Iglesia primitiva, destacando su naturaleza tanto espiritual como social dentro de la comunidad de creyentes.

Esto implica que para un cristiano que se convierta en apóstata en un entorno donde el poder civil no persigue ni apoya a la Iglesia, la excomunión carece de efecto tanto en términos de temor terrenal como de daño espiritual. No genera temor debido a su falta de fe ni causa perjuicio real, ya que este acto podría incluso recuperar el favor del mundo. Además, en la vida futura, aquellos excomulgados no estarían en una posición peor que aquellos que nunca creyeron. Más bien, el daño recae en la Iglesia misma, al provocar a aquellos que son expulsados y así darles mayor libertad para actuar maliciosamente.

Por lo tanto, la excomunión afecta únicamente a aquellos que realmente creen en la venida gloriosa de Jesucristo para juzgar a vivos y muertos, y que por ende comprenden que la entrada a su reino está condicionada al perdón de pecados, un perdón que la Iglesia retiene al excomulgar. Es por esto que San Pablo describe la excomunión como una entrega del excomulgado a Satanás, pues fuera del reino de Cristo, todos los demás dominios quedarán bajo el dominio de Satanás después del Juicio. Es este futuro estado de condenación lo que preocupa al creyente mientras está excomulgado, pues implica una situación sin perdón para sus pecados. De esto se deduce que en los tiempos en que la religión cristiana no era respaldada por el poder civil, la excomunión se utilizaba principalmente como una medida para corregir conductas, no opiniones. Era un castigo que afectaba solo a aquellos que creían en la venida futura de Cristo para juzgar al mundo, y para quienes la rectitud de vida era fundamental para la salvación, más allá de cualquier otra creencia.

La excomunión puede ocurrir por diversas razones. Por ejemplo, según Mateo 18:15-17, si un hermano ofende, primero se debe confrontar en privado, luego con testigos, y finalmente ante toda la Iglesia; si no se arrepiente, se le trata como a un pagano o un publicano. También se aplica la excomunión a aquellos con vidas escandalosas, como menciona 1 Corintios 5:11, donde se instruye a no comer con fornicarios, codiciosos, idólatras, ebrios o malos recaudadores que se hacen pasar por hermanos.

Sin embargo, excomulgar a alguien solo por diferencias de opinión en asuntos no fundamentales, sin afectar el núcleo de la fe cristiana, no tiene base escritural ni precedente apostólico. Aunque Tito 3:10 menciona el rechazo de un hereje después de dos advertencias, esto no implica excomunión directa, sino dejarle solo para que reflexione. Como dice Pablo en 2 Timoteo 2:23, se deben evitar las discusiones necias e ignorantes, lo cual se puede resolver sin recurrir a la excomunión.

Los textos como el de Tito 3:9 también advierten contra las disputas vanas, destinadas más como lección para los líderes como Timoteo y Tito, sin la intención de crear nuevos artículos de fe que dividan innecesariamente a la Iglesia. A pesar de las diferencias notables entre San Pedro y San Pablo, como se registra en Gálatas 1:11, nunca se excomulgaron mutuamente. Sin embargo, no todos los pastores siguieron este ejemplo; como Diótrefes, mencionado en 3 Juan 9, quien fue expulsado por su ambición desmedida, evidenciando la infiltración temprana de la vanagloria en la Iglesia de Cristo. Este entendimiento refleja cómo la excomunión, en su auténtico sentido bíblico, debe reservarse para cuestiones graves que afecten la integridad de la fe y la comunidad cristiana, no para diferencias menores que no comprometen los fundamentos esenciales de la doctrina cristiana.

Para que un hombre merezca la excomunión, deben cumplirse ciertos requisitos fundamentales: primero, debe ser miembro de una comunidad específica, es decir, de una asamblea legítima o de una Iglesia cristiana que tenga la autoridad para juzgar la causa que justifica su excomunión. Donde no hay comunidad, no puede haber excomunión, así como donde no hay poder para juzgar, no puede haber poder para dictar sentencia.

De esto se deduce que una Iglesia no puede excomulgar a otra, ya que, si ambas tienen igual poder para excomulgarse mutuamente, la excomunión se convierte en un acto de cisma y desintegración de la armonía, en lugar de una medida disciplinaria. Por otro lado, si una Iglesia está subordinada a otra, ambas forman una sola entidad, y la parte excomulgada deja de ser una Iglesia, convirtiéndose simplemente en un grupo disperso de individuos.

La excomunión trae consigo un mandato de evitar la compañía y el contacto con el excomulgado, incluso en el ámbito de compartir una comida. Sin embargo, si un príncipe o una asamblea soberana son excomulgados, esta sentencia pierde su eficacia. Los súbditos, por ley natural, están obligados a mantenerse en compañía de su soberano y no pueden legalmente excluirlo de ningún lugar dentro de su dominio, ni negarse a comer con él si se les concede ese honor. Otros príncipes y Estados, al no ser parte de la misma congregación, ya están separados de la entidad excomulgada por naturaleza política, y no necesitan una sentencia formal de excomunión para mantenerse separados, salvo en el caso de incitar conflictos.

Además, la excomunión de un súbdito cristiano que sigue las leyes de su soberano, sea cristiano o pagano, tampoco tiene efecto. Si este súbdito cree que Jesús es el Cristo, posee el espíritu de Dios y, por ende, vive en Dios, estando inmune al daño que pueda causar la excomunión humana. Así, un verdadero cristiano no está sujeto a excomunión; incluso quien profesa ser cristiano no puede ser excomulgado hasta que su hipocresía sea revelada a través de su conducta, que debe estar en desacuerdo con la ley del soberano para ser considerada ilegal por la Iglesia.

En el caso de que un padre, madre o dueño de un hombre sean excomulgados, no se prohibirá a sus hijos o esclavos estar en su compañía o comer con ellos, ya que esto podría dejarlos sin medios de sustento y autorizaría la desobediencia a sus superiores, contraviniendo las enseñanzas apostólicas. El poder de excomunión, por lo tanto, no puede extenderse más allá de su propósito original, que es guiar a los hombres hacia la salvación a través de la enseñanza y la dirección, no mediante coerción o mandato.

Un maestro, en cualquier disciplina, puede abandonar a su discípulo que se niega a seguir sus enseñanzas, pero no puede acusarlo de injusticia, ya que el discípulo nunca estuvo obligado a obedecer. Similarmente, un maestro de doctrina cristiana puede dejar a los discípulos que persisten en una vida anticristiana, sin poder decir que ellos están obrando mal con él, ya que no tienen la obligación de obedecerle. En este sentido, las palabras de Dios, "No te han rechazado a ti, sino a mí," son aplicables.

Por lo tanto, la excomunión que requiere la intervención del poder civil, como en el caso de un Estado o príncipe cristiano excomulgado por una autoridad extranjera, carece de efecto y, por ende, de terror. La frase "fulmen excommunicationis" (el rayo de la excomunión)[50] proviene de la imagen creada por el Obispo de Roma, quien la utilizó para simbolizar su autoridad, similar a como los paganos describían a Júpiter con un haz de rayos para someter a los gigantes que desafiaban su poder. Este simbolismo se basa en dos errores: primero, que el reino de Cristo es de este mundo, contrariamente a las palabras de Jesús, "Mi reino no es de este mundo"; y segundo, que el Papa es vicario de Cristo no sólo sobre sus propios súbditos, sino sobre todos los cristianos del mundo, lo cual no tiene base en las Escrituras y puede ser refutado.

Cuando San Pablo llegó a Tesalónica, donde había una sinagoga judía (Hechos 17:2-3), como era su costumbre, entró y durante tres sábados de-

---

50 En el ámbito eclesiástico, se denomina *fulminación* a la publicación de una excomunión. De esta forma, se ha utilizado la palabra fulminar para demostrar que las censuras y castigos de la iglesia son temibles y por eso se representaba con la figura de un rayo. Luego, también se han denominado así a la sentencia del obispo a quien el papa ordena la ejecución de las bulas (documentos sellados con plomo que tratan de asuntos tanto políticos como religiosos y lleva el sello papal, por lo que se conoce como "bula papal").

batió con ellos sobre las Escrituras. Les explicó y demostró que el Cristo debía sufrir y resucitar de entre los muertos, y que este Jesús que él predicaba era el Cristo. Las Escrituras mencionadas aquí son las del Antiguo Testamento, que tanto San Pablo como los judíos consideraban la palabra de Dios. A pesar de esto, algunos creyeron y otros no (Hechos 17:4-5). Si todos creían en las Escrituras, ¿por qué hubo división? ¿Por qué algunos aceptaron la interpretación de San Pablo y otros no?

La razón es que San Pablo llegó sin una autoridad legal para ordenar, su objetivo era persuadir. Para convencer a las personas, ya sea mediante milagros, como hizo Moisés en Egipto, demostrando su autoridad a través de las obras de Dios, o razonando a partir de las Escrituras, mostrando la veracidad de su doctrina en la palabra de Dios. Sin embargo, cuando uno intenta persuadir usando razonamientos basados en principios estrictos, convierte al oyente en juez del significado de esos principios y de la validez de las inferencias basadas en ellos. Si no eran los judíos de Tesalónica, ¿quién podía juzgar lo que San Pablo argumentaba a partir de las Escrituras? Si San Pablo era el juez, no habría necesitado citar pasajes para probar su doctrina, bastaría con decir: "Yo lo encuentro así en las Escrituras, en vuestras leyes, de las cuales soy un intérprete enviado por Cristo."

Por lo tanto, el intérprete de las Escrituras en Tesalónica no podía ser otro que el propio individuo, cada uno era libre de creer o no, basándose en lo que considerara admisible. En todos los casos, quien intenta probar algo convierte en juez de su prueba a quien dirige su discurso. Para los judíos, en particular, estaban obligados a seguir las decisiones de los sacerdotes y jueces de Israel en cuestiones difíciles (Deuteronomio 17). Sin embargo, esto se aplicaba a los judíos no convertidos.

En la conversión de los gentiles, no tenía sentido usar Escrituras en las que no creían. Los Apóstoles se basaban en la razón para refutar la idolatría y, una vez hecho esto, persuadían a los gentiles a la fe en Cristo mediante el testimonio de su vida y resurrección. Así, no había controversia sobre la autoridad para interpretar las Escrituras, ya que nadie estaba obligado, durante su falta de fe, a seguir ninguna interpretación específica de las Escrituras, excepto la dada por el soberano a las leyes de su país.

Al considerar la conversión, debemos entender qué obligaba a las personas. Los hombres se convertían simplemente a la creencia en lo que los Apóstoles predicaban, es decir, que Jesús era el Cristo, el rey que debía salvarlos y reinar eternamente en el mundo venidero. Por lo tanto, creían que Jesús no estaba muerto, sino que había resucitado y ascendido al cielo, para volver un día a juzgar al mundo y recompensar a cada uno según sus obras. Ningún Apóstol predicó que él o cualquier otro era un intérprete de las Escrituras cuya interpretación debía ser ley para todos los cristianos.

La interpretación de las leyes es parte de la administración de un reino efectivo y actual, que los Apóstoles no tenían. Rogaban entonces, y otros pastores desde entonces, diciendo: "Venga tu reino," exhortando a sus conversos a obedecer a sus respectivos príncipes nacionales. El Nuevo Testamento no estaba publicado como un cuerpo completo. Cada Evangelista interpretaba su propio Evangelio, y cada Apóstol, su propia Epístola. Jesús mismo dijo a los judíos (Juan 5:39): "Escudriñen las Escrituras, porque a ustedes les parece que tienen en ellas la vida eterna, y ellas son las que dan testimonio de mí." Si Jesús no hubiera pensado que deberían interpretarlas, no les habría pedido que adquirieran la convicción de su esencia como Cristo a través de las Escrituras. Cuando surgía alguna dificultad, los Apóstoles y ancianos de la Iglesia se reunían para determinar qué debía ser predicado y enseñado, y cómo interpretar las Escrituras, pero no privaban al pueblo de la libertad de leerlas e interpretarlas por sí mismos. Enviaban epístolas y otros escritos para la instrucción de las Iglesias, lo cual sería vano si no permitieran interpretarlas.

Esto continuó hasta que los reyes se convirtieron en pastores o los pastores en reyes. Hay dos sentidos en los cuales un escrito puede ser considerado canónico. "Canon" significa regla, y una regla es un precepto que guía y dirige una acción. Si estos preceptos son dados por un maestro a su discípulo, o por un consejero a su amigo, sin autoridad para forzar su cumplimiento, siguen siendo cánones porque son reglas. Pero cuando los da alguien a quien se está obligado a obedecer, entonces esos cánones no solo son reglas, sino leyes. Por lo tanto, la cuestión es quién tiene la autoridad para convertir las Escrituras, que son las reglas de la fe cristiana, en leyes.

Los primeros escritos de la Escritura que se establecieron como ley fueron los diez mandamientos, inscriptos en dos tablas de piedra entregadas directamente por Dios a Moisés, quien luego los presentó al pueblo. Antes de esta entrega, no existía una ley escrita por Dios, ya que Él no había elegido a ningún pueblo como su reino particular. En lugar de leyes escritas, los hombres seguían la ley natural, es decir, los preceptos de la razón natural que estaban inscritos en el corazón de cada ser humano.

La primera tabla de los mandamientos contiene la ley de la soberanía de Dios. En ella se establece que no se deben adorar ni honrar a los dioses de otras naciones: "No tendrás dioses ajenos delante de mí", prohibiendo así obedecer o reverenciar a cualquier otro dios que no sea el que habló en tiempos de Moisés y posteriormente a través del Sumo Sacerdote. También prohíbe hacer imágenes para representar a Dios, es decir, no crear representaciones de su figura, ya sea en el cielo o en la tierra, sino obedecer a Moisés y Aarón, quienes fueron designados para esa misión. Además, establece que no se debe tomar el nombre de Dios en vano, es decir, no hablar con ligereza del rey ni cuestionar su derecho o la misión de Moisés y Aarón. Por último, manda que cada séptimo día se debe descansar de las labores ordinarias y dedicar el tiempo al culto público de Dios.

La segunda tabla contiene los deberes de cada persona hacia los demás: honrar a los padres, no matar, no cometer adulterio, no robar, no dar falso testimonio y evitar cualquier tipo de daño a los otros. La cuestión que surge es: ¿quién dio a estas tablas escritas la fuerza obligatoria de leyes? No hay duda de que fueron hechas leyes por Dios mismo. Sin embargo, para que una ley sea obligatoria y reconocida como tal, debe ser aceptada como un acto del soberano. En este contexto, el pueblo de Israel aceptó obedecer todas las leyes propuestas por Moisés después de escuchar lo que Dios le decía en la montaña. Algunas de estas leyes eran naturales y reconocidas por todas las naciones, pero las específicas para los israelitas, como las de la primera tabla, requerían una aceptación explícita. El pueblo de Israel se comprometió a obedecer a Moisés diciendo: "Háblanos, y nosotros te oiremos, pero no permitas que Dios nos hable, pues moriremos" (Éxodo 20:19).

Moisés, y después de él el Sumo Sacerdote, fueron designados por Dios para administrar este reino peculiar suyo, y así convirtieron el Decálogo en la ley del Estado de Israel. Moisés y Aarón, junto con los Sumos Sacerdotes posteriores, actuaron como soberanos civiles, y, por tanto, la canonización o la instauración de la Escritura como ley correspondió al soberano civil.

Las leyes judiciales, prescritas por Dios a los magistrados de Israel para la administración de justicia, y las leyes levíticas, sobre los ritos y ceremonias de los sacerdotes y levitas, fueron entregadas por Moisés. Estas leyes se convirtieron en obligatorias en virtud de la promesa de obediencia a Moisés. Ya fueran escritas en ese momento o transmitidas verbalmente después de que Moisés permaneciera cuarenta días con Dios en la montaña, estas leyes fueron equivalentes a la Sagrada Escritura y se hicieron canónicas bajo la autoridad de Moisés.

Al llegar los israelitas a las llanuras de Moab, frente a Jericó, y estar a punto de entrar en la tierra prometida, Moisés agregó nuevas leyes a las anteriores, conocidas como Deuteronomio o "segundas leyes". Estas fueron palabras de un pacto adicional al hecho en Horeb (Deuteronomio 29:1). Moisés ordenó que estas leyes fueran escritas en grandes piedras pulimentadas al cruzar el Jordán y también escribió la ley en un libro, que entregó a los sacerdotes y ancianos de Israel (Deuteronomio 31:9). Esta ley debía ser puesta junto al arca, donde solo estaban los diez mandamientos. Moisés también ordenó a los reyes de Israel que tomaran una copia de esta ley (Deuteronomio 17:18). Esta ley, que se perdió durante un largo período, fue encontrada nuevamente en el templo durante el reinado de Josías, y fue reconocida como ley de Dios bajo su autorización. Tanto Moisés al escribirla como Josías al recuperarla actuaron con soberanía civil, por lo que el poder de hacer canónica la Escritura residía en el soberano civil en ambos casos.

Desde la época de Moisés hasta después del exilio, no hubo ningún otro libro aceptado entre los judíos como ley de Dios aparte del libro de la Ley. La mayoría de los profetas, con algunas excepciones, vivieron durante o poco antes del exilio. Sus profecías no fueron generalmente reconocidas como leyes, y muchos de ellos fueron perseguidos, ya sea por falsos profetas o por reyes influenciados por estos. Este libro de la Ley, que Josué confirmó como la ley de Dios, junto con toda la historia de las obras divinas, se perdió durante el cautiverio y el saqueo de Jerusalén, tal como se menciona en 2 Esdras 14:21: "Tu ley ha sido quemada, por consiguiente, nadie sabe las cosas que se hacen de ti, o las obras que comenzarán". Antes del exilio, en el periodo entre la pérdida de la Ley (que probablemente ocurrió durante el reinado de Roboam, cuando Shishak, rey de Egipto, saqueó el templo) y su redescubrimiento en tiempos de Josías, no existía palabra escrita de Dios. En su lugar, las personas vivían según su propia discreción o siguiendo las orientaciones de aquellos a quienes consideraban profetas.

De esto podemos inferir que las Escrituras del Antiguo Testamento, tal como las conocemos hoy, no fueron consideradas canónicas ni ley entre los judíos hasta la renovación de su pacto con Dios después del exilio, cuando su Estado fue restaurado bajo Esdras[51]. A partir de ese momento, estas escrituras fueron vistas como leyes judías y traducidas al griego por setenta ancianos de Judea, siendo colocadas en la biblioteca de Tolomeo de Alejandría y aprobadas como la palabra de Dios. Dado que Esdras era el Sumo Sacerdote y, por lo tanto, el soberano civil, queda claro que las Escrituras solo se convirtieron en ley a través del poder civil soberano.

Según los escritos de los Padres de la Iglesia que vivieron antes de que la religión cristiana fuera reconocida y autorizada por el Emperador Constantino, podemos inferir que los libros del Nuevo Testamento que tenemos hoy fueron considerados por los primeros cristianos como inspirados por el Espíritu Santo y, por lo tanto, como el canon o regla de fe. Esta reverencia hacia sus maestros era similar a la que los discípulos tienen hacia sus primeros instructores en cualquier doctrina. Así, cuando San Pablo escribió a las iglesias que él había convertido, o cuando cualquier apóstol o discípulo de Cristo escribió a sus seguidores, estos escritos fueron recibidos como la verdadera doctrina cristiana. Sin embargo, en ese tiempo, no fue el poder y la autoridad de los maestros lo que hizo canónicos sus escritos, sino la fe de los oyentes. Por tanto, no fueron los apóstoles quienes hicieron canónicos

51 Esdras (480-440 a.C.), también conocido como Esdras el escriba, fue quien reintrodujo la Torá a Jerusalén después de volver del cautiverio en Babilonia, según cuenta la Biblia hebrea.

sus propios escritos, sino cada converso quien los aceptó como tales para sí mismo.

La cuestión en debate no es qué convierte a un cristiano en ley o canon para sí mismo, sino qué hace que algo sea un canon tal que no pueda ser rechazado sin injusticia. El Nuevo Testamento no podría ser considerado canónico en este sentido, es decir, una ley, en cualquier lugar donde la ley del Estado no lo haya instituido como tal. Una ley es el mandato de aquel a quien se le ha dado autoridad soberana para legislar y castigar las acciones contrarias a ella. Si alguien propone reglas no prescritas por el legislador soberano, tales reglas son solo consejos y opiniones que pueden ser aceptadas o rechazadas sin injusticia, y no pueden ser observadas sin injusticia si contravienen las leyes establecidas.

Nuestro Salvador Jesucristo y sus apóstoles nos enseñaron a observar las leyes del Estado como una condición para ser admitidos en su reino eterno. Cristo y sus apóstoles no dejaron nuevas leyes obligatorias para este mundo, sino una doctrina que nos prepara para el siguiente. Por tanto, los libros del Nuevo Testamento, que contienen esta doctrina, no fueron cánones obligatorios hasta que la obediencia a ellos fue ordenada por aquellos con autoridad para legislar. De este modo, la escritura del Nuevo Testamento solo se convirtió en ley cuando el poder civil legítimo la reconoció como tal.

Jesucristo confió a sus apóstoles y discípulos la tarea de proclamar su reino venidero, enseñar a todas las naciones, bautizar a los creyentes y entrar en las casas de aquellos que los recibieran. Cuando no fueran recibidos, debían sacudir el polvo de sus pies, no invocar el fuego celeste para destruir, ni forzar la obediencia. Su misión no era hacer leyes, sino obedecer y enseñar la obediencia a las leyes existentes. Por lo tanto, no podían hacer canónicos sus escritos sin la ayuda del poder civil soberano. Así, el poder civil hacía de estos escritos una ley, sujeta a Dios y a su Hijo Jesucristo, al igual que lo hicieron los mismos apóstoles.

El Nuevo Testamento adquirió fuerza de ley para los cristianos en tiempos y lugares de persecución gracias a los decretos emanados de sus sínodos. Un ejemplo claro de esto se encuentra en Hechos 15:28, donde se menciona la asamblea de los Apóstoles, los ancianos y toda la Iglesia. En ese contexto, se expresa: "Pareció conveniente al Espíritu Santo y a nosotros, no imponeros un peso mayor que el de las cosas necesarias". Esta declaración sugiere que tenían la autoridad para imponer ciertas cargas a aquellos que habían aceptado su doctrina. Imponer una carga a alguien implica obligar, y, por lo tanto, los actos de ese concilio deberían haber sido considerados leyes para los cristianos de esa época.

Sin embargo, estos actos no eran más leyes que otros preceptos como: "Arrepentíos", "Sed bautizados", "Observad los mandamientos", "Creed en el Evangelio", "Venid a mí", "Vende todo lo que tienes, dalo a los pobres y sígueme". Estas frases son más bien exhortaciones y llamamientos a la cristiandad, similares a la invitación de Isaías 55:1: "Cada uno que esté sediento, venga a las aguas, venga y compre vino y leche, sin dinero". La misión de los Apóstoles, al igual que la de Jesús, era invitar a las personas a abrazar el reino de Dios, que ellos reconocían como un reino venidero. Al no tener un reino terrenal, no podían establecer leyes.

Además, si los actos del concilio fueran leyes, desobedecerlos sería pecado. Sin embargo, en ninguna parte se menciona que quienes no reconocen la doctrina de Cristo pequen por ello; más bien, se dice que mueren en pecado, es decir, no se les perdonan los pecados cometidos contra las leyes a las que debían obediencia. Estas leyes eran las de la naturaleza y las leyes civiles del Estado, a las que cada cristiano se había sometido por medio de un pacto. Por lo tanto, la "carga" que los Apóstoles podían imponer no eran leyes, sino condiciones para quienes buscaban la salvación, que podían aceptar o rechazar a su propio riesgo, sin incurrir en nuevos pecados, aunque no sin el peligro de ser condenados y excluidos del reino de Dios por sus pecados anteriores.

San Juan, por ejemplo, no dice que la ira de Dios caerá sobre los infieles, sino que permanecerá sobre ellos; no dice que serán condenados, sino que ya están condenados. No podemos entender el beneficio de la fe como la remisión de los pecados sin concebir también que la infidelidad retiene esos mismos pecados. Alguien podría preguntar para qué sirven entonces los sínodos y concilios, si nadie está obligado a observar sus decretos. La respuesta es que los Apóstoles y ancianos en estos concilios estaban obligados, por su participación en ellos, a enseñar la doctrina acordada, siempre que no contraviniera una ley previa a la que estuvieran obligados a obedecer. No obstante, esto no obligaba a todos los cristianos a seguir lo que ellos enseñaban. Si bien podían deliberar sobre lo que cada uno debía enseñar, no podían legislar sobre las acciones de otros a menos que su asamblea tuviera autoridad legislativa, algo reservado solo para los soberanos.

Considerando esto, los actos del concilio de los Apóstoles no eran leyes sino consejos, y mucho menos lo serían los actos de otros doctores o concilios reunidos sin la autorización del soberano civil. Por consiguiente, los libros del Nuevo Testamento, aunque sean la guía más perfecta de la doctrina cristiana, no pueden convertirse en leyes por ninguna otra autoridad que no sea la de los reyes o asambleas soberanas.

No está claro cuál fue el primer concilio que hizo canónicas las Escrituras que poseemos. La colección de cánones de los Apóstoles atribuida a Clemente, primer obispo de Roma después de San Pedro, es controvertida. Aunque los libros canónicos fueron compilados allí, la distinción entre clérigos y laicos contenida en sus palabras no era usual tan cerca de la época de San Pedro. El primer concilio conocido que estableció la Escritura canónica fue el de Laodicea, que en su canon 59 prohibía la lectura de otros libros en las iglesias. Este mandato no se dirigía a todos los cristianos, sino solo a los eclesiásticos que tenían la autoridad para leer en público.

En la época de los Apóstoles, los funcionarios eclesiásticos se dividían en magistrales y ministeriales. Los magistrales predicaban el Evangelio, administraban sacramentos y enseñaban la fe y las buenas costumbres. Los ministeriales, como los diáconos, atendían las necesidades seculares de la Iglesia, gestionando fondos comunes recaudados por contribuciones voluntarias. El principal cargo magistral era el de Apóstol. Al principio, solo hubo doce Apóstoles, elegidos e instituidos por Jesús, cuya misión incluía ser testigos de su resurrección. Este testimonio era esencial para el apostolado, y un Apóstol debía haber conocido a Jesús durante su ministerio terrenal. La elección de Matías como apóstol en lugar de Judas Iscariote es un ejemplo: fue elegido por la congregación y no por los once Apóstoles restantes, lo que demuestra que la ordenación de Apóstoles era un acto de la comunidad. Por lo tanto, la autoridad de los sínodos y concilios para imponer doctrinas dependía de su aceptación por los participantes y no tenía fuerza de ley para todos los cristianos a menos que fuera respaldada por el poder civil soberano. Los libros del Nuevo Testamento, aunque fundamentales para la doctrina cristiana, solo se convirtieron en leyes cuando fueron adoptados como tales por las autoridades civiles legítimas.

Tras la elección de Matías, ningún otro Apóstol fue designado, salvo Pablo y Bernabé, como se relata en Hechos 13:1-3. En la Iglesia de Antioquía, había ciertos profetas y maestros como Bernabé, Simeón llamado Niger, Lucio de Cirene, Manahén, que se había criado con Herodes el Tetrarca, y Saulo. Mientras estos ministraban y ayunaban, el Espíritu Santo dijo: "Apartadme a Bernabé y a Saulo para la obra a la que los he llamado". Tras ayunar, orar y ponerles las manos encima, los enviaron. Es evidente que, aunque fueron llamados por el Espíritu Santo, su vocación fue declarada y su misión autorizada por la Iglesia de Antioquía. Su nombramiento como Apóstoles se confirma en Hechos 14:14, y Pablo lo reafirma en Romanos 1:1, donde se describe como "apóstol apartado para el Evangelio de Dios", aludiendo a las palabras del Espíritu Santo. A pesar de no haber conocido a Jesús antes de su crucifixión, Pablo se encontró con Él en el camino a Damasco después de la Ascensión, convirtiéndose en un testigo legítimo de la resurrección. Bernabé, por otro lado, ya era discípulo antes de la pasión de Cristo. Así, Pablo y Bernabé fueron Apóstoles autorizados por la Iglesia de Antioquía, similar a cómo Matías fue elegido por la Iglesia de Jerusalén.

La palabra "obispo" proviene del griego "episkopos", que significa inspector o supervisor, y se utiliza para describir a pastores, reyes o líderes. Los Apóstoles fueron los primeros obispos cristianos, instituidos por Cristo mismo. El apostolado de Judas se denomina su "obispado" en Hechos 1:20. Posteriormente, se instituyeron ancianos en las iglesias cristianas para guiar el rebaño de Dios mediante doctrina y consejos, y estos ancianos también fueron llamados obispos. Timoteo, por ejemplo, era tanto anciano como obispo. En esa época, no había distinción entre los términos obispo, pastor, anciano y maestro, ya que todos se referían al mismo cargo.

Durante la época apostólica, no había un gobierno coercitivo, sino uno basado en la doctrina y la persuasión. El reino de Dios se esperaba en un futuro, por lo que no había autoridad para forzar a nadie a unirse a la Iglesia hasta que el Estado adoptó la fe cristiana. Por lo tanto, no existía una diversidad de autoridades, aunque sí había una variedad de cargos. Además de los cargos magistrales de Apóstoles, obispos, ancianos y doctores, cuya vocación era proclamar a Cristo y guiar a los creyentes, el Nuevo Testamento no menciona otros cargos. Los términos "evangelistas" y "profetas" se refieren a dones especiales que beneficiaban a la Iglesia, como los evangelistas que escribieron sobre la vida y actos de Jesús (San Mateo, San Juan, San Marcos y San Lucas) y los profetas que interpretaban el Antiguo Testamento y a veces revelaban mensajes especiales. Estos dones, al igual que el don de lenguas o la capacidad de expulsar demonios, no constituían cargos oficiales dentro de la Iglesia, salvo la vocación y elección para el cargo de enseñanza.

Al igual que Matías, Pablo y Bernabé, quienes no fueron designados directamente por nuestro Salvador, sino elegidos por la comunidad cristiana, es decir, por la asamblea de los creyentes, otros presbíteros y pastores en diversas ciudades también fueron elegidos por las congregaciones locales. Matías fue elegido por la Iglesia de Jerusalén, y Pablo y Bernabé por la Iglesia de Antioquía. Este patrón de elección comunitaria se replicó en otras ciudades.

Para ilustrarlo, observemos cómo San Pablo procedió en la ordenación de presbíteros en las ciudades donde convirtió a personas al cristianismo. Después de asumir su apostolado junto a Bernabé, leemos en Hechos 14:23 que "ordenaron ancianos en cada Iglesia". A primera vista, esto podría sugerir que Pablo y Bernabé seleccionaron y autorizaron directamente a estos ancianos. Sin embargo, al examinar el texto original, se revela que los ancianos fueron autorizados y elegidos por la asamblea de cristianos en cada ciudad. Las palabras griegas utilizadas son χειροτονήσαντες δὲ αὐτοῖς πρεσβυτέρους κατ' ἐκκλησίαν, que indican que la ordenación de los ancianos se realizaba mediante la imposición de manos en cada congregación.

La selección de magistrados y funcionarios en estas ciudades se hacía por mayoría de votos, y una forma común de distinguir los votos afirmativos de los negativos era mediante el levantamiento de manos. En algunas ciudades, esto se hacía con cuentas, guisantes o pequeñas piedras que se depositaban en vasijas marcadas para votos afirmativos o negativos. Así, la asamblea elegía a sus propios ancianos, mientras que los Apóstoles presidían la asamblea, organizaban la elección y consagraban al elegido. Quienes presidían estas asambleas, en ausencia de los Apóstoles, eran denominados "προεστῶτες" (proestotes) en griego, y "antistites" en latín, términos que se referían a la persona principal de la asamblea, responsable de contar los votos y declarar al elegido. Si los votos estaban empatados, el presidente decidía el resultado con su propio voto.

Cuando leemos en Tito 1:5, "Por esta causa te dejé en Creta, para que corrigieses lo deficiente y constituyeses ancianos en cada ciudad, como yo te mandé", entendemos que Tito debía convocar a los creyentes y ordenar presbíteros por mayoría de votos. Sería sorprendente que en una ciudad donde siempre se habían elegido magistrados en asambleas, los recién convertidos al cristianismo adoptaran un método diferente para elegir a sus maestros y guías, es decir, a sus presbíteros u obispos. La palabra "χειροτονήσαντες" en Hechos 14:23 confirma que el método de elección era por mayoría de votos.

Hasta que los emperadores no intervinieron para regular la elección de obispos y mantener la paz, todas las Iglesias elegían a sus presbíteros y obispos mediante la asamblea de los cristianos en cada ciudad.

En cuanto a la Elección de Obispos y la autoridad en la Iglesia Primitiva, reconocemos que la práctica de elegir obispos en Roma ha seguido un patrón constante hasta nuestros días. Si en algún lugar un obispo hubiera tenido el derecho de elegir a su sucesor para el oficio pastoral, especialmente en el lugar donde residió y murió, habríamos esperado que los obispos de Roma ejercieran ese derecho. Sin embargo, históricamente, ningún obispo de Roma ha designado a su sucesor. Durante mucho tiempo, los obispos de Roma fueron elegidos por el pueblo, como lo demuestra la disputa entre Dámaso y Ursicino, que causó tal tumulto que el prefecto Juvencio no pudo restaurar la paz y tuvo que abandonar la ciudad. En ese conflicto, más de un centenar de personas murieron en la iglesia misma. Con el tiempo, la elección pasó primero al clero de Roma y luego a los cardenales, pero nunca se permitió que un obispo designara a su sucesor.

Si los obispos de Roma no reclamaron el derecho de nombrar a sus sucesores, podemos deducir razonablemente que no tenían derecho a nombrar sucesores de otros obispos sin recibir un nuevo poder. Este poder no podía ser otorgado por la Iglesia misma, sino por una autoridad legítima con derecho no solo a enseñar, sino también a gobernar la Iglesia. Esa autoridad sólo podía ser el soberano civil.

Sobre el significado de "Ministro" en el Contexto Eclesiástico, vamos al inicio etimológico de la palabra "ministro" en griego, διάκονος (diakonos), que significa alguien que realiza voluntariamente tareas para otra persona. A diferencia de los sirvientes, que están obligados por su condición a obedecer, los ministros están obligados únicamente por la misión que se les ha asignado. Así, tanto los que enseñan la palabra de Dios como los que administran los asuntos seculares de la Iglesia son ministros, pero de diferentes personas. Los pastores de la Iglesia, llamados "ministros de la palabra" (Hechos 6:4), son ministros de Cristo. En contraste, el servicio de los diáconos, denominado "servicio de altar" (Hechos 6:2), es un servicio a la congregación. Un poco sobre los roles y las responsabilidades de los Diáconos. Aunque los diáconos servían a la congregación, también podían predicar el Evangelio y apoyar la doctrina de Cristo según sus dones, como lo hizo San Esteban. Felipe el diácono, por ejemplo, predicó en Samaria y bautizó al eunuco (Hechos 8:5), demostrando que los diáconos también tenían funciones significativas en la predicación y el bautismo.

Abordemos ahora la cuestión de la elección de Diáconos en la Iglesia Primitiva. La elección de los primeros diáconos no fue realizada por los Apóstoles sino por una congregación de discípulos de todas las clases sociales. En Hechos 6, se menciona que los Doce, al ver el aumento de discípulos, propusieron elegir siete varones de buen testimonio para servir. Aunque los Apóstoles confirmaron la elección, fue la congregación quien los eligió. Este proceso muestra claramente la participación activa de la comunidad en la elección de sus líderes.

La Tribu de Leví y el Sacerdocio en el Antiguo Testamento. En el Antiguo Testamento, sólo la tribu de Leví podía ejercer el sacerdocio y otros oficios eclesiásticos. El territorio fue dividido entre las otras tribus, pero a los levitas se les asignaron ciudades y el diezmo de los frutos de las tierras de sus hermanos para su sustento. Además, los sacerdotes recibían el diezmo del diezmo y parte de las ofrendas y sacrificios. Dios declaró a Aarón: "De la tierra de ellos no tendrás heredad, ni entre ellos tendrás parte: yo soy tu parte y tu heredad entre los hijos de Israel" (Números 18:20).

Si hablamos del derecho Civil y las primicias, dado que Dios era su Rey y Moisés, Aarón y los sumos sacerdotes eran sus representantes, el derecho a las primicias y ofrendas fue instituido por el poder civil. Los levitas, como ministros públicos de Dios, recibían su sustento de los diezmos y ofrendas, significando que su mantenimiento estaba basado en la herencia divina.

Contexto y Sustento de los Líderes Religiosos en la Historia. Tras ser rechazado por los judíos cuando solicitaron un rey, los levitas continuaron disfrutando de los mismos ingresos, pero esto se debió a que los reyes no les retiraron esos derechos. Los ingresos públicos siempre estuvieron bajo el control de la autoridad soberana, y hasta el cautiverio, esta autoridad era el rey. Incluso después del retorno del cautiverio, los judíos continuaron pagando sus diezmos a los sacerdotes como antes. Esto demuestra que los medios de vida de la Iglesia siempre fueron determinados por el poder civil.

En cuanto al mantenimiento de Jesús y sus Apóstoles, sabemos que el sustento de Jesús y sus apóstoles, leemos que tenían una bolsa administrada por Judas Iscariote; los apóstoles que eran pescadores seguían pescando para sustentarse, y cuando Jesús envió a los doce apóstoles a predicar, les instruyó no llevar oro, plata ni cobre en sus bolsas, ya que "el obrero es digno de su alimento". Esto indica que su sustento dependía de la generosidad voluntaria de quienes aceptaban su mensaje y se beneficiaban de su labor, sin que esto fuera incompatible con su misión de dar gratuitamente, ya que gratuitamente habían recibido. Además, se menciona que ciertas mujeres, como María Magdalena y Juana, esposa de Chuza, procurador de Herodes, así como Susana y muchas otras, apoyaban a Jesús y sus seguidores con sus bienes.

Sobre la comunidad y el sustento en la Iglesia primitiva, recordemos que después de la Ascensión de Jesús, los cristianos de cada ciudad vivían en comunión, compartiendo los ingresos de la venta de sus propiedades, los cuales se ponían a disposición de los apóstoles de manera voluntaria. San Pedro deja claro a Ananías que la contribución era voluntaria al decir: "¿No era tuya mientras la retenías? Y después de ser vendida, ¿no estaba en tu poder?". Esto evidencia que no había obligación de contribuir más allá de lo que cada persona deseaba dar.

Durante la época de los apóstoles y hasta después de Constantino el Grande, los obispos y pastores de la Iglesia cristiana dependían de las contribuciones voluntarias de los fieles. No se menciona el uso de diezmos en esos tiempos, pero durante el reinado de Constantino y sus sucesores, el afecto de los cristianos hacia sus pastores era tal que su posición era envidiable. Ammiano Marcelino describe cómo, debido a la liberalidad del rey y especialmente de las matronas, los obispos vivían de manera opulenta, viajaban en carrozas y ostentaban una gran riqueza.

En relación con la obligación del Sostenimiento de los Pastores, es necesario recordar que San Pablo en su primera carta a los Corintios (9:7) pregunta retóricamente: "¿Quién va a la guerra a sus propias expensas? ¿Quién planta una viña y no come de su fruto? ¿O quién apacienta un rebaño y no bebe de la leche del rebaño?". Con esto, Pablo establece que los pastores de la Iglesia deben ser sostenidos por su congregación. Sin embargo, esto no implica que los pastores deban fijar sus propios salarios; más bien, sus ingresos deben depender de la generosidad individual de los miembros de la congregación o de la congregación en su conjunto.

Dado que las contribuciones eran voluntarias y no había una autoridad civil que impusiera leyes al respecto, los pastores sólo podían tomar lo que se les ofrecía voluntariamente. Antes de que los emperadores y soberanos establecieran leyes, los pastores dependían de la generosidad de sus feligreses.

Si hacemos una comparación con el Sistema Levítico, en la ley de Moisés, los levitas y sacerdotes vivían de los diezmos y ofrendas. Moisés y los sumos sacerdotes eran soberanos civiles bajo Dios, y el reino de Dios entre los judíos era tangible y presente. Sin embargo, en el cristianismo, el reino de Dios todavía está por venir, lo que significa que los pastores cristianos no podían reclamar el derecho a los diezmos de la misma manera que los levitas. En cuanto a los roles y la Autoridad de los Pastores, hemos explicado que los pastores de la Iglesia tienen la responsabilidad de predicar, enseñar, bautizar y presidir sus congregaciones. La censura eclesiástica, o excomunión, implica la separación de los cristianos prohibidos por las leyes civiles y la expulsión de las congregaciones donde el cristianismo es permitido. Los pastores y ministros eran elegidos por la congregación y consagrados y bendecidos por otros pastores. Sus ingresos provenían de sus propias posesiones, su trabajo y las contribuciones voluntarias de los fieles. Finalmente, es importante considerar el papel de aquellos soberanos civiles que también abrazaron la fe cristiana y cómo influían en la misión y el sostenimiento de la Iglesia.

Ahora, realicemos un breve análisis sobre el Poder Civil y las Doctrinas Religiosas. Es fundamental recordar que, en todos los Estados, el derecho de determinar qué doctrinas son apropiadas para la paz y la educación de los ciudadanos está inherentemente ligado al poder civil soberano, ya sea este ejercido por una persona o una asamblea. Esta autoridad es inseparable del gobierno. Las acciones de las personas están basadas en sus opiniones sobre lo que consideran bueno o malo, y si creen que obedecer al poder soberano les traerá más perjuicios que beneficios, optarán por desobedecer las leyes. Esto puede llevar a la desintegración del Estado y provocar confusión y guerras civiles, situaciones que cualquier gobierno busca evitar. Por ello, en los Estados paganos, los soberanos eran llamados "pastores del pueblo", ya que nadie podía enseñar legalmente sin su permiso y autorización.

El Rol de los Reyes Paganos y su Conversión al cristianismo, es evidente que el poder que los reyes paganos tenían para decidir sobre las enseñanzas religiosas no se perdió con su conversión al cristianismo. Cristo no ordenó que los reyes debieran ser depuestos por creer en él; al contrario, su autoridad para mantener la paz y defender a sus súbditos contra enemigos externos seguía siendo esencial. Por lo tanto, los reyes cristianos continuaron siendo los pastores supremos de sus pueblos, con el poder de nombrar a los pastores que consideraran adecuados para enseñar en la iglesia y guiar a sus ciudadanos.

En referencia a la Autoridad de la Iglesia y el Soberano Civil, sabemos que incluso si asumimos que antes de la conversión de los reyes, la elección de pastores recaía en la Iglesia, como ocurría en tiempos de los apóstoles, este derecho pasó al soberano civil cristiano. Esto se debe a que, como cristiano, el soberano permite la enseñanza, y como autoridad máxima (representando a la Iglesia), los maestros que elige son elegidos en nombre de la Iglesia. Cuando una asamblea de cristianos en un Estado cristiano escoge a su pastor, en realidad es el soberano quien lo elige, ya que esta elección se hace bajo su autorización, similar a cómo una ciudad elige a su alcalde bajo el consentimiento del poder soberano. Por lo tanto, cualquier elección de pastores realizada por el pueblo o el clero se hace bajo la autoridad del soberano civil.

En cuanto a la Institución de Pastores en el Estado Cristiano, es necesario tener en cuenta que, en un Estado cristiano, el soberano civil es el pastor supremo encargado de cuidar de todos sus súbditos. Todos los demás pastores son instituidos bajo su autoridad y obtienen su derecho a enseñar, predicar y realizar otras funciones pastorales del soberano civil. Estos pastores actúan como ministros del soberano, similar a los magistrados, jueces y comandantes militares que sirven al Estado. La razón de esto es que los súbditos que son enseñados pertenecen al soberano.

Sobre la autoridad de la Enseñanza y la Designación de Pastores, debemos comentar que, si un rey cristiano confiere la autoridad de nombrar pastores a otro rey, como en el caso de reyes cristianos que asignaron esta potestad al Papa, el rey no se convierte en pastor de sí mismo ni en un pastor soberano sobre su pueblo. Esto se debe a que, al hacerlo, el rey perdería su poder civil, que depende de la percepción de los súbditos sobre su obligación hacia él y del miedo al castigo en el más allá. Esta percepción está influenciada por la habilidad y lealtad de los doctores, quienes también pueden ser ambiciosos e ignorantes.

En cuanto a la Influencia de Extranjeros y la Protección del Soberano, cuando un extraño tiene la potestad de designar maestros, se le otorga esta autoridad por el soberano en cuyo dominio enseñan. Los doctores cristianos son nuestros guías en cuestiones de fe, pero los reyes, como cabezas de familia, pueden aceptar maestros para sus súbditos por recomendación, no por orden de un extranjero. Especialmente cuando una mala enseñanza podría beneficiar a quien la recomienda. Los reyes no están obligados a mantener a estos maestros más allá del tiempo necesario para el bien público y siempre han mantenido el control sobre este aspecto de su soberanía, al igual que con otros elementos esenciales del derecho soberano. Este análisis subraya la importancia de la relación entre el poder civil y la autoridad religiosa, destacando cómo los soberanos han mantenido y ejercido su control sobre la enseñanza y la guía espiritual de sus súbditos a lo largo de la historia.

Sobre la Autoridad del Soberano y su Relación con las Funciones Espirituales, podemos decir que cuando un pastor es cuestionado en el ejercicio de sus deberes, como los Sumos Sacerdotes y ancianos del pueblo cuestionaron a nuestro Salvador diciendo: "¿Con qué autoridad haces estas cosas, y quién te dio esta autorización?", su respuesta debe radicar en la autoridad conferida por el Estado, ya sea por el rey o por una asamblea representativa del mismo. Todos los pastores, excepto el supremo, actúan en cumplimiento del derecho que emana de la autoridad del soberano civil, es decir, *jure civili*. En contraste, el rey y otros soberanos ejercen su misión como divinos pastores por la autoridad directa de Dios, es decir, jure divino. Por lo tanto, solo los reyes pueden incluir entre sus títulos, como un signo de su sumisión a Dios, la frase "Dei gratia Rex, etc.". Por otro lado, los obispos deben comenzar sus mandatos con la declaración: "Por la gracia de la Majestad Real, Obispo de tal diócesis", o en su rol como ministros civiles: "En nombre de su Majestad". El uso de "Divina providentia", que equivale a "Dei gratia", implica negar, de manera velada, que su autoridad proviene del Estado civil, lo cual despojaría subrepticiamente la esencia de su sujeción civil, en detrimento de la unidad y defensa del Estado.

Indaguemos ahora en la autoridad para administrar sacramentos y su implementación. Si bien todo soberano cristiano es el pastor supremo de sus súbditos, surge la cuestión de si tienen la autoridad no solo para predicar, lo cual es indiscutible, sino también para administrar sacramentos como el bautismo y la Eucaristía, y para consagrar templos y pastores para el servicio de Dios. Esta autoridad es a menudo cuestionada debido a que los soberanos rara vez se involucran en estos ritos, que tradicionalmente requieren la imposición de manos por aquellos ordenados para tales ministerios desde los tiempos de los Apóstoles. Para afirmar que los reyes cristianos poseen la potestad de administrar sacramentos, es necesario explorar las razones por las cuales se abstienen de hacerlo y cómo podrían, sin seguir el protocolo de imposición de manos, ejercer dicha autoridad si lo desearan.

En cuanto a la función principal del soberano y las misiones delegadas, es evidente que un rey, si estuviera versado en ciencias, podría enseñar por sí mismo, tal como otros están autorizados a hacerlo en universidades. Sin embargo, debido a la carga de asuntos estatales que demanda su atención constante, no sería práctico que se dedicara personalmente a estas labores. Del mismo modo, un rey puede participar en juicios, escuchar y emitir fallos, así como autorizar a otros para que actúen en su nombre. Las responsabilidades que conlleva el gobierno lo obligan a delegar las funciones ministeriales a subordinados adecuados.

Abordemos ahora los ejemplos de Jesús y San Pablo en la Administración Sacramental. Nuestro Salvador, quien indudablemente tenía el poder de administrar el bautismo, no lo realizó personalmente, sino que encomendó esta tarea a sus apóstoles y discípulos. De manera similar, San Pablo, debido a la necesidad de predicar en diversos lugares distantes, administró el bautismo a unos pocos, como Crispo, Cayo y Esteban, entre los corintios. Esto refleja que la función principal, como el gobierno de la Iglesia, implica una dispensación de deberes menos prioritarios. La razón por la cual los reyes cristianos raramente administran sacramentos como el bautismo es evidente y refleja la misma razón por la cual actualmente pocos son bautizados por obispos e incluso menos por el Papa.

Si hablamos ahora de la importancia de la imposición de manos en el contexto religioso, debemos recalcar que la imposición de manos, una ceremonia ancestral entre los judíos, se utilizaba para designar y precisar personas u objetos en actos como bendiciones, consagraciones o condenas. Por ejemplo, Jacob bendijo a los hijos de José colocando su mano derecha sobre Efraín y la izquierda sobre Manasés, indicando así quién recibiría la bendición primordial (Gn 48:14). Del mismo modo, Aarón, al ofrecer sacrificios, ponía sus manos sobre los animales (Ex 29:10), y Moisés consagró a Josué como capitán de Israel imponiéndole las manos (Nm 27:23). Esta práctica también se observó en la consagración de los Levitas (Nm 8:10) y en casos de condena pública (Lv 24:14).

Sobre la continuidad de la ceremonia en el Nuevo Testamento, podemos decir que, en tiempos de Jesús, esta ceremonia no era ajena. Jairo pidió que Jesús impusiera las manos sobre su hija enferma para sanarla (Mr 5:23), y se trajo a niños pequeños para que Jesús también impusiera sus manos sobre ellos (Mt 19:13). En el Nuevo Testamento, los Apóstoles y presbíteros continuaron esta práctica al ordenar a nuevos líderes religiosos, buscando que recibieran el Espíritu Santo (Hch 6:6; 8:17). Esta imposición de manos no solo simbolizaba la investidura en un cargo, sino también la recepción de las gracias necesarias para el ministerio pastoral.

En cuanto a la autoridad para el bautismo y la consagración, se plantea la cuestión de si la imposición de manos es necesaria para autorizar a un rey a administrar sacramentos como el bautismo y la consagración. Históricamente, antes del cristianismo, los soberanos tenían la autoridad para enseñar y nombrar maestros. El advenimiento del cristianismo no les otorgó nuevos derechos, sino que los guio hacia la verdad y el buen uso de su autoridad. Por lo tanto, la imposición de manos en estos contextos, además de la realizada en el bautismo, no es necesaria para autorizar a los soberanos a ejercer funciones pastorales como el bautismo y la consagración.

Abordemos el ejemplo de Salomón y la soberanía eclesiástica. En el Antiguo Testamento, vemos que Salomón no solo ejerció la potestad de gobierno sino también funciones eclesiásticas como la consagración del templo y la bendición del pueblo (1 R 8). Este ejemplo demuestra que la soberanía no solo residía en los sacerdotes, sino que los reyes también podían desempeñar roles importantes en la vida religiosa de su pueblo. En resumen, la imposición de manos, una práctica arraigada desde tiempos antiguos, sigue siendo relevante en la tradición cristiana para designar y autorizar a los líderes religiosos. Sin embargo, en el contexto de la autoridad real, especialmente después de la adopción del cristianismo, esta ceremonia no es requerida adicionalmente para facultar a los soberanos a administrar sacramentos clave. La historia bíblica y las prácticas actuales ofrecen una visión clara de cómo esta ceremonia ha evolucionado y sigue siendo significativa en la vida espiritual y eclesiástica.

Ahora profundizaremos un poco en la autoridad de los soberanos cristianos en la gobernanza política y eclesiástica. La conjunción del poder político y eclesiástico en los soberanos cristianos les confiere una autoridad amplia sobre sus súbditos en todos los aspectos de la vida pública y religiosa. Tienen la capacidad de promulgar leyes que consideren adecuadas tanto para la gobernanza política como para los asuntos de la Iglesia, ya que ambas esferas están integradas por los mismos individuos. Los soberanos pueden delegar la autoridad religiosa al Papa, como hacen muchos reyes cristianos en la actualidad. Sin embargo, en este arreglo, el Papa actúa subordinado al soberano civil, ejerciendo su autoridad por derecho civil (jure civili) y no por derecho divino (jure divino). Por lo tanto, pueden revocar esta delegación si lo consideran necesario para el bienestar de sus súbditos. Además, tienen la facultad de confiar el cuidado de la religión a un líder supremo o a una asamblea de pastores, otorgándoles la potestad sobre la Iglesia según lo consideren conveniente. También pueden establecer títulos honoríficos como obispos, arzobispos, sacerdotes y presbíteros, y legislar para su mantenimiento mediante diezmos u otras disposiciones legales, guiados por su conciencia, que solo Dios puede juzgar.

Es responsabilidad del soberano civil designar jueces e intérpretes de las escrituras canónicas, ya que son ellos quienes convierten estas escrituras en leyes. Además, tienen la autoridad para respaldar las excomuniones, asegurando así su eficacia en el intento de disciplinar a los infractores y reintegrarlos a la comunidad eclesiástica.

En resumen, los soberanos cristianos poseen autoridad suprema en todas las cuestiones, tanto eclesiásticas como civiles, que afectan a las acciones y declaraciones que las manifiestan. Solo en virtud de estas acciones alguien puede ser acusado, ya que lo que no puede ser objeto de acusación queda bajo la jurisdicción única de Dios, quien conoce los corazones humanos.

Estos derechos son inherentes a todos los soberanos, ya sean monarcas o cuerpos legislativos, pues representan a un pueblo cristiano que integra tanto la Iglesia como el Estado. A pesar de la claridad de estos principios en cuanto a la supremacía eclesiástica de los soberanos cristianos, la aspiración universal del Papa por este poder requiere un examen breve pero esencial de los fundamentos y la robustez de esta doctrina, como fue vigorosamente defendida por el cardenal Belarmino en su obra "De Summo Pontífice".[52]

Ahora, en cuanto a esta reflexión sobre las formas de gobierno y su aplicación en la iglesia, es importante destacar que dentro de los cinco tratados que abordó sobre este tema, el primero se dedica a tres cuestiones fundamentales. Primeramente, indaga cuál es la mejor forma de gobierno entre monarquía, aristocracia y democracia, pero no se inclina por ninguna de ellas exclusivamente, sino que aboga por una combinación de las tres. En segundo lugar, analiza cuál de estas formas es la más adecuada para gobernar la Iglesia, concluyendo también a favor de un modelo mixto, con un énfasis en la monarquía. La tercera cuestión aborda si San Pedro ocupó realmente un papel monárquico en este sistema mixto.

En cuanto a la primera conclusión, se ha demostrado suficientemente que todos los gobiernos a los cuales los hombres están obligados a obedecer son de naturaleza simple y absoluta. En la monarquía, específicamente, existe un solo individuo supremo; todos los demás que ejercen alguna forma de autoridad lo hacen por delegación de este monarca y en su nombre. Por otro lado, tanto en la aristocracia como en la democracia, una única asamblea suprema posee un poder equivalente al que un monarca ejercería en una soberanía absoluta y no mixta.

No se discute cuál de estas tres formas es la mejor cuando una de ellas ya está establecida. La forma de gobierno vigente debe ser siempre preferida, preservada y considerada la mejor, ya que alterarla iría en contra de la ley natural y de la ley divina positiva. Cualquiera que sea la mejor forma de gobierno, esto no altera la autoridad de un pastor, a menos que este tenga soberanía civil. La función de un pastor no es gobernar a los hombres mediante mandatos, sino enseñarles y persuadirles mediante argumentos, permitiéndoles decidir libremente si adoptan o rechazan la doctrina enseñada. En resumen, las formas de monarquía, aristocracia y democracia representan tres tipos de soberanía, no de pastores. Este enfoque es comparable a tres tipos de jefes de familia, no tres tipos de maestros escolares para sus discípulos. En consecuencia, la segunda conclusión sobre la mejor forma de gobierno para la Iglesia no afecta la discusión sobre la autoridad del Papa fuera de sus propios dominios. En todos los estados, si es que posee alguna autoridad, ésta se asemeja más a la de un maestro escolar que a la de un jefe de familia.

52 Roberto Francisco Berlarmino (1542-1621), fue un miembro de la compañía de Jesús, sacerdote, cardenal de la iglesia católica, arzobispo e inquisidor durante la época de la contrarreforma.

En relación con la tercera conclusión sobre si San Pedro fue una figura monárquica en la Iglesia, el Cardenal presenta como argumento central el pasaje de San Mateo (cap. 16, 18, 19): "Tú eres Pedro, y sobre esta piedra edificaré mi iglesia, etc. Y a ti daré las llaves del cielo; y todo lo que ates en la tierra será atado en el cielo, y lo que desates en la tierra será desatado en el cielo". Al examinar detenidamente este pasaje, se comprende que subraya un punto crucial: la Iglesia de Cristo se fundamenta en un solo principio, es decir, que Pedro, en nombre de todos los Apóstoles que profesaban, provocó que nuestro Salvador pronunciara estas palabras.

Es evidente que nuestro Salvador no enseñó nada diferente a través de sí mismo, Juan Bautista y los Apóstoles, excepto este artículo de fe: que Él era el Cristo. Todos los demás aspectos de la fe solo tienen sentido en relación con este fundamento. Juan comenzó su predicación (Mt. 3, 2) centrado únicamente en proclamar: "El reino de los cielos se ha acercado". Más tarde, nuestro Salvador mismo (Mt. 4, 17) predicó lo mismo. Y cuando envió a los doce Apóstoles en misión (Mt. 10, 7), no se menciona que enseñara ningún otro principio que este.

Este fue el principio fundamental que constituye el fundamento de la fe de la Iglesia. Cuando los Apóstoles volvieron a Él posteriormente, les preguntó a todos (Mt. 16, 13), no solo a Pedro: "¿Quién dicen los hombres que es el Hijo del hombre?". Respondieron que algunos decían que era Juan Bautista, otros Elías y otros Jeremías o uno de los profetas. Luego (ver. 15), Él les preguntó nuevamente (no solo a Pedro): "Y ustedes, ¿quién dicen que soy yo?". Fue entonces cuando Pedro habló en nombre de todos: "Tú eres el Cristo, el Hijo del Dios vivo". Este reconocimiento constituye el fundamento de la fe de toda la Iglesia, y a partir de esta declaración, el Salvador expresa: "Tú eres Pedro, y sobre esta roca edificaré mi iglesia". Es claro que la "roca fundamental" de la Iglesia se refiere al principio fundamental de la fe eclesiástica.

¿Entonces por qué, podría objetar alguien, nuestro Salvador añadió las palabras: "Tú eres Pedro"? Si el original de este texto hubiera sido traducido correctamente, la razón se habría entendido fácilmente. Recordemos que el apóstol Simón era conocido como "piedra" (que es el significado tanto de la palabra siriaca "cephas" como de la palabra griega "petrus"). Por lo tanto, después de la confesión de este principio fundamental, nuestro Salvador dijo: "Tú eres piedra, y sobre esta piedra edificaré mi Iglesia". Esto equivale a decir que este principio, "Yo soy Cristo", es el fundamento de toda la fe que se requiere para ser miembro de mi Iglesia. No se trata simplemente de un juego de palabras o de un nombre, sino de la base misma de la fe.

Hubiera sido extraño y confuso si nuestro Salvador, al querer edificar su Iglesia sobre la persona de San Pedro, hubiera dicho: "Tú eres una piedra, y sobre esta piedra edificaré mi Iglesia", cuando habría sido más claro decir directamente: "Edificaré mi Iglesia sobre ti". Sin embargo, siempre se alude al mismo significado detrás de este nombre.

En relación con las siguientes palabras: "Yo te daré las llaves del cielo, etc.", simplemente expresan lo que nuestro Salvador también prometió a todos sus discípulos (Mt. 18, 18): "Todo lo que atéis en la tierra quedará atado en el cielo, y todo lo que desatéis en la tierra quedará desatado en el cielo". Cualquiera que sea la interpretación que se dé a esto, es claro que la autoridad otorgada aquí pertenece a todos los líderes supremos, similar a como los soberanos civiles tienen dominio en sus respectivos territorios. De hecho, si nuestro Salvador o San Pedro hubieran convertido a alguien a creer en Él y reconocer su reino, como su reino es de este mundo, no habrían delegado el supremo cuidado de convertir a sus súbditos a nadie más que a sí mismos, o de lo contrario habrían privado de soberanía a aquellos a quienes se les ha unido inseparablemente el derecho de enseñar. No nos extendemos más sobre la refutación de su primer libro, en el cual intentaba demostrar que San Pedro había sido el monarca universal de la Iglesia, es decir, de todos los cristianos del mundo.

El segundo libro presenta dos conclusiones: primero, que San Pedro fue Obispo de Roma y murió allí; segundo, que los Papas de Roma son sus sucesores. Ambas conclusiones han sido debatidas por otros. Sin embargo, incluso si asumiéramos que son ciertas, si ser Obispo de Roma implicara ser el monarca de la Iglesia o su pastor supremo, entonces no sería Silvestre sino Constantino, el primer emperador cristiano, quien habría ocupado este rol. De hecho, como Constantino y todos los otros emperadores cristianos, por derecho, fueron los obispos supremos del Imperio Romano; del Imperio Romano, específicamente, no de toda la cristiandad, ya que otros soberanos cristianos tenían el mismo derecho en sus propios territorios, un atributo esencial inherente a la soberanía. Todo esto sirve como respuesta a su segundo libro.

En el tercer libro se aborda la cuestión de si el Papa es el Anticristo. Desde mi perspectiva, no veo ningún argumento que demuestre esto en el sentido en que la Escritura utiliza dicho término. No presentaría ningún argumento derivado de la cualidad de Anticristo para oponerme a la autoridad que ejerce o ejerció previamente en los dominios de cualquier otro príncipe o estado. Es evidente que los Profetas del Antiguo Testamento predijeron y los judíos esperaron al Mesías, es decir, a un Cristo que restauraría el reino de Dios entre ellos, rechazado en los tiempos de Samuel cuando exigieron un rey al igual que otras naciones. Esta expectativa judía los hizo susceptibles a la impostura de algunos que ambicionaban ese dominio real y "el arte de engañar al pueblo mediante supuestos milagros, una vida hipócrita o doctrinas plausibles". Por esta razón, nuestro Salvador y sus Apóstoles advirtieron a la gente sobre los falsos profetas y los falsos Cristos. Los falsos Cristos son aquellos que, pretendiendo ser el Cristo, no lo son y pueden ser apropiadamente llamados Anticristo.

En el contexto de la Iglesia, cuando surge un cisma debido a la elección de dos Papas, uno de ellos se denomina Antipapa o Papa falso. Del mismo modo, Anticristo posee dos características esenciales: una niega que Jesús sea el Cristo, y la otra se proclama a sí mismo como Cristo. La primera característica está establecida por San Juan en su primera Epístola (4, 3): "Todo espíritu que no confiesa que Jesucristo ha venido en carne, no es de Dios; y este es el espíritu del Anticristo". La segunda se expresa en las palabras de nuestro Salvador (Mt. 24, 25): "Vendrán muchos en mi nombre, diciendo: Yo soy el Cristo", y luego advierte: "Si alguno os dice: He aquí el Cristo, no lo creáis".

Por lo tanto, Anticristo se caracteriza por ser un falso Cristo, alguien que pretende ser el Mesías. De estos dos aspectos —negar que Jesús sea el Cristo y afirmarse como Cristo— se deduce que también debe ser un adversario del verdadero Cristo, lo cual es otra forma común de entender la palabra Anticristo. Sin embargo, dentro de estos diversos Anticristos, hay uno particular, el Anticristo definido como una persona específica, no simplemente un concepto vago.

En relación con el Papa de Roma, que ni pretende ser Cristo ni niega su divinidad, resulta difícil entender cómo podría ser llamado Anticristo. La palabra no implica alguien que falsamente se haga pasar por su representante o vicario general, sino alguien que directamente afirma ser Cristo. Además, hay señales específicas de la época del Anticristo, como se menciona en Mateo 24, cuando se habla de una tribulación sin precedentes y de eventos cósmicos significativos que aún no han ocurrido. Es cierto que el Papa, al asumir el papel de legislar para todos los reyes y naciones cristianas, ha ejercido un poder terrenal que Cristo no buscó para sí mismo. Sin embargo, esto no implica que el Papa se considere a sí mismo como Cristo ni actúe en ese rol.

En su cuarto libro, para argumentar que el Papa es el juez supremo en todos los asuntos de fe y moral (lo que equivaldría a ser el monarca absoluto de todos los cristianos del mundo), se presentan tres proposiciones: primero, que sus juicios son infalibles; segundo, que puede promulgar leyes verdaderas y castigar a los infractores; tercero, que nuestro Salvador delegó toda la autoridad eclesiástica al Papa de Roma. Para demostrar la infalibilidad de sus decisiones, el Papa cita las Escrituras. En primer lugar, se refiere a Lucas 22, 31, donde Jesús dice a Simón Pedro: "Simón, Simón, Satanás los ha pedido para zarandearlos como a trigo; pero yo he rogado por ti, para que tu fe no falte; y tú, una vez convertido, fortalece a tus hermanos". Según la interpretación de Belarmino, este pasaje indica que Cristo otorgó a Pedro y a sus sucesores dos privilegios: primero, que su fe no fallaría, ni la fe de sus sucesores; segundo, que ni él ni sus sucesores definirían nunca incorrectamente ningún punto de fe o moral en contradicción con las definiciones previas de un Papa. Esta interpretación es limitada y peculiar.

Sin embargo, una lectura cuidadosa del capítulo revela que este pasaje contradice la autoridad papal en toda la Escritura. Durante la Pascua, cuando los sacerdotes y escribas intentaron matar a Jesús y Judas planeaba traicionarlo, Jesús celebró la fiesta con los Apóstoles. Les dijo que no la celebraría nuevamente hasta que viniera el reino de Dios, y les advirtió que uno de ellos lo traicionaría. Cuando preguntaron quién sería, Jesús explicó que los reyes gentiles ejercen dominio sobre sus súbditos y se hacen llamar benefactores, pero Él no actuaría así; ellos deberían servir a otros. Él les concedió un reino, pero no sería como los reinos de este mundo; sería un reino obtenido a través de su sacrificio, que no poseería completamente hasta su segunda venida. Dirigiéndose a Pedro, dijo: "Simón, Simón, Satanás ha pedido zarandearlos como si fuesen trigo; pero yo he rogado por ti para que tu fe no desfallezca. Y tú, cuando te conviertas, fortalece a tus hermanos". Pedro, ya no interesado en autoridad terrenal, respondió: "Señor, estoy dispuesto a ir contigo tanto a la cárcel como a la muerte". Así se demuestra que Pedro no recibió autoridad sobre este mundo, ni se le encomendó enseñar a los demás Apóstoles a ejercer tal autoridad.

Respecto a la infalibilidad de los juicios definitivos de Pedro en asuntos de fe, no se puede sostener más que por este texto. Pedro seguía creyendo que Cristo regresaría y reclamaría su reino en el día del juicio, un reino que no se transmitió a sus sucesores, ya que continúan reclamándolo en el mundo actual.

El segundo pasaje es Mateo 16, donde Jesús dice a Pedro: "Tú eres Pedro, y sobre esta piedra edificaré mi iglesia, y las puertas del infierno no prevalecerán contra ella". Como ya se ha mencionado, esto solo demuestra que las puertas del infierno no prevalecerán contra la confesión de Pedro de que Jesús es el Cristo, el Hijo de Dios.

El tercer texto es Juan 21, 16-17, donde Jesús dice a Pedro: "Apacienta mis ovejas". Este pasaje simplemente indica una comisión de enseñanza. Si entendemos que el resto de los Apóstoles también están incluidos bajo la denominación de ovejas, se refiere al poder supremo de enseñar. Sin embargo, esto solo fue necesario mientras no hubo soberanos cristianos con poder supremo en sus dominios. Como he demostrado anteriormente, los soberanos cristianos, por su posición, son los maestros supremos y tienen la obligación, por su bautismo, de enseñar la doctrina de Cristo. Cuando permiten que otros enseñen a su pueblo, ponen en peligro sus almas. De hecho, Dios pedirá cuentas a los jefes de familia, como Abraham, de la educación de sus hijos y sirvientes. En Génesis 18, 19, Dios dice de Abraham: "Yo lo he conocido para que mande a sus hijos y a su casa después de él, que guarden el camino del Señor, haciendo justicia y juicio".

El cuarto pasaje proviene de Éxodo 28, 30, donde se menciona la instrucción de poner el racional del Juicio, el Urim y el Tumim. Los Setenta tradujeron estos términos como "evidencia" y "verdad". Según esta interpretación, Dios concedió al Sumo Sacerdote evidencia y verdad, lo cual se acerca casi a la idea de infalibilidad. Ya sea que se considere como la transferencia de evidencia y verdad en sí misma o como una exhortación al Sacerdote para que juzgue con claridad y justicia, este privilegio dado al Sumo Sacerdote se equipara al soberano civil bajo la autoridad de Dios en el Estado de Israel. Este argumento resalta la supremacía eclesiástica de los soberanos civiles sobre sus súbditos, contradiciendo así el supuesto poder del Papa. Estos son los textos utilizados para sustentar la infalibilidad del juicio papal en asuntos de fe.

En cuanto a la infalibilidad en el juicio de las costumbres, se apoya en Juan 16, 13: "Cuando venga el Espíritu de la verdad, él os guiará a toda la verdad", interpretando "toda la verdad" como aquella necesaria para la salvación. Sin embargo, esto no concede al Papa mayor infalibilidad que a cualquier cristiano que busque evitar el error necesario para la salvación. Si alguien yerra en un punto crucial para la salvación, es imposible que sea salvo; este punto crucial será expuesto basándose en las Escrituras en el próximo capítulo. Aquí simplemente se afirma que incluso si se demostrara que el Papa no puede enseñar error, esto no le otorga ninguna autoridad sobre los dominios de otro príncipe, a menos que se argumente que un hombre está moralmente obligado a siempre elegir al mejor trabajador, incluso si ha prometido formalmente ese trabajo a otro.

Luego, basándose en la razón, se presenta el siguiente argumento: Si el Papa puede errar en lo necesario, entonces Cristo no ha provisto adecuadamente para la salvación de la Iglesia al ordenarla seguir las directrices del Papa. Sin embargo, este argumento carece de validez a menos que se demuestre que Cristo ordenó específicamente tal cosa o que tales instrucciones se extienden automáticamente al Papa como a San Pedro. Dado que la Escritura no ordena a nadie obedecer a San Pedro, un hombre no puede ser justo al obedecer al Papa si sus mandatos entran en conflicto con los de su soberano legítimo.

Por último, ni la Iglesia ni el Papa han declarado que este último sea el soberano civil de todos los cristianos del mundo. Por lo tanto, no todos los cristianos están obligados a reconocer su autoridad en asuntos de costumbres. La soberanía civil y la máxima judicatura son equivalentes, ya que quienes establecen las leyes civiles no solo declaran, sino que también determinan qué acciones son justas o injustas, basándose únicamente en la conformidad con la ley del soberano. Cuando el Papa busca supremacía en controversias sobre acciones humanas, enseña a los hombres a desobedecer al soberano civil, una doctrina errónea y contraria a los preceptos de nuestro Salvador y sus Apóstoles, según lo testimonia la Escritura.

Para respaldar su capacidad para hacer leyes, el Papa cita varios pasajes. En primer lugar, Deuteronomio 17, 12 establece que aquel que desobedezca al sacerdote o al juez debe ser castigado con la muerte, lo cual refuerza la autoridad del soberano civil sobre las pretensiones universales del Papa. El segundo pasaje es Mateo 16, donde se menciona el poder de atar y desatar, interpretado por el Papa como la facultad de legislar, similar a la de los escribas y fariseos que ocupaban la silla de Moisés. Sin embargo, Moisés, bajo Dios, era el soberano del pueblo de Israel, y nuestro Salvador instruyó seguir las leyes, pero no los ejemplos de los escribas y fariseos.

El tercer pasaje, Juan 21, 16, "Apacienta mis ovejas", no implica poder legislativo sino una misión de enseñanza. La capacidad de hacer leyes corresponde al jefe de familia, quien, usando su discreción, elige su capellán de la misma manera que selecciona un maestro para sus hijos.

El cuarto pasaje, Juan 20, 21, contradice esta idea al afirmar que como el Padre envió a Cristo, Cristo envía a sus discípulos, no para legislar en este mundo, sino para preparar a los creyentes para su reino venidero. Nuestro Salvador no vino para establecer leyes en este mundo presente, sino para persuadir a los hombres a esperar con fe inquebrantable su segunda venida. Por lo tanto, este pasaje aboga por la unión de la autoridad eclesiástica con la soberanía civil, en oposición al argumento de Belarmino.

Estos textos reflejan un contraste claro entre la función eclesiástica y la autoridad secular, subrayando la importancia de seguir las leyes civiles mientras se mantiene la fe y la enseñanza de Cristo como prioridad espiritual.

El quinto pasaje proviene de Hechos 15, 28, donde se menciona que "ha parecido bien al Espíritu Santo y a nosotros no imponeros ninguna carga más que estas cosas necesarias: que os abstengáis de cosas sacrificadas a ídolos, y de sangre, y de cosas estranguladas, y de la fornicación". Aquí, se utiliza la frase "imponer carga" para indicar el ejercicio del poder legislativo. Sin embargo, al leer este texto, ¿quién podría afirmar que los Apóstoles no estaban dando consejo más que imponiendo leyes? El estilo de la ley usualmente es "nosotros mandamos", mientras que "nos parece bien" es típico de quienes aconsejan. En realidad, los Apóstoles están imponiendo una carga que aconseja, aunque de manera condicional, es decir, para aquellos que desean alcanzar sus metas. Respecto a la carga de abstenerse de alimentos estrangulados y de sangre, no es absoluta, sino una recomendación para evitar errores. Como expliqué antes, la diferencia entre ley y consejo radica en que la ley se basa en el designio y beneficio de quien la establece, mientras que el consejo depende del beneficio de quien lo recibe. En este caso, el propósito de los Apóstoles era exclusivamente el beneficio de los gentiles convertidos, es decir, su salvación, no su propio beneficio. Una vez cumplido su propósito, ellos tendrían su recompensa, independientemente de si eran obedecidos o no. Por lo tanto, los actos de esta asamblea no fueron legislación, sino recomendaciones.

El sexto pasaje se encuentra en Romanos 13, donde se exhorta a someterse a las autoridades superiores, argumentando que toda autoridad proviene de Dios. Algunos interpretan que esto no solo se refiere a los príncipes seculares, sino también a los eclesiásticos. A esto respondo que no existen príncipes eclesiásticos aparte de aquellos que también son soberanos civiles. Su autoridad no va más allá de su jurisdicción civil. Sin el respaldo de esta jurisdicción, aunque puedan ser respetados como doctores, no pueden ser reconocidos como príncipes. Si el Apóstol hubiera pretendido que estuviéramos sujetos tanto a nuestros príncipes como al Papa, estaría enseñando algo que Cristo mismo presentó como imposible: servir a dos señores. Además, cuando el Apóstol menciona su autoridad para "usar la agudeza" en virtud del poder que Dios le ha dado, no se refiere a ejercer poderes de vida y muerte, encarcelamiento, destierro, castigo o multa, sino únicamente a la capacidad de excomulgar. Sin el respaldo del poder civil, la excomunión solo significa cortar la comunión con el excomulgado, tratándolo como a un pagano o publicano, una pena que en muchas ocasiones puede ser más grave para el excomulgante que para el excomulgado.

El séptimo pasaje se encuentra en 1 Corintios 4:21: "¿Iré hasta ustedes con una vara, o con amor y espíritu de mansedumbre?". Aquí, la "vara" no representa la autoridad de un magistrado para castigar, sino el poder de excomunión. La excomunión no es un castigo en sí mismo, sino una advertencia del castigo que Cristo impondrá cuando establezca su reino el día del juicio. En ese momento, no será un castigo sobre un súbdito que ha violado la ley, sino una venganza contra un enemigo rebelde que niega el derecho de Cristo al reino. Por lo tanto, este pasaje no prueba la autoridad legislativa de un obispo sin poder civil.

El octavo pasaje es de 1 Timoteo 3:2: "Un obispo debe ser marido de una sola mujer, vigilante, sobrio, etc." El cardenal considera esto una ley. Sin embargo, nadie podía legislar en la Iglesia excepto San Pedro, el monarca de la Iglesia. Incluso si este precepto hubiera sido formulado por la autoridad de San Pedro, no hay razón para llamarlo una ley, sino más bien una opinión, dado que Timoteo no era súbdito, sino discípulo de San Pablo, y la congregación a cargo de Timoteo eran sus estudiantes en la escuela de Cristo. Si todos los preceptos dados a Timoteo fueran leyes, ¿por qué no sería también una ley el consejo "No bebas mucha agua, usa un poco de vino para tu salud"? ¿Por qué los preceptos de los buenos médicos no serían también leyes? No es el modo imperativo de hablar, sino la sumisión absoluta a una persona lo que convierte estos preceptos en leyes.

Del mismo modo, el noveno pasaje, 1 Timoteo 5:19: "Contra un anciano no recibas acusación, sino ante dos o tres testigos," es un consejo sabio, pero no una ley.

El décimo pasaje es de Lucas 10:16: "El que a ustedes oye, a mí me oye también; y el que a ustedes desecha, a mí me desecha también." No hay duda de que quien rechaza el consejo de aquellos enviados por Cristo, rechaza el consejo de Cristo mismo. Pero, ¿quiénes son ahora los enviados por Cristo sino aquellos ordenados como pastores por la autoridad legítima? ¿Y quiénes están legítimamente ordenados, si no es por el pastor soberano? ¿Y quién está ordenado por el pastor soberano en un Estado cristiano, si no es por la autoridad de un soberano? Por lo tanto, este pasaje implica que quien atiende a su soberano, siendo cristiano, atiende a Cristo, y quien rechaza la doctrina autorizada por un rey cristiano, rechaza las doctrinas de Cristo, lo cual es lo contrario de lo que Belarmino intentaba probar. Sin embargo, nada de esto constituye una ley. Un rey cristiano, como pastor y maestro de sus súbditos, no convierte sus doctrinas en leyes. No puede obligar a los hombres a creer, aunque como soberano civil puede hacer leyes acordes con su doctrina para obligar a ciertos actos. Estos actos externos, realizados por obediencia sin convicción interna, son acciones del soberano, no del súbdito, quien actúa como un mero instrumento sin voluntad propia, ya que Dios ha ordenado obedecer a las autoridades.

El undécimo pasaje se refiere a cualquier momento en que el Apóstol, al dar un consejo, utiliza términos que generalmente implican una orden, o cuando se refiere a la obediencia de seguir sus recomendaciones. Un ejemplo de esto se encuentra en 1 Corintios 11:2: "Les encargo que mantengan mis preceptos como yo se los he entregado". Este pasaje no sugiere que se trate de leyes, sino más bien de buenos consejos. De manera similar, en 1 Tesalonicenses 4:2, se menciona: "Saben ustedes qué órdenes les dimos". Aquí, la palabra griega usada es "παραγγελία" (parangelia), que significa "mandato" o "instrucción", pero en este contexto se refiere más a órdenes que a leyes. El versículo 8 aclara que quien las rechaza no está rechazando a los Apóstoles, sino a Dios. Esto subraya que Cristo no vino a juzgar, es decir, a reinar en este mundo, sino a sacrificarse por los pecadores y dejar maestros en su Iglesia. Estos maestros están destinados a guiar a las personas hacia Cristo, no a forzarlas. Cristo nunca aceptó actos forzados, que es lo que las leyes producen, sino el convencimiento sincero del corazón, que se logra a través del consejo y la doctrina.

Otro pasaje relevante es 2 Tesalonicenses 3:14: "Si algún hombre no obedece nuestra palabra por esta epístola, anoten su nombre, y no tengan compañía con él, para que se avergüence". Aquí, la palabra "obedecer" en griego, "ὑπακούει" (hypakouei), no solo implica seguir órdenes de alguien con derecho a castigar, sino también atender o poner en práctica lo que se aconseja para el propio bien. San Pablo no sugiere que aquellos que desobedecen deban ser ejecutados, golpeados, encarcelados o castigados arbitrariamente, como lo harían los legisladores. En cambio, recomienda evitar su compañía para que se sientan avergonzados. Esto demuestra que no se trataba del poder de un Apóstol lo que los cristianos respetaban, sino su reputación y autoridad moral entre los fieles.

Estos pasajes destacan la diferencia entre ley y consejo en las enseñanzas apostólicas. Los Apóstoles proporcionaban orientación espiritual y moral más que mandatos legales. Aunque usaban un lenguaje que podría interpretarse como imperativo, su intención era persuadir y guiar a los creyentes hacia una vida conforme a los principios cristianos, no imponerles reglas con castigos terrenales. La autoridad de los Apóstoles se basaba en la influencia moral y espiritual, no en el poder coercitivo de la ley. Este enfoque refleja la naturaleza del liderazgo cristiano temprano, que buscaba transformar corazones y mentes a través de la enseñanza y el ejemplo, en lugar de la imposición de reglas estrictas y castigos.

El último pasaje que se examina es Hebreos 13:17: "Obedezcan a sus jefes y sométanse a ellos, porque ellos velan por sus almas y deben dar cuenta de ellas." En este contexto, la palabra "obedecer" se refiere a seguir su consejo. La razón detrás de nuestra obediencia no reside en la voluntad y mandato de nuestros líderes espirituales, sino en nuestro propio beneficio, ya que ellos se preocupan por la salvación de nuestras almas, no por la exaltación de su propio poder y autoridad. Si interpretáramos que todo lo que enseñan estos líderes son leyes, entonces no solo el Papa, sino cada pastor en su parroquia tendría poder legislativo.

Además, si estuviéramos obligados a obedecer a nuestros pastores sin poder cuestionar sus mandatos, estaríamos en contradicción con las enseñanzas de San Juan, quien nos instruye en 1 Juan 4:1: "No crean a cualquier espíritu, sino probar antes los espíritus para ver si son de Dios, porque muchos son falsos profetas que han salido al mundo." Esto demuestra que podemos discutir y examinar la doctrina de nuestros líderes espirituales, algo que no es posible con las leyes. Las leyes de los soberanos civiles son indiscutibles; si cada uno pudiera hacer leyes de manera independiente, el estado de derecho y la paz se desintegrarían, lo cual es contrario a todas las leyes divinas y humanas.

Por tanto, no se puede inferir de este y otros pasajes de la Escritura que los decretos del Papa, cuando no tiene soberanía civil, sean leyes. Además, quería demostrar que Cristo, nuestro Salvador, no ha conferido la jurisdicción eclesiástica directamente a nadie más que al Papa. Esto no trata de la supremacía entre el Papa y los reyes cristianos, sino entre el Papa y otros obispos. Se acepta generalmente que la jurisdicción de los obispos es de derecho divino, como San Pablo menciona en Efesios 4:11, donde explica que Cristo, tras su ascensión, otorgó diversos roles como apóstoles, profetas, evangelistas, pastores y maestros.

Aunque se reconoce que los obispos tienen su jurisdicción de derecho divino, no se acepta que la reciban directamente de Dios, sino a través del Papa. Sin embargo, si un hombre tiene su jurisdicción de derecho divino, pero no de manera directa, entonces cualquier jurisdicción, incluso civil, en un Estado cristiano también sería de derecho divino. Los reyes cristianos obtienen su poder civil directamente de Dios, y los magistrados ejercen sus cargos en virtud de la autoridad del rey; de esta manera, lo que hacen es igualmente de derecho divino mediato, al igual que los obispos ordenados por el Papa. Todo poder legítimo proviene de Dios, directamente en el gobernante supremo y mediatamente en aquellos que ejercen autoridad bajo él.

Esta disputa sobre si Cristo dejó la jurisdicción exclusivamente al Papa o también a otros obispos es irrelevante si consideramos los pasajes donde el Papa posee la soberanía civil. En esos casos, ninguno de los obispos tiene jurisdicción alguna cuando no son soberanos. La jurisdicción implica la autoridad para escuchar y decidir causas entre las personas, y solo puede corresponder a quien tiene el poder de dictar las reglas de lo justo y lo injusto, es decir, de hacer leyes y obligar con la espada de la justicia a obedecer sus decisiones. Esta autoridad solo puede residir en el soberano civil.

En Lucas 6, se menciona que nuestro Salvador convocó a sus discípulos y eligió a doce de entre ellos, a quienes llamó Apóstoles. Este hecho demuestra que Él los seleccionó (excepto a Matías, Pablo y Bernabé) y les otorgó la misión de predicar, pero no de juzgar disputas entre las personas. Jesús mismo rechazó este tipo de autoridad cuando dijo: "¿Quién me ha hecho juez o árbitro entre ustedes?" y "Mi reino no es de este mundo." Quien no tiene la autoridad para escuchar y resolver disputas no puede considerarse que tenga jurisdicción alguna. Sin embargo, esto no impide que nuestro Salvador diera a los Apóstoles la potestad de predicar y bautizar en todo el mundo, siempre y cuando sus soberanos respectivos no lo prohibieran. Tanto Cristo como los Apóstoles ordenaron en numerosos pasajes obedecer en todo a nuestros propios soberanos.

Los argumentos del Cardenal para probar que los obispos reciben su jurisdicción del Papa (considerando que el Papa no tiene jurisdicción en los dominios de otros príncipes) resultan inútiles. De hecho, estos argumentos demuestran que todos los obispos reciben su jurisdicción, cuando la tienen, de sus soberanos civiles. Vamos a analizar estos argumentos.

El primero se encuentra en Números 11, cuando Moisés, incapaz de soportar solo la carga de administrar los asuntos del pueblo de Israel, recibió la orden de Dios de escoger setenta ancianos, y parte del espíritu de Moisés fue impartido a ellos. Este pasaje no sugiere que Dios debilitara el espíritu de Moisés, sino que los setenta ancianos recibieron su autoridad a través de él. El Cardenal interpreta este pasaje de manera ingeniosa y verídica. Sin embargo, considerando que Moisés tenía la soberanía total sobre el Estado de los judíos, queda claro que los Setenta recibieron su autoridad del soberano civil. Esto demuestra que, en cualquier Estado cristiano, los obispos derivan su autoridad del soberano civil, y del Papa solo en sus propios territorios, no en los de otros Estados.

El segundo argumento se basa en la naturaleza de la monarquía, donde toda autoridad reside en una sola persona y en otros por derivación de esa persona. El Cardenal afirma que el gobierno de la Iglesia es monárquico. Sin embargo, lo mismo ocurre con los monarcas cristianos, que son verdaderos monarcas de su propio pueblo, es decir, de su propia Iglesia (iglesia y pueblo cristiano son términos equivalentes). El poder del Papa, aunque sea San Pedro, no es monárquico ni tiene nada de crítico, sino solo de carácter didáctico, ya que Dios no acepta una obediencia forzada, sino voluntaria.

El tercer argumento menciona que San Cipriano se refiere al báculo o soporte de San Pedro como la cabeza, la fuente, la vara y el sol, de donde deriva la autoridad de los obispos. Según la ley natural (que es un principio más adecuado de lo justo y de lo injusto que la palabra de cualquier doctor, ya que esta no es más que la palabra de un hombre), el soberano civil en cada Estado es la cabeza, la fuente, la vara y el sol de donde deriva toda jurisdicción. Por lo tanto, la jurisdicción de los obispos proviene del soberano civil. En resumen, los obispos, en cualquier Estado cristiano, obtienen su autoridad del soberano civil. Los argumentos del Cardenal, en lugar de probar lo contrario, refuerzan esta conclusión. Cristo y sus Apóstoles predicaron la obediencia a los gobernantes terrenales, y la autoridad eclesiástica se deriva de la autoridad civil en cada Estado. El poder del Papa es principalmente didáctico y no implica jurisdicción sobre otros territorios donde no tiene soberanía civil.

El cuarto argumento se basa en la desigualdad de jurisdicciones. Si Dios hubiera conferido jurisdicción de manera directa, entonces todos los obispos tendrían una autoridad igual en cuanto a jurisdicción y orden. Sin embargo, vemos que algunos obispos solo gobiernan una ciudad, otras cien ciudades, e incluso algunos tienen jurisdicción sobre provincias enteras. Estas diferencias no fueron establecidas por mandato divino, por lo que su jurisdicción no proviene de Dios, sino de los hombres. Esta distribución desigual depende del príncipe de la Iglesia. Este argumento sería válido si se hubiera probado que el Papa tiene jurisdicción universal sobre todos los cristianos, pero no es el caso. La jurisdicción del Papa le fue otorgada por quienes ya la poseían, es decir, los emperadores de Roma. Por la misma razón, el patriarca de Constantinopla reclamaba igualdad con el Papa por ser obispo de la capital del Imperio y sede del emperador. Así, todos los demás obispos obtienen su jurisdicción de los soberanos del lugar donde ejercen su autoridad. Si por esta razón no tienen su autoridad de jure divino, tampoco el Papa posee tal autoridad, salvo en los territorios donde también es soberano civil.

El quinto argumento sostiene que, si los obispos reciben su jurisdicción directamente de Dios, el Papa no puede arrebatársela, ya que nada puede ir en contra de la ordenación divina. Esta inferencia es correcta y está bien fundamentada. Sin embargo, el Cardenal argumenta que el Papa puede hacerlo y lo ha hecho. Esto se acepta solo dentro de sus propios dominios o en territorios de quienes le han conferido ese poder, pero no de manera universal como parte del pontificado. Esta potestad es exclusiva de cada príncipe cristiano dentro de su propio imperio y es inseparable de la soberanía. Antes de que el pueblo de Israel estableciera un rey por mandato de Dios a Samuel, el Sumo Sacerdote tenía la gobernación civil y solo él podía instituir o deponer a sacerdotes inferiores. Esta potestad pasó al rey, como se evidencia cuando el rey Salomón despojó a Abiatar, el Sumo Sacerdote, de su cargo y nombró a Zadoc en su lugar. De manera similar, los reyes pueden ordenar y deponer obispos según consideren necesario para el buen gobierno de sus súbditos.

El sexto argumento plantea que si los obispos poseen su jurisdicción de jure divino, aquellos que sostienen esta idea deben presentar alguna palabra de Dios para probarlo; sin embargo, no pueden aportar ninguna. Este es un argumento sólido, y, por lo tanto, no hay nada que objetar. Pero también es apto para demostrar que el Papa mismo no tiene jurisdicción en el dominio de ningún otro príncipe.

Finalmente, el Cardenal recurre al testimonio de dos Papas, Inocencio y León, como evidencia de su argumento. Es probable que pudiera haber citado a casi todos los Papas desde San Pedro, ya que el deseo de poder está profundamente arraigado en la naturaleza humana, y cualquier persona instituida como Papa sentiría el impulso de sostener la misma opinión. Sin embargo, estos testimonios no son más que declaraciones de sí mismos, y como sabemos, un testimonio personal no es suficiente como prueba concluyente.

En resumen, los argumentos presentados no logran demostrar que los obispos reciben su jurisdicción de manera inmediata de Dios, sino que esta autoridad proviene de los soberanos civiles bajo cuyos dominios ejercen su poder. La jurisdicción del Papa se limita a sus propios territorios y no se extiende universalmente sobre todos los cristianos, lo cual resalta la importancia del poder civil en la estructura de la autoridad eclesiástica.

En el quinto libro, se presentan cuatro conclusiones clave. La primera sostiene que el Papa no es el señor de todo el mundo. La segunda, que el Papa no es el señor de todo el mundo cristiano. La tercera afirma que, fuera de su propio territorio, el Papa no tiene ninguna jurisdicción temporal directa. Estas tres conclusiones son bastante razonables y fáciles de aceptar. La cuarta conclusión, sin embargo, es más controvertida: el Papa tiene, en los dominios de otros príncipes, el poder temporal supremo de manera indirecta. Esta última afirmación es inadmisible, a menos que se interprete "indirectamente" como refiriéndose a lo que ha adquirido a través de medios indirectos, lo cual la haría aceptable. Entiendo que cuando el Cardenal dice que el Papa tiene este poder "indirectamente", se refiere a que dicha jurisdicción temporal le corresponde por derecho, como una consecuencia de su autoridad pastoral. Esta autoridad pastoral no puede ejercerse sin la otra, por lo que la potestad pastoral (denominada espiritual) necesariamente incluye la potestad civil suprema, dándole derecho a cambiar reinos, otorgándolos a unos y quitándoselos a otros cuando crea que es necesario para la salvación de las almas.

Antes de analizar los argumentos que el Cardenal usa para defender esta doctrina, es útil considerar sus implicaciones. Los príncipes y Estados con soberanía civil en sus territorios deben reflexionar sobre si aceptar esta doctrina es conveniente para ellos y beneficioso para sus súbditos, de lo cual tendrán que rendir cuentas en el Día del Juicio. Cuando se dice que el Papa no posee directamente el poder supremo civil en los territorios de otros Estados, se entiende que no lo busca de la misma manera que otros soberanos civiles, que basan su autoridad en la sumisión original de quienes serán gobernados. Es evidente, y ya se ha demostrado en este tratado, que el derecho de todos los soberanos deriva originalmente del consentimiento de aquellos a quienes gobiernan. Este consentimiento puede darse para asegurar una defensa común contra un enemigo o para salvar sus vidas mediante la sumisión a un conquistador. Por tanto, cuando el Papa reclama el poder civil supremo sobre otros Estados de manera directa, niega que este derecho provenga del consentimiento de los gobernados. Sin embargo, sigue reclamando este poder por otro camino: un derecho otorgado por Dios en su exaltación al pontificado, lo que el Cardenal llama "indirectamente". Independientemente del método de adquisición, el poder es el mismo, y si se acepta que tal es su derecho, el Papa puede deponer príncipes y Estados siempre que lo considere necesario para la salvación de las almas, lo que en la práctica significa cuando lo desee, dado que también reclama el poder exclusivo de juzgar la necesidad de estas acciones para la salvación de las almas humanas.

Esta doctrina no es solo la de Belarmino en la obra citada, sino también la enseñada por muchos otros doctores en sus sermones y libros, respaldada por varios Concilios y aplicada por los Papas cuando las circunstancias lo requerían. Por ejemplo, el cuarto Concilio Laterano, bajo el Papa Inocencio III, en el capítulo 3 de "De Haereticis", decreta que si un rey, tras ser amonestado por el Papa, no purga su reino de herejes y es excomulgado por ello sin enmendarse en un año, sus súbditos deben ser exonerados de su obediencia. Esta práctica se ha observado en varias ocasiones históricas: en la deposición de Chilperico, rey de Francia; en la transferencia del Imperio Romano a Carlomagno; en la opresión del rey Juan de Inglaterra; en la transferencia del reino de Navarra; y más recientemente, en la liga contra Enrique III de Francia, entre otros casos.

Es probable que pocos príncipes consideren esta doctrina justa o conveniente, pero deben decidir si quieren ser reyes o súbditos. Los hombres no pueden servir a dos señores, y, por tanto, deben optar por asumir plenamente el control de su gobierno o entregarlo completamente al Papa, asegurando así que quienes desean ser obedientes sean protegidos en su obediencia. Esta distinción entre poder temporal y espiritual es puramente verbal. Dividir el poder, ya sea directa o indirectamente, es peligroso y puede tener graves consecuencias.

Ahora, volvamos a los argumentos del Cardenal. El primer argumento sostiene que el poder civil está subordinado al poder espiritual, y, por lo tanto, quien ostenta el poder espiritual supremo tiene el derecho de ordenar a los príncipes temporales y de disponer de sus asuntos temporales en vista de lo espiritual. Para entender esta afirmación, primero debemos considerar en qué sentido el poder temporal o civil podría estar sujeto al poder espiritual.

Existen dos formas de interpretar esta sujeción. En primer lugar, cuando decimos que un poder está subordinado a otro, podríamos estar refiriéndonos a que la persona que ejerce uno de estos poderes está sujeta a la persona que ejerce el otro poder. En segundo lugar, podríamos estar diciendo que un poder actúa como medio para alcanzar el fin que busca el otro poder. Sin embargo, no es comprensible que un poder ejerza control directo sobre otro poder; la sujeción, el mando y el derecho son atributos de las personas, no de los poderes en sí. Por ejemplo, la subordinación de una disciplina a otra, como el arte de la fabricación de arneses al arte de la equitación, no implica que el artesano esté obligado a obedecer al jinete. Del mismo modo, la subordinación de un gobierno a otro no implica la sujeción del gobernante de uno al gobernante del otro. Así, cuando el Cardenal afirma que el poder civil está sujeto al poder espiritual, lo que realmente está diciendo es que el soberano civil debe someterse al soberano espiritual.

El argumento se presenta de la siguiente manera: el soberano civil está sujeto al soberano espiritual, y, por consiguiente, el príncipe espiritual puede dictar órdenes al príncipe temporal. La conclusión es válida si el antecedente está demostrado. Para probar este antecedente, se argumenta que reyes y papas, clero y laicos constituyen un solo Estado, es decir, una sola Iglesia. En todos los cuerpos, los miembros dependen unos de otros; dado que las cosas espirituales no dependen de las cosas temporales, lo temporal depende de lo espiritual y, por lo tanto, está sujeto a él.

Sin embargo, esta argumentación contiene dos errores fundamentales. El primero es la afirmación de que todos los reyes cristianos, papas, clero y laicos constituyen un solo Estado. Esto es incorrecto, ya que es evidente que existen diferentes Estados cristianos, como Francia, España y Venecia, cada uno con sus propios soberanos y gobiernos. Estos Estados, aunque cristianos, son entidades separadas y no forman una Iglesia universal con un solo representante terrenal. Para que toda la cristiandad fuera un solo Estado, sería necesario un representante único que gobernara tanto en lo espiritual como en lo temporal, y el Papa no tiene esa autoridad universalmente reconocida. Además, para que el Papa pudiera gobernar de esta manera, necesitaría tres atribuciones que Cristo no le otorgó: mandar, juzgar y castigar, además de la capacidad de excomulgar a quienes no aprendan de él. Aunque los Papas se consideraran vicarios de Cristo, no podrían ejercer su gobierno plenamente hasta la segunda venida de nuestro Salvador, momento en el cual no sería el Papa, sino San Pedro y los otros Apóstoles, quienes juzgarían al mundo.

El segundo error es la comparación entre los miembros de un Estado y los de un cuerpo natural, afirmando que dependen unos de otros. Si bien es cierto que los miembros de un Estado guardan coherencia entre sí, esta coherencia solo existe en relación con el soberano, que actúa como el espíritu del Estado. Si este espíritu falla, el Estado se desintegra en una guerra civil, y los hombres dejan de estar cohesionados por la falta de un soberano común. De manera similar, los miembros de un cuerpo natural se desintegran sin el espíritu que los mantiene unidos. Por lo tanto, esta analogía no demuestra la dependencia de los laicos respecto al clero, ni de los funcionarios temporales hacia los espirituales, sino que ambos dependen del soberano civil, quien tiene la responsabilidad de orientar sus mandatos civiles hacia la salvación de las almas, sin estar sujeto a nadie más que a Dios. En conclusión, este primer argumento intenta confundir al no distinguir entre la subordinación de las acciones para alcanzar un fin y la sujeción de una persona a otra en la administración de los medios. Los medios para alcanzar cualquier fin están determinados por la naturaleza o por Dios de manera sobrenatural. Sin embargo, la potestad de hacer que los hombres utilicen estos medios está encomendada al soberano civil en cada nación, según la ley natural, que prohíbe violar la fe otorgada a ellos.

Abordemos ahora el segundo argumento plantea lo siguiente: cualquier Estado, en la medida en que se considere perfecto y autosuficiente, tiene el derecho de ordenar a otro Estado no subordinado a él y obligarlo a modificar su gobierno, incluso llegando a deponer a su príncipe y poner a otro en su lugar, si no puede defenderse de otra manera de las injusticias que se le cometen. Con mayor razón, un Estado espiritual debería poder ordenar a un Estado temporal que cambie su administración, y deponer a unos príncipes para instituir a otros, cuando de otra manera no logra proteger el bien espiritual.

Realizando un análisis breve de la Defensa Estatal, es cierto que un Estado tiene el derecho legítimo de defenderse contra las injusticias, y puede tomar medidas extremas, como las descritas por el Cardenal, para asegurar su protección. Si aceptáramos la existencia de un Estado espiritual separado del Estado civil, un príncipe podría, por injusticias sufridas o por prevención de futuras injurias, tomar acciones bélicas. Esto incluiría deponer, matar, someter o cualquier otro acto de hostilidad hacia otro Estado. Sin embargo, esta misma lógica se aplicaría al soberano civil, quien podría declarar la guerra al soberano espiritual por las mismas razones. Este escenario probablemente excede lo que el cardenal Belarmino quería inferir de sus propias proposiciones.

En cuanto a la existencia del estado espiritual, es importante recordar que, no obstante, en este mundo no existe un Estado espiritual distinto del civil. El llamado "Estado espiritual" se equipara al reino de Cristo, el cual, según Cristo mismo, no es de este mundo, sino del venidero. Este reino se realizará en la resurrección, cuando los justos resuciten con cuerpos espirituales, momento en el que nuestro Salvador juzgará al mundo y vencerá a sus enemigos, estableciendo así un verdadero Estado espiritual. Hasta entonces, dado que no hay cuerpos espirituales entre los hombres actualmente vivos, no puede haber un Estado espiritual entre nosotros. Los predicadores que preparan a las personas para el reino de Cristo en la resurrección no constituyen un Estado espiritual en sí mismos.

El tercer argumento sostiene que no es legítimo que los cristianos toleren a un rey infiel o hereje si intenta convertirlos a su herejía o incredulidad. La determinación de si un rey induce a sus súbditos a la herejía corresponde al Papa, quien, por lo tanto, tendría el derecho de decidir si el príncipe debe ser depuesto.

Ambas aseveraciones son falsas. Si los cristianos, o seguidores de cualquier religión, no toleran a su rey, cualquier ley que este imponga, incluso sobre religión, violaría la fe de sus súbditos, lo cual va en contra de la ley divina, natural y positiva. Además, no existe un juez de la herejía entre los súbditos más que su propio soberano civil. La herejía no es más que una opinión privada obstinadamente mantenida y contraria a la opinión que la autoridad pública, el representante del Estado, ha decretado que se enseñe. Por lo tanto, una opinión instituida para ser enseñada no puede ser considerada herejía, ni los príncipes soberanos que la autorizan pueden ser considerados herejes. Los herejes son, en cambio, aquellos individuos que defienden obstinadamente doctrinas prohibidas por sus soberanos legítimos.

Estos argumentos revelan las complejidades de la interacción entre lo temporal y lo espiritual. Si bien la defensa de un Estado contra las injusticias puede justificar medidas extremas, la idea de un Estado espiritual que puede ordenar y deponer príncipes temporales es insostenible sin una base legítima y universalmente aceptada. Además, la identificación de la herejía y la autoridad para deponer a un príncipe basado en esta razón debe ser cuidadosamente considerada en el contexto de la soberanía y la legitimidad del gobierno civil. La coexistencia de poderes espirituales y temporales requiere una clara separación y respeto mutuo de sus respectivas jurisdicciones para mantener el orden y la justicia.

El segundo argumento plantea que cualquier Estado, al considerarse autosuficiente y perfecto, tiene el derecho de ordenar a otro Estado no subordinado a modificar su gobierno. Esto puede incluir la deposición de un príncipe e instalación de otro, si es necesario para defenderse de injusticias. Por lo tanto, un Estado espiritual debería tener aún más derecho para ordenar a un Estado temporal que cambie su administración y deponer príncipes para proteger el bien espiritual.

Es indudable que un Estado tiene el derecho legítimo de defenderse contra injusticias y puede tomar medidas extremas, como las descritas por el Cardenal. Si se aceptara la existencia de un Estado espiritual separado del civil, un príncipe podría, por injusticias sufridas o para prevenir futuras injurias, tomar acciones bélicas, incluyendo deponer, matar o someter a otro Estado. Sin embargo, esta misma lógica se aplicaría al soberano civil, quien podría declarar la guerra al soberano espiritual por las mismas razones. Este escenario probablemente excede lo que el cardenal Belarmino pretendía inferir.

No obstante, no existe un Estado espiritual distinto del civil en este mundo. El llamado "Estado espiritual" se equipara al reino de Cristo, el cual, según Cristo mismo, no es de este mundo, sino del venidero. Este reino se realizará en la resurrección, cuando los justos resuciten con cuerpos espirituales. Hasta entonces, dado que no hay cuerpos espirituales entre los hombres actuales, no puede haber un Estado espiritual entre nosotros. Los predicadores que preparan a las personas para el reino de Cristo en la resurrección no constituyen un Estado espiritual en sí mismos.

El tercer argumento sostiene que no es legítimo que los cristianos toleren a un rey infiel o hereje si intenta convertirlos a su herejía o incredulidad. La determinación de si un rey induce a sus súbditos a la herejía corresponde al Papa, quien, por lo tanto, tendría el derecho de decidir si el príncipe debe ser depuesto. Ambas aseveraciones son falsas. Si los cristianos, o seguidores de cualquier religión, no toleran a su rey, cualquier ley que este imponga, incluso sobre religión, violaría la fe de sus súbditos, lo cual va en contra de la ley divina, natural y positiva. Además, no existe un juez de la herejía entre los súbditos más que su propio soberano civil. La herejía no es más que una opinión privada obstinadamente mantenida y contraria a la opinión que la autoridad pública, el representante del Estado, ha decretado que se enseñe. Por lo tanto, una opinión instituida para ser enseñada no puede ser considerada herejía, ni los príncipes soberanos que la autorizan pueden ser considerados herejes. Los herejes son, en cambio, aquellos individuos que defienden obstinadamente doctrinas prohibidas por sus soberanos legítimos.

Estos argumentos revelan las complejidades de la interacción entre lo temporal y lo espiritual. Si bien la defensa de un Estado contra las injusticias puede justificar medidas extremas, la idea de un Estado espiritual que puede ordenar y deponer príncipes temporales es insostenible sin una base legítima y universalmente aceptada. Además, la identificación de la herejía y la autoridad para deponer a un príncipe basado en esta razón debe ser cuidadosamente considerada en el contexto de la soberanía y la legitimidad del gobierno civil. La coexistencia de poderes espirituales y temporales requiere una clara separación y respeto mutuo de sus respectivas jurisdicciones para mantener el orden y la justicia.

Capítulo XLIII

Sobre lo que hace falta para que un hombre sea recibido en el reino de los cielos

El pretexto más común para la sedición y la guerra civil en los Estados cristianos ha sido, durante mucho tiempo, la dificultad no resuelta de obedecer simultáneamente a Dios y al hombre, especialmente cuando sus mandatos son contradictorios. Es evidente que cuando una persona recibe dos órdenes opuestas y sabe que una es de Dios, debe obedecer a esta última, ignorando la otra, aunque provenga de su soberano legítimo (ya sea un monarca o una asamblea), o incluso de su propio padre. La complicación radica en que, cuando los hombres reciben órdenes en nombre de Dios, a menudo no pueden discernir si realmente provienen de Él, o si quien manda está abusando de su nombre para sus propios intereses.

Este problema ha existido siempre. En la iglesia de los judíos hubo muchos falsos profetas que se ganaron la reputación a base de sueños y visiones falsas. De igual manera, en todas las épocas ha habido en la iglesia cristiana falsos maestros que buscan ganar prestigio difundiendo doctrinas erróneas y extravagantes, y con esa reputación, como es natural en su ambición, intentan gobernar a la gente para su beneficio personal.

Ahora bien, esta dificultad de obedecer tanto a Dios como al soberano terrenal es irrelevante para aquellos que pueden distinguir entre lo necesario y lo innecesario para ser recibidos en el reino de Dios. Si el mandato del soberano civil puede ser obedecido sin poner en peligro la vida eterna, desobedecerlo es injusto. En tal caso, aplica el precepto de los Apóstoles: "Siervos, obedeced en todo a sus señores" y "Hijos, obedeced a sus padres en todo"; y el precepto de nuestro Salvador: "Los escribas y fariseos se sientan en la cátedra de Moisés; así que haced y observad todo lo que os digan". Sin embargo, si el mandato no puede ser obedecido sin condenarse a la muerte eterna, sería absurdo obedecerlo, y se aplica el consejo de nuestro Salvador: "No temáis a los que matan el cuerpo, pero no pueden matar el alma".

Por lo tanto, todos los que desean evitar el castigo por desobedecer al soberano terrenal y el castigo en el mundo venidero por desobedecer a Dios, necesitan ser instruidos para distinguir adecuadamente entre lo que es necesario y lo que no lo es para la salvación eterna.

Todo lo necesario para la salvación se resume en dos virtudes: la fe en Cristo y la obediencia a las leyes. La obediencia perfecta sería suficiente por sí misma. Pero como todos somos culpables de desobediencia a la ley de Dios, no solo originariamente en Adán, sino también actualmente por nuestras propias transgresiones, se requiere no solo obediencia por el resto de nuestra vida, sino también la remisión de los pecados pasados, y esta remisión es la recompensa de nuestra fe en Jesucristo. Que nada más es necesario para la salvación es evidente porque el reino de los cielos está cerrado solo para los pecadores, es decir, los desobedientes o transgresores de la ley, no para aquellos que se arrepienten y creen en todos los artículos de la fe cristiana necesarios para la salvación.

La obediencia requerida por Dios, que valora la intención detrás de nuestras acciones, es el firme propósito de obedecerle y se manifiesta con diversos nombres que reflejan tal propósito. Por eso, la obediencia a veces se llama caridad y amor, porque implica la voluntad de obedecer; y nuestro Salvador mismo considera el amor a Dios y el amor mutuo como la plena realización de la ley. En otras ocasiones, se le llama rectitud, que no es más que la voluntad de dar a cada uno lo suyo, es decir, obedecer las leyes. A veces se le llama arrepentimiento, porque arrepentirse implica alejarse del pecado, lo que significa un retorno a la voluntad de obedecer. Así, quien sinceramente desea cumplir los mandamientos de Dios, se arrepiente de sus transgresiones, o ama a Dios de todo corazón y a su prójimo como a sí mismo, posee toda la obediencia necesaria para ser recibido en el reino de Dios, ya que, si Dios requiriera una obediencia perfecta, nadie podría ser salvo.

Pero, ¿cuáles son esos mandamientos que Dios nos ha dado? ¿Son todas aquellas leyes dadas a los judíos a través de Moisés los mandamientos de Dios? Si es así, ¿por qué no se enseñan a los cristianos a obedecerlas? Si no lo son, ¿qué otras lo son, además de la ley natural? Cristo nuestro Salvador no nos dio nuevas leyes, sino consejos para observar aquellas a las que ya estamos sujetos: las leyes de la naturaleza y las leyes de nuestros respectivos soberanos. En su Sermón del Monte, no estableció una nueva ley para los judíos, sino que expuso las leyes de Moisés a las que ya estaban sujetos. Por lo tanto, las leyes de Dios no son más que las leyes de la naturaleza, la principal de las cuales es no violar nuestra fe; es decir, obedecer a nuestros soberanos civiles, que hemos instituido por pacto mutuo. Esta ley de Dios, que ordena la obediencia a la ley civil, conlleva obedecer todos los preceptos de la Biblia, que, como se ha demostrado anteriormente, solo se convierten en ley cuando el soberano civil las instituye como tal; en otros contextos, son solo consejos que uno puede, sin injusticia, rechazar, asumiendo el riesgo correspondiente.

Ahora que entendemos que la obediencia es esencial para la salvación y a quién se debe, vamos a profundizar en la fe: a quién y por qué creemos, y cuáles son los artículos o puntos que necesariamente deben ser creídos por aquellos que buscan la salvación. Primero, respecto a la persona en quien creemos, dado que es imposible creer en alguien antes de saber lo que dice, es necesario que sea alguien a quien hayamos escuchado. Por lo tanto, las personas a quienes Abraham, Isaac, Jacob, Moisés y los Profetas creían, era Dios mismo. De manera similar, los Apóstoles y discípulos que conversaron con Cristo creían en nuestro Salvador.

Sin embargo, para aquellos a quienes ni Dios Padre ni nuestro Salvador hablaron directamente, no se puede afirmar que creían en Dios de manera directa. Estos individuos creían en los Apóstoles y, posteriormente, en los pastores y doctores de la Iglesia que promovían la creencia en la historia del Antiguo y del Nuevo Testamento. Así, desde la época de nuestro Salvador, la fe de los cristianos se ha basado, primero, en la reputación de sus pastores, y luego en la autoridad de quienes establecieron el Antiguo y el Nuevo Testamento como norma de fe. Esta autoridad recae únicamente en los soberanos cristianos, quienes son, por tanto, los pastores supremos y las únicas personas a quienes los cristianos escuchan hablar de Dios, excepto aquellos a quienes Dios habla sobrenaturalmente en la actualidad.

No obstante, como hay muchos falsos profetas que se han esparcido por el mundo, los demás deben investigar si esos espíritus son realmente el espíritu de Dios, tal como recomienda San Juan (1 Jn 4:1). Por lo tanto, considerando que el examen de las doctrinas es responsabilidad del pastor supremo, la persona en quien deben creer todos aquellos que no tienen una revelación especial es, en cada Estado, el pastor supremo, es decir, el soberano civil.

Las razones por las cuales las personas creen en alguna doctrina cristiana son diversas. La fe es un don de Dios y actúa en cada individuo de manera distinta, a través de los medios que Dios considera oportunos. La causa inmediata y ordinaria de nuestra fe en cualquier aspecto de la fe cristiana es nuestra creencia de que la Biblia es la palabra de Dios. Sin embargo, la razón por la que creemos que la Biblia es la palabra de Dios es un tema muy debatido, como todas las cuestiones que no están bien formuladas. La cuestión no es "por qué creemos", sino "cómo sabemos", como si la creencia y el conocimiento fueran lo mismo. Así, mientras algunos basan su conocimiento en la infalibilidad de la Iglesia, otros lo hacen en el testimonio del espíritu privado, y ninguno llega a la conclusión deseada.

¿Cómo puede alguien conocer la infalibilidad de la Iglesia sin primero conocer la infalibilidad de la Escritura? ¿Y cómo sabrá alguien que su opinión privada es distinta de una fe basada en la autoridad y argumentos de sus maestros, o en una presunción de sus propios dones? Además, nada en la Escritura sugiere la infalibilidad de la Iglesia, y mucho menos de una Iglesia particular o de ningún hombre en particular.

Por lo tanto, es evidente que los cristianos no saben, sino que simplemente creen que la Escritura es la palabra de Dios. Los medios que Dios ha proporcionado para que las personas crean están de acuerdo con el método de la naturaleza; es decir, son sus maestros. Esta es la doctrina de San Pablo respecto a la fe cristiana en general (Ro. 10:17): "La fe viene del oír", es decir, de escuchar a nuestros legítimos pastores. Él también dice (versículos 14 y 15 del mismo capítulo): "¿Cómo creerán en aquel de quien no han oído? ¿Y cómo oirán sin que haya nadie que les predique? ¿Y cómo predicarán si no son enviados?". Esto demuestra que la causa ordinaria de creer que las Escrituras son la palabra de Dios coincide con la causa de creer en todos los demás artículos de nuestra fe: escuchar a aquellos que están autorizados y designados por la ley para enseñarnos, como nuestros padres en casa y nuestros pastores en las iglesias.

La experiencia también confirma esta afirmación. En los Estados cristianos, todos los hombres creen, o al menos profesan creer, que la Escritura es la palabra de Dios, mientras que en otros Estados casi nadie lo hace. Esto se debe a que en los Estados cristianos los ciudadanos han aprendido esta doctrina desde la infancia, mientras que en otros Estados se les enseña una doctrina diferente.

La enseñanza juega un papel fundamental en la fe, pero ¿por qué entonces no todos creen? Esto se debe a que la fe, en última instancia, es un don divino que Dios otorga a quien Él quiere. Sin embargo, incluso cuando Dios concede este don, lo hace a través de maestros. Por lo tanto, la causa inmediata de la fe es la enseñanza que se recibe.

Imaginemos una escuela donde muchos alumnos reciben enseñanza; algunos aprovechan más que otros. En este caso, el maestro es la causa de la enseñanza en aquellos que aprenden. No obstante, esto no implica que la enseñanza no sea un don de Dios. Todos los bienes provienen de Dios, pero solo aquellos que están inspirados pueden disfrutarlos plenamente. Esto se debe a que implica un don sobrenatural y la intervención directa de Dios. Aquellos que pretenden tener este don son considerados profetas y deben ser evaluados por la iglesia.

Independientemente de si las personas reconocen o creen que las Escrituras son la palabra de Dios, si a través de pasajes claros de la Biblia se demuestra cuáles artículos de fe son necesarios para la salvación, las personas necesariamente conocerán, creerán o reconocerán las Escrituras.

El artículo de fe fundamental para la salvación es que Jesús es el Cristo. El término "Cristo" se refiere al rey prometido por Dios a través de los profetas del Antiguo Testamento, enviado al mundo para reinar sobre los judíos y todas las naciones que crean en él, bajo el mismo Dios, eternamente. Este rey también vino a otorgar la vida eterna perdida por el pecado de Adán. Una vez demostrado esto a través de las Escrituras, se puede explorar cómo otros artículos también pueden ser considerados necesarios en ciertos contextos.

El primer argumento se basa en la misión de los Evangelistas. Según la descripción de la vida de Jesús, su propósito era establecer el artículo de fe de que Jesús es el Cristo. El Evangelio de San Mateo se centra en mostrar que Jesús era descendiente de David, nacido de una virgen, cumpliendo así las profecías del verdadero Cristo. Mateo narra cómo los Magos adoraron a Jesús como rey de los judíos, cómo Herodes intentó matarlo, y cómo San Juan Bautista lo proclamó. Jesús predicó y sus Apóstoles difundieron el mensaje de que Él era el rey. Mateo también relata los milagros de Jesús, su entrada triunfal en Jerusalén, su advertencia contra los falsos Cristos, su arresto, juicio y ejecución por proclamarse rey, y la inscripción en la cruz que decía: "Jesús de Nazaret, el rey de los judíos". Todo esto apunta a que los hombres deben creer que Jesús es el Cristo, y este fue el propósito del Evangelio de Mateo. De manera similar, los demás Evangelistas tenían el mismo objetivo, como lo expresa San Juan: "Estas cosas están escritas para que sepáis que Jesús es el Cristo, el Hijo de Dios vivo" (Juan 20:31).

El segundo argumento se basa en las predicaciones de los Apóstoles, tanto durante la vida de Jesús en la tierra como después de su Ascensión. Los Apóstoles fueron enviados a predicar el reino de Dios, como se menciona en Lucas 9:2 y Mateo 10:7, donde se les instruyó a anunciar que el reino de los cielos estaba cerca, es decir, que Jesús es el Mesías, el Cristo. Tras la Ascensión, los Apóstoles continuaron predicando el mismo mensaje, como se evidencia en Hechos 17:6, donde se dice que los Apóstoles fueron acusados de proclamar otro rey, Jesús. Además, en Hechos 17:2-3, se describe cómo San Pablo discutía con los judíos sobre las Escrituras, argumentando que era necesario que el Cristo padeciera y resucitara, y que Jesús era el Cristo.

El tercer argumento se basa en los pasajes de la Escritura que declaran la facilidad de la fe requerida para la salvación. Si se necesitara un asentimiento íntimo a todas las doctrinas cristianas, muchas de las cuales son objeto de disputa, ser cristiano sería una tarea ardua. El ladrón en la cruz fue salvado al reconocer a Jesús como rey, sin necesidad de adherirse a otros artículos de fe. Además, Jesús dijo que su yugo es fácil y su carga ligera (Mateo 11:30), y que los niños pequeños creen en Él (Mateo 18:6). San Pablo también mencionó que Dios se complació en salvar a los que creen mediante la "locura de la predicación" (1 Corintios 1:21). San Pablo mismo, quien se convirtió en un gran doctor de la fe, no necesariamente pensó en doctrinas complejas como la transubstanciación o el purgatorio. Esto demuestra que la fe en que Jesús es el Cristo es suficiente para la salvación. Aquí también se relaciona con el unum necessarium, es decir, el único artículo de fe que la Escritura hace evidentemente necesario para la salvación, es creer y aceptar que Jesús es Cristo. En resumen, la enseñanza es la vía a través de la cual se transmite la fe, aunque esta es un don de Dios. El reconocimiento de las Escrituras y la creencia en Jesús como el Cristo son fundamentales para la salvación, respaldados por la misión de los Evangelistas, las predicaciones de los Apóstoles y la simplicidad de la fe requerida.

El cuarto argumento se basa en pasajes explícitos que no admiten controversia en cuanto a su interpretación. Por ejemplo, en Juan 5:39, Jesús dice: "Escudriñen las Escrituras, porque piensan que en ellas tienen vida eterna; y ellas son las que dan testimonio de mí". Aquí, Jesús se refiere únicamente al Antiguo Testamento, ya que en ese tiempo los judíos no tenían acceso a las Escrituras del Nuevo Testamento, pues aún no habían sido escritas. El Antiguo Testamento contenía señales de la venida de Cristo, como su descendencia de David, su nacimiento en Belén de una virgen, y los grandes milagros que realizaría. Creer que Jesús era el Cristo resultaba suficiente para la vida eterna. Por lo tanto, no se requiere ningún otro artículo de fe.

En Juan 11:26, Jesús dice: "Quien vive y cree en mí, no morirá eternamente". Creer en Cristo es suficiente para la vida eterna, lo que significa que no se necesita más fe que la necesaria, es decir, creer que Jesús es el Cristo. Esto se evidencia en el diálogo entre Jesús y Marta en los versículos 26 y 27, donde Marta confiesa: "Sí, Señor, creo que tú eres el Cristo, el Hijo de Dios, que ha de venir a este mundo". Este artículo de fe es suficiente para la vida eterna.

En Juan 20:31, se dice: "Estas cosas son escritas para que creáis que Jesús es el Cristo, el Hijo de Dios, y para que creyendo podáis tener vida en su nombre". Creer que Jesús es el Cristo contiene suficiente fe para obtener la vida eterna, por lo tanto, ningún otro artículo es necesario.

En 1 Juan 4:2, se afirma: "Todo espíritu que confiesa que Jesucristo ha venido en carne, es de Dios". Y en 1 Juan 5:1, se dice: "Quien cree que Jesús es Cristo, ha nacido de Dios". Además, en el versículo 5 se pregunta: "¿Quién es el que vence al mundo, sino el que cree que Jesús es el Hijo de Dios?". Estos pasajes refuerzan la idea de que creer que Jesús es el Cristo es suficiente para la salvación.

En Hechos 8:36-37, el eunuco etíope pregunta: "He aquí agua; ¿qué impide que yo sea bautizado?". Felipe responde: "Si crees de todo corazón, bien puedes". El eunuco declara: "Yo creo que Jesucristo es el Hijo de Dios". Este artículo de fe es suficiente para el bautismo, lo que significa que es suficiente para ser recibido en el reino de Dios.

En muchos pasajes donde Jesús dice a una persona: "Tu fe te ha salvado", la causa de la salvación es una confesión que implica la creencia de que Jesús es el Cristo. Esto demuestra que la fe en Jesús como el Cristo es fundamental y suficiente para la salvación.

El último argumento se basa en pasajes que establecen este artículo de fe como el fundamento de la fe cristiana. Quien sustente este fundamento será salvado.

En Mateo 24:23, Jesús advierte: "Si alguien os dijere aquí está Cristo, o allí, no lo creáis, porque surgirán falsos Cristos, y falsos profetas, y os mostrarán grandes signos y maravillas". Aquí, se enfatiza que el artículo "Jesús es el Cristo" debe mantenerse incluso frente a quienes realicen grandes milagros, pero enseñen lo contrario.

En Gálatas 1:8, Pablo dice: "Aunque nosotros o un ángel del cielo os predique otro Evangelio, que el que nosotros hemos predicado a ustedes, repúdienlo". El Evangelio que Pablo y los Apóstoles predicaban se centraba en el artículo de que Jesús es el Cristo. Por lo tanto, este artículo es tan fundamental que, si alguien, incluso un ángel, predica lo contrario, debe ser rechazado.

En 1 Juan 4:1, se advierte: "Amados, no creáis a todo espíritu, sino probad si se trata del espíritu de Dios. Cada espíritu que confiesa que Jesucristo ha venido en carne, es de Dios". Este artículo es la medida y norma mediante la cual se deben evaluar todos los demás artículos de fe.

En Mateo 16:18, después de que Pedro confiesa: "Tú eres el Cristo, el Hijo de Dios vivo", Jesús responde: "Tú eres Pedro y sobre esta piedra edificaré mi Iglesia". Esto sugiere que todas las doctrinas de la Iglesia se edifican sobre el fundamento de que Jesús es el Cristo.

En 1 Corintios 3:11-12, Pablo afirma: "Porque nadie puede poner otro fundamento que el que está puesto, que Jesús es el Cristo". Este fundamento es inamovible y sobre él se construyen todas las enseñanzas de la Iglesia. Aunque los pastores puedan cometer errores, mientras enseñen este fundamento, pueden ser salvados, al igual que sus oyentes que creen en sus enseñanzas.

Podemos concluir entonces que la creencia de que Jesús es el Cristo es suficiente para la salvación y no se requiere ningún otro artículo de fe. Este artículo es el fundamento sobre el cual se edifican todas las demás doctrinas cristianas. La fe en Jesús como el Cristo es la clave para la vida eterna, y mantener esta creencia es esencial incluso frente a grandes milagros o enseñanzas contrarias.

Ahora bien, cuando hablamos de interpretaciones alegóricas, como cuando se menciona que *el fuego probará la obra de cada uno*, y que algunos serán salvados, pero "como" o "a través del fuego", esto no cambia la conclusión que he extraído de otras palabras claras y comprensibles. Sin embargo, dado que este pasaje se ha usado para argumentar y validar la existencia del fuego del purgatorio, quiero compartir mi interpretación sobre el significado de este juicio y la salvación a través del fuego.

El Apóstol parece referirse a las palabras del profeta Zacarías, capítulo 13, versículos 8 y 9, que dice: "Dos tercios en toda la tierra serán cortados y desaparecerán, pero el tercio restante será dejado en ella. Y meteré en el fuego a ese tercio, y los fundiré como se funde la plata, y los probaré como se prueba el oro. Ellos invocarán mi nombre, y yo les responderé". El Día del Juicio es el día de la restauración del reino de Dios. Según San Pedro, en este día ocurrirá una conflagración mundial en la cual perecerán todos los malvados, pero los que Dios quiere salvar pasarán a través de ese fuego sin ser dañados y serán purificados, como el oro y la plata se funden para separarlos de las impurezas. Estos serán purgados de su idolatría y comenzarán a invocar el nombre del verdadero Dios.

San Pablo alude a esto diciendo que el Día del Juicio probará la doctrina de cada persona, juzgando si son como oro, plata, piedras preciosas, madera, heno o paja. Aquellos que hayan construido falsas doctrinas sobre un fundamento verdadero verán cómo sus doctrinas son condenadas, pero ellos mismos serán salvados, pasando sin daño a través del fuego universal y comenzarán a invocar el nombre del único y verdadero Dios. Esta interpretación no contradice el resto de las Escrituras ni la visión del purgatorio.

Pero surge una pregunta: ¿Es tan necesario para la salvación creer que Dios es omnipotente, creador del mundo, que Jesús ha resucitado y que todos los hombres resucitarán en el día final, como creer que Jesús es el Cristo? La respuesta es sí. Muchos otros artículos de fe son igualmente necesarios, pero todos están contenidos en ese único artículo, y pueden deducirse de él con más o menos dificultad. Por ejemplo, quien cree que Jesús es el Hijo del Dios de Israel, y que los israelitas adoraban al Creador omnipotente de todas las cosas, también creerá que Dios es el Creador omnipotente. Y, ¿cómo puede alguien creer que Jesús es el rey eterno sin creer también que resucitó de entre los muertos? Un rey muerto no puede reinar. En resumen, quien sostiene que Jesús es el Cristo acepta explícitamente todo lo que se deduce correctamente de ello e implícitamente todo lo que se deriva de ello, aunque no tenga la habilidad para discernir todas las consecuencias. Por lo tanto, la creencia en este único artículo es suficiente para obtener la remisión de los pecados y para llevar al penitente al reino de los cielos.

Una vez demostrado que toda la obediencia requerida para la salvación consiste en la voluntad de obedecer la ley de Dios, es decir, en el arrepentimiento, y que toda la fe necesaria para eso mismo se comprende en la creencia de que Jesús es el Cristo, podemos examinar ciertos pasajes del Evangelio que prueban que todo lo necesario para la salvación está contenido en estas dos afirmaciones unidas.

Los hombres a quienes San Pedro predicó en el día de Pentecostés, poco después de la Ascensión de nuestro Salvador, preguntaron a él y a los otros Apóstoles: "Hermanos, ¿qué debemos hacer?" (Hechos 2:37). San Pedro respondió: "Arrepiéntanse y sean bautizados cada uno de ustedes para el perdón de sus pecados, y recibirán el don del Espíritu Santo". Así que el arrepentimiento y el bautismo, es decir, la creencia en que Jesús es el Cristo, es todo lo que se necesita para la salvación.

Además, cuando un cierto príncipe preguntó a nuestro Salvador: "¿Qué haré para heredar la vida eterna?" (Lucas 18:18), Jesús respondió: "Tú conoces los mandamientos: No cometas adulterio, no mates, no robes, no des falso testimonio, honra a tu padre y a tu madre". Y cuando el príncipe dijo que había guardado todos estos mandamientos, Jesús replicó: "Vende todo lo que tienes, dalo a los pobres y sígueme". Esto era tanto como decir: "Confía en mí, que soy el rey". Así que cumplir la ley y creer que Jesús es el rey es todo lo que se necesita para alcanzar la vida eterna.

En tercer lugar, San Pablo dice: "El justo vivirá por la fe" (Romanos 10:17), no todos, sino el justo; por lo tanto, la fe y la justicia (es decir, la voluntad de ser justo, o el arrepentimiento) son todo lo que es necesario para la vida eterna. Y nuestro Salvador predicó diciendo: "El tiempo se ha cumplido y el reino de Dios está cerca; arrepiéntanse y crean en el Evangelio" (Marcos 1:15), es decir, en la buena nueva de que Dios ha venido. Así que arrepentirse y creer que Jesús es el Cristo es todo lo que se necesita para la salvación.

Considerando la necesidad de que tanto la fe como la obediencia (implícita en el arrepentimiento) sean fundamentales para nuestra salvación, la discusión sobre cuál de las dos nos justifica resulta irrelevante. Sin embargo, no está de más aclarar cómo cada una contribuye a nuestra salvación y en qué sentido se dice que somos justificados por una u otra.

En primer lugar, si entendemos la justicia como la rectitud de nuestras acciones, ningún ser humano podría ser salvado, ya que todos hemos transgredido la ley de Dios en algún momento. Por lo tanto, cuando se dice que somos justificados por nuestras obras, se refiere a la voluntad de obedecer a Dios, una voluntad que Él acepta tanto en los buenos como en los malos. En este contexto, un hombre se considera justo o injusto según su disposición hacia la justicia, y su justicia lo justifica, es decir, le confiere el título de justo a los ojos de Dios, permitiéndole vivir por su fe, algo que antes no podía hacer. De esta manera, la justicia se justifica en el sentido de reconocer a un hombre como justo, y no en el sentido de absolverlo de la ley, ya que, de ser así, el castigo por sus pecados sería injusto.

Un hombre está justificado cuando su excusa, aunque insuficiente por sí sola, es aceptada por Dios. Esto sucede cuando manifestamos nuestra voluntad de cumplir la ley y nos arrepentimos de nuestras transgresiones. Dios acepta esos deseos como si fueran la propia realización de la ley. Y dado que Dios no acepta la voluntad en lugar de las acciones a menos que uno sea creyente, es la fe la que hace válida nuestra excusa. En este sentido, la fe justifica, ya que es la fe la que convierte nuestra intención en algo aceptable para Dios. Por lo tanto, la fe y la obediencia son ambas necesarias para la salvación, pero cada una justifica en distintos sentidos.

Habiendo aclarado lo que es necesario para la salvación, no es difícil reconciliar nuestra obediencia a Dios con nuestra obediencia al soberano civil, ya sea cristiano o no. Si el soberano es cristiano, permite la creencia en el artículo de fe de que Jesús es el Cristo, así como en todos los demás artículos contenidos en este, o deducidos de él por consecuencia lógica, cubriendo así toda la fe necesaria para la salvación. Como soberano, exige obediencia en todos los aspectos civiles, que incluyen las leyes de la naturaleza y las leyes de Dios, porque junto con las leyes de la naturaleza y las leyes de la Iglesia, que forman parte de la ley civil (ya que la Iglesia con poder legislativo es el Estado), no existen otras leyes divinas. Así, quien obedece a su soberano cristiano no está impedido de creer en Dios ni de obedecerle.

Ahora, supongamos que un rey cristiano, partiendo del fundamento de que Jesús es el Cristo, deduce algunas conclusiones erróneas y ordena enseñar dichas conclusiones. Según San Pablo, este rey será salvado, y aún más quienes enseñen por su mandato, y más aún aquellos que simplemente crean en su legítimo maestro. Si un súbdito tiene prohibido por el soberano civil profesar alguna de estas opiniones, ¿qué razón justa tiene para desobedecer? Los reyes cristianos pueden errar al deducir una conclusión, pero, ¿quién tiene la autoridad para juzgar? ¿Debería un juez privado juzgar su propia obediencia, o debería hacerlo alguien designado por la Iglesia, es decir, por el soberano civil que la representa? Y si el Papa o un Apóstol juzga, ¿no podrían errar también en sus conclusiones? No puede existir, por lo tanto, una contradicción entre las leyes de Dios y las leyes de un Estado cristiano.

Cuando el soberano civil es un infiel, cualquier súbdito que se le resiste peca contra las leyes de Dios (que son las leyes de la naturaleza) y rechaza el consejo de los Apóstoles, quienes ordenan a todos los cristianos obedecer a sus príncipes y a todos los hijos y sirvientes obedecer a sus padres y dueños en todas las cosas. En cuanto a su fe, esta es interna e indivisible; tienen la licencia que tenía Naamán y no necesitan ponerse en peligro por ella. Pero si lo hacen, deben esperar su recompensa en el cielo y no quejarse de su legítimo soberano, mucho menos hacerle la guerra. De hecho, quien no se siente feliz en cualquier justa ocasión de martirio, no tiene la fe que profesa, sino que pretende encubrir su propia rebeldía.

Finalmente, ¿qué rey infiel sería tan irracional como para dar muerte o perseguir a un súbdito que espera la segunda venida de Cristo, cuando el mundo presente será destruido por el fuego, y que se propone obedecerle? Un súbdito así cree que Jesús es el Cristo, pero mientras tanto, se considera obligado a obedecer las leyes de su rey infiel, lo que todos los cristianos están obligados a hacer en conciencia. Un rey infiel, sabiendo que tiene un súbdito con tales creencias y que está dispuesto a obedecer las leyes civiles, tendría poca razón para perseguir a alguien que le es leal y espera su recompensa en el más allá.

Tendemos a creer que lo que se va narrando sobre el reino de Dios y sobre la política eclesiástica, es más que suficiente. Con esto no es mi intención adoptar ninguna posición o revelar ninguna postura mía, sino que pretendo mostrar únicamente cuáles son las consecuencias que me parecen evidentes de los principios de la política cristina (que son, como ya hemos leído durante este y otros capítulos anteriores, las Sagradas Escrituras), en relación y confirmación del poder que ejercen los soberanos civiles y de las obligaciones de los súbditos. Al hacer referencia a la Escritura, he intentado evitar y dejar de lado aquellos textos que tienen una interpretación controvertida u oscura, y utilizar ninguno, sino aquellos que, de tal forma, son los más fáciles y claros en relación a la armonía y pretensión de la Biblia en su totalidad, que fue escrita para el restablecimiento del reino de Dios en Cristo. Por lo tanto, no son solamente las palabras sino la intención fina del escritor lo que otorgará la verdadera luz para ayudar a la interpretación de cualquier escritura; y aquellos que insisten sobre algunos textos que son singulares, sin tener en cuenta el interés y designio principal, no pueden sacar nada en claro de esos textos, más bien, cuando se va reuniendo átomos de la Escritura, como mínimas motas de polvo frente a los ojos de los hombres, terminan oscureciendo las cosas incluso más de lo que son, y éste es un artificio bastante ordinario en aquellos que no buscan la verdad sino su propio beneficio y ventaja.

Cuarta Parte
Sobre el reino de las tinieblas

Capítulo XLIV
Sobre la tiniebla espiritual que surge a raíz de una interpretación equivocada de la Escritura

Además de los poderes soberanos, divino y humano, que ya he mencionado, la Escritura habla de otro poder: el de los gobernantes de las tinieblas de este mundo, el reino de Satanás y el dominio de Belcebú sobre los demonios, es decir, los fantasmas que se manifiestan en el aire. Por esta razón, Satanás es llamado el príncipe del poder del aire y, porque gobierna en las tinieblas de este mundo, también se le llama el príncipe de este mundo. Los que están bajo su dominio, en contraste con los creyentes (que son los hijos de la luz), son denominados hijos de las tinieblas.

Belcebú, siendo el príncipe de los fantasmas, habita en su dominio del aire y de las tinieblas. Así, los hijos de las tinieblas y los demonios, fantasmas o espíritus de la ilusión, significan alegóricamente lo mismo. El reino de las tinieblas, tal como se describe en varios pasajes de la Escritura, no es más que una confederación de seres engañosos que, mediante doctrinas oscuras y erróneas, buscan extinguir la luz de la naturaleza y del Evangelio en las personas, dificultando su preparación para el reino de Dios que ha de venir.

Así como aquellos que nacen ciegos no tienen idea de la luz, y nadie puede imaginar una luz mayor que la percibida por sus sentidos, lo mismo ocurre con la luz del Evangelio y del entendimiento. Nadie puede concebir un grado mayor de luz que el que ya ha alcanzado. De aquí se deduce que los hombres solo pueden reconocer sus propias tinieblas reflexionando sobre los fracasos inesperados en su camino.

La parte más oscura del reino de Satanás se encuentra fuera de la Iglesia de Dios, entre aquellos que no creen en Jesucristo. Sin embargo, no podemos afirmar que la Iglesia goce (como el país de Goshen) de toda la luz necesaria para cumplir con la tarea impuesta por Dios. ¿Por qué, entonces, han existido, casi desde la época de los Apóstoles, tantas contiendas, guerras civiles y extranjeras, y tantas desviaciones a la menor adversidad o a la vista de la excelencia de otros hombres? ¿Por qué hay tanta diversidad de caminos hacia la misma meta, la felicidad, si no fuera porque aún estamos en la oscuridad?

El enemigo ha subsistido en la noche de nuestra ignorancia natural, mostrándonos los errores espirituales. En primer lugar, al interpretar de manera abusiva y oscurecer la luz de la Escritura, ya que erramos al no conocerlas correctamente. En segundo lugar, al introducir la demonología de los poetas paganos, es decir, sus doctrinas fabulosas sobre los demonios, que no son más que ídolos y fantasmas de la mente humana, sin contenido real más allá de la fantasía humana. Esto incluye los espíritus de los muertos, las creaciones de la magia y otros cuentos populares. En tercer lugar, al mezclar con la Escritura diversas reliquias religiosas y gran cantidad de la vana y errónea filosofía griega, especialmente la de Aristóteles. En cuarto lugar, al combinar falsas o inciertas tradiciones con historias dudosas o ficticias.

Así, caemos en el error al dar crédito a los espíritus seductores y a la demonología de aquellos cuyas palabras son hipócritas, (o como se dice en el original, i Ti., 4, i, 2, de aquellos que actúan como mentirosos) con una conciencia falsa, es decir, contraria a su propio conocimiento. Me referiré brevemente a la primera de estas falacias, que es la seducción de los hombres mediante una interpretación abusiva de la Escritura, en este capítulo.

El mayor y principal abuso de la Escritura, del cual derivan casi todos los demás, es la afirmación de que el reino de Dios, tan frecuentemente mencionado en la Escritura, es la Iglesia actual, o el conjunto de cristianos vivos o resucitados el día del Juicio Final. El reino de Dios fue instituido inicialmente por Moisés para los judíos, quienes fueron llamados su pueblo escogido. Este reino cesó con la elección de Saúl, cuando los judíos se negaron a ser gobernados por Dios y demandaron un rey como las demás naciones, a lo cual Dios mismo consintió, como he demostrado ampliamente en el capítulo XXXV. Después de esta época, no existió otro reino de Dios en el mundo, excepto en el sentido de que Él siempre ha sido, es y será el rey de todos los hombres y de todas las criaturas, gobernándolas según su voluntad con su poder infinito.

No obstante, Dios prometió a través de sus profetas restaurar su gobierno sobre ellos cuando el tiempo señalado en sus designios ocultos se cumpliera, y cuando los hombres regresaran a Él mediante el arrepentimiento y la enmienda. También invitó a los gentiles a entrar en este reino y disfrutar de su felicidad bajo las mismas condiciones de conversión y arrepentimiento. Además, prometió enviar a su Hijo al mundo para expiar sus pecados con su muerte y prepararlos con su doctrina para recibirlos en su segunda venida. Como esta segunda venida aún no ha ocurrido, el reino de Dios todavía no ha llegado. Actualmente, no estamos bajo la autoridad de ningún otro rey por pacto, excepto nuestros soberanos civiles. Sin embargo, los cristianos siempre están en el reino de la gracia, ya que tienen la promesa de ser recibidos nuevamente en su venida.

Bajo la premisa errónea de que la Iglesia actual es el reino de Cristo, surgió la creencia de que debía haber un hombre o una asamblea a través de los cuales nuestro Salvador, ahora en el cielo, hablara, promulgara leyes y representara su figura ante todos los cristianos. Este poder real bajo Cristo, que el Papa ha pretendido ejercer universalmente, y que en ciertos Estados es reclamado por la asamblea de los pastores del país (cuando, en realidad, la Escritura solo otorga esta autoridad a los soberanos civiles), ha generado disputas tan intensas que han eclipsado la luz de la razón. Esto ha provocado una oscuridad tan profunda en la mente humana que las personas ya no perciben a quién deben su obediencia.

Esta pretensión del Papa de ser el Vicario general de Cristo en la Iglesia actual (asumiendo que este es el reino al que se refiere el Evangelio) está alineada con la doctrina de que es necesario para un rey cristiano recibir su corona de manos de un obispo. Se sostiene que es esta ceremonia la que confiere la cláusula del "Dei gratia" a su título, y que solo después de ser coronado por la autoridad del Vicario universal de Dios sobre la tierra, el rey es instituido por el favor divino. Además, cualquier obispo, independientemente de quién sea su soberano, jura obediencia absoluta al Papa durante su consagración.

Esta doctrina se consolidó en el IV Concilio Laterano, celebrado bajo el Papa Inocencio III[53] (cap. 3 *De Haereticis*[54]), donde se estableció que si un rey, tras ser amonestado por el Papa, no purga su reino de herejías y es excomulgado por ello, sus súbditos quedan exentos de toda obligación de obedecerle. En este contexto, se considera herejía cualquier opinión que la Iglesia de Roma haya prohibido. Este procedimiento ha causado, cada vez que surge un conflicto entre los intereses políticos del Papa y otros príncipes cristianos, una confusión tan grande que los súbditos no saben en quién confiar, incluso en el trono de su propio príncipe, a quien ellos mismos han colocado allí. En esta situación de oscuridad mental, arrastrados por la ambición de otro hombre, luchan entre sí sin distinguir a sus enemigos de sus amigos.

La idea de que la Iglesia actual es el reino de Dios también ha llevado a que los pastores, diáconos y otros ministros eclesiásticos se autodenominen "clero", relegando a los demás cristianos al término de "seglares", es decir, el pueblo llano. El clero está compuesto por aquellos cuyo sustento proviene de los ingresos que, durante su reino sobre los israelitas, Dios mismo había reservado y asignado como herencia a la tribu de Leví, que incluía a sus ministros públicos. Estos no tenían tierras para vivir como sus hermanos. Así,

53 El IV concilio de Letrán o Lateranense, comenzó en el año 1215 para tratar temas relacionados con la moral y la fe, aunque numerosos historiadores señalan que fue más bien creado por intereses políticos y económicos entre el reino de Francia y el Papado.

54 Sebastián Castellion (1515-1563), fue un humanista, biblista y teólogo cristiano. En el año 1554 y bajo el seudónimo de Martinus Bellius, publicó *De haereticis an sint persequendi*, un tratado que era un ataque deliberado a la tesis de que de los herejes debían ser ejecutados; esta obra lo enemistó de forma definitiva con Calvino.

cuando el Papa, al pretender que la Iglesia actual es el reino de Dios como lo fue Israel, reclama para sí y sus subordinados los mismos ingresos como herencia divina, el término "clero" se hace apropiado.

Como resultado, los diezmos y otros tributos, que entre los israelitas se pagaban a los levitas como derecho divino, fueron demandados y tomados de los cristianos por el clero, también jure divino, es decir, por derecho de Dios. Esto ha obligado al pueblo a pagar un doble tributo: uno al Estado y otro al clero. El tributo al clero, que equivale a la décima parte de sus ingresos, es el doble de lo que el tirano rey de Atenas exigía a sus súbditos para liberarlos de todas las cargas públicas. Dicho rey solo pedía la vigésima parte y aun así mantenía el Estado con esos ingresos. En el reino de los judíos, durante el gobierno sacerdotal de Dios, los diezmos y ofrendas constituían la totalidad de los ingresos públicos. Así, esta situación histórica y doctrinal no solo demuestra las ambiciones y conflictos dentro de la cristiandad, sino también cómo las interpretaciones erróneas y las doctrinas abusivas han llevado a una gran confusión y explotación de los creyentes.

La confusión entre la Iglesia actual y el reino de Dios ha dado lugar a la distinción entre leyes civiles y canónicas. Las leyes civiles son establecidas por los soberanos en sus propios dominios, mientras que las leyes canónicas son dictadas por el Papa dentro de esos mismos territorios. Inicialmente, estos cánones eran solo reglas propuestas y voluntariamente aceptadas por los príncipes cristianos. Sin embargo, tras la transferencia del imperio a Carlomagno y el consecuente aumento del poder papal, estas normas se volvieron obligatorias, y los emperadores se vieron forzados a considerarlas como leyes para evitar los daños que podían causar los individuos descarriados.

Esta situación implica que, en todos los territorios donde se acepta el poder eclesiástico del Papa sin reservas, se toleran judíos, turcos y gentiles con sus religiones siempre y cuando su práctica no ofenda al poder civil. Sin embargo, en un dominio cristiano extranjero, no pertenecer a la religión romana es un delito capital, ya que el Papa sostiene que todos los cristianos son sus súbditos. De lo contrario, perseguir a un cristiano extranjero por profesar la religión de su país iría en contra de la ley de las naciones, ya que aquellos que no están contra Cristo, están con Él.

Además, en cualquier Estado cristiano, hay individuos que, por su libertad eclesiástica, están exentos de tributos y de los tribunales civiles. Esto incluye al clero secular, monjes y mendicantes, que en muchos lugares forman una proporción tan grande de la población que podrían constituir un ejército suficiente para cualquier guerra que la Iglesia militante decida llevar a cabo, ya sea contra sus propios príncipes o contra enemigos extranjeros.

Otro abuso común de la Escritura es la transformación de la consagración en un conjuro o encantamiento. Consagrar, según la Escritura, significa ofrecer, dar o dedicar a Dios, mediante un lenguaje piadoso y gestos específicos, a una persona o cosa, separándolas de su uso común. Esto no cambia la esencia de la cosa consagrada, sino solo su uso, de ser profano y común a ser santo y destinado al servicio de Dios. Sin embargo, cuando se pretende que tales palabras cambian la naturaleza misma de la cosa, no se trata de una consagración, sino de un acto extraordinario de Dios o de un vano e impío conjuro.

Esta distinción es importante porque, cuando se alega que la naturaleza de una cosa cambia mediante la consagración, y este cambio no se percibe a través de los sentidos, se está hablando de un conjuro o encantamiento. Por ejemplo, cuando el sacerdote consagra el pan y el vino en la Eucaristía, este acto debería separar estos elementos de su uso común para recordar a los hombres la redención por la Pasión de Cristo. No obstante, si el sacerdote sostiene que, al pronunciar las palabras de nuestro Salvador "Este es mi cuerpo" y "Esta es mi sangre", la naturaleza del pan y el vino se transforma en el cuerpo y la sangre de Cristo, sin que esto sea perceptible para los sentidos, está realizando un acto más cercano a un encantamiento que a una consagración.

Este tipo de práctica recuerda a los magos egipcios que, según se decía, convertían sus varas en serpientes y las aguas en sangre, engañando así los sentidos de los espectadores con ilusiones. Del mismo modo, la pretensión de que las palabras de consagración cambian la esencia del pan y el vino, sin que esto sea perceptible, puede ser vista como una ilusión o un engaño a los sentidos, similar a los trucos de los antiguos magos.

¿Qué habríamos pensado si, al realizar sus hechizos, los magos egipcios no hubieran mostrado ninguna serpiente real en lugar de sus varas, ni agua convertida en sangre? Habríamos considerado que no solo eran engañadores, sino también mentirosos. Sin embargo, en las ceremonias diarias, los sacerdotes hacen algo similar: utilizan palabras sacramentales como si fueran hechizos, sin producir ningún cambio perceptible para los sentidos, pero haciendo creer a la gente que el pan se ha convertido en un hombre, y más aún, en un Dios. Esto induce a la adoración de un objeto como si fuera el mismo Salvador, tanto Dios como hombre, cometiendo así una grave idolatría.

Si fuera aceptable justificar tal idolatría diciendo que el pan ya no es pan sino Dios, ¿por qué no sería válida la misma excusa para los egipcios cuando adoraban apios y cebollas, afirmando que no eran simples vegetales, sino divinidades bajo esa apariencia? Las palabras "Este es mi cuerpo" deben interpretarse como "Esto significa o representa mi cuerpo", utilizando una figura de dicción común. Tomarlas literalmente es un abuso. Además, ni siquiera en su sentido literal pueden aplicarse a cualquier pan consagrado por un sacerdote, sino sólo al pan que Cristo mismo consagró.

Cristo nunca dijo que cualquier pan sobre el cual un sacerdote pronunciara "Este es mi cuerpo" se transformaría en su cuerpo real. La doctrina de la transubstanciación no fue establecida por la Iglesia de Roma hasta el pontificado de Inocencio III, hace poco más de quinientos años, en una época de gran oscurantismo donde la gente no podía distinguir el pan común del consagrado, especialmente cuando llevaba la figura de Cristo en la cruz. Se creía que el pan se transformaba no solo en el cuerpo de Cristo, sino también en la madera de su cruz, y que, al consumirlo, comían ambas cosas en el sacramento.

El mismo uso de encantamientos en lugar de consagraciones ocurre en el sacramento del bautismo. El abuso del nombre de Dios y el uso repetido del signo de la cruz son comunes. El sacerdote consagra el agua diciendo: "Yo te conjuro, criatura de agua, en el nombre de Dios Padre Todopoderoso, en el nombre de Jesucristo, su Hijo único, y por el poder del Espíritu Santo, que te conviertas en agua bendita para expulsar todos los poderes del enemigo". Un proceso similar se realiza con la sal que se mezcla con el agua, y con el óleo, para expulsar demonios y espíritus impuros.

El infante que va a ser bautizado también es sometido a varios encantamientos. Primero, en la puerta de la iglesia, el sacerdote sopla tres veces en la cara del niño y dice: "Sal de él, espíritu impuro, y deja lugar al Espíritu Santo, el consolador", sugiriendo que todos los niños son poseídos hasta que el sacerdote los exorciza. Luego, antes de entrar a la iglesia y nuevamente antes del bautismo, el sacerdote repite el exorcismo.

Estos rituales de encantamiento, en lugar de bendiciones y consagraciones, se utilizan en la administración de los sacramentos del Bautismo y la Eucaristía. Cada objeto utilizado en estos ritos, excepto la saliva profana del sacerdote, tiene un exorcismo específico.

Otros sacramentos y ritos, como el matrimonio, la extremaunción, la visita a los enfermos, la consagración de iglesias y cementerios, también están impregnados de estos encantamientos. El uso del óleo y del agua bendita, junto con la repetición del salmo de David "Asperges me Domine hyssopo"[55], se emplean como si fueran conjuros para alejar fantasmas y espíritus imaginarios.

Estos rituales reflejan un profundo malentendido y abuso de las enseñanzas originales, transformando actos simbólicos y de fe en prácticas que

55 *Asperges me* es una antífona procesional de origen galicano que evoca las aspersiones lustrales que llevaban a cabo los judíos rociando a los fieles con ramas de hisopo (ezov en hebreo, hyssopos en griego). Se canta mientras se rocía con agua bendita a los fieles antes de dar comienzo a la misa solemne del domingo en el rito llamado *Asperges*. El fin de este rito es incrementar la purificación del altar y de los fieles antes de comenzar el acto del Sacrificio e invocar sobre ellos la asistencia del Santo Ángel, "para que los guarde a todos, los llene de fervor, los proteja y los visite" en este momento solemne.

buscan efectos mágicos, distorsionando el propósito y la esencia de los sacramentos.

Otro error común reside en la interpretación errónea de términos como "vida eterna", "muerte eterna" y "segunda muerte". La Sagrada Escritura nos enseña que Dios creó a Adán con la posibilidad de una vida eterna condicional, condicionada a su obediencia al mandato divino. Este estado no era inherente a la naturaleza humana, sino un resultado de la virtud del árbol de la vida, del cual Adán podía comer libremente antes de pecar. Tras su desobediencia, fue expulsado del Paraíso para evitar que comiera del árbol y viviera eternamente.

La pasión de Cristo, según las Escrituras, asegura el perdón de los pecados para aquellos que creen en Él, ofreciendo así la restauración de la vida plena exclusivamente a los creyentes. Sin embargo, la interpretación errónea sostiene que todos los seres humanos poseen naturalmente la inmortalidad espiritual desde el momento en que su espíritu es inmortal. De acuerdo con esta visión, la espada de fuego que custodia la entrada al Paraíso no priva al hombre de su inmortalidad, la cual Dios le otorgó a pesar de sus pecados. Esta perspectiva niega la necesidad del sacrificio de Cristo para la remisión de los pecados, sosteniendo que tanto los creyentes justos como los impíos y paganos disfrutarán de una vida eterna sin experimentar muerte alguna, y mucho menos una "segunda muerte" perdurable.

Algunos defensores de esta doctrina justifican la idea de una "segunda muerte perdurable" como una forma figurativa de una vida eterna en medio de tormentos, una expresión que nunca se emplea en otro contexto que no sea este. Esta interpretación diverge considerablemente de la enseñanza tradicional y contextual de las Escrituras sobre estos temas fundamentales.

Toda esta doctrina se sustenta únicamente en algunos de los pasajes más enigmáticos del Nuevo Testamento, que, sin embargo, considerando el propósito completo de la Escritura, pueden interpretarse claramente en un sentido diferente y no son necesarios para la fe cristiana. Por ejemplo, si cuando un ser humano muere solo queda su esqueleto, ¿no podría Dios, que con su palabra hizo surgir seres vivos del polvo y la arcilla inanimados, resucitar con igual facilidad un esqueleto muerto y permitirle vivir eternamente, o incluso hacerlo de nuevo con una nueva palabra? En la Escritura, el término "espíritu" siempre se refiere a la vida o a la criatura viva, mientras que "cuerpo y alma juntos" indican el cuerpo vivo en su totalidad.

Cuando Dios creó a las criaturas vivientes en el quinto día, dijo: "Que las aguas produzcan reptiles animados" (en latín sería *reptile animee viventis*), es decir, seres que tienen vida en sí mismos. En inglés se traduce como "lo que tiene vida". Dios también creó la ballena y *omnem animam viventem*, que significa "toda criatura viviente" en inglés. Lo mismo ocurrió con el hombre, a quien Dios formó del polvo de la tierra y sopló en su nariz el aliento de vida, convirtiéndolo así en una criatura viviente. Cuando Moisés salió del arca, Dios dijo que no deseaba destruir *omnem animam viventem*, es decir, toda criatura viviente. En Deuteronomio 12:23 se dice: "No coman la sangre, porque la sangre es el alma", es decir, la vida.

Estos pasajes muestran que, si entendemos el alma como una sustancia incorpórea con una existencia separada del cuerpo, el término podría referirse igualmente a cualquier otra criatura viva además del hombre. Sin embargo, he argumentado suficientemente en el capítulo XXXVI que las almas de los creyentes no permanecerán en sus cuerpos por su propia naturaleza, sino por la gracia especial de Dios, desde la resurrección hasta la eternidad. En cuanto a los pasajes del Nuevo Testamento que hablan de que todo hombre será arrojado en cuerpo y alma al fuego del infierno, se refieren al cuerpo y a la vida, es decir, que serán lanzados vivos al fuego perpetuo de Gehenna[56].

Esta es la puerta por donde entra, en primer lugar, la oscura enseñanza de los castigos eternos, seguida por la del Purgatorio y, como consecuencia, la creencia en el deambular de los espíritus de los difuntos, especialmente en lugares sagrados, solitarios u oscuros. Sobre esta base se erigen las prácticas de exorcismo y conjuro de los espíritus, así como la invocación de los muertos y la doctrina de las indulgencias, que pretenden eximir a estas entidades incorpóreas del fuego purgatorio, purificándolas para el cielo. Antes de la era de nuestro Salvador, y por influencia de la demonología griega, muchos estaban imbuidos de la idea de que los espíritus humanos eran entidades separadas de los cuerpos, creyendo que después de la muerte del cuerpo, el alma de cada individuo, ya sea bueno o malo, debía subsistir en algún lugar de acuerdo a su naturaleza propia, sin reconocer en ello ningún don sobrenatural de Dios.

Los teólogos de la Iglesia debatieron durante mucho tiempo sobre el lugar donde morarían los espíritus hasta la resurrección y, por un tiempo, se pensó que descansaban bajo los altares. Sin embargo, la Iglesia de Roma estableció el concepto del Purgatorio como un lugar beneficioso para purificar a estos espíritus, aunque esta creencia ha sido rechazada por otras iglesias en tiempos más recientes.

Ahora, analicemos qué textos de la Escritura parecen respaldar mejor estos tres errores generales a los que me he referido. Respecto a los argumentos

56 Gehena, también conocido como el valle de Hinón (en hebreo: Gai Ben Hinnom), en el judaísmo el infierno es un lugar purificación para los malvados, en donde la mayoría de los castigados permanecen hasta un año, aunque otros permanecen allí eternamente. El nombre proviene de un valle cercano a Jerusalén, el barranco de Hinón, que se identifica metafóricamente con la entrada al mundo del castigo en la vida futura. Este lugar, que aparece en el Nuevo Testamento y en las primeras escrituras cristianas, es el sitio donde todo el mal será destruido.

presentados por el cardenal Belarmino sobre el presente reino de Dios administrado por el Papa, los he refutado previamente mostrando que el reino de Dios instituido por Moisés concluyó con la elección de Saúl, después de lo cual ningún sacerdote depuso a ningún rey por su propia autoridad. Lo que el Sumo Sacerdote hizo con Atalía no lo hizo por su propia autoridad, sino con la autorización del joven rey Joás, su hijo. Por otro lado, Salomón depuso al Sumo Sacerdote Abiatar y puso a otro en su lugar por su propia autoridad. El pasaje más difícil de rebatir de todos los que podrían citarse para argumentar que el reino de Dios por Cristo ya está en este mundo, no es el citado por Belarmino ni por ningún otro defensor de la Iglesia de Roma, sino por Beza, quien sitúa el inicio de ese reino en la resurrección de Cristo. Sin embargo, ignoro si Beza pretende asegurar con esto el supremo poder eclesiástico para el presbiterado en el Estado de Ginebra, y por extensión, para todo presbiterado en cualquier otro Estado, o si lo hace para los príncipes y otros soberanos civiles. Es evidente que tanto el presbiterado como el Papa aspiran al poder de excomulgar a sus propios reyes y ser los máximos moderadores en cuestiones religiosas en los lugares donde ejercen su gobierno eclesiástico, tal como el Papa aspira universalmente.

En el Evangelio según Marcos (9:1), Jesús proclama: "Les aseguro que algunos de los que están aquí no morirán antes de ver que el reino de Dios ha llegado con poder". Desde una perspectiva gramatical, estas palabras sugieren que ciertos individuos contemporáneos de Cristo aún estarían vivos cuando el reino de Dios se manifestara con fuerza en el mundo. Sin embargo, otro pasaje plantea un desafío aún mayor: después de la resurrección del Señor y justo antes de su Ascensión, los Apóstoles le preguntaron si restauraría el reino de Israel en ese tiempo (Hechos 1:6). Jesús respondió que no era su lugar revelar los tiempos que el Padre había establecido en su autoridad exclusiva, pero prometió que recibirían poder con la venida del Espíritu Santo y serían sus testigos "hasta lo más remoto de la tierra".

Esto implica que el reino de Dios aún no había llegado completamente, y que su venida sería como la de un ladrón en la noche. Aunque enviaría al Espíritu Santo para que los Apóstoles fueran testigos de su resurrección, obras y enseñanzas, esto no concuerda con la idea de que el reino de Cristo comenzó con su resurrección. San Pablo, en 1 Tesalonicenses 1:9-10, habla de cómo los tesalonicenses se convirtieron en ejemplo al esperar la venida del Hijo de Dios desde el cielo, lo cual implicaría que estaban aguardando su reinado en poder.

Si el reino de Dios hubiera comenzado con la resurrección de Cristo, ¿por qué los cristianos, desde ese momento, continuarían orando "Venga tu reino"? Es claro que las palabras de Marcos deben interpretarse de manera distinta. Cuando Jesús dice que algunos de los presentes no morirán hasta que vean el reino de Dios manifestado, implica que ciertos individuos presenciarán esta manifestación antes de su muerte, no necesariamente todos.

Este enigma subraya cómo las promesas de Cristo se cumplieron de manera distinta a lo esperado, como se refleja en el relato de la transfiguración (Marcos 9:2-8), donde algunos discípulos fueron testigos de la gloria de Cristo. Esto sugiere que la visión de Cristo en su reino glorioso fue cumplida para algunos, anticipando una realidad mayor aún por venir en la venida final del reino de Dios.

Quienes soliciten una interpretación precisa de este pasaje deben primero considerar las palabras de Jesús a Pedro respecto a Juan (Juan 21:22): "Si yo quiero que él permanezca hasta que yo venga, ¿qué te importa a ti?" A partir de esto se generó la creencia de que Juan no moriría. Sin embargo, la veracidad de esta interpretación no fue confirmada por una base sólida ni refutada, quedando como un enigma sin resolver. Este mismo dilema se presenta en el pasaje de Marcos.

Es legítimo especular sobre su significado basándose en el contexto inmediato, tanto en Marcos como en Lucas, donde se alude a la transfiguración. Después de seis días, Jesús llevó a Pedro, Juan y Santiago a una montaña alta apartada, donde se transfiguró delante de ellos. Su rostro brilló con una luz deslumbrante, más blanca que la nieve, sobrepasando toda vestimenta terrenal. Allí aparecieron Elías y Moisés, conversando con Jesús en una escena de majestuosidad y gloria que anticipa su venida final. Los discípulos quedaron atónitos y temerosos ante esta visión extraordinaria.

Así, la promesa de Jesús se cumplió en forma de visión. Según Lucas (9:28), los discípulos, inclinados por el sueño profundo, experimentaron este evento. Mateo (17:9) también relata el mismo suceso, indicando que Jesús les ordenó guardar silencio sobre la visión hasta después de su resurrección. Sin embargo, este relato no proporciona argumentos sólidos para afirmar que el reino de Dios comenzó con este evento, sino que más bien señala hacia el día del Juicio como el verdadero inicio de dicho reino.

En cuanto a los textos usados para justificar la autoridad papal sobre los soberanos civiles, aparte de los de Belarmino, como el que menciona las dos espadas —la espiritual y la temporal— entregadas por Cristo a los Apóstoles según San Pedro, y el simbolismo de las dos luminarias, donde la mayor representa al Papa y la menor al rey, estos argumentos parecen más bien una interpretación forzada que no se sustenta en la Escritura, sino que se convierte en una provocación hacia los príncipes. Este tipo de interpretaciones se generalizó cuando los Papas consolidaron su poder y se enfrentaron tanto a reyes cristianos como a emperadores, burlándose de ellos y hasta de la propia Escritura, como se desprende del Salmo 91: "Pisarás sobre el león y el basilisco, y hollarás al cachorro del león y al dragón."

Respecto a los ritos de consagración, aunque en su mayoría dependen del criterio y discernimiento de los líderes de la Iglesia y no están estrictamente regulados por las Escrituras, es necesario que quienes los gobiernan sigan principios que la naturaleza misma de estos actos requiere. Las ceremonias, palabras y gestos deben ser decorosos y significativos, o al menos coherentes con la acción que se realiza. Por ejemplo, cuando Moisés consagró el tabernáculo, el altar y sus utensilios (Éxodo 40), los ungió con el óleo prescrito por Dios, asegurando así su santificación. No se realizaron prácticas para expulsar fantasmas.

De manera similar, Moisés, quien también era líder civil de Israel, consagró a Aarón y sus hijos como sacerdotes mediante el lavado ritual con agua, la imposición de túnicas y la unción con óleo. Este procedimiento fue sencillo y respetuoso, adecuado para prepararlos como servidores de Dios en el sacerdocio. Cuando el rey Salomón consagró el templo que construyó (2 Reyes 8), se presentó ante toda la congregación de Israel, bendijo al pueblo y agradeció a Dios por inspirar a su padre a construir el templo y por permitirle a él completar la obra. En un discurso apropiado, Salomón pidió a Dios que aceptara la casa como lugar de adoración y que escuchara las plegarias de sus siervos ofrecidas en ese lugar. Finalmente, se realizó un sacrificio de paz para consagrar el templo, sin necesidad de procesiones o rituales extravagantes, manteniendo al rey en un papel de liderazgo adecuado a la ocasión.

En las Escrituras no encontramos ningún relato de que San Juan haya realizado una purificación de las aguas del Jordán, ni que Felipe haya purificado el agua del río donde bautizó al eunuco. Tampoco se registra que algún pastor de la época de los Apóstoles haya aplicado saliva en la nariz de una persona a ser bautizada, pronunciando las palabras "In odorem suavitatis" (para un dulce aroma al Señor). Estas prácticas, por carecer de respaldo bíblico y por la poca relevancia de las palabras empleadas, no pueden ser justificadas desde una perspectiva de autoridad religiosa o teológica.

El tema de la separación del alma y el cuerpo humano, y la cuestión de si el alma vive eternamente, son aspectos fundamentales en la teología cristiana. Se argumenta que tanto las almas de los elegidos por la gracia especial de Dios, quienes obtienen la vida eterna restaurada por el sacrificio de Cristo, como las almas de los réprobos, poseen una naturaleza eterna inherente al género humano. Esta perspectiva se fundamenta en varios pasajes bíblicos que, a primera vista, parecen apoyar la idea de la existencia eterna del alma.

Sin embargo, al profundizar en la discusión teológica, surgen puntos de controversia. Comparativamente, algunos de estos pasajes pueden resultar menos claros o más discutibles cuando se analizan en detalle. Por ejemplo, en mi argumentación anterior basada en el capítulo 38 del libro de Job, destaco cómo las interpretaciones de estos textos deben ser cuidadosas y considerar el contexto completo de la enseñanza bíblica. Esto sugiere que la cuestión de la vida eterna del alma no es simplemente una conclusión evidente y directa de ciertos pasajes, sino que requiere un análisis cuidadoso y una interpretación teológica rigurosa. Así, la discusión sobre la vida eterna del alma no solo se basa en la gracia especial de Dios para los elegidos, sino también en la condición espiritual universal de la humanidad. Es un tema complejo que invita a profundizar en la teología y en la interpretación bíblica para comprender adecuadamente sus implicaciones y su relevancia en la fe cristiana.

En primer lugar, consideramos las palabras de Salomón en Eclesiastés 12:7, donde reflexiona: "El polvo vuelve al polvo como era, y el espíritu regresa a Dios que lo dio." Esta afirmación, a menos que se contraríe directamente con otro texto, sugiere que solo Dios conoce el destino del espíritu humano después de la muerte, un misterio que escapa al entendimiento humano. En el mismo libro, en Eclesiastés 3:20-21, Salomón reitera esta idea: "Todo va al mismo lugar; todo está hecho del polvo y todo vuelve al polvo. ¿Quién sabe si el espíritu del hombre asciende hacia arriba y el espíritu del animal desciende hacia abajo, a la tierra?". Aquí, Salomón subraya la limitación humana en comprender estos aspectos, reservándolos exclusivamente a la sabiduría divina.

El relato sobre Enoc, mencionado en Génesis 5:24 y explicado en Hebreos 11:5, revela que "Enoc fue trasladado para no experimentar la muerte; no se le encontró, porque Dios lo había trasladado." Este traslado especial de Enoc, precedido por su testimonio de gracia ante Dios, demuestra que tal destino está reservado para aquellos que encuentran favor divino, destacándose de manera única en contraste con los impíos, y siendo resultado de la gracia más que de un atributo natural. Sin embargo, las palabras de Salomón en Eclesiastés 3:19 plantean una cuestión más profunda: "Porque lo que sucede a los hijos de los hombres sucede también a los animales; un mismo destino les aguarda: así como mueren unos, mueren también los otros; todos tienen el mismo aliento de vida." Esta declaración refleja que, literalmente hablando, no existe una inmortalidad natural del espíritu, y no contradice la realidad de la vida eterna experimentada por los elegidos a través de la gracia divina.

Salomón continúa en Eclesiastés 4:3 con la afirmación de que "mejor es el que aún no ha nacido que ambos", sugiriendo que esto sería excesivo si todas las almas fueran inherentemente inmortales. Esto implica que tener un alma inmortal sería una carga más pesada que la no existencia misma. Además, en Eclesiastés 9:5, se observa que "los vivos saben que morirán; pero los muertos nada saben", señalando que esta condición es natural y previa a la resurrección del cuerpo. Estos pasajes de las Escrituras invitan a una reflexión profunda sobre la naturaleza del alma y la vida después de la muerte, destacando la necesidad de una interpretación cuidadosa que considere tanto el sentido literal como las implicaciones teológicas más amplias.

Otro pasaje que aparenta sostener la idea de la inmortalidad natural del alma es aquel en el que nuestro Salvador menciona que Abraham, Isaac y Jacob están vivos. Sin embargo, este pasaje se refiere más bien a la promesa divina de resurrección futura, no a una existencia actual en aquel momento. Similarmente, cuando Dios le dijo a Adán que moriría el día que comiera del fruto prohibido, aunque fue sentenciado a muerte desde entonces, la ejecución de esta sentencia ocurrió casi mil años después. De manera análoga, Abraham, Isaac y Jacob estaban vivos en promesa cuando Jesús habló, pero no estaban vivos en realidad hasta la resurrección. La historia de Dives y Lázaro, si se interpreta como parábola, no contradice esta visión.

En el Nuevo Testamento, hay otros pasajes que parecen atribuir directamente inmortalidad a los malvados. Es evidente que ellos resucitarán en el día del Juicio. Se afirma también en varias ocasiones que serán condenados al fuego eterno, a tormentos eternos, a castigos sin fin, y que el gusano de la conciencia no morirá nunca. Estas expresiones se comprenden generalmente como una condena a una vida perpetua de tormento.

Sin embargo, resulta difícil conciliar la idea de que un ser humano pueda vivir en tormentos eternamente. Así pues, se plantea la cuestión de cómo conciliar la justicia y la misericordia de Dios, quien es el soberano tanto del cielo como de la tierra, y cuyo dominio se extiende sobre los corazones de todos los seres humanos. ¿Cómo puede Dios, quien mueve a los hombres a obrar y a querer, castigar las transgresiones humanas sin límite temporal y con una severidad extrema que va más allá de lo que la mente humana puede imaginar? Es necesario, por lo tanto, explorar el significado del "fuego eterno" y otras expresiones similares que encontramos en las Escrituras, para entender adecuadamente estos conceptos teológicos y su aplicación en la justicia divina.

Ya he explicado anteriormente que el reino de Dios a través de Cristo comenzará en el día del Juicio Final. En ese día, los creyentes resucitarán con cuerpos gloriosos y espirituales, y serán súbditos en este reino destinado a la eternidad. No estarán sujetos al matrimonio ni a las necesidades físicas como comer y beber, como lo hacían en sus cuerpos naturales, sino que vivirán para siempre en sus identidades individuales, sin la limitación temporal de la procreación. Por otro lado, los réprobos también resucitarán para enfrentar el castigo por sus pecados.

Además, aquellos elegidos que estén vivos en sus cuerpos terrenales en ese día verán cómo sus cuerpos terrenales son transformados de manera repentina en cuerpos espirituales e inmortales. Sin embargo, la Escritura no respalda la idea de que los cuerpos de los réprobos, quienes pertenecen al reino de Satanás, sean transformados en cuerpos gloriosos o espirituales, o que vivan como los ángeles de Dios sin necesidades físicas. Tampoco se menciona que tendrán una vida eterna en sus personas individuales, como la de los creyentes, o como habría sido la vida de Adán si no hubiera pecado. La única excepción a esto son los pasajes que hablan sobre los tormentos eternos, los cuales pueden interpretarse de diversas maneras. Por lo tanto, podemos concluir que, así como los elegidos serán restaurados a la condición en la que Adán se encontraba antes de pecar después de la resurrección, los réprobos estarán en una situación similar a la de Adán y su descendencia después de cometer el pecado. La diferencia crucial radica en que Dios prometió un Redentor a Adán, con la condición de que su posteridad confiara en Él y se arrepintiera. Este Redentor no está disponible para aquellos que mueren en sus pecados, como lo hacen los réprobos.

Considerando estas reflexiones, los pasajes que mencionan el fuego eterno, los tormentos perpetuos o el gusano que nunca muere no contradicen la doctrina de una segunda muerte eterna, en su sentido más genuino y natural. Los fuegos o tormentos preparados para los malvados en lugares como Gehenna o Tofet pueden perdurar indefinidamente, con la presencia constante de individuos malvados para ser atormentados en ellos, aunque no necesariamente todos ni cada uno de manera eterna.

Si los malvados fueran restaurados a la situación en la que se encontraban después del pecado de Adán, podrían vivir después de la resurrección de la misma manera que lo hicieron antes: casándose, dando en matrimonio y teniendo cuerpos materiales y corruptibles, como los que tienen actualmente los humanos. Esto implicaría que podrían continuar engendrando perpetuamente después de la resurrección, tal como lo hacían antes. No existe en la Escritura ningún pasaje que contradiga esta posibilidad.

San Pablo, al referirse a la resurrección en 1 Corintios 15, habla específicamente de la resurrección para la vida eterna, no de la resurrección para el castigo. Describe cómo el cuerpo mortal es sembrado en corrupción y resucitado en incorrupción, en deshonor y resucitado en honor, en debilidad y resucitado en poder; transformándose de un cuerpo natural a un cuerpo espiritual. Esto no puede aplicarse de la misma manera a los cuerpos de aquellos que resucitan para ser castigados. Asimismo, cuando nuestro Salvador menciona la naturaleza del hombre después de la resurrección en Lucas 20:34-36, se refiere exclusivamente a la resurrección para la vida eterna, no para el castigo. Explica que aquellos que sean considerados dignos de obtener el mundo venidero y la resurrección de entre los muertos, no se casarán ni serán dados en matrimonio. Serán como los ángeles, no pudiendo morir más, porque serán hijos de Dios y participarán de la resurrección de los justos.

Los hijos de este mundo, que están sujetos a la condición en la que Adán los dejó, continuarán casándose y siendo dados en matrimonio. Permanecerán en un estado corruptible y seguirán engendrando sucesivamente, lo que implica una inmortalidad de la especie, pero no de las personas individuales. No serán considerados dignos de recibir el mundo venidero ni una resurrección completa de entre los muertos, sino que enfrentarán un tiempo limitado en este mundo para recibir el castigo debido a su obstinación. Los elegidos son los únicos que participarán de la resurrección hacia la vida eterna; ellos cesarán de morir y serán como los ángeles, siendo considerados hijos de Dios. En cambio, los réprobos experimentarán una segunda y eterna muerte después de la resurrección. Entre la resurrección y esa segunda muerte eterna habrá un tiempo de castigo y tormento, que perdurará mientras exista la sucesión de los pecadores en esos sufrimientos, lo cual se extenderá eternamente.

La doctrina del Purgatorio se fundamenta en la idea de la eternidad natural de las almas separadas del cuerpo, como ya he mencionado. Según esta doctrina, si la vida eterna se obtiene exclusivamente por la gracia y no hay otra vida aparte de la vida corporal hasta la resurrección, entonces surge la necesidad de un lugar intermedio donde las almas puedan purificarse.

San Roberto Belarmino cita algunos textos del Antiguo Testamento para respaldar la existencia del Purgatorio. Uno de ellos es el ayuno de David por Saúl y Jonatán (2 Samuel 1:12) y también por la muerte de Abner (2 Samuel 3:35). Belarmino argumenta que estos ayunos fueron realizados para obtener algún beneficio para ellos después de su muerte. Sin embargo, es claro que el alma tiene una existencia separada del cuerpo, y las prácticas como el ayuno no pueden beneficiar a las almas que ya están en el cielo o en el infierno. Según Belarmino, estas almas deben estar en un tercer lugar, que él identifica como el Purgatorio.

Otro argumento que presenta Belarmino es el uso de pasajes del Antiguo Testamento donde se mencionan palabras como ira, fuego, arder, purgar, depurar. Si bien estos términos pueden haber sido aplicados teóricamente por algunos Padres de la Iglesia a la doctrina del Purgatorio, en realidad no hay evidencia sólida en esos textos del Antiguo Testamento que respalde esta interpretación. Por ejemplo, cita el Salmo 37: "¡Oh, Señor, no me rechaces en tu ira ni me castigues en tu ardoroso desagrado!", sugiriendo que San Agustín hizo una conexión entre la ira y el fuego del infierno, y el desagrado con el Purgatorio.

El Salmo 66:12 también es mencionado, donde se habla de entrar en fuego y agua, interpretado por algunos doctores antiguos como una referencia simbólica al Purgatorio. Sin embargo, estos argumentos parecen ser más un adorno retórico o una ampliación de sermones y comentarios, en lugar de pruebas concluyentes sobre la existencia del Purgatorio según la interpretación moderna. En resumen, la doctrina del Purgatorio se apoya en la idea de que existen almas que, tras la muerte, necesitan purificación antes de acceder a la plena comunión con Dios en el cielo. Este concepto se basa en interpretaciones de textos bíblicos y doctrinas desarrolladas a lo largo de la historia de la Iglesia, aunque las pruebas específicas del Antiguo Testamento son más bien escasas y dependen de interpretaciones más que de evidencias claras.

Se argumenta, sin embargo, que existen otros pasajes del Nuevo Testamento que no son tan fáciles de refutar. En primer lugar, está el pasaje de Mateo 12:32: "Y cualquiera que hable una palabra contra el Hijo del Hombre, le será perdonada; pero cualquiera que hable contra el Espíritu Santo, no le será perdonado, ni en este siglo ni en el venidero". Según este texto, el "mundo venidero" podría ser interpretado como un lugar donde algunos pecados podrían ser perdonados, a pesar de no haberlo sido en esta vida. Sin embargo, se reconoce que solo existen tres "mundos": el primero desde la Creación hasta el Diluvio (el mundo Viejo), el segundo desde el Diluvio hasta el Juicio Final (el mundo actual que será destruido por el fuego), y el tercero que perdurará después del Juicio Final, conocido como el Mundo venidero. Es ampliamente aceptado que en este último no hay lugar para el Purgatorio, por lo tanto, Mundo venidero y Purgatorio son incompatibles. Pero, ¿cuál es entonces el significado de las palabras de Cristo? Es difícil conciliarlas con las doctrinas generalmente aceptadas en la actualidad. Sin embargo, no hay vergüenza en admitir que la profundidad de las Escrituras es tan vasta que supera la comprensión humana. Por lo tanto, sugiero a los eruditos religiosos considerar algunos extremos más allá de lo que el texto mismo sugiere.

Hablar contra el Espíritu Santo, como la tercera persona de la Trinidad, podría entenderse como hablar contra la Iglesia, donde reside el Espíritu Santo. Parece haber una comparación entre la manera en que Cristo toleró las ofensas hacia Él mientras enseñaba en la tierra y la severidad de los líderes cristianos posteriores, quienes no perdonarían a quienes negaran su autoridad, dada por el Espíritu Santo. Esto podría interpretarse como una profecía sobre las futuras generaciones de la Iglesia Cristiana, donde aquellos que rechacen el poder de los líderes cristianos después de Cristo podrían no recibir perdón ni en esta vida ni en el venidero.

Otra interpretación es que después de la resurrección podría haber oportunidad para el arrepentimiento de algunos pecadores, como sugiere 1 Corintios 15:29: "¿Qué harán los que se bautizan por los muertos? Si los muertos no resucitan en absoluto, ¿por qué se bautizan por ellos?". Algunos interpretan que, en tiempos de San Pablo, las personas podrían haber sido bautizadas en nombre de los muertos, quizás como un acto de fe por aquellos que no eran capaces de creer por sí mismos, asegurando así su perdón en el mundo venidero sin necesidad de Purgatorio.

Estas interpretaciones son paradójicas y sujetas a debate, pero merecen ser consideradas por aquellos versados en las Escrituras para explorar si hay pasajes más claros que las contradigan. Personalmente, encuentro que la Escritura sugiere claramente que no hay necesidad de un Purgatorio, ni en este ni en ningún otro texto, para las almas separadas del cuerpo, como la de Lázaro durante los cuatro días que estuvo muerto, o las almas que, según la doctrina católica, sufren en el Purgatorio. Dios, que pudo dar vida a un trozo de barro, tiene el poder de resucitar a los muertos y transformar su esqueleto en un cuerpo glorioso, espiritual e inmortal.

Otro pasaje notable se encuentra en 1 Corintios 3, donde se menciona que aquellos que edifican sobre el cimiento verdadero con paja, heno, etc., verán cómo su obra perece, aunque ellos mismos serán salvados, aunque como a través del fuego. Esta referencia al fuego se interpreta como una alusión a Zacarías 13:9, donde se habla de purificación: "Meteré en el fuego la tercera parte, los fundiré como se funde la plata, y los probaré como se prueba el oro". Este pasaje se refiere a la venida del Mesías en poder y gloria, es decir, el día del Juicio y la purificación del mundo actual, donde los elegidos no serán consumidos sino purificados. Será un tiempo en el cual desechan doctrinas y tradiciones erróneas como una corteza, para proclamar el verdadero nombre de Dios.

Así mismo, aquellos que construyen sobre el fundamento de que Jesús es el Cristo, pero añaden doctrinas erróneas, según los Apóstoles, no serán consumidos en el fuego que renueva el mundo, sino que pasarán a través de él hacia la salvación, abandonando y rechazando sus errores pasados. Los constructores mencionados son los pastores, el fundamento es Jesús como Cristo, la paja y el heno son las interpretaciones falsas derivadas de la ignorancia y la debilidad, mientras que el oro, la plata y las piedras preciosas representan las verdaderas doctrinas. La depuración implica despojarse de los errores, un proceso que no afecta lo incorpóreo, es decir, las almas inmutables.

Un tercer pasaje relevante se encuentra en 1 Corintios 15, ya mencionado, que trata sobre el bautismo por los muertos. A partir de este pasaje, se concluye que las oraciones por los difuntos son útiles y se argumenta a favor de la existencia del Purgatorio, pero ambas afirmaciones no son exactas. En primer lugar, se examinan las diversas interpretaciones de la palabra "bautismo". Se aprueba la interpretación metafórica según la cual el bautismo puede entenderse como un acto de arrepentimiento, donde las personas se "bautizan" en este sentido mediante el ayuno, la oración y la caridad. En esta interpretación, el bautismo por los muertos y la oración por los muertos se equiparan. Sin embargo, esta metáfora carece de ejemplos en la Escritura o en cualquier otro uso del lenguaje, lo que la hace discordante con la coherencia y el propósito de las Escrituras.

La palabra "bautismo" también se usa (Marcos 10:38 y Lucas 12:50) para describir un baño de sangre, como el que Cristo experimentó en la Cruz, y como muchos de los Apóstoles hicieron para dar testimonio de Él. Es excesivo afirmar que el ayuno, la oración y la caridad guardan alguna relación con este tipo de baño de sangre. Similarmente, en Marcos 3:11 (donde parece aludirse al Purgatorio), se habla de la purificación mediante el fuego. Sin embargo, es evidente que el fuego y la purificación mencionados aquí son los mismos a los que se refiere el profeta Zacarías (capítulo 13, versículo 9): "Meteré en el fuego a la tercera parte, y los fundiré, etc.". También San Pedro (1 Pedro 1:7) y San Pablo (1 Corintios 3:13) hablan de la prueba del fuego que ocurrirá en la segunda venida de Cristo. Zacarías se refiere al día del Juicio. Por lo tanto, el pasaje de Mateo puede interpretarse de manera similar, lo que invalidaría la necesidad del fuego del Purgatorio.

Otra interpretación del bautismo por los muertos, mencionada anteriormente y colocada en segundo lugar de probabilidad, también infiere la utilidad del rezo por los muertos. Si después de la resurrección aquellos que no han oído hablar de Cristo o no han creído en Él pueden ser recibidos en el reino de Cristo, entonces tiene sentido que los amigos recen por ellos después de su muerte, hasta que resuciten. Aunque se admita que por las plegarias de los creyentes Dios pueda convertir a algunos que no han escuchado el evangelio de Cristo y, por lo tanto, no lo han rechazado, y reconociendo la bondad de esta caridad humana, esto no justifica ninguna conclusión sobre el Purgatorio, ya que resucitar de la muerte a la vida es una cosa, y resucitar del Purgatorio a la vida es otra, siendo un paso de una vida atormentada a una vida gozosa.

Un cuarto pasaje significativo es el de Mateo 5:25: "Reconcíliate pronto con tu adversario mientras vas con él por el camino, no sea que el adversario te entregue al juez, y el juez al alguacil, y seas echado en prisión. De cierto te digo que no saldrás de allí hasta que pagues el último cuadrante." En esta alegoría, el que ofende es el pecador, el adversario y el juez son Dios, la vida representada es la vida terrenal, la prisión es la tumba, y el alguacil es la muerte. El pecador no resucitará de nuevo a la vida eterna desde esta situación, sino que enfrentará una segunda muerte hasta que haya pagado su última deuda. Sin embargo, Cristo puede pagar esta deuda por él mediante su Pasión, que es un rescate completo por todo tipo de pecados, tanto los menores como los grandes, ya que ambos son veniales gracias a la pasión de Cristo.

El quinto pasaje relevante se encuentra en Mateo 5:22, donde se dice: "Pero yo os digo que cualquiera que se enoje con su hermano será culpable ante el tribunal; y cualquiera que le diga: insensato, quedará expuesto al fuego del infierno." De estas palabras se infieren tres tipos de pecados y tres formas de castigo, siendo el más severo el fuego del infierno. Esto sugiere que después de la vida terrenal, existen castigos para pecados menores en el Purgatorio. Sin embargo, ninguna interpretación hasta ahora ha insinuado esta inferencia en tales pasajes.

¿Existirá después de esta vida una distinción entre tribunales de justicia, similar a la que existía entre los judíos en la época de nuestro Salvador, para juzgar distintos tipos de crímenes y tener diferentes jueces y consejos? ¿O toda la jurisdicción pertenecerá a Cristo y a sus Apóstoles? Por lo tanto, para entender correctamente este texto, debemos considerarlo en conexión con las palabras que lo preceden y las que le siguen.

En este capítulo, nuestro Salvador interpreta la ley de Moisés, que los judíos cumplían al pie de la letra sin considerar el propósito original del legislador. Por ejemplo, pensaban que el mandamiento de "No matarás" sólo se quebrantaba al cometer homicidio, pero Jesús les enseña que la ira injustificada hacia un hermano es equiparable a cometer homicidio. Él explica: "Habéis oído que se dijo a los antiguos: No matarás; y cualquiera que mate será culpable ante los tribunales. Pero yo os digo que cualquiera que se enoje con su hermano, será culpable ante el tribunal." Esto muestra que las palabras de Jesús no buscan establecer una distinción entre diferentes crímenes y tribunales de justicia, sino destacar la seriedad del pecado en todas sus formas, independientemente de la percepción legalista de los judíos. En conclusión, el texto no proporciona ningún fundamento para sostener la existencia del Purgatorio, ya que Jesús utiliza estas palabras para subrayar la gravedad de cualquier forma de pecado y la responsabilidad ante el juicio de Cristo y sus Apóstoles, que es un tribunal unificado en el día del Juicio Final.

El sexto pasaje relevante se encuentra en Lucas 16:9, donde se dice: "Ganad amigos con las riquezas de maldad, para que cuando éstas falten, os reciban en las moradas eternas." Algunos han usado este pasaje para respaldar la práctica de invocar a Santos que ya no están presentes. Sin embargo, el sentido claro es que debemos utilizar nuestras riquezas para hacer amigos entre los pobres, de modo que sus oraciones puedan ser una bendición para nosotros mientras viven. Este acto de caridad hacia los necesitados es visto como un préstamo al Señor mismo, según la enseñanza cristiana.

El quinto pasaje es Lucas 23:42, donde uno de los criminales crucificados junto a Jesús dice: "Jesús, acuérdate de mí cuando vengas en tu reino." Algunos interpretan esto como evidencia de que los pecados pueden ser perdonados después de esta vida. Sin embargo, la respuesta adecuada es que en ese momento Jesús le perdonó, y cuando regrese en gloria, cumplirá su promesa de resucitar a la vida eterna a aquellos que confían en Él.

El octavo pasaje es Hechos 2:24, donde Pedro habla de Cristo: "A quien Dios resucitó, librándole de los dolores de la muerte, ya que era imposible que fuera retenido por ella." Algunos han interpretado esto como una referencia al descenso de Cristo al Purgatorio para liberar almas de sus tormentos. Sin embargo, es claro que Cristo mismo fue liberado de la muerte y el sepulcro, y no las almas del Purgatorio. Beza[57], en sus notas sobre este pasaje, señala correctamente que no se habla de penas sino de liberación, lo cual descarta la idea de encontrar el Purgatorio en este texto. Estos pasajes muestran diferentes interpretaciones que han sido mal aplicadas para apoyar la doctrina del Purgatorio, cuando en realidad enfatizan otros aspectos de la fe cristiana y la redención proporcionada por Cristo durante su vida terrenal y su promesa de retorno glorioso.

57 Teodoro de Beza (1519-1605), fue un humanista y teólogo calvinista francés. Hizo numerosas contribuciones a la erudición bíblica; aunque algunos piensan que su punto de vista sobre la doctrina de la predestinación ejerció una influencia muy dominante sobre su interpretación de las Escrituras, no cabe ninguna duda que colaboró muchísimo a aclarar y comprender el Nuevo Testamento.

Capítulo XLV
Sobre la demonología y otras reliquias de la religión de los gentiles

La impresión causada en los ojos por la luz emitida por cuerpos luminosos, ya sea en línea recta o a través de diversas trayectorias, al ser reflejada por objetos opacos o refractada al pasar por medios transparentes, genera en las criaturas vivientes que poseen estos órganos una representación del objeto que originó dicha impresión. A este fenómeno se le llama visión, la cual no es simplemente una imagen pasiva, sino que se percibe como el objeto mismo externo a nosotros. Es similar a cuando alguien se frota los ojos fuertemente y ve una luz que parece estar fuera y frente a él, aunque solo él la perciba; en realidad, fuera de él solo existe una reacción de los órganos internos que generan esta percepción.

La continuación de esta reacción después de que el objeto desaparece es lo que conocemos como imaginación y memoria, y en ocasiones, en sueños o en estados alterados por enfermedad o estrés, como en un delirio. Estos fenómenos fueron brevemente mencionados en capítulos anteriores (n y m). Antiguamente, esta naturaleza de la visión no fue comprendida por aquellos que buscaban conocimiento natural, y mucho menos por aquellos que no consideraban tan lejano (o abstracto) su uso en la vida cotidiana. Por ello, para los hombres era difícil concebir estas imágenes de la fantasía y los sentidos de otra manera que no fuera como cosas realmente externas a nosotros.

Algunos creían que estas imágenes eran incorpóreas, es decir, sin materia, color o forma concretos, no correspondientes a cuerpos físicos coloreados o figurados. Algunos sugerían que podrían ser aplicables a cuerpos etéreos para hacerlos visibles a nuestros ojos, mientras que otros creían que eran cuerpos y seres vivos hechos de una materia más sutil y etérea, que se condensaban al ser observados. Ambas interpretaciones se agrupaban bajo la denominación general de "demonios". Así, los muertos que aparecían en los sueños eran considerados no como producto de la mente, sino como habitantes del aire, del cielo o del inframundo; no como simples fantasmas, sino como espíritus.

De manera similar, se atribuían características sobrenaturales a fenómenos naturales, como ver el reflejo del sol en el agua y pensar que se trataba del espíritu del sol mismo. Estas creencias inspiraron temor en las personas, y llevaron a los gobernantes de los estados paganos a regular este miedo estableciendo una demonología que era considerada necesaria para mantener la paz pública y la obediencia de los ciudadanos. En esta demonología, los poetas eran especialmente utilizados como sacerdotes principales de la religión pagana, estableciendo una distinción entre demonios buenos y malos: unos para fomentar el cumplimiento de las normas y otros para disuadir la transgresión de las leyes.

Para entender mejor estos conceptos, es útil considerar la genealogía de los dioses según Hesíodo, uno de los primeros poetas griegos, así como otras historias que exploran estos temas, como se mencionó brevemente en el capítulo XII de este discurso.

Los griegos, mediante sus colonias y conquistas, difundieron su idioma, sus escritos y, como resultado directo, su doctrina demoníaca, tal como la describe San Pablo. Este fenómeno cultural también tuvo un impacto entre los judíos, tanto en Judea como en Alejandría y otras regiones donde fueron dispersados. Sin embargo, a diferencia de los griegos, quienes aplicaban el término "demonio" tanto a espíritus buenos como malos, los judíos reservaron esta designación exclusivamente para los espíritus malignos. A los espíritus benéficos los llamaban "Espíritu de Dios" y reconocían como profetas a aquellos en quienes residía este espíritu.

En esencia, cualquier manifestación beneficiosa era atribuida al Espíritu de Dios, mientras que los eventos perjudiciales eran asociados a algún demonio, específicamente a un "ξοτχοΣατιουὺν", que denotaba un diablo maligno. Por ende, personas que nosotros categorizaríamos como locas, lunáticas, epilépticas o aquellas que expresaban ideas consideradas absurdas debido a la falta de entendimiento, eran etiquetadas como "demoníacas" por los judíos. Por ejemplo, a quienes eran percibidos como impuros se les atribuía estar poseídos por un "espíritu impuro", y a aquellos que eran mudos se les asociaba con un "demonio mudo". Incluso Juan Bautista fue llamado poseído por un demonio (Mateo 11:18) debido a la singularidad de sus ayunos, mientras que nuestro Salvador fue acusado de tener un demonio por afirmar que quienes siguieran sus mandamientos no enfrentarían la muerte eterna: "Ahora sabemos que tienes un demonio; Abraham murió, y también los Profetas". Además, cuando nuestro Salvador dijo (Juan 7:20) que los judíos planeaban matarlo, la gente respondió diciendo: "Tienes un demonio. ¿Quién quiere matarte?" Esto demuestra claramente que los judíos compartían la creencia de los griegos de que estos fenómenos no eran simples productos de la mente, sino entidades reales e independientes de la imaginación.

¿Por qué, algunos podrían preguntar, nuestro Salvador no contradice esta doctrina si no es verdadera, y en cambio parece confirmarla en diversas ocasiones con su lenguaje? Mi respuesta es la siguiente: cuando Cristo dijo que "un espíritu no tiene carne ni huesos", estaba señalando la existencia de los espíritus sin negar que fueran entidades con cierta corporeidad. San Pablo, al hablar de "resucitar cuerpos espirituales", reconoce la naturaleza de los espíritus, entendidos como entidades corpóreas, pero no de carne y hueso, algo que no debería ser difícil de entender. Por ejemplo, el aire y otras substancias son cuerpos, aunque no sean tangibles como los cuerpos físicos que vemos con nuestros ojos.

Cuando nuestro Salvador expulsa al diablo de una persona, ¿es adecuado entender al diablo como una enfermedad como la locura o la epilepsia, o como un espíritu corpóreo? ¿Pueden las enfermedades escuchar? ¿Puede un espíritu corpóreo habitar en un cuerpo humano ya lleno de vida y de funciones vitales? Estos espíritus no tienen cuerpo ni son meras ilusiones. Respecto a esto, la forma en que nuestro Salvador trató las enfermedades y las entidades como el viento y el mar no es menos apropiada que cuando mandó a la luz, el firmamento, el sol y las estrellas a existir, aunque estas no podían escuchar antes de su creación. Tales expresiones simplemente muestran el poder de la palabra de Dios.

En segundo lugar, no he encontrado en las Escrituras ningún pasaje que indique que alguien estuvo poseído por algún espíritu corpóreo distinto al suyo propio, que es natural para su cuerpo. Esta reinterpretación pretende clarificar que las referencias a los espíritus y su naturaleza no deben ser tomadas literalmente como cuerpos físicos, sino como entidades espirituales con cierta realidad y efecto sobre el mundo físico.

Cuando el Espíritu Santo descendió sobre nuestro Salvador en forma de paloma, como relata San Mateo (cap. 4, 1), posteriormente fue conducido al desierto por el mismo Espíritu, como se expresa en Lucas 4, 1: "Jesús, lleno del Espíritu Santo, fue llevado por el Espíritu al desierto". Esto claramente indica que "espíritu" se refiere al Espíritu Santo en este contexto. No se trata de una posesión, pues Cristo y el Espíritu Santo son una misma sustancia, no una posesión de una por otra.

En los versículos siguientes, se menciona que el demonio llevó a Cristo a la Ciudad Santa y lo puso en el pináculo del templo. Sin embargo, no se debe interpretar esto como una posesión o coerción por parte del demonio. En otra ocasión, el demonio lo llevó a una montaña alta desde donde mostró todos los reinos de la tierra. No debemos entender esto literalmente como una acción física, sino como una visión simbólica. Cristo se trasladó por sí mismo en visión, de un lugar a otro, del desierto a la ciudad y luego a la montaña.

Cuando San Lucas habla de Judas Iscariote y dice que "Satán entró en él" y luego fue a los principales sacerdotes y capitanes para traicionar a Cristo, se refiere a la intención maliciosa y traicionera de Judas. Del mismo modo que el Espíritu Santo representa las gracias y buenas inclinaciones otorgadas por Dios, la entrada de Satán en Judas simboliza sus malos pensamientos y su conspiración contra Cristo y sus discípulos. Es absurdo sugerir que Judas fue primero un enemigo de Cristo y luego Satán entró en él. La entrada de Satanás y su malvado propósito son una misma entidad, una manifestación de su hostilidad hacia el Maestro. Estas interpretaciones nos ayudan a entender que los eventos descritos no deben ser tomados literalmente como posesiones o acciones físicas, sino como visiones y simbolismos que revelan verdades espirituales más profundas.

Si no existen espíritus inmateriales ni posesión de cuerpos humanos por espíritus corpóreos, surge la pregunta de por qué nuestro Salvador y sus Apóstoles no aclararon esto con palabras tan claras que no quedara lugar a dudas. Sin embargo, cuestiones como esta son más una curiosidad que una necesidad para la salvación de un cristiano. Los hombres podrían igualmente preguntar por qué Cristo, que podía impartir fe, piedad y todas las virtudes morales a todos, solo las dio a algunos, y no a todos. También podrían cuestionar por qué dejó la investigación de las causas naturales y las ciencias a la razón y laboriosidad humanas en lugar de revelarlas sobrenaturalmente.

Estas preguntas, aunque válidas, pueden tener respuestas razonables y piadosas. Así como Dios no conquistó todas las naciones alrededor de los israelitas cuando los llevó a la tierra prometida, sino que las dejó como espinas en sus costados para estimular su piedad y actividades, de igual manera, nuestro Salvador, al guiarnos hacia su reino celestial, no resolvió todas las dificultades de las cuestiones naturales. En cambio, dejó a los hombres el ejercicio de su razón y laboriosidad. El propósito de su predicación era mostrarnos el camino claro y directo hacia la salvación, centrado en la fe en el artículo fundamental de que Él es el Cristo, el Hijo de Dios vivo, enviado al mundo para sacrificarse por nuestros pecados y reinar gloriosamente sobre sus elegidos cuando venga de nuevo, protegiéndolos eternamente de sus enemigos.

La idea de la posesión por espíritus o fantasmas no obstaculiza este fundamento, aunque en algunos casos puede desviar al hombre del camino correcto hacia sus propias invenciones. Si esperamos que la Escritura nos proporcione respuestas a todas las preguntas que puedan perturbarnos en el cumplimiento de los mandamientos divinos, lamentaremos que Moisés no haya establecido la época de creación de estos espíritus, al igual que la de la creación de la tierra, el mar, los hombres y los animales.

En conclusión, encuentro en la Escritura que existen ángeles y espíritus, tanto buenos como malos, pero no se menciona que sean incorpóreos, como las apariciones que los hombres ven en la oscuridad, en sueños o en visiones, lo que los latinos llaman "spectra" y consideran demonios. Admito que existen espíritus corpóreos, aunque sutiles e invisibles, pero no creo que ningún cuerpo humano haya sido poseído o habitado por ellos. Además, los cuerpos de los santos serán, según San Pablo, precisamente esos cuerpos espirituales.

No obstante, la doctrina contraria, que sostiene la existencia de espíritus incorpóreos, ha prevalecido de tal manera en la Iglesia que el uso de exorcismos, es decir, la expulsión de demonios mediante conjuros, se basa en esta creencia. Aunque rara vez se practican y con menor frecuencia, estos rituales no han sido completamente descartados en la actualidad. En la iglesia primitiva, había numerosos casos de personas poseídas por demonios y pocos afectados por la locura y otras enfermedades peculiares. En contraste, hoy en día, escuchamos de muchos casos de locura y pocos de posesión demoníaca. Esto no indica un cambio en la naturaleza de las afecciones, sino simplemente una variación en los nombres que les damos.

Los Apóstoles, y después de ellos los primeros pastores de la Iglesia, tenían la capacidad de curar ciertas enfermedades peculiares, algo que hoy no vemos con la misma frecuencia. Del mismo modo, nos preguntamos por qué los creyentes actuales no pueden realizar todos los milagros que se describen en el Evangelio de Marcos 16:17-18: "En mi nombre expulsarán demonios, hablarán en nuevas lenguas, tomarán serpientes en sus manos, y si beben algo venenoso, no les hará daño alguno; pondrán sus manos sobre los enfermos, y estos recuperarán la salud".

Es probable que estas dotes extraordinarias fueran concedidas a la Iglesia primitiva únicamente durante el tiempo necesario para que los hombres confiaran plenamente en Cristo y aspiraran a la felicidad exclusiva en su reino venidero. Sin embargo, cuando la ambición por la autoridad y las riquezas mundanas empezó a dominar, y los hombres comenzaron a confiar en su propia sagacidad para obtener poder en este mundo, es plausible que tales dones sobrenaturales de Dios les fueran retirados.

Profundizando en esta idea, es importante considerar el contexto histórico y social en el que se desarrolló la iglesia primitiva. En aquellos tiempos, los milagros y las curaciones tenían un propósito específico: establecer la credibilidad y autoridad de los Apóstoles y de la naciente Iglesia. Estos milagros servían como señales divinas que confirmaban la veracidad del mensaje cristiano en un mundo escéptico y muchas veces hostil. A medida que el cristianismo se fue consolidando y extendiendo, la necesidad de estos signos sobrenaturales disminuyó.

Además, la interpretación de las escrituras y la percepción de lo sobrenatural han evolucionado a lo largo de los siglos. La teología y la doctrina se han desarrollado, y la comprensión de la enfermedad y la posesión ha cambiado con el avance del conocimiento científico y médico. Lo que antes se interpretaba como posesión demoníaca, hoy se entiende en muchos casos como trastornos mentales o enfermedades neurológicas, y se trata con métodos médicos en lugar de rituales religiosos. En conclusión, aunque la creencia en espíritus incorpóreos y la práctica de exorcismos han perdurado en la Iglesia, su contexto y significado han cambiado con el tiempo. Las habilidades milagrosas de los primeros creyentes sirvieron un propósito crucial en su época, pero la evolución de la fe y la razón humana ha llevado a una comprensión más matizada de estos fenómenos.

Otra reliquia del paganismo es la adoración de imágenes, una práctica que ni Moisés instituyó en el Antiguo Testamento ni Jesús en el Nuevo Testamento. Tampoco se adoptó de los gentiles, sino que fue tolerada entre ellos después de que se convirtieron al cristianismo. Antes de que nuestro Salvador predicara, la religión predominante entre los gentiles consistía en adorar como dioses las apariencias que las impresiones de los cuerpos externos suscitaban en el cerebro a través de los órganos de los sentidos. Estas apariencias, comúnmente denominadas ideas, ídolos, fantasmas o imágenes, son representaciones de cuerpos externos que no tienen realidad propia, siendo similares a lo que vemos en los sueños.

San Pablo afirmó: "Nosotros sabemos que un ídolo no es nada". Con esto no se refería a que una imagen de metal, piedra o madera no tuviera existencia, sino que la entidad que veneraban o temían en la imagen, y que consideraban como un dios, era una mera ficción sin lugar, movimiento o existencia real, sino solo en las mentes trastornadas. La adoración de estas ficciones con honores divinos es lo que la Escritura denomina idolatría y rebelión contra Dios.

Dios, siendo el rey de los judíos, y su representante primero Moisés y luego el Sumo Sacerdote, se sintió traicionado cuando la gente empezó a adorar y rezar a las imágenes, que eran representaciones de sus propias fantasías. Esta práctica los apartó del verdadero Dios, con quien no se puede establecer ninguna semejanza, y rompió la dependencia de sus primeros ministros, Moisés y los Sumos Sacerdotes. Cada individuo comenzó a gobernarse según sus propios deseos, lo que llevó a la máxima subversión del Estado y a su propia destrucción por falta de cohesión.

Por esta razón, la primera ley de Dios fue: "No tomarás a dioses ajenos", es decir, los dioses de otras naciones, sino solo al único y verdadero Dios que se comunicó con Moisés y les dio leyes y normas para mantener la paz y protegerlos contra sus enemigos. La segunda ley prohibía hacer imágenes para adorarlas. El acto de deponer a un rey y someterse a otro, ya sea impuesto por una nación vecina o elegido por ellos mismos, equivalía a renunciar a la autoridad de Dios.

La idolatría, por lo tanto, no solo implicaba una desviación espiritual, sino también una subversión política y social. Adorar imágenes era visto como una traición a la autoridad divina y una ruptura de la comunidad y el orden social establecido por Dios a través de Moisés. La dependencia de figuras imaginarias, creadas por la mente humana, socavaba la unidad y la estabilidad del pueblo, llevándolos a la anarquía y la autodestrucción.

La prohibición de adorar ídolos no era solo una cuestión de fe, sino una medida para mantener la cohesión y la obediencia a las leyes divinas que garantizaban la paz y la protección del pueblo elegido. En resumen, la idolatría no solo era un pecado religioso, sino también un acto de rebelión política y social que amenazaba la existencia misma del Estado y la comunidad judía.

Los pasajes de la Escritura citados para justificar el uso de imágenes en el culto religioso, o para erigirlas en todos los lugares donde Dios es adorado, incluyen dos ejemplos principales: los querubines sobre el arca de Dios y la serpiente de bronce. Además, se utilizan ciertos textos que ordenan adorar ciertos objetos debido a su relación con Dios, como su escabel. Finalmente, hay otros textos que justifican rendir honores religiosos a cosas sagradas. Antes de analizar la fuerza de estos pasajes, es fundamental entender claramente qué se entiende por adoración, imágenes e ídolos.

Primero, la adoración se refiere a la reverencia y el respeto profundo que se tributan a un ser divino. En el contexto religioso, la adoración implica actos de devoción, oración y sacrificio dirigidos a Dios o a las deidades. Cuando hablamos de imágenes, nos referimos a representaciones visuales de seres o figuras divinas creadas por el ser humano, ya sea en forma de pinturas, esculturas o cualquier otro medio artístico. Los ídolos, por su parte, son objetos o imágenes veneradas como si fueran deidades, a menudo atribuyéndoles poderes sobrenaturales.

En el caso de los querubines sobre el arca de Dios, descritos en el Antiguo Testamento, se trata de figuras de ángeles colocadas en el arca de la alianza, un símbolo de la presencia de Dios entre el pueblo de Israel. Estos querubines no eran objetos de adoración en sí mismos, sino símbolos que representaban la majestad y la gloria de Dios. La serpiente de bronce, por otro lado, fue creada por Moisés por orden divina para sanar a los israelitas de las mordeduras de serpientes venenosas. Este objeto también funcionó como un símbolo del poder curativo de Dios, no como un ídolo para ser adorado.

En cuanto a los textos que ordenan adorar ciertos objetos por su relación con Dios, uno de los ejemplos más citados es el escabel de Dios, mencionado en varios salmos. Este escabel, o el tabernáculo, se considera un símbolo del lugar donde Dios habita y, por lo tanto, es objeto de reverencia, no de adoración en el mismo sentido que Dios mismo.

Algunos textos justifican honores religiosos a cosas sagradas, como el templo de Jerusalén o los utensilios utilizados en el culto. Estos objetos, aunque venerados, no son adorados como deidades, sino respetados por su uso en el servicio divino y por su asociación directa con la presencia de Dios.

Al examinar la fuerza de estos pasajes, es crucial diferenciar entre el respeto y la veneración de símbolos religiosos y la adoración de ídolos. La veneración de imágenes y objetos sagrados en la tradición cristiana ha sido una práctica controvertida, con debates que se remontan a los primeros siglos del cristianismo. La adoración se reserva exclusivamente a Dios, mientras que las imágenes y símbolos pueden ser herramientas pedagógicas que ayudan a los fieles a enfocar su devoción y recordar eventos y personajes sagrados.

Por lo tanto, aunque ciertos pasajes bíblicos se utilizan para justificar la presencia de imágenes en lugares de culto, es fundamental interpretarlos con cuidado. No se trata de justificar la idolatría, sino de reconocer el valor simbólico y educativo que estas imágenes pueden tener en la vida espiritual de los creyentes.

He expuesto en el capítulo XX de este discurso que honrar significa valorar altamente el poder de una persona, y que esta valoración se mide mediante la comparación con otros. Dado que no hay nada que pueda compararse con Dios en términos de poder, le deshonramos cuando lo consideramos inferior al infinito. Este honor reside, por naturaleza, en lo más secreto e íntimo del corazón. No obstante, los pensamientos íntimos de las personas se manifiestan exteriormente a través de palabras y acciones, que son los signos visibles de nuestra veneración y se conocen como adoración, o "cultus" en latín. Por lo tanto, rezar, jurar, obedecer, ser diligente y solícito en el servicio, en resumen, todas las palabras y acciones que expresan temor de ofender o deseo de agradar, constituyen adoración, ya sean sinceras o fingidas. Como estas palabras y acciones se manifiestan en signos visibles de respeto, también se les suele llamar honor.

Para entender mejor, es importante profundizar en la esencia del honor y la adoración. El honor se refiere al reconocimiento y respeto que otorgamos a alguien por su poder o influencia. Cuando se trata de Dios, este reconocimiento debe ser absoluto, ya que cualquier cosa menor que el infinito deshonra Su majestad. Este reconocimiento absoluto de la grandeza de Dios no puede ser superficial; debe nacer del corazón, reflejando una reverencia profunda y sincera.

Por otro lado, la adoración es la manifestación externa de esta reverencia interna. Se traduce en acciones concretas como la oración, el juramento y la obediencia. La oración es una forma de comunicación con Dios, una expresión de nuestra dependencia y devoción. El juramento, cuando se hace en nombre de Dios, refleja nuestra convicción de Su autoridad suprema. La obediencia demuestra nuestra disposición a seguir Su voluntad y mandamientos. Ser diligente y solícito en el servicio implica una dedicación constante a agradar a Dios y a cumplir con nuestros deberes hacia Él. Es crucial reconocer que la adoración no se limita a estos actos, sino que abarca todas las acciones y palabras que expresan nuestro temor de ofender a Dios y nuestro deseo de agradarle. Esta expresión de veneración puede ser sincera o fingida, pero en ambos casos, se manifiesta a través de signos visibles que son reconocidos como honor.

Profundizando en esto, podemos ver que la adoración sincera implica una alineación completa de nuestras acciones con nuestros pensamientos y sentimientos más íntimos. No es suficiente con mostrar reverencia exteriormente; nuestras acciones deben ser un reflejo genuino de nuestra devoción interna. Por lo tanto, la verdadera adoración es aquella que se origina en el corazón y se manifiesta en cada aspecto de nuestra vida. En conclusión, honrar a Dios implica reconocer Su poder infinito y valorarlo por encima de todo. La adoración, como manifestación externa de este honor, se expresa a través de palabras y acciones que reflejan nuestro temor de ofenderle y nuestro deseo de agradarle. Ya sea que estas expresiones sean sinceras o fingidas, son los signos visibles de nuestra veneración y reciben la denominación de honor. Para que nuestra adoración sea verdadera y efectiva, debe nacer del corazón y reflejarse en cada aspecto de nuestra vida diaria.

La veneración que demostramos hacia los seres humanos de nuestra estima, como reyes y autoridades, se denomina veneración civil. En contraste, la reverencia que mostramos hacia quien consideramos Dios, independientemente de las palabras, ceremonias, gestos u otras acciones empleadas, se conoce como adoración divina. Arrodillarse ante un rey, si lo consideramos simplemente un hombre, es solo un acto de respeto civil; pero quitarse el sombrero en una iglesia, porque creemos que estamos en la casa de Dios, es una manifestación de adoración divina.

Aquellos que intentan diferenciar entre el culto divino y el civil basándose únicamente en las palabras "δουλεία" (douleia) y "λατρεία" (latreia) se engañan a sí mismos. En la sociedad, existen dos tipos de servidores: los que están completamente bajo la autoridad de sus amos, como los esclavos capturados en la guerra y sus descendientes, cuyos cuerpos y vidas están a merced de sus dueños, hasta el punto de que estos pueden castigar cualquier desobediencia. Estos esclavos son comprados y vendidos como animales y se les denomina "δοῦλοι" (douloi), que significa propiamente esclavos, y su servicio varía.

El segundo tipo de servidores son aquellos que sirven voluntariamente a cambio de un salario o con la esperanza de obtener algún beneficio de sus amos; a estos se les llama "οἰκέται" (oiketai), es decir, servidores domésticos. Los derechos de los amos sobre estos servidores están limitados por los pactos estipulados entre ellos. Ambos tipos de servidores tienen en común que su trabajo es definido por otros: la palabra "λατρεία" (latreia) es una denominación general que abarca tanto a los esclavos como a los servidores voluntarios, indicando a aquellos que trabajan para otro.

Así que "λατρεία" (latreia) generalmente significa todo tipo de servicio, mientras que "δουλεία" (douleia) se refiere específicamente al servicio de los esclavos y la condición de esclavitud. Ambos términos se usan en las Escrituras para describir nuestro culto a Dios de manera intercambiable: "δουλεία" (douleia) porque somos esclavos de Dios; y "λατρεία" (latreia) porque le servimos. En todo tipo de culto se incluye no sólo la obediencia, sino también la veneración, es decir, aquellos actos, gestos y palabras que significan honor.

Es fundamental comprender que la adoración no es solo una cuestión de acciones externas, sino que también involucra la intención y el significado detrás de esas acciones. Por ejemplo, arrodillarse ante un rey puede ser simplemente un gesto de respeto civil si lo consideramos un ser humano con autoridad terrenal. Sin embargo, arrodillarse en un contexto religioso, creyendo que estamos en la presencia de Dios, transforma ese acto en una adoración divina.

La distinción entre culto civil y divino no reside únicamente en los gestos o palabras empleadas, sino en la intención y el propósito detrás de ellos. El culto civil busca honrar a figuras de autoridad humana, mientras que el culto divino está dirigido a la veneración de Dios. Esta diferenciación es crucial para entender cómo y por qué ciertas acciones se consideran veneración divina o civil. En resumen, la adoración divina abarca todas las formas de reverencia y servicio a Dios, reflejando tanto la obediencia como la veneración. Esta adoración puede manifestarse a través de palabras, gestos y acciones que expresan nuestro temor de ofender y nuestro deseo de agradar a Dios, demostrando así el profundo respeto y honor que le tenemos.

Una imagen, en el sentido más estricto, es la representación visual de algo tangible. En esta acepción, las formas fantásticas, apariciones o semblanzas de objetos visibles son, esencialmente, imágenes. Un ejemplo es la figura de un hombre reflejada en el agua, que cambia según la reflexión o refracción de la luz; o la visión del sol y las estrellas en el cielo, ya que lo que percibimos no es la realidad exacta de esos objetos. Las posiciones aparentes, magnitudes y formas que vemos no corresponden necesariamente a la realidad, sino que pueden variar con los órganos de la visión o el uso de lentes. Además, estas imágenes a menudo están presentes en nuestra imaginación y sueños, aun cuando los objetos originales no están físicamente presentes, adoptando diferentes colores y formas según nuestra fantasía. Estas son las imágenes que, originalmente y con mayor propiedad, se denominan ideas e ídolos, términos derivados del griego, donde "εἶδον" (eidon) significa ver. También se llaman fantasmas, una palabra que, en griego, "φαντάσματα" (phantasmata), significa apariciones. Es precisamente por estas imágenes que una de las facultades de la naturaleza humana se llama imaginación.

Todo esto demuestra claramente que no puede existir una imagen de algo invisible.

Desarrollando esta idea, la reflexión sobre las imágenes nos lleva a entender que nuestra percepción visual es compleja y está influenciada por múltiples factores. Las imágenes reflejadas, como la figura en el agua, o refractadas, como los objetos vistos a través de un prisma, son distorsiones de la realidad. La manera en que vemos el sol y las estrellas también es un ejemplo de cómo las condiciones atmosféricas y la luz afectan nuestra percepción. Estos fenómenos nos enseñan que lo que percibimos no siempre es una representación exacta del objeto en cuestión.

Además, la imaginación humana juega un papel crucial en la formación de imágenes mentales. Estas imágenes internas pueden ser influenciadas por nuestras experiencias, recuerdos y deseos, y a menudo aparecen en nuestros sueños. Así, nuestra mente es capaz de generar imágenes de objetos y situaciones que no están presentes físicamente. La capacidad de imaginar es fundamental para nuestra creatividad y comprensión del mundo, permitiéndonos visualizar lo que no está delante de nosotros y explorar conceptos abstractos.

La noción de ídolos e ideas como imágenes mentales subraya la importancia de la percepción en la formación de nuestras creencias y comprensiones. Las palabras "ιδέες" (idees) e "είδωλα" (eidola) reflejan esta conexión entre ver y conceptualizar. Un ídolo, en el sentido antiguo, no era simplemente una figura física, sino una representación mental de algo divino o trascendental. Esta idea nos muestra cómo las imágenes, tanto visibles como imaginadas, pueden influir profundamente en nuestras creencias y comportamientos.

Por último, la distinción entre lo visible y lo invisible nos lleva a una reflexión sobre la naturaleza del conocimiento y la percepción. Las imágenes de objetos visibles son mediaciones entre nuestra mente y la realidad externa, mientras que las ideas de lo invisible requieren un acto de fe o especulación. Esto plantea importantes preguntas filosóficas sobre la naturaleza de la realidad y cómo la entendemos. ¿Qué significa realmente ver algo? ¿Cómo sabemos que lo que vemos es real? Estas preguntas son fundamentales para nuestra comprensión del mundo y nuestra posición en él.

Es evidente que no puede existir una imagen de algo infinito, ya que todas las imágenes y fantasmas creados por la impresión de objetos visibles poseen una figura definida. La figura es una cantidad determinada de algún modo, lo que significa que no puede existir una imagen de Dios, del espíritu humano o de los espíritus. Solo podemos crear imágenes de cuerpos visibles, es decir, de aquellos que tienen luz en sí mismos o de aquellos que son iluminados por una fuente de luz externa.

Un hombre puede, sin embargo, imaginar figuras fantásticas que nunca ha visto, combinando elementos de diferentes seres. Así, los poetas crearon centauros, quimeras y otros monstruos que no existen en la realidad. Estas figuras imaginadas pueden ser materializadas en madera, yeso o metal. Estas creaciones también se llaman imágenes, no por su semejanza con algún objeto corpóreo existente, sino por la similitud con las creaciones fantásticas que habitan en la mente de su creador.

Entre estos ídolos, tal como existen originalmente en el cerebro, y como se representan pintados, esculpidos, moldeados o vaciados en algún material, existe una cierta semejanza. Por esta razón, puede afirmarse que el objeto material creado por el arte es la imagen del ídolo fantástico creado por la imaginación humana. Desarrollando esta idea, es fundamental entender que las imágenes de cosas infinitas o espirituales están más allá de nuestra capacidad de representación visual. Los conceptos de infinito y espiritualidad no pueden ser confinados a formas físicas limitadas. Esto subraya la limitación inherente de nuestras capacidades perceptivas y creativas cuando intentamos representar lo trascendental.

La imaginación humana es una poderosa herramienta que nos permite trascender la realidad observable y explorar posibilidades más allá de lo tangible. A través de la combinación y recombinación de elementos conocidos, nuestra mente puede crear nuevas entidades que no existen en el mundo físico. Los poetas y artistas han utilizado esta capacidad para dar vida a criaturas mitológicas como los centauros y las quimeras, seres que encapsulan la creatividad y la innovación del pensamiento humano.

Cuando estas imaginaciones se materializan en arte, ya sea en forma de escultura, pintura o cualquier otro medio, el proceso de creación transfiere una idea abstracta del cerebro a una forma tangible que puede ser percibida por los sentidos. Este acto de materialización no solo crea una obra de arte, sino que también sirve como un puente entre lo imaginario y lo real, permitiendo a otros compartir y experimentar la visión del creador. La relación entre el ídolo en la mente y su representación física es un reflejo de la capacidad humana para dar forma a sus pensamientos y fantasías. Aunque las imágenes físicas no pueden capturar la esencia completa de sus inspiraciones infinitas o espirituales, pueden transmitir una visión de la imaginación y el espíritu creativo que las engendró. Este proceso creativo es una manifestación del deseo humano de comprender y representar lo desconocido, lo invisible y lo infinito a través de medios finitos y tangibles.

En una acepción más amplia del término, una imagen también puede ser cualquier representación de una cosa mediante otra. Así, un soberano terrenal puede ser considerado una imagen de Dios, y un magistrado de menor rango, una imagen de dicho soberano. Durante la idolatría de los gentiles, a menudo no se prestaba atención a la semejanza del ídolo material con el ídolo de su fantasía; aun así, era llamado su imagen. Por ejemplo, una piedra sin labrar podía representar a Neptuno, al igual que diversas figuras, muy diferentes de las concepciones mentales que tenían de sus deidades. Hoy en día, vemos muchas imágenes de la Virgen María y otros santos, todas diferentes entre sí y sin correspondencia con la imaginación humana. Sin embargo, estas imágenes cumplen adecuadamente el propósito para el cual fueron creadas: representar, a través de sus nombres, las personas mencionadas en las narraciones, a quienes cada uno aplica una imagen mental propia, o ninguna en absoluto. Así, una imagen, en su sentido más amplio, es la semejanza o representación de algo visible, o ambas cosas a la vez, como sucede en la mayoría de los casos. Por otro lado, el término "ídolo" en la Escritura tiene un alcance aún mayor, ya que puede referirse al sol, una estrella o cualquier otra criatura, visible o invisible, cuando son adoradas como dioses.

Habiendo aclarado lo que es adoración y lo que es una imagen, quiero ahora resumir y examinar el concepto de idolatría, que está prohibida en el segundo mandamiento y en otros pasajes de la Escritura. Adorar una imagen es realizar voluntariamente aquellos actos externos que son signos de honor, ya sea hacia la materia de la imagen (madera, piedra, metal u otra sustancia visible) o hacia los fantasmas del cerebro, cuya semejanza o representación formó y figuró dicha materia. A veces, se adora ambas cosas como si fueran un cuerpo animado, compuesto de la materia y el fantasma, como de un cuerpo y un alma. Es importante comprender que esta adoración externa, aunque dirigida a un objeto material, refleja una veneración interna. En la mente del adorador, la imagen física puede ser vista como un símbolo tangible de una entidad espiritual o divina. Este acto de proyección mental convierte al ídolo en un punto de enfoque para la devoción, independientemente de su forma o material.

La idolatría, por lo tanto, no es solo la adoración de estatuas o figuras, sino también la atribución de cualidades divinas a cualquier cosa creada, ya sea visible o invisible. Este error fundamental reside en confundir la creación con el Creador, otorgando a las obras de nuestras manos o de nuestra imaginación el honor y la reverencia que solo deben ser dirigidos hacia Dios. En resumen, la idolatría es un desvío del verdadero culto debido a Dios, dirigiendo actos de adoración y veneración a objetos o fantasmas que no tienen el poder ni la esencia del Ser Divino. Esta práctica ha sido condenada a lo largo de las Escrituras porque desvía el corazón y la mente de la verdadera fuente de poder y divinidad. La esencia de la idolatría radica en la intención del corazón, donde el honor y la devoción se malinterpretan y se dirigen hacia lo creado, en lugar de hacia el Creador.

Descubrirse ante una persona con poder y autoridad, como un príncipe, o en lugares designados por su autoridad, es una forma de mostrar respeto civil. Este gesto simboliza el honor hacia la persona, no hacia el trono o el lugar en sí, y no constituye idolatría. Sin embargo, si alguien cree que el alma del príncipe reside en la silla, o dirige peticiones a la silla misma, entonces estamos ante un acto de adoración divina e idolatría.

Solicitarle a un rey ciertas cosas que él tiene la capacidad de conceder, incluso inclinándose ante él, es una forma de adoración civil, ya que reconocemos en él un poder humano. Pero pedirle que haga buen tiempo o que realice acciones que solo Dios puede llevar a cabo, se convierte en adoración divina e idolatría. Si un rey obliga a alguien a realizar tales actos bajo amenaza de muerte u otro castigo severo, esto no se considera idolatría. La adoración forzada por el terror de las leyes del soberano no indica que quien obedece lo haga por honrarlo íntimamente como a un dios, sino por el deseo de evitar la muerte o una vida miserable. Lo que no refleja un signo de honor interno no es adoración y, por lo tanto, no es idolatría.

Además, no puede decirse que alguien que actúa de esta manera cause escándalo o sea motivo de caída para otros. Incluso si quien adora de esta forma es sabio o instruido, no se puede argumentar que lo haga voluntariamente, sino por miedo. En tal caso, este acto no es suyo, sino impuesto por su soberano. Este análisis nos lleva a entender que la intención y la coerción juegan un papel fundamental en determinar si un acto es idolatría o simplemente una forma de sobrevivencia. El verdadero honor y la adoración se originan en el corazón y la mente, y no pueden ser forzados externamente. La idolatría, en su esencia, es una desviación del verdadero culto debido a Dios, ya que implica atribuir cualidades divinas a algo que no las posee. Por lo tanto, es crucial diferenciar entre actos de respeto civil y aquellos que constituyen adoración divina, para evitar caer en prácticas que desvíen nuestra devoción del único y verdadero Dios.

Adorar a Dios en un lugar específico o dirigir la mirada hacia una imagen o hacia un sitio determinado no significa venerar el lugar o la imagen en sí. Más bien, se trata de reconocer ese espacio o esa imagen como sagrada, es decir, como apartada de su uso común para un propósito divino. La palabra "santo" implica esta separación y dedicación especial, no una cualidad intrínseca de santidad. Por ejemplo, adorar a Dios ante la serpiente de bronce no era idolatría, ni lo era que los judíos, cuando estaban en el exilio, volvieran sus rostros hacia el templo de Jerusalén al rezar. Tampoco fue idolatría que Moisés se quitara las sandalias al estar frente a la zarza ardiente en el monte Sinaí, pues ese lugar había sido elegido por Dios para manifestarse y dar sus leyes al pueblo de Israel. Estos lugares eran santos no por una santidad inherente, sino por estar apartados para el uso divino.

De igual manera, para los cristianos, rendir culto en iglesias que han sido dedicadas solemnemente a Dios por la autoridad del rey o de un representante legítimo de la Iglesia, es una práctica válida. Sin embargo, adorar a Dios como si animara o habitara en una imagen o lugar físico, es decir, concebir que una sustancia infinita reside en un espacio finito, es idolatría. Tales deidades finitas son meras fabricaciones de la mente, sin realidad, y son comúnmente denominadas en las Escrituras como vanidad, mentiras y nada.

También es idolatría adorar a Dios en un lugar o a través de una imagen con el fin de recordarlo, si ese lugar o imagen fue instituido por autoridad privada y no por los pastores soberanos designados por Dios. El mandamiento es claro: "No harás para ti ninguna imagen esculpida". Dios instruyó a Moisés a levantar la serpiente de metal, pero Moisés no la hizo por iniciativa propia, por lo que no violó el mandamiento. En cambio, cuando Aarón y el pueblo hicieron el becerro de oro sin la autorización de Dios, eso constituyó idolatría. No solo lo consideraron un dios, sino que lo crearon para un uso religioso sin la garantía de Dios ni de su representante, Moisés.

Los gentiles adoraban a Júpiter y otros, creyendo que en vida realizaron actos gloriosos y que eran hijos de dioses inmortales y humanos perecederos. Esta práctica era idolatría porque la hacían por su propia cuenta, sin la autorización divina ni en la ley eterna de razón ni en la voluntad positiva y revelada de Dios. En contraste, aunque nuestro Salvador fue un hombre, creemos que era Dios inmortal e Hijo de Dios basado en la palabra de Dios revelada en las Escrituras, por lo que esta creencia no es idolatría.

En cuanto al culto de la Eucaristía, si las palabras de Cristo: "Este es mi cuerpo" significan que Él mismo y el pan aparente en su mano, así como las distintas partículas de pan consagradas por los sacerdotes en cualquier momento, son todos cuerpos de Cristo, entonces esto no es idolatría porque está autorizado por nuestro Salvador. Sin embargo, si este texto no tiene tal significado y la adoración se basa en una institución humana, entonces constituye idolatría. No es suficiente argumentar que Dios puede transustanciar el pan en el cuerpo de Cristo. Aunque los gentiles también creían en la omnipotencia de Dios, eso no excusaba su idolatría al pretender una transustanciación de madera y piedra en deidades.

Pretender que la inspiración divina sea una penetración sobrenatural del Espíritu Santo en una persona, en lugar de un resultado de la doctrina y la devoción, lleva a un dilema muy peligroso. Si no se adora a los individuos que se creen inspirados de esa manera, se incurre en impiedad, como si se estuviera ignorando la presencia sobrenatural de Dios. Pero, por otro lado, si se les adora, se comete idolatría, ya que los Apóstoles nunca permitirían ser adorados de esa forma. Por lo tanto, el camino más seguro es interpretar la venida de la paloma sobre los Apóstoles, el hálito de Cristo al transferirles el

Espíritu Santo, y el otorgamiento de este espíritu mediante la imposición de manos, como signos que Dios ha decidido usar, o ha ordenado que se usen, para expresar su promesa de asistir a estas personas en su misión de predicar su reino y en su conducta, para que sean una fuente de edificación y no de escándalo para nosotros.

Además de la adoración idólatra de las imágenes, también existe una adoración escandalosa de ellas, que constituye un pecado, aunque no es idolatría. La idolatría implica adorar mediante signos de honor interno y verdadero; en cambio, el culto escandaloso es una adoración simulada, que a veces puede ir acompañada de una repulsión interna y sincera tanto hacia la imagen como hacia el ídolo o demonio al que está dedicada. Esta adoración surge solo del miedo a la muerte o a otro castigo doloroso. Aunque es un pecado para quien adora de esta manera, no necesariamente lleva a la caída de quienes consideran las acciones de esa persona como ejemplos a seguir. No obstante, el comportamiento de aquellos a quienes no vemos como modelos no nos influye, dejándonos solos con nuestra propia diligencia y precaución, y, por ende, no puede ser causa de nuestra caída.

Es importante reconocer que adorar a Dios en un lugar específico o dirigir la mirada hacia una imagen o sitio particular no implica venerar el lugar o la imagen en sí, sino reconocer su santidad, es decir, admitir que han sido apartados para un uso divino. La palabra "santo" no sugiere una nueva cualidad en el lugar o imagen, sino una nueva relación derivada de su dedicación a Dios. Así, no es idolatría adorar a Dios ante la serpiente de bronce, que fue levantada por orden divina, ni que los judíos, cuando estaban lejos de su patria, dirigieran sus rostros hacia el templo de Jerusalén al rezar. Tampoco fue idolatría que Moisés se quitara las sandalias ante la zarza ardiente en el monte Sinaí, ya que ese lugar fue elegido por Dios para manifestarse y dar sus leyes a Israel. Estos lugares eran santos no por una santidad intrínseca, sino por estar apartados para el uso divino.

Para los cristianos, rendir culto en iglesias dedicadas solemnemente a Dios por la autoridad legítima tampoco es idolatría. Sin embargo, adorar a Dios como si habitara en una imagen o lugar físico, es decir, concebir que una sustancia infinita reside en un espacio finito, es idolatría. Estas deidades finitas son meras fabricaciones de la mente y son comúnmente denominadas en las Escrituras como vanidad, mentiras y nada. Adorar a Dios con el objetivo de recordarlo en un lugar o imagen que le fue dedicado por autoridad privada y no por sus pastores soberanos, también es idolatría. El mandamiento es claro: "No harás para ti ninguna imagen esculpida". Dios instruyó a Moisés a levantar la serpiente de metal, pero Moisés no la hizo por iniciativa propia, por lo que no violó el mandamiento. En cambio, cuando Aarón y el pueblo hicieron el becerro de oro sin la autorización de

Dios, eso constituyó idolatría. No solo lo consideraron un dios, sino que lo crearon para un uso religioso sin la garantía de Dios ni de su representante, Moisés.

Si un pastor, legítimamente designado para enseñar y guiar a otros, o una persona de gran prestigio, rinde honor externo a un ídolo por miedo, pero no hace evidente su temor y falta de voluntad, está creando un escándalo entre sus hermanos, ya que parece estar aprobando la idolatría. En este caso, su hermano podría interpretar los actos de su maestro o de la persona a la que respeta, concluyendo que tales actos son legítimos. Este tipo de escándalo es un pecado real y evidente. Sin embargo, si una persona común, sin ser pastor ni tener una reputación destacada en cuanto al conocimiento de la doctrina cristiana, realiza esos mismos actos y otros lo siguen, no se produce el mismo tipo de escándalo. Esto se debe a que no hay motivo para que las personas sigan ese ejemplo, sino que más bien lo toman como una excusa para justificarse ante los demás.

En efecto, es comprensible que un hombre sin formación, que se encuentra bajo el poder de un rey o estado idólatra, si se le ordena bajo amenaza de muerte que rinda culto a un ídolo, lo haga aun detestándolo profundamente. No obstante, su conducta sería aún más admirable si tuviera el valor de negarse a esa adoración, incluso a riesgo de su vida. Por otro lado, si un pastor, como mensajero de Cristo encargado de enseñar la doctrina de Jesús a todas las naciones, hiciera lo mismo, no solo causaría un escándalo pecaminoso respecto a las conciencias de otros cristianos, sino que también traicionaría su misión de manera grave.

Resumiendo lo dicho acerca del culto a las imágenes, diré que quien adora una imagen o un ser, ya sea la materia de ese objeto o una fantasía creada por su propia mente y localizada en dicha imagen, o ambas cosas juntas, o quien cree que estos objetos pueden escuchar sus plegarias o contemplar sus actos de devoción, aun sin poseer oídos u ojos, comete idolatría. Además, quien finge ese culto por miedo al castigo, si es una persona cuyo ejemplo tiene influencia sobre sus hermanos, está cometiendo un pecado. Sin embargo, quien adora al Creador del mundo ante una imagen que no ha hecho por sí mismo, o en un lugar que no ha elegido por sí mismo, sino que han sido instituidos por el mandamiento de la palabra de Dios, no comete idolatría. Esto es similar a lo que hacían los judíos, adorando a Dios ante los querubines y la serpiente de bronce, ya sea en el templo o dirigiendo sus miradas hacia él. En estos casos, la adoración no se dirige a la imagen en sí, sino al Dios al que se honra a través de los medios que Él mismo ha establecido.

En relación con la adoración de santos, imágenes, reliquias y otras ceremonias que se practican en la Iglesia de Roma, sostengo que no están respaldadas por la palabra de Dios. Estas prácticas no fueron introducidas en la Iglesia de Roma a través de la doctrina enseñada allí, sino que, en parte, se mantuvieron desde la primera conversión de los gentiles y luego fueron promovidas, confirmadas y aumentadas por los obispos de Roma.

Las pruebas basadas en las Escrituras, como los ejemplos de imágenes que Dios ordenó erigir, no deben interpretarse como una indicación de que el pueblo debía adorarlas. Estas imágenes, como los querubines sobre el arca o la serpiente de bronce, se establecieron para que el pueblo adorara a Dios en su presencia, no para que adorara las imágenes mismas. La Biblia no menciona que los sacerdotes o cualquier otra persona adoraran a los querubines; al contrario, en 2 Reyes 18:4, leemos que Ezequías hizo pedazos la serpiente de bronce que Moisés había establecido porque el pueblo le quemaba incienso. Estos ejemplos no están destinados a ser imitados para que también nosotros erijamos imágenes con el propósito de adorar a Dios a través de ellas, porque las palabras del segundo mandamiento, "No harás para ti mismo ninguna imagen esculpida", claramente distinguen entre las imágenes que Dios ordenó y las que los humanos crean por su cuenta.

Por lo tanto, la inferencia de que las imágenes creadas por designios humanos son equivalentes a las ordenadas por Dios es incorrecta. Así como Ezequías destruyó la serpiente de bronce para evitar que los judíos la adoraran, los soberanos cristianos deben destruir las imágenes que sus súbditos adoran, para eliminar cualquier ocasión de idolatría. Hoy en día, el pueblo ignorante, al adorar imágenes, realmente cree que poseen un poder divino. Sus pastores les dicen que algunas imágenes han hablado, sangrado y realizado milagros, sugiriendo que estos actos son realizados por el santo o que el santo reside en la imagen.

Cuando los israelitas adoraron al becerro de oro, creían que adoraban al dios que los había sacado de Egipto, lo cual era idolatría porque suponían que el becerro era Dios o que Dios habitaba en el becerro. Aunque algunos puedan considerar imposible que las personas sean tan ingenuas como para pensar que una imagen es un dios o un santo, las Escrituras demuestran lo contrario. En el caso del becerro de oro, el pueblo decía: "Estos son tus dioses, oh Israel". Además, las imágenes de Labán se denominaban sus dioses. La experiencia diaria muestra que aquellos que solo se preocupan por su sustento y comodidad están dispuestos a creer en cosas absurdas para evitar la incomodidad de examinarlas críticamente, manteniendo su fe como si fuera firme e inalienable, a menos que una ley nueva y explícita les obligue a cambiar. Por lo tanto, es esencial que comprendamos la diferencia entre la adoración debida a Dios y la veneración inapropiada de imágenes, para evitar caer en prácticas que no solo son teológicamente incorrectas, sino que también desvían la verdadera devoción que se debe únicamente a Dios.

Ellos infieren, sin embargo, de ciertos pasajes bíblicos, que es legítimo representar a ángeles e incluso a Dios mismo; por ejemplo, Dios paseando por un jardín, o Jacob viendo a Dios en la cima de una escalera, y otras visiones y sueños. Ahora bien, las visiones y los sueños, sean naturales o sobrenaturales, no son más que fantasmas, y quien pinta una imagen basada en su propia imaginación no está creando una representación de Dios, sino de su propio fantasma; esto es, está creando un ídolo. No digo que pintar un cuadro a partir de la imaginación sea un pecado; pero una vez creado, usarlo como representación de Dios va en contra del segundo mandamiento y no debe utilizarse en el culto. Lo mismo aplica para las imágenes de ángeles y de seres fallecidos, excepto en el caso de monumentos dedicados a amigos o personas dignas de recuerdo. En efecto, tal uso de una imagen no constituye un acto de culto a la imagen, sino un reconocimiento civil a la persona; no a lo que es, sino a lo que fue. Ahora bien, cuando se hace esto con la imagen de un santo, y no por ninguna otra razón que la de pensar que escucha nuestras plegarias y se regocija con el honor que le brindamos, aun sabiendo que está muerto y sin sentido, le atribuimos un poder superior al humano, y, por lo tanto, ese acto constituye idolatría.

Considerando, por lo tanto, que no existe autorización ni en la ley de Moisés ni en el Evangelio para el culto religioso de imágenes u otras representaciones de Dios creadas por los hombres, ni tampoco para la adoración de la imagen de alguna criatura en el cielo, en la tierra, o debajo de la tierra; y dado que los reyes cristianos, quienes son representantes vivos de Dios, no deben ser adorados por sus súbditos con actos que signifiquen una mayor estima de su poder que la que corresponde a la naturaleza de un hombre mortal, no cabe pensar que el culto religioso en uso haya sido instituido en la Iglesia debido a una errónea comprensión de las Escrituras. Queda establecido, entonces, que dicho culto permaneció debido a que no se destruyeron las imágenes cuando los gentiles que las adoraban se convirtieron al cristianismo.

La causa de esto fue la alta estima y el elevado valor que se otorgaba a los productos del arte, lo que indujo a los hombres propietarios, aunque convertidos, a mantener en sus hogares las imágenes que antes consideraban demoníacas, alegando que lo hacían en honor de Cristo, de la Virgen María, o de los Apóstoles y otros pastores de la Iglesia primitiva. Era fácil, mediante la asignación de nuevos nombres, convertir una imagen de Venus y Cupido en una de la Virgen María y su hijo, nuestro Salvador; y así también, se transformó a Júpiter en Bernabé, y a Mercurio en Pablo, y cosas similares. La ambición terrenal, que aumentaba gradualmente en los pastores, los llevó a ser complacientes con los neófitos cristianos y a aficionarse a este tipo de honor al que aspiraban para después de su muerte, a la manera de quienes ya lo habían logrado. Así, la adoración de las imágenes de Cristo y de sus

Apóstoles creció con un sentido cada vez más idolátrico, salvo que algún tiempo después de la época de Constantino, diversos emperadores, obispos y concilios generales observaron y refutaron la legitimidad de ello, aunque lo hicieron demasiado tarde o con excesiva lenidad. En resumen, la práctica de adorar imágenes, ya sean representaciones de Dios, ángeles o santos, no está respaldada ni por la ley mosaica ni por el Evangelio. Atribuirles poder divino o usarlas como intermediarios en nuestras plegarias es una forma de idolatría. La perpetuación de estas prácticas en la Iglesia de Roma puede atribuirse a la reticencia a destruir las imágenes veneradas por los gentiles convertidos y a la alta estima por el arte. La aceptación y promoción de estas imágenes por parte de los líderes eclesiásticos, en su afán de congraciarse con los nuevos conversos y perpetuar su propio honor, llevó a una adoración cada vez más idolátrica, que, aunque fue confrontada, no siempre se hizo con la firmeza necesaria para erradicarla.

La canonización de los santos es una práctica que tiene sus raíces en el paganismo y no surge de una mala interpretación de las Escrituras ni es una invención reciente de la Iglesia Romana. Esta costumbre es tan antigua como el propio Estado de Roma. El primer caso de canonización en Roma fue el de Rómulo. Según Julio Próculo, quien afirmó ante el Senado haber hablado con Rómulo después de su muerte, este residía en el cielo bajo el nombre de Quirino y sería un protector para el desarrollo de la nueva ciudad. Como resultado, el Senado declaró oficialmente su santidad. Más tarde, Julio César y otros emperadores romanos recibieron el mismo reconocimiento, es decir, fueron canonizados como santos, un proceso similar a la 'ἀποθέωσις' de los paganos.

El título y la potestad de 'pontifex maximus' también tienen sus orígenes en el paganismo romano. En la antigua Roma, el 'pontifex maximus' era el título del funcionario que, bajo la autoridad del Senado y el pueblo, regulaba todas las ceremonias y doctrinas religiosas. Cuando César Augusto transformó el Estado romano en una monarquía, se reservó sólo dos cargos: el de 'pontifex maximus' y el de tribuno del pueblo, concentrando así el poder supremo tanto en el ámbito estatal como en el religioso. Los emperadores sucesivos conservaron estos títulos. Sin embargo, durante el reinado del emperador Constantino, el primer emperador en profesar y autorizar la religión cristiana, la regulación de la religión se llevó a cabo bajo la autoridad del Obispo de Roma. No obstante, parece que los obispos de Roma no adoptaron inmediatamente el título de 'pontífice', sino que los obispos sucesivos lo asumieron para fortalecer su poder sobre los obispos de otras provincias romanas.

Este privilegio no fue concedido a San Pedro, sino que fue un privilegio de la ciudad de Roma, respaldado por los emperadores que buscaban mantener su autoridad sobre otros obispos. Esto se evidencia por el hecho de que el Obispo de Constantinopla, cuando el emperador trasladó la sede del Imperio a esa ciudad, intentó igualar su posición con la del Obispo de Roma. Aunque, finalmente, y no sin lucha, el Papa logró establecerse como 'pontifex maximus'. Sin embargo, este título de derecho pertenecía únicamente al Emperador y no se extendía más allá de los límites del Imperio. Desde que el Emperador perdió su poder sobre Roma, ha sido el Papa quien ha asumido ese poder. De todo esto se puede deducir que no existe una justificación válida para la superioridad del Papa sobre otros obispos, salvo en los territorios donde él también es soberano civil. Esta superioridad se justifica solo cuando el Emperador, con poder civil supremo, ha elegido expresamente al Papa como pastor principal de sus súbditos cristianos. Esta asunción de poder por parte del Papa se convirtió en una realidad más por conveniencia política y circunstancias históricas que por un mandato divino explícito o una tradición apostólica.

El traslado procesional de imágenes es una práctica heredada de las antiguas religiones griega y romana. Tanto griegos como romanos solían transportar sus ídolos de un lugar a otro en carros especiales, conocidos en latín como "tensa" o "vehiculum Deorum". Estas imágenes se colocaban en pequeños templos portátiles llamados "ferculum". Lo que los romanos denominaban "pompa" se asemeja mucho a lo que hoy conocemos como procesión. Por ejemplo, uno de los honores divinos concedidos a Julio César por el Senado fue que en la "pompa" de los juegos circenses tuviera una "tensa" y un "ferculum", una carroza sagrada y un templete, como si fuera trasladado de un lugar a otro como una deidad. De manera similar, los papas actuales son transportados por los guardias suizos bajo un dosel.

Estas procesiones también incluían la conducción de antorchas y velas encendidas frente a las imágenes de los dioses, una práctica común tanto entre los griegos como entre los romanos. Posteriormente, los emperadores romanos recibieron el mismo honor. Un ejemplo es Calígula, quien fue llevado desde Misenum a Roma en medio de multitudes, con los caminos llenos de altares, animales propiciatorios y antorchas encendidas. Otro caso es el de Caracalla, quien fue recibido en Alejandría con incienso, flores y antorchas encendidas (λαμπαδηφορίαι). Los λαμπαδηφόροι eran aquellos que llevaban antorchas en las procesiones dedicadas a los dioses.

Con el tiempo, los fieles, a menudo ignorantes pero devotos, comenzaron a honrar a sus obispos con la misma pompa de cirios, y esta práctica se extendió también a las imágenes de nuestro Salvador y de los santos dentro de la iglesia misma. Así, el uso de velas de cera se generalizó y fue establecido por algunos antiguos concilios. Los paganos también tenían su "aqua lustralis" o agua bendita, una tradición que la Iglesia de Roma adoptó en sus días santos. Ellos celebraban bacanales, y nosotros tenemos nuestras vigilias; ellos sus saturnales, y nosotros nuestros carnavales y la liberación de los esclavos; ellos su procesión de Príapo, y nosotros nuestras danzas alrededor del palo de mayo, una forma de culto. Los paganos tenían la procesión llamada "ambarvalia", y nosotros tenemos nuestra procesión por los campos durante la semana de rogativas.

No creo que estas ceremonias se hayan mantenido en la Iglesia desde la primera conversión de los gentiles, pero esto es lo que puedo recordar por ahora. Si alguien quisiera observar detalladamente lo que reflejan las historias sobre los ritos religiosos de los griegos y romanos, no dudo que encontraría muchas otras prácticas heredadas del paganismo que los doctores de la Iglesia Romana, por negligencia o ambición, llenaron nuevamente con el vino nuevo del cristianismo, un cristianismo que con el tiempo llegaría a romper esas viejas y vacías botellas de gentilismo.

Estas tradiciones, aunque adoptadas y modificadas por la Iglesia Romana, reflejan una continuidad cultural que va más allá de la mera práctica religiosa. Son un testimonio de cómo las antiguas costumbres paganas fueron absorbidas y transformadas en ritos cristianos, creando una síntesis cultural que ha perdurado a lo largo de los siglos. Esta integración de lo pagano en lo cristiano no solo facilitó la conversión de los gentiles, sino que también enriqueció el acervo ritual de la Iglesia, aunque a costa de introducir elementos que a veces desvirtuaron el mensaje original del Evangelio. Muchas de las ceremonias y prácticas que hoy consideramos propias del cristianismo tienen sus raíces en antiguas tradiciones paganas, adaptadas y transformadas a lo largo del tiempo. Esta herencia cultural, aunque polémica, es parte integral de la historia y evolución de la Iglesia.

Capítulo XLVI

Sobre las sombras de la vana filosofía y de las tradiciones fabulosas

La filosofía se entiende como el conocimiento obtenido a través del razonamiento, partiendo de la forma en que algo se genera hasta sus propiedades, o viceversa, con el objetivo de, finalmente, poder reproducir estos efectos dentro de los límites de la materia y la capacidad humana. Por ejemplo, el geómetra utiliza la construcción de figuras para determinar sus diversas propiedades, y a partir de estas propiedades, desarrolla nuevos métodos de construcción que permiten medir la tierra y el agua, entre otros muchos usos prácticos. De manera similar, el astrónomo observa la salida, puesta y movimientos del sol y las estrellas en diferentes partes del cielo para entender las causas del día y la noche, así como las distintas estaciones del año, utilizando esta información para calcular el tiempo. Este mismo enfoque se aplica a otras ciencias.

A partir de esta definición, es evidente que no debemos incluir en ella el conocimiento original que se llama experiencia, que es la base de la prudencia, ya que no se alcanza mediante el razonamiento. Esta experiencia es simplemente el recuerdo de la sucesión de acontecimientos pasados y se encuentra tanto en los animales como en los humanos. La experiencia no es más que la memoria de eventos anteriores, donde la omisión de cualquier pequeña circunstancia que altere el resultado puede frustrar la expectativa incluso del más prudente. En cambio, el conocimiento obtenido por razonamiento correcto produce verdades generales, eternas e inmortales.

Por lo tanto, no debemos considerar como filosofía cualquier tipo de conclusión falsa, porque alguien que razona correctamente usando términos que comprende nunca puede llegar a un error. Tampoco debe incluirse lo que cualquier persona sabe por revelación natural, ya que eso no se obtiene a través del razonamiento. Asimismo, el conocimiento obtenido mediante el razonamiento basado en la autoridad de los libros no puede considerarse filosofía, ya que, en tal caso, el razonamiento no procede de la causa al efecto ni del efecto a la causa; esto no es conocimiento, sino fe.

Es crucial distinguir que la filosofía, en su esencia, busca entender las causas y efectos de manera lógica y fundamentada. La experiencia, aunque valiosa, no se basa en el razonamiento sino en la observación repetida de sucesos. Esta observación, aunque útil para la prudencia y la toma de decisiones, no alcanza el nivel de conocimiento filosófico, que busca principios universales. Además, es fundamental entender que la filosofía requiere un proceso de razonamiento riguroso y metódico, diferenciándose claramente de la fe, que se basa en la creencia en la autoridad de las escrituras o revelaciones sin necesidad de un proceso lógico. En conclusión, la filosofía se ocupa del conocimiento que se obtiene a través del razonamiento metódico y estructurado, buscando verdades universales y aplicables más allá de las experiencias individuales y las creencias basadas en la autoridad de los textos sagrados o revelaciones. Este enfoque metódico y lógico distingue la filosofía de otras formas de conocimiento, asegurando que las conclusiones obtenidas sean válidas y aplicables en diversos contextos y no meras creencias o recuerdos de eventos pasados.

La capacidad de razonamiento surge como un fruto del desarrollo del lenguaje, dando origen a ciertas verdades generales descubiertas mediante el razonamiento, tan antiguas como el propio uso del habla. Incluso entre los salvajes de América se encuentran sentencias morales prudentes y un conocimiento básico de aritmética que les permite manejar números sencillos, pero esto no los convierte en filósofos. De manera similar a cómo en tiempos antiguos había pocas plantas de cereales y vides dispersas en la naturaleza antes de que los humanos reconocieran su utilidad y comenzaran a cultivarlas deliberadamente para su alimentación, existían desde el principio ideas especulativas verdaderas, generales y beneficiosas que constituyen los fundamentos naturales de la razón humana.

Inicialmente, estas ideas eran escasas y los seres humanos vivían basados en una experiencia rudimentaria, sin un método organizado ni un cultivo sistemático del conocimiento más allá de las suposiciones y errores espontáneos. Esta limitación se debía principalmente a la falta de tiempo libre, ya que las personas estaban ocupadas atendiendo sus necesidades básicas de subsistencia y defendiéndose de los vecinos. Solo con la formación de Estados más grandes comenzó a ser posible dedicar tiempo al ocio, el cual es el verdadero impulsor de la filosofía, mientras que los Estados grandes proporcionaron la paz necesaria para fomentar el desarrollo del ocio.

El estudio filosófico solo se hizo factible con el surgimiento de grandes y prósperas ciudades. Los gimnosofistas en la India, los magos en Persia, y los sacerdotes en Caldea y Egipto fueron algunos de los primeros filósofos, ya que estos países también fueron los primeros en establecer reinos organizados. En contraste, entre los griegos y otros pueblos occidentales, que vivían en Estados pequeños y constantemente en guerra, la filosofía no surgió hasta que los temores de guerra mutua se igualaron y el ocio comenzó a ser empleado de manera productiva.

Con el tiempo, a medida que las ciudades-estado griegas se unieron bajo la amenaza común, surgieron figuras como los Siete Sabios de Grecia, que ganaron reputación por sus enseñanzas morales y políticas, así como por su conocimiento en astronomía y geometría, adquirido de los caldeos y egipcios. Sin embargo, aún no se habían establecido formalmente escuelas de filosofía en ese entonces, marcando el comienzo de una era de mayor reflexión y estudio sistemático en la historia del pensamiento humano.

Después de que los atenienses alcanzaron el dominio del mar gracias a su victoria sobre los ejércitos persas, extendieron su influencia sobre todas las islas y ciudades costeras del Archipiélago, tanto en Asia como en Europa. En consecuencia, aquellos que no encontraban ocupación ni en su país ni en el extranjero se dedicaron principalmente, como menciona San Lucas en los Hechos de los Apóstoles (17:21), a difundir y escuchar noticias, y a pronunciar discursos filosóficos en público, dirigidos especialmente a la juventud de la ciudad. Cada maestro estableció su enseñanza en lugares específicos: Platón en los conocidos paseos públicos llamados Academia, en honor a un tal Academo; Aristóteles en el pórtico del templo de Pan, conocido como Liceo; otros en la Stoa, un paseo cubierto donde se solían exhibir mercancías; y algunos en plazas designadas para reunir a la juventud y compartir sus enseñanzas.

Este fue el caso también de Carnéades en Roma, durante su misión como embajador, lo cual llevó a Catón a recomendar al Senado que lo expulsara rápidamente, temiendo la influencia corruptora que podría tener sobre los jóvenes, quienes se deleitaban escuchando sus discursos, considerados por ellos como sofisticados.

A partir de esto, los lugares donde los filósofos enseñaban y debatían comenzaron a llamarse "schola", palabra que en su idioma significa ocio, y sus discusiones se conocían como diatribas, es decir, pasatiempos. De manera similar, los filósofos mismos adoptaron el nombre de sus sectas, y algunas de estas sectas tomaron el nombre de sus lugares de enseñanza. Por ejemplo, los seguidores de Platón se llamaron académicos, los de Aristóteles peripatéticos, por el paseo donde recibían sus lecciones, y aquellos que seguían a Zenón fueron llamados estoicos, por la Stoa. Esto es como si clasificáramos a las personas según los nombres de lugares como Morefields, Iglesia de San Pablo, y Bolsa, donde frecuentemente se reúnen para charlar y pasar el tiempo.

No obstante, los hombres desarrollaron una predilección por esta práctica, la cual con el tiempo se extendió por toda Europa y gran parte de África, dando lugar a la institución de escuelas públicas en estas regiones. Estas escuelas se establecieron con el propósito de llevar a cabo lecturas y debates, y se mantuvieron activas en casi todos los Estados.

Antiguamente, también existieron escuelas entre los judíos, tanto antes como después de los tiempos de nuestro Salvador, aunque estas eran principalmente escuelas dedicadas a su ley. Aunque se les llamaba sinagogas, que significa congregaciones del pueblo, en realidad no diferían mucho en naturaleza de las escuelas públicas, excepto en el nombre. En estas sinagogas, la ley era leída, explicada y debatida cada sábado, y no solo existían en Jerusalén, sino en todas las ciudades habitadas por judíos en tierras gentiles. Por ejemplo, hubo una de estas escuelas en Damasco, a la cual San Pablo ingresó para perseguir a los cristianos. También había otras en Antioquía, Iconia y Tesalónica, donde San Pablo entró para discutir con los presentes. Estas eran conocidas como las sinagogas de los libertinos, cireneos, alejandrinos, cilicios y de Asia, lo que significa las escuelas de los libertinos y de los judíos que vivían como extranjeros en Jerusalén. Fueron precisamente los miembros de estas escuelas quienes se opusieron y discutieron con San Esteban (Hechos 6:9).

Pero, ¿cuál fue la verdadera utilidad de estas escuelas? ¿Qué conocimiento se adquirió realmente a través de sus lecturas y debates? Lo que hoy conocemos como geometría, la base de todas las ciencias naturales, no surgió de estas escuelas. Platón, considerado el más eminente filósofo griego, excluía de su academia a aquellos que no tenían un conocimiento geométrico previo. Aunque muchos estudiaron esta ciencia por el bien de la humanidad, no se formaron escuelas dedicadas exclusivamente a la geometría, ni se creó una secta de geométricos, ni siquiera se les llamó filósofos por ello.

La filosofía natural practicada en estas escuelas era más un ideal que una ciencia concreta, basada en frases vacías de significado. Esto ocurre cuando se intenta enseñar filosofía sin haber alcanzado un profundo entendimiento de la geometría. La naturaleza se rige por el movimiento, cuyos caminos y grados son incomprensibles sin el conocimiento de las proporciones y propiedades de líneas y figuras.

En cuanto a su filosofía moral, no era más que una reflexión sobre sus propias emociones. Sin la guía de la ley civil, la norma de comportamiento se reduce a la ley natural, que dicta lo que es correcto e incorrecto, justo e injusto, y en general, lo que es bueno o malo. Las escuelas, en cambio, establecen sus propias normas de bien y mal según sus preferencias personales. Dada la gran diversidad de opiniones, no hay nada universalmente aceptado, y cada individuo hace lo que le parece correcto, lo cual puede socavar el orden social.

Su lógica, que debería ser el arte del razonamiento claro, se convierte en la manipulación de términos ambiguos e inventos diseñados para confundir a sus oponentes en el debate. En resumen, como dijo Cicerón, un antiguo filósofo, no hay idea tan absurda que no haya sido defendida en algún momento. Desde mi punto de vista, pocas cosas en la filosofía natural rivalizan en absurdidad con lo que hoy llamamos metafísica aristotélica, o son tan perjudiciales para la gobernanza como gran parte de sus ideas políticas, o tan carentes de entendimiento como gran parte de su ética.

La escuela entre los judíos tuvo su origen como una institución para el estudio de la ley de Moisés. Moisés había ordenado (Deuteronomio 31:10) que cada séptimo año, durante la festividad del Tabernáculo, la ley fuera leída ante todo el pueblo para que la escuchara y aprendiera. Por lo tanto, la lectura semanal de la ley después del cautiverio no tenía otro propósito que mantener al pueblo en sintonía con los mandamientos que debían obedecer, además de exponerles los escritos de los profetas.

Sin embargo, es evidente, como lo denunció nuestro Salvador con severas críticas, que distorsionaron el texto de la ley con sus interpretaciones erróneas y tradiciones vanas. Su falta de comprensión de los Profetas fue tal que no reconocieron a Cristo ni las profecías que le concernían, incluso las que ellos mismos habían anunciado. A través de sus lecturas y discusiones en las sinagogas, transformaron la doctrina de la ley en una especie fantástica de filosofía sobre la inescrutable naturaleza de Dios y los espíritus. Mezclaron la vanidad de la filosofía y teología griega con sus propias interpretaciones, extraídas de los pasajes más oscuros de la Escritura, que fácilmente podían adaptar a sus propios propósitos, junto con las tradiciones fabulosas de sus antepasados.

Lo que hoy conocemos como Universidad es esencialmente la unificación y centralización de diversas escuelas públicas bajo un solo gobierno dentro de una misma ciudad. En estas universidades, se establecieron escuelas principales para tres disciplinas principales: la Religión romana, el Derecho romano y el Arte de la Medicina. En cuanto al estudio de la Filosofía, su posición estaba subordinada al servicio de la religión romana, adoptando el aristotelismo como su autoridad predominante, lo cual transformó el estudio en una forma de aristotelismo más que en filosofía pura (cuya esencia no depende de ningún autor específico). La Geometría, por su parte, no tenía lugar en este contexto hasta tiempos mucho después, precisamente porque no se prestaba a manipulaciones. Si algún individuo, por su naturaleza ingeniosa, lograba dominar esta ciencia, frecuentemente era considerado como un mago y su arte como algo demoníaco.

Bajando ahora a los dogmas específicos de la vacía filosofía que se introdujeron en las universidades y de allí en la Iglesia, en parte debido a Aristóteles y en parte a la falta de claridad en el entendimiento, voy a comenzar examinando primero sus fundamentos. Existe una "Philosophia prima", de la cual depende toda la filosofía subsiguiente; consiste principalmente en definir correctamente los significados de aquellos términos que son los más universales y fundamentales entre todos. Estas definiciones se emplean para evitar la ambigüedad y la confusión en el razonamiento, y comúnmente se conocen como definiciones; incluyen los conceptos de cuerpo, tiempo, lugar, materia, forma, esencia, sujeto, sustancia, accidente, potencia, acto, finito, infinito, cantidad, cualidad, movimiento, acción, pasión y otros similares, necesarios para entender las ideas de una persona sobre la naturaleza y el origen de los cuerpos.

La explicación de estos términos y otros similares en las escuelas se conoce comúnmente como Metafísica, parte de la filosofía de Aristóteles que lleva ese título, aunque con un significado diferente. En este contexto, Metafísica se refiere a los libros escritos o colocados después de su filosofía natural, mientras que en las escuelas se refiere a los libros de filosofía que tratan lo sobrenatural. De hecho, la palabra Metafísica tiene estas dos acepciones. Sin embargo, lo escrito en esos libros es en gran medida incomprensible y a menudo va en contra de la razón natural hasta tal punto que aquellos que piensan que pueden entenderlo necesitan considerarlo como algo sobrenatural.

La Metafísica, entrelazada con la Escritura para crear una divinidad escolástica, postula la existencia de esencias separadas de los cuerpos, conocidas como esencias abstractas y formas substanciales. Comprender este lenguaje requiere una atención más profunda de lo habitual, pido disculpas a quienes no están familiarizados con este tipo de discurso y me dirijo a aquellos que lo están. El mundo, no solo la tierra (a la cual se llama mundo en términos de aquellos que aman los placeres mundanos), sino el Universo en su totalidad —es decir, todo lo que existe— es corpóreo; es un cuerpo con dimensiones de magnitud: longitud, anchura y profundidad. Cada parte del cuerpo, por ende, es un cuerpo en sí mismo y posee estas dimensiones. Por lo tanto, cada parte del Universo es un cuerpo, y lo que no es cuerpo no forma parte del Universo. Dado que el Universo engloba todo, lo que no está dentro de él es simplemente nada y, por lo tanto, no tiene existencia en ningún lugar.

Sin embargo, esto no implica que los espíritus sean inexistentes; de hecho, tienen dimensiones y, por lo tanto, son cuerpos reales. Aunque en el lenguaje común reservamos el término "cuerpo" para aquellos que son visibles o palpables, es decir, aquellos con cierto grado de opacidad, los espíritus son denominados incorpóreos, un término de mayor honor. Esta designación se reserva especialmente para Dios mismo, donde no se trata de encontrar el atributo que mejor exprese su naturaleza incomprensible, sino el que mejor refleje nuestro deseo de rendirle honor.

Para entender por qué en las Escuelas se habla de esencias abstractas o formas sustanciales, es esencial comprender el significado preciso de estas palabras. Las palabras, en su esencia, nos permiten registrar nuestros pensamientos y comunicar nuestras concepciones a otros. Entre estas palabras, algunas designan directamente cosas percibidas, como los nombres de los diferentes tipos de cuerpos que impactan en nuestros sentidos y dejan huellas en nuestra imaginación.

Otras palabras son nombres de las imágenes mismas: las ideas o representaciones mentales que tenemos de las cosas que vemos o recordamos. También existen nombres que son términos de dicciones, como universal, plural, singular; y términos que describen diversas formas de expresión, como definición, afirmación, negación, verdadero, falso, silogismo, interrogación, promesa, pacto.

Algunas palabras se utilizan para mostrar la relación entre un nombre y otro, indicando su consecuencia o contraposición. Por ejemplo, al decir que un hombre es un cuerpo, entendemos que el término "cuerpo" necesariamente se sigue del término "hombre". Esta conexión se expresa mediante el verbo "es", utilizado en latín como "est" y en griego como "Eoti" en sus diversas formas verbales. No puedo afirmar si todas las demás lenguas del mundo tienen una palabra equivalente, pero es seguro que no la necesitan, ya que la simple yuxtaposición de nombres puede indicar esta relación de manera habitual, sin la necesidad de usar palabras como "es" o "ser". Es la costumbre la que otorga fuerza a las palabras en este sentido.

Si imagináramos un idioma sin un verbo equivalente a "es" o "ser", los hablantes de dicho idioma no serían menos capaces que los griegos o latinos en inferir, concluir y razonar en general. Sin embargo, ¿qué sucedería con términos como entidad, esencia, esencial, esencialidad y otros derivados, tan comunes en su uso? Estos términos no representan simplemente nombres de cosas, sino signos que indican nuestra concepción de la relación entre un nombre o atributo y otro. Por ejemplo, cuando decimos "un hombre es un cuerpo vivo", no estamos separando al hombre, al cuerpo vivo y al verbo "es" como entidades distintas, sino más bien expresando que son una misma entidad, demostrando así una verdad que se expresa mediante el verbo "es". Del mismo modo, palabras como "ser un cuerpo", "pasear", "estar hablando", "vivir", "ver" y sus equivalentes no son nombres de entidades separadas, como he explicado en detalle en otro lugar. Algunos podrían cuestionar la relevancia de estas sutilezas en un trabajo que se centra en la doctrina del gobierno y la obediencia. La razón es clara: para evitar el abuso de la doctrina de las esencias separadas, basada en la filosofía vacía de Aristóteles, que intenta apartar a la gente, mediante términos vacíos, de la obediencia a las leyes de su país. Es como si intentaran espantar a los pájaros del sembrado con un espantajo inútil hecho de sombrero y cañas.

Cuando alguien muere y es enterrado, se dice que su alma, su vida, puede vagar separada de su cuerpo, apareciendo incluso sobre los sepulcros durante la noche. De manera similar, se afirma que las cualidades como la figura, el color y el sabor de un trozo de pan poseen un ser propio, aunque la gente común solo vea pan. Y así, se argumenta que la fe, la sabiduría y otras virtudes son a veces conferidas o inspiradas por el cielo al hombre, como si el virtuoso y sus virtudes fueran entidades separables.

Estas ideas debilitan la dependencia de los ciudadanos hacia el poder soberano de su país. ¿Quién se esforzaría por obedecer las leyes si espera que la obediencia le sea conferida o insuflada de alguna manera? ¿Y quién no obedecería a un sacerdote que podría representar un tipo de dios superior incluso al soberano o al propio Dios? ¿Y qué persona temerosa de los espíritus no respetaría a aquellos que pueden bendecir el agua para expulsarlos? Estos son solo ejemplos de los errores introducidos en la Iglesia a través de las teorías de entidades y esencias de Aristóteles. Aunque muchos puedan reconocer la falsedad de esta filosofía, algunos la justifican como complementaria a su religión, temerosos siempre del destino de Sócrates.

Una vez que se cae en el error de las supuestas esencias distintas, se desemboca inevitablemente en una serie de absurdos derivados de esta premisa. Por ejemplo, al considerar que estas formas son reales, se ven obligados a asignarles un lugar específico. Sin embargo, al afirmar que son incorpóreas y carecen de cualquier dimensión cuantitativa, y dado que el lugar implica dimensión y solo puede ser ocupado por lo corpóreo, intentan sostener su credibilidad mediante una distinción entre estar "circunscriptive" y "definitive"[58] en ningún lugar. Estos términos, aunque son meras palabras sin sentido práctico, pueden en latín disfrazar la vacuidad de su significado.

Por ejemplo, circunscribir algo no es más que determinar o definir su lugar, por lo tanto, ambos términos de la distinción son esencialmente lo mismo. Específicamente, cuando afirman que el alma de un hombre, que dicen que es su esencia, está completa en su meñique y al mismo tiempo en cualquier otra parte minúscula de su cuerpo, insinúan que no hay más alma en el cuerpo entero que en cada una de sus partes. ¿Cómo puede alguien afirmar servir a Dios con tales absurdidades? Sin embargo, todo esto es necesario para aquellos que desean creer en la existencia de un alma incorpórea separada del cuerpo. Cuando intentan explicar cómo una sustancia incorpórea puede sufrir o ser atormentada en el fuego del infierno o del purgatorio, no dicen nada más que admitir que no se puede entender cómo el fuego puede quemar las almas.

Además, dado que el movimiento implica un cambio de lugar, y las entidades incorpóreas no pueden ocupar un espacio físico, se ven en la dificultad de explicar cómo un alma podría ir al cielo, al infierno o al purgatorio sin el cuerpo, o cómo los espíritus de los hombres (y los atuendos con los que suelen aparecer revestidos) pueden deambular por la noche en iglesias, cementerios y otros lugares de sepultura. No tengo idea de cómo podrían responder a esto, a menos que argumenten que los espíritus deambulan

58 Palabras en inglés en el original.

"de manera definitiva", no "de manera circunscrita", o de manera espiritual y no temporal. Sin embargo, estas grandiosas distinciones son igualmente aplicables a todas las dificultades planteadas.

En cuanto al significado de la eternidad, no desean que se interprete como una sucesión infinita de tiempo, ya que de ser así no podrían justificar cómo la voluntad de Dios y el preordenamiento de los eventos futuros podrían ser anteriores a Su conocimiento previo de ellos, como una causa eficiente antes del efecto, o el agente antes de la acción. Tampoco podrían justificar muchas otras de sus opiniones sobre la naturaleza incomprensible de Dios. En cambio, nos enseñan que la eternidad es la suspensión del tiempo presente, el "nunc stans" de las Escuelas, algo que ni ellos ni nadie comprende completamente, al igual que el "hic stans", es decir, la infinita magnitud del lugar.

Los seres humanos, en su mente, descomponen el cuerpo enumerando sus partes, al igual que distinguen las partes del espacio que ocupa. Esto solo es posible al dividir el cuerpo en diversas partes y asignar lugares distintos a cada una de estas partes. Por lo tanto, según la lógica común, la mente humana no puede concebir más partes de las que hay lugares disponibles para ellas. Sin embargo, los escolásticos nos instan a creer que, por el poder omnipotente de Dios, un cuerpo puede estar simultáneamente en varios lugares, y varios cuerpos pueden ocupar un solo lugar al mismo tiempo. Esto es como aceptar un poder divino que niega la realidad, como si lo que es, en realidad no lo fuera, o lo que ha sido, nunca hubiera sido. Estas son solo algunas de las inconsistencias a las que se ven forzados por su estilo de razonamiento filosófico, en lugar de maravillarse y reverenciar la naturaleza divina e incomprensible. Los atributos divinos no pueden describir lo que Dios es; simplemente expresan nuestro deseo de honrarlo con los mejores términos de los que somos capaces.

Aquellos que se aventuran a especular sobre la naturaleza divina usando estos atributos de honor pierden la cordura desde el primer intento y caen de un error a otro sin fin. Es como si una persona, ignorante de las formalidades de la corte, al encontrarse frente a alguien de mayor prestigio de lo que está acostumbrada, tropezara al entrar, soltara su túnica para no caer, dejara caer su sombrero al agacharse para recogerla, y en una serie de percances revelara su apuro y falta de refinamiento.

En cuanto a la Física, es decir, al estudio de las causas subordinadas y secundarias de los fenómenos naturales, no nos ofrece más que términos vacíos. Si uno desea saber por qué ciertos tipos de cuerpos caen naturalmente hacia la tierra y otros se elevan naturalmente lejos de ella, las Escuelas nos explicarán, basándose en Aristóteles, que los cuerpos que caen son pesados o tienen gravedad, y es esta gravedad lo que los hace descender. Pero si se les pregunta qué significa exactamente la gravedad, la definirán como la tendencia a moverse hacia el centro de la tierra. Así que la causa por la cual las cosas caen es simplemente porque tienen esa tendencia, lo cual equivale a decir que caen porque caen. Otra explicación que podrían ofrecer es que el centro de la tierra es el lugar natural de reposo y conservación para los cuerpos pesados, por lo tanto, tienden a estar ahí. Esto supone que las piedras y los metales tienen un deseo o capacidad de discernimiento similar a los humanos respecto al lugar donde se encuentran, o que prefieren el reposo, algo que no es aplicable a los objetos inanimados como lo es para los seres humanos, o como si un trozo de cristal estuviera mejor caído en la calle que en una ventana.

Si nos interesa comprender por qué un mismo cuerpo parece más grande en un momento que en otro sin ningún cambio perceptible, los escolásticos explican que cuando parece más pequeño está condensado, y cuando parece más grande, está rarificado. Pero, ¿qué quieren decir con condensado y rarificado? Explican que un cuerpo está condensado cuando hay menos materia en él que antes, y rarificado cuando hay más, como si la materia pudiera existir sin una cantidad específica, cuando precisamente la cantidad es la medida que determina la materia o el cuerpo, permitiéndonos decir si un cuerpo es más grande o más pequeño que otro en términos absolutos.

En cuanto al origen del espíritu humano, mencionan términos como "creatur infundendo" y "creando infunditur", indicando que ha sido creado mediante infusión e infundido mediante creación. Sobre las causas de las sensaciones, explican que estas se deben a la ubicuidad de especies, es decir, las manifestaciones y apariciones de los objetos que, al llegar al ojo, causan visión; al oído, audición; al paladar, gusto; y a la nariz, olfato. En el caso del tacto, se refiere al resto del cuerpo.

Para explicar la voluntad de realizar acciones específicas, mencionan la "volitio", atribuyéndola a la facultad general de los seres humanos para querer algo en un momento y algo diferente en otro, lo cual denominan "voluntas", indicando así el poder como causa del acto, similar a atribuir la capacidad de realizar acciones buenas o malas a la aptitud de hacerlas. En ocasiones, atribuyen la causa de eventos naturales a su propia ignorancia, aunque la disfrazan con términos como la "fortuna" para explicar cosas contingentes cuyas causas no comprenden. También atribuyen efectos diversos a cualidades ocultas o específicas como la simpatía, antipatía, antiperistasis, entre otros términos similares, que no describen ni el agente que los produce ni la operación por la cual ocurren. Si las metafísicas y físicas como estas no son meras especulaciones vacías, entonces no existe nada que pueda considerarse como tal, ni siquiera San Pablo habría necesitado advertirnos para evitarlas.

En cuanto a su Filosofía moral y civil, muestra los mismos absurdos, o quizás mayores. Cuando alguien realiza una acción injusta, es decir, contraria a la ley, ellos argumentan que Dios es la primera causa de la ley y de todas las acciones, pero no de la injusticia en sí misma, que es simplemente la discordancia entre la acción y la ley. Esto es simplemente una filosofía vacía. Es como afirmar que alguien puede trazar simultáneamente una línea recta y una torcida, mientras otro nota la incongruencia. Es el tipo de filosofía donde se llega a conclusiones antes de conocer las premisas, intentando entender lo que es intrínsecamente incomprensible, transformando los atributos de honor en atributos de naturaleza para sostener la doctrina del libre albedrío, es decir, de una voluntad humana no sujeta a la voluntad de Dios.

Aristóteles y otros filósofos antiguos definen el bien y el mal en función de los apetitos humanos, y tienen razón en el contexto de individuos regidos únicamente por sus propias normas. Pero esta medida es inaplicable en un Estado. No son los deseos individuales, sino la ley que representa la voluntad y los intereses del Estado, lo que determina la norma. A pesar de esto, la filosofía de los apetitos individuales continúa influyendo, donde las personas juzgan la bondad o la maldad de sus acciones y las de otros, así como las del Estado, según sus propias pasiones, sin considerar las leyes públicas. Solo algunos, como los monjes y los mendicantes, que están obligados por voto a obedecer a sus superiores, siguen una obediencia que todos los súbditos deberían considerar como su deber natural hacia el soberano civil. Esta medida subjetiva del bien no solo es una filosofía vacía, sino también perjudicial para el bienestar del Estado.

Es, por lo tanto, una filosofía inútil y falsa argumentar que el acto del matrimonio es contrario a la castidad o la continencia, y por lo tanto convertirlo en un vicio moral, como hacen aquellos que consideran que la castidad y la continencia son razones para prohibir el matrimonio entre clérigos. Esto confirma que tal prohibición es simplemente una orden de la Iglesia que requiere que sus ministros, dedicados al altar y a la Eucaristía, mantengan una abstinencia continua de las mujeres bajo el nombre de castidad perpetua. De este modo, llaman al uso legítimo de las mujeres una falta de castidad y continencia, considerando el matrimonio como un pecado o, como mínimo, algo tan impuro que descalifica a los hombres para el altar. Si se establece que el uso de las mujeres constituye incontinencia y es contrario a la castidad, entonces todo matrimonio sería un vicio. De hecho, si algo tan impuro como el matrimonio descalifica a alguien para el servicio sagrado, entonces otras actividades naturales, necesarias y diarias que todos los hombres realizan, los harían aún más indignos de ser sacerdotes.

Pero el verdadero motivo detrás de esta prohibición del matrimonio para los clérigos no radica en errores de la filosofía moral ni en la supuesta superioridad de la vida célibe sobre el matrimonio, como afirmó sabiamente

San Pablo al comprender lo impráctico que era para los predicadores del Evangelio en tiempos de persecución, quienes se veían obligados a huir de un lugar a otro mientras cuidaban de sus esposas e hijos. El verdadero fundamento yace en la ambición de papas y sacerdotes de épocas posteriores de monopolizar el clero, considerándose los únicos herederos del reino de Dios en la Tierra. Para lograr esto, era imperativo impedir que los sacerdotes contrajeran matrimonio, basándose en las palabras de nuestro Salvador que indicaban que en su reino los hijos de Dios no se casarán ni serán dados en matrimonio, sino que serán como los ángeles en el cielo, es decir, espirituales. Dado que los clérigos se autodenominaban espirituales, permitirles tener esposas sería incoherente según su propia doctrina.

Aprendieron de la filosofía política de Aristóteles a llamar tiranía a cualquier forma de gobierno que no fuera popular (como el de Atenas en aquel tiempo). Todos los monarcas eran etiquetados como tiranos, incluso a los treinta gobernantes aristocráticos instalados por los lacedemonios en Atenas se les denominó los treinta tiranos. Del mismo modo, a la condición de las personas en una democracia se le llamaba libertad. Originalmente, tirano simplemente significaba y hacía relación a la figura de un monarca.

Sin embargo, cuando más tarde en varias regiones de Grecia se abolió este tipo de gobierno, el término no solo conservó su significado original, sino que también llegó a ser detestado por los Estados populares, de manera similar a cómo el nombre de rey se hizo odioso tras la deposición de los monarcas en Roma. Es natural para todos los seres humanos asociar ciertas características con el desagrado y asignarlas a un gran enemigo. Cuando las personas estaban descontentas con aquellos que administraban la aristocracia o la democracia, no inventaban términos despectivos para expresar su ira; simplemente llamaban a una cosa anarquía y a la otra oligarquía o tiranía de unos pocos.

Lo que ofende a los individuos no es ser gobernados de la forma que ellos mismos prefieren, sino ser regidos de manera arbitraria por un representante público, ya sea una persona o una asamblea de personas. Por esta razón, utilizan términos despectivos para referirse a sus gobernantes, ignorando que, sin un gobierno regulador, el estado de guerra perpetua sería inevitable, como se aprendió dolorosamente después de conflictos civiles. La fuerza y el poder de las leyes son afirmados por los hombres y sus armas, no por meras palabras y promesas.

Como resultado, otro error del enfoque político de Aristóteles es la idea de que en un gobierno bien organizado deben ser las leyes, no los hombres, quienes gobiernen. ¿Qué persona sensata, incluso si no sabe leer ni escribir, al ser gobernada por alguien a quien teme, no creerá que ese gobernante tiene el poder de matarlo o hacerle daño si no obedece? ¿Cómo podría creer que la ley, simplemente palabras en papel, pueda dañarlo sin la intervención directa de hombres armados? Este es uno de los errores más perjudiciales, ya que incita a las personas descontentas con sus gobernantes a apoyar a aquellos que llaman tiranos a esos líderes, y a justificar levantamientos armados contra ellos, a menudo con el respaldo de sermones desde el púlpito por parte del clero.

Otro error en su filosofía política (ausente en Aristóteles, Cicerón y otros pensadores paganos) es la expansión del poder de la ley, originalmente destinada a regular acciones, para incluir los pensamientos y la conciencia de las personas mediante investigaciones sobre sus creencias, más allá de la conformidad de sus palabras y acciones. Bajo este error, las personas pueden ser castigadas por admitir la verdad de sus pensamientos o coaccionadas a mentir por temor a represalias. Si bien un magistrado civil puede investigar la idoneidad de un ministro para enseñar según sus doctrinas, obligarlo a confesar ciertas opiniones cuando sus actos no están prohibidos por la ley va en contra de los principios de justicia natural, especialmente cuando se considera que alguien puede enfrentar tormentos eternos por mantener una creencia errónea en un punto de la fe cristiana. ¿Quién, sabiendo el riesgo extremo de un error, confiaría la salvación de su alma a alguien a quien no le importa su condenación?

La interpretación privada de la ley por parte de un individuo que carece de autorización del Estado, es decir, sin el permiso oficial, es un error en política, aunque no se encuentra en Aristóteles ni en otros filósofos paganos. De hecho, ningún escolástico niega, sino que más bien afirma, que el poder de legislar incluye también la facultad de interpretar las leyes cuando sea necesario. Además, ¿no han sido las Escrituras instituidas como ley en todos sus pasajes canónicos por la autoridad del Estado y establecidas como parte del derecho civil?

Similarmente erróneo es cuando alguien, que no es el soberano, restringe el poder de un individuo cuando el Estado no lo ha limitado, como ocurre al asignar exclusivamente la predicación del Evangelio a ciertas personas, aunque las leyes permitan libertad en este aspecto. Si el Estado me autoriza a predicar o enseñar, es decir, si no me lo prohíbe, nadie más debería impedírmelo. ¿Podría un cristiano entre los idólatras de América considerar un pecado predicar a Jesucristo si no recibe órdenes de Roma? Si ya he predicado, ¿no estaré obligado a resolver dudas y explicar las Escrituras a los que me rodean, es decir, a enseñar?

En cuanto a la administración de los sacramentos, y otras funciones similares, se podría argumentar que la necesidad justifica la acción, lo cual es cierto. Sin embargo, igual de cierto es que si no existe una ley que prohíba una acción, no se necesita dispensa alguna. Por lo tanto, negar estas funciones a quienes el soberano no ha restringido es privarles de una libertad legítima, lo cual va en contra de los principios de la gobernación civil.

Podríamos ofrecer aún más ejemplos de lo que podría considerarse una filosofía vacía, introducida en la religión por los teólogos de la escolástica, pero cualquier persona puede percibirlos por sí misma si así lo desea. Personalmente, agregaré que los escritos de los escolásticos en su mayoría consisten en interminables cadenas de palabras extrañas y bárbaras, o términos utilizados de manera que difiere de cómo los habrían usado Cicerón, Varrón y todos los gramáticos de la antigua Roma. Si alguien desea comprobarlo, simplemente pídale que traduzca alguna de esas sentencias escolásticas a un idioma moderno como francés, inglés u otro idioma bien desarrollado. De hecho, lo que no puede hacerse inteligible en la mayoría de estas sentencias tampoco resulta claro en latín. Esta falta de claridad en el lenguaje, aunque no la considero una filosofía falsa per se, no solo encubre la verdad, sino que también lleva a quienes la poseen a desistir de una investigación ulterior.

Podría ofrecer más ejemplos de lo que se puede considerar una filosofía vacía, introducida en la religión por los eruditos de la divinidad escolástica, pero cualquiera puede darse cuenta de ello por sí mismo si así lo desea. Personalmente, añadiré que los escritos de los escolásticos son en su mayoría simplemente cadenas absurdas de palabras extrañas y bárbaras, o términos utilizados de manera diferente a como lo harían Cicerón, Varrón y todos los gramáticos de la antigua Roma. Si alguien desea comprobarlo, debería pedirle que traduzca alguna de esas sentencias escolásticas a un idioma moderno como francés, inglés u otro idioma bien desarrollado. De hecho, lo que no puede hacerse comprensible en la mayoría de estas sentencias tampoco resulta claro en latín. Esta falta de claridad en el lenguaje, aunque no la considero una filosofía falsa en sí misma, no solo sirve para ocultar la verdad, sino que también induce a quienes la poseen a abandonar cualquier intento de investigación ulterior.

Finalmente, los errores que se han infiltrado a través de historias falsas o dudosas, como todas las leyendas de milagros ficticios en las biografías de los santos, y todas las narrativas de apariciones y espíritus presentadas por los líderes de la Iglesia romana para respaldar doctrinas sobre el Infierno y el Purgatorio, el poder del exorcismo y otras enseñanzas no respaldadas ni por la razón ni por la Escritura, junto con todas esas tradiciones que ellos consideran como la palabra no escrita de Dios, ¿no son más que fábulas antiguas? Aunque se encuentren dispersas en los escritos de los Padres antiguos, es importante recordar que estos Padres eran seres humanos que, con facilidad, podían creer en relatos falsos. Utilizar sus opiniones como prueba de la verdad de tales narrativas no es adecuado para aquellos que, siguiendo el consejo de San Juan (1 Juan 4:1), examinan todo con espíritu crítico en cuanto a las pretensiones del poder de la Iglesia romana. Estos relatos solo sirven para desacreditar su testimonio ante aquellos que se benefician de su abuso o no sospechan de él.

La mayoría de las personas honestas y sinceras, aunque no muy versadas en causas naturales como los Padres de la Iglesia, son propensas a caer en tales errores. Después de todo, los hombres de mejor carácter son los menos sospechosos de malas intenciones. Tanto el Papa Gregorio como San Bernardo mencionan supuestas apariciones de espíritus en el Purgatorio, basándose en relatos de terceros, al igual que nuestro Beda[59]. Sin embargo, si ellos u otros relatan estas historias como hechos que conocen de primera mano, no hacen más que exponer su propia debilidad o posible engaño en lugar de confirmar la veracidad de estos relatos vacíos.

La introducción de falsedades va de la mano con la supresión de la verdadera sabiduría, perpetrada por individuos que carecen de autoridad legítima o de un estudio suficiente para ser jueces competentes de la verdad. Nuestros descubrimientos en la navegación y el consenso entre eruditos en ciencias humanas ya han demostrado que existen antípodas. Cada día se aclara más que los años y días están determinados por los movimientos de la tierra. Sin embargo, aquellos que sostuvieron estas ideas en sus escritos como base para el debate razonado, fueron sancionados por la autoridad eclesiástica. ¿Cuál es la razón de esto? ¿Es porque tales opiniones son contrarias a la verdadera religión? Esto no puede ser así si son verdaderas. Por lo tanto, que la verdad sea primero examinada por jueces competentes o refutada por aquellos que afirman conocer lo contrario.

¿Es porque estas opiniones desafían la religión establecida? Entonces que las leyes civiles, bajo las cuales están sujetos los maestros, impongan el silencio. De hecho, la desobediencia puede ser legítimamente castigada en aquellos que enseñan incluso la verdadera sabiduría en contra de las leyes. ¿Es porque tales ideas conducen al desorden gubernamental o fortalecen la rebelión y la sedición? Entonces que los maestros sean silenciados y castigados por las autoridades civiles encargadas de mantener la paz pública. Cualquier forma de autoridad que los eclesiásticos ejerzan, incluso bajo el pretexto de ser divina, es usurpación si están sujetos al Estado en algún lugar.

59 Beda, en inglés antiguo *Baeda* (627-735), fue un monje benedictino del monasterio de San Pedro en Wearmouth. Fue uno de los grandes maestros y escritores de la alta edad Media, considerado el erudito más importante de la antigüedad.

Capítulo XLVII

Sobre el beneficio que proviene de dicho oscurantismo y a quiénes beneficia

Cicerón menciona con honor a uno de los Casios, un juez romano conocido por su severidad y su costumbre de preguntar a los acusadores en casos criminales, cuando el testimonio de los testigos no era suficiente, "cui bono", es decir, quién se beneficia, qué provecho, honor u otra satisfacción obtiene el acusado o espera obtener del acto. En efecto, entre las presunciones, ninguna revela tan claramente al autor como el beneficio de la acción. Con esta misma lógica, intento examinar aquí quiénes han dominado durante tanto tiempo a las personas en esta región de la cristiandad con doctrinas contrarias a la convivencia pacífica del género humano.

En primer lugar, el error de considerar que la Iglesia presente y militante en la tierra es el reino de Dios (es decir, el reino de la gloria o la tierra prometida, no el reino de la gracia, que es una promesa de la tierra) trae consigo beneficios mundanos. Primero, los pastores y maestros de la Iglesia obtienen el título de ministros públicos de Dios, lo que les otorga el derecho a gobernar la Iglesia. Como consecuencia de esto (ya que la Iglesia y el Estado son las mismas personas), se convierten en rectores y gobernantes del Estado. Con este título, el Papa indujo a los súbditos de todos los príncipes cristianos a creer que desobedecerle era desobedecer a Cristo mismo. En todas las disputas entre él y otros príncipes, utilizando la frase "potestad espiritual", lograba que los súbditos abandonaran a sus legítimos soberanos, lo cual implicaba, en realidad, una monarquía universal sobre toda la cristiandad.

Aunque inicialmente fueron investidos con el derecho de ser los supremos maestros de la doctrina cristiana en nombre y bajo la autoridad de los emperadores cristianos, dentro de los límites del Imperio romano (como ellos mismos reconocen) con el título de "pontifex maximus", un funcionario sujeto al Estado civil, en cuanto el Imperio se dividió y desintegró, no fue difícil imponer al pueblo, que ya estaba sujeto a ellos, otro título: el derecho de San Pedro. Este nuevo título no solo protegía y mantenía su pretendido poder, sino que también lo extendía sobre las provincias cristianas, aunque ya no estuvieran unidas en el Imperio de Roma. El beneficio de una monarquía universal (considerando la tendencia humana a aceptar normas) es una presunción suficiente de que los Papas que aspiraban a él, y durante largo tiempo lo disfrutaron, fueron los autores de la doctrina por la cual fue logrado: a saber, que la Iglesia que ahora existe en la tierra es el reino de Cristo. Afirmando esto, era natural que Cristo tuviera entre nosotros algún representante que nos dijera cuáles son sus mandamientos.

Después de que algunas Iglesias se liberaron del poder universal del Papa, sería razonable esperar que los soberanos civiles en todas estas Iglesias recuperaran toda aquella potestad que era su derecho y se hallaba en sus propias manos (hasta que inadvertidamente la dejaron perder). Así ocurrió en Inglaterra, salvo que aquellos por cuyo conducto los reyes administraban el gobierno de la religión sostenían que su cargo era de derecho divino, y parecían usurpar, si no la supremacía, al menos la independencia con respecto al poder civil. Esta usurpación era evidente, puesto que reconocían al rey el derecho de prohibirles, a su arbitrio, del ejercicio de sus funciones.

En aquellos lugares donde el presbiterado asumió el liderazgo, aunque se prohibieron muchas doctrinas de la iglesia de Roma, se mantuvo la idea de que el reino de Cristo ya había llegado y comenzó con la resurrección de nuestro Salvador. Pero, ¿qué beneficio esperan obtener de esto? Al igual que el Papa, buscan tener una autoridad soberana sobre las personas. Excomulgar a su legítimo soberano, en esencia, significa alejarlo de todos los lugares de culto en su propio reino y tener la capacidad de resistirlo cuando intenta corregirlos por la fuerza. ¿Qué significa excomulgar a alguien sin la autoridad del soberano civil, sino arrebatarle su legítima libertad y usurpar una autoridad que no les corresponde? Así, los responsables de esta ceguera en materia de religión son tanto el clero romano como el presbiteriano.

Además, hay una serie de doctrinas que mantienen esta soberanía espiritual una vez adquirida. Primero, la creencia de que el Papa, en su capacidad pública, no puede errar. ¿Quién, creyendo esto, no le obedecerá sin cuestionamientos en todo lo que ordene? En segundo lugar, la doctrina de que todos los demás obispos, sin importar el Estado en que se encuentren, no derivan su autoridad directamente de Dios ni de sus soberanos civiles, sino del Papa. Esta idea permite que en varios Estados cristianos existan muchos hombres poderosos (como los obispos) que dependen del Papa y le deben obediencia, aunque él sea un príncipe extranjero. Esto les facilita, como ha sucedido en muchas ocasiones, provocar una guerra civil contra el Estado que no acepta ser gobernado según sus intereses y caprichos.

Este control espiritual no solo busca mantener una hegemonía religiosa, sino también ejercer un poder político significativo. Al excomulgar a un soberano, el clero romano y el presbiteriano efectivamente lo deslegitiman, socavando su autoridad y fomentando la desobediencia entre sus súbditos. Este acto es más que una simple sanción religiosa; es una herramienta política poderosa que sirve para debilitar a los gobernantes que no se alinean con sus intereses.

Asimismo, la creencia en la infalibilidad papal y la dependencia de los obispos del Papa refuerzan una estructura de poder que trasciende fronteras y desafía las soberanías nacionales. Al presentar al Papa como la máxima autoridad espiritual que no puede equivocarse, se asegura una obediencia casi automática de sus seguidores. Esto no solo consolida el poder del Papa, sino que también establece una red de lealtades que pueden ser movilizadas en cualquier momento para desafiar a los gobiernos civiles. Así, por lo tanto, la perpetuación de estas doctrinas y creencias no es una cuestión de mera fe religiosa, sino una estrategia consciente para mantener y expandir una soberanía espiritual que tiene profundas implicaciones políticas. Los clérigos que promueven estas ideas no solo buscan guiar espiritualmente a sus seguidores, sino también ejercer un control tangible sobre los asuntos temporales, utilizando la religión como un medio para sus fines políticos y personales.

En tercer lugar, la exención de sacerdotes, monjes y frailes mendicantes de las leyes civiles. A través de estos medios, en cada Estado existe un gran número de personas que disfrutan de los beneficios y la protección del poder civil, sin contribuir a los gastos públicos ni estar sujetos a las penas por los crímenes que cometen, como lo están otros ciudadanos. Esta situación los libera del temor hacia cualquier hombre, exceptuando al Papa, a quien se adhieren con el objetivo de fortalecer su monarquía universal.

En cuarto lugar, la designación del clero como sacerdotes. En el Nuevo Testamento, el clero estaba compuesto por presbíteros, es decir, ancianos. Sin embargo, al adoptar el título de sacerdotes, que originalmente se refería a los sacrificadores durante el reinado de Dios sobre los judíos, se pretende hacer creer al pueblo que el Papa tiene el mismo poder sobre todos los cristianos que Moisés y Aarón ejercieron sobre los judíos. Esto implica que el Papa ostenta todo el poder civil y eclesiástico, similar al que tenía el Sumo Sacerdote en tiempos antiguos.

En quinto lugar, la doctrina que considera el matrimonio como un sacramento. Esta creencia otorga al clero la capacidad de juzgar la legitimidad de los matrimonios y, por ende, determinar qué hijos son legítimos. Esto les confiere el derecho de influir en la sucesión de los reinos hereditarios, un poder significativo en la política y en la estructura social.

En sexto lugar, la prohibición del matrimonio para los sacerdotes. Esta restricción asegura el control del Papa sobre los reyes, ya que un rey que también es sacerdote no puede casarse ni transmitir su reino a sus descendientes. Si un rey no es sacerdote, entonces el Papa exige autoridad eclesiástica sobre él y su pueblo, consolidando aún más su dominio.

La exención de sacerdotes y monjes de las leyes civiles crea una clase privilegiada que no contribuye a los gastos del Estado ni enfrenta las mismas consecuencias legales que el resto de la población. Esto no solo genera una desigualdad significativa, sino que también fortalece la lealtad de estos individuos al Papa, consolidando su autoridad y facilitando su control sobre diferentes Estados.

La designación del clero como "sacerdotes" y la transformación de la Santa Cena en un sacrificio tienen un profundo impacto en la percepción del poder papal. Al comparar al Papa con figuras bíblicas como Moisés y Aarón, se refuerza la idea de que él posee una autoridad absoluta tanto en asuntos religiosos como civiles. Esta estrategia de equiparar el poder papal con el de los antiguos líderes judíos es una herramienta poderosa para consolidar el control sobre los fieles.

La doctrina del matrimonio como sacramento es otra táctica para expandir la influencia eclesiástica. Al tener la autoridad para determinar la legitimidad de los matrimonios, el clero puede influir en la sucesión de las dinastías, asegurando que los linajes reales y las herencias se alineen con los intereses de la Iglesia. Esto no solo afecta a las familias reales, sino que también puede alterar la estructura política y social de los reinos.

La prohibición del matrimonio para los sacerdotes tiene un doble propósito. Por un lado, impide que los sacerdotes formen alianzas familiares que puedan desafiar el poder papal. Por otro lado, asegura que cualquier rey que también sea sacerdote no pueda tener descendencia, lo que podría debilitar su linaje y consolidar aún más el control del Papa sobre los asuntos civiles y religiosos. Estas tácticas, desde la exención de las leyes civiles hasta la prohibición del matrimonio para los sacerdotes, son estrategias meticulosamente diseñadas para consolidar y expandir el poder papal. Al crear una clase privilegiada, redefinir roles religiosos y ejercer control sobre aspectos cruciales como el matrimonio y la sucesión, el Papa y su clero pueden mantener una influencia dominante sobre los reinos cristianos. Este enfoque no solo asegura la lealtad de sus seguidores, sino que también permite una manipulación significativa de las estructuras políticas y sociales, reforzando la monarquía universal del Papa.

En séptimo lugar, la confesión auricular se convierte en una herramienta crucial para afianzar su poder. A través de este mecanismo, el clero obtiene una comprensión más profunda de los planes y secretos de los príncipes y figuras prominentes del estado civil, una comprensión que supera con creces la que estos líderes pueden tener sobre los planes del estamento eclesiástico. Este conocimiento asimétrico les otorga una ventaja estratégica significativa, permitiéndoles influir y manipular situaciones a su favor.

En octavo lugar, la canonización de santos y la declaración de mártires refuerzan aún más su control. Al designar a ciertos individuos como santos o mártires, inducen a las personas sencillas a desafiar las leyes y mandatos de sus soberanos civiles. Esta táctica se utiliza especialmente en casos donde el Papa ha excomulgado a alguien, declarándolo hereje o enemigo de la Iglesia. La gente, convencida de que está defendiendo la fe, puede llegar a sacrificar incluso su vida en oposición a la autoridad civil, interpretando su resistencia como un deber sagrado.

En noveno lugar, el poder atribuido a los sacerdotes para actuar en nombre de Cristo y la potestad de imponer penitencias y absolver pecados consolidan su dominio. Esta capacidad para perdonar pecados y dictar penitencias coloca al clero en una posición de poder moral y espiritual sobre la gente, asegurando su lealtad y dependencia.

En décimo lugar, la doctrina del purgatorio, la justificación a través de obras externas y las indulgencias se convierten en fuentes significativas de riqueza para el clero. Estas creencias fomentan una economía religiosa en la que los fieles están dispuestos a pagar por indulgencias y realizar obras externas para asegurar su salvación, llenando así las arcas de la Iglesia.

En undécimo lugar, la demonología y el uso de exorcismos mantienen al pueblo atento al poder del clero. A través de prácticas como los exorcismos, se refuerza la percepción de que el clero tiene un dominio especial sobre el mundo espiritual, aumentando su influencia y control sobre la comunidad.

Por último, las enseñanzas de Aristóteles en metafísica, ética y política, junto con las distinciones frívolas y el lenguaje oscuro de los escolásticos, se utilizan estratégicamente en las universidades. Estas instituciones, erigidas y reguladas por la autoridad papal, se convierten en bastiones de una filosofía que confunde y desvía a los estudiantes. Al enseñar estas materias con un léxico barroco y oscuro, se evita que los errores doctrinales sean descubiertos y se perpetúa la confusión entre la vana filosofía y la verdadera luz del Evangelio.

La confesión auricular no solo ofrece una ventana a los secretos personales de los individuos, sino que también actúa como un canal de información privilegiada sobre los movimientos y decisiones políticas de los líderes civiles. Este conocimiento permite al clero anticipar acciones, influir en decisiones y mantener una posición de poder oculta pero efectiva. La confesión se convierte así en un arma de control sutil y poderoso, que va más allá de la mera absolución de pecados.

La canonización de santos y mártires funciona como una herramienta de manipulación emocional y espiritual. Al elevar a ciertos individuos a un estatus casi divino, el clero puede dirigir la lealtad y el fervor religioso de las masas hacia la oposición a los soberanos civiles, creando una base de apoyo que está dispuesta a desafiar la autoridad secular en nombre de la fe. Este acto de convertir a alguien en santo o mártir no solo honra su memoria, sino que también sirve para legitimar y perpetuar el poder eclesiástico.

El poder de los sacerdotes para perdonar pecados y dictar penitencias coloca al clero en una posición casi omnipotente en la vida espiritual de las personas. Este poder no solo asegura la lealtad de los fieles, sino que también crea una dependencia continua del clero para la salvación y la redención. La capacidad de absolver pecados se convierte en una herramienta de control y manipulación espiritual.

La doctrina del purgatorio y las indulgencias no solo tiene implicaciones teológicas, sino que también crea una economía de la salvación. Los fieles, deseosos de asegurar su lugar en el cielo, están dispuestos a realizar pagos y cumplir con las obras prescritas por el clero, lo que enriquece a la Iglesia y refuerza su poder económico. Esta economía espiritual se convierte en una fuente constante de ingresos y poder para el clero.

La demonología y los exorcismos mantienen viva la creencia en lo sobrenatural y el poder del clero para intervenir en estas esferas. Estos rituales no solo refuerzan la autoridad espiritual del clero, sino que también aseguran que el pueblo se mantenga sumiso y temeroso del poder que el clero puede ejercer sobre los demonios y las fuerzas malignas.

Finalmente, el uso de las enseñanzas de Aristóteles y el lenguaje oscuro de los escolásticos en las universidades crea una barrera intelectual que protege al clero de la crítica y el escrutinio. Al enseñar a través de un léxico complejo y confuso, se asegura que solo unos pocos puedan entender y desafiar las doctrinas establecidas, manteniendo así el control sobre el conocimiento y perpetuando la confusión entre la filosofía vana y la verdadera luz del Evangelio. Estas estrategias, desde la confesión auricular hasta el uso de la filosofía escolástica, están diseñadas para consolidar y expandir el poder del clero. Cada táctica sirve para reforzar la autoridad espiritual y temporal de la Iglesia, asegurando su influencia continua sobre los fieles y los líderes seculares. A través de una combinación de control espiritual, manipulación emocional y poder económico, el clero mantiene una posición dominante en la sociedad, perpetuando su poder y asegurando su relevancia en todos los aspectos de la vida de los individuos.

Si esto no fuera suficiente, podríamos destacar otras doctrinas oscuras que claramente benefician a quienes sostienen un poder ilegítimo sobre los soberanos legítimos del pueblo cristiano, ya sea estableciendo dicho poder o manteniéndolo. Estas doctrinas también favorecen las riquezas terrenales, el honor y la autoridad de sus defensores. Por lo tanto, aplicando el principio del "cui bono", podemos identificar como autores de esta oscuridad espiritual al Papa y al clero romano. Además, también son responsables aquellos que intentan inculcar en las mentes de las personas la falsa idea de que la Iglesia terrenal actual es el reino de Dios mencionado en las Escrituras.

Los emperadores y otros soberanos cristianos, bajo cuyos gobiernos surgieron inicialmente estos errores y la obstinación del clero en sus cargos, perturbando así sus dominios y la paz de sus súbditos, son en parte culpables de estos males. Estos gobernantes, por falta de previsión y de comprensión de los planes de sus maestros, permitieron que tales doctrinas sediciosas fueran predicadas públicamente. En sus primeros momentos, podrían haber prevenido la propagación de estas ideas. Sin embargo, una vez que el clero se apoderó de las mentes del pueblo, ningún remedio humano pudo aplicarse efectivamente.

Confiamos en los remedios divinos, ya que Dios siempre interviene oportunamente para destruir las maquinaciones humanas contra la verdad. Debemos esperar su intervención, que a menudo permite que la prosperidad y ambición de sus enemigos crezcan hasta tal punto que su propia violencia desvele la verdad a aquellos que antes estaban cegados. Esto se asemeja a cómo la red de San Pedro se rompió debido a una multitud excesiva de peces. La impaciencia de aquellos que trataron de resistir esta infracción antes de que sus súbditos abrieran los ojos solo aumentó el poder que intentaban combatir.

No critico al emperador Federico por sostener el estribo del Papa Adriano, porque tal era la disposición de sus súbditos en ese momento que, de no haberlo hecho, difícilmente habría triunfado en el Imperio. Sin embargo, sí censuro a aquellos que, al principio, cuando su poder estaba intacto, toleraron las doctrinas forjadas en las universidades de sus propios dominios y sostuvieron el estribo de todos los Papas sucesivos. Al hacer esto, permitieron que estos Papas se montaran en los tronos de todos los soberanos cristianos, para gobernarlos y frenarlos a ellos y a sus pueblos según su plena satisfacción.

Las doctrinas oscuras que benefician a los defensores de un poder ilegítimo sobre los soberanos legítimos del pueblo cristiano no son simples errores teológicos. Son, en realidad, herramientas diseñadas para establecer y mantener una estructura de control y dominación. Estas doctrinas, al favorecer las riquezas, el honor y la autoridad de sus defensores, revelan una estrategia calculada para consolidar el poder eclesiástico a expensas de la soberanía civil. La identificación del Papa y del clero romano como los principales autores de esta oscuridad espiritual no es una acusación ligera, sino un reconocimiento de un sistema de poder profundamente arraigado que manipula la fe para sus propios fines.

Los soberanos cristianos, al permitir la propagación de estas doctrinas, se convirtieron en cómplices involuntarios de su propia subyugación. Su falta de previsión y comprensión de los planes de sus maestros religiosos permitió que el clero adquiriera un poder significativo sobre el pueblo. Estos errores no solo perturbaron sus dominios, sino que también socavaron la tranquilidad de sus súbditos. La incapacidad de prevenir la predicación de doctrinas sediciosas en sus comienzos fue un error estratégico monumental que tuvo consecuencias duraderas. Una vez que el clero se afianzó en la mente del pueblo, ninguna medida humana pudo revertir completamente esta influencia.

La intervención divina se presenta como la última esperanza para deshacer las maquinaciones humanas contra la verdad. La analogía con la red de San Pedro, que se rompió debido a una multitud excesiva de peces, subraya cómo la propia ambición y exceso de los enemigos de la verdad eventualmente conducirán a su caída. La paciencia y la espera de la intervención divina no son meras resignaciones, sino una estrategia basada en la fe de que la verdad y la justicia prevalecerán a su debido tiempo.

La tolerancia inicial de las doctrinas forjadas en las universidades y la complacencia de los primeros soberanos en sostener el estribo de los Papas sucesivos establecieron un precedente peligroso. Al permitir que estas ideas se propagaran y se enseñaran en las instituciones de aprendizaje, los soberanos inadvertidamente fortalecieron el poder del clero. Esta acción permitió a los Papas establecer una autoridad no solo espiritual sino también temporal sobre los soberanos cristianos, consolidando una estructura de poder que fue difícil de desmantelar. Las doctrinas oscuras y las acciones de los primeros soberanos cristianos configuraron un sistema de poder que benefició al clero a costa de la soberanía civil. La intervención divina y la eventual revelación de la verdad ofrecen una esperanza de redención y justicia. Sin embargo, es crucial reconocer y aprender de estos errores históricos para evitar repetirlos. La fe, la previsión y la comprensión profunda de las implicaciones de las doctrinas religiosas y su enseñanza en las instituciones de poder son esenciales para mantener un equilibrio justo y evitar la subyugación de los soberanos legítimos y sus pueblos.

Al igual que se tejen, las invenciones humanas también pueden deshacerse: el proceso es el mismo, solo que en orden inverso. Este entramado comienza con los elementos básicos del poder, como la sabiduría, la humildad, la sinceridad y otras virtudes de los Apóstoles, a quienes las personas convertidas obedecían por respeto y no por imposición. Sus conciencias eran libres y sus palabras y acciones solo estaban sujetas a la autoridad civil.

Con el crecimiento de la comunidad cristiana, los presbíteros empezaron a reunirse para decidir qué enseñar, comprometiéndose a no contradecir los decretos de sus asambleas. Indujeron a la gente a seguir su doctrina y, cuando alguien se negaba, se le excluía de la comunidad, práctica conocida como excomunión. Esto no se hacía por infidelidad, sino por desobediencia, marcando el primer nudo en la libertad de los cristianos.

A medida que aumentaba el número de presbíteros, los líderes de las ciudades o provincias principales comenzaron a ejercer autoridad sobre los presbíteros parroquiales y se autodenominaron obispos. Este fue el segundo nudo en la libertad cristiana.

Finalmente, el Obispo de Roma, situado en la ciudad imperial, asumió, en parte por la voluntad de los propios emperadores y por el título de 'pontifex maximus', y finalmente, cuando los emperadores se debilitaron, por los privilegios atribuidos a San Pedro, una autoridad sobre todos los demás obispos del Imperio. Este fue el tercer y último nudo, culminando en la plena construcción del poder pontificio.

El desarrollo del poder eclesiástico puede compararse con un tejido elaborado a lo largo del tiempo, donde cada hilo representa un elemento de control añadido sobre la comunidad cristiana. Este tejido, iniciado por las virtudes de los Apóstoles, fue respetado y aceptado por las personas convertidas no por obligación, sino por una sincera reverencia. La libertad de conciencia y la sujeción únicamente a la autoridad civil eran los pilares fundamentales de esta etapa inicial.

Con el crecimiento de la comunidad cristiana, los presbíteros sintieron la necesidad de unificar su enseñanza para evitar contradicciones. Este consenso interno los llevó a comprometerse a seguir los decretos de sus asambleas, creando así un primer lazo de control sobre la libertad individual de pensamiento y acción de los fieles. La práctica de la excomunión se introdujo como una forma de mantener la disciplina y la cohesión doctrinal, estableciendo un precedente para futuras estructuras de poder.

La siguiente fase en la evolución del poder eclesiástico fue la consolidación de la autoridad en manos de los obispos. Los presbíteros de las principales ciudades y provincias comenzaron a ejercer control sobre los presbíteros parroquiales, autodenominándose obispos y reforzando su posición jerárquica. Este segundo nudo en la libertad cristiana reflejaba una creciente centralización del poder, alejándose de los principios de humildad y servicio que caracterizaban a los primeros líderes cristianos.

El clímax de esta evolución fue la asunción del poder supremo por el Obispo de Roma. Aprovechando su posición en la ciudad imperial y respaldado por el título de 'pontifex maximus', el Obispo de Roma logró consolidar su autoridad sobre todos los obispos del Imperio. Este proceso se aceleró cuando el poder de los emperadores decayó, permitiendo al Obispo de Roma reclamar privilegios atribuidos a San Pedro. Así, el tercer y último nudo se ató, completando la síntesis del poder pontificio.

El proceso de construcción del poder eclesiástico, desde los humildes comienzos de los Apóstoles hasta la dominación del Obispo de Roma, revela una compleja evolución de control y autoridad. Cada fase de este desarrollo puede ser vista como un intento de centralizar y consolidar el poder, restringiendo gradualmente la libertad individual de los cristianos. Este análisis también invita a reflexionar sobre la naturaleza del poder y la autoridad en contextos religiosos. La comparación con un tejido que puede deshacerse sugiere que, al igual que se construyó este poder, también puede ser desmantelado mediante un proceso inverso. Esto implica una vuelta a los principios fundamentales de sabiduría, humildad y sinceridad, y una reafirmación de la libertad de conciencia y la sujeción exclusiva a la autoridad civil. Entender este desarrollo histórico es crucial para reconocer las dinámicas de poder que han moldeado las instituciones religiosas y para contemplar posibles caminos hacia una mayor libertad y autonomía individual en el ámbito espiritual.

El proceso de disolución del poder eclesiástico en Inglaterra comenzó desatando los últimos nudos atados. La reina Isabel I, con determinación y firmeza, eliminó completamente el poder de los Papas, transformando a los obispos que antes operaban bajo el derecho pontificio en figuras que ahora ejercían sus funciones bajo el derecho de la reina y sus sucesores. Aunque la frase "de jure divino" se mantenía, lo que permitía a algunos imaginar que los obispos actuaban por derecho divino directo, el primer nudo del poder eclesiástico fue efectivamente desatado.

Posteriormente, los presbiterianos lograron destituir al episcopado en Inglaterra, desatando así el segundo nudo del entramado eclesiástico. Sin embargo, casi simultáneamente, el poder fue también arrebatado a los presbiterianos, llevando a la comunidad cristiana a una situación similar a la independencia de los primeros cristianos. Ahora, cada individuo podía decidir libremente a quién seguir, ya fuera Pablo, Cephas o Apolo, según su propia preferencia.

Esta libertad, cuando se logra sin conflictos y sin medir la doctrina de Cristo por la lealtad a la persona del ministro, podría considerarse ideal. Primero, porque no debe existir ninguna autoridad sobre la conciencia de los hombres aparte de la palabra misma de Dios. La fe de cada persona no siempre corresponde con las intenciones de aquellos que la enseñan, sino que es Dios quien hace que esa fe crezca. Segundo, es irracional que aquellos que enseñan sobre el peligro de cada pequeño error esperen que una persona con razón propia siga ciegamente la razón de otro individuo o el consenso de muchos, lo cual sería equivalente a jugarse la salvación a cara o cruz.

Los maestros religiosos no deberían lamentarse por la pérdida de su antigua autoridad. Ellos, mejor que nadie, saben que la verdadera autoridad se mantiene con las mismas virtudes con las que fue adquirida: sabiduría, humildad, claridad de doctrina y sinceridad en la conducta. No es mediante la supresión de las ciencias naturales ni de la moralidad racional, ni a través de un lenguaje oscuro o pretendiendo tener conocimientos superiores, ni mediante fraudes piadosos, que se mantiene la autoridad. Las faltas en los pastores de la iglesia no solo son defectos, sino también escándalos, y es a través de estas faltas que los hombres eventualmente optan por suprimir dicha autoridad.

Para restaurar la confianza y la verdadera autoridad espiritual, los líderes religiosos deben regresar a los principios fundamentales. La sabiduría y la humildad deben ser los pilares de su enseñanza, la claridad en la doctrina debe ser su norma y la sinceridad en su comportamiento, su guía. Solo así podrán reconectar con los fieles y servir como auténticos guías espirituales, alejados de la sombra del poder corrupto y la autoridad mal utilizada. Este análisis histórico no solo ilumina el pasado, sino que también ofrece lecciones para el futuro. La fe genuina y la verdadera autoridad espiritual no pueden ser impuestas; deben ser ganadas a través de la integridad y el servicio desinteresado. Es un recordatorio de que, al igual que las invenciones humanas pueden ser desatadas, también pueden ser reconstruidas con justicia y verdad.

Con la expansión de la doctrina que proclamaba a la Iglesia militante como el reino de Dios descrito en las Escrituras, la ambición y el deseo por los cargos eclesiásticos se intensificaron. La posición más codiciada era la de representante de Cristo, y la pompa de quienes ocupaban los principales puestos se volvió tan evidente que los líderes civiles más sabios comenzaron a perder la reverencia hacia las funciones pastorales. De hecho, estos líderes, armados con la autorización de sus príncipes, podían negar cualquier obediencia adicional a los clérigos.

Desde que el Papa de Roma fue reconocido como obispo universal, reclamando la sucesión de San Pedro, su jerarquía plena, o lo que algunos denominan el "reino de las tinieblas," puede ser comparada con las antiguas fábulas inglesas sobre brujas, fantasmas y espíritus que celebraban fiestas nocturnas. Este paralelo destaca cómo el poder eclesiástico se asemejaba a un reino de fantasía, lleno de misterios y misticismos.

Si se examina el origen de este vasto dominio eclesiástico, se observa claramente que el pontificado no es más que el espectro del desaparecido Imperio Romano, que se erige coronado sobre sus ruinas. El pontificado surgió abruptamente sobre los restos del poder pagano de Roma. El uso constante del latín en las iglesias y en sus ceremonias públicas, un idioma que ya no es hablado por ninguna nación en el mundo, refuerza esta idea. El latín se convierte así en el fantasma de la antigua lengua romana, manteniendo viva la sombra de un imperio caído.

La ambición desmedida de los líderes eclesiásticos y la ostentación de sus cargos condujeron a una pérdida de respeto y reverencia por parte de los líderes civiles. Aquellos en el poder comenzaron a ver a la jerarquía eclesiástica como una entidad más preocupada por el poder y el prestigio que por la verdadera función pastoral. La conexión entre el pontificado y el fenecido Imperio Romano se hizo cada vez más evidente, mostrando que el poder eclesiástico se había erigido sobre las ruinas de un antiguo imperio, utilizando sus vestigios culturales y lingüísticos para mantener su autoridad.

El camino hacia la supremacía del Papa fue gradual pero constante, y su ascenso al poder máximo se basó en la consolidación de autoridad y la eliminación de la competencia. El uso del latín, una lengua que simbolizaba el poder del antiguo Imperio Romano, ayudó a perpetuar la imagen de continuidad y legitimidad. Sin embargo, esta insistencia en mantener una lengua muerta también reflejaba la naturaleza espectral de su poder, que se basaba más en la apariencia y en la tradición que en la sustancia y la relevancia contemporánea.

La evolución del poder eclesiástico, desde la reverencia genuina hacia los apóstoles hasta la ambición desmedida de los líderes eclesiásticos, muestra un cambio profundo en la naturaleza de la autoridad religiosa. El pontificado, comparado con el espectro del Imperio Romano, se erige sobre las ruinas de un antiguo poder, utilizando el latín como un eco de la grandeza pasada. Este análisis subraya cómo la ambición y la búsqueda de poder pueden transformar una institución espiritual en una entidad preocupada por mantener su dominio a través de la apariencia y la tradición, más que por la sustancia y la relevancia verdadera.

Se dice que las brujas de cualquier nación tienen un rey universal, conocido por algunos poetas como el rey Oberón, pero que en las Escrituras se llama Belcebú, el príncipe de los demonios. De manera similar, los eclesiásticos, sin importar en qué dominios se encuentren, reconocen a un solo rey universal: el Papa.

Los eclesiásticos se presentan como seres espirituales y padres espirituales, mientras que las brujas son vistas como espíritus y fantasmas. Las brujas y los espíritus habitan en la oscuridad, en lugares solitarios y en tumbas. Por su parte, los eclesiásticos operan en la penumbra de la doctrina, en monasterios, iglesias y cementerios.

Los eclesiásticos tienen sus iglesias catedrales, que, sin importar en qué ciudad se encuentren, se erigen como sedes de poder imperial gracias al agua bendita y a ciertos rituales llamados exorcismos. De manera similar, las brujas tienen sus castillos encantados y espíritus gigantes que dominan las regiones circundantes. Esta comparación resalta cómo ambas figuras, las brujas y los eclesiásticos, utilizan símbolos y rituales para establecer y mantener su dominio.

Las brujas no son responsables por el daño que causan, al igual que los eclesiásticos se sustraen a la justicia civil. Esta inmunidad les permite actuar sin miedo a represalias, fortaleciendo su posición y autoridad. En ambos casos, esta falta de responsabilidad crea un sistema de impunidad que perpetúa su poder.

Los eclesiásticos utilizan ciertos encantamientos compuestos de metafísica, milagros, tradiciones y citas de la Escritura para arrebatar a los jóvenes su uso de la razón, convirtiéndolos en seguidores ciegos que solo ejecutan lo que se les ordena. Del mismo modo, se decía que las brujas tomaban a los niños pequeños de sus cunas y los transformaban en seres idiotas, conocidos como silfos, que eran capaces de cualquier desaguisado. Esta analogía ilustra cómo ambos grupos manipulan y controlan a los individuos, reduciéndolos a simples herramientas de sus designios. La comparación entre los eclesiásticos y las brujas no es casual. A través de esta analogía, se pone de relieve cómo ambos grupos ejercen un control basado en el misterio, el miedo y la manipulación. Los eclesiásticos, al igual que las brujas, crean un ambiente de oscuridad y superstición, utilizando rituales y doctrinas para mantener su poder y autoridad. Este paralelismo nos invita a cuestionar las estructuras de poder y a reflexionar sobre la influencia de las creencias y prácticas que, a lo largo de la historia, han moldeado la sociedad y su percepción de lo espiritual y lo mundano.

Las antiguas leyendas nunca especificaron en qué lugar exacto las brujas llevaban a cabo sus hechizos y pociones. Sin embargo, es evidente que los "laboratorios" del clero son las universidades, cuya disciplina y enseñanzas se derivan de la autoridad pontificia. Cuando algo disgustaba a las brujas, enviaban a sus silfos para hacerlo desaparecer. De manera similar, cuando los eclesiásticos están descontentos con algún estado civil, también crean sus propios "silfos"[60], es decir, seres supersticiosos y subvertidos que incitan la sedición contra los príncipes, o logran que un príncipe, mediante promesas, hostigue a otro. Esta analogía destaca cómo ambos grupos emplean intermediarios para ejecutar sus deseos y mantener su control. Las brujas no se casan, pero en las leyendas, hay íncubos que tienen relaciones carnales con ellas. De manera similar, los sacerdotes no se casan, siguiendo el voto de celibato. Esta comparación pone de relieve cómo tanto las brujas como los eclesiásticos se separan de la vida matrimonial y sexual común, lo que les otorga un aura de misterio y les permite dedicarse completamente a sus prácticas.

Los eclesiásticos se apropian de la "crema de la tierra" a través de las donaciones de los hombres ignorantes que dependen de ellos, y en forma de diezmos. Esto es comparable a la fábula de las brujas que entran en los establos y se llevan la crema de la leche. Ambos grupos utilizan métodos para extraer recursos valiosos de la comunidad, asegurando así su subsistencia y enriquecimiento.

La historia no especifica qué tipo de moneda se usaba en el reino de las brujas. Por otro lado, los eclesiásticos aceptan la misma moneda que nosotros en sus recibos, pero cuando deben realizar pagos, lo hacen en forma de canonizaciones, indulgencias y misas. Esta observación ilustra cómo los

60 Los silfos son la forma masculina que adoptan las sílfides, espíritus femeninos del aire.

eclesiásticos manejan un sistema de intercambio basado en bienes espirituales y favores divinos, lo que les permite mantener su riqueza y poder sin desprenderse de recursos materiales. Al comparar las prácticas y estructuras del poder eclesiástico con las leyendas sobre brujas, se revela un patrón de control y manipulación que ha perdurado a lo largo del tiempo. Los eclesiásticos, al igual que las brujas, utilizan el misterio, la superstición y la influencia sobre la comunidad para mantener su autoridad. Esta analogía nos invita a cuestionar y analizar críticamente las instituciones de poder y sus métodos, recordando siempre la importancia de la transparencia y la justicia en cualquier sociedad.

Existen numerosas similitudes entre el pontificado y el reino de las brujas, que merecen ser exploradas. Así como las brujas existen solo en las imaginaciones y fantasías del pueblo ignorante, alimentadas por cuentos de viejas y de poesía antigua, de manera similar, la autoridad espiritual del Papa, más allá de los límites de su dominio civil, se sustenta en el temor que generan las excomuniones entre aquellos convencidos por falsos milagros, tradiciones distorsionadas e interpretaciones erróneas de la Escritura.

Históricamente, figuras como Enrique VIII y la reina Isabel lograron expulsar esta influencia, a pesar de su poder simbólico y ritualístico. Sin embargo, ¿qué futuro aguarda? ¿Podría el espíritu de Roma, que ha vagado por misiones en lugares remotos como China, Japón e India, regresar y encontrar una nueva morada? ¿O podría una asamblea de espíritus aún más destructiva ocupar esta casa limpia, llevando a cabo un destino peor que el comienzo? No solo el clero romano sostiene la idea de que el reino de Dios se manifiesta en este mundo y, por ende, aspira a un poder separado del Estado civil. Esta reflexión nos invita a considerar críticamente las ambiciones terrenales de las instituciones religiosas y su impacto en la sociedad global. Este análisis destaca las complejidades y los desafíos asociados con la doctrina política, que deben ser sopesados con cuidado. Una vez revisado y considerado, este estudio está abierto a la crítica y la revisión por parte de la comunidad académica y política.

SÍNTESIS Y CONCLUSIÓN

La oposición entre las facultades naturales y las que son propias de la mente, así como entre una pasión y otra, o en su relación con la interacción social, ha sido demostrada como una barrera para hacer que los individuos cumplan con rigurosidad con todos esos deberes que se entienden como cívicos. Según algunos, la rigurosidad del juicio vuelve a las personas exigentes e incapaces de perdonar y aceptar los errores y defectos de los demás. Por otro lado, la rapidez de la imaginación hace que los pensamientos sean menos reflexivos de lo necesario para discernir con precisión entre lo que es justo e injusto. Además, en toda deliberación y disputa, se requiere un razonamiento sólido; sin él, las decisiones son precipitadas y pueden llegar a ser injustas. Finalmente, el habla persuasiva es crucial para captar la atención y ganar el favor de los presentes; de lo contrario, el impacto de la razón se diluye. Estas facultades son contrapuestas: por un lado, tenemos una que se basa en principios de verdad, mientras que las demás se basan en opiniones y creencias previas, da igual que sean verdaderas o falsas, y en las pasiones e intereses humanos, que cambian y fluctúan constantemente.

Entre las pasiones humanas, el valor (entendido como el desprecio por el peligro físico y la muerte violenta) puede llevar a las personas a buscar venganzas personales y, en ocasiones, a amenazar incluso la paz pública. Por otro lado, el miedo puede inducir a la deserción de causas públicas en muchas circunstancias. Se argumenta que estas dos pasiones no pueden coexistir en una misma persona. Este debate subraya los desafíos inherentes a la naturaleza humana y a la participación cívica, donde las capacidades cognitivas y emocionales deben equilibrarse cuidadosamente para promover un comportamiento justo y responsable en la sociedad.

Vamos a examinar el conflicto entre las opiniones de los individuos y las acciones humanas en general. Se argumenta que es imposible mantener una amistad constante con todos aquellos con quienes nuestras responsabilidades terrenales nos obligan a interactuar, ya que estas responsabilidades conllevan a menudo una lucha constante por el honor, la riqueza y el poder.

A esto respondo que, si bien presenta grandes desafíos, no son cuestiones insuperables. Mediante la educación y la disciplina, a veces se pueden reconciliar estos antagonismos. El juicio y la imaginación pueden coexistir armoniosamente en un mismo individuo, adaptándose según los fines que se persigan. Al igual que los israelitas en Egipto, a veces se dedicaban a fabricar ladrillos y otras salían al campo a recoger paja, así también el juicio puede concentrarse en una consideración específica en ciertos momentos, mientras que en otros la imaginación se expande libremente. De manera similar, la razón y la elocuencia pueden coexistir de manera efectiva, al menos en los ámbitos morales si no en las ciencias naturales. Donde hay espacio para adornar y preferir el error, hay aún más espacio para adornar y preferir la verdad cuando esta necesita ser presentada de manera atractiva. Además, no existe contradicción entre respetar las leyes y no temer a un enemigo público, ni entre abstenerse de cometer ofensas y perdonarlas a otros. Este debate ilustra los desafíos inherentes a la convivencia humana y cómo, mediante el equilibrio entre el conocimiento, la imaginación y la moralidad, podemos encontrar formas de armonizar los conflictos y alcanzar una convivencia más justa y equitativa.

No hay, por tanto, como algunos piensan, una contradicción entre la madre Naturaleza y los deberes civiles. He sido testigo de la combinación de claridad de pensamiento y creatividad expansiva, de una sólida lógica y una elocuencia cautivadora, así como del coraje en la guerra y el respeto por las leyes, todo esto en una sola persona de manera excepcional. Este individuo fue mi distinguido y venerado amigo, Mr. Sidney Godolphin, quien, sin enemistades ni ser odiado por nadie, fue trágicamente arrastrado al conflicto público al inicio de la última Guerra Civil por una mano imprudente y carente de discernimiento.

A las leyes naturales presentadas en el capítulo XV, debo añadir lo siguiente: Todo hombre está naturalmente obligado, en la medida de sus capacidades, a defender durante la guerra la autoridad que lo protege en tiempos de paz. Quien reclama un derecho natural para proteger su propio cuerpo, no puede simultáneamente exigir un derecho natural que ponga en peligro aquello que lo protege. Esto sería una contradicción evidente en sí misma. Aunque esta ley pueda derivarse de las mencionadas anteriormente, es necesario reforzarla y recordarla en momentos oportunos. Este principio subraya la coherencia entre el respeto por las normas naturales y los deberes cívicos, así como la capacidad de un individuo para manejar estas dualidades con integridad y sabiduría, como lo demostró Mr. Sidney Godolphin61 en sus acciones y convicciones.

En los últimos libros en inglés que he leído, he observado una falta de claridad respecto a cuándo un súbdito está obligado a aceptar el dominio de un conquistador, qué constituye una conquista y por qué esto implica la obligación de obedecer las leyes del conquistador. Para abordar este asunto de manera más satisfactoria, propongo que una persona se convierte en súbdito de un conquistador en el momento en que, teniendo la libertad para

61 Sidney Godolphin fue el primer conde de Godolphin (1645-1712), fue un importante político británico. Fue Consejero Privado y alcanzó el poder real como Primer Lord del Tesoro. También tuvo un rol decisivo en la negociación y aprobación de las Actas de Unión de 1707 con Escocia, creando el Reino de Gran Bretaña.

hacerlo, consiente explícitamente, ya sea por palabras o por otros gestos inequívocos, en someterse a él.

El momento en que un individuo tiene la libertad para someterse lo he discutido al final del capítulo XXI. Específicamente, para alguien que ya no está vinculado a su soberano anterior por otro deber que no sea el de un súbdito común, este momento llega cuando sus recursos vitales están bajo el control de los soldados y guarniciones del enemigo. Es entonces cuando pierde la protección de su soberano anterior y comienza a recibir protección por parte del adversario, debido a la contribución que realiza. Aunque esta contribución se considera legítima, a pesar de ser una ayuda para el enemigo, una sumisión total no puede considerarse ilegítima, ya que quienes se someten proporcionan parte de sus bienes, mientras que quienes se niegan no contribuyen en absoluto, lo que efectivamente perjudica al enemigo.

Por otro lado, si un hombre ha asumido además de su obligación como súbdito una nueva responsabilidad como soldado, no tiene la libertad de someterse a un nuevo poder mientras aún está bajo el dominio de su antiguo soberano, quien le proporciona los medios para vivir como soldado. Sin embargo, si esta protección falla, el soldado puede buscarla donde crea que tendrá más seguridad y legalmente puede someterse a un nuevo gobernante en cualquier momento que lo desee. En consecuencia, al hacerlo, está irrevocablemente obligado a ser un buen súbdito, ya que un contrato legítimamente celebrado no puede ser legalmente roto.

Aquí se puede entender cuándo se puede afirmar que los hombres han sido subyugados y qué implica la naturaleza de la conquista y los derechos del conquistador. La conquista no se reduce a la victoria misma, sino que consiste en obtener, a través de la victoria, un derecho sobre las personas. Por lo tanto, el individuo que ha sido vencido no está necesariamente conquistado: aquel que es capturado o encadenado es simplemente derrotado, pues sigue siendo un enemigo y podría escapar si tiene la oportunidad. En cambio, quien, bajo promesa de obediencia, logra conservar su vida y libertad, es considerado conquistado y se convierte en súbdito; antes de eso, no lo es.

Los romanos solían decir que su general había pacificado una provincia específica, lo cual en nuestra lengua significa que la habían conquistado. La pacificación mediante la victoria ocurría cuando la gente prometía "imperata facere", es decir, hacer lo que el pueblo romano les ordenara: esto marcaba la condición de ser conquistado. Esta promesa puede ser explícita, a través de un juramento, o tácita, por medio de otros gestos o signos. Por ejemplo, si alguien, aunque no se le haya solicitado hacer tal juramento (quizás porque su influencia no es significativa), vive claramente bajo la protección de un gobierno, se interpreta que está sometido a ese poder. Sin embargo, si vive de manera oculta, se expone a ser tratado como espía o enemigo del Estado. No es que esto sea injusto (ya que los actos de hostilidad manifiesta no se consideran así), pero podría justificar su condena a muerte. De manera similar, si una persona está fuera de su país cuando este es conquistado, no queda automáticamente sometida o conquistada. Sin embargo, al regresar y someterse al nuevo gobierno, está obligada a obedecerlo. En resumen, la conquista puede definirse como la obtención del derecho soberano mediante la victoria, derecho que se asegura a través de la sumisión de las personas que pactan con el vencedor, comprometiéndose a obedecer a cambio de preservar su vida y libertad.

En el capítulo XXIX he explicado una de las causas detrás del colapso de los Estados: su origen imperfecto, marcado por la falta de un poder legislativo absoluto y discrecional. Sin dicho poder, los gobernantes civiles tienden a manejar la espada de la justicia con poca prudencia, como si les quemara las manos al sostenerla. Una razón de esto (que no mencioné entonces) es su necesidad de justificar la guerra, la cual inicialmente les otorgó su poder y según creen, su derecho no radica en la posesión, sino en la causa justa de la guerra que lo originó. Como si el derecho de los reyes de Inglaterra dependiera exclusivamente de la legitimidad de Guillermo el Conquistador y su descendencia directa y legítima. Estas justificaciones podrían debilitar el vínculo entre la obediencia de los súbditos y su soberano actual, al mismo tiempo que, al justificarse a sí mismos, abren la puerta a todas las rebeliones exitosas que la ambición pueda incitar en cualquier época contra ellos y sus sucesores. Considero, por tanto, que una de las semillas más efectivas para la destrucción de un Estado es que los conquistadores no solo exijan la sumisión a sus actos presentes y futuros, sino también la aprobación retrospectiva de sus acciones pasadas. Apenas existe un Estado en el mundo cuyos inicios puedan ser justificados completamente a la luz de la conciencia.

Y dado que el término "tirano" simplemente denota el ejercicio de la soberanía, ya sea en manos de uno o de varios individuos, salvo que quienes utilizan esta primera palabra claramente se oponen a aquellos a quienes llaman tiranos, creo que la aversión hacia la tiranía equivale en gran medida a una aversión hacia el Estado en general. Esta actitud es una semilla nociva que no difiere mucho de la anteriormente mencionada. De hecho, para justificar la causa de un conquistador, generalmente se requiere denigrar la causa del conquistado. Sin embargo, ninguna de estas justificaciones es necesaria para imponer obligaciones al conquistado. Este es el resumen que considero adecuado ofrecer, como conclusión de las dos primeras partes de este discurso.

En el capítulo XXXV, basándome en la Escritura, he expuesto detalladamente mi creencia de que, en el Estado de los judíos, Dios mismo se estableció como soberano mediante un pacto con el pueblo, al que llamó su "pueblo peculiar", distinguiéndolo así del resto del mundo, sobre el cual Dios gobernaba no por el consentimiento de las gentes, sino por su propio poder. En este reino, Moisés actuó como el representante terrenal de Dios, comunicando las leyes divinas mediante las cuales debían regirse las personas. En aquel entonces, no consideraba tan esencial señalar quiénes eran los encargados de ejecutar estas leyes, especialmente en lo concerniente a los delitos capitales, aunque ahora reconozco la importancia de este tema.

Es sabido que, en todos los Estados, la ejecución de castigos físicos generalmente se encomendaba a los guardias u otros agentes del poder soberano, o incluso a individuos que carecían de recursos, honor y empatía, características que los hacían adecuados para tal tarea. Sin embargo, entre los israelitas existía una ley divina según la cual aquel que fuera convicto de un crimen capital debía ser lapidado por el pueblo, siendo los testigos quienes arrojaban la primera piedra, seguidos por el resto de la congregación. Esta ley especificaba quiénes debían actuar como ejecutores, pero exigía que nadie lanzara la primera piedra antes de que se estableciera la culpabilidad y se dictara la sentencia, proceso en el que la congregación actuaba como juez. Los testigos debían ser escuchados antes de proceder con la ejecución, a menos que el crimen se hubiera cometido ante la congregación misma o ante sus jueces legítimos, en cuyo caso no se requerían testigos adicionales aparte de los propios jueces. Sin embargo, este procedimiento no siempre fue completamente comprendido, lo que condujo a interpretaciones peligrosas que sugerían que cualquier individuo podía justificar el asesinato de otro en nombre del celo religioso, como si las ejecuciones realizadas en el antiguo reino de Dios no emanaran del mandato soberano, sino del celo personal. Esto resulta absurdo si consideramos correctamente los textos que parecen justificar tales acciones.

En primer lugar, cuando los levitas atacaron al pueblo que había levantado y adorado el becerro de oro, y mataron a tres mil de ellos, actuaron bajo la orden directa de Moisés, transmitida por Dios como se registra en Éxodo 32:27. Cuando un hijo de una mujer israelita blasfemó contra Dios, los presentes no lo ejecutaron de inmediato; en su lugar, lo llevaron ante Moisés, quien lo retuvo bajo custodia hasta que Dios dictó sentencia contra él, según se narra en Levítico 24:11-12. Además, en Números 25:6-7, cuando Phineas mató a Zimri y Cozbi, no actuó por un derecho de celo personal, ya que el crimen ocurrió a la vista de la asamblea y la ley aplicable era conocida. Finees, como heredero aparente de la soberanía, actuó confiado en que su acción sería ratificada por Moisés, lo cual sucedió sin ningún motivo de duda.

Esta presunción de ratificación futura a veces es esencial para la estabilidad de un Estado. En el contexto de una rebelión repentina, quien actúa para sofocarla en su origen, sin una ley o comisión explícita, puede hacerlo legalmente siempre y cuando su acción sea posteriormente ratificada o perdonada. Esto encuentra apoyo en Números 35:30, que requiere testimonios para la ejecución de un asesino, subrayando así la importancia de un juicio formal y rechazando la pretensión del "jus zelotarum", dice expresamente: "Quien mate al asesino, habrá de matarle sobre la palabra de los testigos", los testigos vendría a suponer una judicatura formal. La ley de Moisés con respecto a la idolatría, como se expresa en Deuteronomio 13:8, prohíbe la absolución y ordena al acusador condenar al culpable a muerte, siendo los testigos quienes arrojen la primera piedra. Sin embargo, no permite la ejecución sin un juicio formal y una condena previa.

El procedimiento para tratar la idolatría se establece claramente en Deuteronomio 17:4-6, donde Dios instruye al pueblo como juez para investigar diligentemente cualquier acusación de idolatría. Si se confirma la culpabilidad, se ordena lapidar al culpable, siendo los testigos los primeros en arrojar las piedras, lo cual no es un acto de celo privado, sino una condena pública. De manera similar, cuando un padre tiene un hijo rebelde, según Deuteronomio 21:18, debe llevarlo ante los jueces de la ciudad, quienes deben participar en su ejecución por lapidación. Este mismo principio se aplicó cuando se lapidó a San Esteban, basado en esta ley bíblica y no en un acto de celo privado. Antes de ser ejecutado, San Esteban defendió su caso ante el Sumo Sacerdote, mostrando así que su condena fue resultado de un juicio formal y no de pasiones privadas. En toda la Biblia, no hay justificación para las ejecuciones basadas en celos privados, ya que estas acciones, a menudo impulsadas por emociones y falta de conocimiento, van en contra de la justicia y la estabilidad de un Estado.

En el capítulo XXXVI, he explorado cómo Dios se comunicaba sobrenaturalmente con Moisés, aunque no se especificó si esta comunicación se daba exclusivamente a través de sueños, visiones o mediante una voz sobrenatural, como era común con otros profetas. La forma específica en que Dios hablaba a Moisés desde el trono de la misericordia está detallada en Números 7:89: "Cuando Moisés entraba en el Tabernáculo para hablar con Dios, escuchaba la voz que le hablaba desde el propiciatorio que estaba sobre el Arca del Testimonio, de entre los dos querubines". Esta descripción sugiere una comunicación directa y personal, destacando la proximidad de Moisés con la presencia divina.

No se hace explícita la razón por la cual el modo de comunicación de Dios con Moisés podría haber sido superior al de otros profetas como Samuel o Abraham, quienes también recibieron revelaciones a través de visiones y voces. Sin embargo, la distinción podría residir en la claridad y la intimidad de la comunicación, más que en una diferencia sustancial en la forma de la revelación divina. Es importante destacar que expresiones como "cara a cara" y "boca a boca" no deben interpretarse literalmente, dada la naturaleza infinita e insondable de la divinidad, que trasciende nuestra comprensión humana. Este método de comunicación destacado en el relato bíblico no solo subraya la singularidad de la relación entre Moisés y Dios, sino que también enfatiza la importancia del Tabernáculo como el lugar sagrado donde se llevaban a cabo estas comunicaciones divinas.

En relación con la doctrina en su conjunto, es evidente que sus principios son sólidos y razonables. Fundamento el derecho civil de los gobernantes y los derechos y libertades de los ciudadanos en las tendencias naturales de la humanidad y en los preceptos universales de la ley natural, conocidos por cualquiera que posea la capacidad de razonar suficientemente para dirigir su propia familia. Respecto al poder eclesiástico del mismo gobernante, lo baso en aquellos textos que son autoevidentes y que están en completa armonía con la intención general de las Escrituras.

Estoy convencido de que aquellos que lean las Escrituras con el objetivo genuino de comprenderlas estarán plenamente iluminados al respecto. Sin embargo, aquellos que, en sus escritos, discursos públicos o acciones notables, busquen mantener opiniones opuestas, encontrarán menos satisfacción, ya que a menudo pierden el enfoque mientras avanzan en la lectura, buscando argumentos en contra de lo que previamente han leído. Es inevitable que, en tiempos de cambios significativos en los intereses humanos, surjan muchas opiniones divergentes. Esto es especialmente cierto dado que gran parte de la doctrina que facilitó el establecimiento de nuevos gobiernos necesariamente contrasta con lo que contribuyó a la disolución de los regímenes antiguos.

En la sección dedicada al Estado cristiano, se presentan algunas doctrinas innovadoras que, quizás en un contexto donde las ideas contrarias estén firmemente establecidas, sería considerado indebido para un ciudadano divulgarlas sin autorización, ya que podría interpretarse como un intento de usurpar el rol de los maestros establecidos. Sin embargo, en estos tiempos en los que la búsqueda no solo de paz sino también de verdad es ferviente, presentar ciertas doctrinas que considero veraces y que claramente promueven la armonía y la lealtad, no es más que poner vino nuevo en odres nuevos, asegurando así su mutua preservación. Supongo que cuando la novedad no busca perturbar el orden establecido en un Estado, las personas no deberían inclinarse tanto a reverenciar la Antigüedad como para preferir errores antiguos en lugar de aceptar verdades nuevas y bien fundamentadas.

Nada me causa tanta desconfianza como mi propia forma de expresarme, aunque confío en que, dejando de lado errores de impresión, no sea difícil de entender. He tomado la decisión deliberada (sin estar seguro de si fue correcta o no) de abstenerme de citar a antiguos poetas, oradores y filósofos como mera ornamentación, a diferencia de la práctica común en estos tiempos recientes. Mis razones para ello son varias y fundamentadas. En primer lugar, la veracidad de mi doctrina se sustenta en la razón y en la Escritura, ambas capaces de recibir aportes de muchos escritores, pero sin depender exclusivamente de ninguno. En segundo lugar, los temas tratados son de derecho más que de hecho, por lo tanto, no requieren el respaldo de testigos externos. Además, muchos de estos escritores antiguos se contradicen entre sí y en ocasiones incluso a sí mismos, lo cual cuestiona la fiabilidad de sus testimonios.

Las opiniones que se presentan únicamente por su antigüedad no constituyen un juicio válido sobre quien las menciona; son simples palabras que circulan de boca en boca como murmullos sin sustancia. A menudo, los hombres tienen intenciones cuestionables al atacar doctrinas corruptas usando citas ingeniosas de otros. No creo que los antiguos, a quienes a menudo se cita como adornos literarios, hayan tratado a sus predecesores con la misma deferencia. Además, las sentencias griegas y latinas sin una adecuada reflexión suelen repetirse sin cambios significativos, como si fueran eructos de sabiduría repetitiva. Aunque respeto a aquellos de la Antigüedad que escribieron verdades evidentes o nos guiaron hacia un mejor entendimiento por nuestros propios medios, no siento que se deba reverencia a la Antigüedad como tal. Si honramos la edad, ninguna es más antigua que la presente. Respecto a la edad de los autores antiguos, no estoy seguro de si en general eran más viejos al escribir de lo que yo soy ahora al escribir esto. En resumen, el mérito de los autores antiguos no proviene de la reverencia por los muertos, sino de la competencia y la envidia mutua entre los vivos.

En conclusión, no encuentro nada en todo este discurso, ni en el que previamente escribí en latín sobre el mismo tema, al menos según mi entender, que contradiga la palabra de Dios, las buenas costumbres o que contribuya a perturbar la paz pública. Por lo tanto, considero que puede ser publicado con beneficio y aún más provechosamente enseñado, si se considera adecuado, en las Universidades, las cuales tienen la autoridad para juzgar al respecto. Las Universidades son los manantiales de la doctrina civil y moral, de donde predicadores y eruditos obtienen conocimiento para impartir al pueblo desde el púlpito y en sus interacciones diarias. Es esencial mantener estas fuentes libres del veneno de ideologías paganas y de las artimañas de espíritus engañosos. De esta manera, al conocer la mayoría su verdadero interés, se reducirá la posibilidad de que unas pocas personas descontentas utilicen sus ambiciones para desestabilizar el Estado. Además, las cargas fiscales necesarias para mantener la paz y la defensa serán menos gravosas.

Asimismo, los gobernantes tendrán menos razones para mantener un ejército mayor del necesario para proteger la libertad pública contra amenazas externas e invasiones.

Así concluyo mi análisis sobre el gobierno civil y eclesiástico, una reflexión impulsada por los tumultos de los tiempos actuales. Lo hago con imparcialidad, sin ningún interés personal y sin otro propósito que destacar la interdependencia crucial entre protección y obediencia. Esta relación es fundamental tanto para aquellos que, por la naturaleza misma del ser humano y por las leyes divinas (sean naturales o impuestas), deben observar de manera inquebrantable. Es innegable que los tiempos agitados de hoy no son propicios para que florezcan verdades de esta índole, ya que la visión que prevalece está más orientada a los elementos disolventes de los gobiernos antiguos, mientras que solo se vislumbran los primeros pasos de los que erigen nuevas formas de gobierno. No obstante, confío en que mi discurso no será condenado en este momento presente ni por el público que juzga doctrinas, ni por quienes están comprometidos con la preservación de la paz pública. Con esta esperanza y teniendo esto en mente, regreso a mis estudios interrumpidos sobre los cuerpos naturales. Si la salud me acompaña para completarlos, confío en que la novedad de mis descubrimientos será tan bien recibida, así como suele causar molestias en la doctrina de este orden social creado por el hombre. Al ser una verdad que no se contrapone ni al bienestar ni al disfrute de ninguna persona, debería ser acogida favorablemente por todos.

ÍNDICE

Tercera Parte

Al respecto de un estado cristiano

Cuarta Parte
Sobre el reino de las tinieblas